KB213744

불이문不二門을 넘어
붓다의 세계로

# 불이문不二門을 넘어 붓다의 세계로

초기불교에서 화엄까지, 불이사상으로 꿰뚫어 본 불교

불이당(不二堂) 이찬훈

산지니

# 들어가는 말

큰 절집에 가면 불이문(不二門)이란 게 있다. 보통 일주문이나 천왕문을 넘어 절집 마당으로 들어가기 직전에 있는 문이다. 이 문을 넘어서면 이제 그야말로 붓다의 세계요, 불교의 세계요, 불국토이다. 시끌벅적한 속세를 벗어나 고요한 붓다와 불교의 세계, 진여의 세계로 들어서는 문 그것이 불이문이다. 불이문은 이처럼 진속(眞俗)을 가르는 문이다. 그런데 재미있는 것은 그 문이 동시에 속세와 진여의 세계가 둘이 아니라는 것(不二)을 말하고 있다는 것이다. 우리는 고해의 속세를 벗어나 진리와 해탈의 세계, 붓다의 세계로 들어가야 한다. 그러나 우리가 진정으로 진리의 세계, 붓다의 세계로 들어설 수 있는 것은 그것이 속세와 둘이 아니라는 것을 깨달을 때이다. 불이문은 우리에게 이것을 깨우쳐 준다.

절집으로 들어가는 관문으로 불이문이 있다는 것은 참으로 상징적이다. 이것이 상징하는 것처럼 우리는 불이문을 통해 붓다의 세계, 불교적 진리의 세계로 들어갈 수 있다. 불이라는 건 둘이 아니라는 뜻이다. 불교에서는 어떤 것들이 서로 둘이 아니라는 것을 나타내는 말로 '불이(不二)'뿐 아니라 '무이(無二)', '불일불이(不一不異, 하나도 아니요 다르지도 않음)' 등의 여러 가지 표현을 사용하고 있다. 특히 대승불교경전의 하나인 『유마힐소설경(維摩詰所說經, 유마경)』에서는 '입불이법문품(入不二法門品)'이라는 장을 독립적으로 설정하여 수없이 많은 것들이 서로 둘이 아님을 얘기한다. 거기서는 예컨대 있음과 없음, 생사와 열반, 성스러움과 속됨, 선과 악, 더러움과 청정함, 아(我)와 무아(無我), 밝음과 무명(無明), 유위(有爲)와 무위(無爲), 죄와 복덕 등의 수많은 것들이 서로 둘이 아님을 말하고 있다. 불이라는 용어와 개념은 불교에서 유래한 것이며, 불교는 그 전체가 불이사상으로 관철되어 있다.

　필자는 이십여 년 전에 이 세상과 인생을 바라보는 관점을 『둘이 아닌 세상』(이후, 2002)이라는 책을 통해 불이사상(不二思想)으로 정리하여 내놓은 바 있다. 그 글에서 필자는 불이사상이 동서고금의 수많은 위대한 선지식들의 통찰 속에 공통으로 들어 있는 것임을 밝히고, 그 내용을 상세히 논했다. 필자는 불이사상이야말로 온 우주의 진리와 인생의 갈 길을 밝혀 줄 수 있는 사상이라는 깨달음을 바탕으로 지금까지 불이사상의 관점에서 세상과 여러 방면의 학문을 읽고 해석해 왔다. 불이사상의 관점에서 노자를 읽는다거나(『불이사상으로 읽는 노자』, 예문서원), 불교의 미학 예술을 파악한 것(『불교의 미를 찾아서』, 담앤북스), 동서양의 정의론을 불이사상의 관점에서 읽는 것(『서양의 정의론, 동양의 정의론』, 예문서원)과 같은 작업은 그러한 노력의 일환이었다.

　그렇지만 본래 불이사상은 불교에 그 근본을 두고 있다고 할 수 있다. 그래서 무엇보다도 필자가 그동안 가장 큰 관심을 갖고 지속적으로 공부를 해 온 분야는 화엄사상을 중심으로 한 불교학 분야였다. 그리고 필자는 불교 가운데서도 『화엄경』을 중심으로 한 화엄사상이야말로 불이적인 세계의 실상을 가장 원만하고 온전하게 밝혀주는 것이라고 보고 있다. 그 때문에 그동안 필자는 화엄사상의 핵심적인 개념을 밝히고 그것을 통해 현대사회 속의 우리들의 삶에서 나타나고 있는 문제들을 해결해 나가기 위한 길을 모색해 보려는 작업을 계속해 왔다.

　불교 가운데서 화엄사상이야말로 불이사상의 가장 완성된 형태라고 할 수 있지만, 필자는 불교사상 전체를 불이사상의 관점에서 파악하고 설명할 수 있다고 생각한다. 그동안 필자는 화엄 관계의 논문들을 주로 발표해 오면서 다른 한편으로는 틈틈이 필자 나름대로 초기불교부터 대승불교에 이르기까지 불교사상 전반을 불이사상의 관점에서 정리하는 작업을 해 왔다. 너른 바다와 같은 불법의 세계를 쉽사리 정리할 수는 없겠지만, 필자는 불이사상의 관점에서야말로 불교의 진리를 가장 분명하고 쉽게 이해할 수 있다고 확신한다. 필자는 그동안 나름으로 해온 공부를 이제 한 번쯤 정리해 내는 것이, 불교를 공부하는 한 사람의 학인으로서 필자의 책무라고 느꼈다. 그래서 필자는 이번에 이 책을 통해 초기불교부터 대승불교의 공사상과 유식사상, 그리고 대승기신론을 거쳐 화엄사상에 이르는 불교사상의 주된 흐름들을 불이사상의 관점으로 꿰뚫어 정리하고 설명해 보려고 한다.


　불이사상은 이 세상에 존재하는 만물의 관계를 둘이 아니라는 불이 관계로 설명하는 것이다. 이 세상의 수없이 많은 것들의 관계를 불이라고 얘기할 수 있지만, 필자는 그것을 크게 간추려서 하나와 여럿, 유와 무가 둘이 아니라는 일다불이(一多不二)와 유무불이(有無不二)로 묶어 설명할 수 있다고 생각한다. 필자는 이것을 『둘이 아닌 세상』에서 상세히 설명하였고, 『불이사상으로 읽는 노자』에서도 간략하게 정리한 바 있다. 반복을 피할 수 없지만, 일다불이와 유무불이는 앞으로 불교를 불이사상으로 읽기 위해서 반드시 미리

알고 있어야 하므로, 여기서도 간략하게나마 그것들을 다시 살펴보지 않을 수 없다.[1]

일다불이는 이 세상 모든 것의 관계, 이것과 저것, 이것과 다른 것들의 관계는 그것들을 하나라고 할 수도 없고 둘이라고 할 수도 없으므로 불이라 말한다. 만약 이 세상에 존재하는 것이 오직 하나밖에 없다고 한다면, 그런 세상에서는 아무런 일이나 사건도 일어나지 않을 것이다. 어떤 일이 일어나는 것은 이 세상에 적어도 두 가지 이상의 것이 있어서 그것들이 서로 어떤 관계를 맺는 데서 생기는 것이기 때문이다. 이 세상에는 많은 존재가 있고 그것들이 서로 관계를 맺는 데서 이 세상의 수많은 현상과 사건이 생겨난다. 그들 가운데 어떤 것이든 하나를 선택하면 나머지는 그것을 둘러싼 여럿이라고 할 수 있다. 일다불이는 바로 그 하나와 나머지 여럿의 관계가 근원적으로는 서로 둘이 아니라는 것을 말한다.

이 세상에 존재하는 모든 것은 저 혼자 독립적으로 존재할 수 없다. 모든 것은 다른 것들과 맺는 관계의 그물망 속에서만 존재할 수 있다. 이 세상 모든 것, 작은 먼지나 돌멩이 하나, 들꽃 한 송이, 우리들 자신, 더 나아가 이 지구와 태양, 그 어떤 우주 공간의 까마득한 별조차도 그 어떤 것들로부터 형성되었고 어떤 것들과의 관계 속에서만 존재하고 있다. 따라서 이 세상 모든 것의 관계는 이것이 있으므로 저것이 있고, 저것이 있으므로 이것이 있는 상호의존적 관계라고 할 수 있다. 이 세상 만물의 총체적인 상호의존적 관계인 이것을 불교에서는 연기라고 부른다. 그런데 어떤 것들이 서로 간의 관계 속에서만 존재한다면 그것들은 서로 다르지 않으면서도 동시에 또한 같지도 않아야 한다. 만약 그것들이 전혀 다른 것들이라면 서로 관계를 맺으면서 존재할 수 없다. 그게 어떤 것이든 서로 관계를 맺으려면, 관계를 맺을 수 있는 접점, 즉 같은 점이 있어야만 한다. 따라서 그것들은 서로 전혀 다른 둘이 아니다. 만약 둘이라고 하면 그것들이 서로 다르지 않음을 표현할 수가 없다. 그러나 그렇다고 해서 그것들이 서로 완전히 같은 것이라면 애당초 이것과 저것의 구분이 없고 아무런 관계도 있을 수 없다. 따라서 그것들은 완전히 똑같은 하나도 아니다. 만약 하나라고 하면 그것들이 같지 않음을 표현할 수 없다. 그러므로 그것들의 관계는 불이라고밖에는 표현할 수가 없다. 하나도 아니요 둘도 아니며, 다른 것도 아니요 같은 것도 아닌 이와 같은 이 세상 만물의 관계를 한마디로 표현한 말이 바로 일다불이이다.

이 세상 만물의 관계가 이처럼 일다불이기 때문에 우리는 이 세상 모든 것을 대할 때 언제나 확고하게 이것을 잊지 말아야 한다. 그렇지 않으면 우리는 많은 잘못을 저지르게 된다. 우리는 이 세상의 사물 중에서 어떤 것에 특히 관심을 갖고 그것을 지나치게 중시한 나머지 그것 역시 다른 것들과의 불이적 관계 속에서만 존재하는 것이라는 사실을 종종 잊어버리곤 한다. 바로 거기로부터 어떤 특정한 것에 대한 집착과 그로 인한 수많은 병폐가 생겨난다. 아마 그중에서도 가장 대표적인 것은 '나'에 대한 집착, 그리고 그로부터 파생하는 나와 가까운 존재들이라든가 '내 것'에 대한 집착과 그로 인한 수많은 갈등과 괴로움이라고 할 수 있을 것이다. 나를 비롯한 어떤 특별한 것의 개별성과 중요성을 강조하고 만물이 서로 둘이 아니라는 것을 잊어버리는 이런 잘못은 개체주의의 잘못이라고 할 수 있다.

이와는 달리 우리는 또 어떤 때에는 어떤 하나의 전체를 강조하면서 그것을 이루고 있으며 그에 속해 있는 여러 개별적 존재들을 무시하고 경시하는 잘못을 저지르기도 한다. 예를 들어 국가나 민족의 중요성을 강조하면서 그를 위해 그 구성원들의 자유나 권리를 무시하고 희생을 강요한다거나 하는 것이 그 대표적인 사례라고 할 수 있다. 그것은 전체만을 중시하고 개별적인 것들이 갖고 있는 독특성을 무시하는 전체주의의 잘못이라고 할 수 있다.

일다불이의 원리를 분명히 깨달은 관점에서 우리는 이러한 개체주의와 전체주의의 잘못 모두를 피해야 한다. 우리는 언제나 하나와 여럿, 개별과 총체, 그 어느 쪽에도 치우쳐서는 안 된다. 일다불이의 핵심은 이 양극단 어느 쪽에도 치우치지 않는 중도에 있다. 이 것을 원효대사의 말로 표현하자면 "둘이 아니되 하나를 고집하지도 않는다(不二而不守一)"[2]라고 할 수 있다.

앞에서 얘기했듯이 존재하는 모든 것은 저 홀로 존재하는 것이 아니라 다른 것들과의 총체적인 상호의존 관계 속에서만 존재한다. 그러므로 이 세상에 존재하는 모든 것은 독립된 실체가 아니며, 그 만의 고정적인 독립적 성질(自性)을 갖고 있지 않다. 불교에서는 이 것을 모든 존재는 공(空)하다는 말로 표현한다. 그런데 여기서 공이라고 함은 유무불이(有無不二)를 의미한다. 유무불이는 있음과 없음이 둘이 아님을 말한다. 세상 만물은 고정된 자성이 없고 여러 가지의 관계(인연)에 따라 일시적으로 성립된 것에 불과하므로 사실은 그 자체로 존재하는 것도 아니요, 그렇다고 전혀 존재하지 않는 것도 아니다. 동시에 또한 그것은 존재하고 있음과 동시에 존재하지 않는 것이기도 하다. 이렇게 보아 유와 무 양극단 어느 쪽에도 치우치지 않으면서 가운데에도 집착하지 않는 것이야말로 불이사상의 핵심이다. 지금까지 동서양의 위대한 사상은 역시 이러한 유무불이에 대한 심원한 통찰을 보여주었다. 이들이 말해주듯이 만물과 만물의 근원의 본질이 유무불이이므로 우리는 있음과 없음 어느 쪽에도 치우치지 말아야 한다. 우리가 존재하는 것들에 사로잡혀 있음만을 보고 그것이 근원적으로는 무상하고 허망한 것(무)임을 보지 못한다면, 우리는 그것에 집착함으로써 수많은 갈등과 고통을 겪을 수밖에 없게 된다. 반면에 우리가 없음에 사로잡혀 모든 것을 그저 허망하고 공허한 것이라고만 간주한다면, 우리는 허무주의에 빠짐으로써 생의 모든 의미와 목표와 가치를 상실해 버릴 것이다. 그러므로 우리는 있음과 없음 어느 쪽에도 치우치지 않고 유무불이라는 확고한 중도의 입장을 취해야만 한다.

이처럼 일다불이이자 유무불이라는 온 우주의 참모습을 깨달을 때, 우리는 '우주와 나는 둘이 아니며(梵我不二)' '너와 나는 둘이 아니며(自他不二)' '삶과 죽음은 둘이 아니다(生死不二)'라는 관점에 설 수 있다. 그리고 그때 비로소 우리는 나·나의 것·나의 생에 대한 집착에서 벗어나고 두려움을 떨쳐낼 수 있으며, 그 무엇에도 구속받지 않는 자유로운 무애의 경지에서 노닐면서도 자신만의 세계 속에 빠지지 않고 중생들을 위해 헌신하는 아름다운 보살행을 할 수 있게 된다. 그리고 우리 모두가 이런 깨달음을 얻고 이를 실천에 옮긴다면 이 세계는 그야말로 모든 존재가 각자의 특성을 간직하면서도 서로서로 조화와 협동을 이루는 대동세계, 아름답고 장엄한 화엄세계가 될 것이다.

불교는 초기불교부터 대승불교 전체에 이르기까지 불이사상을 그 근간으로 하고 있다고 할 수 있다. 필자는 이 책에서 일다불이와 유무불이라는 불이사상의 관점으로 초기불교부터 부파불교, 대승불교의 공사상과 유식학, 그리고 대승기신론을 거쳐 화엄사상에 이

르는 불교사상 전체를 꿰뚫어 가능한 한 쉽게 풀어서 설명해 보고
자 하였다.

　이를 위해 필자는 초기불교의 가르침을 기록한 광범위한 니까야
전체를 꼼꼼히 읽고 검토한 후 불이사상의 관점에서 그 핵심을 분
명하게 설명했다. 부파불교의 해명을 위해서는『아비달마구사론』
을 중점적으로 다루었고, 공사상은『금강경』,『반야심경』,『중론』
등을 중심으로 설명하였다. 유식사상은『해심밀경』,『유식삼십송』,
『유식이십론』등을 중심으로 분석하고 설명하였고, 대승기신론사
상은『대승기신론』과 원효의『대승기신론소』,『대승기신론별기』등
을 중심으로 설명하였다. 필자는 이런 저작들을 중심으로 공사상과
유식사상 상호 간의 논쟁과 회통 문제, 그리고 대승기신론에 의한
양자의 종합 문제를 불이사상의 관점에서 분명하게 설명했다. 초기
불교부터 부파불교를 거쳐 우리나라 불교에 커다란 영향을 끼친 대
승불교의 공사상과 유식사상 그리고 기신론 사상에 이르는 불교의
핵심적인 사상에 대한 필자의 설명은 이 책에서 처음으로 내놓은
것이다.

　다음으로 필자는 불교 이론과 사상의 핵심이라 할 수 있는 화엄
사상을 정리하고 설명하였다. 필자는 화엄사상이야말로 이전 불교
사상을 융섭하고 회통하는 불교철학의 정점에 도달해 있는 가장
포괄적이고 심오한 사상이라는 것을 불이사상의 관점에서 해명하
였다. 이를 위해 필자는 화엄사상의 핵심인 화엄의 불타관, 법계관,
보살관을 불이사상의 관점에서 중점적으로 다뤘다. 이어서 필자는
이런 불이적 화엄사상의 관점에서 현대사회의 여러 가지 문제를 다
뤘다. 이것은 불이사상으로 파악한 불교 그중에서도 특히 화엄사상
이 관념적인 종교에 머무르는 것이 아니라 현대사회의 중요한 여러

문제를 다루는 데 어떻게 작용하고 이바지할 수 있는가를 다룬 것이라고 할 수 있다. 이를 위해 여기서는 불이와 화엄사상의 관점에서 현대 자본주의 사회체계나 세계화 현상, 생태계의 파괴 같은 중요한 문제들을 어떻게 봐야 하는가를 밝혔다. 화엄사상과 관련된 글 가운데는 새롭게 쓴 부분도 있지만, 많은 부분은 이전에 필자가 다른 지면에 발표한 바 있는 글을 이 책의 편제에 맞게 일부 수정하고 보완한 것이다.

불이사상을 통해 초기불교에서 대승불교 전체에 걸친 불교의 핵심을 파악하게 되면, 우리는 온 우주와 인생에 대해 일다불이, 유무불이, 색심불이(色心不二), 진속불이(眞俗不二) 등, 확고한 불이적 관점을 취해야 한다는 것을 깨닫게 된다. 오랜 발전 과정을 거쳐『화엄경』에서 사상적으로 온전하게 밝힌 일다불이와 유무불이라는 우주적 실상을 단순한 사념만이 아니라 온몸으로 직접 체득하는 것이 바로 선(禪)이라고 할 수 있다. 그리고 화엄의 불이사상과 선 수행을 통해 일다불이와 유무불이를 깨달아 온갖 분별심과 집착에서 벗어나 일상적이고 사회적인 생활 속에서 자연과 인간의 불이, 자타불이, 진속불이, 생사불이(生死不二)의 삶을 실현해 나가려는 보살행이야말로 궁극적인 불교적 삶이라고 할 수 있을 것이다. 이 책은 그러한 삶을 위한 사상적 기초가 될 불이사상을 불교 속에서 밝혀내고 또 그를 통해 불교의 핵심적인 가르침을 전체적으로 조명해 보고자 한 것이다.

불교는 물론 석가모니 부처님의 가르침에 기반하고 있다. 그렇지만 그것은 전적으로 석가모니 부처님 혼자만의 가르침은 아니다. 불교는 석가모니 부처님의 가르침에 따르는 수많은 사람의 집단적

지성의 결과물이기도 하다. 부처님은 열반하기 전에 제자들에게 각자 자기 자신과 올바른 가르침(法)에 의지하며 주체적으로 살아갈 것을 역설했다. '부처를 만나면 부처를 때려죽이고, 스승을 만나면 스승을 때려죽여라'는 주체적 깨달음과 삶의 자세는 선의 자세이기도 하다. 이런 정신에 따라 불교의 선지식들은 그동안 석가모니 부처의 가르침을 주체적으로 계승 발전시킨 수많은 경론을 생산해 왔다. 그리고 부처님의 기본 정신에 합치하는 그것들은 불교라는 거대한 바다로 융해되어 그 자체가 불교의 일부로 되었다.

불교에는 2천 5백여 년의 장구한 세월 동안 축적되어 온 인류의 지혜가 담겨있다. 그 속에는 인류와 중생 전체를 관통하는 지혜도 있고, 각 시대에 적합했던 지혜도 있다. 그렇지만 또 거기에는 어떤 특정한 측면을 강조한 나머지 다른 측면에서는 부족하거나 부적합한 점이 있다거나, 오랜 세월을 거치는 동안 시대적 흐름과 동떨어져 상당 부분 적합성을 상실해 버리는 등의 한계와 문제점도 포함되어 있을 수 있다. 불교의 역사는 앞선 시대의 지혜를 받아들이면서도 그 문제점은 비판하고 한 걸음 더 나아가는 변증법적인 지양의 역사였다. 오늘날 우리 역시 그러한 모범에 따라 나아가야 한다. 지금까지 장구한 불교의 역사 속에 녹아들어 있는 지혜를 밝히고 받아들이면서도, 오늘날 우리 시대와 우리의 삶에 적합한 관점과 사상들을 걸러내어 우리 삶의 지침으로 삼는 주체적인 자세가 필요하다. 필자는 이 책을 통해 초기불교에서 대승불교에 걸친 불교의 핵심사상 전반을 세계에 대한 근원적인 통찰이라고 믿고 있는 불이사상의 관점에서 그 어떤 권위에도 주눅 들지 않고 주체적으로 정리하고 설명해 보려고 노력하였다. 그리고 그렇게 함으로써 이 시대 우리에게 필요한 삶의 지혜를 모색해 보려고 하였다.

이런 취지로 쓴 이 책은 다음과 같이 구성되었다.

우선 1부는 초기불교를 다뤘다. 불교는 처음부터 하나(一)와 여럿(多), 유(有)와 무(無)의 관계 문제를 핵심 문제로 삼고 있으며 그것의 실상을 일다불이와 유무불이로 파악하고 있다. 초기불교의 연기론이나 사법인(또는 삼법인), 사성제 같은 것에서 그것은 잘 드러난다. 사법인과 관련하여 말하자면, 존재하는 것들은 모두 다른 것들과의 인연관계에 따라 성립하는 것으로서 일다불이며, 그러므로 그 자체로서 독립적으로 존재하는 실체가 아니므로 제법무아(諸法無我)이다. 그리고 이렇게 인연에 의해 성립하는 모든 존재는 잠시 현상적으로만 존재하다가 인연이 다하면 흩어져 버리는 것이기 때문에 유무불이로서 무상한 것이므로 제행무상(諸行無常)이다. 그럼에도 불구하고 개별적 존재들은 항상 자기를 비롯한 특정한 것에 집착하므로 고통을 겪는다(一切皆苦). 그러나 이러한 실상을 올바로 깨닫게 되면 이러한 고통에서 벗어나 해탈할 수 있다(涅槃寂靜). 사성제 역시 연기에 따른 이러한 일다불이와 유무불이라는 세계의 실상을 깨닫지 못하는 데서 오는 집착과 그로 인한 고통, 그리고 그것에서 벗어나 해탈에 도달할 수 있는 길에 관해 얘기하고 있다. 1부에서는 이들을 포함한 초기불교의 핵심적인 사상과 이론들을 불이사상을 통해 명쾌하게 드러낼 것이다.

2부는 부파불교, 그리고 대승불교 가운데 공사상과 유식사상과 기신론사상을 다뤘다. 부파불교에서는 초기불교의 가르침을 부파마다 각기 상세하게 연구하여 체계화하고자 하였다. 부파불교 부분에서는 부파불교 이론을 대표하는 『아비달마구사론』의 중심사상을 밝혔다. 초기불교의 가르침을 관통하는 일다불이와 유무불이라는 불이사상을 발전적으로 계승하여 좀 더 철저하게 논하고 체계화시켜 나간 것이 대승불교이다. 대승불교 가운데 첫 번째의 가장 대표적인 흐름인 반야 공사상은 이 세상의 모든 존재는 자성이 없어 텅 빈 것이라는 공(空)의 측면을 강조함으로써 불이적 관점에서 개체와 유(有)에 대한 집착을 타파하는 데 힘을 기울였다. 이에 비해 대승불교의 또 다른 대표적인 사상인 유식사상에서는 식(識)으로부터 어떻게 이 세상의 수많은 현상이 존재하게 되는가를 밝힘으로써 주로 유(有)의 측면을 얘기했다. 이것은 공사상을 잘못 받아들인 나머지 자칫 일체를 모두 무(無)일 뿐이라고 간주하는 허무주의에 빠지는 잘못을 바로잡고 이 세상의 존재 구조를 해명해 보려고 한 것이다.

그렇지만 반야 공사상과 유식학은 모두 일다불이와 유무불이라는 불이적 관점을 기본으로 하고 있으며, 다만 그 가운데서 어떤 측면을 강조했느냐에 따라 차이가 있을 뿐이다. 그러므로 반야 공사상과 유식사상 양자 역시 불이라 할 수 있다. 그럼에도 불구하고 사상의 발전과정에서 대승불교의 이 큰 두 흐름이 각자의 입장을 강조하다 보니 끝내 서로 대립하고 쟁론을 벌이는 지경에까지 이르게 되었다. 문제는 이 양자를 어떻게 종합하여 회통시킬 것인가 하는 것이다. 이것을 인간의 심식(心識) 차원에서 밝힌 것이 바로『대승기신론(大乘起信論)』과 그에 대한 가장 뛰어난 주석서인 원효의『대승기신론소(大乘起信論疏)』같은 것이다. 기신론사상은 기본적으로 유식사상을 계승하면서도 주관적 마음인 식(識)이 객관적인 존재를 만들어내는 것이라는 설에서 주객을 모두 포괄하는 일심(一心)이라는 설로 나아가며, 일심이문(一心二門)의 염정불이(染淨不二)라는 구조를 통해 반야 공과 유식 사이의 공론과 유론의 대립을 지양하고 있다. 기신론은 일심이문의 구조를 통해 공과 유의 측면(진공묘유)에 대해 포괄적인 설명을 제시한다. 『대승기신론소』에 따르면 모든 존재와 현상의 근원은 일심인데 그것은 진여문(眞如門)과 생멸문(生滅門)이라는 이문을 통해 파악할 수 있다. 진여문은 우리 의식의 근원인 본각(本覺)의 발생하지도 소멸하지도 않는 진여의 상태를 밝히는 것으로 반야 공사상과 통한다. 생멸문은 마음이 움직여서 수많은 의식이 생겨나고 사라지는 현상을 살피고 밝히는 것으로서 유식사상과 통한다. 결국, 이러한 진여문과 생멸문에 의해 우리는 텅 빈 공과 수많은 현상 모두가 일심의 두 측면이며, 이것은 하나도 아니면서 둘도 아니요, 하나이면서도 둘인 불이(不二) 관계임을 알 수 있게 된다. 그리고 이러한 깨달음에 의해 우리는 중관과 유식의 대립을 지양할 수 있게 된다.

3부에서는 『화엄경』과 화엄사상을 다뤘다. 반야 공사상과 유식사상을 종합한 기신론의 사상은 아직도 여전히 마음의 차원, 심식의 차원에서 불이의 실상을 밝히는 데 치중하고 있다. 공에 대한 과도한 강조는 악취공(惡取空)으로 떨어져 허무주의를 초래할 위험성과 개체의 주체성을 무시할 위험성이 있다. 반면에 유식학이나 대승기신론은 궁극적으로는 오직 식(識)만이 존재한다는 유식무경(唯識無境)이나 오직 일심만이 존재한다는 주장을 통해 객관적 사태와 단순한 번뇌가 아닌 실재하는 고통을 경시할 위험성 등이 있다. 그러므로 그것을 넘어서 한 걸음 더 나아가지 않으면 안 된다. 그를 위해서는 불이적 관점을 우주적 차원으로 넓혀 온 우주와 그 속에 존재하는 만물이 일다불이이고 유무불이라는 걸 밝히고 그 실상을 상세히 서술하는 게 필요하다. 그 역할을 한 것이 화엄사상이다. 화엄사상은 심식의 차원을 넘어서 우주 전체의 실상을 불이적 관점에서 밝히고 있으며, 특히 유무의 문제에만 너무 치중한 나머지 반야공사상과 유식사상에서는 충분히 주목하지 못하였던 일다불이의 측면도 제대로 다루고 있다. 그러므로 화엄사상이야말로 불이 세계의 실상을 원만하고 온전하게 밝히고 있는 것으로서 불교사상의 최고 경지를 보여준다고 할 수 있다. 3부에서는 『화엄경』과 화엄사상에 나타난 위와 같은 불이사상의 심화 과정을 명확히 밝힐 것이다.

4부에서는 불이와 화엄사상의 관점에서 현대사회의 여러 가지 문제들을 다뤘다. 여기서는 현대 한국사회에서 불교가 제 역할을 하기 위해서는 앞에서 얘기한 화엄사상과 선사상을 회통해야 함을 밝히고, 불이와 화엄사상의 관점에서 현대 자본주의 사회체계나 세계화 현상, 생태계 파괴 같은 중요한 문제들을 어떻게 봐야 하는가를 밝혔다.

초기불교에서 화엄사상에 이르는 불교의 핵심을 불이사상의 관점으로 꿰뚫어 설명한 필자의 글을 이번에 산지니 출판사에서 내게 되었다. 산지니 출판사는 어려운 여건 속에서도 부산 지역에 뿌리를 두고 굳건하게 우리나라의 출판문화를 선도해 온 출판사이다. 필자는 문화의 지역화와 문화민주주의를 위해 노력하고, 공동체의 소외를 극복하고 자본주의 사회의 여러 중독에서 해방되어 행복해지는 데 도움이 되고자 하는 산지니 출판사의 취지에 전적으로 공감한다. 필자는 부산 경남 지역에서 연구와 교육에 종사해 온 사람으로서 필자의 불교 연구를 총정리하는 이 책을 산지니 출판사에서

낼 수 있게 된 것을 매우 뜻깊게 생각한다. 여러 면에서 쉽지 않을 수도 있는 이 책을 출간하게 된 것은, 산지니 출판사의 강수걸 대표님과 여러 편집부 선생님들의 혜안 덕분이다.

필자의 불교 연구를 총괄하는 이 책을 내면서 그동안 필자의 삶과 연구에 많은 도움과 영향을 주었던 모든 분에게 깊은 감사를 드린다. 그동안 별다른 걱정 없이 연구와 교육에만 종사할 수 있도록 힘을 보태 준 아내 이윤희 그리고 딸 이도경과 아들 이영규에게도 특별히 고마움을 전한다.

부족하나마 이 글이 우리를 범아불이(凡我不二), 자타불이(自他不二), 진속불이(眞俗不二), 생사불이(生死不二)의 깨달음과 보살행을 해 나가는 붓다의 세계로 안내하는 하나의 불이문이 될 수 있기를 두 손 모아 기원한다.

# 차례

1부

# 초기불교

# 1. 불이사상의 관점에서 본 초기불교의 가르침

　석가모니 부처님의 가르침은 부처님이 돌아가신 후 제자들에 의해 정리(결집)된 경전들로 후세에 전해졌다. 그중 가장 이른 시기에 정리되어 부처님의 직접적인 가르침을 비교적 잘 전하고 있는 것이 불교의 초기경전들이라 할 수 있다. 빠알리어로는 『니까야』라고 부르고, 한문으로는 『아함경(阿含經)』이라고 부르는 경전들이 그 대표적인 것이라 할 수 있다. 우리는 이들 경전을 통해 석가모니 부처님의 육성에 가까운 초기불교의 가르침을 파악할 수 있다. 그러므로 이제부터는 이들 경전 중 『니까야』에 대한 분석을 통해 부처님의 근본적인 가르침, 초기불교의 근본적인 가르침을 해명하고 정리해 보려 한다.[1]

　불교의 초기경전인 『니까야』에는 『디가니까야』(긴 가르침, dīgha-nikāya, 長部), 『맛지마니까야』(중간 길이 가르침, majjhima-nikāya, 中部), 『쌍윳따니까야』(내용을 함께 묶은 가르침, saṃyutta-nikāya, 相應部), 『앙굿따라니까야』(하나씩 더하는 가르침, aṅguttara-nikāya, 增支部), 『쿳다까니까야』(달리 모음 가르침, khuddaka-nikāya, 小部)라는 여러 경전이 포함되어 있다. 그것들을 합치면 그 양은 상당하며, 그것이 포함하고 있는 가르침의 내용들도 매우 다양하고 풍부하다. 그러므로 그것들이 포함하고 있는 주제들을 상세히 논하기 위해서는 수많은 논서가 필요하며, 한두 권의 책으로 그것을 모두 다룬다는 것은 불가능하다. 그렇지만 주의 깊게 『니까야』를 읽어보면, 우리는 거기에서 석가모니 부처님 자신이나 그 제자들이 불교의 근본적인 가르침이라고 강조한 것들, 그리고 여러 『니까야』에서 공통으로 반복해서 강조하고 있는 가르침들을 발견할 수 있다. 또 그러한 것들에 비추어 볼 때, 비록 그리 자주 등장하지는 않는다고 하더라도 우리가 간과해서는 안 되는 중요한 가르침들도 있을 수 있다. 이런 점들을 염두에 두면서 이 책에서는 초기불교의 근본적이고 핵심적인 가르침이라 할 수 있는 것들을 정리해 보고자 한다. 아울러서 이 책에서는 초기불교의 가르침이 우리에게 던져주는 중요한 의미와 가치를 소중히 받아들이면서도, 동시에 그 속에 포함되어 있을 수 있는 문제점이나 시대적 한계 등에 대해서도 숙고해 보고자 한다. 그렇게 함으로써 우리는 우리 시대에 더 적합한 (불교적) 지혜를 찾아 나갈 수 있을 것이다.

## 1) 사성제(四聖諦)

초기불교의 근본적 가르침이 무엇인가를 살펴볼 때 우선 가장 염두에 두어야 할 점은 석가모니가 본래 지향했던 바와 그가 부처가 될 수 있었던 까닭이다. 널리 알려져 있듯이 석가모니는 생로병사와 같은 중생의 괴로움을 보고 그것의 원인과 해결방안을 찾기 위해 각고의 노력과 수행을 하였고, 결국 그것을 깨달아 부처가 되었다. 석가모니가 '깨달은 자'인 부처가 될 수 있었던 것은 다름 아닌 바로 이것 즉, 중생의 괴로움과 그 원인, 그리고 그것을 극복한 상태와 그에 이르는 방법인 '네 가지 거룩한 진리(사성제四聖諦)'를 깨달았기 때문이었다. 그러므로 부처님의 초기 가르침에서 가장 근본적인 것은 바로 네 가지 거룩한 진리라 할 수 있으며, 이것은 여러

『니까야』에서 확인할 수 있다.

　예를 들면 『쿳다까니까야』에서는 "길 가운데 팔정도가 최상이고, 진리 가운데 사성제가 최상이다"[2]라고 함으로써 사성제야말로 최고의 진리라는 것을 분명히 밝히고 있다. 또한 『맛지마니까야』에서 석가모니 부처님의 수제자인 싸리뿟따는 '지혜가 있다는 것은 무엇'이냐는 꼿띠따의 질문에 대해 그것은 '사성제를 분명히 아는 것'이라고 대답함으로써 불교적 지혜의 핵심이 사성제에 있음을 가르쳐주고 있다.[3]

　그런데 인간이 겪는 괴로움과 그 원인에 대한 진단, 그리고 그것을 벗어나려는 방법과 그를 통해 괴로움에서 벗어난 완전히 행복한 상태의 제시라는 사성제의 구조는 사실 모든 위대한 종교와 실천적인 철학의 가르침에 공통적인 구조라고 할 수 있다. 만약 인간의 삶에 아무런 문제나 괴로움이 없다고 한다면 어떠한 종교도 그 존재의 의미가 있을 수 없을 것이다. 그러므로 모든 종교는 인간의 삶에 근원적인 심각한 문제, 위험, 고뇌, 고통이 존재한다는 것을 강조하는 데서 출발한다. 모든 종교는 자신의 가르침을 따른다면 그러한 문제를 해결하고 완전히 행복한 상태에 도달할 수 있다고 주장한다. 그리고 그러한 행복한 상태에 도달하기 위해서 각자 그 나름으로 인간이 겪는 근원적인 문제점의 원인을 진단하고 그것을 해결하려는 방법을 제시한다. 각 종교가 서로 다른 것은 인간 삶의 근원적인 문제는 무엇인가, 그것이 해결된 이상적인 상태는 어떠한 것인가, 문제의 근본적인 원인은 무엇인가, 그것을 해결할 방법은 무엇인가에 대한 각자의 대답이 다르기 때문이라고 할 수 있다. 그리고 그중에서도 특히 중요한 점은 인간이 겪는 근원적인 문제와 괴로움의 원인에 대한 진단과 그것을 해결하려는 방법이라고 할 수 있다.

위대한 종교의 하나로서 불교의 특징도 바로 이 점에서 찾을 수 있다. 이렇게 볼 때 초기불교의 근본적 가르침은 불교의 '네 가지 거룩한 진리'를 중심으로 하고, 그 밖의 다양한 가르침을 그 안에 포함하여 살펴볼 수 있을 것이다.

### ① 고성제(苦聖諦)

먼저 첫 번째로 살펴볼 것은 중생이 겪는 괴로움에 대한 깨달음과 가르침이라 할 수 있는 고성제(苦聖諦)이다. 널리 알려져 있듯이 석가모니 부처가 출가를 한 계기는 그가 성 밖으로 나가 늙음과 병과 죽음으로 인한 인간의 괴로움을 보고 그것을 해결해야겠다는 결심을 하게 된 것이었다. 사실 모든 문제 해결의 출발은 그 문제를 심각하게 느끼는 데 있다. 괴로움을 심각하게 느낄 때 비로소 괴로움을 해결하려는 굳은 의지가 생겨날 수 있다. 초기불교에서는 중생이 겪고 있는 괴로움에 대해 수없이 강조하고 있다. 사법인(四法印) 가운데 하나인 일체개고(一切皆苦)는 바로 이 고성제에 해당한다고 할 수 있다. 『디가니까야』에서는 중생이 겪는 괴로움을 다음과 같이 요약해서 말하고 있다 : "태어남도, 늙음도, 병듦도, 죽음도 괴로움이고, 근심, 비탄, 고통, 우울, 절망도 괴로움이고, 사랑하지 않는 것과 만나고, 사랑하는 것과 헤어지고, 원하는 것을 얻지 못하는 것도 괴로움이고, 간략히 말해서 다섯 가지 집착다발이 괴로움이다."[4] 여기에는 불교에서 흔히 팔고(八苦)라고 하는 중생들의 근원적인 여덟 가지 괴로움이 모두 포함되어 있다. 팔고는 생로병사(生老病死)라는 네 가지 괴로움에다 사랑하지 않는 것과 만나는 것(원증회고怨憎會苦), 사랑하는 것과 헤어지는 것(애별리고愛別離苦), 원하는 것을 얻지 못하는 것(구부득고求不得苦), 다섯 가지 집착다발로 인한 괴로움(오음성고五陰盛苦)을 말한다.

『디가니까야』에서는 이러한 팔고에 수많은 근심, 비탄, 고통, 우울, 절망도 중생이 겪는 괴로움으로 추가하고 있다. 앞의 구절에 이어지는 설명을 참고로 하여 여기서 말하고 있는 괴로움을 자세히 살펴보면, 이것들은 사실상 중생이 겪는 모든 괴로움을 포괄하고 있다고 해도 과언이 아니다.

생로병사의 괴로움은 모든 중생이 겪을 수밖에 없는 가장 보편적이고 근본적인 괴로움이다. 늙음은 중생이 '늙고 노쇠하고 쇠약해지는' 데 따라 겪는 괴로움이다. 병은 내외의 여러 가지 요인에 따라 발생하는 질병으로 인한 괴로움이다. 죽음은 생명체가 '멸망하고 파괴되고 사멸하는' 데 따른 괴로움이다. 태어남이 괴로움이라는 까닭은 우선 그것이 중생이 겪는 모든 괴로움의 시발점이 되기 때문이다. 중생은 다섯 가지 집착다발(오온五蘊)로 이루어져 있다. 다섯 가지 집착다발로 이루어진 중생이 태어나면 여러 가지 감각기관이나 의식(육입六入)을 갖게 되고 그것들을 통해 세상의 여러 가지 것들에 접촉하면서 괴로움을 겪게 된다. 그러므로 삶의 시작인 태어남 자체가 곧 괴로움의 시작이라고도 할 수 있다. 위에서 여러 가지 괴로움을 열거한 후 결론적으로 '간략히 말해서 다섯 가지 집착다발이 괴로움이다'라고 말한 까닭도 그것이다. 그런데 태어남이 어째서 괴로움인가에 대해서는 이보다도 좀 더 깊이 있게 생각해 볼 수도 있다. 한 생명체가 태어난다는 것은 그것이 본래 속해 있었던 전 우주로부터 떨어져 나온다는 것을 의미한다. 마치 어머니의 뱃속에서 어머니와 하나였던 생명체가 어머니에게서 떨어져 나오듯. 태어남이란 본래의 제 자리로부터 분리되는 것이기 때문에, 그 자체가 고통과 불안과 공포 등을 초래한다. 그러므로 불교에서는 다시는 어떠한 생명체로도 다시 태어나지 않게 되는 것을 완전한 열반의 경지로 간주한다.

생로병사에 이어 얘기하고 있는 '근심, 비탄, 고통, 우울, 절망'이라는 괴로움에는 온갖 종류의 육체적이고 정신적인 괴로움들이 포함되어 있다. 이 중 '고통'은 주로 '신체적인 고통'에서 생겨나는 괴로움을 말한다. 그러나 '근심, 비탄, 우울, 절망' 등은 여러 가지 요인들로 인한 정신적인 괴로움들을 주로 말하고 있다. 그렇지만 그것들이 일어나게 되는 것을 '이러저러한 불행을 만나고 이러저러한 괴로운 것에 접촉'하는 것이라 하는 것을 보면 그 원인에는 물질적·육체적인 요인들과 정신적인 요인들 모두가 포함된다고 볼 수도 있다. 여기서도 알 수 있듯이 불교에서 말하는 괴로움에는 우리가 다분히 심리적인 괴로움이라고 볼 수 있는 것과 육체적이라고 볼 수 있는 것, 그리고 그 모두를 포함하고 있는 것 등 모든 괴로움이 포함되어 있음을 알 수 있다. 이것은 원하지 않고, 마음에 들지 않는 온갖 사물들이나 사람들을 만나는 데서 오는 괴로움, 원하고 마음에 드는 온갖 사물들이나 사람들을 만나지 못하는 데서 오는 괴로움, 원하는 것을 얻지 못하는 데서 오는 괴로움 등에서도 마찬가지이다.

그런데 불교에서는 종종 물질적·육체적인 요인과 정신적인 요인, 그리고 객관적인 요인과 주관적인 요인으로 인한 괴로움을 구분하지 않기 때문에 그것을 가리키는 말로 고통, 번뇌, 고뇌 등의 용어를 뒤섞어 쓰는 경향이 있다. 물론 대부분 물질적·육체적인 요인과 정신적인 요인, 그리고 객관적인 요인과 주관적인 요인은 서로 결합해 있어 분리하기 어려운 것이 사실이다. 그럼에도 불구하고 우리는 물리적인 요인, 객관적인 요인이 매우 강한 괴로움과 정신적, 주관적인 요인의 작용이 큰 괴로움을 어느 정도 구분할 수 있다. 그리고 이것을 구분하는 건 그러한 괴로움을 해결할 방법을 찾기 위해서도 매우 중요하다고 할 수 있다. 객관적인 요인이 강한 고통과 주관적 요인이 강한 번뇌를 똑같이 취급한다면 그것은 상당한 문제가 될 수도 있다. 이 문제에 대해서는 나중에 다시 얘기해 보도록 한다.

### ② 멸성제(滅聖諦)

불교의 궁극적인 목표는 위에서 말한 바와 같이 중생이 겪는 근본적인 괴로움에서 벗어나는 것이다. 괴로움에서 벗어난 궁극적 상태에 대한 깨달음을 멸성제(滅聖諦)라 한다. 일체의 번뇌가 사라진 열반이 있다는 진리 즉, 사법인 가운데 하나인 열반적정인(涅槃寂靜印)은 이 멸성제에 해당한다고 할 수 있다. 괴로움으로부터 완전히 벗어난다는 불교의 궁극적인 목표를 가리키는 말로는 흔히 해탈(解脫)이나 열반(涅槃)이라는 말을 쓴다.

예를 들자면 멸성제에 대해 직접적으로 언급하고 있는 『디가니까야』에서는 "괴로움의 소멸의 거룩한 진리란 어떠한 것인가? 갈애가 남김없이 사라지고 소멸되고 포기되고 방기되면, 집착 없이 해탈한다"[5]라고 말한다. 여기에는 괴로움의 근본 원인인 갈애를 없애 집착에서 벗어나 괴로움을 소멸시키고 괴로움에서 벗어나는 것을 해탈이라고 하고 있다. 여기서 말하는 갈애란 '욕망과 탐욕'과 같은 뜻이라고 말할 수 있다. 그것은 예컨대 『맛지마니까야』의 "다섯 가지 존재의 집착다발에서 욕망과 탐욕을 제거하고 욕망과 탐욕을 버리는 것이 괴로움의 소멸입니다"[6]라는 말에서도 알 수 있다. 해탈은 괴로움의 원인이 갈애, 욕망, 탐욕으로 인한 집착에 있다는 것을 깨닫고 집착으로 인한 번뇌에서 벗어나는 것이다. 그래서 여러 니까야에서는 지혜를 철저히 닦고 성취한 자는 갖가지의 집착에 의한 번뇌, 감각적 쾌락의 욕망이나 존재나 무명에 의한 번뇌에서 마음이 해탈한다고 말한다. '집착에 의한 번뇌'로부터 '마음'이 해탈한다는 말을 통해 우리는 해탈이라는 개념에서 괴로움과 괴로움의 극복은 다분히 정신적이고 내적이며 주관적인 것에 초점을 맞춰져 있다는 것을 알 수 있다.

그런데 깨달음을 통해 집착과 번뇌로부터 해탈한다고 해서 물리적·육체적 괴로움이나 객관적 요인에 의한 괴로움 같은 것도 모두 해결된다고 보기는 어렵다. 예컨대 질병이나 사고 등으로 인한 육체적 고통이라든가 가난이나 기아 그리고 전쟁 등으로 인한 고통 같은 것들은 단순히 집착과 번뇌로서 깨달음을 통해 벗어날 수 있다고 하기는 어렵다. 물론 궁극적인 차원에서 보자면 마음과 몸, 주관과 객관은 둘이 아니다. 그것들은 서로 분리할 수 없이 연관되어 있다. 질병, 사고, 가난, 기아, 전쟁 등으로 인한 고통도 마음을 어떻게 먹느냐에 따라 느끼는 바가 크게 달라질 수 있다. 육체가 느끼는 고통도 궁극적으로 생명체가 갖는 생명보존의 욕망 같은 것과 밀접히 연결되어 있고 그러한 욕망의 극복에 따라 상당 부분 벗어날 수 있다고도 할 수 있다. 우리는 실제로 명상을 통해 통증을 완화한다거나 질병을 치유한다는 사실을 듣거나 경험하기도 한다. 그럼에도 불구하고 마음과 몸, 주관과 객관은 하나도 아니며, 그러므로 물리적·객관적 요인에 의한 괴로움들은 그 요인들을 그대로 놔둔 채 마음에 의한 해탈만으로 완전히 벗어나기는 어렵다. 온전히 깨달은 자라고 하는 석가모니 부처님조차도 쭌다가 바친 음식을 들고 피가 나오는 이질에 걸려 죽음에 이르는 듯한 고통을 겪었다. 물론 부처님은 그러한 고통에 대해서도 통찰하고 올바른 앎을 통해 그것에 번민하지 않고 참아냈지만, 이미 깨달았음에도 그런 고통으로부터 완전히 자유로울 수는 없었다는 것만은 틀림이 없다.

하나의 생명체로서 살아가는 동안에 모든 괴로움으로부터 완전히 벗어난다는 것은 불가능하다. 그러므로 불교에서는 괴로움으로부터의 완전한 해방은 또 다른 하나의 생명체로 태어나는 윤회를 벗어날 때 비로소 이루어진다고 얘기한다. 집착과 번뇌로부터 해탈한 사람은 윤회의 사슬에서 벗어나고 그렇게 함으로써 다시는 어떠한 괴로움도 겪지 않게 된다. 『맛지마니까야』에서는 이것을 이렇게 표현한다. "올바른 궁극의 앎으로 해탈하여 거룩한 님이 되면, 그들에게 윤회는 시설되지 않는다."[7] 해탈을 통해 윤회에서 벗어나고 괴로움의 완전한 종식에도 이르게 된다는 생각은 열반 개념과 연결된다.

불교의 초기 경전에서 열반이라는 개념은 크게 볼 때 두 가지로 쓰이고 있다. 그 하나는 탐냄과 성냄과 어리석음을 제거하고 번뇌에서 벗어나는 것을 말하는 것으로, 앞에서 말한 해탈과 같은 개념이라고 할 수 있다. 이러한 열반 개념에 대해 『쌍윳따니까야』에서는 이렇게 말하고 있다 : "탐욕, 성냄, 어리석음이 부서지면 그것을 열반이라고 부른다."[8] "이 탐욕의 제거, 성냄의 제거, 어리석음의 제거라는 것은 열반의 세계를 말한다. 바로 번뇌의 부숨을 그렇게 말하는 것이다."[9] 이것은 수행자가 살아 있는 동안에 깨달음을 통해 집착과 번뇌에서 벗어나는 것이지만, 아직은 오온으로 이루어진 생명을 가지고 있어서 모든 고통으로부터 완전히 벗어난 것은 아니다. 그러므로 그것은 흔히 '잔여가 있는 열반(有餘依涅槃)'이라고 일컫는다. 또 다른 하나의 열반은 깨달은 자가 죽어 그의 조건 지어진 모든 존재가 사라지고 다시는 윤회를 하지 않게 되는 것을 말한다. 초기 경전에서는 이것을 흔히 '완전한 열반'이라고 말하고 있으며, 이것은 흔히 '잔여가 없는 열반(無餘依涅槃)'이라고도 일컫는다. 생이

다하고 생명체를 이루고 있던 모든 정신적이고 물질적인 요소들이 소멸하고, 다시는 다른 하나의 개체 생명체로서 태어나지 않음으로써, 일체의 고통으로부터도 완전히 벗어나는 것, 이것이 바로 완전한 열반이다.

이렇게 볼 때, 멸성제에서 말하는 불교의 궁극적인 목표는 깨달음을 통해 현세에서 모든 집착과 번뇌에서 벗어나고, 청정한 삶을 통해 업보에서 벗어나, 죽은 뒤에는 다시는 윤회하지 않음으로써 어떠한 고통도 받지 않고 온 우주와 하나가 되는 것을 의미한다고 할 수 있다.

### ③ 집성제(集聖諦)

괴로움에서 벗어나 해탈과 열반에 이르려면 괴로움의 원인에 대한 진단이 필요하다. 그것은 모든 질병의 치유가 그 원인에 대한 정확한 진단을 통해서 가능한 것과 마찬가지이다. 중생의 괴로움의 원인에 대한 깨달음과 진리를 불교에서는 집성제(集聖諦)라고 한다.

초기불교의 여러 경전에서는 중생이 겪는 고통이 갈애와 그로 인한 집착에서 비롯된다고 가르친다. 예를 들면 『맛지마니까야』에서는 '감각적 쾌락에 대한 욕망에 관한 갈애, 존재에 대한 갈애, 비존재에 대한 갈애가 있는데, 이것을 괴로움의 발생에 대한 거룩한 진리라고 한다'고 말한다.[10] 또한 『쌍윳따니까야』에서는 '괴로움이야말로 집착(의 대상)을 조건, 원인, 발생, 바탕으로 하며, 집착(의 대상)은 갈애를 조건, 원인, 발생, 바탕으로 한다'[11]라든가, '갈애를 키운 사람은 집착을 키운 것이고, 집착을 키운 사람은 괴로움을 키운 것'[12]이라고 얘기한다.

초기불교에서는 괴로움의 원인을 욕망이라고도 얘기한다. 예를 들면 『쌍윳따니까야』에서는 "어떠한 괴로움이 일어나더라도 그 모든 것은 욕망을 뿌리로 하고 욕망을 인연으로 하여 생겨난 것이다. 욕망이야말로 괴로움의 뿌리이기 때문이다"[13]라고 말하고 있다. 또한 "불행은 욕망에서 생기고 괴로움도 욕망에서 생겨난다"[14]고 하여, 욕망이 불행과 괴로움의 원인이므로 "욕망을 소멸하여 불행을 극복하고 욕망을 제거하여 괴로움을 극복하여야"[15] 한다고 말하고 있다.

욕망(또는 갈망)은 자신이 결여하고 있는 자신의 바깥에 있는 어떤 것에 대한 바람이다. 그것은 바깥에 있는 어떤 것을 자신에게 필요하고 가치 있는 것으로서 긍정하는 것이다. 그러한 욕망으로부터 중생의 갖가지 감정도 생겨난다.[16] 예컨대 욕망의 대상에 대해서 그것을 원하는 사랑이라는 감정, 그것을 얻지 못할지도 모른다는 근심, 그것을 얻었을 때의 기쁨과 행복 같은 감정, 그것을 얻지 못하거나 잃어버렸을 때의 슬픔, 비탄, 절망, 불행과 같은 감정, 그것에 해를 끼치거나 그것을 얻는 것을 방해하는 것에 대한 분노, 자기가 원하는 걸 가진 다른 사람에 대한 질투 등의 감정 등이 그것이다. 초기불교에서는 욕망과 욕망으로부터 생겨나는 모든 감정이 괴로움을 초래한다고 부정적으로 평가하며 거기에서 벗어나야 한다고 가르친다.

욕망과 감정에 대한 이러한 부정적 관점은 욕망과 그로부터 생겨나는 기쁨의 감정을 찬양하는 하늘사람에 대해 욕망과 그것이 초래하는 슬픔과 거기에서 벗어날 것을 강조하는 부처님의 다음과 같은 태도에서 잘 드러난다.

하늘사람 : 아들이 있는 사람은 아들로 기뻐하고, 외양간 주인은

소 때문에 기뻐하듯이, 사람의 기쁨은 집착의 대상에서 생겨나니, 집착하지 않는 자는 기뻐할 것도 없으리.[17]

세존 : 아들이 있는 사람은 아들로 슬퍼하고, 외양간 주인은 소 때문에 슬퍼하듯이, 사람의 슬픔은 집착의 대상에서 생겨나니, 집착하지 않는 자는 슬퍼할 것도 없으리.[18]

초기불교에 따르면 욕망과 감정은 모두 바깥에 있는 변전하는 허망한 것들에 가치를 부여하는 잘못으로부터 유래한다. 그러나 이 세상에 존재하는 모든 형성된 것들은 실체가 없는 무상한 것이다. 끊임없이 변화하며 잠시 존재하다가 곧 사라지고 마는 허깨비 같은 외적인 것들에 가치를 부여하고 그것들을 얻을 수 있기를 바라는 것은 고통의 원인이 된다. 직접적인 고통을 초래하는 슬픔, 비탄, 절망, 불행, 분노, 질투 등의 감정은 물론이고, 잠시 느끼는 기쁨과 행복 같은 감정도 그 대상의 변화나 소멸과 함께 결국은 고통을 가져온다. 욕망과 그로부터 생겨나는 감정들은 변전하는 덧없고 무상한 것들의 정체를 잘 모르고 그에 대해 가치를 부여하고 집착하는 것한테서 온다. 그러므로 중생이 겪는 모든 괴로움의 근본 원인은 무지 즉, 존재하는 모든 것이 무상하고 실체가 없으며 괴로운 것이라는 사실을 모르는 무지(무명)라고 할 수도 있다.

그러므로 초기 경전에서는 모든 형성된 것들은 끊임없이 변전하는 무상한 것들로서 실체가 없는 허망한 것들이며 괴로운 것임을 깨달아 그 모든 것을 싫어하여 떠남으로써 모든 욕망과 감정에서 벗어나고 해탈하는 것이야말로 불교가 추구하는 것임을 수도 없이 강조하고 있다. 예를 들자면, 이러한 것은 존재하는 모든 것의 토대가 되는 오온(色受想行識, 물질, 느낌, 지각, 형성, 의식)이 모두 무상하고 변화하고 사라지고 소멸하는 것을 알고 그것들로 인한 모든 슬픔, 비탄, 고통, 근심, 절망을 끊어 버릴 것을 주장하는 것[19]이나, 즐겁거나 괴로운 느낌 모두를 무상한 것으로 알아 환락에서도 벗어날 것을 주장하는 것[20] 등에서 잘 드러나 있다.

결국, 불교에서 괴로움의 근본 원인으로 얘기하는 것은 무지와 욕망(또는 갈애)과 감정이라고 할 수 있다. 세상에 존재하는 모든 것이 무상하고 실체가 없고 괴로운 것임을 알지 못하고 그것에 가치를 부여하면서 탐내고 갈망하며 그에 대한 여러 감정을 품게 됨으로써 온갖 괴로움에 시달리게 된다는 것이다. 이것은 흔히 불교에서 중생을 고통에 빠뜨리고 윤회 속으로 몰아넣는 원인으로 얘기하는 어리석음과 탐냄과 성냄이라는 삼독(三毒)과도 통하는 것이다. 여기서 말하는 어리석음은 앞의 무지와, 탐냄은 욕망(또는 갈애)과 같고, 성냄은 여러 감정 가운데 대표적인 것의 하나로 이해할 수 있다.

### ④ 도성제(道聖諦)

중생이 겪는 괴로움의 근본 원인을 제대로 진단하였으면 이제 남은 일은 그것을 제거하는 수단을 취하여 괴로움으로부터 완전히 벗어나는 것이다. 괴로움에서 벗어나는 길에 대한 깨달음을 불교에서는 도성제(道聖諦)라고 부른다. 괴로움에서 어떻게 벗어날 것인가가 가장 중요한 일이기 때문에, 초기불교의 대부분의 중요한 가르침은 이 도성제에 포함되는 것이라 할 수 있다.

#### 무명(無明)의 타파 : 연기설(緣起說)

괴로움을 벗어나기 위한 길에 대한 가르침 중에서 우선 중요한 것은 무명의 타파이며, 그것은 연기설과 결합되어 있다. 앞에서 보았듯이 불교에서는 중생이 겪는 괴로움의 근본 원인은 모든 존재하는 것들이 무상하고 실체가 없고 괴로운 것임을 알지 못하는 무지 (무명無明), 그리고 그것에 기초한 욕망과 감정이라고 보고 있다. 그러므로 괴로움을 극복하는 길은 무엇보다도 우선 무지(무명)를 깨트리고 존재의 진리를 깨닫는 것에 있다. 그렇다면 세상에 존재하는 모든 것의 참된 모습을 밝히는 존재의 진리란 어떤 것인가? 불교에서는 그것을 바로 연기설로 얘기하고 있다. 연기설이란 세상에 존재하는 모든 것은 다른 존재들과의 인연 관계 속에서만 생겨나고 소멸한다는 가르침이다. 이 세상에 존재하는 모든 것은 다른 존재들과의 인연 관계 속에서만 생겨나고 소멸한다. 그 어떤 것도 다른 것들과의 관계를 떠나 저 홀로 독립적으로 생겨나고 존재할 수는 없다. '이것이 있으면, 저것이 있고, 이것이 생겨나면 저것이 생겨나며, 이것이 없으면 저것이 없고, 이것이 소멸하면 저것이 소멸한다'는 연기의 원리야말로 올바른 존재의 실상이다. 모든 것은 연기하는 것이고 서로가 총체적인 연관 관계 속에 있는 일다불이적인 것이며, 실체가 없이 인연에 따라 잠시 존재하다가 사라지는 것이기 때문에 유무불이적인 것이기도 하다. 이것을 제일 먼저 밝힌 것이 초기불교의 연기설이다. 사법인 가운데 모든 현상에는 실체로서의 '나'가 없어 공하다는 제법무아(諸法無我), 모든 유위법은 무상하다는 제행무상(諸行無常)이 연기하는 모든 존재가 일다불이이고 유무불이라는 이 연기설에 해당한다고 할 수 있다.

초기불교에서 연기설은 주로 12연기설의 형태로 제시되었다. 12연기설은 초기 경전의 수많은 곳에서 얘기하고 있지만, 특히『쌍윳따니까야』의 '제12 쌍윳따. 인연의 모음'에 가장 잘 설명되어 있다. 거기서 부처님이 수행승들에게 설명하고 있는 연기설의 내용은 다음과 같다.

즉, 연기란 무명(無明), 형성(行), 의식(識), 명색(名色), 여섯 가지 감역(六入), 접촉(觸), 느낌(受), 갈애(愛), 집착(着), 존재(有), 생(生), 늙음과 죽음(老死)(그리고 슬픔, 비탄 고통, 근심, 절망)의 12가지 것 중 뒤엣것이 앞엣것을 조건으로 해서 생겨난다는 것을 말한다. 그리고 그것은 또한 앞엣것이 소멸하면 뒤엣것이 소멸하게 된다는 것도 말한다.[21]

이 열두 가지 항목(12지)에 대해서도 부처님은 자세히 설명하고 있다. 무명이란 괴로움과 그 원인, 소멸, 소멸로 이끄는 길, 즉 사성제에 대해 알지 못하는 것을 말한다. 이러한 무지에 따라 중생은 여러 가지 신체적, 언어적, 정신적 행위를 하게 되는데 이것을 형성이라고 한다. 의식이란 여섯 가지 의식, 즉 시각, 청각, 후각, 미각, 촉각, 정신의식을 말한다. 명색이란 느낌, 지각, 의도, 접촉, 정신 활동이라는 명과 네 가지 광대한 존재, 또는 네 가지 광대한 존재에서 파생된 물질인 색을 합쳐서 말하는 것이다. 여섯 가지 감역이란 시각, 청각, 후각, 미각, 촉각, 정신이라는 감각 작용을 하는 기관을 말한다. 접촉이란 앞의 여섯 가지 기관으로 하는 접촉을 말한다. 느낌이란 앞의 여섯 가지 기관을 통한 접촉에서 생기는 느낌을 말한다. 갈애란 여섯 가지 갈애의 무리, 즉 형상, 소리, 냄새, 맛, 감촉, 사실에 대한 갈애를 말한다. 집착이란 갈애로 인해 생기는 집착을 말하는데, 감각적 쾌락의 욕망에 대한 집착, 견해에 대한 집착, 규범과 금기에 대한 집착, 실체의 이론에 대한 집착을 얘기하고 있다. 존재란 세 가지 존재, 즉 감각적 욕망의 존재, 미세한 물질계의 존재, 비물질계의 존재를 말하고 있다. 태어남이란 여러 유형의 중생의 출생을 말한다. 늙음과 죽음이란 중생의 늙음과 죽음을 말한다.[22]

12연기설은 생각보다 까다롭고 해석의 여지가 많아 12가지 것들의 정확한 관계를 논리정연하게 설명하기가 어렵다. 그래서 이에 대한 견해도 여러 가지가 있지만, 여기서는 가장 일반적이고 이해 가능한 해석의 관점에서 살펴보도록 하겠다.

우선, 이 12연기설은 중생들이 무지에 의해 여러 가지 업을 짓고 그로 인해 여러 형태의 생명체로 태어나 의식을 가진 존재로서 욕망과 집착에 따라 또다시 업을 짓고 살다가 죽어서 또다시 다른 생명체로 태어나서 고통을 겪는 윤회의 생멸 과정을 얘기하고 있다고 할 수 있다.

12지 가운데서 무명과 형성은 중생 대부분이 사성제를 비롯한 존재에 관한 진리들을 알지 못하고 그로 인해 여러 가지 잘못된 행위를 통한 업을 짓게 되는 것을 말한다. 그런데 이러한 행위와 업을 조건으로 해서 의식이 생겨난다는 것은 쉽게 이해하기 어렵다. 행위를 하고 업을 지으려면 이미 의식이 있어야 하기 때문이다. 그러므로 이것은 전생의 무지와 업으로 인해 중생이 다음 생에서 다시 의식을 가진 존재로 태어나는 것을 말하는 것이라 이해할 수 있다.

다음으로 의식을 조건으로 명색이 생겨나고 다시 명색을 조건으로 여섯 가지 감역이 생겨나고, 이것을 조건으로 다시 접촉이 생겨난다는 것도 상당히 이해하기 어렵다. 명색이란 의식의 대상이 되는 여러 가지 정신적 요소와 물질 모두를 가리킨다. 그런데 이런 것들 모두가 의식을 조건으로 생겨난다고 생각하기는 상당히 곤란하다. 물론 대승불교의 유식학에 가면 존재하는 모든 것을 식으로 설명하기도 하지만, 나중에 설명할 것처럼 거기에는 상당한 문제점이 있다. 더구나 여기에서 말하는 의식은 시각, 청각, 후각, 미각, 촉각, 정신의 의식을 말하므로 거기에서 모든 정신적·물질적 존재들이 생겨난다고 말하기는 어렵다. 또 이러한 명색으로부터 여섯 가지 감역 즉 여섯 가지 감각기관들이 생겨난다고 말하기도 어렵다. 그래서 이 부분은 의식을 가진 생명체가 태어나 여러 가지 감각기관을 갖고 의식의 대상이 되는 정신적·물질적 존재들을 접촉하게 됨을 묶어서 얘기하고 있는 것일 뿐 그 하나하나가 서로의 발생 원인과 결과가 된다고 말하는 건 아니라고 할 수 있다. 의식을 가진 존재가 여러 감각기관을 갖고 의식의 대상이 되는 것들과 접촉하면 거기로부터 여러 가지 느낌이 생겨나고, 그 느낌들로부터 오는 쾌락 등으로 인해 그것들에 대한 욕망과 애착을 갖게 된다. 그리고 그러한 욕망으로부터 여러 가지 것에 대한 집착이 생겨나고 그로 인해 많은 괴로움을 겪으며 살게 된다. 그리고 그렇게 살다가 늙고 죽으면 또 다른 생명체로 태어나 다시 앞의 과정을 반복하게 된다.

12지 가운데 존재가 집착을 조건으로 생겨난다고 하는 것도 현재의 세계 속에서 일어나는 것으로 생각하면 도저히 이해하기 어렵다. 12연기설에서 존재에 관해 설명하고 있는 것을 보면 그것은 윤회 과정에서 중생이 태어나는 세 가지 세계(三界)를 가리킨다. 그래서 그것은 집착으로 인한 여러 가지 업을 지은 결과로 다음 생에 태어나는 세상을 말하고 있다. 12지 중의 마지막 세 가지인 존재, 태어남, 늙음과 죽음은 중생은 지은 업에 따라 여러 세상 중 하나에 태어나서 살다가 늙고 죽게 된다는 것을 말하고 있다.

사실 12연기설은 무지로부터 욕망과 탐욕이 생겨나고 또 거기로부터 집착이 생겨나 고통을 겪게 된다는 상당히 간단한 사실을 좀 더 상세하게 설명하려다 보니 복잡한 형태를 띠게 된 것이라 할 수 있다. 그런데 앞에서 본 것처럼 12연기설은 하나의 세계와 생 속에서 일어나는 중생의 삶의 인과적인 연기적 과정을 얘기하지 않고 삼생에 걸친 연기적 과정을 뚜렷한 구분이나 설명 없이 뒤섞어 놓고 있어서 명쾌하고 논리적이라고 하기는 어렵다.

그래서 12연기설이 갖는 의미는 오히려 그것이 모든 존재의 참모습을 밝힌 더 보편적인 연기설의 기초가 된다는 점이라고 할 수 있다. 그것은 바로 앞에서도 지적한 것처럼 세상에 존재하는 모든 것은 다른 존재들과의 인연 관계 속에서만 생겨나고 소멸한다는 보편적인 원리로서의 연기설을 말한다. 12연기설을 설명하는 자리에 종종 덧붙여 놓은 '이것이 있으면 저것이 있고, 이것이 생겨나면 저것이 생겨난다. 이것이 없으면 저것이 없고, 이것이 소멸하면 저것이 소멸한다'는 문구가 바로 그것이다. 부처님은 이것을 '연기의 법칙'[23]이라고 부르면서 그것을 설명하기 위한 중요한 예로서 12연기를 들고 있다. 초기불교에서는 연기설을 설명하는 예로는 주로 12연기를 사용하고 있을 뿐 존재하는 것들의 총체적인 연기적 연관 관계를 밝히는 다른 풍부한 예들을 사용하고 있지는 않다. 그럼에도 불구하고 연기의 법칙이 중생의 삶과 연관된 12연기에만 한정된 것이 아니라 존재하는 모든 것들에 해당하는 보편적인 법칙이라는 것을 초기불교의 여러 가르침에서 발견할 수 있다.

예를 들자면, 부처님은 '모든 것이 존재하는가 아니면 존재하지 않는가'라는 자눗쏘니라는 바라문의 질문에 대해 '모든 것이 존재한다는 것은 하나의 극단이며, 모든 것이 존재하지 않는다는 것은 또 다른 극단'이므로 '여래는 중도로 가르침을 설한다'고 대답하였다.[24] 이것은 모든 존재가 연기에 의해 생겨나고 소멸하는 것이기 때문에 그 자체로 항상 존재하는 것도 아니요 그렇다고 존재하지 않는 것도 아니므로, 유무불이적이라는 것을 분명히 밝히고 있는 중요한 가르침이다.

또 다른 곳에서 부처님은 '모든 것이 존재한다는 것'이나 '모든 것이 존재하지 않는다는 것' 모두 '세속철학'으로서 극단에 치우친 것이라고 하면서, 더 나아가 '모든 것이 하나라는 것'이나 '모든 것이 다양하다는 것'도 '세속철학'으로서 극단에 치우친 것이며, 여래는 이 양극단들을 떠나서 중도로 가르침을 설한다고 얘기한다.[25] 여기에는 유무불이라는 가르침뿐 아니라, 연기라는 관계의 그물망 속에 존재하는 모든 것들은 서로 다르지 않으면서도 같지도 않은 존재들이기 때문에, 하나도 아니요 둘도 아닌 일다불이라는 가르침도 분명히 나타나 있다.

이처럼 일과 다, 유와 무 어느 쪽에도 치우치지 않는 이러한 중도의 원리가 연기의 원리이다. 그것은 모든 존재가 다른 모든 것들과의 보편적 관계 속에서만 존재하는 일다불이(一多不二)이고 유무불이(有無不二)라는(空하다는) 것을 말하고 있다. 이처럼 모든 존재가 연기하는 것으로서 일다불이이고 유무불이라는 것은, 모든 존재가 무상하고 괴롭고 실체가 없는 것이라는 초기불교의 가르침(三法印)에도 잘 나타나 있다. 이러한 가르침은 초기 경전의 여러 곳에 나타난다. 예를 들어 『앙굿따라니까야』에서는 '모든 형성된 것은 무상'하고 '괴로운 것'이고, '모든 사실은 실체가 없는 것'이라고 하면서, 이것은 여래의 출현 여부와 상관없이 정해져 있고, 확립된 원리라고 선언하고 있다.[26] 또 이것을 『쌍윳따니까야』에서는 물질, 느낌, 지각, 형성, 의식이라는 오온 모두가 무상하고 괴롭고 실체가 없는 것이라고 표현하고 있다.[27] 실체가 없다는 것은 모든 존재가 본래 그 자체로서 독립적으로 존재하는 게 아니라 다른 것들과의 연기 관계 속에서 존재하는 일다불이임을 의미한다. 무상은 그렇게 연기에 의해 생성 소멸하는 모든 존재가 영원히 존재하는 것도 아니고 그렇

다고 완전히 존재하지 않는 것도 아니라 잠시 머무르다 가는 것이
므로 유무불이임을 말한다. 괴롭다는 것은 바로 이러한 존재의 참
모습을 깨닫지 못하는 데서 오는 괴로움을 말한다.

　이러한 존재의 참모습을 깨닫지 못하는 데서 수많은 망설이나
집착과 괴로움이 생겨난다. 예컨대 세상 사람들은 대부분 자아를
포함한 이 세상의 모든 존재에 관해 존재나 비존재의 어느 극단에
치우쳐, 그것이 항상 존재하거나 단지 가상적으로만 존재할 뿐 실
재하지 않는다고 간주한다.[28] 그리하여 곧잘 지금 존재하는 것들이
영원히 존재할 것처럼 집착하는 영원주의에 빠지거나, 지금 존재하
는 것들은 모두 다 허망한 것일 뿐이라는 허무주의에 빠지기도 한
다.[29] 그러나 일과 다, 유와 무 어느 쪽에도 치우치지 않는 중도의
원리가 연기의 원리이며, 부처님은 그러한 양극단을 떠나서 중도
로 가르침을 설한다. 연기의 원리를 깨달으면 존재건 비존재건 모
든 것에 대한 갈애와 집착에서 벗어날 수 있다. 이것을 부처님은 이
렇게 얘기한다 : "참으로 있는 그대로 올바른 지혜로 세상의 발생을
관찰하는 자에게는 세상에 비존재라는 것은 사라진다. … 참으로
있는 그대로 올바른 지혜로 세상의 소멸을 관찰하는 자에게는 세
상에 존재라는 것은 사라진다."[30]

　존재의 연기성과 공성(空性)에 대한 깨달음이야말로 불교의 근본
적인 깨달음이다. 그러므로 부처님은 '연기를 보는 자는 진리를 보
고, 진리를 보는 자는 연기를 본다'고 말한다.[31] 그리고 모든 존재는
연기하는 것이며 공한 것임을 깨닫는 것이야말로 모든 괴로움과 번
뇌의 근본 원인인 무명과 갈애와 집착에서 벗어나는 길이다. 그래
서 부처님은 연기하는 모든 존재가 무상하고 괴롭고 실체가 없음
을 깨닫는 것이 바로 괴로움에서 벗어나는 길이라는 걸 수없이 강

조하고 있다. 예컨대 이것을 『쿳다까니까야』에서는 '일체의 형성된 것은 무상하고 괴로우며', '일체의 사실은 실체가 없다'는 것을 지혜로 보는 것이 괴로움에서 벗어나는 청정의 길이라고 얘기하고 있다.[32]

연기하는 존재에 대한 불이적 관점은 그 밖에도 초기불교의 여러 가르침 속에서 발견할 수 있다. 예를 들자면, 초기 경전의 여러 곳에는 자아와 세계의 영원성 여부, 세계의 유한과 무한, 자아의 물질성 여부, 자아의 유한성과 무한성 및 단일성과 다양성, 영혼의 사후 지각의 유무, 허무주의나 현세열반론 등에 관한 잘못된 견해들을 거론하면서 비판하고 있는데, 거기서도 우리는 불이적 관점이 올바른 것임을 알 수 있다. 이것은 특히 『디가니까야』의 '하느님의 그물의 경' 등에 자세히 나타나 있다. 거기에서는 62가지 근거를 통한 여러 가지 망설을 들고 있는데, 그것에는 영원주의자나 부분적 영원주의자 · 부분적 비영원주의자, 유한 · 무한론자, 회의주주의자, 우연론자, 사후지각론자, 사후무지각론자, 사후비유비무지각론자, 허무주의자, 현세열반론자 등이 속한다. 그런데 그 모든 것은 시간과 공간의 유한과 무한 여부, 선과 악의 판단, 유와 무(저세상, 화생, 과보, 사후 여래, 사후의 자아와 지각 등의 유와 무), 현세에서의 열반의 성취 가능성 여부 등에 대해 어느 한쪽을 고집하거나 회의주의에 빠지는 잘못이다. 여기서 부처님은 그 어느 쪽에도 빠지지 않아야 함을 강조함으로써 이 모두에 대한 불이적 관점이야말로 올바른 것임을 암시하고 있다.

언뜻 보면 부처님이 여러 망설로 일컬어지는 관점들을 단순히 모두 부정해 버리는 것으로 읽힐 수도 있다. 그렇지만 사실은 그렇지 않다. '수행자의 삶의 결실에 대한 경'에 보면 부처님은 '하느님 그물의 경'에서 망설 중의 하나로 들었던 현세열반론의 4선정설을 수행자의 결실로서 긍정적으로 수용하고 있다. 이것을 통해서도 우리는 부처님이 앞의 여러 가지 견해들을 모두 부정해 버리는 것이 아니라, 그 어느 한쪽을 고집하고 사로잡히는 것을 비판하면서 어느 쪽에도 치우치지 않는 불이적 중도의 관점을 제시하고 있다는 것을 알 수 있다.

세상의 모든 것 중에서도 우리에게 가장 문제가 되는 것은 자아(자신, 나)이다. 중생에게는 모두 생명체로서 자신의 생명을 유지하고자 하는 근원적인 욕망이 있다. 그에 따라 모든 생명체에게는 자신을 중심으로 삼고 주변의 모든 것을 자신의 생명을 위한 수단으로 삼는 자연스런 경향이 있다고 할 수 있다. 더구나 인간처럼 고도로 발달한 의식과 자기의식을 갖는 중생에게는 자기중심성과 자아에 대한 애착이 더욱 강하게 나타난다고 할 수 있다. 그런데 어쩌면 인간을 인간답게 만드는 것이 바로 이 자기의식이라고도 할 수 있다.

이것을 상징적으로 잘 드러내 주는 것은 기독교의 신화이다. 그것은 선악과에 얽힌 그 유명한 기독교 신화를 말한다. 그에 따르면 하나님이 창조한 아담과 이브는 선악과를 따 먹음으로써 선과 악을 의식하게 되고 자신들이 발가벗고 있다는 것에서 수치심을 느끼는 것과 같은 자기의식을 갖게 된다. 선과 악 등과 같이 무엇인가를 구분하는 것은 바로 의식의 작용을 말하는 것이며, 수치심과 같이 자신을 의식하게 되는 것은 바로 자기의식을 갖게 되었음을 의미한다. 이처럼 기독교 신화는 의식과 자기의식을 가진 존재야말로 진정한 의미의 인간임을 말하고 있다고 할 수 있다.

철학적 인간학이라고 하는 서양철학의 한 분파에 속하는 사상가들은 인간이 갖는 이념화 능력에 관해 얘기하면서 인간이야말로 다른 어떤 존재에 비해서도 의식과 자기의식이 고도로 발달한 존재임을 강조한다. 이념화란 의식을 가진 인간이 자신의 의식의 대상이 되는 자기 바깥의 모든 존재를 하나로 묶어서 대상화하고, 그와 마주 서 있는 자신의 존재를 되돌아봄으로써 자기의식을 갖게 되는 것을 말한다. 이런 이념화 능력을 통해 인간은 이 세상의 어떤 존재보다도 발달한 의식과 자기의식을 가진 존재가 된다는 것이다.

이처럼 의식과 자기의식이 고도로 발달한 존재, 자기의식과 자기애착이 강한 인간은 자아에 대해 여러 가지 편집된 견해들을 갖기 쉽다. 그래서 자아가 물질, 느낌, 지각, 형성, 의식이라는 오온 속에 있다고 여기면서 그런 자아를 다른 존재들과 독립적인 존재로 여기는 견해, 자아의 육체와 영혼은 같다거나 다르다는 견해, 자아는 영원히 존재한다거나 죽음과 더불어 완전히 소멸한다는 견해 등의 수많은 생각이 나타난다.

이 중에서 자아가 오온 속에 있다고 여기는 견해는 자신의 육체를 자아로 여기거나, 자신이 어떤 것을 느끼거나 지각하거나 행하거나 의식할 때 그렇게 하는 주체가 독립적으로 존재한다고 생각하는 것을 말한다. 독립적인 주체적 존재로서의 자아라는 이런 의식으로부터 나와 내 것에 대한 수많은 욕망과 집착과 감정이 생겨난다. 그리고 인간들 사이의 수많은 갈등과 다툼, 그리고 괴로움이 바로 여기로부터 생겨난다. 그래서 초기불교의 경전을 보면 부처님은 수많은 곳에서 자아의식에 대해 경계하는 가르침을 베풀고 있다. 부처님은 어떠한 때에도 '물질, 느낌, 지각, 형성, 의식을 자아로 여기지 않고, 그것을 가진 것을 자아로 여기지 않고, 자아 가운데 그것이 있다고 여기지 않고, 그것 가운데 자아가 있다고 여기지 않아야 한다'는 것을 강조한다.³³ 자아는 오온들이 인연에 따라 그러한 모양으로 잠시 머물러 있는 것일 뿐 그 어떤 것도 본래의 자아가 아니며, 자아는 독립적인 실체가 아니다. 이것을 제대로 보게 되면 '이것은 나의 것이 아니고 내가 아니고 나의 자아가 아니다'라고 생각하여 자아와 세계에 대한 수많은 잘못된 견해들을 물리치고, 나와 내 것에 대한 욕망과 집착으로부터도 벗어날 수 있다.³⁴

자아를 구성하는 정신과 물질적 요소 즉, 영혼과 육체의 관계에 대해 그 둘은 서로 같다거나 서로 다르다는 견해에 대해서도 부처님은 그 모두를 양극단으로 보면서 그것들이 둘이 아니라는 중도의 관점을 취한다. 영혼과 육체를 같다고 보면 육체의 죽음과 더불어 영혼도 함께 사멸하여 아무것도 남지 않게 된다고 이해하여 허무주의에 빠지기 쉽다. 반면에 영혼과 육체를 서로 다르다고 보면 육체가 죽어도 영혼은 계속해서 존재하는 것으로 파악하여 영원주의에 빠지기 쉽다. 영원주의는 파괴되지 않는 영혼으로서의 자아가 영속해서 존재하며 윤회를 계속해 나가는 것으로 보는 견해인데, 이것은 초기불교에서 거듭해서 강조하는 모든 존재의 무상과 무아 사상에 어긋난다. 여기서 윤회가 가능해지려면 윤회하는 주체로서의 자아가 계속해서 존재해야 하므로 윤회설과 무아설은 서로 모순되는 것이 아닌가 하는 문제가 제기되기도 한다. 그러나 연기하는 모든 것은 무상하고 무아임이 틀림없으며, 자아 역시 그러하다. 자아가 여러 가지 행위를 통해 쌓는 업의 힘은 어느 정도 다음 생까지 이어진다. 그렇지만 그렇다고 해서 단일한 실체로서의 자아가 계속해서 유지되면서 윤회를 계속해 나가는 것은 아니다. 다음 생으로 이어지는 업력은 일부에 불과하며 그것은 그곳에서 또 다른 물질과 정신적 요소들과 어우러지며 또 다른 존재로 사는 삶을 살아가게 된다고 할 수 있다. 비유하자면 윤회하는 자아는 여러 가닥으로 연결된 새끼줄과 같은 것이라고도 할 수 있다. 새끼줄을 구성하는 낱낱의 볏줄기는 여럿이면서도 서로 연결되고 연장되어 가는 하나의 줄이 된다. 윤회하는 자아도 이처럼 여러 물질과 정신적 요소들이 연기에 의해 서로 연결되어 이루어지는 일다불이적이고 유무불이적인 것이라고 할 수 있다.

　사실 인간이 가진 욕심과 그로 인해 겪게 되는 괴로움, 그리고 인간 사회 속에서 일어나는 갈등과 대립 대부분은 인간이 가진 자아의식, 그리고 그로 인한 나와 내 것에 대한 집착으로부터 생겨난다고 해도 과언이 아니다. 그러나 독립적 개체로서의 자아가 있다는 견해가 잘못이라는 것을 깨달으면, 나와 내 것, 그리고 온갖 세속적인 것들에 대한 욕망과 감정과 집착이라든가 감각적인 쾌락에서 벗어날 수 있다. 부처님은 이런 관점에서 나와 내 것에 대한 집착을 버리고 일체의 탐냄과 성냄과 어리석음에서 벗어날 것을 수없이 강조하고 있다. 이런 관점에서 부처님은 잘못된 자아의식으로부터 나오는 이득과 명예와 칭송에 대한 집착에서 벗어날 것은 물론, 즐겁거나 괴롭거나 즐겁지도 괴롭지도 않은 느낌 등 일체의 느낌에 대해서도 그것의 무상성을 깨닫고 그에 대한 집착에서 벗어날 것도 수없이 강조하고 있다.

### 괴로움으로부터 벗어나기 위한 여러 가지 수행 : 초기불교의 수행법

　앞서 본 것처럼, 모든 존재가 연기하는 일다불이적이고 유무불이적인 것임을 깨닫는 것이야말로 모든 괴로움의 근본 원인인 무지와 욕망과 감정과 집착에서 벗어나는 길이다. 불교의 모든 수행법은 바로 이것을 깨닫고 그 깨달음에 따라 생활하고 열반에 이르기 위한 것이다. 연기하는 존재의 참된 모습을 올바로 깨닫고 그에 따라 생활해 나간다는 것은 결코 쉬운 일이 아니다. 그래서 초기불교의 경전들에서는 깨달음을 얻고 모든 욕망과 감정과 집착에서 벗어나기 위한 수많은 수행법에 대해 설하고 있다. 초기불교 경전의 대부분의 가르침은 바로 이러한 수행법에 관련된 것이라 할 수 있다. 지금부터는 초기 경전에서 얘기하는 수행법에 대해 살펴보기로 한다.

초기 경전의 곳곳에서 부처님은 바라문교의 수행법을 비롯한 기존의 여러 가지 수행법에 대해 신랄한 비판을 가한다. 당시 인도에서 지배적이었던 바라문교에서는 엄격한 계급 구분 아래 네 가지 계급 중 오직 바라문에게만 성직자로서의 독점적 지위를 인정하고 있었다. 이것은 바라문교의 전통에 따라 오직 바라문 계급이 주관하는 종교적 의례와 절차 등의 방법에 따라서만 구원이 가능하다는 견해이다. 그리고 이것은 모든 사람이 각자의 주체적인 수행에 따라 구원을 이룰 수 있음을 부정하는 것이라고 볼 수 있다.

부처님은 우선 출생에 따른 네 가지 계급의 엄격한 구분과 불평등에 대해 신랄한 비판을 가한다. 예컨대, 앗쌀라야나라는 바라문 청년이 "바라문들이야말로 최상의 계급이고, 다른 계급은 저열하다, 바라문들이야말로 밝은 계급이고, 다른 계급은 어둡다. 바라문들이야말로 청정하고, 다른 계급은 그렇지 못하다. 바라문들이야말로 하느님의 적자이고, 그의 입에서 태어난 자이고, 하느님이 만든 자이고, 하느님의 상속자이다"라는 말에 대해 부처님의 생각을 물은 적이 있다. 이처럼 태생에 따라 선천적으로 계급이 정해진다는 주장에 대해 부처님은 여러 가지로 비판을 가한다. 우선 부처님은, 소위 네 가지 계급에 속하는 사람은 서로 다른 신의 특정 부위로부터 태어나는 것이 아니라, 모두가 똑같이 인간인 여인에게서 태어나는 것이기 때문에 그 태생이 평등한 것이라고 말한다. 또 부처님은 어떤 가문의 핏줄이라고 하는 것도 몇 대에 걸쳐서 엄밀히 따져본다면 여러 계급의 가문과 서로 뒤섞이지 않았다고 할 수도 없을 것이라고도 말한다. 또 네 가지 계급의 엄격한 구분은 자신들의 지역에서만 통용될 뿐 다른 지역에서는 계급 간의 이동이 얼마든지 일어나고 있다는 것도 지적한다.[35] 이처럼 부처님은 태생에 따라 브라만과 같은 성직자 계급이 정해진다는 주장을 부인한다. 부처님은, 인간이 어떤 사람이 되는가는 태생에 의해서가 아니라 오직 그 행위에 따라 정해지는 것이라고 주장한다. 예를 들자면 '태생에 따라 바라문이 된다는 주장과 행위에 따라 바라문이 된다는' 주장 중 어느 것이 맞느냐는 바라문 청년 바셋타의 질문에 대해 부처님은 다양한 종류의 동식물 간에는 출생에 기인한 특징들이 다양하게 존재하지만, 인간들 사이에는 출생에 기인한 그런 신체적 구별이 없다고 지적한다. 그래서 인간은 각자가 하는 일에 따라 구분될 뿐이다. 다른 말로 하자면 인간은 각자가 하는 행위에 따라 구분이 될 뿐이다. 그러므로 부처님은, "세상은 행위로 말미암아 존재하며, 사람들도 행위로 인해서 존재한다. 뭇삶은 행위에 매어 있다"고 얘기한다.[36] 그러므로 성직자의 자격은 태생적 핏줄에 의해서가 아니라 그 행위에 의해서만 결정되는 것이다.

태생에 따라 계급을 구분하는 바라문교의 전통을 거부하는 부처님은 더 나아가 바라문교와 같은 이전의 전통적인 종교의 가르침을 아무런 반성 없이 맹신하고 맹종하는 수행법에 대해서도 통렬한 비판을 가한다. 이전부터 전해져 오는 베다와 같은 경전을 신봉하는 바라문들은 전승을 맹종하는 자들이다. 그들은 그 전승에 따라 모든 진리와 거짓을 규정한다. 그들은 옛 선인들이 쓰고 전한 성전을 그대로 외우고 설하면서 따를 뿐이다. 그들은 결코 주체적인 반성과 수행법을 통한 깨달음에 의해 '나는 이것을 안다. 나는 이것을 본다. 이것이야말로 진리이고 다른 것은 거짓이다'라고 하지 않는다. 부처님은 이런 사람들을 마치 스스로 보지 못하고 줄을 서서 그저 앞사람만을 따라가는 봉사에 비유하여 이렇게 말한다. "성직자들이 설한 것은 마치 봉사들이 줄을 섰는데, 앞선 자도 보지 못하고 가운데 선 자도 보지 못하고 뒤에 선 자도 보지 못하는 것과 같다."[37]

전승에 대한 맹목적 신앙을 비판하는 부처님은 일체의 권위에 대한 맹신과 맹종에 대한 거부로까지 나아간다. 그래서 부처님은 "소문을 들었다든가, 전승되어 왔다든가, 여론이 그렇다든가, 성전의 권위라든가, 추론에 의한 근거가 있다든가 논리적인 귀결이라든가 형상에 대한 분석이라든가 견해에 대한 이해라든가 유력한 사람의 말이라든가 이 수행자가 우리의 스승이라는 것 때문에 그것을 따르지 말라"[38]고 말한다. 부처님은 이런 일체의 권위에 대해 맹종하지 말고, 오직 스스로 수행과 깨달음에 의해 어떠한 것이 악하고 건전하고 잘못되었고 비난할 만한 것임을 알면 그것을 버리고, 어떠한 것이 비난하거나 책망할 만하지 않고 착하고 건전한 것이라면 그것을 성취하라고 한다.[39]

부처님은 깨달음을 얻기 위해 수많은 스승을 찾아 다양한 수행법을 배우고 스스로 실천해 보았다. 그런 수행법들을 통해 깨달은 바가 없지는 않았겠지만, 부처님은 그것들로부터 완전한 깨달음을 얻지는 못했다. 깨달음을 위해 고심하던 부처님은 심지어 당시에 유행하던 여러 가지 고행을 통한 극단적인 수행까지도 마다하지 않았다. 부처님은 자신이 얼마나 심한 고행을 했는가에 관해서도 얘기하고 있다. 그에 따르면 부처님은 극단적인 소식과 절식은 물론이고, 머리카락과 수염을 뽑는다거나, 앉지 않고 계속해서 서 있다 거나, 못이 박힌 침대를 사용한다거나 하는 다양한 방법으로 몸을 괴롭히고 학대하는 것도 마다하지 않았다. 그 결과로 부처님의 몸은 형편없이 망가지기도 했는데 이것을 부처님은 이렇게 묘사한 바 있다.

> 나의 사지는 포도 줄기나 대나무 줄기의 옹이처럼 되었고, … 아 시띠까 풀의 마디나 깔라 풀의 마디처럼 되었다. … 엉덩이는 낙 타의 발처럼 되었고, 척추는 회전하는 사슬처럼 울퉁불퉁해졌다. 갈빗대는 오래된 지붕 없는 헛간의 흔들리는 서까래처럼 섬뜩하 게 튀어나왔다. … 눈빛은 눈구멍에 깊이 가라앉아, 깊은 우물에 멀리 가라앉은 물빛처럼 보였다. … 머리가죽은 주름지고 시들어 서, 푸르고 맛이 쓴 호리병박이 바람과 햇빛에 주름지고 시든 것 과 같았다. … 창자가 등에 붙어버려, 창자를 만지면 등뼈가 만져 졌고, 등뼈를 만지면 창자가 만져졌다. … 똥이나 오줌을 누려 하 면 머리가 앞으로 꼬꾸라졌다. … 몸을 편하게 하기 위해 손으로 사지를 문지르면, 털이 뿌리까지 썩어서 몸에서 떨어져 나갔다.[40]

그런데도 만족스러운 깨달음을 얻을 수 없었던 부처님은 자신만의 수행법을 찾아 실천함으로써 마침내 완전한 깨달음을 얻어 해탈에 도달했다. 부처님이 가르치는 완전한 깨달음에 도달하기 위한 수행법에는 많은 것들이 있지만, 크게 보자면 그것들은 계정혜(戒定慧)의 세 가지라 말할 수 있다. 부처님은 "수많은 고행을 실천하더라도 계행의 완성과 마음의 완성과 지혜의 완성이 닦여지지 않고 실현되지 않는다면, 그는 수행자와 성직자의 길에서 멀어진다"[41]고 말한다. 그래서 부처님은 '계행과 삼매와 지혜로 깨달음에 이르는 길을 닦아서, 나는 위 없는 청정한 삶에 이르렀다'고 분명히 얘기한다.[42]

초기불교에서는 깨달음에 이르기 위한 계행과 삼매와 지혜라는 세 가지 수행법을 여러 가지로 더 자세하게 설명하고 있다. 우선 계정혜를 좀 더 자세하게 설명하고 있는 것은 무엇보다도 팔정도(八正道)라고 할 수 있다. 부처님은 연기의 원리, 중도와 불이에 대한 깨달음을 얻고 모든 집착에서 벗어나 열반에 이르는 길을 팔정도라고도 설명한다. 부처님은 팔정도를 '괴로움의 소멸로 이끄는 길에 대한 거룩한 진리(道聖諦)'라고 하면서 이에 대해 자세히 설명하고 있다. 그리고 부처님이 얘기하는 팔정도는 계정혜의 세 가지 다발에 포함되는 것이라고 할 수 있다. 즉, 팔정도 가운데 '올바른 언어, 행위, 생활(正語, 正業, 正命)은 계행의 다발에 포함되며, 올바른 정진, 새김, 집중(正精進, 正念, 正定)은 정(定) 즉, 삼매의 다발에 포함되고, 올바른 견해, 사유(正見, 正思惟)는 지혜의 다발에 포함'[43]된다.

깨달음과 열반에 이르기 위해 지켜야 하는 계행에는 수많은 것이 있다. 부처님은 그러한 계행에 대해 여러 곳에서 자세하게 얘기하고 있다. 대표적인 예로는『디가니까야』에 나오는「계행다발의 품」을 들 수 있다. 거기에 보면 짧은 크기, 중간 크기, 긴 크기로 나누어서 수없이 많은 계행에 대해 얘기하고 있다. 그렇지만 총체적으로 묶어서 본다면 그것들은 결국 팔정도에서 보듯이 올바르게 말하고, 행동하고, 생활하는 것을 말한다.

올바르게 말한다는 것은, 거짓말을 하지 않고 진실을 말하며, 이간질을 하지 않고 화해하는 말을 하며, 욕하지 않고 온화하고 사랑스러운 말을 하며, 꾸며대는 말을 하지 않고 사실을 말하는 것이다.

올바르게 행동한다는 것은 살생, 도둑질, 간음 등의 악하고 잘못된 행동을 하지 않는 것을 말한다. 올바르게 생활한다는 것은 부당하고 잘못된 생활을 버리고 정당하고 올바른 생활로 생명과 생계를 유지하는 것을 말한다. 부처님이 든 수많은 계행 하나하나를 모두 따져본다면, 과연 그것들이 모두가 지켜야만 하는 계행으로 적합한 것인가를 문제 삼을 수도 있다. 예컨대 그 가운에는 당시의 수행자들에게 초점이 맞춰져 있어서, 일반 대중에게, 특히 오늘날의 일반 대중에게는 적합하다고 할 수 없는 것들도 있을 수 있다. 그렇지만 전체적으로 볼 때, 계행이라는 것은 생각하고 말하고 행동할 때, 선한 것을 행하고 악한 것을 행하지 말라는 극히 평범하고도 당연한 것을 얘기하고 있다고 할 수 있다.

부처님이 궁극적 깨달음에 이르기 위해서는 선정과 삼매가 필수적이라고 여겼다는 것은, 니까야의 여러 곳에서 확인할 수 있다. 예를 들면 『맛지마니까야』에서 부처님은 단계적인 배움과 실천에 관해 묻는 가나까 목갈라나의 질문에 대해, '궁극적인 지혜로 완전히 해탈하여 번뇌를 부순 거룩한 님'이 되기 위해서는 먼저 계행을 닦고, 다음에 새김을 확립하고 올바로 알아차리며, 가부좌를 하고 선정을 수행하고 성취하여야 함을 가르치고 있다.[44] 또한 『앙굿따라니까야』의 '감관의 수호에 대한 경'에서는 그것을 이렇게 말하고 있다 : "감관의 수호가 있다면, 감관수호의 구족으로 계행이 그 토대를 구축한다. 계행이 있다면, 계행의 구족으로 올바른 삼매가 그 토대를 구축한다. 올바른 삼매가 있다면, 올바른 삼매의 구족으로 있는 그대로 앎과 봄이 그 토대를 구축한다. 있는 그대로 앎과 봄이 있다면, 있는 그대로 앎과 봄의 구족으로 싫어하여 떠남과 사라짐이 그 토대를 구축한다. 싫어하여 떠남과 사라짐이 있다면, 싫어하여 떠남과 사라짐의 구족으로 해탈에 대한 앎과 봄이 그 토대를 구축한다."[45]

선정과 삼매의 수행은 팔정도에서 말하는 올바른 정진, 새김, 집중을 포함한다. 올바른 정진이란 네 가지 올바른 노력(사정근四正勤)을 말한다. 부처님은 네 가지 올바른 노력에 대해서 여러 가지로 설명한다. 우선 그것은 아직 생겨나지 않은 악하고 불건전한 것들은 생겨나지 않도록 하고, 이미 생겨난 악하고 불건전한 것들은 제거하고, 아직 일어나지 않은 착하고 건전한 것들은 생겨나도록 하고, 이미 생겨난 착하고 건전한 것들은 유지하여 잊어버리지 않고 증가시키도록 하는 노력 즉, 방지(제어)의 노력(律儀勤), 버림의 노력(斷勤), 수행의 노력(修勤), 수호의 노력(守護勤)을 말한다. 이것은 결국 착한 일을 하고 악한 일을 하지 않도록 언제나 마음을 책려하고 정진하는 것을 말한다.[46]

그런데 부처님은 이 사정근에 대해 다르게 설명하기도 한다. 제어의 노력은 시각, 청각, 후각, 미각, 촉각, 정신을 통해 느끼고 알게 되는 형상, 소리, 냄새, 맛, 감촉, 사실의 연상에 집착하지 않고, 절제하고 그 능력을 제어하는 걸 말한다. 버림의 노력은 욕망, 분노, 폭력에 매인 사유나 악하고 불건전한 것들이 일어나면 그것을 버리고 없애는 것을 말한다. 수행의 노력은 새김, 탐구, 정진, 희열, 안온, 집중, 평정의 깨달음의 고리라는 일곱 가지(칠각지七覺支)를 수행하는 것을 말한다. 수호의 노력은 훌륭한 삼매의 인상을 잘 수호하는 것인데, 이것에 속하는 것 가운데는 몸이 죽고 시체가 되어 부패해 감을 지각함으로써 몸에 대한 집착에서 벗어나는 것 등이 있다.[47]

올바른 새김은 몸, 느낌, 마음, 사실 등에 대하여 잘 관찰함으로써 그것들이 실체가 없고 무상한 것임을 알고 그것들에 대한 탐욕,

집착, 근심에서 벗어나는 걸 말한다. 몸, 느낌, 마음, 사실에 대한 관찰을 사념처(四念處) 즉, 네 가지 새김의 토대라고 한다. 사념처에 대해서는 초기 경전의 곳곳에서 얘기하고 있지만, 무엇보다도 『디가니까야』의 「새김의 토대의 큰 경」에서 자세히 설명하고 있다.[48]

그에 따르면 '몸에 대한 새김'에는 여러 가지가 있다. 우선 그것에는 '호흡새김'이 있다. 이는 한가한 곳에 가서 가부좌를 틀고 바로 앉아 숨을 쉬면서 호흡에 전념하며 몸을 관찰하는 것이다. 몸에 대한 새김에는 걷고, 서고, 앉고, 눕는 네 가지 행동에 관해서 그때마다 분명하게 관찰하는 것도 포함된다. 나아가 여기에는 또한 먹고 마시고 옷을 입고 잠들고 깨고 말하고 침묵하는 것 등의 모든 일상생활을 할 때도 항상 그때마다 행동을 올바로 알아차리는 것도 포함된다. 또 여기에는 우리의 몸이 포함하고 있는 갖가지 더러운 것들과 우리 몸을 구성하고 있는 네 가지 요소(지수화풍地水火風)에 대한 관찰, 그리고 우리의 몸이 죽어 시체가 되어 점점 부패해 사라져 가는 모양에 대한 관찰 같은 것도 포함되어 있다.

'느낌에 대한 새김'은 즐겁거나 괴롭거나, 그 어느 것도 아닌 모든 느낌에 대해 그것을 관찰하여 분명히 아는 것을 말한다.

'마음에 대한 새김'은 탐욕, 성냄, 어리석음에 매이거나 거기에서 벗어나는 마음, 그리고 그 밖에도 우리의 마음속에서 일어나는 수많은 마음에 대해 그때마다 모두 잘 알아차려 관찰하는 것을 말한다.

'사실에 대한 새김'에는 많은 것이 포함되어 있다. 여기에는 우선 감각적 쾌락의 욕망, 분노, 해태와 혼침, 흥분과 회한, 의심이라는 다섯 가지 장애가 나타나거나 소멸할 때 그것들을 그대로 관찰하여 분명히 아는 것이 포함되어 있다. 다음으로 여기에는 물질, 느낌, 지각, 형성, 의식이라는 다섯 가지 존재의 집착다발(오온五蘊)의 발생이나 소멸에 대해 관찰하여 분명히 아는 것도 포함된다. 다음으로 여기에는 여섯 가지 감각기관과 그를 통해 지각하는 것들(시각과 형상, 청각과 소리, 후각과 냄새, 미각과 맛, 촉각과 감촉, 정신과 사실)이나 그것들을 조건으로 하는 속박의 발생과 소멸 등에 대한 관찰과 분명한 인식도 포함된다. 다음으로 여기에는 앞에서 얘기한 바 있는 새김, 탐구, 정진, 희열, 안온, 집중, 평정이라는 일곱 가지 깨달음의 고리(七覺支)의 발생이나 소멸에 대한 관찰과 분명한 인식도 포함된다. 또 여기에는 네 가지 거룩한 진리와 팔정도에 대해서도 잘 관찰하고 숙고하는 것도 포함된다.

이상의 네 가지 새김의 토대에서 얘기하는 새김의 수행이라는 것은 결국 우리의 몸과 마음을 구성하고 있는 것과 그를 통해 우리가 행하는 모든 것들을 그때마다 항상 있는 그대로 관찰하여 알아차림으로써 그것들이 실체가 없고 무상한 것임을 깨닫는 것을 말하는 것이라고 할 수 있다. 부처님은 이런 네 가지 새김을 몇 년이나 몇 개월, 또는 심지어 며칠 동안이라도 열심히 수행한다면 깨달음을 얻을 수 있다고 말하고 있다.[49]

올바른 집중은 올바로 마음을 가다듬고 안정을 시켜, 감각적인 쾌락에 대한 욕망을 여의고 불건전한 상태를 떠난 뒤, 첫 번째에서 네 번째에 이르는 선정을 차례대로 성취하는 것을 말한다. 부처님은 여러 곳에서 이 첫 번째에서 네 번째에 이르는 선정에 관해 얘기하고 있다. 보통 첫 번째 선정에 대해서는 감각적인 쾌락에 대한 욕망을 여의고 불건전한 상태를 떠난 뒤, 사유를 갖추고 숙고를 갖추어, 멀리 여읨에서 생겨나는 희열과 행복으로 가득한 상태에 도달한 것이라고 말한다. 두 번째 선정은 사유와 숙고가 멈추어진 뒤, 내적인 평온과 마음의 통일을 이루고, 사유를 뛰어넘고 숙고를 뛰어넘어 삼매에서 생겨나는 희열과 행복으로 가득한 상태에 도달한 것이다. 세 번째 선정은 희열이 사라진 뒤, 새김을 확립하고 올바른 알아차림을 갖추고 평정하게 지내고 신체적으로 행복을 느끼며, 고귀한 님들이 평정하고 새김 있는 행복한 삶이라 부르는 상태에 도달한 것이다. 네 번째 선정은 즐거움과 괴로움이 버려지고 만족과 불만도 사라진 뒤, 괴로움도 뛰어넘고 즐거움도 뛰어넘어, 평정하고 새김 있고 청정한 상태에 도달한 것이다. 선정에 대한 이런 얘기를 잘 살펴보면, 그것은 결국 감각적 쾌락에 대한 욕망을 버리고 불건전한 상태를 떠난 뒤, 나아가서는 사유와 숙고도 버리고, 급기야는 모든 희열과 행복, 괴로움과 즐거움, 만족과 불만 같은 모든 마음의 분주한 움직임을 떠나 완전하게 고요하고 맑은 삼매의 상태에 도달할 것을 말하고 있음을 알 수 있다.

깨달음과 열반에 이르기 위한 지혜의 수행에는 팔정도 가운데 올바른 견해와 올바른 사유를 갖추는 것이 속한다. 올바른 견해는 세상에 존재하는 모든 것들의 근본적인 참모습을 올바로 보고 아는 것이다. 우리는 이미 앞에서 초기 경전에서 부처님이 말하는 존재의 근본적인 진리에 관해 얘기한 바 있다. 그것은, 우선 12연기설과 그것을 기초로 해서 드러낸 존재하는 모든 것은 다른 존재들과의 인연 관계 속에서만 생겨나고 소멸한다는 보편적인 원리로서의 연기설이었다. 그리고 그것은, 총체적인 인연 관계 속에서 연기하는 모든 것은 일다불이이고 유무불이라는 중도의 원리였다. 또 그것은, 그러므로 모든 것은 실체가 없고 무상하고 괴로운 것이라는 진리이기도 했다. 그리고 또 그것은, 연기하는 존재로서의 나 자신도 독립적 개체가 아니라는 것을 깨달으면 나와 내 것에 대한 집착과 일체의 탐욕과 성냄과 어리석음으로부터 벗어날 수 있다는 것을 말하는 것이기도 했다. 올바른 견해란 바로 부처님이 밝힌 이러한 존재의 진리를 올바로 보고 아는 것을 말한다. 우리는 이것을 초기 경전의 여러 구절을 통해 알 수 있다.

우선 『맛지마니까야』의 「올바른 견해의 경」에서는 올바른 견해를 여러 가지로 얘기하고 있다. 거기서 우선 올바른 견해란 악하고 불건전한 것들과 착하고 건전한 것들의 뿌리인 탐욕과 성냄과 어리석음을 분명히 아는 것이다. 또 그것은 '나는 있다'는 자의식의 경향을 제거하고, 무명을 버리고 명지를 일으키며 지금 여기에서 괴로움의 종식을 성취하는 것이기도 하다. 또 그것은 사성제 즉, 괴로움과 그 발생, 소멸, 소멸에 이르는 길을 잘 아는 것이기도 하다. 또 그것은 12연기의 12지들의 발생과 소멸을 잘 아는 것이기도 하다.[50] 이를 통해 우리는 올바른 견해라는 것이 앞서 얘기한 것처럼 연기설을 올바로 알고, 자아에 대한 집착을 버리고, 탐욕과 성냄과 어리석음을 버리고, 사성제를 올바로 통찰하는 것임을 알 수 있다.

『쌍윳따니까야』에서는 '모든 것은 존재한다'와 '모든 것은 존재하지 않는다'는 양극단을 떠나서 존재(有) 또는 비존재(無)의 어느 쪽에도 치우치지 않는 중도를 취하여 세상을 보는 것을 올바른 견해라고 말하고 있다.[51] 또한 『앙굿따라니까야』에서는 모든 것은 실체가 없고, 무상하고, 괴로운 것이라고 보는 것이야말로 올바른 견해라고 말하고 있다.[52] 이러한 가르침을 통해 우리는 올바른 견해는 바로 일다불이와 유무불이라는 존재의 진리를 올바로 보는 것임을 알 수 있다.

올바른 사유에 대해 부처님은 여러 곳에서 그것을 '욕망, 분노, 폭력을 여읜 사유'라고 말하고 있다.[53] 그것은 결국 앞에서 말한 올바른 견해에 기초해서 항상 모든 욕망과 감정에서 벗어나 모든 일과 사태를 있는 그대로 올바로 생각하는 것을 말한다고 볼 수 있다.

이상으로 초기불교에서 깨달음을 얻기 위한 수행법으로 얘기하는 것을 살펴봤는데, 여기서 잠시 이와 관련하여 깨달음의 과정과 단계라는 문제를 살펴보고자 한다.

### 2) 깨달음의 과정과 단계

지금까지 우리는 초기불교에서 깨달음을 얻고 열반에 도달하기 위한 수행법으로 얘기하는 계행과 삼매와 지혜라는 수행법에 대해서 살펴보았다. 부처님 스스로 '계행과 삼매와 지혜로 깨달음에 이르는 길을 닦아서, 나는 위없는 청정한 삶에 이르렀다'고 했듯이, 계정혜는 모두 해탈과 열반에 이르기 위해 필수적인 수행법이라고 할 수 있다. 그렇다면 완전한 깨달음을 얻어 해탈과 열반에 이르기 위해서 이런 수행을 해나갈 때 거쳐야 하는 일정한 단계나 과정이 있는 것인가?[54]

불교의 초기 경전인 니까야에는 여러 가지 수행 방법에 따른 해탈, 또는 해탈에 이르는 여러 가지 방법이나 단계에 관한 얘기들이 나온다. 여러 니까야에 흩어져 있는 이런 해탈 개념들은 질서정연하게 정리되어 있거나 서로 완전히 합치한다고 보기는 어려우며, 때로는 서로 다른 얘기조차도 존재한다. 그렇지만 자구에 얽매이지 않고 큰 맥락에서 본다면 그것들을 전체적으로 정리해 볼 수 있다.

초기불교의 해탈 개념의 정리를 위해서 우선 단서로 삼을 수 있는 것은 『맛지마니까야』의 「끼따기리 설법의 경」에 나오는 얘기이다. 거기에서는 해탈에 이르는 점차적인 단계와 각 단계의 성취자들에 관해 얘기하고 있다. 완전한 해탈에 이르는 점차적인 발전 단계에 따라 부처님은 그 성취자들을 일곱 종류로 나눈다. 그것을 높은 단계로부터 순서대로 말하자면 '양면으로 해탈한 님, 지혜로 해탈한 님, 몸으로 깨우친 님, 견해를 성취한 님, 믿음으로 해탈한 님, 가르침을 따르는 님, 믿음을 따르는 님'[55]이다.

이것을 낮은 단계부터 차례로 살펴보자면, 우선 '믿음을 따르는 님'은 여래를 믿는 사람이다. 그는 '아직 형상과 물질에 대한 집착에서 벗어나 고요한 해탈을 몸으로 체험하지 못하고 지혜로써 보아 번뇌를 부수지는 못했으나, 여래에 대한 믿음과 사랑이 충만하고 믿음, 정진, 새김, 집중, 지혜의 능력과 같은 원리를 갖춘 사람'[56]이다. '가르침을 따르는 님'은 앞의 믿음의 단계에서 더 나아가 여래가 선언한 가르침을 충분히 이해하고 받아들이는 사람이다.[57] '믿음으로 해탈한 님'은 여래의 가르침을 이해하고 받아들여 믿음이 확고해 지면서 어느 정도의 지혜를 얻고 번뇌도 어느 정도 벗어난 사람이다. 그는 '아직 해탈을 몸으로 체험하지는 못하였으나 지혜로써 보아 번뇌의 일부를 부수고 여래에 대한 믿음이 심어지고 뿌리를 내리고 확립된 사람'[58]이다. '견해를 성취한 님'은 앞 단계에서 더 나아가 여래의 말씀을 잘 알고 관찰하는 사람이다.[59] '몸으로 깨우친 님'은 모든 형상과 물질에 대한 집착에서 벗어나 고요한 해탈을 자신의 몸으로 체험하고 지혜로써 보아 번뇌의 일부를 부순 사람이다.[60] '지혜로 해탈한 님'은 모든 형상과 물질에 대한 집착에서 벗어나 고요한 해탈을 자신의 몸으로 체험하지는 않았으나 지혜로써 보아 모든 번뇌를 부순 사람이다.[61] '양면으로 해탈한 님'은 모든 형상과 물질에 대한 집착에서 벗어나 고요한 해탈을 자신의 몸으로 체험하고 지혜로써 보아 모든 번뇌를 부순 사람으로서 완전한 해탈

을 이룬 사람이다.[62]

완전한 해탈에 이르기까지의 일곱 종류의 사람을 든 다음에 부처님은 해탈에 이르는 길에 대해 요약하면서 '최상의 지혜(해탈)가 단번에 성취되지 않고 점차적으로 배우고 닦고 발전한 다음에 이루어진다'[63]고 말한다. 부처님에 따르면 그것은 다음과 같이 이루어진다 : '어떤 자에게 스승에 대한 믿음이 생기면 그는 스승에 가까이 가서, 공경하고, 그에게 귀를 기울이고, 가르침을 듣는다. 그리고 그 가르침을 기억하고, 가르침의 의미를 규명하며, 가르침을 성찰하여 수용한다. 그러면 의욕이 생겨나고, 의지를 굳히고, 그것을 깊이 새기고 정진하며, 몸으로 최상의 진리를 성취하고 지혜로써 꿰뚫어 보게 된다.'[64]

부처님이 여기에서 말하고 있는 것은 대체적으로는 깨달음을 얻고 해탈에 도달하기 위한 당연하고도 합리적인 단계라고 말할 수 있다. 그렇지만 자세히 검토해 보면 여기에는 상당히 애매한 부분들이 포함되어 있음을 알 수 있다.

우선 문제가 되는 부분은 완전한 깨달음과 해탈에 도달하기 위한 첫 출발점인 '믿음을 따르는 님'이 믿음, 정진, 새김, 집중, 지혜의 능력과 같은 원리를 갖추었다고 하는 것이다. 믿음을 따르는 사람이 믿음의 능력을 갖추었다는 것은 당연한 일이다. 그런데 정진, 새김, 집중, 지혜의 능력은 주로 해탈의 다음 단계로 얘기하는 사람들에게 해당하는 능력들로 보인다. 정진의 능력은 부처님의 가르침을 받아들여 악한 것을 버리고 생겨나지 않도록 하며 착하고 건전한 것들은 지키고 생겨나도록 노력하고 그를 통해 점점 더 부처님의 깨달음에 대한 믿음이 확고해지는 것으로서, '가르침을 따르는 님'과 '믿음으로 해탈한 님'에 해당한다. 새김의 능력은 여래의 말씀을 새기며 옛날의 일이나 말을 기억하고 세상의 탐욕과 근심을 제거하며, 몸, 느낌, 마음, 사실에 대해 관찰을 닦는 것으로서, 견해를 성취한 님에 해당한다. 집중의 능력은 대상에 사로잡히지 않고 마음의 통일을 이루어, 원하는 대로 감각적 쾌락의 욕망을 벗어나 선정에 드는 것으로서, 몸으로 깨우친 님에 해당한다. 지혜의 능력은 탁월한 꿰뚫음으로 네 가지 성스러운 진리(사성제)를 있는 그대로 분명히 아는 것으로서 지혜로 해탈한 님에 해당한다.[65]

이처럼 해탈의 점차적인 단계적 발전을 얘기하면서도 첫 단계에 있는 사람이 그 위 단계에 있는 사람들에게 요구되는 능력들도 어느 정도 가지고 있어야 한다고 함으로써 해탈의 단계, 또는 해탈에 이르기 위한 수행의 방법들은 서로 중첩되고 얽히게 된다. 사실 부처님의 깨달음에 대한 믿음으로 충만하기 위해서는 부처님의 가르침에 대해 어느 정도 알고 그에 따르기 위해 노력하며 그것에 대해 가끔이라도 생각해 보지 않을 수 없다. 이것은 믿음이 정진, 새김, 집중, 지혜도 어느 정도 포함한다는 걸 말하는 것이며, 다른 것들도 이와 마찬가지로 각자가 서로를 포함하고 있다고 할 수 있다. 이것은 해탈의 단계나 각 단계에 요구되는 수행 방법이나 능력이 서로 엄격히 구분되는 것이 아니라 서로 밀접하게 연관되어 있지만, 단지 단계마다 주된 수행 방법이나 성취하는 부분이 다르거나 여러 수행 능력의 성취 정도가 다름을 말하고 있다고 할 수 있다. 이것은 위에서 말한 믿음, 정진, 새김, 집중, 지혜라는 다섯 가지 능력을 해탈의 모든 단계에 공통된 것으로 간주하면서도 그 성취 정도에 따라 단계를 구분할 수 있다고 하는 니까야의 다른 구절에 나오는 가르침을 통해서도 알 수 있다. 『쌍윳따니까야』에서는 그것을 이렇게 말하고 있다 : "다섯 가지 능력을 평등하고 원만히 갖추면 거룩한 님이고 그보다 약하면 돌아오지 않는 님이고 그보다 약하면 한 번 돌아오는 님이고 그보다 약하면 흐름에 든 님이고 그보다 약하면 진리의 행자이고 그보다 약하면 믿음의 행자이다."[66]

앞서 말한 깨달음과 해탈에 관한 가르침에서 또 하나의 복잡한 문제는 '몸으로 깨우친 님'과 '지혜로 해탈한 님'의 관계 문제라고 할 수 있다. 여기서 '몸으로 깨우친 님'은 집중 또는 선정으로 마음의 통일을 이룬 사람으로서 다른 곳에서는 흔히 '마음에 의한 해탈'을 이루었다고 말하는 사람이다. 앞의 얘기를 살펴보면 부처님은 한편으로는 지혜로 해탈하는 것(지혜에 의한 해탈)을 몸으로 깨우치는 것(마음에 의한 해탈)보다 높은 단계에 있는 것으로 간주하고 있다. 그것은 몸으로 깨우친 님(마음에 의해 해탈한 사람)은 번뇌의 일부만 부수었으며, 그에게는 아직 '방일하지 않음으로써 해야 할 일이 있다'고 말하는 데 반해, 지혜로 해탈한 님에게는 더 이상 그런 일이 없다고 한다는 데서 알 수 있다.[67] 그러나 다른 한편 부처님은 지혜로 해탈한 님은 '형상을 뛰어넘고 물질을 벗어나 고요한 해탈을 자신의 몸으로 체험하지는 않았지만 지혜로 모든 번뇌를 부수었다'[68]고 함으로써 지혜에 의한 해탈이 반드시 몸으로 깨우침(마음에 의한 해탈)의 단계를 거쳐야 하는 것은 아니라고 얘기한다. 이것은 몸으로 깨우침(마음에 의한 해탈)과 지혜에 의한 해탈이 해탈을 위한 서로 다른 수행이자 해탈의 방식이지만, 지혜에 의한 해탈이 더 뛰어난 해탈이라는 의미에서 이를 한 단계 더 높이 간주하고 있는 것으로 볼 수 있다. 또 부처님은 지혜에 의한 해탈은 해탈을 몸으로 체험하지는 않았지만 모든 번뇌를 부쉈다고 함으로써, 지혜에 의한 해탈이 완전한 해탈인 것처럼 말하고 있지만, 다른 한편으로는 양면으로 해탈한 님이라는 개념이 보여주듯이 부처님은 완전한 깨달음(해탈)을 몸으로 깨우침(마음에 의한 해탈)과 지혜에 의한 해탈 모두를 갖춘 해탈이라 얘기하기도 한다.

마음에 의한 해탈은 멈춤(止) 수행에 의한 해탈을 말하며, 지혜에 의한 해탈은 통찰(觀) 수행에 의한 해탈을 말한다. 이것을 부처님은 이렇게 설명한다. "명지로 이끄는 두 가지 원리가 있다. 두 가지란 무엇인가? 멈춤과 통찰이다. … 멈춤이 닦여지면 어떠한 목표가 성취되는가? 마음이 닦여진다. 마음이 닦여지면 어떠한 목표가 성취되는가? 탐욕이 있다면, 그것이 끊어져 버린다. … 통찰이 닦여지면 어떠한 목표가 성취되는가? 지혜가 닦여진다. 지혜가 닦여지면 어떠한 목표가 성취되는가? 무명이 있다면 그것이 끊어져 버린다. … 탐욕이 사라지면, 마음에 의한 해탈이 이루어지고 무명이 사라지면, 지혜에 의한 해탈이 이루어진다."[69]

니까야의 다른 글들에서 우리는 부처님이 마음에 의한 해탈과 지혜에 의한 해탈을 서로 다른 해탈의 방법으로서 각각을 통해 해탈에 도달할 수 있다고 얘기하면서도, 또 다른 한편으로는 그것들을 다 포함하는 양면에 의한 해탈이야말로 가장 뛰어나고 완전한 해탈이라고 하고 있다는 것을 확인할 수 있다.

그런데 『맛지마니까야』의 「말룽끼야뿟따에 대한 큰 경」에서 '왜 어떤 수행승은 마음에 의한 해탈을 이룬 사람이 되고 어떤 수행승은 지혜에 의한 해탈을 이룬 사람이 되는가'라는 아난다의 물음에 대해 부처님은 각기 집중의 능력이나 지혜의 능력의 탁월성 즉 '성향의 차이가 있기 때문'이라고 답한다.[70] 또 다른 곳에서 부처님은 심지어 믿음으로 해탈하거나, 몸(마음, 집중)으로 해탈하거나, 지혜로 해탈하는 것은 모두 그 각각을 통해 완전한 해탈(거룩한 길을 가는 님)을 이룰 수도 있으므로 그중에 어느 것이 더 뛰어나다고 할 수 없다고까지 얘기하기도 한다.[71] 이런 글귀들은 보면 부처님은 수행자들이 각자의 성향이나 능력에 따라 각기 다른 수행법을 통해 해탈에 도달할 수 있음을 인정했다고 할 수 있다.

그리고 어떤 글에서는 '색수상행식이 무상하다는 것, 그것들은 나의 것, 나, 나의 자아가 아니라는 것, 12연기의 생성과 소멸 알고 보는 지혜에 의한 해탈'은 '중생들의 마음을 안다든가 전생의 여러 가지 삶의 형태를 기억한다든가, 업보에 따른 중생들의 삶에 관해 안다든가 하는 여러 가지 초월적 능력'을 가져오지 않는다고 함으로써, 지혜에 의한 해탈의 불완전함을 얘기하기도 한다.[72] 이것은 앞의 '끼따기리 설법의 경'과는 달리 어떤 점에서는 여러 가지 초월적 능력을 얻을 수 있는 삼매와 선정(마음)에 의한 해탈이 지혜에 의한 해탈보다 뛰어나다는 것을 암시하고 있는 것이라고 할 수 있다.[73]

그러나 부처님이 마음에 의한 해탈과 지혜에 의한 해탈이라는 양면을 모두 갖춘 해탈을 가장 뛰어난 것으로 간주하고 있다는 것은 분명하다.[74] 그런 관점에서 본다면 어떤 점에서는 마음에 의한 해탈이나 지혜에 의한 해탈 하나만으로는 완전한 해탈에 도달했다고 보기 어렵다고도 할 수 있다. 이것은 다섯 가지 존재의 집착다발의 유혹과 위험과 여읨을 있는 그대로 분명히 아는 것만으로는 흐름에 들지만, 그것을 알고 더 나아가 모든 집착에서 벗어난다면 진정으로 해탈한 거룩한 님이 될 수 있다고 한 것에서 알 수 있다.[75] 이것은 다섯 가지 능력의 발생, 소멸, 유혹, 위험, 여읨에 대한 똑같은 얘기에 대해서도 마찬가지이다.[76] 이것은 또한 깨달음의 단계에 관해 말하고 있는 다른 곳에서 '믿음, 취향, 전승이나 상태에 대한 분석, 견해에 대한 이해'나 그것을 넘어선 '12연기의 생성과 소멸, 그리고 존재의 소멸이 열반이라는 것을 알고 보는 체험적 지혜'만으로는 거룩한 님이 될 수 없으며 번뇌를 완전히 끊어야만 거룩한 님이라고 얘기하는 것을 통해서도 알 수 있다.[77]

이런 얘기들을 종합해 본다면, 분명한 것은 부처님이 해탈을 위해서는 믿음, 정진, 새김, 집중, 지혜의 수행이 모두 필요하다고 했다는 것, 마음에 의한 해탈(선정과 삼매를 통한 깨달음, 몸으로 깨우침)과 지혜에 의한 해탈 양자를 모두 갖춤으로써 번뇌를 완전히 버린 해탈이야말로 궁극적 해탈이라고 간주했다는 점이다. 그런 점에서 마음에 의한 해탈(선정과 삼매 수행)과 지혜에 의한 해탈(숙고와 관찰·통찰 수행)은 궁극적 해탈을 위해 모두 필수적인 수행의 방법이라고 할 수 있다. 부처님은 마음에 의한 해탈과 지혜에 의한 해탈을 각자의 특성이 있는 궁극적 해탈에 이르기 위한 수행 방법으로서 인정했다고 할 수 있으며, 어떤 경우에는 둘 사이에 차등을 두지 않기도 하고, 어떤 때는 둘 중 어느 것을 더 강조하기도 했다고 할 수 있다.

이미 말한 것처럼 석가모니 부처님 자신이 계행과 삼매와 지혜를 닦아서 궁극적 깨달음에 이르렀다는 것, 그리고 마음을 닦는 수행법과 지혜를 닦는 수행법이 궁극적 해탈을 위해 모두 필수적인 수행법이며 다섯 가지 능력과 수행 방법이 서로 밀접하게 연관되어 있다는 것 등을 고려할 때, 마음에 의한 해탈(선정과 삼매라는 수행법과 그를 통한 깨달음, 몸으로 깨우침)과 지혜에 의한 해탈(숙고와 관찰·통찰 수행법과 그를 통한 깨달음)은 따로 떨어질 수 없다. 이 양자는 각자의 특성을 가진 수행법이면서도 각자가 서로를 강화하고 촉진해 주는 것이라고 보아야 한다. 따라서 앞서 해탈의 단계에 대한 가르침에서 지혜에 의한 해탈이 마음에 의한 해탈(몸으로 깨우침)과 떨어져 있는 것처럼 표현된 것은 각자의 특성을 강조한 나머지 그렇게 된 것이라고 볼 수 있다. 근본적 무명을 깨치고 모든 존재의 연기와 공성을 깨닫는 지혜의 길은 선정과 삼매를 통한 마음의 해탈 수행과 떨어져 있지 않다. 이미 앞에서도 얘기한 것처럼 부처님은 선정과 삼매, 내 마음에 대한 관찰을 통해 그것이 실체가 없는 공한 것이며 연기적 존재에 불과한 것으로서 나와 모든 존재가 일다불이이며 유무불이임을 체득할 것을 가르쳤다.

이상에서 우리는 니까야에 나타난 초기불교의 깨달음(해탈) 개념과 깨달음(해탈)의 단계에 대해 살펴보았다. 이미 보았듯이 부처님은 해탈이라는 개념을 모든 번뇌를 넘어선 궁극적인 깨달음 즉, 올바로 원만히 깨달음에 사용하고, 그것에 이르는 수행의 여러 단계에도 사용하고 있다. 이렇게 본다면 깨달음이란 개념을 그중 어떤 하나에만 한정하는 것은 자의적인 것이 될 수 있다.

깨달음이라는 말이 어떤 것을 모르다가 알게(이해하게) 되었다는 인식적 요소를 가장 기본으로 하고 있으므로 깨달음을 이해의 영역이라고 하는 것이 잘못은 아니다. 그렇지만 앎이나 깨달음이라는 말은 단순한 인식적 요소 말고도 뭔가를 실제로 할 줄 알게 되었다는 실천과 체험의 요소도 포함할 수 있다. 자전거 타기와 같은 것을 그 예로 들 수 있다. 우리가 자전거 타는 법을 다른 사람의 가르침을 통해 배우고 이해하면, 인식의 차원에서 우리는 자전거를 타는 법을 알게 되었다고 할 수 있다. 그렇지만 실제로 자전거 타기를 시도해 보면 타는 법을 인식으로는 알고 있어도 실제로는 잘되지 않는다. 우리는 가르침에 따라 실제로 타기를 시도하면서 그것에 대해 고민하고 집중함으로써 어느 순간 실제로 자전거를 능수능란하게 탈 줄 알게 된다.

불교에서 말하는 깨달음도 마찬가지이다. 앞에서 이미 얘기했듯이 불교의 근본적 가르침은 괴로움과 번뇌의 존재와 원인, 그것을 극복한 상태와 극복의 방법에 대한 가르침이며, 그 핵심은 연기와 공에 대한 가르침이라고 할 수 있다. 이 가르침을 이해하는 것이야말로 깨달음의 출발이자 가장 핵심적 요소라고 할 수 있다. 그렇지만 이것을 단순히 지적으로 이해했다고 해서 모든 갈애와 집착을 벗어나 괴로움과 번뇌를 떨쳐버릴 수 있는 것은 아니다. 그것을 위해서는 부처님이 가르친 것처럼 믿음, 정진, 새김, 집중, 지혜의 수행 같은 것들이 모두 필요하며, 그것에는 선정과 삼매와 같은 체험적 요소도 포함된다. 완전하고 궁극적인 깨달음은 이 모든 수행을 통해 번뇌로부터 완전히 벗어나는 것이며, 부처님은 처음부터 이러한 것을 진정한 깨달음으로 가르쳤다고 할 수 있다.

때때로 어떤 사람들은 교리를 통한 부처님의 가르침에 관한 공부와 선정 수행을 대립시켜 어느 한쪽만을 올바른 수행법으로 주장하기도 한다. 부처님 당시에도 이미 교와 선 사이에 대립이 있었으며 그러한 대립은 오늘날까지도 계속되고 있다. 특히 우리나라에서는 간화선 제일주의, 간화선 배타주의가 횡행하여 마치 간화선만이 깨달음에 이르는 유일한 길이며 부처님의 가르침에 관한 공부는 필요도 없다고 간주하는 외눈박이 주장들이 횡행하고 있다.

그런데 초기불교의 경전에서는 선과 교를 대립시키고 그 어느 한쪽에만 치우쳐 다른 쪽을 비난하는 것은 잘못임을 분명하게 지적하고 있다. 예컨대 그것은 『앙굿따라니까야』에 분명히 나타나 있다. 그것은 '가르침을 중시하는 수행승들이 선정을 닦는 수행승들에 대해 도대체 무슨 선정에 들고 어떻게 선정에 든단 말인가' 하고 비난하는 것은 잘못이라고 얘기한다. 또 그것은 '선정에 드는 수행승들이 가르침을 중시하는 수행승들에 대해 그들은 들뜨고 오만하고 동요하고 수다스럽고 쓸데없이 지껄이고 새김을 잃고 올바로 알아차리지 못하고 산만하고 마음이 혼란되고 감관은 거칠다'고 비난하는 것도 잘못이라고 얘기한다. 그러면서 거기에서는 가르침을 중시하는 수행승들은 선정에 드는 수행승들을 불사의 세계를 몸으로 접촉하고 있는 놀라운 사람들로서 칭찬해야 하며, 선정에 드는 수행승들은 가르침을 중시하는 사람들을 심오한 의취를 지혜로 꿰뚫고 있는 놀라운 사람으로서 칭찬해야 한다고 얘기한다.[78] 이처럼 초기불교에서는 깨달음에 이르고 괴로움에서 벗어나기 위해서는 선과 교의 모든 수행법을 겸수하도록 가르쳤다는 것을 분명하게 알 필요가 있다.

지금까지 우리는 니까야에 나타난 초기불교의 근본적 가르침과 깨달음 개념을 살펴보았다. 그를 통해 우리는 초기불교에서는 다양한 해탈(깨달음) 개념과 다양한 해탈의 단계 및 방법을 얘기하고 있다는 것, 그리고 깨달음을 위해서는 부처님의 가르침에 관한 공부와 이해는 물론이고 계행과 선정과 삼매 등의 여러 수행법 모두가 깨달음을 위해 필요하다는 것을 확인하였다. 그리고 깨달음에는 여러 단계나 수준이 있지만 완전한 궁극적 깨달음이라는 개념은 부처님의 가르침에 대한 이해를 넘어서 실제로 모든 집착을 벗어나 번뇌를 극복하는 것이라는 사실도 확인하였다.

문제는 정말로 완전한 궁극적 깨달음(해탈)에 도달하는 것이 가능한가 하는 것이다. 완전한 궁극적 깨달음에 도달한다는 것은 모든 번뇌를 끊고, 언제나 팔정도를 행하며, 모든 고통으로부터 해방된다는 것을 말한다. 이런 완전한 상태에 도달하는 것이 과연 가능한가?

니까야에는 여러 수행자가 번뇌를 부수고, 이상을 실현하고, 해야 할 일을 마친 거룩한 님에 도달했다는 얘기가 수많은 곳에 등장한다. 심지어 깨달음을 얻은 사람은 수많은 몸으로 나타나거나, 어떤 것에도 걸림 없이 공간을 이동하거나, 물 위를 걸어 다니거나, 공중을 날아다니는 것과 같은 초월적 능력을 포함해 온갖 신통한 능력(六神通)을 갖게 된다고까지 얘기하는 구절이 수없이 많이 나온다. 정말로 이런 깨달음에 도달한 자라면, 그는 그야말로 전지전능한 완전한 신과 같은 존재라고 할 수 있다. 과연 이런 것을 글자 그대로 받아들여야 하는가? 그래서 우리도 그런 깨달음을 얻을 수 있다고 믿고 그를 위해 노력해야 하는가?

우주 전체와 내가 다르지 않다는 궁극적 자리에서 본다면, 온갖 곳에 있는 수많은 존재와 물속이나 공중을 다니기도 하는 것 등이 모두 나와 다른 것이 아니므로, 내가 그런 온갖 신통을 부리는 것이라 할 수도 있을 것이다. 그러나 현실의 인간 세계에서 한 개체로 존재하면서 실제로 그런 온갖 신통을 부리는 사람이 있다는 것은 믿기 어렵다. 그렇게 본다면 아무래도 깨달은 자의 초월적 능력에 관한 얘기는 깨달음의 위대함을 강조하면서 깨닫기 위한 수행에 매진토록 독려하기 위해 설정한 방편적 얘기라고 받아들여야 할 것이다.

언제나 팔정도를 완전하게 실천하며, 모든 번뇌와 고통에서 벗어난 사람이라는 의미의 궁극적 깨달음(해탈)은 우리를 이끄는 불교의 궁극적 목표이자 지향점이며 이념적 좌표이다. 그러나 우리가 어떤 한순간의 깨달음으로 거기에 도달할 수 있다는 것은 착각이다. 그것은 한순간에 완성되는 것이 아니다. 연기와 공성에 대한 깨달음, 불이의 깨달음, 중도의 깨달음을 얻고 계, 정, 혜를 통해 나와 내 것에 대한 집착과 갈애, 무명에서 벗어나게 된 수행자는 모든 생활에서 그러한 깨달음을 실천할 수 있는 바탕을 마련한 것이라고 할 수 있다. 경전에서 어떤 수행자가 궁극적 깨달음을 얻은 자라고 한 부처님의 선언은 그가 앞으로 삶의 모든 장면에서 그런 깨달음을 실제로 구현할 수 있다고 믿을 만한 사람이라는 의미로 받아들일 수 있다. 우리는 언제나 깨달음을 구현하려고 끊임없이 노력해야 한다. 즉 그런 목표, 지향, 이념에 따라 항상 우리의 삶을 영위해 나가도록 해야 한다. 실제로 그런 삶을 살았을 때 결과적으로 궁극적 깨달음(해탈)은 구현된다.

이렇게 본다면 우리 사회의 일부에서 오직 간화선이라는 선 수행에만 집중함으로써 단박에 마음을 깨달아 모든 번뇌를 끊고 고매한 인격을 이룬 높은 경지에 도달할 수 있다는 깨달음 개념은 상당한 문제점을 갖고 있다고 할 수 있다. 간화선을 통해 깨치기만 하면, 모든 번뇌와 고통에서 해방되고 탐냄과 성냄과 어리석음에서 벗어나 언제 어디서나 항상 올바로 생각하고 말하고 행동하게 될 수 있는가? 그렇지 못한 사람은 아직 선을 통해 진정으로 깨치지 못했기 때문이라고 한다면 할 말이 없지만, 정말 그렇다면 과연 지금까지 그런 깨달음에 도달한 사람은 몇이나 되겠는가. 아니 지금까지 그런 깨달음에 도달한 사람이 한 명이라도 있다고 할 수 있는가? 그보다는 오히려 깨달음이란 우선 기본적으로 부처님의 가장 근본적인 가르침인 연기와 공의 원리를 잘 이해하고, 선(선정과 삼매) 수행을 통해 그것을 몸으로 체득하고, 현실 속에서 부딪치는 모든 문제에 그런 원리를 적용해서 올바른 대응법을 찾아내고 그것을 실천해 나가는 것이라고 보는 쪽이 올바르다고 해야 할 것이다.

우리가 현실에서 부딪치는 문제들은 다양한 실제적 요소들이 얽혀 있는 것이기 때문에 연기와 공, 불이의 원리로부터 그 해답을 연역적으로 끌어낼 수 있는 것이 아니다. 구체적으로 어떤 상황에서 어떻게 하는 것이 연기와 공, 불이의 원리에 적합한 것인가, 어떻게 하는 것이 올바로 생각하고 말하고 행동하는 것인가를 알기 위해서는, 그 문제 상황에 관한 구체적인 탐구와 숙고가 필요하다. 개인의 일상적인 삶에서도 그러할진대, 수많은 중생이 연관된 역사·사회적인 문제에 대해서는 더 말할 나위가 없다. 이런 관점에서 볼 때 중생구제를 지향하는 불교라면 현실의 역사와 사회적 문제들의 원인과 그 해결방법을 공부하고 모색하는 노력을 동시에 해야 하며, 이러한 문제들을 연기와 공이라는 불교의 근원적 원리와 결합해 해결하도록 해야 한다는 것은 지극히 당연하다고 할 수 있다.

연기와 공, 불이의 깨달음을 통해 나와 내 것에 대한 집착에서 벗어나 중생을 위한 보살행을 강조하는 것은 대승불교에 이르러 두드러지게 나타나는 특징이다. 그렇지만 부처님께서 일찍부터 중생구제를 위한 실천을 중시했다는 것은 초기 경전의 여러 가르침을 통해 잘 알 수 있다. 그것은 부처님이 항상 자애, 연민, 기쁨, 평정의 마음으로 세상을 가득 채우라는 사무량심(四無量心)을 수도 없이 강조한 데서 잘 드러난다. 또 그것은 부처님이 대중을 대할 때에는 언제나 보시를 베풀고(보시布施), 사랑스럽게 말을 하고(애어愛語), 유익한 행위를 하고(이행利行), 협동하여 행동하도록 하라(동사同事)는 네 가지 섭수의 토대(사섭사四攝事)를 강조하였다는 데서도 알 수 있다.

## 2. 초기불교의 가르침에 대한 몇 가지 생각

지금까지 우리는 불교의 '네 가지 거룩한 진리(四聖諦)'를 중심으로 해서 초기불교의 근본적 가르침을 살펴보았다. 이로부터 불교에서는 중생이 겪는 모든 괴로움의 근본 원인을, 모든 존재가 연기하는 불이적인 것이므로 무상하고 실체가 없고 괴로운 것임을 알지 못하고 그에 대해 온갖 욕망과 감정을 갖고 집착하는 것이라고 간주한다는 것을 보았다. 그리하여 불교에서는 괴로움을 극복하는 길은 바로 그러한 무지와 욕망과 감정과 집착에서 벗어나는 것이라고 가르친다는 것도 보았다. 초기불교의 이런 가르침은 중생이 겪는 괴로움의 근본 원인과 그 극복 방법에 대한 매우 중요한 통찰을 제공하고 있는 훌륭한 가르침이라고 할 수 있다. 그렇지만 거기에는 오늘날 우리의 관점에서 다시 곰곰이 생각하고 검토해 보아야 할 부분도 있다. 지금부터는 초기불교의 가르침에 대해 생각해 봐야 할 몇몇 문제에 대해 얘기해 보도록 한다.

### 1) 욕망에 대한 초기불교의 가르침

우선 생각해 볼 문제는 중생의 욕망과 감정에 대한 초기불교의 관점과 입장이다. 불교의 초기 경전에서 무엇보다 두드러지는 것은 욕망과 감정에 대한 부정적 관점이다.

욕망과 감정에 대한 초기불교의 부정적 태도는 우리가 소중히 여기는 사람들이 살해, 포박, 몰수, 모략 등을 당하면 느끼게 되는 슬픔, 비탄, 고통, 근심, 절망과 같은 감정이라든가, 아들이 질병에 걸리지 않을까 걱정하면서 건강함을 바라는 것처럼 자연스러운 중생의 감정에 대해서도 그 모든 것은 욕망에서 비롯되어 괴로움을 불러일으키는 것이라고 부정적으로 평가하는 데[79]서 잘 드러난다. 이것은 재가의 여신도 난다마따가 외아들인 난다를 어떤 왕이 폭력으로 살해했음에도 불구하고 아들이 붙잡히고 포박되고 살해되었을 때 아무런 마음의 변화를 느끼지 못했다고 하자 부처님의 수제자인 싸리뿟따가 마음이 청정하다는 이유로 크게 칭찬한 데서도 잘 드러나 있다.[80]

감정에 대한 부정적 태도는 어떠한 경우에라도 분노의 감정을 일으키지 않아야 한다는 『맛지마니까야』의 다음과 같은 구절에도 극단적인 형태로 표현되어 있다 : "만약 양쪽에 손잡이가 있는 톱으로 도적들이 잔인하게 그대들의 사지를 조각조각 절단하더라도, 그때 만약 마음에 분노를 일으킨다면, 그는 나의 가르침을 따르는 자가 될 수 없다."[81] 여기서 우리는 인간의 감정에 대한 초기불교의 관점이 얼마나 극단적으로 부정적인가를 잘 알 수 있다. 이런 관점은 욕망과 감정을 완전히 근절하고 초월해야 한다는 관점으로 이어진다.

중생의 욕망과 감정에 대한 부정적 태도는 중생이 소중하게 생각하며 추구하는 모든 세속적인 바람과 활동의 가치에 대한 부정적 관점으로 이어진다. 예를 들면, 인간의 세속적인 활동에 대한 부정적 관점은, 춤, 노래, 음악, 연극 등이라든가, 세속 생활이나 천문 현상에 관한 관심과 얘기 등과 같이 중생들이 일상적으로 추구하는 활동에 대한 부정적 태도 등에서도 드러난다.[82]

그런데 중생의 모든 욕망과 감정, 세속적인 가치의 추구에 대한 부정과 그것들의 완전한 근절과 초월을 위한 노력은 심지어 삶 자체의 가치에 대한 경시나 부정으로까지도 이어질 수 있다. 초기 경전에는 이와 관련된 몇 가지 충격적인 얘기들이 등장한다. 그중 하나는 부처님이 베쌀리 시의 마하 숲에 있는 꾸따가라 강당에 있었을 때의 얘기이다. 그때 부처님은 많은 수행승의 무리와 함께 부정(不淨)에 관한 다양한 주제로 이야기하시며 부정과 부정에 관한 수행에 대하여 찬탄을 했다. 그러고 나서 많은 수행승은 부정에 대한 수행을 닦으며 몸을 수치스럽고 부끄럽고 혐오스럽게 여겨 하루에 열 명, 스무 명, 서른 명씩이나 자살했다. 보름이 지난 후 수행승의 무리가 현저하게 감소한 것을 본 부처님은 아난다에게 그 이유를 물었고, 아난다는 많은 수행승이 자결했음을 알리고 궁극적인 깨달음을 얻을 수 있는 다른 방편을 설명해 달라고 했다. 그러자 부처님은 호흡새김에 의한 집중이라는 수행법을 알려 주었다.[83] 이 얘기는 당시 불교에 몸의 부정에 대한 관념이 얼마나 강했는가를 보여주는 심각한 사례이다. 그것은 삶에 대한 부정적 관점이 지나칠 때 가져올 수 있는 병폐를 잘 보여준다. 그리고 그것은 무에 치우쳐서 허무주의에 빠진 잘못을 저지른 것이라 할 수 있다. 물론 부처님은 그것을 바람직한 것으로 보지는 않았기 때문에 호흡새김에 의한 집중이라는 수행법을 권유했다고 할 수 있다. 그렇지만 수많은 수행승들이 그러한 잘못을 저지르고 자살을 했다는 것은 보통 심각한 일이 아니다. 그런데도 보름이나 그런 상태를 방치하고 그에 대해서 그다지 심한 질책이나 경계의 말도 없이 넘어간다는 것은 도저히 이해하기 어렵다. 그에 대해 통렬히 비판하고 삶에 대한 올바른 관점을 강조해야 마땅함에도 불구하고 그에 대한 별다른 언급이 없다는 것은 상당히 곤혹감을 느끼게 한다.

이러한 곤혹감은 존자 박깔리에 관한 얘기에서도 똑같이 느껴진다. 그에 따르면 박깔리가 중병에 괴로워하고 있을 때, 부처님은 오온으로 이루어진 모든 존재는 무상하고 괴로운 것이라고 하면서 '그대의 죽음은 나쁜 것이 아니다. 그대가 목숨을 끊는 것은 나쁜 것이 아니다'라고 말을 전하도록 해, 박깔리가 칼로 자결을 하자, 박깔리는 완전한 열반에 들었다고 한다.[84] 이 얘기 또한 물론 우리의 몸을 포함한 나와 내 것, 그리고 존재하는 무상한 모든 것들에 대한 집착을 버릴 것을 가르치려 한 것임에는 틀림이 없다. 그렇지만 이것은 또한 중생의 몸과 삶에 대한 부정적 관점을 강조하다 보면 그것이 자칫 삶에 대한 지나친 경시로 흐를 위험이 있다는 것을 알려준다.

위에서 살펴본 것처럼 불교의 초기 경전에서는 중생의 욕망과 감정, 그리고 그것과 밀접하게 연관된 중생의 삶에 대한 부정적 태도가 두드러지고 그에 대한 긍정적 인정과 수용은 좀처럼 찾기가 어렵다. 그런데 이러한 입장은 인간의 목숨에 대한 경시에서도 그 일부가 드러났듯이 여러 가지 문제를 포함하고 있으며, 중생과 함께하며 중생을 교화하고 구제하려는 불교의 관점에서도 상당한 장애를 초래할 수도 있다. 그래서 이제 중생의 욕망과 감정, 그리고 그에 기초한 중생의 삶에 대한 초기불교의 관점이 포함하고 있는 문제에 대해 좀 더 자세히 검토할 필요가 있다.

인간은 불완전하고 유한한 존재이다. 인간은 매우 나약하고 무기력하게 태어나며 평생 불완전하고 유한한 존재로서 살아간다. 완전하고 무한한 존재라면 그 자체에 모든 것이 갖추어져 있어 아무것도 필요로 하지 않을 것이다. 그렇지만 인간은 불완전하고 유한한 존재이기 때문에 살아가기 위해 반드시 여러 가지 것들을 필요로 한다. 예컨대 인간은 살아가기 위해 여러 가지 외적인 사물들과 그를 돕고 그와 상호작용할 사람들을 필요로 한다. 생존을 위해 바깥의 무엇인가를 필요로 한다는 것, 그것이 바로 욕망의 근거이다. 우리는 살아가기 위해 우리가 필요로 하는 것들에 대해 갖가지 욕망을 갖게 된다.

그런데 인간은 단순히 생존만을 원하는 존재가 아니다. 인간은 다른 동물들과 달리 의식과 자기의식을 획득함으로써 대상으로서의 세계 전체와 주체로서의 자기 자신을 인식하게 된 존재이다. 인간 존재의 특이성은 생명이 그 자신을 의식하게 되었다는 것에 있다. 인간은 자기 자신을 의식하게 됨으로써 자신의 한계와 무력함도 인식하게 되고, 자연을 대상화시키기 때문에 이전에 존재했던 자연과의 원초적 조화상태를 잃어버리게 된다. 바로 이러한 인간 존재의 근원적인 존재론적 상황에서 인간만이 가지는 독특한 욕망이 생겨난다. 자연 또는 우리 바깥의 모든 존재인 타자와의 원초적 통합을 상실한 인간은 필연적으로 타자와 새로운 결합 관계를 맺으려는 욕망을 갖게 된다. 자신의 한계와 무력감을 자각하고 있는 인간은 한시도 타자와 유대를 맺지 않고서는 안정된 삶을 영위할 수 없으므로 타자와 결합하고자 하는 욕망, 즉 관계성의 욕망은 필연적이다. 또 자신을 의식하게 된 인간은 자신을 끊임없이 되돌아보며, 자신은 어떤 사람이며 자신이 원하는 바가 무엇인가를 묻고, 또 그것을 성취하기 위해 어떻게 해야 하는가를 문제로 삼는다. 이것은 인간이 갖는 자기 정체성의 욕망, 그리고 자기 존중과 자아실현의 욕망이라고 할 수 있다.

이처럼 인간은 단순한 생존을 넘어서 나름대로 원하는 어떤 것을 성취하면서 훌륭한 삶을 살아가고자 하는 존재이며, 그래서 인간의 욕망은 단순한 동물적 생존을 위한 욕망을 넘어설 수밖에 없다. 인간의 삶이란 이처럼 인간의 다양한 욕망의 충족 과정이라고 할 수 있다. 인간이 생존을 위해서, 그리고 더 나아가서는 그가 추구하는 어떤 훌륭한 삶의 성취를 위해서도 어떠한 것들을 필요로 하고, 생존과 훌륭한 삶에 소중한 가치가 있는 외적 대상에 대한 욕망과 감정을 갖는 것은 당연한 일이다. 그것을 부끄러워하거나 비난할 필요는 없다. 그것은 인간의 존재 조건일 뿐이다. 완전하고 무한한 존재가 있다면, 그러한 존재는 어떠한 욕망과 감정도 갖지 않을 것이다. 인간과 중생은 그런 완전한 존재가 아니다. 우리는 인간의 생존과 훌륭한 삶의 영위를 위해 필요한 것의 중요성을 인정하고, 그러한 것을 갖추지 못했거나 상실했을 때 생겨나는 고통과 아픔도 인정해야만 한다.

이 점에 관해서는 행복과 관련된 세 가지 선한 것들에 대한 아리스토텔레스의 견해를 참고로 할 필요가 있다. 아리스토텔레스는 선한 것들을 '외적인 선(예를 들면 부와 명성), 육체적 선(예를 들면 건강과 아름다움), 그리고 심리적 선(예를 들면 용기와 정의)'으로 나누었다. 그리고 '완벽하게 행복한 사람은 이들 각각이 알맞은 비율로 섞인 선을 소유하고 있는 사람'이라고 주장하였다.[85] 물론 아리스토텔레스는 이 중 심리적 선, 즉 인간의 여러 가지 내적인 덕들을 가장 중요하다고 보았다. 그렇지만 외적인 선이나 육체적 선 같은 것들도 행복을 위해서는 어느 정도 필요하며, 그것들이 완전히 결여된다면 행복하기 어렵다고 간주하였다.[86] 이러한 아리스토텔레스의 견해는 행복하고 훌륭한 삶을 위해 필요한 것들에 관해 매우 합리적이고 온당한 견해라고 할 수 있다.

물론 인간의 생존과 훌륭한 삶의 실현에 필요한 자원들의 한계나 정도가 완전히 정해져 있는 것은 아니므로 그것이 인간의 마음과 밀접하게 연관되어 있음에는 틀림이 없다. 그렇다 해도 극단적인 궁핍이나 노예 상태에 있다거나, 극심한 육체적 고통에 시달리는 상태와 같이 외적인 조건과 육체적 조건이 극히 열악하다면 충분히 행복하고 훌륭한 삶을 영위하기는 어려울 것이다. 그러므로 외적인 모든 것들을 인간의 진정한 행복과는 '무관한 것'이라고 하면서 인간의 생존을 위협하고 가치 있는 삶의 추구를 어렵게 만드는 상황조차도 무시하면서, 그것들을 단지 마음에 달린 것이라고 하는 것은 큰 문제가 될 수 있다. 인간의 생존과 가치 있는 삶의 활동을 저해하는 외적 대상들의 결여나 상실로 인한 괴로움을 단순히 마음에서 일어나는 번뇌로 취급해서는 곤란하다.

사실 불교에는 그러한 위험성이 다분히 포함되어 있다. 불교에서는 종종 고통, 번뇌, 고뇌라는 개념을 구분 없이 혼용하면서 그 모든 것을 궁극적으로는 중생의 욕망과 감정, 마음 때문에 일어나는 주관적인 것으로 취급하는 경향이 강하다. 그렇게 하면 실제로 존재하는 고통의 문제를 단지 주관적인 마음속의 문제로만 취급할 가능성이 커진다. 그리고 그에 따라 자칫 인간의 생존과 훌륭한 삶을 위해 필요한 물질적·사회적 조건들에 관한 진지한 탐구와 그것들을 마련하고 제공하려는 노력을 소홀히 할 가능성도 커진다.

인간을 고통스럽게 하고 가치 있는 삶의 추구를 저해하는 조건과 상황은 그대로 묵인해야 할 것이 아니라, 적극적으로 개선하고 변혁해야만 하는 것이다. 외적인 것들이 개인의 의지와 무관하며 개인이 전혀 어찌할 수 없다는 것도 극단적인 생각이다. 개인의 의지와 행동은 주어진 조건과 상황을 바꾸는 데 큰 영향을 줄 수 있다. 더욱이 우리는 사회적인 공동의 노력에 의해서도 인간의 삶의 조건들을 얼마든지 개선해 나갈 수도 있다. 물론 우리는 불치의 병이나 사고로 인해 고통을 겪는다거나, 나의 의지와 전혀 상관없는 우연한 사건에 마주친다거나, 필연적으로 죽음을 맞이하는 것과 같이, 정말로 나로서는 어찌할 수 없는 한계상황에 직면하기도 한다. 이런 경우라면 그것들에 대해 과도하게 슬퍼한다거나 분노하는 것처럼 헛된 감정을 표출하기보다는, 어찌할 수 없는 것으로 그것들을 받아들이고, 나의 마음을 되도록 평정하게 갖는 편이 훨씬 더 나을 것이다.

외적인 것들은 가치가 없으며 우리의 행복과 무관한 것이라는 초기불교의 가르침은 외적인 것들에 대해 부당하게 과도한 가치를 부여하고 그것들에 집착하는 인간들의 잘못된 삶에 대한 비판이라고 할 수 있다. 이러한 가르침은 여전히 부와 권력 같은 외적인 것들에 사로잡혀 끊임없이 싸우고 있는 현대인들에게도 여전히 유효한 가르침이라고 할 수 있다. 또 어찌할 수 없는 것, 실체가 없고 무상한 것들에 대해서는 집착하고 과도한 감정을 품지 말고 운명이나 연기 법칙에 따른 것으로 받아들이라고 하는 가르침은 아무리 어려운 상황 속에서도 굴하지 않고 행복을 찾을 수 있는 지혜를 제공하는 것이라고 할 수 있다. 그러나 이러한 가르침을 외적인 것들의 완전한 무가치함과 주어진 것에 대한 무조건적 순종이라는 운명론과 같은 극단적 견해로까지 몰고 간다면, 그것은 심각한 문제를 불러일으킬 위험이 있다.

욕망과 감정에 대한 불교의 부정적 관점은 욕망과 감정의 대상이 되는 것들의 무상성, 즉 그것들이 모두 일시적이고 가변적이라는 것과 관련이 있다. 사실 실체가 없고 얼마 지나지 않아 사라져버릴 무상한 것들이 영원한 가치를 갖고 있다고 보기는 어렵다. 아무리 오래 지속될 것처럼 보이는 것조차도 영원이라는 시간에 비춰 본다면 눈 깜짝할 사이에 사라져 버리니 허망한 것이라고 할 수 있다. 그러니 그런 것들에 너무 과도한 욕망과 감정을 품고 집착하는 것은 어리석은 일이라고 할 수 있다.

그렇지만 일시적이고 가변적인 것은 모두 가치가 없고 그래서 그것들에 대한 욕망과 감정은 모두 불필요하고 잘못된 것이라고 볼 수는 없다. 예를 들면 식욕이나 성욕, 아름다움에 대한 추구 등과 같은 욕망이나 그것의 충족으로부터 오는 즐거운 감정은 일시적인 충족 후 다시 또 일어나는 가변적인 것이다. 그러나 그 가변성과 반복성은 오히려 그것의 가치와 그것이 가져다주는 만족에 본질적이라고 말할 수 있다.[87] 예를 들어 식욕이 한 번 충족된 후 계속해서 배가 불러 있다면 먹는 데서 오는 즐거움은 다시는 느낄 수 없을 것이다. 그러므로 그것의 충족은 일시적이라는 데서 오히려 가치가 있다고 할 수 있다.

우리가 가치 있다고 여기는 것들은 어쩌면 대부분 일시적이고 변화하는 것이라고 할 수 있으며, 그 한시성이야말로 그것을 가치 있게 만드는 본질적인 요인일 수도 있다. 우리의 인생 자체도 짧은 시간 동안만 지속되는 유한한 것이기 때문에 가치가 있다고 할 수 있을 것이다. 만약 우리의 생이 영원하다면 생이 그리 가치 있는 것으로 여겨지지 않을 것이기 때문이다. 인간이 가치 있는 것으로 추구하는 활동과 그 성취라는 것도 궁극적으로 보자면 대부분 일시적이고 무상한 것이다. 만약 영원한 것만을 가치 있는 것으로 여기고 변화하는 무상한 것을 모두 가치 없는 것으로 보게 되면, 인간이 추구하는 모든 세속적 활동과 삶은 무가치하고 무의미한 것이 되고 말 것이다. 그렇지만 사실 우리가 가치 있고 의미 있는 것으로 추구하는 것 대부분은 오히려 유한성을 바탕으로 하고 있다. 우리의 삶이 영원하고 이 세상의 모든 것들이 영원하다면 우리가 간절하고 절박하게 필요로 하는 것은 아무것도 없게 될 것이다. 예컨대 우리는 어떤 소중한 것을 위해 죽음을 무릅쓸 용기도, 사랑하는 사람에 대한 간절한 그리움도, 자녀의 양육에 대한 소망도, 자아실현을 위한 열정적인 노력의 필요 같은 것들도 그다지 느끼지 못할 것이다.

　나름의 가치를 추구하며 훌륭한 삶을 위해 노력한 삶은 그것이 일시적이라고 할지라도 충분히 의미가 있을 수 있으며 그 사람에게 행복을 가져다줄 수 있다. 문제는 과도함과 집착일 뿐 어떤 욕망과 가치의 추구, 그로부터 생기는 모든 감정 자체가 가치 없고 괴로움을 주는 것은 아니다. 연기에 의해 존재하는 모든 것은 실체가 없고 무상한 것임이 틀림이 없다. 그런데 그것을 알지 못하고 어떤 것에 과도하게 집착하게 되면 고통이 따르게 된다. 그러나 그것을 제대로 알고 자신이 가치 있다고 여기는 것을 추구하고 성취하며 열심히 살아가면서도 그것의 무상성도 받아들이면 그것으로 충분하다. 영원한 것만을 가치 있는 것으로 여기고 변화하는 무상한 것을 모두 가치 없는 것으로 본다면, 중생이 추구하는 모든 세속적 활동과 삶을 무가치한 걸로 간주하게 된다. 불교에는 이러한 위험성이 내재해 있다. 이것은 앞에서도 지적한 것처럼 춤, 노래, 음악, 연극 등이라든가 중생들이 일상적으로 추구하는 그 밖의 여러 가지 활동에 대한 부정적 태도 같은 데서 잘 드러난다.

　감정은 항상 근절해야만 하는 부정적인 것만은 아니다. 거기에는 분명 어떤 긍정적 면도 있다. 예를 들면 불교에서 탐진치의 완전한 근절을 주장하면서 배척하는 분노의 감정을 생각해보라. 어떠한 경우에라도 분노의 감정을 일으키지 않아야 한다는 주장은 『맛지마니까야』의 다음과 같은 구절에 극단적인 형태로 표현되어 있다.

> 만약 양쪽에 손잡이가 있는 톱으로 도적들이 잔인하게 그대들의 사지를 조각조각 절단하더라도, 그때 만약 마음에 분노를 일으킨다면, 그는 나의 가르침을 따르는 자가 될 수 없다.[88]

이것은 초기불교의 가르침에서 분노와 같은 인간의 감정을 얼마나 부정적으로 대하고 있는가를 무엇보다도 분명히 보여주고 있다. 그렇지만 이것은 말 그대로 너무나 극단적이다. 나 자신이든 타인이든 아무런 잘못도 없는 사람을 도적이 습격해서 잔인하게 죽이고 가진 것을 다 빼앗는데도 그에 대해 분노하지 않는다면 그것은 오히려 올바르지 않다. 분노는 종종 그 속에 정당성을 포함하고 있으며 저질러진 불의와 심각한 잘못에 대한 적절한 반응일 수 있다.[89] 우리는 심각한 불의와 잘못에 대해서는 마땅히 분노하며 비판하고 저항해야 한다. 정당한 분노라면 그 자체를 잘못된 것으로 부정하려고 할 것이 아니라 그것이 부적절한 대상으로까지 확대되거나 합법적이지 않고 과도한 처벌이나 복수로까지 나아가지 않도록 억제되어야 할 뿐이다.

예를 들어 어머니의 강간범이나 아버지의 살해자가 있다고 한다면 그에게 느끼는 분노는 올바른 감정이며, 슬픔과 연민은 그러한 사건에 수반되는 올바른 반응일 것이다.[90] 여기서도 알 수 있듯이 불행이나 괴로움을 겪고 있는 타인과 중생에 대해 느끼는 동정이나 연민의 감정 역시 그들에 대한 적합하고 올바른 관심의 표현이다. 그리고 그러한 감정은 그들을 위한 이타적 행위와 밀접한 관련이 있는 긍정적인 것일 수 있다.[91] 불행이나 괴로움을 겪고 있는 중생에 대해 느끼는 동정이나 연민의 감정 역시 그들에 대한 적합하고 올바른 관심의 표현이며 그들을 위한 이타적 행위와 밀접한 관련이 있는 긍정적인 것일 수 있다.[92]

죽음에 대한 공포나 슬픔과 같은 감정 또한 부정적이기만 한 것은 아니다. 자신의 훌륭한 삶의 추구에 관련이 깊은 사람의 죽음을 걱정하거나, 갑작스레 죽음이 닥쳐 가치 있는 활동이 단절된 사람에 대해 슬픔을 느끼는 것은 자연스러운 일이다. 우리는 오히려 죽음에 대한 공포와 슬픔을 느끼기 때문에 유한한 삶 속에서 가치 있는 것을 발견하고, 또한 그것들을 성취하려고 노력을 할 수 있다.[93] 문제는 생에 대한 과도한 집착과 죽음에 대한 과도한 공포와 슬픔일 뿐이다.

흔히 고통의 근본적 원인의 하나로 간주하는 사랑의 감정 또한 마찬가지이다. 물론 사랑은 소유욕과 과도한 집착, 그에 따르는 불안이나 복수 등의 부정적인 측면을 수반할 수 있다. 그러나 그렇다고 해서 사랑의 감정 자체를 모두 잘못된 부정적인 것이라고 할 수는 없다. 사랑은 인간에게 커다란 행복감을 줄 수 있으며, 이기적인 소유욕을 넘어 상대방을 인격과 개성을 가진 하나의 전체적 주체로서 받아들이고 존중하면서 서로 소통하고 도와줌으로써 인생을 진정으로 풍요로운 것으로 만들어 줄 수 있다.

중생의 욕망과 감정의 가장 큰 문제점은 적절한 한도를 넘어 과도함으로 흐르기 십상이라는 것이다. 사실 욕망과 감정은 항상 그것을 관찰하고 반성하면서 절제하고 통제하지 않으면 과도함과 집착으로 치닫는 경향이 다분하다. 불교에서 욕망과 감정에 대해 그토록 부정적인 관점을 취한 것도 바로 이런 점 때문이다. 또 인간의 욕망과 감정이 모두 인간의 생존이나 인간다운 훌륭한 삶의 추구에 필요한 것들에 대해 갖게 되는 자연스러운 것이라 할 수도 없다. 그 속에는 여러 가지 사회적 요인에 의해서 조장되고 부풀려지고 왜곡된 부분도 상당히 많다. 욕망과 감정이 과도함과 집착으로 치닫게 되는 이러한 경향, 그리고 욕망과 감정의 왜곡은 인간을 불행하게 만들고 인간다운 삶을 방해하고 사회를 병들게 만들기 때문에 치료해야 할 필요가 있다. 그러나 그 치료를 욕망과 감정의 근절과 초월이라고 할 수는 없다. 모든 욕망과 감정의 근절과 초월, 완전한 소멸, 인간의 초월 등만을 강조하다 보면, 앞에서 지적한 바와 같이, 인간의 삶에 필수적인 것들에 대한 욕망과 감정 그리고 그것들의 결여로 인해서 생기는 고통 등을 무시하고, 인간 개개인의 이상과 가치의 실현에 대한 존중도 결여될 염려가 있다. 그러므로 중생의 감정과 욕망에 대한 치료책은 성찰과 절제를 통한 소욕지족의 추구일 뿐이다.

불교의 초기 경전에는 욕망과 감정의 완전한 근절이나 초월이 아니라 절제와 소욕지족을 권하는 가르침도 존재한다. 예를 들자면, 부처님은 재산에 대한 태도를 예로 들어서 정의롭고 비폭력적으로 재산을 모으고 그를 통해 자신도 기쁘고 남에게 베풀어 공덕을 쌓고 재산을 즐기긴 하지만 그것에 탐착하지 않는 자세를 바람직한 것으로 얘기한다. 그렇게 함으로써 외적인 것의 가치를 어느 정도 인정하면서도 절제와 집착에서 벗어날 것을 강조하고 있다.[94] 또 부처님은 자신의 가장 뛰어난 제자들이었던 싸리뿟따와 목갈라나가 열반에 든 것에 대해, 그들을 생각하면 대중들이 있어도 텅 빈 것 같이 느껴진다고 하면서 친한 사람의 죽음에 대해 자연스럽게 느끼는 슬픔을 고백하면서도, 생겨나고 발생한 건 반드시 소멸한다는 자연의 순리를 통찰함으로써 그 슬픔과 비탄에 사로잡히는

않아야 함을 가르치고 있다.[95]

또 불교의 초기 경전에는 중생에 대한 현실적 보살핌과 구제를 통해 그들의 삶을 행복하게 해 주어야 한다는 보다 적극적인 입장도 나타난다. 예를 들어 그것은 부처님이 자신의 전생의 모습이라고 한 마하비지따 왕의 왕립사제에 관한 얘기에 잘 나타나 있다.[96] 그에 따르면 옛날에 마하비지따 왕은 왕립사제를 불러 오랜 세월 이익과 행복을 누릴 방법을 가르쳐달라고 하였다. 이에 대해 왕립사제는 국가에 존재하는 여러 가지 문제를 사형, 구속, 몰수, 고문, 추방과 같은 형벌에 의해 해결하려 해서는 안 된다고 말한다. 그는 농민들에게는 씨앗과 먹을 것을, 상인들에게는 자금을, 공무에 종사하는 자들에게는 먹을 것과 임금을 제공하는 것과 같은 방식으로 백성들의 삶을 적극적으로 돌봐주어야 한다고 역설한다. 그렇게 하면 백성들은 자기 일에 종사하면서 나쁜 짓을 하지 않아 국가가 안정되고 나라에는 장애가 없고 억압이 없어, 사람들은 모두 기뻐하면서 가슴에 자식을 안고 춤을 추면서 빗장을 열고 평화롭게 살아갈 것이라고 주장한다. 여기에는 중생의 세속적인 현실적 삶에 대한 긍정적 수용과 그를 배려하는 적극적인 실천적 노력의 필요성에 대한 강조가 잘 나타나 있다.

이처럼 초기불교에는 중생의 욕망과 감정에 대한 인정과 수용, 그리고 그에 대한 배려도 일부 나타나고 있지만, 그 주된 경향은 아무래도 그에 대한 극히 부정적인 태도라고 할 수 있다. 초기불교 시대에는 아무래도 수행승들을 올바른 깨달음의 길로 이끌고 교단을 정비하면서 불교의 진리를 확산시켜 나가는 것이 중심적인 과제였을 것이다. 그 때문에 부처님의 가르침도 대부분 수행승에 대한 가르침의 형태로 나타나고 있으며, 욕망과 감정, 그리고 세속적인 가치의 추구를 떠나 깨달음을 위한 수행과 정진에 전념할 것을 강조한 것은 자연스러운 일이었을 것이다. 그러므로 불교의 초기 경전에 나타나는 욕망과 감정 그리고 세속적 삶과 가치의 추구에 대한 완전한 근절이나 초월에 관한 얘기들은 아무래도 대부분 욕망과 감정의 과도함과 집착, 왜곡으로 치닫기 쉬운 중생과 수행자들을 올바른 길로 이끌기 위한 방편적 설법으로 받아들여야 할 것이다.

앞에서 우리는 세상에 존재하는 모든 것의 참된 모습을 밝힌 초기불교의 진리는 연기설임을 보았다. 그것은 모든 것이 연기하는 것이기 때문에 총체적인 연관 속에 있는 일다불이적인 것이며, 실체가 없이 인연에 따라 잠시 존재하다가 사라지는 것이기 때문에 유무불이적인 것임을 말했다. 일다불이이고 유무불이라는 이러한 존재의 진리는 모든 존재가 실체가 없고 무상하고 괴로운 것이라는 초기불교의 가르침인 삼법인(三法印)에도 잘 나타나 있었다. 일다불이와 유무불이라는 존재의 진리는 우리가 일과 다, 유와 무 그 어느 것에도 치우치지 않고 언제나 중도를 취해야 한다는 것을 알려주고 있으며, 부처님 자신도 그러한 양극단을 떠난 중도를 올바른 것으로 가르쳤다.

그런데 인간 세상에서 일어나는 문제의 원인은 대부분 모든 것이 일다불이이고 유무불이인 연기하는 존재라는 진리를 알지 못하는 데서 생겨난다. 그중에서도 특히 문제의 주된 원인은 존재하고 있는 것에 대한 집착과 나 자신이라는 개체에 대한 집착이라고 할 수 있다. 생명을 갖고 있고 의식과 자기의식이 있는 인간은 존재하는 것들과 자기 자신에 대한 애착을 갖기 때문에, 유와 무 가운데서 유, 그리고 일과 다(하나와 여럿) 중에서는 전체보다는 나라는 개체인 일에 치우치는 경향이 있다. 인간은 보통 자기의식을 가진 개체적 존재로서 나와 내 것에 집착하다 보니 그것의 무상성이라는 무의 측면을 보지 못하고, 자신을 존재하도록 만들어 주고 있는 이 온 우주 전체의 소중함을 보지 못한다. 그러나 보니 마치 자신이 영원히 살고 자기가 소중히 여기는 것들이 영원할 것처럼 착각하면서, 그것들에 대한 욕망과 감정에 사로잡혀 끊임없이 욕심을 부리고 싸우면서 살아간다. 그러므로 초기불교에서는 인간(중생)이 실체가 없고 무상한 것들에 대해 갖고 있는 온갖 욕망과 감정이 모든 괴로움의 근본적인 원인이라고 보면서 여러 가지 수행법을 통해 그것에서 벗어날 것을 가르쳤다. 이것은 분명 인간이 겪는 괴로움의 근본 원인과 그 치유책에 대한 훌륭한 가르침이라고 할 수 있다.

그런데 욕망과 감정이야말로 괴로움의 원인이라고 간주하면서 그것들을 극단적으로 부정하면서 그것들의 완전한 근절과 초월만을 강조하는 것은 일과 다, 유와 무 그 어느 것에도 치우치지 말고 중도를 취해야 한다는 가르침과 어긋날 또 다른 위험성을 내포하고 있다. 앞서 봤듯이, 욕망과 감정에는 과도하고 왜곡된 것들도 있지만, 유한한 존재인 인간이 생존하고 더 나아가 자기의식을 가진 독특한 존재로서 자아를 실현해 나가는 데 필요한 것들에 대해 당연히 갖게 되는 것도 포함되어 있다. 그런데 이러한 모든 욕망과 감정을 근절하고 초월해야 할 것으로만 여긴다면, 그것은 각각의 개체로서 인간의 독특성과 가치를 부정함으로써 일과 다 가운데 다의 측면을 무시하고 일에만 치우치는 극단에 빠지기 쉽다. 또 그것은 욕망과 감정의 대상이 되는 것들의 존재를 무시하고 그것의 허망함이라는 무의 측면만을 강조하면서 유와 무 가운데 무에만 치우치는 극단에 빠지기 쉽게 만들기도 한다.

인간의 모든 욕망과 감정이 가치 없고 의미 없는 것이라서 모두 버려야 한다면, 인간의 다양한 삶과 활동은 불가능할 것이다. 그렇다면 모든 사람은 각자가 성취하기를 원하는 개성 있는 다양한 세속적 삶을 포기하고, 오직 영원한 진리만을 탐구하고 추구하는 출가수행자의 삶만을 선택해야만 할 것이다. 만약 이런 세상이라면 이루 말할 수 없이 무미건조하고 무기력한 세상이 될 것이다. 세상은 그 속에 존재하는 수많은 개체가 각자의 개성을 활짝 꽃 피우면서도 함께 조화롭게 어우러질 때만이 아름답고 장엄한 화엄세상이 될 수 있다. 오늘날 인간 세상에서는 이전의 집단이나 신분의 속박 등에서 벗어나 모든 개인이 자신의 선택과 능력에 따라 각자가 가치 있다고 여기는 것들을 성취하면서 살아가는 주체적인 삶의 방식을 바람직하게 여기고 있다. 이런 상황에서 불교가 인간이 갖는 다양한 욕망과 감정, 그리고 그에 기초한 모든 세속적인 삶의 방식을 부정하기만 한다면, 불교의 설득력과 호소력은 심히 떨어질 수밖에 없을 것이다.

우리는 인간의 생존과 인간 개개인의 개성적인 삶의 성취를 존중해야 한다. 우리는 모든 개인이 큰 어려움이 없이 생존할 수 있고, 각자가 소중히 여기는 이상과 가치를 추구하면서 의미 있는 삶을 성취해 나갈 수 있도록, 필요한 모든 조건을 제공할 수 있는 사회를 만들어 나가도록 함께 노력해야 한다. 그리고 이것은 언제나 자비심으로 중생을 구제하려는 불교의 관점에서도 당연히 받아들이고 함께 해 나가야 할 일임에 틀림이 없다. 물론 인간 세상이 존재하는 한, 유와 개체에 사로잡히는 잘못, 과도한 욕망과 감정에 사로잡히는 잘못은 언제나 이 세상 괴로움의 근본 원인으로서 작용할 것이다. 그래서 중도의 진리를 설하고, 과도하고 왜곡된 욕망과 감정의 절제와 소욕지족을 설하는 불교의 가르침은 언제나 인간의 괴로움에 대한 훌륭한 치유책이 될 것이다.

## 2) 초기불교의 가르침과 역사성 : 성평등에 대한 초기불교의 가르침

초기불교의 가르침과 관련해서 생각해 볼 만한 또 한 가지 문제는 역사적인 상황과 연관성이 있는 가르침들에 대한 것이다. 인간은 언제나 일정한 시공간 속에서 살아간다. 그래서 인간의 삶과 사상은 그 시대의 상황에 의해 일정한 제약을 받을 수밖에 없는 측면이 있다. 물론 인간이 인간으로서 존재하는 한 거기에는 공통점도 있으므로 그것을 반영하는 삶의 양식이나 사상에는 틀림없이 어떤 보편성도 있을 것이다. 그렇지만 다른 한편으로는 또한 시대마다 다른 상황들이 인간의 삶을 규정하고 있으므로 삶의 모습이나 그것을 반영하는 사상도 시대적인 제약을 받을 수 있다. 그러므로 인간의 사상은 어떤 면에서는 모두 시대의 아들이라고 할 수 있다. 이점에서는 불교의 가르침도 마찬가지이며, 그것을 우리는 초기불교의 가르침에서도 찾아볼 수 있다.

예를 들자면 우리는 그런 것을 성평등에 관한 초기불교의 입장 같은 것에서 살펴볼 수 있다. 지금도 인도는 여러 가지 측면에서 여성에 대한 차별이 많은 편이고, 여성의 지위가 상당히 낮은 나라에 속한다고 할 수 있지만, 부처님 당시의 인도는 여성에 대한 차별이 지금보다도 훨씬 더 심했다. 오늘날 현실 속에는 여전히 다양한 형태의 여성 차별이 존재하고 있지만, 적어도 이제 이념적으로는 성적 차이에 따른 차별은 잘못이며 성적 차이에 상관없이 모든 사람을 평등하게 대우해야만 한다는 것이 보편적으로 인정되고 있다. 그렇다면 초기불교의 가르침에서는 성평등에 관련된 문제, 여성 차별에 관련된 문제에 대해서 어떠한 관점을 취하고 있을까? 이것은 우리가 불교의 가르침에도 어떤 역사적인 제약이 존재하고 있는가, 그렇다면 우리는 이런 부분에 대해 어떻게 생각해야 하는가 하는 문제를 다루기에 매우 좋은 문제라고 할 수 있다.

우선 초기불교의 경전에서 남편과 아내의 관계에 관해 얘기하고 있는 부분들을 보면 대체로 남성의 지배적인 지위와 여성의 종속적인 지위라는 전통적인 관계를 그대로 받아들이고 있다는 것을 알 수 있다. 우선 『쌍윳따니까야』에는 여인이 용모, 재산, 친족, 자식, 덕성이라는 다섯 가지 힘을 갖고 있으며, 이것들을 갖춘 여인은 가정에서 남편을 제압하고 극복하며 살 수도 있다고 얘기한다. 그렇지만 곧이어서 남자는 '주권의 힘'을 갖고 있으며, 이 힘으로 압도하면 여인이 아무리 다섯 가지 힘을 갖고 있어도 남자에게 제압당할 수밖에 없다고 얘기한다.[97] 이것은 결국 가정에서는 남성이 궁극적인 지배권을 갖는다는 것을 인정하고 있는 것이라 할 수 있다. 이러한 관점은 『앙굿따라니까야』에 나오는 장자인 아나타삔디까 집안의 며느리 쑤자따에게 행한 부처님의 가르침에서도 잘 나타나 있다. 거기서 부처님은 아내에게는 살인자, 도둑, 지배자, 어머니, 누이, 친구, 하인과 같은 아내가 있다고 말한다. 그리고 그 가운데 남편을 살해하거나, 남편의 재물을 빼앗으며, 남편을 제압하며 사는 아내는 거칠고 불경스런 아내로서, 죽으면 지옥에 떨어진다고 함으로써 바람직하지 않은 아내라고 규정한다. 반면에 어머니, 누이, 친구, 하인과 같은 아내는 바람직한 아내이다. 어머니 같은 아내는, 항상 남편의 이익을 위하여 연민하고, 어머니가 아들을 돌보듯 남편을 돌보는 아내이다. 누이와 같은 아내는, 남편을 주인으로 존경하고, 부끄러워하며 남편에게 순종하는 아내이다. 친구와 같은 아내는, 남편을 보고 기뻐하고 남편에게 충실한 아내이다. 하인과 같은 아내는, 폭력으로 위협을 받아도 분노하지 않고 악한 마음 없이 남편에게 순종하는 아내이다. 부처님은 이런 어머니, 누이, 친구, 하인과 같은 아내는 죽으면 좋은 곳으로 간다고 말한다. 이렇게 가르치고 나서 부처님이 어떤 아내가 되겠냐고 묻자 쑤자따는 남편에 대해 하인과 같은 아내가 되겠다고 대답한다.[98] 이것은 가정에서는 남편이 지배자가 되고 아내는 그에 순종하는 것이 가장 바람직하다는 관점을 드러낸 것이라고 할 수 있다. 가정 내에서의 남편과 아내의 지위와 역할에 대한 이러한 초기불교의 가르침은 결국 당시의 인습적인 가부장제의 전통을 받아들이고 있는 것으로 볼 수 있다.

가정에서의 남녀 관계를 넘어서서도, 남녀의 관계에 대한 초기불교의 가르침에는 남성을 주체적 위치에 두고 여성을 대상적 위치에 두면서, 여성을 남성에게 여러 가지 문제를 불러일으키는 위험한 존재로 묘사하면서 경계하는 내용도 있다. 예를 들자면 『앙굿따라 니까야』에서 부처님은 여자의 형상, 소리, 냄새, 맛, 감촉이 애욕, 욕망, 광기, 속박을 일으키고 멍에에서 벗어나 안온을 성취하는 데 장애로 작용하며, 중생은 그 때문에 애욕에 물들고 속박되고 탐욕스럽게 되고 넋을 잃고 집착하게 되고, 오랜 세월 그에 사로잡혀 근심하게 된다고 말하고 있다.[99] 심지어 '여자는 걸어가더라도, 서 있더라도, 누워 있더라도, 웃더라도, 말하더라도, 노래하더라도, 울더라도, 기절했더라도, 죽었더라도 남자의 마음을 사로잡기' 때문에, '여자에 대하여 올바로 말하자면, 악마의 완전한 족쇄라고 말해야' 한다고도 한다.[100] 이처럼 여자는 남자를 애욕과 탐욕에 사로잡히게 하여 해탈하지 못하게 하는 존재이므로 특히 수행승들은 항상 여자를 경계해야 한다. 그래서 부처님은 수행승들에게 여인에게 접근하지도 말고, 여인을 쳐다보지도 말고, 여인과 말을 하지도 않아야 한다고 가르치기도 했다.[101]

위와 같은 초기불교의 가르침들을 보면, 부처님은 남녀의 지위와 역할에 대한 당시의 관습적인 통념을 상당 부분 수용하고 있다는 것을 알 수 있다. 그렇지만 부처님은 그런 전통과 관습에 전적으로 얽매이지는 않았다. 아니 어쩌면 부처님은 당시에는 혁명적이라고 할 만큼 엄청난 변화를 가져왔다고도 할 수 있다. 그것은 다름 아닌 여성을 수행자로서 받아들인 일이었다. 당시 인도를 지배하는 브라만교에서 성직자는 오직 브라만계급의 남성만이 될 수 있었다. 그런 상황 속에서 여성을 성직자인 출가승으로 받아들였다는 것은 가히 혁명적인 사건이라고도 할 수 있다. 부처님은 이모이자 양모인 마하빠자빠띠 고따미가 석가족의 많은 여인들과 함께 출가를 간청하자 여러 번 거절하다가 결국은 허락했다. 그리고 거기에는 부처님의 시자였던 아난다의 간청도 큰 역할을 했다. 수행자 집단에 여성이 들어오면, 남녀 사이에 수많은 문제가 벌어질 수 있다. 그런 점을 염려한 부처님은 여성을 수행자로 받아들이는 걸 꺼렸다. 그럼에도 불구하고 결국은 여성을 수행자의 일원으로 받아들인 것은 당시에는 상상할 수 없을 정도로 진보적인 일이라고 할 수 있다.

물론 여기에 아무런 제약도 없었던 것은 아니다. 부처님은 여성의 출가를 허락하면서도 소위 '여덟 가지 공경의 원리'를 받아들여야 한다고 함으로써, 여성 수행자가 남성 수행자를 공경하고 남성 수행자보다 낮은 위치에 있어야 한다는 조건을 부과하였다. 그 '여덟 가지 공경의 원리'에 따르면, 수행녀는 출가한 지 아무리 오래되었더라도 신출내기 수행승을 포함한 모든 남성 수행승에게 먼저 인사를 하고 공경해야 한다. 또 수행녀는 남성 수행승이 있는 곳에서만 안거를 하고, 남성 수행승의 모임에서 정기적으로 잘못을 고백하고 그들로부터 가르침을 받기도 하는 등, 남성 수행승의 지도와 감독을 받아야 한다. 심지어 수행녀는 남성 수행승의 잘못에 대해서 비웃거나 비난을 할 수도 없고, 충고를 할 수도 없는 반면, 남성 수행승이 수행녀의 잘못에 대해 비난하거나 충고를 하는 것은 받아들여야만 한다.[102]

이런 것을 통해 부처님은 남녀의 관계나 지위에 관한 전통적인 관습의 제약과 진보적이고 혁신적인 사고 사이에서 상당히 고심하고 있었다는 것을 알 수 있다. 이러한 고심은 초기 경전의 여러 곳에서 여성도 출가하고 수행하여 깨달음을 얻고 해탈할 수 있는가에 대해 나타내고 있는 상반된 견해를 통해서도 잘 알 수 있다.

예를 들어 부처님은 아난다가 마하빠자빠띠 고따미의 출가를 허락해 줄 것을 간청하면서, '여인들이 출가해서 흐름에 든 경지나, 한 번 돌아오는 경지나, 돌아오지 않는 경지나, 거룩한 경지를 실현하는 것이 가능한가' 물었을 때, 그렇다고 긍정적으로 답한다.[103] 이것은 여성도 수행을 통해 해탈할 수 있다는 것을 인정한 것이라고 할 수 있다. 그래서 『앙굿따라니까야』에서는 실제로 수행녀 중에서도 깨달음을 얻고 해탈에 도달한 사람들이 있었다는 것을 말하고 있다. 예컨대 『앙굿따라니까야』에서 훌륭한 여러 수행녀들에 대해 언급하고 있는 곳에서는, 어떤 수행녀들을 '위대한 지혜를 지닌 님', '곧바로 아는 님', '위대한 곧바른 앎에 도달한 님', '믿음으로 해탈한 님' 등으로 묘사함으로써, 여성들도 완전한 깨달음을 얻고 해탈할 수 있다는 것을 말하고 있다. 깨달음과 해탈에 관해 남녀를 차별하는 것이 엄청난 잘못이라는 것은, 여자로서는 깨달은 아라한의 경지를 얻을 수 없다고 하는 악마 빠삐만의 얘기에 대해 수행녀인 쏘마가 한 대답에 무엇보다도 분명히 나타나 있다. 그에 대해 쏘마는 이렇게 대답하고 있다.

마음이 잘 집중되어
최상의 진리를 보는 자에게
지혜가 항상 나타난다면
여성의 존재가 무슨 상관이랴.

이와 같이 생각하는 사람에게
나는 남자다 또는 여자다
그렇지 않으면 도대체 무엇이라고 말해야 한다면,
그는 악마일 뿐이리.[104]

그러나 이런 진보적인 견해에 반해, 초기 경전 곳곳에는 남성과 달리 여성은 깨달아 해탈에 도달할 수 없다는 성 차별적인 얘기도 나타나고 있다. 예를 들자면 『맛지마니까야』에서는 가능한 것과 불가능한 것에 능숙한 자는, '여인이 거룩한 님, 올바로 원만히 깨달은 님이 되는 것은 타당하지 않고 있을 수 없다. 그것은 불가능하다'라고 분명히 알며, '남자가 거룩한 님, 올바로 원만히 깨달은 님이 되는 것은 있을 수 있다. 그럴 가능성이 있다'라고 분명히 안다고 말하고 있다.[105] 마찬가지로 『앙굿따라니까야』에서는 "여자가 거룩한 님, 올바로 원만히 깨달은 님이 된다면, 그것은 있을 수 없고 가능하지 않은 일이다. 그러나 남자가 올바로 원만히 깨달은 님이 된다면, 그것은 있을 수 있고 가능한 일이다."[106]라고 말하기도 한다.

이상에서 우리는 남녀 간의 성평등 또는 여성 차별 문제에 관련된 초기불교의 가르침에 대해 살펴보았다. 우리가 살펴본 것처럼 이 문제에 관한 초기불교의 가르침은 한편으로는 그 당시로 볼 때는 파격적이라 할 정도로 진보적인 성평등적 관점을 제시했다. 그러나 다른 한편으로는 당시의 인습적인 성차별적 관점을 그대로 수용하기도 함으로써 시대적 제약을 벗어나지 못하는 모습을 보이기도 했다. 이렇게 볼 때, 이 문제에 관한 초기불교의 가르침은 그 속에 서로 상당히 모순되는 관점들을 포함하고 있다고 할 수 있다. 어떤 사람들은 이런 사태에 직면해서 당혹스러워하거나, 심지어는 부처님의 가르침에 그런 모순이 있다는 사실을 부정하려고 할지도 모른다. 이러한 태도에는 부처님을 전지전능한 신과 같은 존재로 절대적으로 숭배하는 맹목적인 신앙심이 깔려 있다고 할 수 있다. 부처님을 전지전능한 신과 같은 존재로 숭배하게 되면, 그런 부처님의 가르침에 어떤 시대적 한계가 들어 있다거나, 어떤 모순이 들어 있다고 하는 사실을 인정할 수 없다. 그렇지만 석가모니 부처님은 신이 아니다. 부처님은 깨달은 사람이면서 동시에 일정한 시대 속의 인도라는 한 지역에 살았던 사람이다. 부처님 역시 동시대의 다른 사람들과 마찬가지로 당시의 시공간 속에서 살았으며, 당시의 현실을 완전히 무시하고 초시대적인 보편적 진리만을 설할 수는 없었다. 엄연히 존재하고 있는 현실을 모두 무시하고 그것을 한꺼번에 송두리째 바꿀 힘은 어떤 사람에게도 없다. 부처님 역시 마찬가지였다. 뿌리 깊은 관습과 엄존하고 있던 성차별의 현실을 부처님 역시 한꺼번에 송두리째 부정하거나 변혁하기는 어려웠다. 만일 그랬다면 부처님의 가르침이 당시의 대중들에게 설득력이 있기는 어려웠을 것이다. 그렇지만 부처님은 결코 그런 역사적 한계 속에 머물러 있지 않았다. 부처님은 시대적 제약 속에서도 모든 인간의 평등한 삶을 위해 힘껏 노력했다고 할 수 있을 것이다.

2부

# 부파불교와 대승불교

# 1. 부파불교

## 1) 부파불교의 성립

부처님이 설한 초기불교의 가르침은 석가모니 부처님의 입멸 후 이루어진 1차 결집을 통해 율(律)과 경(經)을 포함한 불경으로 정리되었다. 이를 통해 초기불교의 가르침은 석가모니 부처님의 제자들과 승가 집단에 의해 전승되었다. 그러다 석가모니 부처님 입멸 후 100여 년 후인 기원전 3세기경에 불교의 승가 집단 내에서 분열이 일어난 것으로 알려져 있다. 그 분열을 흔히 근본분열이라고 부르는데, 그 이유에 대해서는 북방불교와 남방불교에 전해오는 얘기가 서로 다르다.

남방불교에서는 분열의 원인이 된 것을 10사(十事)라는 계율과 관련된 열 가지 항목에 대한 견해 차이로 얘기하고 있다. 10사에 대해서는 여러 경전에서 언급하고 있지만, 국내의 저·역서 가운데, 후지타 코타츠가 지은 『초기·부파불교의 역사』와 김영석 역주 『아비달마부파의 성립과 주장』에서 소개하고 있는 내용을 통해 손쉽게 알 수 있다.[1] 그에 따르면, 장로 가운데 한 사람이 베살리(또는 웨살리라고도 번역함, Vesālī, Vaiśālī) 지역을 방문하였다가 승가 집단이 사람들에게 금과 은 등 재물의 기부를 권하고 시주를 받는 것 등을 보고 그런 것이 불교의 계율에 어긋나는 게 아닌가 하는 문제를 제기하였다. 문제가 된 10가지 일이란 승려들의 탁발이나 식사, 포살, 음주, 재물의 시주 등과 같이 승려의 계율과 관련된 일이었다. 문제가 된 10가지 일을 놓고 승가를 대표하는 장로들이 모여 그 대부분을 계율에 어긋난 걸로 판정하고, 계율을 다시 정리하였는데, 이를 흔히 제2결집인 베살리 결집이라고 한다. 이는 기존에 전승돼 온 계율을 고수하려는 보수적인 장로들의 관점이 주로 반영된 결과였다고 할 수 있다. 그런데 밧지족 비구들 등, 시대의 변천에 따라 계율의 유연한 적용과 변용을 주장한 승려들이 따로 모여 그들 나름의 결집을 행하였고, 이로 인해 근본분열이라고 부르는 불교 교단의 분열이 일어나게 되었다. 10사에 관한 설명에 따르면, 이처럼 불교의 근본분열은 계율을 둘러싸고 전통을 존중하는 상좌부와 시대의 변화를 수용하려는 진보적인 대중부 사이의 분열이었다고 할 수 있다.

북방불교에서는 분열의 원인이 된 것을 5사(五事)로 얘기하고 있다.[2] 그에 따르면 5사는 어머니와 사통하고 아버지와 어머니를 살해하고 나중에 승려가 되어 남의 스승 행세까지 한 극악무도한 마하데바(Mahādeva, 大天)의 주장과 연관되어 있다. 그리고 그 주장을 둘러싼 논쟁이란 아라한에게 번뇌나 무지나 의혹이 남아 있는가와 같이 깨달은 사람인 아라한의 경지에 관한 것이었다. 이런 게 과연 그렇게 중요한가 하는 의문이 들기도 하지만, 어쨌든 이런 주장을 둘러싼 논쟁으로 불교 교단에 근본적인 분열이 생겼다는 게 북방불교의 전승이다.

오랜 옛날 일이고, 전해지는 얘기도 각기 다르므로, 불교 교단이 근본적으로 분열하게 된 원인을 정확히 알기는 어렵다. 다만 석가모니 부처님 입멸 후 상당한 시간이 흐르고 시대가 바뀌면서 여러 가지 가르침에 대한 해석이나 계율을 둘러싸고 서로 다른 견해가 대립하여 전통을 고수하려는 보수파(상좌부)와 시대에 발맞춰 나가려는 진보파(대중부) 사이에 상당한 분열이 일어났다는 것은 분명한 것으로 보인다.

근본분열이 일어난 후부터 기원전 1세기경에 이르는 200여 년 동안 교리와 계율에 관한 다양한 해석에 따라 상좌부와 대중부는 각기 여러 부파로 분열되어 18부파 내지 20부파(상좌부와 대중부를 포함하면 20부파)에 이르게 되었는데, 이를 지말분열이라 부른다.

이렇게 여러 부파로 나뉘어 서로 다른 다양한 이론들을 펼친 이 시대의 불교를 부파불교라고 부른다. 각 부파는 불교의 교리와 계율에 관해 논한 저마다의 해석과 견해를 내놓았는데, 석가모니 부처의 가르침에 관한 이러한 논(論)들을 '아비다르마(abhidharma)'라 하고, 이를 한역(漢譯)해서 아비달마(阿毘達磨)라고 부른다.[3] 그래서 부파불교를 다른 말로 아비달바불교라고 부르기도 한다.

여러 부파 가운데서 아비달마불교를 대표하는 부파로는 설일체유부(說一切有部)가 꼽힌다. 설일체유부는 모든 법(一切法)이 존재한다고 주장하는 부파이다. 이때 모든 법이라는 것은 우리에게 나타나는 모습 그대로의 이 세상의 현상이나 사물들을 말하는 것이 아니다. 그런 것들은 찰나적으로 사라지는 무상한 것이다. 설일체유부의 주장은 현상적 사물들을 구성하고 있는 기본적인 존재의 구성요소들이 과거·현재·미래의 삼세 어디에서나 존재한다는 것이다.

널리 알려져 있듯이 설일체유부에서 항시 존재하고 있는 것으로 주장하는 존재의 요소로는 5개 항목의 75가지 요소인 오위칠십오법(五位七十五法)이 있다. 그것은 물질적 요소인 색법(色法 11가지), 마음인 심법(心法 1가지), 마음의 작용인 심소법(心所法 46가지), 물질도 마음도 아닌 현상들 사이의 관계, 작용, 성질, 세력, 명칭 등을 말하는 심불상응행법(心不相應行法 14가지), 어떤 조건에 의해 조작되지 않으며 생겨나지도 않고 없어지지도 않는 존재인 무위법(無爲法, 3가지)이다.

여러 가지 존재 요소에 대한 설일체유부의 설명은 쉽지가 않다. 예컨대 설일체유부에서는 색법으로 안·이·비·설·신(眼耳鼻舌身)이라는 5근(根)과 색·성·향·미·촉(色聲香味觸)이라는 5경(境)에다 무표색(無表色)이라는 걸 더해 11가지를 들고 있다. 그런데 설일체유부에서는 다른 한편 물질의 궁극적인 요소는 그 이상 쪼개지지 않는 미립자인 극미(極微)라고 주장한다. 서양의 원자론과 매우 비슷한 주장이다. 5근과 5경 같은 것은 그런 극미가 모여서 실재하는 것이다. 그러나 그런 극미가 모여 물질적 실재를 이루는 방식에 대해서는 다양한 해석이 존재한다. 색·성·향·미·촉은 물질적 존재들을 구성하는 성질로 간주할 수 있다. 그러나 안·이·비·설·신은 물질적 존재들을 구성하는 성질로 볼 수는 없다. 그러므로 5근과 5경은 범주가 서로 다르다고 할 수 있는데, 이것들을 색법으로 한데 묶어 설명하는 것을 이해하기는 쉽지 않다. 또 불교에서 흔히 물질을 이루는 요소라 말하는 4대(지수화풍地水火風)와 극미의 관계와 그 결합에 대한 설명도 쉽지 않다. 또 외부로 표출되지 않는 신체적인 행위와 언어적인 행위(무표업無表業)를 할 때 생기는 눈에 보이지 않는 물질인 무표색은 물질의 궁극적 요소인 극미가 모인 것이 아니라고 하면서도 색법에 속한다고 하는 것 등도 이해하기 쉽지 않다. 5위에 속하는 다른 실재의 요소들에 관해서도 이해하기 쉽지 않은 여러 가지 문제들이 있지만, 여기서 더는 다루지 않는다.

어쨌건 설일체유부에서는 이처럼 여러 가지 존재의 구성요소들이 삼세에 걸쳐 실재한다는 삼세실유설(三世實有說)을 주장한다. 설일체유부에서 이런 주장을 하는 이유는 여러 가지가 있다. 예컨대 그것은 우리의 인식이 일어나려면 그 대상이 되는 존재가 있어야 한다는 것이다. 또 행위에는 반드시 결과가 따르기 때문에 과거의 행위에 따른 현재의 결과와 현재의 행위에 따른 미래의 결과 등이 있기 마련이고, 그러므로 삼세에 걸쳐 실재하는 것들이 있다는 것이다.[4] 인식의 대상이 되는 것들이 인식과 독립적으로 존재한다는 점에서 설일체유부의 관점은 나중에 우리가 다룰 유식의 관점과는 다르다고 할 수 있다.

설일체유부를 비롯한 여러 부파의 이론이 제대로 정리된 것은 지말분열을 거쳐 훨씬 나중의 일이었다. 설일체유부를 중심으로 한 아비달마 논서의 출현과 계승에 관해서는『초기·부파불교의 역사』라는 책에 잘 정리가 되어 있다. 그에 따르면, 설일체유부의 학설 전반을 서술한 저서가 카트야야니푸트라(Kātyāyanīputra, 迦栴延子 또는 迦多衍尼子라고 한역)의『발지론(發智論)』이었고, 이에 대해 500여 명의 논사가 모여 주석을 단 것이『대비바사론(大毘婆沙論)』(완전한 명칭은『아비달마대비바사론(阿毘達磨大毘婆沙論)』)이었다.『발지론』은 기원전 2세기경에 나왔으나,『대비바사론』은 기원 후 100~150년경에 편집된 것으로 알려져 있다. 그 후 설일체유부의 학설을 조직적으로 체계화한『아비담심론(阿毘曇心論)』(法勝 지음, 僧伽提婆 역 4권)이 나왔으며, 이를 기초로 하면서 아비달마론을 가장 체계적으로 정리한 것이 세친(世親)의『아비달마구사론(阿毘達磨俱舍論)』(줄여서『구사론』)이다.[5]

『아비달마구사론』의 저자인 바수반두(Vasubhandu)는 한문으로 세친 또는 천친(天親)이라 부르는 사람으로 유명한 유식 이론가인 무착(Asaga, 無着)의 동생이다. 세친도 나중에는 유식의 이론가가 되었다. 세친은 대체적으로 설일체유부의 견해에 따르면서도 경량부 (經量部) 등의 견해도 참고하여 자기 나름의 관점에서 『구사론』을 저술한 것으로 알려져 있다. 경량부는 설일체유부에서 갈라져 나왔다고도 하는데, 경량부에서는 논보다는 불교의 경전에 의존해야 한다고 주장하였고, 설일체유부와는 달리 법은 삼세에 걸쳐 실재하는 것이 아니라, 현재에만 존재한다고 주장한 것으로 알려져 있다. 경량부의 견해를 상당히 받아들인 세친의 『구사론』에 반발한 설일체유부 쪽에서는 상가바드라(Saṃghabhatra, 중현衆賢이라 한역)가 『아비달마순정리론(阿毘達磨順正理論)』과 『아비달마장현종론(阿毘達磨藏顯宗論)』을 지어 『구사론』을 반박하고 자신들의 견해를 밝히기도 하였다.[6]

### 2) 『아비달마구사론』

아비달마의 논서들 가운데 『구사론』은 부파불교의 아비달마 이론을 대표하는 저서로서 부파불교 연구의 가장 중요한 논서라고 할 수 있다. 『구사론』은 분별계품(分別界品), 분별근품(分別根品), 분별세간품(分別世間品), 분별업품(分別業品), 분별수면품(分別睡眠品), 분별현성품(分別賢聖品), 분별지품(分別智品), 분별정품(分別定品), 파집아품(破執我品)이라는 9품 30권으로 구성되어 있다. 이 중 분별계품은 5온 12처 18계 등 제법(諸法)의 본질에 대해 설명하고 있고, 분별근품에서는 근(根)이라 부르는 여러 가지 존재를 분류하고 그 작용을 설명하고 있다. 또 소위 5위 75법에 해당하는 여러 존재 요소와 제법(諸法)의 인과론에 관해서도 설명하고 있다. 분별세간품에서는 유정세간(有情世間)과 기세간(器世間) 등의 세간 즉, 고에 가득 찬 현실 세계, 그리고 12연기에 따른 윤회전생 등에 관해 설명하고 있다. 분별업품에서는 고(苦)와 여러 가지로 구별되는 세간의 원인이 되는 업에 관해 설명하고 있고, 분별수면품에서는 온갖 불선업의 원인이 되는 번뇌에 관해 설명하고 있다. 분별현성품에서는 번뇌를 소멸시킨 현자와 성자에 관해 설명하고 있다. 분별지품에서는 번뇌를 소멸시키는 지(智)에 관해 설명하고, 분별정품에서는 번뇌를 소멸시키기 위한 선정(禪定)에 관해 설명하고 있다. 여기서 분별세간품은 사성제의 고성제에 해당하고 분별업품 및 분별수면품은 집성제에 해당하며, 분별현성품은 멸성제에 해당하고, 분별지품과 분별정품은 도성제에 해당된다고 할 수 있다. 그리고 파집아품은 무아설의 입장에서 자아 관념을 타파하고 있다.[7]

이런 『구사론』의 구성이 나타내는 것처럼, 아비달마의 교설은 실재하는 모든 것들(諸法)의 구성요소와 그 작용을 자세히 나누어 설명하고, 그런 구성요소들의 인연 관계에 의해 성립하는 고로 가득 찬 현실 세계와 거기에서 벗어난 깨달은 자들(현자와 성자)의 경지, 그리고 해탈과 열반에 이를 수 있는 수행 방법들을 상세하고 체계적으로 설명하고자 한 것이었다. 이러한 설명의 조직은 전체적으로 볼 때, 고집멸도(苦集滅道)라는 사성제(四聖諦)의 구조와 일치하는 것이라고 할 수 있다.

앞에서 우리는 초기불교의 가르침에서 가장 근본적인 것이 바로 네 가지 거룩한 진리(사성제)라는 걸 밝히고 초기불교의 중요한 교설들을 거기에 포함하여 설명했다. 아비달마의 교설은 초기불교의 이런 가르침을 이어받으면서, 초기불교의 교설에는 산발적으로 흩어져 있던 가르침들을 체계적으로 분류하고 각각에 대해 상세히 분석하고 설명하고자 한 것이라 할 수 있다. 석가모니 부처님의 가르침은 대부분 때와 장소, 그리고 대중의 근기 등에 알맞게 베푼 대기설법(對機說法, 방편설법)이었다. 그래서 그 속에 포함된 중요한 개념들이 명확히 정의, 분류, 설명되어 있지 않은 게 많았고, 같은 종류의 가르침도 여러 군데로 흩어져 있는 경우가 많았다. 아비달마불교에서는 단편적으로 흩어져 있던 초기불교의 이런 가르침을 체계적으로 정리하여 설명하려 했다고 할 수 있다. 이런 점에서 아비달마불교는 불교 역사상 최초로 장대한 불교철학의 사상체계를 구축한 것이라 할 수 있으며, 그를 위한 엄청난 노력과 성과에 대해서는 높이 평가해야 마땅하다고 할 수 있다.

그런데 관련되는 항목들을 하나도 빠트리지 않고 포함해서 체계적으로 분류하고 일일이 설명을 붙이려다 보니, 아비달마의 이론들은 너무 복잡하고 번쇄(煩瑣)한 느낌을 주는 것이 사실이다. 분별(分別)과 체계화에 대한 욕심이 지나친 나머지 그다지 중요하지도 않게 느껴지는 세분된 무수한 항목의 나열과 설명이 두드러진다. 그래서 오히려 혼란을 주고 핵심을 잃어버리게 만드는 점도 있는 것으로 여겨진다. 그렇지만 꼼꼼히 살펴보면 그 속에서 우리는 초기불교의 핵심적인 가르침을 이어받아 발전시킨 여러 가지 유용한 가르침을 얻을 수 있다. 우리는 세친의 『아비달마구사론』을 통해 아비달마불교의 몇몇 중요한 가르침을 음미해 볼 수 있다.

먼저 「분별업품」에서는 고를 초래하는 열 가지 악업인 십업도(十業道)에 관해 설명하고 있다. 열 가지 악업은 몸으로 짓는 3가지 악업인 살생(殺生), 도둑질(투도偸盗), 사음(邪婬)과 입(말)으로 짓는 4가지 악업인 거짓말(망어妄語), 이간질(양설兩舌), 악한 말(악구惡口), 꾸민 말(기어綺語), 그리고 뜻(마음)으로 짓는 3가지 악업인 탐냄(탐욕貪欲), 성냄(진에瞋恚), 어리석음(사견邪見, 치癡)를 말한다. 이 중에서도

「분별업품」에서는 탐·진·치에 관해 자세히 설명하고 있다.[8] 그러고 나서 여기서는 그런 악업에서 벗어날 방도가 되는 선업으로 6바라밀다에 관해 말하며, 특히 세 가지 복업(福業)인 보시·지계·선정에 관해 설명한다. 이것을 시류(施類), 계류(戒類), 수류(修類)의 복업사(福業事)라 부르기도 하는데, 이 가운데서도 수류의 복업사인 선정을 중시하면서, 그것을 "등인(等引)의 선법을 '수(修)'라고 이름"한다고 하며, 그 본질을 마음이 하나의 대상에 집중하여 평정을 이루는 '삼마지(三摩地, 心一境性의 等持)'라고 설명하고 있다.[9] 이것은 나중에 고(苦)에서 벗어나기 위한 수행법의 설명과 자연스럽게 연결될 수 있는 고리가 된다.

「분별수면품」에서는 고(苦)와 세간의 차별을 일으키는 업(業)의 근원이 되는 번뇌에 관해 자세히 설명하고 있다. 여기서는 번뇌를 결(結, saṃyojana)·박(縛, bandhana)·수면(隨眠, anuśaya)·수번뇌(隨煩惱, upakleśa)·전(纏, pary-avasthāna)이라는 다섯 가지 종류로 나누고 있고[10], 그 가운데서도 특히 수면에 관해 더 상세히 설명하고 있다. 이 수면은 기본적으로 탐(貪, rāga), 진(瞋, pratigha)과 만(慢, mānā)과 무명(無明, avidyā)과 견(見, dṛṣṭi)과 의(疑, vicikitsā)라는 여섯 가지로 나뉘지만, 또 다른 구분에 의해 일곱 가지, 열 가지, 아흔여덟 가지로 나뉘기도 한다.

번뇌 또는 의혹을 치유하는 대치(對治)로는 단(斷)·지(持)·원(遠)·염(厭)의 네 가지를 들고 있다. 그리고 이것의 순서와 그 내용에 대해서는 이렇게 설명하고 있다.

이러한 대치에 관한 논설이 선설(善說)이 되고자 한다면 이치상 실로 다음과 같은 순서가 되어야 할 것이다. 즉 첫째가 염환대치이니, 이를테면 고제(苦諦)·집제(集諦)를 연으로 하여 가행도를 일으키는 것을 말한다. 둘째가 단대치이니, 일체(즉 4제)를 연으로 하여 무간도(無間道)를 일으키는 것을 말한다. 셋째가 지대치이니, 이를테면 일체를 연으로 하여 해탈도를 일으키는 것을 말한다. 넷째가 원분대치이니, 이를테면 일체를 연으로 하여 승진도를 일으키는 것을 말한다.[11]

「분별현성품」에서는 깨달음을 얻은 현자와 성자에 관해 얘기하고 있지만, 그 복잡한 단계에 대한 설명은 번거롭고 그다지 큰 의미가 있는 것으로 여겨지지는 않는다. 오히려 이 품에서 얘기하고 있는 가운데 눈에 띄는 것은 「분별업품」에서 언급했던 '수(修)'에 관해 자세히 설명하고 있는 부분이다. 여기서는 선정을 닦는 '수'의 방법으로 '두 가지 문'을 들고 있는데 그것은 '첫째는 부정관(不淨觀)이고, 둘째는 지식념(持息念)'이다.

이 가운데 부정관은 탐냄이 많은 사람에게 유용한 수행법이고, 지식념은 잡념이 많아서 마음이 산란한 사람에게 유용한 것으로 얘기하고 있다.[12] 부정관은 예컨대 아름다운 육신에 집착하는 사람에게 그 육신이 백골이 되어가는 더럽고 무상한 모습을 마음속에서 살펴보도록 하는 것으로, 초기불교의 가르침에서도 찾아볼 수 있는데, 「분별현성품」에서는 이에 대해 매우 자세하게 설명하고 있다.

지식념은 들이쉬고 내쉬는 숨을 관찰하는 것으로서, 역시 초기불교의 가르침에도 나오는 수행법이다. 이것을 여기서는 여섯 가지 방법으로 나누어 자세히 설명하고 있다. 그 여섯 가지란 "첫째는 수(數)이며, 둘째는 수(隨)이며, 셋째는 지(止)이며, 넷째는 관(觀)이며, 다섯째는 전(轉)이며, 여섯째는 정(淨)"[13]을 말한다. 여기서 예를 들어 '수(數, gananā)'는 들숨과 날숨의 수를 헤아리며 몸과 마음을 편안하게 하여 선정을 획득하는 것이다. '수(隨, anugama)'는 숨이 들고 나는 것을 경로대로 따라가며 관찰하는 것을 말한다. '지(止, sthāna)'는 마음을 코끝 등 한 곳에 집중하면서 숨의 느낌을 관찰하는 것이다. '관(觀, upalakṣaṇā)'이라고 하는 것은 숨과 함께 5온을 경계로 삼아 관찰하는 것이다. '전(轉, vivartanā)'은 "숨의 바람을 소연으로 한 지각[覺]을 이후에 생겨나는 뛰어난 선근(善根) 중으로 이전(移轉)하거나 내지는 세제일법(世第一法)의 상태로 이전시켜 안착하는 것"이고, '정(淨, pariśuddhi)'은 "이로부터 승진하여 견도로 들어가는 것을 말한다"고 설명하고 있다.[14]

「분별현성품」에서는 이렇게 사마타(奢摩他, 즉 止)를 닦고 나면 이를 기초로 삼아 비발사나(毘鉢舍那, 즉 觀)을 성취하기 위해 4념주(念住)를 닦아야 한다고 말한다. 사념주는 일체 현상의 조건이 되는 신(身)·수(受)·심(心)·법(法)의 자성을 순서대로 염(染)·고(苦)·무상(無常)·비아(非我)로 관찰하고, 현상의 모든 존재를 무상하고 괴로우며, 공하고 자아가 없다는 공통된 성질로 관찰하는 걸 말한다. 「분별현성품」에서는 이런 사념주의 각각에 대해서도 상세히 설명하고 있다.[15]

깨달음을 얻은 현자와 성자의 미묘하고 구분하기 어려운 단계에 관한 구구한 설명보다도 깨달음을 얻기 위한 수행법으로서의 이러한 사마타와 비발사나에 관한 자세한 설명은 매우 유용하다고 할 수 있다.

깨달음을 통해 고에서 벗어나기 위한 수행법은 「분별정품」에서도 자세히 논하고 있다. 그중 특히 눈에 띄는 것은 4정려(靜慮, dhyāna)에 관한 설명이다. 거기서는 4정려를 다시 생(生) 정려와 정

(定) 정려로 나누고 나서, 정 정려를 심일경성(心一境性)이라고 하면서 자세히 설명하고 있다. 이에 따르면 정 정려는 마음을 하나의 대상에 집중하는 심일경성을 본질로 한다. 여기서는 정려의 요소에 일으킨 생각(尋, vitakka), 지속적 고찰(伺, vicāra), 기쁨(喜/희열, pīti), 즐거움(樂/행복감, sukha)이 있다고 하면서, 초(初)정려에는 이 요소들이 모두 존재하나, 제2·제3·제4 정려로 발전해 가면서 점차 앞의 요소들을 떠나게 된다고 설명하고 있다.[16]

「분별현성품」에서는 이와 같은 선정에 의지해 지(智)가 성취될 수 있다는 것과 선정에는 자(慈, maitrī), 비(悲, karuṇā), 희(喜, muditā), 사(捨, apekṣā) 등의 무량의 공덕과 해탈(解脫, vimokṣa)에 이르게 하는 공덕이 있다는 것을 자세히 설명하고 있다.[17]

마지막으로 보론이라 할 수 있는 「파집아품」에서는 독자부(犢子部)와의 논쟁 형식으로 허망한 자아에 대한 집착으로 온갖 미혹과 번뇌가 생겨난다는 점을 지적하며 자아가 존재한다는 주장을 하나하나 자세히 논파하고 있어서, 자아에 대한 집착을 부수는 데 큰 도움을 주고 있다.

세친은 「분별현성품」 끝부분에서 자신이 기본적으로 『아비달마대비바사론』을 저술했던 설일체유부의 견해에 따라 『구사론』을 지었으나, 때에 따라서는 자기 나름으로 그 옳고 그름을 헤아려 서술한 부분도 있음을 밝혔다. 그러면서 여래가 입멸한 후 오랜 세월이 흘러 당시와 같이 정법이 약해져 온갖 번뇌의 힘이 번성할 때일수록 마땅히 해탈을 추구하여 게으르지 말라고 당부하고 있다.[18] 이런 점에 비추어 볼 때, 우리는 아비달마불교의 복잡한 이론에 빠져 길을 잃지 말고 번뇌와 의혹을 벗어나 해탈에 이를 수 있는 길을 찾는 데 전력을 다하는 게 중요하다고 하겠다. 앞에서 서술한 『구사론』

의 내용은 이런 관점에서 유용하다고 여겨지는 것들을 간추려 본 것이라 할 수 있다.

이상에서 본 것처럼, 『구사론』이 대표하는 아비달마불교의 교설들은 고(苦)를 불러일으키는 잘못된 업과 번뇌, 그리고 그러한 업과 번뇌를 벗어나 깨달음을 얻고 해탈하기 위한 여러 수행법 등에 관해 매우 상세하며 유용한 가르침을 포함하고 있다. 그러나 문제는 아비달마의 이론들이 너무 미세한 분류와 번쇄한 분석에 치중하고 있어서 본래의 목표인 해탈을 위한 수행에 얼마나 도움이 되는가이다. 수많은 근본적 실재에 관한 존재론적 분석, 번뇌와 업에 의해 이루어지는 미혹한 세계인 세속의 연기 세계에 대한 엄청나게 자세한 분석, 그리고 수많은 깨달음이나 지(智)의 단계에 대한 번쇄한 이론 등이 과연 그리 타당하며 깨달음에 이르기 위한 수행에 그리 큰 도움이 될 만한 것인가에 대해서는 강한 의문이 든다.

아비달마불교는 부처님의 가르침, 불교의 교리를 체계화하기 위해 온갖 요소를 분류하고 분석하고 조직화하려다 보니 어쩔 수 없이 번잡한 성격을 어느 정도 갖지 않을 수 없었다는 점은 충분히 이해할 수 있다. 그러나 그런 분류와 분석과 체계화 과정에서 하나하나 미세한 항목에 대한 견해 차이를 놓고 끊임없이 옳고 그름을 따지다 보면, 번뇌와 어리석음에서 벗어나 해탈을 얻는다는 원래의 목적으로부터 멀어지고, 무익한 형이상학적이고 현학적인 논쟁 자체가 큰 번뇌가 되어버리기 쉽다. 실제로 부파불교, 아비달마불교의 전개 과정에서는 그런 결점이 두드러지게 나타났다고 할 수 있다. 끊임없이 번쇄한 이론적 논쟁에 몰두하기보다는 근본적인 진리와 그것을 깨달아 해탈에 이르기 위한 핵심적인 수행에 전념하는 것이 훨씬 더 중요한 일이라고 할 수 있다. 이런 관점에서 지나치게 번쇄하고 현학적인 아비달마불교로부터 벗어나 불교의 가장 근본적인 가르침에 집중하여 깨달음을 구하고자 한 게 대승불교였다고 할 수 있다.

대승불교는 아비달마불교를 비판하고 나선 사람들이 아비달마불교는 그릇이 작고 저열한 소승(小乘, Hīnayāna)이고 자신들의 불교는 그릇이 큰 위대한 대승(大乘, Mahāyāna)이라고 한 데서 생겨난 말이다. 이처럼 아비달마불교 전체를 소승이라고 폄하하고 자신들이 입장만을 대승이라고 자랑하는 용어를 그리 마땅하다고 하기는 어렵다. 그렇지만 지금까지 오랫동안 우리나라를 포함한 북방불교에서는 대승불교라는 용어를 사용해 왔기 때문에, 아비달마불교를 비판하면서 새로운 전환을 모색한 일련의 불교라는 뜻으로 받아들이면 될 것이다.

아비달마불교에 대한 과도한 비난과 폄하는 마땅히 삼가야 하지만, 아비달마불교가 지나치게 형식적이고 현학적인 이론적 논쟁에 몰두한 나머지 오히려 근본적 진리와 깨달음의 수행으로부터 멀어지게 되었다는 대승불교의 비판에는 분명 일리가 있다. 그리고 그런 점에서 그런 아비달마불교로부터의 근본적인 전환이 필요하다는 것을 받아들일 수 있다.

아비달마불교가 비판을 받은 또 하나의 근본적인 이유는 수많은 존재 요소의 삼세실유를 주장했다는 것이다. 앞에서 본 것처럼 아비달마불교를 대표하는 설일체유부에서는 오위칠십오법이라는 존재의 기본요소들이 과거·현재·미래에 걸쳐 항상 실재한다고 주장하고 있다. 이것은 모든 존재의 무상과 무아를 주장하는 제법무상, 제법무아라는 석가모니 부처님의 가르침과 어긋난다. 설일체유부에서는 현상하는 모든 존재가 찰나적으로 존재하다가 소멸하지만 그 기체가 되는 존재 요소들은 계속해서 실재한다고 함으로써 '비단절적 연속' 즉, '찰나생멸하는 세계가 어떻게 인과상속의 지속적 현상으로 나타나는 것인가'를 해명하려 했다.[19]

문제는 삼세에 걸쳐 작용하는 상태가 다를 뿐 항상 실제로 존재한다는 그 법이 동일한 법이냐 하는 것이다. 그것을 부정하는 것이 불교의 제법무아이다. 이 세상에 삼세에 걸쳐 항상 어떤 것들이 현상하고 있다는 것은 사실이다. 그러나 그 현상하는 것들이 동일한 실체를 가진 것은 아니라는 게 제법무아의 뜻이다. 존재의 '비단절적 연속'이라고 하는 표현은 올바르다 하기 어렵다. 찰나 이전의 어떤 것과 현재의 것은 어떤 부분에서는 동일성을 유지하고 어떤 부분에서는 이미 달라진 것이라 할 수 있다. 그래서 어느 정도의 연속성과 유사성을 띠면서도 동시에 달라지는 것이다. 그런데 만약 존재의 최소 단위인 극미라든가, 그것들이 결합한 존재 요소 같은 것들이 항상 동일한 실체로 남아 있다고 주장한다면 그것은 제법무아라는 주장과 배치되지 않을 수 없다.

이러한 아비달마불교를 대표하는 설일체유부의 실재론, 삼세실유설을 비판하고 제행무상, 제법무아라는 석가모니 부처님의 가르침을 이어받아 일체법이 공(空)하다는 것을 널리 알리려 한 것이 대승불교의 중요한 첫 번째 흐름인 반야 공사상이라고 할 수 있다. 이제부터는 이런 반야 공사상을 살펴보기로 한다.

# 2. 대승불교의 반야 공사상

형식적이고 현학적이며 번쇄한 형이상학적 논쟁으로 빠져들었던 부파불교에 대항한 대승불교가 성립한 시기는 정확하지 않지만, 많은 연구로 대체적인 추정은 이루어져 있다. 그런 연구에 큰 역할을 한 것 가운데 하나는 중국에서 이루어진 대승불교 경전의 번역이다. 예컨대 중국에서 서기 2세기경부터 이루어진 대승경전 내용의 분석을 통해 적어도 서기 1세기에는 대승불교가 이미 상당히 발달해 있었다는 게 알려졌다. 대승불교의 시기 구분은 그 기준을 무엇으로 어떻게 정하느냐에 따라 다르므로 어떻다고 단언하기는 어렵다. 다만 대체적으로는 공 사상의 대표적 논사인 용수(龍樹, 150~250년경)가 활동한 시기 전후까지를 초기로 보고, 그 이후 유식 사상의 대표적 논사인 무착(無着)과 세친(世親)이 활동했던 4~5세기를 전후한 시기를 중기로 보고 있다. 후기는 밀교가 발달하기 시작한 7세기경부터라고 보기도 하고, 그보다 훨씬 이전을 기점으로 잡기도 한다.

불이사상의 관점에서 초기불교부터 화엄사상에 이르기까지 불교사상의 중요한 흐름을 정리하고 설명해보려는 필자의 이 글에서는 초기 대승불교의 대표적 사상인 반야 공사상이 첫 번째로 다루어야 할 중요한 사상이 된다. 반야 공 사상은 초기 대승불교의 대표적인 경전인 반야계 경전들과 용수의 중론을 중심으로 한 사상을 말한다. 다음으로 중요한 건 중기 대승불교를 대표하는 것 가운데

『해심밀경(解深密經)』과 무착과 세친의 여러 논서를 중심으로 하는 유식사상, 그리고 『대승기신론』이다.

필자의 이 글에서 불교사상의 최고 경지로 다루고 있는 화엄사상에 관해서는 우선 약간의 설명이 필요하다. 화엄사상은 『화엄경』에 기초하고 있는 사상이다. 오늘날 우리가 보통 『화엄경』이라고 부르는 것은 중국에서 번역된 60권과 80권본의 『대방광불화엄경(大方廣佛華嚴經)』을 가리킨다. 그런데 그 속에는 서로 다른 시대에 만들어진 여러 글이 포함되어 있다. 예컨대 그 『대방광불화엄경』을 이루고 있는 여러 품 가운데에는 초기 대승불교 시기에 성립된 『십지경(十地經)』 등도 있고, 훨씬 나중에 만들어진 것도 있다. 그러므로 역사적 시기로만 말한다면, 화엄사상이 반드시 공 사상과 유식사상 그리고 기신론 사상보다 나중의 것이라고 하기 어렵다. 그러나 화엄사상은 초기 대승불교 시기부터 오랜 시간에 걸쳐 만들어진 다양한 글을 포함하고 있는 『화엄경』을 기본으로 하고, 중국과 한국의 화엄종 조사들의 『화엄경』에 대한 여러 주석서 등에 나타난 사상까지도 포함하는 것이라 할 수 있다. 그리고 그 속에는 공 사상과 유식사상 그리고 기신론을 포섭하고 더 발전시켜나간 사상이 풍부하게 들어있다. 그런 의미에서 논리적으로 볼 때, 화엄사상은 대승불교 가운데서도 가장 발전한 불교사상이라고 할 수 있다. 이런 점을 염두에 두고 필자는 이하부터 불이사상의 관점에서 대승불교의 공사상에서 시작해 유식과 기신론 사상을 거쳐 화엄사상까지를 정리하고 설명해 보고자 한다.

대승불교의 첫 번째 대표적인 사상인 반야 공사상은 여러 반야계 경전과 용수의 『중론』을 중심으로 살펴볼 수 있다. 반야계 경전에는 여러 가지가 있는데, 반야사상을 집대성한 것은 『대반야바라밀다경(大般若波羅蜜多經)』(줄여서 『대반야경』)이다. 그러나 한국에서는 『금강반야바라밀경(金剛般若波羅密經)』(줄여서 『금강경』)과 『반야바라밀다심경(般若波羅蜜多心經)』(줄여서 『반야심경』)이 반야 공사상의 핵심을 전하고 있는 가장 중요한 경전으로 널리 알려져 왔다. 그러므로 여기서는 『금강경』과 『반야심경』 그리고 『중론』에 나타나 있는 공사상을 살펴보도록 한다.

## 1) 『금강반야바라밀경(금강경)』

아비달마불교를 대표하는 설일체유부의 삼세실유설은 유무불이라는 불교의 가르침에서 벗어나 다분히 유(有)의 측면에 치우친 교설이었다. 반야 공사상은 이런 잘못을 타파하려고 했던 대승불교의 사상이었다. 그런 반야 공사상을 잘 보여주고 있는 것으로 우리는 우선 『금강반야바라밀경(금강경)』을 살펴볼 필요가 있다.

『금강경』은 『대반야경』 600권 중 제9회 『능단금강분(能斷金剛分)』을 따로 떼어 번역한 것이다. 『금강경』의 한역본은 여러 종이 있으나 우리나라에서는 보통 후진(後秦)의 구마라습(鳩摩羅什)이 번역하고 양(梁)나라 무제(武帝)의 아들인 소명태자(昭明太子)가 32장 즉, 32분(分)으로 분절하여 각 분에 이름을 붙인 『금강반야바라밀경』(402년)을 사용하고 있다. 그리고 『금강경』에 대한 가장 대표적인 주석서로는 함허당(涵虛堂) 득통기화(得通己和)의 『금강경오가해설의(金剛經五家解說誼)』가 있다. 이 책은 『금강경』에 관한 다섯 명의 유명한 해석들을 모아 편찬한 것이다. 여기서 다섯 명의 해석이란 당(唐)나라 규봉종밀(圭峰宗密)의 『금강경소론찬요(金剛經疏論纂要)』, 육조 혜능(六祖 慧能)의 『금강경해의(金剛經解義)』, 양(梁)나라 쌍림

부대사(雙林傳大士)의『금강경제강송(金剛經提綱頌)』, 송(宋)나라 야부도천(冶父道川)의『금강경』착어(着語)와 송(頌), 예장종경(豫章宗鏡)의『금강경제강(金剛經提綱)』을 말한다.[20]

『금강경』에서는 걸식을 마친 부처님께 수보리(須菩提, 선현善現이라고도 함)가 가르침을 청하여 설법이 시작된다. 수보리는 부처님께 완전하고 원만한 깨달음인 아뇩다라삼먁삼보리(anuttarāsamyaksaṃbodhi, 阿耨多羅三藐三菩提)를 지향하는 마음을 냈다면 어떻게 마음을 다스려야 하는가를 묻는다. 이에 대해 부처님은 보살이라면 모든 중생(심지어는 지각이 없는 존재까지도 포함)을 열반에 들게 멸도(滅度, 구제)하려고 하면서도 내가 중생을 구제한다는 생각조차 갖지 않아야 한다고 가르친다. 여기서 등장하는 유명한 말이 아상(我相, ātman), 인상(人相, pudgala), 중생상(衆生相, sattva), 수자상(壽者相, jīva)이라는 사상(四相)이다. 부처님은 완전하고 원만한 깨달음을 지향하는 보살은 사상(四相)을 가져서는 안 된다고 말한다. 이 사상(四相)에 대한 해석은 구구하지만, 문맥상으로 볼 때, 아상은 '구제하는 나'라는 상, 인상과 중생상은 '구제의 대상이 되는 타자와 중생'이라는 상, 수자상은 '구제를 통해 얻으려는 나의 수명과 복락'이라는 상을 가리킨다고 보는 것이 합당하다고 생각한다. 부처님의 가르침은, 내가 너를 구제해 주는 것이고, 너는 나에 의해 구제를 받는 것이며, 구제를 해 주는 나는 대단한 일을 하는 것이니 여러 가지 복을 받으리라는 생각, 이 모든 분별적이고 차별적인 마음을 벗어나는 게 깨달음을 얻으려는 보살의 첫걸음이라는 가르침이다.

나와 타자, 이것과 저것을 분별하여 집착하고 차별하는 것이 이 세상에 일어나는 수많은 문제의 원인이다. 개별적 존재에 고착하고 집착하는 성질은 의식과 자기의식이 있는 인간에게 특히 심하게 나타난다. 인간은 자기의식이 있으므로 자기와 자기 아닌 걸 나누고, 나와 내 것에 집착하고, 자기 아닌 모든 것을 자기의 대상으로 인식하고 이것을 자기 필요를 위해 이용하고 지배할 수 있는 것으로 간주할 위험이 있다. 사상(四相)에 대한 가르침은 이런 위험에 대한 경고라고 할 수 있다.

그러나 다른 한편으로 보면, 의식적이고 자기의식적인 인간은 위대하다. 인간은 이 우주 전체의 진리를 인식하고 깨칠 수 있는 위대한 영적인 존재이다. 그러므로 인간은 어떤 존재보다도 진리에 가까이 도달해 있는 존재이다. 그러므로 불교에서도 인간으로 태어나는 것은 지극히 만나기 어려운 행운의 기회라고 한다. 깨칠 수 있는 의식을 가진 인간으로 태어났으니, 이 기회를 이용해서 해탈하고 생사윤회의 고통에서 벗어날 수만 있다면 이보다 큰 행운이 없다는 것이다. 그런데 이런 영적인 존재로서 우리가 발견하는 위대한 진리는 바로 우리와 이 세계가 불이(不二)라고 하는 사실이다. 『금강경』에서는 그것을 모든 존재가 실체가 없이 공하다는 것으로 얘기하고 있다.

완전하고 원만한 깨달음을 지향하는 사람(보살)은 사상(四相)을 가져서는 안 된다고 한 부처님은 그를 이어 곧바로 머무는 바 없이 보시를 행해야만 한다고 가르친다. 이것이 바로 『금강경』 제4장인 「묘행무주분(妙行無住分)」에서 말하는 무주상(無住相) 보시이다. 보시는 대승불교에서 보살행으로 말하는 육바라밀의 첫 번째 것이다. 보시는 산스크리트어 다나(dāna)의 번역으로 청정한 '단(檀)바라밀'이라 불리며 자기가 가진 모든 것을 아낌없이 베풀어 주는 것이다. '나'와 '내 것'에 집착하는 중생이 자신이 가진 것을 모두 기꺼이 내놓는 보시행이야말로 부처가 되는 보살도의 첫 걸음이라는 건 중요한 의미가 있다. 사상(四相)에 관한 얘기가 말하는 것처럼, 무주상 보시는 내가 보시를 베푼다는 생각도 없고 보시를 통해 어떤 보상을 받을 것이라는 생각도 없이 행하는 보시이다. 이런 보시바라밀을 완전히 실현할 수 있는 보살이라면, 그리하여 자신의 모든 것을 다른 중생을 위하여 내놓을 수 있는 그런 보살이라면, 모든 존재는 공하며, 자타가 둘이 아니라는 것을 깨달은 자라고 하지 않을 수 없을 것이다. 또 거꾸로 그런 보시행을 통해 나와 내 것에 대한 집착을 없앨 수 있다고 말할 수도 있다.

사상(四相)이나 무주상 보시에 관한 얘기는 모든 존재하는 것을 실체로 구분하고 차별 짓는 데서 벗어나 모두가 공(空)하다는 걸 통찰하는 것과 연관되어 있다. 그래서 『금강경』에서는 존재하는 모든 것이 고정된 자성을 지닌 실체라는 생각을 부순다. 이것을 『금강경』에서는 무엇보다도 사람들이 존경하고 신성시하는 부처 자신에 대한 실체화를 타파하는 것을 통해 보여준다. 사람들은 흔히 부처를 32상을 비롯한 훌륭한 특징들을 지닌 존재로 신성시한다. 그러나 『금강경』의 여러 곳에서는 32상을 비롯한 여러 모습의 색신(色身)으로 부처를 보는 것은 잘못이라는 점을 지적하고 있다.[21] 그리고 그 이유에 관해서는 우리가 알고 있는 몸의 형상은 곧 몸의 형상이 아니기 때문이라고 하면서, 무릇 있는 바의 형상이 모두 허망한 것이니, 만약 모든 형상이 형상이 아님을 보면 곧 여래를 보리라고 말하고 있다.[22]

"무릇 있는 바의 형상이 모두 허망한 것이니, 만약 모든 형상이 형상이 아님을 보면 곧 여래를 보리라(凡所有相 皆是虛妄 若見諸相非相 卽見如來)"는 『금강경』의 이 구절은 반야 공(空) 사상의 정수를 표현하고 있다. 이 세상 모든 것은 인연에 의해 생겨났다가 인연에 의해 사라진다는 건 초기불교부터 화엄사상에 이르기까지 불교의 가르침을 관통하는 가장 기본적인 진리이다. 이 세상 모든 것은 인연에 의한 것이므로 본래부터 그 자체 혼자만으로 독립적으로 존재하는 실체가 아니다. 그것은 다만 여러 인연이 잠시 그런 모습으로 모여 있을 뿐이고 그것도 곧 흩어져 버릴 수밖에 없다. 그러므로 세상 만물은 실체적 존재가 없이 텅 비어 있는 것이며, 그것이 취하고 있는 상도 사실은 본래의 상이 아니다. 공(空)과 무상(無常)이라는 것은 바로 이것을 나타내고 있는 것이다. 이처럼 인연법에 따른 공과 무상의 도리라는 깨달음이야말로 불교의 근원적인 지혜이다. '모든 형상이 허망한 것이고, 모든 형상은 형상이 아니라는' 금강경의 가르침은 바로 이런 공과 무상의 도리를 깨우치고 있다.

　부처님의 형상을 포함한 모든 형상이 공(空)하다고 한 『금강경』에서는 심지어 부처님이 깨닫고 설한 가르침조차도 공한 것이므로, 집착해서는 안 된다고 얘기한다.[23] 여러 가지 가르침을 베푼 부처님이 제자인 수보리에게 과연 '내가 얻은 깨달음이 있느냐, 내가 설한 법이 있느냐'고 묻고, 그 제자인 수보리 역시 그런 깨달음이나 설한 법은 없다고 천연덕스럽게 대답하는 모습은 이루 말할 수 없이 재미있는 역설로서 반야 공의 진리를 깨우쳐주고 있다.

　『금강경』에서는 이 세상의 모든 형상과 마찬가지로 우리의 마음에도 실체가 없다고 얘기한다. 이것은 이렇게 표현되어 있다. "수보리야! 과거의 마음도 얻을 수 없고, 현재의 마음도 얻을 수 없고, 미래의 마음도 얻을 수 없다."[24] 마음도 실체가 없으니 어떤 마음에도 집착하지 말라는 얘기는 훗날 중국에 선을 전한 달마대사와 혜가대사 사이에 있었다고 전해지는 얘기를 떠올리게 한다. 이른바 안심법문(安心法門)이라 부르는 것과 연관된 얘기이다. 널리 알려져 있듯이 마음이 불안하다고 호소하는 혜가에게 달마는 그 불안한 마음을 가져와 내놓으면 편하게 해 주겠다고 한다. 혜가는 그 불안한 마음을 내놓으려고 열심히 찾아보았지만 찾을 수 없어 달마에게 찾을 수 없다고 했더니, 달마는 그로써 불안한 마음을 없애주었노라고 깨우쳐주었다는 얘기이다. 과거나 미래나 현재의 마음 모두 실체가 없는 것이다. 그런데 실체가 없이 일어난 어떤 마음에 자꾸 집착하게 됨으로써 모든 불안과 근심이 생겨난다. 그러므로 그 모든 마음이 공하다는 걸 깨달으면 집착과 괴로움에서 벗어날 수 있다는 것, 이것이 안심법문의 가르침이며, 이것은 '과거의 마음도 얻을 수 없고, 현재의 마음도 얻을 수 없고, 미래의 마음도 얻을 수 없다'는 『금강경』의 가르침과 상통하는 것이다.

『금강경』에서는 이처럼 부처의 형상과 부처가 깨닫고 설한 법, 마음 등 존재하는 모든 것이 공하다는 것을 깨닫고 일체의 모든 상을 떠난 자가 곧 부처라고 한다. 모든 것이 공하다는 걸 알고, 어떤 것에도 집착하여 머물지 않으면 곧 부처이다. 그래서 부처가 되려는 모든 "보살은 마땅히 일체상을 따라서 아뇩다라삼먁삼보리의 마음을 내어야 할 것이니, 마땅히 색에 머무는 마음을 내지 말 것이며, 마땅히 성(聲)·향(香)·미(味)·촉(觸)·법(法)에 머무는 마음을 내지 말 것이다. 마땅히 머무는 바 없이 마음을 내어야 할 것이다"[25]고 얘기한다.

이처럼 모든 것이 공하다는 관점에 서 있는 『금강경』에서는 우리에게 '머무는 바 없이 마음을 내라'고 얘기한다. 아무런 마음도 내지 않고는 살아갈 수 없다. 그러나 문제는 일어난 마음에 사로잡혀 계속 머무르며 집착하는 것이다. 그러므로 마음을 내되 머무르지 말라는 것이다. 생명체인 인간으로서 우리는 기뻐하고 분노하고 슬퍼하고 즐거워할 수 있다. 기쁜 일에 기뻐하고, 정의롭지 못한 일을 보면 분노하고, 슬픈 일은 슬퍼하고, 즐거운 일을 즐기는 것은 당연한 일이다. 만약 그렇지 못하다면 그런 삶은 참으로 무미건조한 삶일 것이다. 매 순간에 집중하는 것이야말로 충실하고 풍요로운 삶을 사는 것이라 할 수 있다. 그렇지만 우리는 어떠한 것에도 계속해서 머물려고 해서는 안 된다. 모든 것은 인연에 따라 왔다가 가는 것으로서 실체가 없고 공하다는 것을 깨달아 집착을 벗어던져야 한다.[26]

이 세상의 모든 것은 고정된 자성이 없고 무상한 것이다. 그래서 『금강경』에서는 '모든 지어진 법(有爲法)은 꿈같고 허깨비 같고 물거품 같고 그림자 같고 이슬 같고 번개와 같다'고 말하고 있다.[27] 여러 가지 관계들이 모여서 (연기에 의해) 이루어지는 모든 존재는 공(空)한 것이다. 이것은 나 자신도 마찬가지이다. 다른 존재들과 마찬가지로 사실은 내 몸도 공(空)하여 나도 없고 내 것도 없는 것이다. 다른 모든 존재와 마찬가지로 고정된 자성이 있는 것이 아니라 여러 관계에 따라 일시적으로 성립되었다가 곧 사라져버릴 나에 대한 뿌리 깊은 집착은 무엇보다도 욕망의 덩어리인 몸에 대한 집착에서 비롯된다. 갖가지 욕망에 사로잡힌 사람은 자연히 욕망의 충족기관인 몸에 대해서 깊은 집착을 갖기 마련이다. 그리고 몸에 대한 이런 집착으로부터 나와 내 것에 대한 모든 집착이 유래한다. 그런데 본디 내가 공(空)한 것임을 깨달으면 나와 내 것에 대한 집착이 없어져 다른 온갖 집착도 없어지고, 생사를 초월하고 온갖 두려움에서 벗어난 대자유의 경지가 열린다.

나·내 몸·내 것에 대한 집착에서 벗어나고 삶과 온갖 욕망에 대한 집착에서 벗어난 사람은 온갖 두려움에서 벗어난다. 두려움은 재산이든 명예든 생명이든 무언가를 잃지 않을까 하는 걱정에서 생기는 것이다. 그러나 어떤 것도 붙들고 놓지 않으려고 하는 집착에서 벗어난 사람에게는 그런 걱정이 없으므로 두려움도 없다. 그런데 나에 대한 집착을 포함한 온갖 집착에서 벗어나고 그럼으로써 모든 두려움에서 벗어난 사람은 자유롭다. 그는 자신의 자연스런 느낌에 따라 생활하면서도 자신의 욕망이나 그 밖의 어떤 것에 의해서도 구속되지 않는다. 생사의 온갖 집착과 두려움에서 벗어난 사람은 자연스러운 자신의 본성에 따라 살면서도 어떤 것에도 걸리지 않는 무애의 생을 살아갈 수 있다. 그리고 이처럼 나와 내 것, 나의 생에 대한 집착에서 벗어나고 그럼으로써 온갖 두려움에서 벗어나 무애행을 할 수 있게 된 사람은 자연히 타자(중생)를 위하는 지극한 보살행을 행하게 된다.

『금강경』에서는 만물이 자성이 없는 공하고 무상하므로 어떠한 것에도 집착하지 말라고 강조한다. 그러다 보니 자칫하면 이것을 모든 걸 허무하다고 보는 것이라고 간주할 위험도 있다. 그러나 만물은 실체가 없다는 의미에서 공하고 무상이지만, 그렇다고 해서 전적인 무(無)라고만 말할 수는 없다. 그것은 인연에 의해 성립되어 현실에 존재하며 다른 존재들과 인연을 맺고 작용을 해나가고 있다는 점에서 유(有)라는 측면도 분명히 갖고 있다. 그러므로 사실 정확하게 말하자면 이 세상 만물은 있는 것도 아니고 없는 것도 아니며, 동시에 있으면서도 없는 것이다. 이것을 한마디로 말하자면 유무불이(有無不二)라고 할 수 있다. 그러므로 인연법에 의한 불교의 근원적인 진리는 유무불이라 할 수 있으며 공의 참뜻도 바로 이것이다.

『금강경』의 모태라고 할 수 있는 『대반야바라밀다경(大般若波羅

蜜多經)』에서는, 반야바라밀의 뜻을 다음과 같이 설명하면서 이러한 공의 뜻을 잘 나타내고 있다.

> 반야바라밀의 뜻이란 두 모습으로 보아서도 안 되고 두 모습이 아니라고 보아서도 안 된다는 것이다. 그것은 유상(有相)도 아니고 무상(無相)도 아니며, 들어가는 것도 아니고 나오는 것도 아니며, 증가하는 것도 아니고 감소하는 것도 아니며, 더러운 것도 아니고 깨끗한 것도 아니며, 생겨나는 것도 아니고 사라지는 것도 아니며, 취하는 것도 아니고 버리는 것도 아니며, 붙잡는 것도 아니고 붙잡지 않는 것도 아니며, 머무는 것도 아니고 머물지 않는 것도 아니며, 진실한 것도 아니고 진실하지 않은 것도 아니며, 상응하는 것도 아니고 상응하지 않는 것도 아니며, 화합하는 것도 아니고 흩어지는 것도 아니며, 인연인 것도 아니고 인연이 아닌 것도 아니며, 법(法)인 것도 아니고 법이 아닌 것도 아니며, 진여인 것도 아니고 진여(眞如)가 아닌 것도 아니며, 실제인 것도 아니고 실제가 아닌 것도 아니다.[28]

그러므로 『금강경』의 가장 중심적인 가르침인 반야 공사상은 모든 것의 무(無)를 얘기하는 허무주의가 아니라, 유와 무 어느 쪽에도 치우치지 않는 유무불이를 얘기하고 있다는 것을 잊지 않아야 한다.

앞에서 우리는 초기불교의 연기론이나 사법인(또는 삼법인), 사성제 등에서 보는 바와 같이, 불교의 근본적인 가르침은 일다불이와 유무불이라는 걸 보았다. 그런데 부파불교의 설일체유부에서는 근본적인 실재, 세속의 연기 세계, 깨달음의 단계 등에 대한 존재론적 분석과 같은 것에 몰두하면서, 유무불이의 가르침에서 벗어나 다분히 유(有)에 치우친 점이 있었다. 『금강경』의 반야 공사상은 이런 설일체유부의 문제점에 대항해서 만물이 유무불이로서 공하다는 것을 다시 분명히 한 것이라 할 수 있다.

그런데 『금강경』을 비롯한 반야 공사상과 그에 이어지는 유식사상에서는 유무(有無)의 문제에 너무 치중한 나머지 인연 관계로 얽혀 있는 만물이 서로 둘이 아니라는 일다불이의 측면을 충분히 드러내지 못한 점이 있다. 그러나 『금강경』에는 유무불이로서의 공이라는 것만 강조되어서 상대적으로 크게 주목받지는 못했지만, 일다불이라는 진리에 관해서 언급하고 있는 부분도 있다. 『금강경』에 보이는 이와 같은 일다불이 사상은 이후 화엄사상에서 다시 살펴볼 것으로 같은 불이사상의 전개에서 매우 귀중한 사상이라 할 수 있다.

이에 해당하는 것이 바로 『금강경』 제30분인 일합이상분(一合理相分)[29]이다. 그 내용은 다음과 같다.

> "수보리야, 만일 선남자 선여인이 삼천대천세계를 부수어 티끌을 만든다면, 네 뜻은 어떠하겠느냐? 이 티끌이 많겠느냐 적겠느냐?" "심히 많습니다, 세존이시여. 왜냐하면 이 티끌들이 실로 있다면 부처님이 곧 이 티끌들이라 말하지 않았을 것입니다. 무슨 까닭인가 하면 부처님이 설한 미진중(微塵衆)은 곧 미진중이 아니요 이 이름이 미진중이기 때문입니다. 세존이시여, 여래께서 말씀하신 삼천대천세계도 곧 세계가 아니요, 이 이름이 세계인 것입니다. 왜냐하면 만일 세계가 실로 있다면 이는 곧 일합상(一合相)이니, 여래가 설한 일합상은 곧 일합상이 아니요, 이 이름이 일

합상인 때문입니다." "수보리야, 일합상이라는 것은 곧 가히 설할 수 없는 것인데, 다만 범부의 사람들이 그 일에 탐착하는 것이다."[30]

여기서 보면 삼천대천세계를 부수어 보면 수많은 티끌로 이루어져 있으며, 그 수많은 티끌은 하나의 대지가 나뉜 거로 볼 수 있다고 얘기하고 있다. 그렇다면 삼천대천세계는 실재하는 실체가 아니며, 다만 인연에 따라 수많은 티끌이 모여 현상하고 있는 걸 임시로 그렇게 부르고 있을 뿐이라는 것이다. 그렇다면 그런 삼천대천세계의 근원이 되는 하나의 대지는 실재하는 실체냐 하면 여기서는 그것도 아니라고 얘기하고 있다. 하나의 대지를 떠난 삼천대천세계가 존재하지 않으며, 삼천대천세계를 떠난 하나의 대지가 따로 존재하는 것도 아니다. 그러므로 하나의 대지와 삼천대천세계는 일다불이라고 밖에는 설명할 길이 없다. 이에 관해서는 함허당(涵虛堂)의 다음과 같은 설명이 매우 적절하다.

> 삼천대천세계가 '실(實)'로 있는 것이 아니라면 대지도 '실(實)'로 있는 것이 아니다. 무엇 때문이겠는가? 삼천대천세계가 대지 바깥에 있는 것이 아니요, 대지도 삼천대천세계 밖에 있는 것이 아니기 때문이니, 이것이 진짜 '하나로 합쳐진 모습'이니라.[31]

일합이상분에 나타난 대지라는 하나와 삼천대천세계라는 여럿이 둘이 아니라는 이런 일다불이 사상에 관해 야부도천(冶父道川)은 "잡아 모음과 놓아 여는 것"이라고 하면서, 이것은 "혼륜(渾圇, 한덩이)이라도 두 조각을 이루고, 깨도 도리어 단원(團圓, 둥글다)이다"라고 주석을 붙이고 있다.[32] 그리고 이런 야부도천의 주석에 대해 함허당은 다시 다음과 같이 해설을 하고 있다.

어떤 때는 셋을 열고 어떤 때는 하나로 합하니, 합일(合一)이 곧 삼(三)이며 삼(三)을 여는 것이 곧 하나다. 삼일(三一)이 서로 여의고 삼일(三一)이 상즉(相卽)한 것이다. 삼(三)이 아니지만 삼(三)이요, 일(一)이 아니지만 일(一)이다. 삼일(三一)이 다 그르고 삼일(三一)이 다 옳으니 이러하면 살활(殺活)이 시(時)에 임(臨)하며 거두고 놓음이 자유다.[33]

이렇게 야부도천과 함허당은 모두 대지와 삼천대천세계의 관계를 모아 놓으면 하나라 할 수 있고, 펼치면 여럿(두 조각, 또는 삼으로 표현)이라 할 수 있지만, 그 하나와 여럿은 서로 둘이 아니라고 말하고 있다.

## 2) 『반야바라밀다심경(반야심경)』

앞에서 살펴본 『금강경』과 더불어 공사상을 대표하는 반야계 경전으로 우리나라에서 널리 알려진 것이 『반야심경』이다. 『반야심경』은 『대반야경』의 정수를 담고 있는 경전으로서 산스크리트 원전과 티베트어역본 그리고 7종의 한역(漢譯)본이 있지만, 우리나라에서 널리 유통되고 있는 건 당나라의 현장(玄奘)이 번역한 『반야바라밀다심경』이다. 그리고 이 『반야바라밀다심경』에 관한 주석서에도 여러 가지가 있지만, 그 가운데서도 신라의 원측(圓測)이 쓴 『반야바라밀다심경찬(般若波羅蜜多心經贊)』이 상당히 유용하다. 원측은 신라 출신으로 일찍이 당나라로 건너가 공부하여 유식학의 대가가 된 승려이다. 그래서 원측이 쓴『반야바라밀다심경찬』에는 반야심경을 유식학적 관점에서 해석한 부분들도 많아 우선 반야 공사상만 살펴보려고 할 때는 번거로운 면도 있지만, 나중에 반야 공사상과 유식사상을 대조해 보려고 할 때는 매우 유용하기도 하다. 이제 주로 원측의『반야바라밀다심경찬』을 참고로 하면서, 현장이 번역한『반야바라밀다심경』속에 들어있는 반야 공사상을 살펴보도록 한다.

제목인 '반야바라밀다심경'의 뜻은 반야바라밀 즉, 지혜바라밀을 설하는 핵심 경전, 다시 말해 지혜의 핵심이 되는 경전이라는 것이다.

『반야심경』의 첫 구절은 "관자재보살이 깊은 반야바라밀다를 행할 때, 오온이 모두 공(空)한 것을 비추어 보고 온갖 괴로움과 재앙을 건너느니라(觀自在菩薩 行深般若波羅蜜多時 照見五蘊皆空 度一切苦厄)"이다. 이 첫 구절에서부터『반야심경』은 공사상을 천명하고 있음이 잘 나타나 있다.

여기서 관자재보살은 일반적으로 관음보살 또는 관세음보살이라 부르는 보살이다. 관음보살 또는 관세음보살이란 세상의 중생들이 소망하는 소리를 잘 살펴서 들어준다는 의미이다. 그런데 관음보살의 인도말은 '아바로키테슈바라(Avalokiteśvara)'이다. 여기서 '아바 로키테'는 '지켜본다' 즉 관조한다는 뜻이고, '스바라'는 자재하다, 자유롭다는 뜻이다. 그래서 원문의 뜻을 그대로 옮기자면 '자재롭게(자유롭게) 지켜보는' 보살이고, 이것을 한자로 표현하면 관자재보살(觀自在菩薩)이 된다. 그러므로 관자재보살이라는 명칭이 본래의 인도말의 뜻을 그대로 살린 적합한 명칭이라고 할 수 있다.

어디에도 걸림이 없이 이 세상의 참모습을 그대로 볼 수 있는 보살이 곧 관자재보살이다.

이런 관자재보살이 깊은 반야바라밀다를 행한다. 반야바라밀다는 보살이 행해야 하는 육바라밀다(보시, 지계, 인욕, 정진, 선정, 반야) 가운데 하나인 반야바라밀다를 말한다. 반야는 곧 지혜(智)를 의미한다. 바라밀다(paramita)는 줄여서 바라밀이라고도 하는데, '저쪽으로(para)'라는 접두사와 '간다(i)'는 동사의 합성어에서 온 말로 '저쪽으로 갔다' 즉 '피안에 도달했다'는 뜻이다. 그래서 한자로는 흔히 도피안(到彼岸)이라고 부르기도 한다. 그래서 반야바라밀다는 어원상으로 말하자면 '피안에 도달하게 해 주는 지혜'를 의미한다고 할 수 있다. 그래서 관자재보살이 깊은 반야바라밀다를 행한다는 것은, 관자재보살이 이 속세를 벗어나 피안에 도달하게 해 주는 깊은 지혜를 그윽이 관조한다는 걸 말한다.

그런데 관자재보살이 관조하는 지혜는 다름이 아니라 곧 모든 게 공하다는 지혜이다. 그래서 관자재보살은 그윽한 관조 속에서 오온이 모두 공하다는 걸 본다. 비추어 본다는 건 불을 비추면 훤하게 보이듯이 분명하게 본다는 걸 말한다. 오온(五蘊)이란 모든 생명을 구성하는 다섯 가지 요소인 색·수·상·행·식을 말한다. 색은 형상과 물질을 가리키고, 나머지는 정신적 요소들로서, 수는 감각작용, 상은 표상과 개념, 행은 의지와 행위, 식은 판단이나 분별 작용을 가리킨다. 오온의 온(蘊)은 쌓여서 모인 것이란 말이다. 생명이란 쌓이고 모여서 이루어진 물질과 정신의 다섯 가지 요소들이 결합해서 이루어진 것일 뿐, 본래부터 그 자체로 있는 것이 아니다. 그러므로 그것들은 인연에 따라 끊임없이 변하고 또 사라지는 것이다. 그런 의미에서 인연에 따라 오온으로 이루어진 모든 존재는 자성이 없고 공한 것이라 할 수 있다. 이것을 꿰뚫어 보는 것, 이것이 바로 근원적인 지혜라 할 수 있다.

이런 근원적인 지혜, 근원적인 깨달음에 도달하지 못한 사람은 눈앞의 사물에 사로잡혀 집착하면서 온갖 잘못을 저지른다. 근원적 지혜에 도달한 사람만이 거기에서 벗어날 수 있다. 그러므로 모든 게 공하다는 근원적인 지혜에 도달한 관자재보살은 일체의 괴로움과 재앙(苦厄)을 넘어서고 또 괴로움과 재앙에 허덕이는 중생을 구제할 수 있다는 것이다. 여기서 괴로움이란 8고를 비롯한 중생의 수많은 고통을 말하고 재앙(厄)이란 흡사 수레의 멍에(軛)와 같이 중생을 얽어매 괴로움을 겪게 하는 여러 가지 번뇌를 말한다고 볼 수 있다.[34]

오온이 모두 공하다는 것을 얘기한 다음 『반야심경』에서는 이것을 풀어서 다시 설명해 준다. 이것이 그 유명한 글귀를 포함하고 있는 다음과 같은 구절이다.

> 사리자여! 색이 공과 다르지 않고 공이 색과 다르지 않으며 색이 곧 공이요, 공이 곧 색이니 수·상·행·식도 그러하니라(舍利子 色不異空 空不異色 色卽是空 空卽是色 受想行識 亦復如是)

이것은 유정(有情)이라는 실재의 요소인 색·수·상·행·식과 같은 유(有)가 무(無)와 불이(不二)라는 걸 설명하고 있다. 앞에서 이미 오온이 모두 공하다는 것을 밝혔는데, 여기서는 공(空)의 의미가 유무불이(有無不二)라는 것을 색·수·상·행·식을 들어 설명하고 있는 것이다.

이렇게 중생(유정)을 구성하는 요소들인 오온이 모두 공하다는 걸 밝힌 『반야심경』에서는 이것을 확대하여 모든 존재(법)가 공하다고 하면서, 모든 존재는 공하므로 나지도 멸하지도 않으며 더럽지도 깨끗하지도 않으며 늘지도 줄지도 않는다(是諸法空相 不生不滅 不垢不淨 不增不減)고 얘기한다. 이 세상에 존재하는 모든 것은 인연에 따라 잠시 그런 모습으로 현상하는 것일 뿐, 본래 그런 성질(自性)을 지니고 그 자체로 존재하는 것(實體)이 아니다. 그러므로 그것은 공한 것이고, 유무불이인 것이다. 그러므로 이 세상에 존재하는 것은 그것이 새로 생겨났다거나 소멸했다고 말할 수가 없다. 실체가 있는 어떤 게 새로 생겨나는 것이 아니며 새로 생겨난 것이 없으므로 소멸하는 것도 없는 것이다. 그리고 새로 생겨나거나 소멸하는 것이 없으니, 이 세상에 어떤 것이 증가하거나 감소하는 게 있는 것도 아니며, 실체가 없는 게 본래 더럽거나 깨끗한 것도 아니라는 건 당연한 일이다. 모든 게 공하다는 걸 깨달은 사람이라면 모든 존재(법)를 볼 때, 생멸한다거나 더럽고 깨끗하다거나 늘고 준다는 생각에 사로잡히지 말아야 한다는 게 여기서 가르치고 있는 것이다.

인연에 따라 잠시 현상하는 것일 뿐인 모든 존재는 공한 것으로서 진정으로 새로 생겨나거나 소멸하는 게 아니라는 걸 밝힌 『반야심경』에서는, 이어서 친절하게 오온은 물론이고 우리의 인식 기관과 그 대상 그리고 그 둘이 만나서 이루어지는 의식 등이 모두 공하다는 것을 다시 얘기해 준다. 그것은 여섯 가지 감각기관인 6근(根)과 여섯 가지 인식의 대상인 6경(境), 그리고 인식 기관과 대상이 만나 성립하는 여섯 가지 의식인 6식(識)을 합친 18계(界)가 모두 공하다는 것이다. 이것이 "공 가운데는 색이 없고 수·상·행·식도 없으며 안·이·비·설·신·의도 없고 색·성·향·미·촉·법도 없으며 눈의 경계도 의식의 경계까지도 없다(是故空中 無色 無受想行識 無

眼耳鼻舌身意 無色聲香味觸法 無眼界 乃至無意識界)"는 말의 의미이다. 여기서 "눈의 경계도 의식의 경계까지도 없다"는 말은 정확히 말한 다면 시각·청각·후각·미각·촉각·의식에 의해 성립하는 의식의 세계인 안식계(眼識界)부터 이식계(耳識界)·비식계(鼻識界)·설식계 (舌識界)·신식계(身識界)·의식계(意識界)가 모두 없다는 말이다.

인식의 주관과 대상이 되는 이 세상의 모든 존재가 공한 것이므 로, 세상에서 일어나는 것으로 나타나는 12연기 또한 진정으로 생 겨나거나 소멸하는 게 없다고 할 수 있다. 이것을 말하는 것이 "무 명도 무명이 다함까지도 없으며 늙고 죽음도 늙고 죽음이 다함까 지도 없다(無無明 亦無無明盡 乃至無老死 亦無老死盡)"이라는 구절이 다. 여기서 얘기한 무명과 늙고 죽음은 무명(無明)·형성(行)·의식 (識)·명색(名色)·여섯 가지 감역(六入)·접촉(觸)·느낌(受)·갈애 (愛)·집착(着)·존재(有)·생(生)·늙음과 죽음(老死)이라는 연기의 12지를 묶어서 말한 것이다. 이런 12가지의 연기의 고리들 모두가 사실은 진정으로 생겨나는 것도 없고 소멸하는 것도 없다는 것이 여기서 말하는 것이다.

공 가운데는 오온과 18계, 12연기 등 모든 것이 없다고 하는 『반 야심경』의 얘기는 그런 모든 현상이 '없다(無)'는 것에 강조점을 두 고 있는 것으로 들린다. 이것은 『반야심경』을 포함한 반야계 경전 들이 수많은 존재 요소들이 '있다(有)'는 것에 치우친 설일체유부 와 같은 부파불교의 잘못을 타파하는 걸 중요하게 생각한 데서 유 래한 것으로 보인다. 그런데 공 가운데 없음(無)의 측면만을 강조하 여 모든 것이 말 그대로 무(無)라고만 여기면, 자칫 허무주의에 빠 질 염려가 있다. 이 때문에, 오온 등이 공하다는 것, 공 가운데는 오 온과 18계 및 12연기가 없다는 것 등에 관한 해석을 둘러싸고 이후

많은 논쟁이 벌어진다. 이것을 소위 '공유논쟁(空有論爭)'이라고 한다. 이 '공유논쟁'은 주로 후세의 중관학파(中觀學派)와 유식학파(唯識學派) 사이에서 벌어지는데, 그 일단을 원측의 『반야심경찬』을 통해 엿볼 수 있다.

원측은 5온 가운데 색(色)을 예로 들어 색과 같은 존재에는 세 가지 종류가 있는데, 이에 관해 여러 입장이 있다는 걸 소개한다. 존재의 세 가지 종류란 유식계 경전인 『해심밀경』에서 자세히 설명하고 있는 것으로서 변계소집성(遍計所執性)·의타기성(依他起性)·원성실성(圓成實性)을 말한다. 변계소집상(遍計所執相)이라고도 하는 변계소집성은 분별성(分別性)으로 부르기도 하고 그밖에 허망자성·허망분별상(妄想自性·虛妄分別相) 등으로 부르기도 한다. 이것은 여러 대상을 다른 것들과 분별하여 본래 실재하는 것처럼 여기면서 '두루 계산하여 집착한다'는 의미이다. 이것은 자성을 지닌 실체로서의 사물이 없는 것인데 그렇다고 잘못 보는 데서 생기는 상(존재)을 말하는 것이다. 의타기상(依他起相)이라고도 하는 의타기성은 다른 것들과의 인연에 의존해서 생겨나는 존재를 의미한다. 원성실상(圓成實相)이라고도 하는 원성실성은 존재하는 모든 것이 본래 공하여 무차별하고 평등한 존재임을 말한다.

우리는 어떤 존재하는 것을 볼 때, 이런 세 가지 종류의 존재성, 또는 존재의 상을 생각할 수 있다. 이때 우리는 그것이 세 가지 종류의 존재성 또는 존재의 상에서 볼 때 모두 존재하지 않는다고 보거나 아니면 그중 어떤 존재성이나 존재의 상에서는 존재한다고 볼 수가 있다. 이 가운데서 인연에 따라 흘러가는 의타기성(의타기상)의 존재가 실재하지 않는다는 것을 강조하는 게 후세의 공사상을 대변하는 청변(淸辨, Bhāviveka, 490~570)을 중심으로 하는 학파요, 의타기성(의타기상)의 존재가 인과현상으로 존재하면서 중요한 작용을 하고 있다는 걸 강조하는 게 유식사상을 대변하는 호법(護法, Dharmapāla, 530~561)을 중심으로 하는 학파라는 게 원측의 설명이다.[35]

그런데 원측은 청변학파와 호법학파의 이론을 반드시 대립하는 것이라 보지 않았다. 그는 그들이 "유정이 불법에 깨달아 들어갈 수 있도록 (각각) 공종(空宗)과 유종(有宗)을 세웠으니 모두 부처님의 뜻을 이룬 것"[36]이라고 말한다. 즉, 청변은 있다는 집착을 없애고자 한 것이고, 호법은 없다는 집착을 없애고자 한 것으로서, 유무불이를 깨닫지 못하고 어느 한쪽에 치우치는 잘못을 깨우친 것일 뿐이라는 것이다. 그래서 원측은 유나 무 어느 쪽에도 치우치지 않고 '없는 것도 아니고 있는 것도 아닌 중도'의 관점이야말로 '불법의 큰 줄기'에 합치하는 것이라고 말하고 있다.[37] 그리고 세 가지 종류의 색에 관한 다양한 청변학파의 관점도 모두 사실은 '있음과 없음의 상(相)을 여의었다'는 걸 인정하는 것이라고 설명한다.[38]

인연에 의해 나타나는 세상의 여러 가지 모습을 단순히 없는 것이라 하지 않고, 식의 전변(轉變)을 통해 자세히 설명함으로써 깨우침을 얻게 하려는 유식사상의 관점에 관해서는 나중에 따로 살펴볼 것이다. 여기서는 우선 『반야심경』의 공사상은 모든 것이 존재하지 않는다는 '무(無)'를 주장하는 것이 아니며, 여기서 말하는 공이란 유무불이라고 봐야 함을 또다시 상기하는 것으로 충분할 것이다. 만약 『반야심경』에서 말하는 것이 정말로 이 세상 모든 게 존재하지 않는다는 것만을 얘기하는 것이라면, 『반야심경』은 그릇된 공견(空見)에 빠진 것이라 하지 않을 수 없다.

이제 오온과 18계 및 12연기 등의 모든 게 유무불이로서 공한 것이라면, 그러한 것들로 이루어진 세상에서 벌어지는 고집멸도(苦集滅道)도 사실은 공한 것이며, 그런 것에 대한 깨달음이나 그것으로 얻는 것도 사실은 모두 공한 것이라고 할 수 있다. 이걸 말하는 것이 "고집멸도도 없으며 지혜도 얻음도 없느니라(無苦集滅道 無智亦無得)"는 구절의 의미이다. 이것은 앞서 본 『금강경』에서 부처님이 '얻은 법이나 설한 법'이 없다고 했던 것과 같은 의미라고 할 수 있다.

　모든 것이 공하며, 그래서 깨달을 것도 얻을 것도 없다는 것을 아는 것이 반야바라밀이다. 그것을 깨닫게 되면 마음에 걸리는 바가 없고 어떤 것에도 집착하지 않기 때문에 모든 두려움과 고뇌에서 벗어나 열반에 이른다. "얻을 것이 없으므로 보살은 반야바라밀다에 의지하여 마음에 걸림이 없고, 걸림이 없으므로 두려움이 없으며, 뒤바뀐 헛된 생각을 멀리 벗어나 마침내 열반에 들어간다(以無所得故 菩提薩埵 依般若波羅蜜多故 心無罣碍 無罣碍故 無有恐怖 遠離顚倒夢想 究竟涅槃)"는 구절이 바로 이것을 말하고 있다. 이것은 삼세의 모든 부처님도 마찬가지여서 그들도 모두 반야바라밀에 의지하여 위 없는 바르고 온전한 깨달음을 얻는다(三世諸佛 依般若波羅蜜多故 得阿耨多羅三藐三菩提)는 의미이다.

　이렇게 『반야심경』은 존재하는 모든 것이 공(유무불이)이며, 그것을 깨닫는 것이야말로 진정한 지혜이고, 그것을 깨달을 때 비로소 온갖 번뇌와 속박에서 벗어날 수 있음을 얘기하고 있다.


### 3)『중론』

　우리가 앞에서 본 것처럼 반야계 경전은 공 사상을 그 핵심으로 하고 있다. 이런 반야계 경전의 공사상을 이어받으면서 좀 더 체계적으로 정리하고 발전시켜 나간 사람은 남인도인으로 알려진 용수(龍樹, Nāgārjuna, 150~250)였다. 공사상을 이론적으로 체계화한 용수는『중론(中論)』,『십이문론(十二門論)』,『대지도론(大智度論)』,『십주비바사론(十住毘婆沙論)』 등의 많은 저서를 남겼는데, 이 중에서도 공사상을 대표하는 것으로 가장 유명한 것이『중론』이다. 용수의 사상은 인도에서 나중에 제바(提婆 혹은 聖天), 청변(淸辯), 월칭(月稱) 등으로 계승되면서 중관학파(中觀學派)를 이루었다.『중론』을 중심으로 하는 용수의 공사상은 후세에 중국 선종의 성립과 발전에도 큰 영향을 끼쳤다고 할 수 있다.

　『중론』의 중심이 되는 사상은 그 제일 첫머리에 나오는 게송에 나와 있다. 흔히 팔불중도(八不中道)라고 부르는 사상이 담겨 있는 구절이다. 가장 중요한 구절이므로 구마라집(鳩摩羅什)의 한역과 월칭소(月稱疏, Prasannapadā)의 산스크리트어 게송을 차례로 보면 다음과 같다.

　　(새롭게) 생겨나지도 않고 (완전히) 소멸하지도 않으며, 항상되지도 않고 단절된 것도 아니다. 동일하지도 않고 다르지도 않으며, (어디선가) 오는 것도 아니고 (어디론가) 나가는 것도 아니다. 능히 이런 인연법을 말씀하시어 온갖 희론을 잘 진멸시키시도다. 내가 (이제) 머리 조아려 부처님께 예배하오니 모든 설법 가운데 제일이로다(不生亦不滅 不常亦不斷 不一亦不異 不來亦不出 能說是 因緣 善滅諸戲論 稽首禮佛 諸說中第一).[39]

　　소멸하지도 않고 생겨나지도 않으며 항상되지도 않고 단절된 것도 아니며 동일한 의미도 아니고 다른 의미도 아니며 오는 것도 아니고 가는 것도 아닌 (연기), 희론이 적멸(寂滅)하며 상서(祥瑞)로운 연기를 가르쳐 주신 정각자(正覺者), 설법자들 중 제일인 그분께 예배합니다.[40]

여기에서 보면, 용수는 부처님의 가르침 가운데 연기(또는 인연법)가 가장 중요한 가르침이며 그것을 가르쳤기 때문에 부처님이 가장 위대한 설법자라고 여기고 있다. 그리고 '불생 · 불멸 · 불상 · 부단 · 불일 · 불이 · 불래 · 불출(또는 불거不去)'라는 팔불(八不)을 그런 연기의 핵심이 되는 내용이라고 얘기하고 있다.

초기불교의 가르침에 관해 설명한 앞부분, 그 가운데서도 특히 '무명의 타파 : 연기설 부분'에서, 우리는 세상에 존재하는 모든 것들의 참모습을 밝힌 존재의 진리가 바로 연기설이라는 걸 봤다. 부처님 자신이 '연기를 보는 자는 진리를 보고, 진리를 보는 자는 연기를 본다.'고 함으로써, 연기설이야말로 진리라는 걸 주장하고 있다는 것도 봤다. 그리고 그 연기설에 따르면 모든 것은 연기하는 것이기 서로가 총체적인 연관 관계 속에 있는 일다불이적인 것(제법무아諸法無我)이며, 실체가 없이 인연에 따라 잠시 존재하다가 사라지는 것이기 때문에 유무불이적(제행무상諸行無常), 즉 공한 것이었다. 이런 것을 알지 못해 무엇인가에 집착하면 고통이 일어나며, 이것을 깨달으면 해탈하여 평안을 얻는다는 것, 이것이 부처님의 가르침이었다.

용수는 이런 초기불교의 가르침을 그대로 이어받아 연기설을 불교의 가장 근본적인 진리라고 간주하고 있다. 용수는 연기하는 이세상의 모든 것은 자성(自性)이 없고, 자성이 없으므로 공한 것이라고 주장한다. 이것을 『중론』의 제7장에 나오는 월칭소의 산스크리트어 16게에서 보면 이렇게 말하고 있다 : "연(緣)에 의해 존재하는 것

은 무엇이건 그것은 자성(自性)으로서는 적멸이다."⁴¹ 이에 대해 청목
소(靑目疏)는 "여러 가지 인연에서 생한 법은 자성이 없고 자성이 없
으므로 空한 것이 마치 아지랑이가 그 실체가 없는 것과 같다"⁴²는
설명을 붙여 놓고 있다.

그리고 연기하는 모든 것이 공하다는 것, 이것을 설명하고 있는
것이 바로 '불생·불멸·불상·부단·불일·불이·불래·불거'라는
'팔불중도'라고 할 수 있다. 여기서 중도란 생멸(生滅), 상단(常斷),
일이(一異), 래거(來去, 또는 來出)라는 대립 쌍 가운데 어느 쪽으로도
치우치지 않고 그것들이 둘이 아니라는(不二) 관점을 취하는 걸 말
한다. 팔불(八不)은 여덟 가지, 네 쌍의 개념이 불이(不二)임을 말하
고 있지만, 그것의 핵심은 초기불교의 가르침과 마찬가지로 유무불
이(有無不二)와 일다불이(一多不二)라고 할 수 있다.

연기하는 모든 것이 공하다는 것, 그리고 그것은 유무불이라는
것은 우선 흔히 '삼제게(三諦偈)'라고 알려진 『중론』의 제24장 18게
에 잘 나와 있는데 그것은 이렇게 되어 있다.

> 여러 가지 인연으로 생(生)한 존재를 나는 무(無)라고 말한다. 또
> 가명(假名)이라고도 하며 또 중도(中道)의 이치라고도 한다(衆因
> 緣生法 我說卽是無 亦爲是假名 亦是中道義).⁴³

여기서 여러 가지 인연으로 인해 생한 존재를 무, 가명, 중도라고
하는 것을 각각 공제(空諦), 가제(假諦) 그리고 중제(中諦)라고 하며,
이 세 가지를 함께 얘기한 것을 가리켜 '삼제게(三諦偈)'라고 한다.
이것은 중국에서 천태학을 크게 일으킨 천태(天台) 지의(智顗)대사
에 의해 유명해진 말이다.

여러 가지 인연의 화합에 의해 생기(生起)하는 존재는 자성이 없으므로 실체가 없다는 의미에서 무(無)이다. 그러나 인연에 의해 나타나는 현상들은 전혀 없는 것만은 아니며 임시적이고 일시적으로는 있는 것이기도 하다. 그러나 그것들은 역시 실체가 없는 것이므로, 잠시 그런 모습을 띤 것으로 부를 수 있는 가명이라고 보는 것이 마땅하다. 이처럼 인연에 의해 생기하는 것은 있는 것도 아니요, 없는 것도 아닌 유무불이라는 걸 말하는 것이 바로 중도의 이치이다. 이처럼 용수는 연기하는 모든 것은 유와 무의 양 극단을 떠나 유무불이라는 중도의 관점을 취하고 있는 것이다.

용수가 유무불이의 관점을 취하고 있다는 사실은 『중론』 제15장의 6게와 7게의 다음과 같은 말에서도 분명히 나타난다.

> 만일 유(有)나 무(無)를 보거나 자성(自性)이나 타성(他姓)을 보는 사람이 있다면 이런 사람은 불법(佛法)의 참된 의의(意義)를 보지 못한다.[44]

> 가전연을 교화하던 경전에서 설하신 바 유(有)도 떠나 있고 무(無)도 역시 떠나 있다고 하신 것과 같이 부처님은 능히 유(有)와 무(無)를 진멸(鎭滅)시키신다.[45]

이 내용은 앞서 초기불교에 대한 설명 부분에서 소개한 바와 같이, '모든 것이 존재한다는 것은 하나의 극단이며, 모든 것이 존재하지 않는다는 것은 또 다른 극단'이므로 '여래는 중도로 가르침을 설한다'고 했던 것과 완전히 합치하는 것이라 할 수 있다. 이렇게 볼 때, 용수에 대해 종종 퍼부어진 허무주의라고 하는 비난은 올바르지 못한 것이라 할 수 있다.

용수가 말하는 팔불(八不) 가운데 불생불멸은 유무불이와 밀접한 연관이 있다. 이 세상의 모든 존재는 여러 인연의 화합으로 생겨나는 것이다. 그러므로 어떤 존재가 생겨난다는 것은 여러 인연이 잠시 모여 있는 것일 뿐, 정말로 새로운 것이 생겨나는 건 아니다. 그런 의미에서 이 세상에 진정한 생은 없다(不生).『중론』에서는 이것을 "만일 법이 여러 가지 인연에서 생한다면 이것은 곧 적멸한 성질의 것이다. 그러므로 생(生)과 생시(生時) 이 두 가지는 모두 적멸이다."[46]라고 표현하고 있다. 이렇게 세상에 새로 생겨나는 게 없다면, 어떤 존재가 소멸하게 되는 일도 없다(不滅)는 건 너무나도 당연한 일이다. 이것을『중론』에서는 "만일 어떤 존재(法)가 없는 것이라면 그것은 멸(滅)하지도 않는다. 비유하자면 마치 제 이(二)의 머리는 (아예) 없기에 자를 수 없는 것과 같다."[47]고 표현하고 있다. 진정으로 새로 생겨나거나 소멸하는 게 아니라(不生不滅), 그저 인연의 화합으로 잠시 머물다가 흩어지는 존재이기 때문에, 세상의 모든 존재는 앞에서 말한 바와 같이 유무불이인 것이다. 그러므로 용수는 모든 존재가 생기고 머물다가 사라지는(生住滅) 모습은 "환(幻)과 같고 꿈과 같고 신기루와 같다"[48]고 말하고 있다.

팔불 가운데 불상부단(不常不斷) 역시 유무불이와 떨어질 수 없다. 유무불이의 관점을 취한다는 건 유와 무 어느 쪽에도 치우치거나 집착하지 않는 것이다. 그런데 유(有)에 집착하는 것은 곧 상(常)에 집착하는 것이고, 무(無)에 집착하는 것은 단멸(斷滅)에 집착하는 것이다. 그러므로 유무불이의 관점을 취한다는 것은 곧 불상부단(不常不斷)의 입장에 선다는 것과 같다. 이것을『중론』에서는 "결정적으로 존재한다는 것은 항상됨에 집착하는 것이고 결정적으로 존재하지 않는다는 것은 단멸에 집착하는 것이다. 그러므로 지혜로운 사람은 있다거나 없다는 데 집착해서는 안된다."[49]고 표현하고 있다.

오고 감이 없다는 것(不來不出 또는 不來不去)에 관해서는『중론』의 제2장인「관거래품(觀去來品)」을 참고할 수 있다. 여기서는 가는 것에 대해 여러 가지 논의를 통해 불래불거(不來不去)를 말하고자 하였다. 그러나 여기서는 그 복잡한 논의를 자세히 살펴보지는 않고, 앞서 말한 유무불이와 불생불멸을 통해 세상의 어떤 것도 진정으로 오거나 가는 게 없다는 걸 자연스럽게 이해할 수 있다고 지적하는 것으로 그친다.

세상의 모든 것은 인연 관계에 의해 얽혀 있다. 그런데 인연에 의해 서로 얽혀 있는 것들의 관계는 서로 동일하지도 않고 전적으로 다르지도 않은 관계, 즉 서로 하나도 아니요 다르지도 않은(둘도 아닌) 관계라고 할 수 있다. 이 이유를『중론』에서는 "만일 하나라면 결합은 있을 수 없다. 왜냐하면 그것이 그 자체와 결합하지는 못하기 때문이다. 그런데 만일 별개의 것이라면 도대체 어떻게 결합할 수 있겠느냐?"[50]고 표현하고 있다. 이것이 곧 일다불이(一多不二)인데, 팔불 가운데 불일불이(不一不異)는 바로 이것을 말하고 있다. 이것을『중론』에서는 "만일 사물(法)이 (인)연(緣)에서 생(生)한다면 (그것은) 인(因)(연)과 같은 것도 아니고 다른 것도 아니다."[51]고 표현하고 있다. 또 이것을 "원인과 결과가 하나라는 것 그것은 결코 옳지 못하다. 원인과 결과가 다르다는 것 그것도 역시 옳지 못하다."[52]고 표현하기도 한다. 그리고 그 이유는 "만일 원인과 결과가 하나라면 발생케 하는 것과 발생된 것이 하나가 된다. 만일 원인과 결과가 다르다면 원인은 원인 아닌 것과 같은 꼴이 된다."[53]고 얘기하고 있다.

이상에서 본 것처럼 용수는『중론』에서 초기불교의 연기설과 반야계 경전의 공사상을 계승 발전시켰다. 『중론』에서 용수는 여러 가지의 두 가지 극단을 떠난 중도를 말하는 팔불 사상을 통해 존재에 집착하는 설일체유부의 잘못된 견해를 논파하여 모든 것은 공한 것이고, 유무불이와 일다불이가 온 우주의 존재 실상임을 밝히고 있다.

# 3. 유식학(唯識學)

앞에서 본 것처럼 반야 공사상은 부처님의 근본 가르침인 연기설, 제법무아설, 제행무상설 등을 이어받아 수많은 존재 요소의 삼세실유를 주장함으로써 다분히 유(有)의 측면에 치우쳤던 부파불교 설일체유부 등의 잘못을 타파하였다. 반야 공사상을 대표하는 『금강경』, 『반야심경』, 『중론』 등의 근본적인 가르침은 유무불이(有無不二)로서의 공이었다. 이 경전들 가운데는 일다불이(一多不二)에 대해 언급하고 있는 부분들도 있지만, 이 경전들의 강조점은 아무래도 자아뿐 아니라 이 세상에 존재하는 모든 것들이 공한 것이라는 점에 있었기 때문에, 유무불이로서의 공이라는 주장이 이 경전들의 중심을 이루고 있다.

앞에서 이미 본 것처럼 반야 공사상에서 말하는 공은 단순히 무, 공허, 허무가 아니라 유무불이라는 게 분명하다. 그런데 반야 공사상은 존재 요소들인 법이 존재한다고 주장하는 부파불교의 이론을 논파하는 데 집중하다 보니, 아무래도 모든 존재 요소는 자아와 마찬가지로 존재한다고 할 수 없는 덧없고 허망한 것임을 강조할 수밖에 없었다. 그래서 반야 공 사상은 나와 내 것, 그리고 그 밖의 존재하는 모든 것들이 허깨비와 같이 덧없는 것임을 일깨워 집착을 깨트리는 일을 주로 하고 있다. 이렇다 보니 반야 공사상은 존재 요소의 유(有)를 주장하는 부파불교에 대항하여 일체를 무(無)라고 주장하는 이론으로 받아들여질 소지가 다분히 있었다. 실제로 후세에는 반야 공사상에서 얘기하는 공을 단순히 무로 간주하는 견해들도 적지 않게 생겨났다. 이처럼 만약 공이란 것을 단순한 무라고 보면서 공 사상을 내세운다면, 그것은 유에 치우친 주장과 정반대의 극으로 치우친 잘못된 견해라고 하지 않을 수 없다.

그런데 반야 공사상은 단순한 무를 주장하는 것이 아니므로 아무런 문제가 없고 그걸로 족하다 할 수 있냐고 한다면, 또 반드시 그런 건 아니다. 이 세상의 모든 게 실체가 없고 무상한 것이니 어떤 데에도 집착하지 않아야 한다는 건 중요한 가르침이다. 그러나 다른 한편으로 연기하는 이 세상의 것들이 전혀 없는 것은 아니며, 우리 자신도 그런 연기의 세계 속에서 살아가고 있다는 것 역시 분명하다. 그런 이상, 이 세상의 연기하는 것들이 어떻게 이루어지고 변화하는 것인지에 관해 관심을 두는 것 역시 당연하다고 할 수 있다. 그런데 반야 공사상은 이런 측면에 대해 별다른 설명을 해주지 않는다는 점에서 뭔가 부족한 감을 느낄 수 있다. 이런 점에서 반야 공사상에 만족하지 못하고 연기하는 것들의 존재와 변화에 대해 해명해 보고자 한 것이 유식학이라고 할 수 있다. 유식학은 연기하는 세상의 여러 현상을 식(識)을 통해 설명해 보고자 했다.

대승불교사상의 하나인 유식은 200~300년 사이에 성립한 것으로 알려진 『해심밀경(解深密經)』 등을 기초로 삼아 4~5세기경에 인도에서 활약한 미륵(彌勒, Maitreya, 270~350?), 무착(無着, Asanga, 310~400?), 세친(世親, Vasubandu, 320~400?) 등에 의해 전개되었다. 유식사상의 창시자라 할 수 있는 미륵은 실존 인물인가에 대해서도 논란이 존재하지만, 유식사상의 중요한 교설들을 제시하고 있는 『대승장엄경론(大乘莊嚴經論)』, 『유가사지론(瑜伽師地論)』 등이 그의 저서로 전해지고 있다. 무착의 저서에는 여러 가지가 있지만, 그 가운데서도 『섭대승론(攝大乘論)』이 유식학설에서 중요한 걸로 받아들여지고 있다. 세친은 앞에서 본 것처럼 부파불교 설일체유부와 경량부의 견해를 참고로 하여 아비달마론을 가장 체계적으로 정리한 『구사론』을 저술한 사람으로 무착의 동생이다. 그는 유식 이론가인 형의 영향 등으로 유식학으로 전향하여 여러 저서를 남겼는데, 그 가운데서도 『유식이십론(唯識二十論)』, 『유식삼십송(唯識三十頌)』이 가장 중요한 저술로 받아들여지고 있다.

『해심밀경』을 기초로 하여 이들 사상가에 의해 전개된 유식사상은 이후 인도에서 학설에 따라 갈라지기도 하였고, 또 중국에 수용될 때는 주로 누구의 글에 의존하는가에 따라 여러 갈래로 갈라지면서 다채로운 유식학으로 발전되었다. 이런 유식학 속에는 수많은 사상이 포함되어 있지만, 유식의 가장 중요한 사상으로는 삼성설(三性說), 유식무경설(唯識無境說), 아뢰야식(阿賴耶識)을 비롯한 여러 가지 식(識)에 관한 설 등을 들 수 있다. 유식의 복잡한 이론을 한 번에 모두 살펴본다는 것은 불가능하므로, 본 저서에서는 삼성, 유식무경, 아뢰야식이라는 세 가지 것에 대한 유식사상의 핵심을 서술해 보도록 한다. 여기서 가장 중요한 근거자료로 삼을 수 있는 것에는 우선 『해심밀경』과 그것을 이해하는 데 가장 중요한 주석서라 할 수 있는 원측의 『해심밀경소(解深密經疏)』가 있다. 다음으로는 세친의 『유식이십론』, 그리고 『유식삼십송』과 그에 관한 호법(護法, Dharmapāla, 530~561)을 중심으로 여러 사상가의 학설을 종합하여 당(唐)나라의 현장(玄奘)이 번역한 주석서인 『성유식론(成唯識論)』이 중요한 참고자료라 할 수 있다.

## 1) 삼성설

유식학의 기초가 되는 경전은 『해심밀경』이다. 『해심밀경』이 불교사상사에서 갖고 있는 의의에 관해서는 무엇보다도 원측의 얘기를 통해 잘 이해할 수 있다. 원측은 『반야심경찬』과 『해심밀경소』에서 『해심밀경』이 갖고 있는 중요한 의의에 대해 얘기하고 있다. 그 두 저서 모두에서 원측은 부처님이 세 가지의 가르침을 베풀었다는 삼법륜설(三法輪說)을 얘기한다.[54]

여기서 첫 번째 가르침(제1법륜)은 고집멸도(苦集滅道)라는 사제(四諦)의 가르침을 말한다. 원측은 사제의 가르침은 생사와 열반의 인과 관계를 설한 것으로 공(空)은 말하지 않고 유(有)라는 측면을 말하고 있으며, 인공(人空)에 관해서는 말했으나 법공(法空)의 도리에 관해서는 얘기하지 않은 것이라고 얘기한다. 그래서 여기에는 논쟁의 여지가 있으며, 그래서 이것은 아직 완전한 가르침인 요의(了義)가 아니라고 얘기한다.

두 번째 가르침(제2법륜)은 반야경 등에서 설한 무상의 가르침을 가리킨다. 그것은 존재하는 모든 것이 공한 것임을 밝힌 것으로, 아공과 법공 모두를 얘기한 것이다. 그런데 원측은 이러한 가르침은 유(有)라는 측면은 숨겨 말하지 않고, 무(無)의 측면만을 강조하여 논쟁의 여지가 있어 이것 역시 완전한 가르침인 요의가 아니라고 얘기한다.

이처럼 앞의 두 가르침은 각기 한쪽으로 치우친 바가 있어 완전한 가르침이 아니기 때문에, 부처님은 다시 완전한 가르침을 베풀었는데, 그것이 바로 『해심밀경』에서 베푼 세 번째 가르침(제3법륜)이라는 것이다. 원측은 『해심밀경』에서 베푼 세 번째 가르침은 아공과 법공이라는 이공(二空)의 이치와 삼성(三性)의 이치를 분별하고, 삼성의 도리에 의해 유와 무 어느 쪽에도 치우치지 않고 그 모두를 극진히 밝히고 있으며, 그래서 그 가르침이야말로 완전한 가르침인 요의(了義)라고 얘기한다.

그리고 원측은 이러한 세 가지 가르침(삼법륜)은 시간적 순서에 따른 가르침이 아니라 이치에 따른 순차적인 가르침이라고 얘기하고 있다. 논리적인 이치에 따라 볼 때 유와 무 어느 쪽인가에 치우쳤던 이전의 가르침에 비해 그 어느 쪽에도 치우치지 않는 『해심밀경』의 가르침이야말로 가장 올바르고 완전한 가르침이라는 것이다. 여기에서 보이듯이 유와 무 어느쪽에도 치우치지 않는 『해심밀경』의 가르침의 핵심을 이루고 있는 것은 삼성설(三性說)이라는 것이기 때문에 우리는 이 삼성설에 대해 먼저 살펴볼 필요가 있다.

삼성설은 모든 존재하는 것의 모습에 관한 설명이다. 이것은 『해심밀경』의 「일체법상품(一切法相品)」편에 잘 나와 있다. 『해심밀경』에서는 모든 존재하는 것의 모습(法相)을 세 가지로 설명한다. 그 첫째는 변계소집상(遍計所執相)이요, 둘째는 의타기상(依他起相)이며, 셋째는 원성실상(圓成實相)이다.[55] 『해심밀경』에서는 이처럼 주로 세 가지 상(三相)이라고 표현하고 있어 삼상설이라고 할 수 있겠는데, 이것을 『성유식론』이나 『해심밀경소』 등의 주석서에서는 주로 변계소집성(遍計所執性), 의타기성(依他起性), 원성실성(圓成實性) 등의 삼성으로 표현하여 삼성설이라고 하고 있다.

변계소집상이란 무엇인가에 대해 『해심밀경』에서는 "이른바 모든 법의 이름을 거짓으로 세운 자성과 차별이며, 내지 그에 따라 말을 일으키게 하는 것"[56]이라고 하고 있으며, 이것을 『해심밀경소』에서는 "모든 법에는 진실한 자성이 없는데 다만 망정(妄情)을 따라 이름과 말로, 거짓으로 아(我)와 모든 자성을 세우는 것"[57]이라고 설명한다. 이것을 보면 변계소집상 또는 변계소집성이란 세상에 존재하는 것들 각각은 본래 그러한 자성을 가진 실체로서 존재하지 않는 것인데 그것을 각각 분별하여 자성을 가진 실체로서 잘못 생각하는 것이라 할 수 있다.

의타기상이란 무엇인가에 대해 『해심밀경』에서는 "이른바 모든 법의 인연으로 생기는 자성"[58]이라고 말한다. 이 의타기상에 대해 원측은 "모든 유위법은 다 인(因)을 의지하고 연(緣)에 맡겨 생기기 때문에 의타기라 하는 것"[59]이라고 설명한다. 이러한 것에 따르면 의타기상 또는 의타기성이란 모든 존재가 인연 관계에 의해 존재하는 것임을 말하는 것이라 할 수 있다.

원성실상이란 무엇인가에 대해 『해심밀경』에서는 "이른바 모든 법의 평등한 진여"[60]라고 말한다. 원측은 원성실성에 대해 『성유식론』을 인용하여 "이공(二空)에서 나타나 원만히 성취한 모든 법의 실성이기 때문에 원성실성이라 한다"[61]고 설명하고 있다. 원성실성에 대한 이런 설명은 다소 어렵게 느껴질 수 있다. 『성유식론』의 말을 분석해 보면, 원성실성은 법의 실성 즉, 존재의 참다운 실상을 의미한다는 걸 알 수 있다. 그리고 그것은 이공(二空) 즉, 나와 법 모두가 공하다는(我法具空) 것으로 이해할 수 있다는 것이다. 그리고 이 공은 초기불교부터 반야 공사상에 이르기까지 계속해서 설명한 것처럼 있음과 없음 어느 쪽에도 치우치지 않는 것(유무불이)을 말한다. 경에서는 원성실성을 모든 법(존재)의 평등한 '진여'라고 하고 있는데, 이 진여가 어떠한 것인가는 「해심밀경서품」에 나오는 '무상의 법에 나아간다'는 구절에 대한 원측의 설명을 통해 알 수 있다. 거기서 원측은 세친의 해석을 인용하여 "청정한 진여

를 무상의 법이라 하며 나아감이란 나아가 들어간다는 것이니, 이
것은 유무의 두 상이 없는 가장 훌륭하고 청정한 진여에 능히 들
어가는 공덕을 말하는 것이다."[62]라고 얘기하고 있다. 그래서 결국,
'진여를 무상이라 하는 것은 유무의 두 상을 멀리 떠났기 때문'이
라는 것이다.[63] 이렇게 본다면, 원성실상 또는 원성실성이란 연기
에 의해 존재하는 모든 것은 따로따로 독립적으로 존재하는 것이
아니므로 유무불이라는 모든 존재와 우주의 참모습을 말하는 것
이라 할 수 있다.

 삼상(또는 삼성)에서 중심이 되는 것은 의타기상이다. 연기에 의
해 성립하고 있는 수많은 현상이 있다는 것, 그것이 의타기상이다.
그런데 연기에 의해 성립한 각각의 존재들이 독립된 실체를 지닌
존재들이라고 착각하여 잘못 본 것이 변계소집상이다. 그리고 그러
한 변계소집상에서 벗어나 연기에 의해 현상하는 모든 것은 유무의
두 상을 떠난 유무불이임을 올바로 본 것이 바로 원성실성이다. 삼
상에 대한 얘기는 우선 연기하는 세계의 존재를 인정한 기초 위에
서 연기하는 현상들 개개의 것을 분별하여 독립적으로 존재하는 것
으로 착각하지 말고 모든 것이 유무불이라는 관점에서 보라는 것이
라 할 수 있다. 연기하는 세계를 인정하되 그것의 유나 무 어느 쪽
으로 기울어지지 말하는 것, 이것이 삼성설의 요지라고 할 수 있다.
이런 점에서 삼성설은 모든 것을 단지 무상하고 허망한 것으로 보
고 송두리째 부정해 버리기만 하는 관점과는 상당히 다르다고 할
수 있다.

 삼성설은 연기에 의해 존재하는 모든 것의 실상이 유무불이라는
것을 잘 밝히고 있으므로 더 이상 세상에 존재하는 것들의 유무에
대한 논의는 굳이 할 필요가 없는 것으로 보인다. 그런데도 『해심밀

경』에서는 「무자성상품(無自性相品)」을 중심으로 앞서 말한 세 가지 상(변계소집상, 의타기상, 원성실상)이 모두 무자성이며 공이라는 것을 논하고 있다. 이것을 삼무성(三無自性)이라고 한다. '무자성상'이라는 건 뒤집어 얘기하면 '상은 무자성'이라는 것이다. 삼무성은 상무성(相無性), 생무성(生無性), 승의무성(勝義無性)이라고 한다. 상무성은 변계소집상이 미혹에 의해 존재하는 것처럼 여겨질뿐 실제로는 그런 것이 없다는 것을 말한다. 생무성은 여러 가지 인연에 의해 생겨나는 것이 사실은 인연에 의해 잠시 그런 모습을 취한 것일 뿐 실제로 생겨난 것은 없다는 것을 말한다. 승의무성은 연기의 참모습인 원성실상은 유무를 비롯한 아무런 차별상이 없음을 말한다. 삼성설의 참뜻은 연기하는 세계의 참모습이 유무불이임을 밝히는 것이라 할지라도, 어떤 면에서는 일단 연기하는 존재를 인정하면서 얘기를 한다는 점에서 자칫하면 유라는 측면에 치우칠 가능성도 있다. 그래서 삼무자성설은 무엇을 막론하고 세상에 존재하는 모든 것에는 자성이 없다는 것, 실체가 없다는 것을 또 다시 강조하고자 한 것으로 이해할 수 있다. 그러나 사실 삼상에 대한 얘기를 제대로 이해할 수 있다면, 삼무자성에 대한 얘기는 구태여 하지 않아도 좋을 거라 생각한다.

아무튼 이렇게 삼성설(그리고 삼무자성설)에 대한 상세한 설명을 통해 『해심밀경』은 유와 무 어느 쪽에도 치우치지 않고 유론과 공론 모두를 아우르고 있다는 점에서, 가장 원만하고 완전한 가르침인 제3법륜이며 요의의 경전이라는 원측의 얘기를 충분히 이해할 수 있다.

## 2) 유식무경설

『해심밀경』은 현상세계를 무상하고 허망한 것으로 부정하기만 하지 않고 연기에 의해 성립하는 의타기상으로서 인정하고 그것의 성립과 변화를 설명하고자 한다. 이때 『해심밀경』에서는 연기하는 현상세계의 천변만화하는 모습을 식(識)의 전변으로 파악하고 설명하고자 하였다. 이것은 "식의 인식대상은 오직 식이 현현한 것"[64] 이라고 하여 진실로 존재하는 것은 식뿐이며, 현상세계의 모든 것은 오로지 그러한 식이 전변하여 나타나는 것이라고 한 「분별유가품(分別瑜伽品)」의 글귀 속에 잘 나타나 있다. 앞의 글귀에 대해 원측은 무성의 『섭대승론석』의 "나는 외부 식인 인식대상 경계에 있어서 오직 이것은 내부 식이 현현한 것이라고 말한다. 곧 이 인식대상의 경계는 식을 자성의 뜻으로 삼는다"고 한 말을 인용하면서, "이 말의 의미는 식의 인식대상의 경계는 오직 식 위에 현현한 영상이고, 별도로 자체가 있는 것이 아니라는 말이다"라고 설명을 붙이고 있다.[65]

유식학은 다름 아니라 세상의 모든 현상을 식의 현현으로 보는 『해심밀경』의 관점을 그대로 이어받고 있다. 유식이란 오직 식만이 존재한다는 뜻이라는 데서 우선 그것을 알 수 있다. 그래서 유식학의 중요한 논서들, 그중에서도 세친의 『유식이십론』과 『유식삼십송』 그리고 『유식삼십송』에 대한 주석서인 『성유식론』 등은 진실로 존재하는 것은 식뿐이며 식 밖의 외부의 대상들인 외경(外境)은 존재하지 않는다는 유식무경(唯識無境)을 입증하기 위해 크게 애쓰고 있다. 유식학의 가장 기본적인 관점, 기본적인 명제는 바로 이것이기 때문에 유식학을 이해하기 위해서는 유식무경이라는 문제를 따져봐야 한다.

세상에 진정으로 존재하는 것은 식뿐이며 다른 모든 것은 식이 변화하여 나타나는 것이라는 견해는 『해심밀경』뿐 아니라 유식학의 주요 논서들의 가장 기본적인 견해라고 할 수 있다. 예컨대 『유식삼십송』에서는 이것을 "(언어에 기초한) 가설의 아와 법이 갖가지의 모습으로 전변한다. 저것(아와 법)은 식의 소변(識所變)에 의지한다"[66]고 얘기하고 있다. 이것은 나와 다른 존재들 모두가 식의 변화로 나타난다는 것을 말하는 것이다. 또 『유식이십론』에서는 제일 첫머리에 『화엄경』「십지품」에서 설한 "삼계는 유심"이라는 글귀에 의거하면서 식의 대상이 되는 이 세상의 모든 것이 식의 나타남일 뿐이라고 말하고 있다.[67] 특히 『유식이십론』은 본래 그 명칭이 '20게송으로 이루어진 유식을 증명하는 논서'라는 데서도 알 수 있듯이[68] 그 전체가 이 세상의 모든 것은 식의 나타남일 뿐이라는 것을 증명하고자 하는 논서이다. 그러므로 유식무경이라는 유식학의 기본명제를 따져보기 위해서는 『유식이십론』의 주장을 잘 살펴보는 것이 가장 좋은 방법이 될 수 있다.

그런데 '이 세상의 모든 것은 식의 나타남일 뿐'이라는 것의 의미가 무엇이냐 하는 게 우선 문제가 될 수 있다. 그것은 내 마음, 나의 식 바깥에 아무것도 없으며 모든 것은 내 마음, 나의 식이 만들어내는 것이라는 뜻인지, 아니면 내 마음 바깥에 어떤 것이 있는데 그것은 물질적인 사물이 아니라 그것 역시 내 마음과 같이 정신적인, 관념적인 식이라는 것인지를 분명히 할 필요가 있다. 엄밀히 말해 두 가지 문제는 서로 다른 문제이기 때문이다. 그런데 유식학에서는 종종 이 둘을 구분하지 않고 마구 혼합하여 논함으로써 혼란을 초래하는 경향이 있다. 『유식이십론』에서 유식무경을 입증하기 위해 펼치는 주장 중에서 외계실재론자들을 논파하려고 한 부분은 전자의 문제를 다룬 것이다. 즉 나의 식 밖에 아무것도 없으며 모든 것은 나의 식이 만들어내는 것임을 입증하려 한 것이다. 이와는 달리 극미실재론에 비판하고 있는 부분은 후자의 문제를 다루고 있다고 할 수 있다. 즉 내 마음 바깥에 극미로 이루어진 색과 형 등의 물질이 존재하는가를 논하고 있는 것이다. 이하에서 이 두 가지 문제에 관한 『유식이십론』의 견해를 살펴보도록 한다.

외계실재론자들은 이 세상 모든 것이 나의 식이 나타나는 것이라는 유식학의 견해를 비판한다. 그리고 『유식이십론』에서는 이런 외계실재론자들의 비판을 다시 반박하려 하고 있다. 외계실재론자가 유식학의 견해에 대해 제기하는 이의는 여러 가지인데[69], 그 요지를 요약해 보면 다음과 같다. 즉 실재하는 대상이 없다고 한다면 다음과 같은 것들의 이유를 설명할 길이 없어 불합리하다는 것이다. 우선 어떤 대상에 대한 식은 특정한 장소와 시간에서만 생기지 아무 데서나 마음대로 생기지 않는다. 또 어떤 대상에 대한 식은 특별한 이유가 없는 한 그 장소와 시간에 함께 있는 모든 사람에게 생기지 특별한 사람에게만 생기지는 않는다. 또 환각이나 꿈속에서 보는 사물은 실제적인 효용을 갖고 있지 않지만 실재하는 대상은 효용을 갖고 있어 실제적인 효과를 미친다. 이 모든 것은 나의 식 바깥에 객관적인 어떤 대상이 존재하기 때문에 일어나는 현상이라고 볼 수밖에 없으며, 모든 것이 나의 식의 나타남이라고 해서는 설명할 길이 없다는 것이다. 이런 외계실재론자의 주장은 대다수의 사람들의 견해와 합치하는 지극히 상식적이고 합리적인 것이라 할 수 있다.

이런 외계실재론자의 이의 제기에 대해 세친은 『유식이십론』에서 반박을 하고 있다.[70] 우선 세친은 꿈에서도 특정한 사물은 특정한 장소와 시간에서만 보인다고 주장함으로써 외계실재론자의 견해를 반박하고 있다. 그런데 이러한 세친의 주장이 과연 외계실재론자가 제기한 이의에 대한 올바른 대답이 되는지는 매우 의문이다. 외계실재론자가 말하는 것은 어떤 특정한 장소와 시간에 우리가 경험하는 대상에 대한 지각과 마음으로 상상하는 대상에 대한 생각은 분명히 다르다는 것이다. 외계실재론자가 말하는 것은 어떤 특정한 장소와 시간에 우리가 경험하는 대상에 대한 지각과 인식은 그 장소와 시간에만 생생하게 경험할 수 있는 것으로 내 마음대로 만들어낼 수 있는 것이 아니라는 것, 그러므로 그 대상은 그 때 그곳에 우리의 식 바깥에 존재하고 있음에 틀림이 없다는 것이다. 우리가 특정한 장소와 시간에 본 것과 같은 것을 우리는 마음 속으로 상상하여 그려볼 수 있을 것이다. 그러나 아무리 그렇게 한다 하더라도 그것은 실제로 그때 그곳에서 보았던 생생한 경험과 똑같은 것으로 느껴지지는 않는다. 그러므로 그러한 생생한 느낌은 그 특정한 장소와 시간에만 지각하고 인식할 수 있는 것이라 할 수 있을 것이다. 상상만으로 만들어내는 대상과 실제로 지각하는 대상에 대한 체험 사이에는 엄청난 차이가 있다. 꿈에서도 특정한 사물은 특정한 장소와 시간에만 보인다는 세친의 얘기는 앞에서 얘기한 외계실재론자의 문제 제기에 대한 아무런 답도 하고 있지 않다. 또 실제로 지각하는 대상에 대한 체험과 꿈속에서의 체험 사이에도 커다란 차이가 있다는 것은 누구나 알고 있는 바이다. 세친은 이런 사실에 대해 아무런 해명도 하지 않는다.

두 번째로, 현실에서 같은 장소와 시간에 함께 있는 사람 중에 특별한 사람에게만 어떤 인식이 일어나는 게 아니라 모두에게 동일한 인식이 일어나지 않느냐는 문제제기에 대해, 세친은 같은 업이 쌓인 아귀와 같은 존재에게는 같은 인식이 일어나는 것처럼 같은 장소와 시간에 함께 있는 모든 사람에게 동일한 인식이 일어나는 것은 이상하지 않다는 주장으로 대항한다. 그러나 이것은 일반적으로 인정할 수 없는 아귀의 존재를 들어 반박하는 것으로 설득력이 있다고 하기 어렵다. 문제는 사람마다 마음이 다르고 생각이 다른데 어째서 같은 장소와 시간에 함께 있는 사람들에게 어떤 자극이 동시에 주어질 때 동일한 인식이 일어나는가 하는 것이다. 현실에서는 특별히 다른 곳에 주의를 빼앗기지 않는 한 특정한 장소와 시간에 일정한 곳과 일정한 것에 주목하면 누구든 유사한 지각을 하게 된다. 이러한 경험은 아주 보편적이며 언제나 반복적으로 할 수 있다. 그러나 꿈에서는 그렇지 않다. 이러한 문제에 대해 세친은 아무런 해명도 하고 있지 않으며, 아귀의 비유 역시 이에 대한 답을 제공하고 있지 못하다.

여기서 생각해 볼 수 있는 또 한 가지 것이 있다. 유식학의 입장에서는 같은 장소와 시간에 있는 사람에게 주어지는 동일한 사물이라도 그것을 인식하는 자에 따라 다르게 인식될 수 있다는 점을 들어 유식무경을 주장할 수도 있다.[71] 그러나 이것은 인식 주체 바깥의 인식대상의 존재 자체를 부정하는 충분한 근거가 될 수는 없다. 그것은 얼마든지 주관 밖에는 객관적 존재가 있으나 단지 그것이 주관적 조건에 따라 다르게 반영되어 인식된다는 것을 말해줄 뿐이라고 할 수 있다.

세 번째로 환각이나 꿈속에서 보는 사물은 효용이 없지만 실재하는 사물은 실제적 효용이 있지 않느냐는 외계실재론자의 이의제기에 대해 세친은 두 사람이 교접하는 꿈을 꾸면 몽정을 하는 것처럼 꿈도 실제적 효용이 있다고 함으로써 반박한다. 그러나 꿈속에서의 성교로 인한 몽정처럼 현실에서까지 영향을 미치는 극히 일부의 경험을 들어 실재하지 않아도 현실에 효용이 있다고 주장하는 것은 설득력이 매우 부족하다. 대부분의 꿈의 경험은 그렇지 않으며, 현실에서도 제멋대로 생각하는 것은 현실적 효용이 없음에 비해 실제로 그러한 것은 현실적 효용이 있다는 것은 매우 보편적인 경험이다. 세친은 꿈도 현실에 어떤 효과를 미칠 수 있다는 극히 예외적인 사실을 들어 현실과 꿈의 엄청난 차이에 대해서는 간과하고 있다. 문제는 오직 식뿐이라면 어째서 꿈과 깨어 있음의 차이가 마음대로 되지 않는가 하는 것이고 이것이 외계실재론자의 이의 제기라 할 수 있다.

이처럼 꿈의 비유 같은 것을 들어 외계실재론자의 이의 제기를 반박하려고 한 세친은, 지옥의 비유라는 것을 통해서도 비슷한 논리를 반복한다.[72] 그러나 이 또한 일반적으로 인정할 수 없는 지옥의 현실을 들어 상식적인 견해를 반박하는 것은 그다지 합리적인 논리라 받아들이기는 어렵다.

현실과 꿈의 효용 문제와 비슷한 것으로, 식 안에서만 일어나는 것과 현실 속에서 실제로 일어나는 것의 차이를 둘러싸고 외계실재론자가 제기하는 문제도 있다.[73] 예컨대 외계실재론자는 오직 식만이 있다면 도살자는 어떻게 살생의 죄를 얻느냐고 문제를 제기한다. 살생이 오직 식 안에서 일어나는 일에 불과하다면 어떻게 도살자에게 살생의 죄를 물을 수 있겠느냐는 것이다.

이에 대해 세친은 물질적인 것이 실재하지 않아도 살생의 행위는 성립한다고 주장한다. 도살자와 양의 마음의 상속이 각각 존재하고 그것들이 서로 영향을 주고받기 때문이라는 것이다. 그러나 이런 주장은 마음속에서 일어나는 생각과 실제 행위 사이의 차이를 간과하고 있다. 마음으로 아무리 죽이고 싶다고 생각하고 죽이는 상상을 한다고 해도 실제로 살인이 일어나는 것과는 다르다. 타자의 살해는 양 당사자의 마음속에서만 일어나는 것이 아니라, 그들을 알고 있는 모든 사람들도 인지할 수 있는 것이다. 그것이 당사자들의 마음에서만 일어나는 것이라면 어째서 그것이 그들을 알고 있는 모두가 살해의 사실을 알게 되고 살해된 자가 사라지게 된 것을 인식하게 되는가를 설명할 수 없다.

나의 식 바깥에 외계가 실재한다는 또 다른 상식적인 근거는 우리가 타자의 몸과 마음, 타자의 존재를 느끼고 인식하며, 타자와 상호작용을 주고받는다는 사실이다. 그래서 외계실재론자는 예컨대 만약 타인의 마음을 알 수 없다면 어떻게 불교에서는 타심지라는 것이 있다고 할 수 있느냐, 만약 타인의 마음을 알 수 있다고 한다면 유식은 성립하지 않는다고 문제를 제기한다.[74]

이에 대해 세친은 타인의 마음을 알지만 여실히(있는 그대로) 아는 것이 아니며, 자신의 마음조차 여실히 아는 것도 아니고, 붓다 이외에는 여실하게 알지 못한다고 대답한다.[75] 그러나 이런 대답은 나의 식 바깥에 타자, 타자의 마음이 존재하는 게 아니냐는 외계실재론자의 문제 제기에 대해 충분한 답변이라고 하기 어렵다. 타자의 마음을 있는 그대로 알 수 있는가 하는 문제와 타자의 마음이 나의 마음, 나의 식 바깥에 있는가 하는 문제는 다른 문제이다. 외계실재론자의 질문의 핵심은 내 마음 바깥에 타자의 마음도 있지 않느냐 하는 것이지, 내가 타자의 마음을 정확히 알 수 있느냐 없느냐 하는 것이 아니다. 그런데 세친은 후자의 문제만 얘기하고 있으므로 이치에 맞지 않는다. 우리가 타자의 마음을 정확히 알 수는 없는 경우가 많다 하더라도, 타자와의 상호작용을 통해 타자의 마음이 있다는 것은 확신할 수 있다. 우리는 내 마음대로 되지 않고, 자신의 마음에 따라 나의 마음과는 달리 행동하는 타자의 존재를 확신할 수 있다. 그것이 어떤 마음인지를 정확히는 알 수 없다 하더라도 내 마음과는 다른 그런 마음이 있다는 것은 확신할 수 있다. 그렇다면 앞에서와 같은 논리로, 오직 내 마음, 나의 식만이 존재하는 것이며, 모든 것은 나의 식이 만들어내는 것이라는 유식의 주장은 인정하기 어렵다고 할 수 있다.

결국, 상식적인 외계실재론자에 대항하여, 나의 식만이 존재하고, 다른 모든 것은 나의 식이 나타나는 것이라는 것을 입증하려고 한 『유식이십론』의 논리는 별로 성공하지 못했으며 그다지 합리적이지도 않다고 할 수 있다.

『유식이십론』에는 나의 마음, 나의 식 바깥에 어떤 것이 실재하느냐 하는 문제와 달리, 나의 바깥에 있는 존재가 색과 형 등이 있는 물질적인 존재인가 하는 문제를 둘러싼 논쟁도 서술되어 있다.[76] 세친은 외계실재론자들에 맞서 외계의 물질적 사물과 그 토대인 극미가 실재하지 않는다고 주장한다. 상당히 길고 복잡하게 전개되고 있는 논쟁을 간추려 보면, 세친의 주장은 물질의 궁극적 기초로서의 극미가 지각 불가능하며, 더 나아가 논리적으로 아예 성립할 수조차 없다는 것이다. 극미는 단일한 것이든 여럿이 모인 것이든 직접적인 지각이 불가능하므로 실재한다고 할 수 없다는 것이 첫 번째의 인식론적인 주장이다. 두 번째 것은 존재론적인 주장으로서, 극미가 일정한 공간을 점유하는 크기를 가지고 있다면 분할이 가능한 것이므로 극미가 될 수 없고, 반면 크기가 전혀 없다면 그것들이 결합하여도 색과 형을 가진 물질을 형성할 수 없으므로 극미는 실재할 수 없다는 것이다.

이 세상에 존재하는 것들이 물질적인 것인가 정신적인(관념적인) 것인가, 물질적인 것과 정신적인 것 모두가 존재하는 것인가, 그렇다면 그 둘 중에서 더 근원적인 것은 무엇인가, 둘 사이의 상호작용은 어떻게 가능한가. 이런 문제들은 동서를 막론하고 예로부터 지금까지 계속해서 논쟁이 되고 있는 문제이다. 소위 유물론이니 관념론이니 이원론이니 하는 것들이 궁극적 실재에 대한 각기 다른 견해들이라 할 수 있다. 세친을 비롯한 유식학의 입장은 이 가운데 일종의 관념론의 입장을 취하고 있다 할 수 있다.

그런데 지금까지도 계속해서 논쟁하고 있는 이 문제에 대한 명쾌한 결판이 지어졌다고는 할 수 없다. 다만 더 나눠지지 않는 불가침입성을 갖고 일정한 공간을 점유하고 있는 알갱이인 원자와 같은 최소의 물질적 단위가 존재한다는 이전의 원자론 같은 것에 기초하고 있던 유물론이 오늘날 더 이상 통용되기 어려워진 것은 틀림없다. 양자물리학과 같은 현대 물리학에서는 궁극적으로 사물을 이루고 있는 것은 원자처럼 깨지지 않는 알갱이와 같은 성질만 가지고 있는 것이 아니라 넓고 길게 퍼져 있는 파장과 같은 성질도 동시에 띠고 있으며, 단일한 인과적 결정에 따르는 것이 아닌 불확정성을 띠고 있다는 것이 일반적으로 인정되고 있다. 그리고 이것은 극미실재론을 부정하고 있는 유식학의 입장과 상당한 유사성을 갖고 있다고 할 수 있다. 물질이라고 하면 일정한 크기와 불가침입성을 갖고 일정한 공간을 점유하고 있는 것을 생각한다. 보통 일반적인 외계의 사물은 그런 것으로 간주된다. 그렇지만 그것을 구성하고 있는 미립자의 수준으로 내려가면 더 이상 그런 물질의 존재가 입증되지 않는다는 점에서, 기존의 유물론을 받아들이기는 어렵다고 할 수 있다. 그런 점에서는 사물을 이루고 있는 궁극적인 실재는 오히려 정신적이고 관념적인 것에 가깝다고 보는 게 더 타당하다고 볼 수 있을 것이다.

그렇다고 해서 이 세상에 존재하는 모든 것은 오직 관념적인 것 (정신적인 것, 식)일 뿐이라고 하면서 물질적인 것을 송두리째 부정하기도 어렵다. 우리는 누구나 이 세상에 관념적인 것도 있고, 그와는 다른 성질을 지닌 물질적인 것도 있다는 것을 느끼며 경험하고 있다. 이런 보편적인 경험을 무시하면서 모든 것은 단지 관념(식)일 뿐이라고 치부하기는 어렵다. 모든 것이 오직 관념적인 것에 불과하다면 관념에 따라 모든 것을 좌우할 수 있어야 하는데 그렇지 않기 때문이다.

그러나 궁극적인 실재를 관념적인 것과 물질적인 것 두 가지로 보는 것 역시 심각한 문제에 부딪친다. 이런 견해는 심신이원론이라고 할 수 있을 텐데, 이런 관점을 취하면, 정신적인 것과 물질적인 것이 어떻게 상호작용을 주고받을 수 있는지를 설명하기가 어렵다. 이것은 근대 서양철학의 대표자 중 한 사람인 데카르트가 부딪쳤던 심신의 상호작용 문제와 같다. 정신적인 우리의 마음과 물질적인 육체는 서로 영향을 미치고 상호작용을 주고받을 수 있다. 예컨대 우리는 마음을 일으켜 우리의 육체를 움직일 수 있다. 또 우리의 육체에 어떤 자극이 가해지면 그것이 어떤 마음을 일으키기도 한다. 만약 물질과 정신이 전혀 다른 두 가지 것이라면 그런 상호작용이 어떻게 일어날 수 있는가를 설명하기가 어렵다.

이원론의 입장을 취하면, 비단 우리의 육체와 정신 사이의 상호작용만이 아니라, 외계의 물질과 우리의 정신 사이에서 일어나는 작용에서도 역시 그런 문제에 부딪친다. 예컨대 그 대표적인 것은 우리 마음이 바깥에 있는 물질적인 것을 어떻게 인식할 수 있느냐 하는 문제이다. 물질과 정신이 전혀 다른 것이라면, 우리의 마음이 어떻게 그와 전혀 다른 존재인 물질을 인식할 수 있느냐는 것이다. 인식이든 무엇이든 어떤 것들이 서로 관계를 맺으려면 서로 만날 수 있는 공통의 접점이 있어야 한다. 전적으로 서로 다른 존재라면 그런 공통의 접점이 없기 때문에 관계를 맺는 것 자체가 불가능하다. 그러므로 물질과 정신을 전적으로 다른 두 가지 것으로 보는 이원론의 입장을 취하는 한 인식의 성립 근거도 막아버리는 결과가 되지 않을 수 없다.

이원론은 물질적인 것과 정신적인 것의 상호작용을 해명할 수 없는 막다른 골목에 몰리고, 그렇다고 해서 우리가 엄연히 존재하는 것으로 경험하는 물질적인 것과 정신적인 것 중 어느 편을 완전히 부정하고 한쪽만을 존재하는 것으로 인정하기도 어렵다. 이런 난점 때문에 예로부터 많은 사람이 궁극적 실재에 관한 이런 존재론적 물음을 철학의 근본문제라고 간주한 것이라 할 수 있다.

궁극적 실재가 서로 다른 두 가지 것이라는 이원론이 잘못된 것이라면 궁극적 실재는 둘일 수 없다. 그러나 물질적인 것이나 관념적인 것 어느 한쪽만 존재하는 것이 아니라면 궁극적인 실재는 하나일 수도 없다. 이런 난국을 벗어나는 길은 궁극적인 실재가 하나도 아니요, 둘도 아니며, 동시에 하나이면서 둘이라는 것을 인정하는 것이다. 이것은 궁극적인 실재 자체가 곧 일다불이라는 것을 말한다. 궁극적인 실재는 결코 둘로 나뉘지 않는 하나이다. 그렇지만 그것은 동시에 결코 하나라고만 할 수는 없고, 그 속에 물질적인 것과 정신적인 것을 모두 포함하고 있는 것이다. 그러므로 물질적인 것과 정신적인 것(관념적인 것, 식)은 하나 속에 존재하는 두 가지 속성이라고 할 수 있을 것이다. 물질적인 것과 정신적인 것 모두를 포함하고 있는 하나의 것, 하나이자 둘이며, 하나이기만 한 것도 아니요, 둘이기만 한 것도 아닌 것을 여러 가지로 부를 수 있다. 실제로 불교에서는 이런 것을 여러 가지로 불러왔다. 예컨대 일심(一心), 진여(眞如), 진성(眞性), 법성(法性), 법신(法身) 등이 그런 것이라 할 수 있다. 이처럼 이 세상에는 물질적인 것과 정신적인 것이 존재하지만 궁극적으로 보면 그것들은 서로 다른 독립적인 실체가 아니며 하나 속에 있는 두 가지 속성으로서 서로 통할 수 있는 것으로 볼 때 궁극적 실재를 둘러싼 난점에서 벗어날 수 있으리라 생각한다.

애초에 하나 속에 두 가지(또는 여러 가지) 것을 포함하고 있는 궁극적 실재가 움직이면서 인연에 따라 그 속의 여러 속성이 여러 모습으로 발현되고 변화하며 흘러가면서 이 세상의 수많은 현상이 나타나게 된다. 그것들 가운데는 물질적 속성이 강하게 발달하는 것도 있고 정신적인 속성이 강하게 발달하는 것도 있을 것이다. 그렇게 되다 보니 우리는 그중 어떤 것들은 물질로 인식하고 어떤 것은 정신적인 것(관념, 식)으로 인식하게 되는 것이지만, 궁극적으로 그것들이 서로 다른 실체는 아니다.

유식학은 식이라는 정신적인 것(관념적인 것)을 떠나 그와는 전혀 다른 극미실재와 같은 물질적인 것으로만 이루어진 존재가 있다는 것을 부정한다. 이런 유식학의 견해는 물질과 정신이 이원적인 실체가 아니라는 것을 지적하고 있다는 점에서 큰 의미가 있다. 주관적인 우리의 식과 흔히 그 바깥에 존재하는 물질적인 걸로 여기는 객관적인 것이 궁극적으로는 서로 독립적인 실체로 분리되지 않는 불이적인 것임에는 틀림이 없다. 이 세상에 존재하는 모든 것은 근원적으로 서로 다르지 않으면서도 또 같지도 않은 불이적 존재이다. 이런 궁극적인 의미에서 말한다면 식을 떠난 어떤 것이 따로 존재하지 않는다는 것은 수긍할 수 있다. 주객을 독립적 실체로 간주하지 않고 불이적 존재임을 깨닫는 것은 중요하며, 이것에 유식학은 큰 역할을 한다.

그러나 좁은 의미에서의 우리의 식 바깥에 객관적인 어떤 것이 존재하고 있으며, 그것이 우리 마음대로 되지 않는다는 점에서 물질적인 성질을 강하게 띠고 있어서 순전히 관념적인 것과는 다르다는 것을 부정하기까지 한다면, 그것은 수긍하기 어렵다. 좁은 의미의 주관 바깥에 어떤 것이 존재한다는 것은 분명하며, 그것은 우리의 주관적 마음과 식에 따라 마음대로 처리할 수 있는 것이 아니라 그 나름의 객관적 성질을 지니고 있다. 모든 것을 내 마음(나의 식)의 변전이라고 강조하는 유식학의 주장은 그런 것을 무시하는 잘못을 낳을 염려가 있다. 사실 유식학을 포함한 불교사상에는 모든 것이 내 마음에 달린 것이니 마음만 바꾸고 마음만 제대로 먹는다면 불가능한 것이 없다고 간주하는 경향이 강하게 나타난다. 마음이 중요하다는 것은 두말할 필요가 없고, 많은 경우 우리가 부딪치는 문제는 우리가 마음을 어떻게 먹느냐에 따라 해결할 수 있다는 것도 분명하다. 그러나 그렇다고 해서 주관 바깥의 세계가 내 마음을 바꿈에 따라 그대로 바뀔 수 있는 것은 아니다. 바깥 세계는 나의 마음과는 상대적으로 다른 측면도 가지고 있고 나의 마음과는 다른 요인들에 의해서도 영향을 받으며 움직이고 있다. 우리가 바깥 세계와 연관이 있는 문제를 해결하기 위해서는 바깥 세계 자체의 상황과 존재 방식에 관해 탐구하고 그것을 변화시킬 방법을 찾아 노력하는 것이 필요하다. 그저 주관적 마음이나 생각만 바꾼다고 될 일이 아니라 객관적 현실에 관한 탐구와 변혁의 노력이 필요하다. 그러므로 유식학이 우리의 식 바깥에 있는 모든 것은 우리의 식의 변전에 불과한 것이라고 끊임없이 주장하고 강조하는 데에 치중한다면, 그것은 우리에게 그다지 큰 이로움을 가져다주지 못할 것이다. 자꾸만 이 세상의 궁극적 실재가 식에 불과하다는 형이상학적인 주장을 되풀이하기보다는, 우리의 마음이 어떤 모습으로 이루어져 있고, 거기에서 일어나는 많은 문제를 해결하기 위해서는 어떻게 해야 하는가를 다루는 수행론 쪽에 집중하는 것이 유식학의 장점을 살리는 길이라고 할 수 있을 것이다.

## 3) 아뢰야식과 여러 가지 의식

세상의 모든 것을 식의 전변으로 보는 유식학에서는 식에 관해 많은 얘기를 하고 있다. 유식사상의 식에 관한 설명의 핵심을 잘 요약하고 있는 것은 『유식삼십송』이다. 식에 관한 『유식삼십송』의 얘기는 "마음을 8개로 분석한 심식론과 마음을 존재론적으로 설명한 삼성론, 그리고 실천론인 수행론의 세 영역으로 크게 나눌 수"[77] 있다. 『유식삼십송』은 5언 4구 20글자로 이루어진 게송 30개로 구성되어 있다. 거기서는 우선 세상 모든 것이 식의 전변으로 이루어진 것임을 천명하고, 여러 가지 종류의 식과 식의 작용에 관해 얘기하고 있다. 다음으로는 유식무경을 논하고 식의 전변에 의해 존재하는 것들의 삼성 또는 삼무자성에 관해 얘기한다. 그리고 마지막으로는 유식의 실천과정인 요가 수행의 성취를 5단계로 나누어 설명하고 있다.

여러 가지 모습으로 능히 변화하는 식을 『유식삼십송』에서는 이숙식(異熟識)이라는 아뢰야식(阿賴耶識), 사량식(思量識)이라는 말나

식(末那識), 요별경식(了別境識)이라는 의식(意識)(보통 말하는 의식과 다섯 가지 감각 지각을 포함)으로 나누어서 얘기한다.

전오식(前五識)이라고 하는 다섯 가지 감각 지각은 눈, 귀, 코, 혀, 몸이라는 감각기관을 통해 우리가 지각하는 것을 말한다. 이러한 감각 지각을 기초로 하면서 여러 대상에 대해 생각하고 인식하는 것이 의식이다. 이것은 누구나 일반적으로 알고 있는 것이지만, 『유식삼십송』에서는 우리의 의식이 여러 가지 마음의 작용인 심소(心所)와 함께 움직인다고 하면서 심소를 6가지 종류(六位) 51가지로 자세히 분류해 의식의 움직임을 설명하고 있다. 그러나 여기서는 구태여 그 51가지의 심소에 대해 열거하거나 살펴보지는 않는다.

말나식은 우리가 보통 말하는 자기의식을 말한다. 우리는 여러 가지로 대상을 의식하는 활동을 하면서 동시에 그런 활동을 하는 자아를 의식하기도 한다. 그리하여 다양한 활동을 하는 주체인 자아가 존재하고 있다고 확신하게 되고, 그런 자아를 중심으로 삼고, 자아를 소중하게 여기며 자아에 집착하는 경향을 갖게 된다. 이렇게 자아를 의식하고 자아 중심적으로 사고하고 자아에 집착하는 자기의식을 말나식이라고 부른다.

다양한 감각 지각과 의식의 활동을 통합해서 정리하고 그에 따라 판단하고 행동하는 주체로서의 자아에 대한 의식인 자기의식이 있다는 생각은 어찌 보면 지극히 당연한 생각이라고 할 수 있다. 그러나 앞서 초기불교의 가르침 부분에서 이미 살펴보았듯이 불교의 근본적 가르침 중 하나는 무아설이다. 그리고 그 핵심은 독립적 실체로서의 자아는 없다는 것이었다. 그러나 그렇다고 해서 자아의 존재를 송두리째 부정하기만 한다면, 여러 가지를 의식하고 행위해 나가는 주체와 불교에서 인정하는 윤회의 주체를 전혀 설명할 길이 없게 된다. 그러므로 앞서 초기불교의 가르침 가운데 연기설 부분에서 언급한 것처럼, 우리는 단일한 실체로서의 자아는 인정할 수 없지만, 이전의 업력이 다음 생으로 이어지면서 또 다른 여러 요소들과 어우러져 다른 생의 모습으로 살아가는 주체를 인정해야 한다. 유식학에서는 이전의 업력을 이어받으면서 또 다른 업을 쌓으면서 다른 생을 살아가게 되는 이런 주체를 아뢰야식이라 부르고 있다.

아뢰야식이라는 말은 한자로 말하자면 장식(藏識)으로서, 우리가 하는 행위의 결과인 여러 종자들, 또는 습기(習氣)를 저장하고 간직하는 식이라는 뜻이다. 유식학에서는 유정(有情)이 전생에 지은 여러 가지 업의 흔적이나 습관적인 기운이 종자처럼 쌓여서 아뢰야식을 이루고, 그 아뢰야식이 다음 생으로 이어져 주체가 되어 또 다른 업을 지으면서 또 다른 생을 살아가게 된다고 보고 있다. 이런 아뢰야식은 윤회하는 생의 주체이면서도 고정된 자성을 지닌 실체는 아니며, 다양한 요인들로 이루어지고 부단히 변화해 가는 존재로서 일다불이적이고 유무불이적인 존재라고 할 수 있다.

생명과 의식을 지닌 존재인 유정이 여러 가지 업을 지으면서 그 기운이 쌓이고 그것이 단번에 소멸하지 않고 이어져 다음 생의 주체인 아뢰야식이 된다는 얘기는 수긍할 수 있다. 그런데 유식학에서는 종종 아뢰야식이 주체인 나 자신의 식과 신체로 되는 것은 물론이고 내 바깥의 세계도 주체인 나의 아뢰야식으로부터 나온다고 주장한다. 이것은 내 바깥의 세계도 나의 마음, 나의 식이 만들어낸 것이라는 주장이다. 그리고 이것은 앞에서 지적한 것처럼, 유식무경의 주장과 마찬가지로 좁은 의미의 주관 바깥에 내 마음과는 상대적으로 다른 측면과 성질을 지니고 있는 객관적인 것이 존재하고 있다는 사실을 간과하는 문제점을 안고 있다고 할 수 있다.

만약 바깥의 세계 자체가 내 마음의 전변에 지나지 않는 것이라면, 그것은 내 마음대로 될 수 있어야 한다. 그러나 그렇지 않다는 것을 볼 때, 나의 아뢰야식이 바깥 세계를 만들어 내는 것이 아니라는 것은 분명하다고 할 수 있다. 이런 문제점을 벗어나기 위해 유식학에서는 내 바깥의 세계는 나의 아뢰야식이 전부 만들어 내는 것은 아니고, 개인을 넘어선 공동의 업이 남긴 종자인 공상(共相)의 종자에 의해 만들어진다고 주장하기도 한다.[78] 이것은 좁은 의미의 내 마음이 아니라 나와 내 바깥 세계 모두를 포괄하는 식, 또는 마음(一心)이 있으며, 그것에 의해 나와 세계의 모든 것이 형성되고 변전해 가게 된다는 것을 의미하는 것이라 할 수 있다.[79]

그런데 좁은 의미의 나의 식, 나의 마음이 세계를 만들어낸 것은 아니고 더 넓은 의미의 마음인 일심이 세계의 근원이라고 하는 것은, 이미 앞에서 얘기한 바와 같이 세계의 궁극적인 실재에 관한 존재론적인 물음이라고 할 수 있다. 유식학에서는 세계의 궁극적인 실재를 일심이라고 보고 있는 것이며, 이런 견해는 그 후 『대승기신론』을 통해 더욱 발전해 간다고 할 수 있다.

식을 전오식과 의식, 말나식, 아뢰야식으로 나누어 설명한 후 『유식삼십송』에서는 식의 전변에 의해 나타나는 여러 현상에 사로잡혀 그것들을 자성을 지닌 실체로 간주하지 않고 그 유식성을 깨닫고 모든 번뇌에서 벗어나기 위해 거치는 요가 수행의 단계를 자량위(資糧位), 가행위(加行位), 통달위(通達位), 수습위(修習位), 구경위(究竟位)라는 다섯 가지로 나누어 설명하고 있다.[80] 또 『유식삼십송』을 해설하고 있는 『성유식론』에서는 여러 단계에서 수행할 수도와 깨달음의 단계에 관해서도 더 상세하게 설명하기도 한다. 그러나 여기서는 요가 수행과 깨달음의 많은 단계에 대해 일일이 열거하고 그것이 어떤 경계라는 설명을 제시하는 건 생략하도록 한다. 앞에서도 지적한 바 있지만, 수많은 깨달음이나 수행의 단계에 관한 추상적이고 번잡한 얘기보다는 우리의 마음에서 일어나는 번뇌와 같은 수많은 문제를 해결하기 위해 우리가 어떻게 해야 할까에 집중하는 게 중요하며, 그렇게 할 때 유식학의 장점을 잘 살릴 수 있으리라 생각한다.

# 4. 대승기신론(大乘起信論) 사상

## 1) 대승기신론의 문제의식

이상에서 연기에 의해 성립하는 세계로서의 의타기상을 인정하고 그것을 식의 전변으로서 설명하려고 한 유식학에 대해 살펴보았다. 이러한 유식학의 이론은 후대에 유식학파로 계속 계승 발전되면서 반야 공사상을 계승한 중관학파와 대립을 보였다. 두 학파 사이의 대립은 흔히 '공유논쟁(空有爭論)'이라 부르는 것으로 유와 무를 둘러싼 견해의 대립이었다.

이런 양 학파를 대표하는 인도의 논사로는 중관학파의 청변(淸辨, Bhāviveka, 490~570?)과 유식학파의 호법(護法, Dharmapāla, 530~561?)이 있다. 청변은 반야 공사상을 계승하여 유에 대한 집착을 타파하는 데 힘을 기울였고, 호법은 유식사상을 계승하여 없음만을 강조하지 않고 의타기상의 세계라는 존재를 식으로써 설명하고자 했다. 이런 두 입장은 후대로 이어지면서 각기 상대적으로 무와 유를 강조하게 됨으로써 서로 대립하는 양상을 보였다. 이런 공유논쟁이 중국과 한국으로도 전해져 그것을 어떻게 해결할 것인가가 불교학에서 중요한 쟁점이 되었다.

반야 공사상 부분에서도 얘기한 바 있듯이, 이 문제에 관해서는 다양한 견해가 있었지만, 어느 쪽 극단으로도 편향되지 않고 중도적인 관점에서 가장 올바르고 종합적인 견해를 제시한 사람은 원측이었다. 원측은 유식사상을 기본적인 바탕으로 삼으면서도 중관파의 공 사상을 배척하지 않고 양자를 종합하고 회통시키려는 균형 잡힌 태도를 보였다. 원측은 유무불이가 올바른 관점이나, 중관학파와 유식학파는 각기 다른 집착을 제거하려 했던 것으로 모두 그 나름의 역할을 한 것으로 봤다. 그래서 양자는 각기 강조점은 다를지라도 근본적으로 부처님의 가르침에 어긋나지 않는다고 간주하였다.

이런 원측의 견해는 무엇보다도 『반야심경찬』에서 친광(親光, Badhuprabha)의 말을 인용해서 청변과 호법에 관한 입장을 표명한 다음과 같은 글에 가장 잘 나타나 있다.

> 친광(親光, Badhuprabha, 6세기 중반경)은 풀이해서 말하길, "천 년 전에는 불법이 한 맛이었으나 천 년이 지난 후 공(空)과 유(有) 논쟁이 있게 되었다. 부처님께서 입멸하신 후 일천 년 후 남인도 계건지국(界健至國)에 두 보살이 일시에 세상에 나오게 되었으니, 한 사람은 청변(淸辨, Bhāviveka, 490~570)이요 다른 한 사람은 호법(護法, Dharmapāla, 530~561)이다. 유정이 불법에 깨달아 들어갈 수 있도록 (각각) 공종(空宗)과 유종(有宗)을 세웠으니 모두 부처님의 뜻을 이룬 것이다. 청변 보살은 없음(空)을 잡고 있음(有)을 덜어냈는데 이는 있다는 집착을 없애고자 한 것이요, 호법 보살은 있음을 세우고 없음을 덜어냈는데 이는 없다는 집착을 없애고자 한 것이다. 그런즉 없음(空)은 있음(有)을 물리치지 않으니 그러기에 '(색이) 곧 공이다'는 이치가, 있음(非無)은 없음을 물리치지 않으니 그러기에 '(공이) 곧 색이다'는 말이 자연스럽게 성립한다. 없는 것(空)이기도 하고 있는 것(有)이기도 하기에 2제(諦)

가 순조롭게 성립한다. 없는 것도 아니고 있는 것도 아니어서 중도에 들어맞으니 불법의 큰 줄기가 어찌 이것이 아니겠는가?" 한다.[81]

이처럼 공종과 유종을 모두 포용하고 회통시키려 한 원측은 어느 한쪽만을 고집하여 청변이나 호법 중 자기가 지지하는 하나만이 옳고 상대방은 틀렸다고 하는 중관학파와 유식학파의 일부 논자들을 비판하였다.

> 내가 더 낫다고 집착하는 논이야말로 심히 고귀한 가르침(聖敎)을 거스르는 것이다. 부처님 자신이 이를 허용하신 것은 보살을 해탈하게 하기 위함인데, 하물며 두 보살이 서로 그림자가 되고 메아리가 되어 사물을 이해하게 하는데 어찌 부처님의 뜻을 거스르는 것이겠는가?[82]

이렇게 본다면, 반야 공사상이나 유식사상 모두 유무불이라는 부처님의 근본 가르침을 각기 다른 각도에서 계승하고 있다고 할 수 있다. 앞에서 살펴본 것처럼, 이 중에서도 유식학은 현상세계의 무상과 허망함만을 강조하는 데서 생겨날 수 있는 잘못을 피해 연기하는 세계의 천변만화하는 모습을 식의 전변으로 파악하고 설명하려 한 것이었다. 그런데 이런 유식학의 유식무경과 아뢰야식에 관한 중요한 이론 속에는 앞에서 지적한 바와 같은 문제점도 있었다. 그리고 그 핵심은 우리가 본 것처럼, 객관적 대상을 주관적 마음인 식이 만들어내는 것이라는 주장에 있었다. 이런 문제점으로부터 벗어나는 길을 어느 정도 제시한 것이 기신론(起信論)사상이었다고 할 수 있다. 기신론에서는 주관적 마음인 식(識)이 객관적인 경(境)도 만들어내는 것이라는 설에서 주객을 모두 포괄하는 일심(一心)이라는 설로 나아가 그 일심의 구조와 작용에 관해 설하고 있다. 그러므로 지금부터는 이런 기신론사상에 대해 살펴볼 필요가 있다.

## 2) 대승기신론의 중심사상

기신론사상은『대승기신론(大乘起信論)』을 통해 전개된 사상을 말한다.『대승기신론』이란 대승의 진리, 또는 깊은 뜻에 대한 믿음을 일으키려는 논서라는 뜻이다.『대승기신론』의 저자는 인도의 아슈와고샤(Aśvaghoṣa, 마명馬鳴)라 하는데, 그에 관해서는 여러 가지 논란이 있다. 그의 생존 시기에 관해서는 물론이고, 정말로 마명이『대승기신론』의 저자인가에 관해서조차도 논란이 있다.『대승기신론』의 저자에 관한 논란은 이 책의 산스크리트어 판본이나 그밖의 다른 언어로 된 판본이 없고, 한자로 된 판본만이 전해지고 있는 데서 유래한 바도 크다. 현재 전해지고 있는『대승기신론』의 판본에는 양(梁) 무제(武帝)의 초청으로 중국으로 온 인도의 빠라마르타(Paramārtha, 眞諦, 499~569)와 당나라 때 활동한 시크샤난다(śikṣānanda, 實叉難陀, 652~710)의 한역본이 있다. 저자에 관한 논란으로 진제가『대승기신론』의 저자라는 주장도 있다. 그러나 두 가지 서로 다른 한역본이 있다는 것으로 미루어볼 때 한역에 쓰인 인도의 원본이 있었다고 보는 것이 더 합리적인 것으로 여겨진다.

원효(元曉)와 법장(法藏) 등의 중요한 주석가들이 연구의 저본으로 삼은 것은 진제의 번역본이었다.『대승기신론』에 대한 주석서에는 여러 가지가 있지만, 주된 참고 자료로 삼을 만한 뛰어난 저서로는 신라의 원효가 지은 『대승기신론소(大乘起信論疏)』와 『대승기신론별기(大乘起信論別記)』를 들 수 있다.

　『대승기신론』의 구조를 살펴보면, 그것은 크게 다섯 부분으로 구성되어 있다. 그것은 인연분(因緣分), 입의분(立義分), 해석분(解釋分), 수행신심분(修行信心分), 권수이익분(勸修利益分)이다. 이 가운데 인연분과 입의분은 서론에 해당하는 부분으로서 논을 지은 인연과 취지를 얘기하고 있다. 마지막 부분인 권수이익분은 이 논에서 말한 바를 공부하고 수행하면 많은 이익을 얻을 수 있음을 얘기하고 있다. 『대승기신론』의 주요 논지는 주로 해석분과 수행신심분에서 전개되고 있다.

　이 중 해석분은 현시정의(顯示正義), 대치사집(對治邪執), 분별발취도상(分別發趣道相)으로 이루어져 있다. 현시정의에서는 기신론사상의 핵심을 이루는 일심이문(一心二門)과 그에 관련한 사항들을 논하고 있고, 대치사집에서는 대승의 깨달음을 방해하는 가장 기본적인 그릇된 견해의 논파에 관해 얘기하고 있으며, 분별발취도상에서는 깨달음을 향해 도를 닦아 나가는 발심의 단계를 얘기하고 있다. 그 다음의 수행신심분에서는 신심과 신심을 성취하는 수행 방법에 관해 논하고 있다.

　『대승기신론』의 주요 논지는 해석분과 수행신심분에서 펼쳐지고 있으므로, 이제부터는 이 부분을 중점적으로 살펴보기로 한다.

　『대승기신론』 '해석분'의 '현시정의' 부분에서는 우선 일심이문에 관해 얘기하고 있다. 여기서는 세상의 모든 존재를 포괄하는 것을 일심(一心)이라고 하면서 이 일심을 심진여문(心眞如門)과 심생멸문(心生滅門)이라는 두 가지 문으로 설명하려고 한다. 그런데 여기서 심진여문과 심생멸문이라는 이문은 일심을 설명하기 위해 나눈 것이지만 실제로는 서로 분리할 수 없는 불이(不二)적인 것이라 할 수 있다. 이것은 『대승기신론』의 다음과 같은 구절에 잘 나타나 있다.

> 현시정의. 일심법(일심법)에 의하여 두 가지 문이 있으니, 무엇이 둘인가? 첫째는 심진여문(心眞如門)이요, 둘째는 심생멸문(心生滅門)이니, 이 두 가지 문이 모두 각각 일체의 법을 총괄하고 있다. 이 뜻이 무엇인가? 이 두 문이 서로 여의지(분리되지-필자) 않기 때문이다.[83]

두 문 가운데 심진여문은 일심의 본래의 모습을 진여라고 하여 설명하는 부분이다. 여기서는 일심의 본 모습이 일체의 차별상을 떠나 있다는 의미에서 여실공(如實空)임과 동시에 여러 공덕을 포함하고 있다는 의미에서 여실불공(如實不空)이라고 얘기하고 있다. 그런데 여기서 특히 중요한 것은 일심의 본 모습인 진여를 유무불이이자 일다불이적인 것으로 파악하고 있음이 잘 드러난다는 것이다. 그것이 잘 드러난 부분은 다음과 같은 구절이다.

> 진여의 자성은 모양이 있는 것도 아니요 모양이 없는 것도 아니며, 모양이 있지 않은 것도 아니요 모양이 없지 않은 것도 아니며, 유(有)·무(無)를 함께 갖춘 모양도 아닌 것을 알아야 하며, 또한 같은 모양도 아니요 다른 모양도 아니며, 같은 모양이 아닌 것도 아니요 다른 모양이 아닌 것도 아니며, 같고 다른 모양을 함께 갖춘 것도 아닌 것을 알아야 한다.[84]

여기서 모양의 있음과 없음에 관한 얘기는 유무불이를, 같은 모양과 다른 모양에 관한 얘기는 일다불이를 나타내고 있다. 이런 심진여문에 관한 설명을 통해 『대승기신론』에서는 우주의 근원을 이루는 일심이라는 것이 유도 아니요 무도 아니며 동시에 유이면서 무이고, 하나도 아니요 여럿도 아니면서 동시에 하나이자 여럿이라는 유무불이와 일다불이의 사상을 분명하게 표명하고 있음을 알 수 있다.

심생멸문에서는 일심이 생멸하는 현상으로 나타나는 모습을 설명한다. 유무불이요 일다불이적인 것으로 그 속에 수많은 것들을 포함하고 있으면서도 아직 분화되지 않은 진여에서 이제 다양한 현상으로 나타나는 시초가 되는 일심의 모습을 심생멸문에서는 여래장(如來藏), 아뢰야식(또는 아라야식, 원문에서는 아려야식阿黎耶識)이라고 얘기한다. 즉 일심이 움직여 생멸로 현현하는 것으로 될 때 그 일심을 여래장, 아뢰야식이라고 부르는 것이다. 이것은 다음과 같은 글귀에 잘 나타나 있다.

> 심생멸이란 여래장에 의하므로 생멸심이 있는 것이니, 이른바 불생불멸이 생멸과 더불어 화합하여, 같은 것(하나-필자)도 아니고 다른 것도 아닌 것을 이름하여 아라야식(阿黎耶識)이라고 하는 것이다.[85]

그리고 심생멸문에서는 이 아라야식에 두 가지 뜻이 있어 모든 존재를 포괄하고 모든 존재를 낳을 수 있다고 하면서, 그 두 가지 뜻을 각(覺) 또는 본각(本覺)과 불각(不覺)으로 설명한다.

이 식(識)에 두 가지 뜻이 있어서 일체법을 포괄하며, 일체법을 낼 수 있는 것이다.[86] 어떤 것이 두 가지인가? 첫째는 각(覺)의 뜻이고, 둘째는 불각(不覺)의 뜻이다.[87]

각은 아뢰야식의 본래의 모습인데, 이것은 마음의 본 모습이 망념(妄念)을 떠난 허공과 같아 모든 곳에 편재하는 평등한 법신(法身)으로, 본각이라고도 부르는 것이다.

『대승기신론』에서는 본각을 다시 수염본각(隨染本覺)과 성정본각(性淨本覺)으로 설명하고 있다. 순서상으로는 성정본각부터 설명하고 그 다음에 수염본각을 설명하는 것이 더 합리적일 듯한데 순서가 뒤바뀌어 있다. 이 가운데 성정본각이란 본각의 본래의 모습으로서 그것을 설명하는 표현은 조금 다르지만 심진여문에서 말한 일심의 모습과 그다지 다르지 않다. 수염본각이란 염(染)을 따라 즉, 더러움에 물들어 분별하는 상을 낳는 본각을 말한다.

『대승기신론』에서는 더러움에 물들어 분별하는 상에 두 가지가 있다고 하면서, 그것을 지정상(智淨相)과 부사의업상(不思議業相)이라고 부른다. 그런데 그 내용을 보면, 이것은 더러움에 물들어 분별하는 마음이 아니라 더러움으로부터 벗어나 본각과 다르지 않은 마음과 본각으로 되돌아가는 것을 성취한 마음에 대한 얘기이다. 하나의 마음이 어떻게 해서 여럿의 마음으로 갈라지는가를 설명해야 하는 곳에서 이상한 방향으로 빗나가 버렸다는 느낌이 든다.

어쨌든 이렇게 본각에 관해 얘기하고 나서 『대승기신론』에서는 불각의 뜻에 관해 얘기한다. 여기서는 불각의 뜻을 "진여법이 하나임을 여실히 알지 못하기 때문에 불각의 마음이 일어나서 그 망념이 있게 된 것을 이른 것"[88]이라고 설명한다.

일심과 심진여문 그리고 아뢰야식에 관한 얘기로부터 그 두 가지 뜻이라는 본각과 불각에 관한 얘기로 넘어가는 이러한 『대승기신론』의 논술 방식은 이해하기 매우 어렵다. 지금까지의 논술을 되돌아보면 『대승기신론』에서는 세상의 모든 존재를 포괄하고 있는 것을 일심이라고 하면서, 심진여문을 통해 그것을 유무불이적이고 일다불이적인 것으로 얘기했다. 그리고 그러한 일심이 세상의 생멸하는 여러 현상으로 나타나는 것으로 될 때 그것을 아뢰야식이라 했다. 그렇다면 다음으로는 그러한 아뢰야식이 어떻게 해서 수많은 현상으로 나타나게 되는가를 설명하는 것이 마땅할 것이다. 심생멸문이라는 말 자체도 하나의 마음이 생멸하는 수많은 현상으로 나타나는 모습을 말하는 것이므로 그것이 어떻게 해서 일어나는가를 설명하는 것이 마땅하다.

그런데 『대승기신론』에서는 이 부분에서 아뢰야식의 모습에 관해 설명하면서 식(識)으로서의 아뢰야식의 모습을 본각과 불각으로 설명하는 것으로 넘어가 버린다. 식(識)은 무엇인가를 아는 것이므로 아뢰야식의 본 모습을 아는 것 즉 본각(本覺)(깨달음)이라고 보는 것은 어쩌면 당연한 일일 것이다. 그런데 이런 본각이 더러움에 물들어 분별하는 상을 낳게 됨으로써 불각(不覺)(깨닫지 못함)의 상태로 된다는 것이 『대승기신론』의 얘기이다. 그런데 여기서는 애초에 일심 또는 아뢰야식으로부터 어떻게 해서 생멸하는 수많은 현상들이 나타나게 되었는가 하는 문제가 어떻게 본각(깨달음)이 불각(깨닫지 못함)으로 되는가 하는 문제로 바뀌어 있다.

어떻게 해서 하나의 마음(一心)으로부터 수많은 현상들이 나타나는가 하는 문제와 어떻게 해서 깨달음(覺)이 깨닫지 못함(不覺)으로 되는가 하는 문제는 보편적인 상식의 관점에서 본다면 상당히 다르다고 할 수 있다. 물론 만물의 근원인 일심과 본각을 동일시하고,

세상의 온갖 현상과 사물을 모두 불각과 같은 것이라고 한다면, 두 가지 문제를 같은 것이라고 할 수도 있을 것이다. 실제로 존재하는 모든 것의 근원을 일심이라는 '마음(心)'으로 보고 그것을 식(識)과 각(覺)으로 설명하려고 하는 『대승기신론』에는 두 문제를 같은 것으로 간주하는 경향이 다분히 있다. 그래서 『대승기신론』에서는 세상의 생멸하는 수많은 현상과 불각을 무명(無明), 더러움(染), 망념(妄念) 또는 망법(妄法)에 의해 나타나는 것으로 설명한다.

예컨대 『대승기신론』에서는 망념이 잇달아 일어나 그것을 벗어나지 못하는 것을 무시무명(無始無明)이라 부르면서 거기에서 생주이멸(生住異滅)이라는 사상(四相) 생겨난다고 한다.[89] 무명으로부터 모든 존재와 현상이 나타나게 된다는 얘기는, 무명으로부터 모든 염법이나 염심이 나온다고 하는 다음과 같은 구절들에서도 잘 나타나 있다.

> 무명이 모든 염법을 내고 있음을 마땅히 알아야 하니, 왜냐하면 모든 염법은 다 불각상(不覺相)이기 때문이다.[90]

> 이 마음이 본래부터 자성(自性)이 청정하지만 무명이 있어서 이 무명에 의하여 물들게 되어 그 염심이 있는 것이다.[91]

무명으로부터 생멸하는 모든 존재와 현상이 나온다는 더 명확한 표현은 원효의 『대승기신론소』에 나타나 있다. 그것을 원효는 이렇게 말한다.

> 일심의 체(體)가 본각(本覺)이지만 무명(無明)에 따라서 움직여

생멸을 일으킨다.[92]

　그런데 이처럼 생멸하는 수많은 현상 또는 불각 같은 것이 무명(無明), 더러움(染), 망념(妄念) 또는 망법(妄法)에 의해 나타난다는 설명은 그 자체가 심각한 문제를 불러일으킨다. 사실 무명이나 망념 같은 것은 뭔가를 모르고 깨닫지 못하는 것으로서 불각과 같은 뜻이다. 그러므로 불각, 또는 불각과 동일시되는 수많은 현상들이 무명이나 망념으로부터 생긴다는 설명은 동어반복으로서 아무것도 설명하는 바가 없는 셈이다.

　문제는 여전히 무명이나 망념은 어디로부터 생기는가 하는 것이다. 그런데 만물, 또는 세상의 모든 현상의 근원을 애초에 마음(一心), 앎(識), 깨달음(覺)이며, 더러움이 없는 깨끗한 것으로 보게 되면, 그것으로부터 어떻게 해서 마음과는 다른 물질적인 것, 앎이나 깨달음과는 다른 무명이나 불각, 깨끗함과는 다른 더러움이 생겨나는가를 설명하기가 어렵게 된다.

　필자는 앞서 유식학의 유식무경설을 다룬 부분에서 이 세상에 존재하는 것들을 물질적인 것으로 볼 것인가 정신적인 것으로 볼 것인가와 관련된 난점에 관해 얘기한 바 있다. 거기서 필자는 그와 얽혀 있는 난국을 벗어날 수 있는 길은 궁극적인 실재는 일다불이이며 그 속에 물질적인 것과 정신적인 것을 모두 포함하고 있다고 보는 것이라고 설명한 바 있다. 그러므로 만물 또는 세상의 모든 현상의 근원을 일심이라고 부른다 해도 그것은 편의상 그렇게 부르는 것일 뿐 그 속에는 우리가 보통 마음이라 부르는 정신적이고 관념적인 성질뿐 아니라 물질적인 것도 함께 포함하고 있는 것이라 봐야 올바르다고 할 수 있을 것이다. 그런 의미에서는 일심이라는 용어보다는 진여(眞如), 진성(眞性), 법성(法性), 법신(法身)이라는 용어가 오해를 불러일으키지 않아 더 적합하지 않을까 생각한다.

생멸하는 모든 존재, 모든 현상을 불러일으키는 것을 무명이라고 보면 해결하기 어려운 어려움에 봉착한다는 견해는 이전에 이미 제기된 바가 있다. 그런 견해를 제기한 사람은 자성청정심(自性淸淨心)과 무명의 관계를 둘러싼 여섯 가지 난제(六難)를 얘기한 당나라의 복례(復禮) 법사이다.[93]

이 여섯 가지 난제 가운데서도 핵심은 두 가지라 할 수 있다. 첫째는 마음이 본디 자성청정심·진여라 한다면, 어떻게 하여 무명이 생겨났는가를 설명할 수가 없다는 것이다. 둘째는 무명이 진여로부터 생겨나는 것이고 하면 진여와 마찬가지로 무명도 버릴 수가 없다는 것이다.

사실, 만물의 근원이 되는 일심을 오로지 순수한 마음, 완전한 앎(깨달음), 온전한 깨끗함으로만 규정하게 되면 이 문제는 해결할 수 없다. 이 문제를 해결하기 위한 올바른 입장은 만물의 근원을 이루는 진여(법신)는 일다불이, 유무불이로서 마음과 물질, 본각과 불각, 더러움과 깨끗함(染淨), 움직임과 고요함(動靜)을 모두 포괄하고 있다고 보는 것이다.

그런데 이런 생각은 기신론사상 속에 상당 부분이 이미 들어있다. 그것은 무엇보다도 앞에서 보았듯이 심진여문에 관해 설명하면서 우주의 근원을 이루는 일심이라는 것이 유무불이와 일다불이라는 것을 말하고 있다는 데서 잘 나타나 있다. 또『대승기신론』에는 만물의 근원인 진여의 자체상을 법신이라 하고, 법신이 색심불이(色心不二)라서 그 법신이 응신과 보신으로 나타날 수도 있다고 얘기함으로써, 진여가 애초부터 정신적인 것과 물질적인 것 모두를 포함하는 것임을 밝히고 있는 부분도 있다. 그것은 다음과 같은 구절이다.

묻기를, "만약 모든 부처의 법신이 색상을 여의었다면 어떻게 색상을 나타낼 수 있겠는가?" 답하기를, "곧 이 법신은 색의 체(體)이기 때문에 색을 나타낼 수 있는 것이다. 이른바 본래부터 색과 심은 둘이 아닌 것. … "[94]

나아가 『대승기신론』에서는 이러한 법신으로부터 나오는 모든 법도 색심과 유무 등이 불이라는 것을 다음과 같이 얘기하기도 한다.

그러므로 일체의 법이 본래부터 색도 아니요 심도 아니며, 지(智)도 아니요 식(識)도 아니며, 유(有)도 아니요 무(無)도 아니어서 필경에 그 모양을 말할 수 없는데도 말함이 있는 것은 여래의 교묘한 방편으로 언설을 빌어 중생을 인도하는 것임을 알아야 할 것이다.[95]

이 밖에도 원효는 『대승기신론소 별기』에서 만물의 근원이 애초에 더러움과 깨끗함(染淨), 움직임과 고요함(動靜)을 불이적인 것으로 포괄하고 있다는 것을 분명하게 얘기하기도 한다.

만약 이 심체(心體)가 한결같이 생멸하기만 하여 다만 염심일 뿐이라면 알기 어려운 것이 아니며, 또 만약 한결같이 상주(常住)하기만 하여 오직 정심(淨心)일 뿐이더라도 이 또한 알기 어려운 것이 아니다. 설사 체(體)는 실로 깨끗하나 상(相)이 물든 것 같더라도 쉽게 알 수 있으며, 만약 그 식(팔식)의 체는 동하지만 공성(空性)은 고요한 것이라면 무슨 알기 어려움이 있겠는가? 그러나 이제 이 마음은 체(體)가 깨끗한 채로 체가 물들어 있으며 마음이 동하면서 마음이 고유하여 염정의 두 가지가 없으며 동정(動靜)의 구별이 없다. 염정의 두 가지가 없고 동정의 구별이 없지만 또한 하나도 아니니, 이와 같이 절묘하기 때문에 알기 어려운 것이다.[96]

이처럼 진여 법신은 심색불이요, 애초부터 염정불이의 것으로 보는 것이 올바르다고 할 수 있다. 진여 법신을 오로지 마음이라고만 하면, 마음과는 같지 않은 물질적인 것이 어떻게 발생하는가를 설명할 수 없다. 그러므로 법신은 심색불이라고 해야 한다. 또 그것의 본질을 청정한 것이라고 간주하는 것은 그 자체가 염정을 분별하고 차별하는 인식에 근거한 것이다. 그러므로 진여 법신은 깨끗한 한 마음일 뿐이고, 세상 만물과 현상은 무명이나 망념 등에 의해 나타나는 것으로 설명하는 건 그다지 적절하지 않다. 그보다는 하나의 무한한 법신 속에 불이적인 것으로 포함되어 있던 심색이나 염정 등의 요인들이 움직여 여럿의 유한한 만물로 펼쳐지는 일다불이의 모습으로 설명하는 것이 더 적절할 것이다.

무명은 만물의 근원인 진여법신(일심)으로부터 세상의 모든 현상이 생겨나게 만드는 것이 아니라 진여법신으로부터 나온 유한한 유정(有情) 중생의 마음이 세상의 모든 것이 실체가 없으며 서로 둘이 아니라는 것을 알지 못하는 것이라고 보는 게 적합하다. 그런데 기신론에서는 만물을 자성을 지닌 실체로 착각하면서 서로 다른 존재로 구분하고 차별하는 중생의 무명을 만물 자체를 낳는 원인인 것처럼 얘기하는 경향이 농후하다. 예를 들면 그것은 다음과 같을 글귀들에 잘 나타나 있다.

생멸인연이라는 것은, 이른바 중생이 마음에 의하여 의와 의식이 전변하기 때문이다.[97]

삼계(三界)는 거짓된 것이요 오직 마음이 지은 것이니, 마음을 여의면 육진의 경계가 없어지는 것이다. 이 뜻이 무엇인가? 일체법이 모두 마음으로부터 일어나 잘못 생각하여 생긴 것이어서 일체의 분별은 곧 자성을 분별하는 것이다.[98]

그러나 여기서 말하는 마음은 현상세계를 불러일으키는 일심이라는 마음과는 다르다고 봐야 한다. 그 둘을 같은 것으로 보고 모든 것은 중생의 마음, 또는 나의 마음이 짓는 것이라 보면 다시 주관적 관념론으로 되돌아가는 것이며, 이렇게 되면 유정 중생의 주관적 식만이 존재하고 그 밖의 모든 것은 그 식에 의해 만들어지는 것이라는 유식무경의 주관적 관념론의 견해로 되돌아가는 것이다. 우리는 유식무경의 주관적 관념론이 갖고 있는 문제점에 관해서 이미 앞에서 살펴본 바가 있다. 그러므로 그보다는 법신을 그 속에 유한을 품고 있는 무한으로 보고 유한이라는 계기가 움직여 유한한 만물이 생겨나는데, 그렇게 생겨난 중생들이 만물을 각기 독립적인 실체로서 간주하는 데서 무명과 망념이 생겨나는 것이라고 보는 것이 더 타당하다.

다시 말하자면, 본래 일다불이, 유무불이인 하나의 법성, 법신으로부터 여럿의 제법들(만물 또는 세상의 모든 현상)이 생겨난다. 그것들은 서로 본래 둘이 아닌 존재이지만 독립적인 것처럼 보이는 가유(假有)로서 존재하기 때문에, 현상적 존재의 하나인 중생 각자의 마음이 그것들을 자성을 지닌 독립적 존재들로 착각하는 무명과 망념에서 변계소집상(遍計所執相)이 성립하는 것이라 할 수 있다.

이처럼 진여 법신으로부터 만물과 세상의 온갖 현상들을 나타나게 만드는 것이 무명이 아니라 본래 일다불이이고 유무불이인 만물과 세상의 온갖 현상들을 각기 자성을 지닌 실체로 잘못 아는 것이 무명이며, 불각이라는 것을 분명히 하면『대승기신론』의 나머지 논술들의 의미는 분명해진다.

이렇게 보면,『대승기신론』에서 근본불각에 관한 다음과 같은 말은 바로 유한한 유정이 진여가 둘이 아님을 알지 못하는 데서 생겨나는 불각을 말한다는 걸 분명히 알 수 있다.

> 불각의 뜻이라고 말한 것은, 진여법이 하나임을 여실히 알지 못하기 때문에 불각의 마음이 일어나서 그 망념이 있게 된 것을 이른 것이다.[99]

이러한 불각이 구체적으로 진행되는 것을 말하는 것이 지말불각이다.『대승기신론』에서는 지말불각으로 삼세와 육추(三細六麤)를 말하고 있다. 유한한 유정의 마음이 움직여 주객 분열을 일으키는 것이 세 가지의 미세한 상(三細)인데, 이것은 무명업상(無明業相), 능견상(能見相), 경계상(境界相)을 말한다. 본래 일다불이, 유무불이인 하나의 법신이 움직여 성립한 만물은 각자의 입장에서 본다면 서로가 주객의 존재가 된다. 특히 식을 가진 존재의 입장에서 보면 자신은 보는 자로서 능견상(能見相)이 되고, 나머지 존재들은 보이는 자로서 경계상(境界相)이 된다. 다시 말해, 본래 둘이 아니었던 존재의 분열이 일어난 후 한 존재의 의식이 자신과 나머지 것들이 본래 둘이 아니었음을 알지 못하고 그것들을 서로 독립적인 것으로 간주하여 자신을 의식하는 자기의식과 나머지 것들을 대상화시키는 의식을 갖게 되는데, 삼세(三細)는 이것을 말하는 것이라 할 수 있다.

이렇게 주객분열이 일어나면 다시 여섯 가지의 지말불각이 일어나는데, 이것을 육추라고 부른다. 그것은 지상(智相), 상속상(相續相), 집취상(執取相), 계명자상(計名字相), 기업상(起業相), 업계고상(業繫苦相)을 말한다. 세세한 설명은 생략하고 그 요지만 얘기한다면, 그것들은 대상들을 분별하고, 좋아하거나 싫어하며, 집착하고, 명칭과 언설로 구분하고, 여러 가지 행동을 저지르고, 그 업에 의해 과보를 받는 것이다.

이렇게 해서 중생은 무명과 불각으로 인해 여러 가지 업을 짓고 몸과 마음의 고통을 겪게 된다. 무명과 불각이 중생에게 배어들어 여러 가지 업을 짓고 고통을 받게 되는 과정을 『대승기신론』에서는 염법(染法)의 훈습(熏習)이라고 얘기한다. 그러나 생명과 의식을 가지고 있는 중생은 그러한 업으로부터 유래하는 수많은 생사의 고통을 느끼고 그로부터 벗어나고자 하는 마음을 갖는다. 이것을 열반을 구하는 마음이라고 하는데, 이런 마음을 갖게 되는 중생이 깨달음을 위해 노력하면 마침내 모든 경계가 없음을 알아 무명과 집착으로부터 벗어나 열반을 얻을 수 있게 된다. 그리고 이러한 깨달음으로 가는 길을 『대승기신론』에서는 정법훈습(淨法熏習)의 작용으로 설명한다.

정법의 훈습이라는 것은 유한한 중생이 본래 자신과 둘이 아니었던 만물과 더불어 진여로 되돌아가려는 자연스러운 성향이라고 설명할 수 있다. 중생이 지니고 있는 그런 성향이 활성화될 때 깨달음의 길로 나아가게 되는 것이다. 다만 유한자들이 각기 지니게 된 염정불이 중 염(染)과 정(淨), 심신불이 중 정신적인 성질과 물질적 성질의 정도에 따라 깨달음으로 가는 길의 선후 등은 달라진다고 할 수 있다. 그리고 깨달음으로 가는 길에는 주체적인 각성과 노력 외에도 불·보살과 선지식 등과의 인연도 중요한 작용을 한다.

『대승기신론』에서는 진여의 훈습에 의해 깨달음으로 나아가는 단계를 미상응(未相應)과 이상응(已相應)이라는 둘로 나누어 얘기한다. 미상응은 신심을 일으켰으나 아직 무분별지에 도달하지 못한 단계를 말하며 이상응은 무분별지를 이루어 무명을 멸하게 되는 단계를 말한다.

이상과 같은 논리를 펼친 『대승기신론』은 생멸문으로부터 진여문으로 들어가는 것을 색과 심의 나타남인 육진경계(六塵境界)와 온갖 망념이 모두 실체가 없는 것임을 깨닫는 것임을 얘기하면서 현시정의 부분을 마친다.

이 뒤를 이어 『대승기신론』에서는 깨달음을 방해하는 가장 기본적인 그릇된 견해의 논파((對治邪執)에 관해 얘기한다. 여기서는 일체의 사집(邪執) 또는 망집(妄執)을 낳는 것을 아견(我見)이라고 부르고 있다. 아견은 존재하는 것들을 실체로 여기는 것이며, 대치사집이란 그러한 실체화하는 견해를 깨뜨리는 것이다.[100]

아견으로는 인아견(人我見)과 법아견(法我見)을 들고 있는데, 인아견이라는 용어는 다소 어색한 표현이다. 인아견이라 하면 사람의 자아를 실체로 간주하는 오류로 생각이 되지만 대치사집에서 얘기하고 있는 것은 그게 아니라 진여나 생멸하는 현상들을 실체화하는 오류이다. 그걸 살펴보자면, 인아견의 첫 번째는 법신이 허공과 같다고 할 때, 허공을 실체화하여 받아들이는 것이다. 둘째는 모든 존재가 공하다고 할 때, 공을 실체화하여 그것을 단순한 무라고만 간주하는 것으로서 악취공을 말한다. 셋째는 여래장이 모든 덕성을 갖추고 있다고 할 때, 마음(여래장)에 수많은 차별적 모습이 있다고 하면서 그 차별적 모습들을 실체화하는 것이다. 넷째는 생사의 염법이 여래장에 의존하는 것이라고 할 때, 그 생사의 염법들을 실체화하는 것이다. 다섯째는 생사 현상을 끊임없이 반복하는 것으로 실체화하여 열반도 얼마 되지 않아 끝나고 다시 생사유전이 시작된다고 하여 열반이 소용없다고 하는 것이다.

법아견은 간단히 말해 현상세계를 구성하는 오온을 실체로 간주하는 것이다.

대치사집은 인아견이란 다섯 가지 견해는 모두 실체화의 오류를 범하는 것임을 밝히고, 현상세계를 구성하는 오온도 실체가 아니라고 하여 법아견도 타파하는 것이다. 그것의 핵심은 일체의 법을 포괄하는 법신, 일심이 유무불이요, 일다불이이고, 색심불이요, 염정불이라는 것이다. 또 오온을 포함한 모든 존재는 인연에 의해 전변하는 것일 뿐 실체가 아니라는 것이다.

이처럼 대치사집에서 세상에 대한 가장 근원적인 그릇된 견해를 논파한 후 『대승기신론』은 '분별발취도상'이라는 항목에서 깨달음을 향해 도를 닦아 나가는 발심의 단계를 얘기하고 있다. 여기에서는 발심의 종류나 단계로 신성취발심(信成就發心), 해행발심(解行發心), 증발심(證發心)의 세 가지를 얘기한다.

신성취발심은 신심(믿음)을 성취하여 발심하는 것이다. 그것은 진여법을 생각하고 선행을 행하고 자비의 마음으로 중생의 고통을 구제하고자 하는 마음이다. 신성취발심은 도를 향해 나아가는 첫 번째 단계라고 하지만, 그런 마음으로 선행을 행하는 방편의 하나인 행근본방편에서 얘기하는 내용을 보면 그것은 이미 깨달은 사람의 행동이라고 할 수 있어, 발심의 단계를 엄격히 구분하기는 어렵다고 할 수 있다.

해행발심은 신성취발심보다 더 뛰어난 것으로 그 내용을 보면, 발심을 해서 6바라밀을 수행하는 것을 말한다.

증발심은 깨달음을 점차로 성취하여 마침내 진여를 완전히 깨닫게 되는 것을 말한다.

이상을 간단히 말하자면, 세 가지 발심은 불법에 대한 믿음을 갖게 되어 수행을 하고 육바라밀을 닦아 진여를 완전히 깨닫게 되는 과정을 얘기하고 있다.

깨달음으로 나아가는 단계에 대해 이렇게 얘기한 후 『대승기신론』에서는 '수행신심분'을 통해 신심과 신심을 성취하는 수행 방법에 관해 논하고 있다. 그러나 신심을 수행한다고 해서 이것이 앞에서 말한 신성취발심에만 해당하는 것은 아니다. 예를 들면, 여기에는 6바라밀의 수행도 들어있다.

여기서는 신심으로 진여와 불·법·승 삼보에 대한 믿음이라는 네 가지를 든다. 그리고 믿음을 잘 성취하기 위한 수행법으로는 오문(五門)이라고 해서 6바라밀의 보시, 지계, 인욕, 정진, 선정의 다섯 가지를 들고 있다.

이 중에서도 특히 선정에 해당하는 지관문(止觀門)에 관해 자세히 설명하고 있다는 게 눈에 뜨인다. 이것은 우리가 앞에서 살펴본 바 있는, 초기불교에서 말하고 있는 올바른 새김, 사념처(四念處) 즉, 네 가지 새김의 토대에 관한 가르침과 상통하는 것이다. 또 이것은 『구사론』의 「분별현성품」 등에서 얘기하고 있는 깨달음을 얻기 위한 수행법으로서의 사마타(奢摩他, 즉 止)와 비발사나(毘鉢舍那, 즉 觀)에 관한 설명 등과도 상통한다.

여기서는 지관문 중에서 먼저 지(止)의 수행에 관해 설명한다. 그것을 보면, 처음에는 고요한 곳에 머물러 단정히 앉아서 일체의 상념을 없애는 수행을 한다. 그리고 나중에는 행주좌와(行住坐臥) 등 모든 행위를 할 때에도 일체의 상념을 없애는 수행을 하며, 마침내 진여삼매에 들간다.[101]

지의 수행의 기본이 되는 좌선의 자세에 대해서는 원효의 소가 친절하게 가르쳐 주는데, 좌선을 할 때 초심자들이 참고하기에 매우 적합한 것이라 다소 길지만 인용해 둔다.

'단정히 앉아서'라고 한 것은 몸을 고르게 함을 밝힌 것이고, '뜻을 바르게 한다'는 것은 마음을 고르게 함을 나타낸 것이다. 어떤 것이 몸을 고르게 하는 것인가? 상세하게 말한다면 먼저 앉는 곳을 편안케 하는 것이니 매양 안온케 하여 오래도록 방해가 없게 한다. 다음엔 다리를 바르게 해야 할 것이니, 만약 반가좌할 경우엔 왼쪽 다리를 오른쪽 넓적다리 위에 두어서 몸 가까이 끌어당겨 왼쪽 다리의 발가락이 오른쪽 넓적다리와 가지런하게 하며, 만약 전가좌를 하려면 곧 위의 오른쪽 다리를 고쳐서 반드시 왼쪽 넓적다리 위에 두고 다음엔 왼쪽 다리를 오른쪽 넓적다리 위에 두는 것이다. 다음에는 옷의 띠를 풀어 느슨하게 하되 앉을 때 떨어지지 않게 한다. 다음에는 손을 편안하게 해야 하니, 왼손 바닥을 오른손 위에 두어 손을 겹쳐서 서로 대하여 왼쪽 넓적다리 위에 가지런히 두며 몸 가까이 끌어당겨 중심에 두어 편안하게 하는 것이다. 다음에는 몸을 바로잡아야 하는 것이니, 먼저 그 몸과 팔다리의 마디를 요동시켜 일여덟 번 반복함으로써 스스로 안마하는 법과 같이 하여 수족을 어긋나지 않게 하며, 몸을 바르게 하여 단정하고 똑바르게 하여 어깨의 뼈가 서로 대하게 하여 구부러지게 하지도 말고 솟게 하지도 말아야 한다. 다음엔 머리와 목을 바르게 하는 것이니, 코가 배꼽과 서로 대하게 하여 기울지도 삐딱하지도 않게 하며 위로 올리지도 아래로 내리지도 않게 하여 평면으로 바르게 머물게 하는 것이다.[102]

『대승기신론』에서는 지를 닦을 때에는 수많은 유혹도 나타나고 심지어는 여러 가지 신통력도 나타날 수 있지만 그런 것은 모두 참다운 진여삼매가 아니라는 것을 환기시키고, 정근하여 전념으로 삼매를 닦으면 여러 가지 이익을 얻을 수 있다고 얘기한다.

이어서 지만을 닦아서는 안 되고 관(觀)을 닦아야 할 필요성에 관해 얘기한다. 그에 따르면 일체의 상념을 없애는 지만을 닦는다면 마음이 가라앉고 게을러지고 대비행을 하지 못하는 병폐가 생겨날 수 있다. 그러므로 관을 닦아야 한다. 관을 닦을 때에는 모든 게 무상하고 고라는 것을 관한다. 그리고 모든 선한 공덕을 수행하고 일체의 중생을 구원하겠다는 서원을 세우고 앉아서 지를 닦을 때 이외에는 모든 경우 행해야 할 것과 행하지 않아야 할 것을 관해야 한다.[103]

이렇게 편의상 지와 관을 따로 설명했지만, 사실 이 두 가지는 서로 뗄 수 없고 항상 함께 행하고 닦아야 하는 것이다. 그래서 『대승기신론』에서는 "이 지·관 이문은 함께 같이 조성하여 서로 떨어질 수 없는 것이니, 만약 지·관이 갖추어지지 않으면 곧 보리의 도에 들어갈 수가 없을 것"[104]이라고 말한다.

이상과 같이 『대승기신론』은 해석분과 수행신심분을 통해 그 주장하는 바의 요지를 모두 논했다고 할 수 있다. 나머지 부분인 권수이익분(勸修利益分)과 총결회향(總結廻向) 부분에서는 『기신론』을 공부하고 수행하는 것의 이익을 말하고 그 공덕을 회향하여 중생계를 널리 이롭게 할 것을 기원하는 것으로 논의를 마무리 짓고 있다.

3부

# 『화엄경』과 화엄사상

앞에서 서술한 기신론 사상을 다시 돌이켜 보면, 『대승기신론』
은 만물의 근원인 일심과 거기로부터 나타나는 만물과 세상의 온갖
현상들을 심진여문과 심생멸문으로 설명하고, 생멸변화하는 덧없
는 현상들을 실체로 착각하고 집착하는 잘못과 그로부터 유래하는
온갖 고통으로부터 벗어나 열반에 도달하기 위한 수행에 관해 얘
기하였다. 기신론 사상은 일심이문(一心二門)이라는 구조를 통해 공
과 유의 측면을 모두 포괄하는 진공묘유(眞空妙有)에 관한 포괄적인
설명을 제시하고 있으며, 그런 의미에서 반야 공사상과 유식사상을
아우르는 성격을 가지고 있다. 그러나 기신론 사상은 여전히 많은
부분에서는 주로 마음의 차원에만 치우쳐서 세상을 설명하고 있다.
그래서 어떤 부분에서는 진여 법신과 그로부터 나타나는 만물의 일
다불이와 유무불이에 대해 기본적으로는 올바른 견해를 제시했으
면서도, 유식무경에 나타나는 유식학의 주관적 관념론의 문제점도
여전히 포함하고 있다. 또한 이전에 공사상과 유식사상에서 논쟁되
었던 유무불이의 문제를 넘어 일다불이라는 것이 갖고 있는 의미에
관해서도 더 이상 충분한 논의를 전개하지는 않고 있다. 그래서 이
런 문제들을 해결하고 한 걸음 더 나아가는 논리와 사상이 필요한
데, 우리는 이것을 화엄사상에서 발견할 수 있다.

반야 공사상에서 말하는 공은 본디 유무불이임에도 불구하고 공
에 대한 과도한 강조는 자칫 악취공으로 떨어져 허무주의를 초래
하고 개체의 주체성과 개성을 무시할 위험성이 있다. 또 유식학이

나 기신론은 오직 식이나 일심만이 존재한다는 것을 강조한 나머지 좁은 의미의 주관을 넘어서 있는 객관적 사태를 무시하고 단순한 주관적인 관념적 번뇌가 아닌 실재하는 고통을 경시할 위험성이 있다. 이런 문제들을 극복하고 나아가기 위해서는 어느 쪽에도 치우침이 없이 일다불이, 유무불이, 색심불이, 진속불이 등의 확고한 불이적 관점을 취해야 한다. 특히 반야 공사상에서 유식학과 기신론에 이르기까지의 대승불교 사상에서는 있음과 없음이라는 유무불이의 문제에만 집중한 점이 있어서 일다불이가 갖고 있는 중요한 의미를 좀 더 천착하고 살려 나갈 필요가 있다. 이런 점에서 우리는 어떤 대승불교 사상보다도 더 넓고 심원한 화엄사상으로 나아가는 것이 필요하다.

화엄사상은 우선 『화엄경』 속에 포함되어 있는 사상과 그것을 기반으로 성립한 화엄종의 발전 과정에서 다듬어지고 체계화된 사상을 말하며, 더 나아가서는 이런 『화엄경』과 화엄교학에 기초를 두고 있는 사상까지도 포함할 수 있다.

반야 공사상을 다룬 앞 부분에서도 잠시 지적한 바 있지만, 역사적 시기로만 따지자면, 화엄사상이 유식사상이나 기신론 사상 등보다 반드시 나중의 것이라고 말할 수는 없다. 예컨대 『대승기신론』은 1~2세기경 또는 400~500년 사이에 살았다고 하는 마명(馬鳴)이 지었다고 하며, 진제(眞諦)가 553년에 한역하고, 실차난다(實叉難陀)가 695~704년간에 한역을 한 것이다. 한편 『화엄경』의 한역본인 『대방광불화엄경』은 불타발타라(佛馱跋陀羅, Buddhabhadra, 覺賢)가 418~422년에 번역한 60권 34품과 실차난다가 695~699년에 번역한 80권 39품이 있다. 여기서 한역 판본으로 보면 60권 『화엄경』이 『대승기신론』보다 더 앞서 있다. 더구나 『화엄경』은 사실 오랜 시간에 걸쳐 이전부터 전해오던 여러 경전이 합쳐져서 성립한 것이기 때문에 그 내용이 『대승기신론』보다 뒤에 서술된 것이라 보기는 어렵다. 그러므로 화엄사상을 대승불교 사상에서 가장 발전한 최고의 사상으로 다루는 것은 역사적 순서에 따르는 것이 아니다. 그것은 『화엄경』을 소의경전으로 하여 성립한 화엄사상이 유식학이나 대승기신론의 논의를 거치고 난 후 그것들을 토대로 하면서 그것들을 뛰어넘는 사상을 제시했다는 것이 아니라 단지 그 속을 논리적으로 볼 때 그것들을 넘어설 수 있는 사상들을 포함하고 있다는 의미이다.

여기서 잠시 『화엄경』 및 화엄사상이 불교사상사에서 갖는 위치와 위상에 관해 해명하기 위해서 의상(義湘)과 더불어 우리나라 불교의 태두라 할 수 있는 원효의 교상판석(教相判釋)을 살펴볼 필요가 있다. 일찍이 낭지(朗智)와 자장(慈藏) 등으로부터 화엄사상을 접했던 원효는 화엄사상이야말로 불교사상에서 최고의 경지를 나타내는 것이라고 간주하였다. 그것은 불교의 여러 사상의 위치를 그 자신의 기준에 따라 판정한 교상판석에 잘 나타나 있다.[1]

원효는 『화엄경소(華嚴經疏)』에서 교상판석을 행한 바 있는데, 그 저작은 산실되어 온전히 전하지 않지만, 법장(法藏)의 『화엄경탐현기(華嚴經探玄記)』 등의 기록을 통해 그 내용을 살펴볼 수 있다. 『화엄경탐현기』에 의하면 원효는 불교사상을 4교로 구분하고 정리하였다. 첫째는 삼승별교(三乘別教)로서 각기 서로 다른 사제나 연기의 사상을 펼치는 사제교(四諦教), 연기경(緣起經) 등이다. 둘째는 삼승에 모두 공통된다고 볼 수 있는 사상인 삼승통교(三乘通教)로서 반야(般若)와 『해심밀경(海深密經)』 등이다. 셋째는 일승의 가르침 중에서 마음과 인간의 수행 등에 관련된 일승분교(一乘分教)로서

『영락경(瓔珞經)』, 『범망경(梵網經)』 등이다. 넷째는 우주 전체에 대한 가장 포괄적이고 높은 경지의 가르침인 일승만교(一乘滿敎)로서 『화엄경華嚴經』과 보현교(普賢敎)를 말한다.[2]

원효는 그의 사상이 원숙한 경지에 이른 인생의 후반기에 불교 사상의 최고 경지를 담고 있는 『화엄경』에 관한 자신의 생각을 가다듬어 낸 것으로 보인다. 원효는 『화엄경』에서 말하는 어떠한 것에도 걸림이 없이 일체의 경계를 초월한 이 세계의 모습을 다음과 같이 얘기하고 있다.

> 원래 무장무애법계법문은 법이 없되 법 없음이 없고 문이 아니되 문 아님도 없다. 이는 크지도 않고 작지도 않으며, 촉박하게 짧지도 않고 넘치게 길지도 않으며, 움직이지도 않고 고요하지도 않으며, 하나도 아니고 많지도 않다. 크지 않으므로 극히 작은 것이 되어도 남음이 없고, 작지 않으므로 태허가 되어도 여유가 있다. 촉박하게 짧지 않으므로 능히 삼세겁을 머금고, 넘치게 길지도 않으므로 전체를 들어 일찰나에 들어간다. 움직이지도 않고 고요하지도 않으므로 생사가 열반이고 열반이 생사이다. 하나도 아니고 많지도 않으므로 일법이 일체법이고 일체법이 일법이다. 이러한 무장무애의 법은 법계법문의 묘술을 지으니 모든 보살이 들어갈 바이고, 삼세제불이 나오는 바이다.[3]

원효는 이처럼 무장무애법계로서의 온 우주의 실상을 올바로 밝힌 『화엄경』이야말로 불교사상의 최고 경지인 일승만교에 해당하는 것이라고 간주하였다.

필자는 하나와 여럿은 둘이 아니요(一多不二), 유무가 둘이 아니라는(有無不二) 불이사상(不二思想)을 통해 이러한 원효의 화엄사상과 그의 교판 내용을 해석할 수 있으며, 불교사상 전체를 불이사상의 틀에 따라 정리할 수 있다고 생각한다. 불교는 처음부터 불이사상을 기초로 하고 있으며, 앞에서 우리는 초기불교부터 부파불교, 반야 공사상과 유식학, 기신론사상에 이르기까지 그 발전과정을 살펴봤다. 지금까지 살펴본 불교사상의 이런 발전 과정은 원효가 얘기한 삼승별교에서 삼승통교와 일승분교에 이르는 발전과정에 해당한다고 할 수 있다.

원효가 불교사상의 최고의 경지를 나타내고 있는 것으로 보는 화엄사상 역시 불이사상의 틀로 볼 수 있다.『화엄경』의 무장무애 법계법문에 관한 원효의 얘기를 잘 들여다보면, 그것의 핵심은 역시 일다불이와 유무불이임을 알 수 있다. 원효는 '법이 없되 법 없음이 없고 문이 아니되 문 아님도 없다'는 말로써 본래 유무가 불이라는 것을 나타내고 있다. 또한 '하나도 아니고 많지도 않으므로 일법이 일체법이고 일체법이 일법이다'라는 구절 등을 통해 하나와 여럿이 불이라는 것을 잘 표현하고 있다.[4]

앞에서도 얘기했지만, 불교는 처음부터 하나(一)와 여럿(多), 유(有)와 무(無)의 관계 문제를 핵심 문제로 삼고 있으며 그것의 실상을 일다불이와 유무불이로 파악하고 있다. 초기불교의 연기론이나 삼법인(또는 사법인) 같은 것에서 그것은 잘 드러난다. 존재하는 것들은 모두 다른 것들과의 인연관계에 의해 성립하는 것으로서 일다불이이며, 그렇기 때문에 그 자체로서 독립적으로 존재하는 실체가 아니므로 제법무아(諸法無我)이다. 그리고 이렇게 인연에 의해 성립하는 모든 존재는 잠시 현상적으로만 존재하다가 인연이 다하면 흩어져 버리는 것이기 때문에 유무불이로서 무상한 것이므로 제행

무상(諸行無常)이다. 그럼에도 불구하고 개별적 존재들은 항상 자기에게 집착하므로 고통을 겪는다(一切皆苦). 그러나 이러한 실상을 올바로 깨닫게 되면 이러한 고통으로부터 벗어나 해탈할 수 있다(涅槃寂靜). 사성제 역시 연기에 따른 이러한 일다불이와 유무불이라는 세계의 실상을 깨닫지 못하는 데서 오는 집착과 그로 인한 고통, 그리고 그것으로부터 벗어나 해탈에 도달할 수 있는 길에 대해 얘기하고 있다. 초기불교의 경전들에서는 이러한 사상들을 각각 부분적으로 다루고 있는데, 이것을 원효는 삼승별교라고 본 것이다.

이러한 초기불교를 발전적으로 계승한 대승불교 가운데 반야 공사상은 개체와 유(有)에 대한 집착을 타파하고, 이 세상의 모든 존재는 자성이 없어 텅 빈 것이라는 공(空)의 측면을 강조한 것이다. 반면에 유식사상은 식(識)으로부터 어떻게 이 세상의 수많은 현상이 존재하게 되는가를 밝힘으로써 주로 유(有)의 측면을 얘기한 것이다. 원효는 이러한 반야 공사상을 대표하는 반야계 경전들과 유식사상을 대표하는 『해심밀경』을 삼승 모두를 관통할 수 있는 불교사상으로 본 것이다.

그렇지만 반야 공사상과 유식사상 양자의 차이는 강조의 차이일 뿐 사실 그 양자 모두 불이라고 할 수 있다. 문제는 이 양자를 어떻게 종합하여 회통시킬 것인가 하는 것이다. 이것을 인간의 심식(心識) 차원에서 밝힌 것이 바로 『대승기신론(大乘起信論)』과 그에 대한 가장 뛰어난 주석서인 원효의 『대승기신론소(大乘起信論疏)』 같은 것이다. 『대승기신론』에서는 일심이문(一心二門)의 염정불이(染淨不二)라는 구조를 통해 중관과 유식 사이의 공론과 유론의 대립을 지양한다. 『대승기신론소』에 따르면 모든 존재와 현상의 근원은 일심인데 그것은 진여문(眞如門)과 생멸문(生滅門)이라는 이문을 통해 파악할 수 있다. 진여문은 우리 의식의 근원인 본각의 발생하지도 소멸하지도 않는 진여의 상태를 밝히는 것으로서 반야 공사상과 통한다. 생멸문은 마음이 움직여서 수많은 의식이 생겨나고 사라지는 현상을 살피고 밝히는 것으로서 유식사상과 통한다. 결국 이러한 진여문과 생멸문에 의해 우리는 텅 빈 공과 수많은 현상들 모두가 일심의 두 측면인 것이며, 이것은 하나도 아니면서 둘도 아니요, 하나이면서도 둘인 불이적 관계임을 알 수 있게 된다. 그리고 이러한 깨달음에 의해 우리는 중관과 유식의 대립을 지양할 수 있게 된다. 그런데 원효가 일승분교로 든 『영락경』에서는 공사상과 유식사상을 종합적으로 다루면서 마음을 깨끗이 닦아야 한다는 것을 말하고 있으며, 『범망경』 역시 보살의 심지(心地)가 전개되는 모양과 보살이 지켜야 할 계율 등을 얘기하고 있으므로, 기신론의 사상과 상통한다. 그러므로 원효가 명시적으로 얘기하고 있지는 않지만 기신론의 사상 역시 일승분교에 해당한다고 할 수 있을 것이다.

그런데 반야 공사상과 유식사상을 종합한 기신론의 사상은 아직도 여전히 인간의 심식 차원에서 불이의 실상을 밝히는 데 머물고 있다. 앞서 무장무애법계법문에 대한 원효의 설명에서 보았듯이 그것을 우주적 차원으로 넓혀 온 우주와 그 속에 존재하는 만물이 일다불이이고 유무불이라는 것을 밝히고 그 실상을 상세히 서술하고 있는 것이 바로 『화엄경』과 그를 바탕으로 하고 있는 화엄사상이다. 이런 의미에서 『화엄경』이야말로 불이적인 세계의 실상을 원만하고 온전하게 밝히고 있으므로 원효는 이것을 일승만교라 부르고 있는 것이다.

이처럼 불이사상의 관점에서 볼 때 『화엄경』과 그에 기초한 화엄사상은 원효가 말한대로 불교사상에서 최고의 경지에 위치한다고 말할 수 있다. 그러므로 불이사상의 관점에서 불교사상의 주된 흐름을 꿰뚫어 정리하고 설명하고자 하는 이 책에서 이 화엄사상을 살펴보는 것이 마땅하다고 할 수 있다.

우리나라에서 화엄사상은 삼론종의 대가 중 한 사람인 고구려 승랑(僧郞)이 화엄사상도 공부했다는 정도의 기록을 제외하면 삼국시대의 신라에서부터 본격적으로 도입되어 발달한 것으로 전해지고 있다. 신라에 화엄사상을 도입하고 발전시킨 최초의 대표적인 인물은 자장(慈藏)법사이다. 『삼국유사』에 따르면 자장은 당나라에 가 문수신앙의 중심지였던 청량산(오대산)에서 문수보살의 현신을 만나고 범어로 된 화엄경의 4구게를 받았으며, 귀국 후에는 자신이 태어난 집을 절로 바꾸어 그곳에서 『화엄경』을 강의하고, 나중에는 오대산에 진여원(眞如院)을 세워 문수보살을 모시고 『화엄경』을 독송하고, 화엄사(華嚴社)를 조직하여 결사 운동을 벌이기도 했다.[5]

이런 자장 등으로부터 영향을 받은 원효는 앞에서 본 것처럼 화엄사상을 불교사상 최고의 경지를 나타내는 것이라고 간주하면서 『화엄경소』를 짓고 화엄사상을 체득하여 불교를 대중화하는 무애의 보살행으로 실천해 나갔다.

그러나 중국에서 성립된 화엄교학을 직접 배우고 신라에 들여와 널리 펼친 것은 의상이었다. 의상은 당나라로 건너가 중국 화엄종의 2대조인 지엄(智儼)에게서 화엄학을 배우고 귀국하여 해동화엄종의 초조(初祖)가 되었다. 의상대사의 전교 이후 화엄사상은 의상의 수많은 제자들을 거쳐 고려 시대의 균여, 지눌 등과 조선 시대의 수많은 학승과 선승들에게로 이어지면서 한국불교를 이끌고 많은 사람들에게 이 세계의 존재론적 실상을 제대로 밝혀주면서 그들의 삶을 인도해 왔다.

주목할 점은 원효와 의상의 제자들을 거쳐 이어져 나간 화엄사상이 신라 하대부터 퍼지기 시작한 선종과 서로 교섭하고 융합하면서 발전해 나갔다는 것이다. 신라 하대부터 우리나라에 도입되기 시작한 선종은 고려 초에 이르러 구산선문에 이를 정도로 널리 퍼졌다. 선종의 발달과 더불어 우리나라의 불교계에서는 선과 화엄을 중심으로 한 교 사이의 관계를 둘러싼 문제가 끊임없이 제기되어 왔다. 한편으로는 선과 교(화엄) 어느 한쪽에 치우쳐 다른 쪽을 비판하고 배척하려는 입장도 있었고, 다른 한편으로는 선교를 융합하고 회통시키려는 입장도 있었다. 선과 교 사이의 긴장과 갈등 또는 소통의 문제는 고려 시대의 균여(均如)와 지눌(知訥)이나 조선 시대의 서산(西山) 등의 논의를 거치며 계속 이어져 왔다. 지눌과 서산은 모두 선교회통과 간화선의 배타적 우위 확립이라는 상호 모순된 이념 간의 긴장을 포함하고 있었다. 그렇기 때문에 한국불교에는 고려 시대부터 간화선의 배타적 우위라는 이념과 선교회통 및 선교 겸수라는 이념이 함께 존재하면서 서로 긴장과 갈등을 불러일으켜 왔다. 고려 말에서 조선후기에 이르는 한국불교의 전개과정은 선교회통이나 간화경절문 어느 한쪽의 경향에 의해 완전히 지배된 것이 아니라 그 두 가지 경향성이 병립하고 대립하면서 시대나 장소 또는 문파 등에 따라 그 우위 관계가 달라졌다고 할 수 있다. 그렇기 때문에 또한 어느 한쪽의 경향만을 지나치게 강조하여 그것만을 유일한 전통인 것처럼 간주하는 것은 오류라고 하지 않을 수 없다.

교와 선은 본래 둘이 아니다. 부처님의 가르침을 말로 전한 것이 교라면 마음으로 전한 것이 선이다. 그러므로 교와 선은 서로 대립적이고 배타적일 까닭이 없다. 교 가운데서도 가장 심오한 경지를 전하는 화엄과 선은 그 궁극적 경지가 완전히 상통한다. 선에서 말하는 깨달음과 성불의 경계란 어떠한 상이나 생각에도 사로잡히지 않고 자기의 본래 성품을 바로 보는 것이며, 그 자성이 바로 우주만물의 본체인 진여불성과 둘이 아니며, 그 때문에 또한 나를 비롯한 이 세상의 모든 존재는 서로가 둘이 아님을 깨닫는 경지이다. 그리고 또한 그것은 나를 포함한 모든 존재가 공한 것으로서 유무불이라는 것도 깨닫는 경지이다. 그리고 이러한 선종의 궁극적 깨달음의 경계는 화엄사상에서 말하는 경계와 별로 다르지 않다. 이런 점에서 볼 때 화엄사상은 선과 더불어 표리의 관계를 이루며 한국불교를 이끌어 왔다고 할 수 있다.[6]

이제 지금부터는 불이사상의 관점에서 불교사상 최고의 경지에 있으며 한국불교를 이끄는 이념 역할을 해 온 화엄사상을 자세히 살펴보도록 한다.

화엄사상을 상세히 살펴보기 위해서는 우선 『화엄경』을 기반으로 하는 화엄사상의 중요한 주제들을 생각해 볼 필요가 있다. 『화엄경』과 그를 기반으로 삼는 화엄사상에서 얘기하고 있는 주제들은 수없이 많아서 일일이 거론하기가 어렵다. 필자는 그중에서도 화엄경 및 화엄사상의 중심이 되는 사상을 '불타란 어떤 존재인가를 설명하는 불타관', '불타가 깨달은 세계의 모습을 설명하는 법계관', '불타가 되는 보살의 길과 보살행을 설명하는 보살관' 등으로 생각하고 있다. 그러므로 이하에서는 이런 주제들을 중심으로 화엄사상을 살펴보기로 한다.

# 1.『화엄경』의 불타관(佛陀觀)


## 1) 불타관의 전개와 발전 과정

초기 원시불교의 불타 개념으로부터 대승불교의 삼신설에 이르기까지 불타관 또는 불신설(佛身說)의 발전과정에 대해서는 이미 여러 학자들이 상세히 설명해 놓은 바가 있다.[7] 그러한 설명들에 공통된 견해를 바탕으로 불타관의 전개과정을 정리해 보면 대략 다음과 같다.[8]

처음에 불교에서 불타란 개념은 석가모니처럼 깨달은 자인 아라한을 가리키는 개념이었다. 그것은 주로 우주와 인생의 진리를 깨달은 성인인 석가모니에 대한 존칭으로 제자들에 의해 사용되었던 소박한 개념으로서 다른 존재에게는 잘 적용되지 않았다.[9] 그런데 석가모니 부처에 대한 존경심이 점차 증대되고 그가 신성시됨에 따라, 불타는 그 밖의 단순한 아라한과는 달리 수많은 덕성을 지닌 더 위대한 존재로 간주된다. 예를 들면 부처는 육체적으로 다른 존재들과 구분되는 삼십이상(三十二相)과 팔십종호(八十種好)같은 뛰어난 덕성을 갖추고 있는 존재로 간주된다.[10] 또한 불타는 정신적으로도 뛰어나 삼세 업보의 인과를 아는 것 등의 열 가지 능력인 십력(十力), 어떠한 두려움도 갖지 않음을 뜻하는 사무외(四無畏), 언제나 평정심을 유지함을 뜻하는 삼념주(三念住), 그리고 모든 중생을 사랑하여 구제함을 뜻하는 대비(大悲) 등 나중에 이른바 십팔불공법

(十八不共法)[11]이라 일컬어지는 능력들을 갖고 있는 존재로 추앙을 받게 된다.

그런데 이토록 이상적인 불타가 현생에서의 짧은 기간 동안의 공덕과 수행의 결과로 이루어진 것이라고 믿기는 어렵다. 그러므로 이상화된 불타는 현생의 수행에 의해서만 득도한 것이 아니라 오랫동안의 전생에 걸쳐 쌓은 수행 공덕에 의해 불타를 이룬 것이라는 생각이 등장하는데, 이것이 수많은 『본생담(本生譚)』들로 나타난다.[12] 그리고 불타의 전생에 대한 얘기는 그러한 전생 당시의 세계에 존재했던 다른 부처들을 인정하는 과거불 사상으로 연결되는데 이것은 원시불교의 7불설이나 24불설을 거쳐 부파불교시대에는 무수한 과거불을 인정하는 것으로 나타난다.[13] 윤회전생에 기초한 과거세계와 과거불에 대한 생각은 당연히 다음 생에 전생하게 될 미래세계와 미래불의 존재에 대한 생각도 함축하고 있게 마련이다. 그래서 과거불 사상은 과거뿐만 아니라 미래에도 여러 부처가 존재한다는 미래불 사상을 낳았는데, 미륵불 사상이 그 대표라고 할 수 있다.[14]

과거와 미래의 수많은 세계와 불타를 인정하는 생각은 또한 더 나아가 현재에도 우리가 살고 있는 이 세계 말고 다른 수많은 세계가 있고 그 세계마다 부처가 있어 중생들을 구제한다는 현재타방불설(現在他方佛說)로도 연결된다. 현재타방불 사상의 대표적인 예로는 동방 묘희국(妙喜國)의 아촉불(阿閦佛) 사상과 서방 극락정토의 아미타불 사상을 들 수 있다.[15]

이렇게 하여 불타관의 발전은 과거 현재 미래의 여러 세계에 수많은 불타가 존재한다는 삼세제불설(三世諸佛說)에 이르게 되었다고 할 수 있다. 그렇다면 이렇게 많은 불타가 존재할 수 있는 까닭은 무엇일까? 그 수많은 불타를 불타로 만드는 것은 무엇일까? 그 대답은 모든 불타가 그것을 깨달음으로 해서 불타가 되는 법 그 자체에 있다. 수많은 세계에 수많은 부처가 있어도 그 모든 부처가 부처로 될 수 있는 것은 바로 항상 존재하고 있는 진리인 법 그 자체를 깨달음으로 인해서이다. 그렇다면 모든 불타를 불타로 성립시키는 진리인 법 그 자체야말로 진정한 불타라고 할 수 있을 것이다. 그렇기 때문에 수많은 세계의 수많은 불타를 인정하는 삼세제불설은 '진리즉불타(眞理卽佛陀)'라는 법신불(法身佛) 사상으로 발전해 나간다.

법신불 사상의 초기 형태는 이미 원시불교 경전에서부터 나타나고 있다. 예를 들면 『증일아함경(增一阿含經)』에서는 여래의 참된 몸은 법신이며 이 법신은 육신과 달리 소멸되지 않는 것임을 이렇게 얘기하고 있다 : "여래의 법신은 무너지지 않고 세상에 항상 있어 끊어지지 않으며, 하늘과 사람들은 법을 듣고 도과를 이루리라."[16] "나 석가모니불은 수명이 한량없다. 왜냐하면 비록 육신은 소멸되어도 법신은 없어지지 않기 때문이다."[17]

그러나 이런 법신불 사상이 본격적으로 전개되는 것은 대승불교 시대에 가서라고 할 수 있으며, 그것은 『금강경』, 『반야경』, 『유마경』 등의 경전에 잘 나타나고 있다. 예를 들어 『소품반야경(小品般若經)』에서는 참된 불타는 법신임을 이렇게 얘기한다 : "모든 부처님과 여래는 눈에 보이는 색신이 아니다. 모든 부처님과 여래는 모두 법신이기 때문이다. 선남자여, 모든 법의 참된 모습은 가지도 않고 오지도 않는 것이며, 모든 부처님과 여래도 이와 마찬가지이다."[18]

이런 법신불 사상에 따르면 본래의 부처는 우주에 편재하는 보편적인 이법이며 여러 세상에 나타나는 수많은 부처들은 모두가 그 법신불의 나타남이라고 할 수 있다. 이렇게 본다면 모든 불타는 어떤 면에서는 법신불이 중생을 구제하기 위해 여러 형태로 자신을 나타내는 화신불(化身佛)이라는 사상으로 나아갈 수 있다. 또한 법신의 개념을 단순히 모든 불타의 근원이 되는 진리일 뿐 아니라 어디에나 편재하는 모든 존재의 근원이자 모든 존재를 포괄하는 무한자로 확대하게 되면, 이 우주 전체를 법신불의 자기현현으로 간주할 수 있게도 된다. 실제로 반야계 경전에는 이런 사상의 싹이 나타나기도 한다. 예를 들면 그것은 『대반야바라밀다경(大般若波羅蜜多經)』에서 '법성진여는 유무(有無), 단상(斷常), 생사(生死), 열반(涅槃), 염정(染淨), 일이(一異), 명상(名相) 등 일체의 상대를 떠난 경계로서, 법성진여와 유정진여(有情眞如)가 둘이 아니며, 염정진여(染淨眞如)가 곧 생사열반진여(生死涅槃眞如)이며, 생사열반진여가 곧 일체법진여(一切法眞如)이니, 제법(諸法)이 비록 생(生)하되 진여는 부동이며 진여가 제법을 생하되 진여 자체는 불생(不生)이니 그것은 마치 허공과 같이 청정불변으로서 이를 이름 하여 법신'[19]이라고 보는 것 등에서 찾아볼 수 있다. 그러나 반야계 경전에서는 전반적으로 공으로서의 법신을 강조하고 아직 그것이 우주만물로 자신을 현현하는 우주편만불로서의 법신불이라거나 중생 구제를 위해 자신을 다양하게 나타내는 화신불이라는 사상은 아직 충분히 전개되고 있지 않다고 할 수 있다.

위에서 살펴본 것처럼 원시불교에서 대승불교시대에 이르는 동안 불타관의 전개는 오랜 수행과 수많은 공덕을 통해 깨달음을 얻어 이룬 부처라는 보신불, 우주에 편재하는 보편적 진리로서의 부처라는 법신불, 법신이 중생을 구제하고 중생들의 바람을 이루어주기 위해 현신한 부처라는 화신불이라는 개념을 포함하게 되었다고 할 수 있다. 그런데 그 이후 이 세 가지 불타관을 모두 포괄하는 삼신불[20] 사상을 가장 풍요롭게 펼치고 있는 경전이 바로『화엄경』이다.

그런데 지금까지 학계에서는 삼신설을 기원 후 4~5세기경에 이르러서 유식학파의 무착, 세친 등에 의하여 비로소 본격적으로 성립되었다고 간주하는 견해가 우세하였다.[21] 그러나 삼신불에 대한 명확한 개념적 정의라든가 설명, 그리고 그에 대한 체계적인 이론으로서의 삼신설의 성립에 대해서는 그렇게 볼 수도 있겠지만, 법신불·보신불·화신불을 모두 포괄하는 삼신불 사상은『화엄경』속에서 이미 충분히 펼쳐지고 있다. 그러므로 그 이후 대승불교 불타관의 핵심이 되는 삼신불 사상의 성립은『화엄경』에 의한 것이라고 보아야 마땅할 것이다. 이하에서는『화엄경』속에서 전개되고 있는 불타관을 삼신불 개념을 중심으로 분석하고 그 특징과 그것이 갖는 의미를 밝힐 것이다.

## 2)『화엄경』의 불타관과 삼신불 개념

불타관의 발전과정에서 제시된 이전의 불타 개념을 모두 포괄하면서 불타에 대해 가장 풍부한 설명을 제공하고 있는 경전이『화엄경』이다. 방대한『화엄경』의 사상을 요약해 보자면 그 핵심사상은 불타란 어떤 존재인가를 설명하는 불타관, 불타가 자신을 펼친 세계 또는 불타가 깨달은 세계의 모습을 설명하는 법계관, 불타가 되는 보살의 길을 설명하는 보살관 등이라 할 수 있다. 이 중에서도 불타가 어떤 존재인가 하는 것에 따라 나머지 것들의 성격이 규정된다는 점에서 본다면 불타관은『화엄경』의 중심사상이라고 할 수 있을 것이다.

　『화엄경』의 주불(主佛)은 비로자나불(毘盧遮那佛)이다. 비로자나(毘盧遮那)는 산스크리트어로 'Vairocana'를 음역한 것인데, 이 말은 '빛나다', '비추다'라는 의미의 동사어근 'ruc'로부터 변화된 'rocana'에 '넓다', '많다' 등의 의미를 가진 접두어 'Vai'가 더하여져 만들어진 명사이다. 'Vairocana'는 한자로 비로자나(毘盧遮那), 비루자나(毘樓遮那), 전비루자나(田毘樓遮那), 비로도나(鞞盧闍那), 비로사나(毘盧舍那) 등으로 음역한 것이며, 이 가운데서 비로자나(毘盧遮那)가 가장 많이 쓰인다. 비로자나(毘盧遮那)는『팔십화엄경』에서 사용한 이름이며, 노자나(盧遮那)는『육십화엄경』에서 사용한 이름이다.[22] 그러므로 비로자나(毘盧遮那)는 법장(法藏)의 설명처럼 '편(遍)'이란 뜻의 '비(毘)'와 '광명조(光明照)'란 뜻의 '로사나(盧舍那)'를 합친 것으로서 '광명편조(光明遍照)'의 뜻이며[23], 비로자나불(毘盧遮那佛)은 모든 곳을 두루 비추는 광명같이 모든 곳에 편재하는 불타라는 뜻이다.

　『화엄경』의 주불인 비로자나불이 모든 곳에 편재하는 불타라는 것을 뒤집어 보면 이 세상의 모든 존재들이 바로 비로자나불의 현현이라는 뜻이 된다. 즉 비로자나불은 존재의 근원이며 우주만물은 이 비로자나불이 나타난 것이다.『화엄경』에는 중생신(衆生身)·국토신(國土身)·업보신(業報身)·성문신(聲聞身)·벽지불신(辟支佛身)·보살신(菩薩身)·여래신(如來身)·지신(智身)·법신(法身)·허공신(虛空身)등을 모두 불타로 보는 해경십불설(解境十佛說)이 나타나고 있는데[24], 이것은 결국 천지만물이 어느 것 하나 불타의 현현 아님이 없음을 말하고 있다.

　이처럼 존재의 근원으로서 우주의 모든 곳에 편재하며 만물로서 자신을 현현하는 존재로서의 불타가 바로 법신불이다. 『화엄경』의 불타관에서 중심이 되는 것은 법신불이다. 『화엄경』에서는 모든 부처의 본질을 이루는 법신이라는 개념을 넘어서 우주 자체를 포괄하며 우주 만물로 자신을 현현하는 보편적인 궁극적 실재의 근원으로서의 법신불이라는 개념을 전개하고 있다. 『화엄경』의 법신불 사상에 따르면 법신은 결코 사라짐이 없이 온 우주(一切刹, 一切諸法界, 盧空法界)에 충만해 있으면서 온갖 형상으로 자신을 현현하는 존재이다. 이것을 「노사나불품(盧舍那佛品)」에서는 이렇게 표현한다 : "부술 수 없는 견고한 법신은, 일체 법계에 충만해, 능히 온갖 색신을 두루 나타낸다."[25] 그리고 이러한 법신은 허공처럼 온 우주에 퍼져 있어 어느 곳에나 편재하는 존재이고 만물을 그 속에 담고 있는 존재이다. 「보왕여래성기품(寶王如來性起品)」에서는 이것을 이렇게 표현한다 : "모든 부처님의 청정하고 묘한 법신도 이르지 않는 곳 없어 모든 법계에 가득 차 있네."[26]

그런데 존재의 근원으로서 온 우주를 포괄하고 만물로서 자신을 현현하는 무한자로서의 법신불 그 자체는 어떠한 형상이나 성질로도 묘사하거나 한정할 수 없는 것이다. 그것은 어떠한 규정이나 생각도 넘어서 있어서 차라리 무(無)이며 무명(無名)이며 공(空)한 것이다. 이것을 「보살운집묘승전상설게품(菩薩雲集妙勝殿上說偈品)」에서는 이렇게 표현한다 : "법의 성품 공적하여 실체가 없어, 취할 것도 없고 볼 것도 없네. 부처 성품도 본래 공(空)이라, 생각하거나 헤아릴 수가 없네."[27]

그렇지만 동시에 법신은 그 속에 온갖 형상과 성질을 지닌 만물을 낳아 그것들로 자신을 현현한다는 점에서 유(有)이며 유명(有名)과 유한(有限)을 자신 속에 포함하고 있는 존재이다. 법신 그 자체는 생성되거나 사라짐이 없으므로 변화하지 않는 존재이지만 그러면서도 동시에 그 속에 온갖 변화를 불러일으키는 존재, 그 자체는 오고 감이 없으면서도 어느 곳이건 오고 가지 않음이 없는 존재이다. 이것을 「도솔천궁보살운집찬불품(兜率天宮菩薩雲集讚佛品)」에서는 이렇게 표현한다 : "법신이란 변화하는 것도 아니요, 또 변화하지 않는 것도 아니네. 모든 법에는 변화가 없지마는, 변화가 있는 듯이 나타내 보이나니."[28]

그런 의미에서 법신은 유무불이(有無不二)이자 진공묘유(眞空妙有)의 존재이다. 그것은 유한과 대립하는 무한이 아니라 유한을 자신 속에 포함한 진정한 의미의 무한, 상대와 대립하는 절대가 아니라 상대를 자신 속에 포함한 진정한 의미의 절대이다. 그러므로 그것은 하나이면서 동시에 여럿인 일다불이(一多不二)적 존재이다. 이것을 「도솔천궁보살운집찬불품(兜率天宮菩薩雲集讚佛品)」의 말로 표현하자면 이렇다 : "비유하면 이 한 마음 힘이, 갖가지 마음을 내는 것처럼, 여래의 저 한 법신도, 갖가지 몸을 나타내시네."[29]

그런데 무수히 다양한 존재들을 그 속에 포함하고 있는 법신은 자기 바깥에 우주를 창조하는 초월적 창조자가 아니다. 그 바깥에 다른 무엇이 존재한다면 그것은 그 다른 무엇과 경계가 지어진 것, 즉 그것에 의해 한계가 부과된 유한한 것이 되고 만다. 그렇기 때문에 그것은 우주의 초월적 창조자가 아니라 그 자신 속에 우주를 포함하고 우주 속에서 변전하는 다양한 만물의 모습으로 자신을 전개함으로써 자신을 현시하는 어디까지나 내재적인 존재이다. 예컨대 법신과 우주 만물의 관계는 마치 바닷물과 파도의 관계와 같다. 파도가 칠 때 부서지며 나타나는 크고 작은 수많은 물방울들이 사실은 하나의 바닷물과 둘이 아닌 것처럼 법신과 우주만물도 둘이 아니다. 이것을 「공덕화취보살십행품(功德華聚菩薩十行品)」에서는 이렇게 표현한다 : "중생계와 법계가 둘이 아니며, 둘이 없는 법 가운데에는 늘어남도 없고 줄어듦도 없으며, 나는 것도 없고 멸하는 것도 없다."[30]

우주를 낳고 자신 속에 포함하며 동시에 우주에 내재하는 존재로서 법신은 우주 만물 속에 편재하는 자연의 이법이기도 하다. 법신은 우주 만물이 따르는 자연적 도리(眞如)이다. 법신은 우주의 내재적인 생명력이자 질서로서 자연스런 연기의 법칙에 따라 작용한다. 그것은 결코 어떠한 작위적인 의도에 따라 우주 만물을 주재하고 심판한다고 할 수 없다. 그러므로 법신은 일정한 인격적 존재로서 어떤 목적을 갖고 의도적으로 우주를 창조하고 자신의 의지와 의도에 따라 이 세상의 모든 사물과 사건을 주재하는 인격신이라고 할 수는 없다. 이것을 「보왕여래성기품(寶王如來性起品)」에서는 이렇게 표현한다 : "여래의 그 깨끗한 법신은, 한량없는 중생을 이롭게 하나, 내가 중생을 이롭게 한다는, 그런 생각은 법신에 없네. 비유하면 밝고 깨끗한 해가, 이 염부제에 나타나서는, 모든 어둠 없애 버리고, 빈 곳이 없이 두루 비추며, 일체의 온갖 보배 산들과, 이 대지의 모든 꽃 못(華池) 등, 그 일을 따라 자라게 하고, 중생들을 이롭게 하는 것처럼."[31]

위에서 살펴 본 것처럼 우주만물이 법신불의 현현인 이상 우주만물은 모두 본질적으로는 법신불과 다르지 않다. 다만 대다수의 만물은 개별자가 갖고 있는 무명, 망상, 아집 등에 의해 그 본질이 가려져 있을 뿐이다. 그러므로 그것을 걷어내고 이 우주만물의 참모습인 법신불을 깨우치는 존재는 곧 불타가 된다. 이처럼 우주의 실상인 법신불의 참모습을 깨우침으로써 그 자신 불타가 된 존재가 보신불인데, 『화엄경』에는 이런 보신불이라는 의미의 불타에 대한 서술도 여러 곳에서 나타나고 있다.

우선 「노사나불품(盧舍那佛品)」에서는 비로자나불이 오랜 세월 동안 수행하며 공덕을 쌓고 중생을 위한 보살행을 한 결과로 불타가 되었음을 이렇게 얘기하고 있다 : "무수한 억겁의 세월 동안 공덕을 닦고 시방세계의 일체 부처님을 공양하며 무수한 중생을 교화하여 노사나불은 정각을 이루셨네."³² 이렇게 보살행에 의해 부처를 이룬 노사나불이라고 한다면 그는 곧 보신불이라고 할 수 있다. 「세간정안품(世間淨眼品)」에서 낙업광명천왕(樂業光明天王)이 부처님을 찬탄하는 다음과 같은 구절에서도 비슷한 생각을 발견할 수 있다. "수 없고 한량없는 오랜 겁 동안, 큰 자비를 널리 닦아 행하여, 마침내 등정각 이루었나니, 그로써 중생들 제도하시네."³³

또한 더 나아가 「보왕여래성기품(寶王如來性起品)」에서는 부처가 보신불을 이루는 방법에 대해 다음과 같이 더 자세하게 설명하기도 한다. "불자들이여, 여래 · 응공 · 등정각의 성품이 일어나는 바른 법은 불가사의합니다. 왜냐하면 조그만 인연으로는 등정각을 이루어 세상에 나오지 않기 때문입니다. 불자들이여, 무량 무수한 백천 아승기의 열 가지 인연이 있어야 등정각을 이루어 세상에 나오는 것이니 그 열 가지란, 첫째는 무량한 보리심을 내어 일체 중생을 버리지 않는 것이요, 둘째는 과거의 무수한 겁 동안 온갖 선근을 닦아 그 마음이 정직하고 깊은 것이며, 셋째는 무량한 자비로 중생을 구호하는 것이요, 넷째는 무량한 행을 행하여 큰 서원에서 물러나지 않는 것이며, 다섯째는 무량한 공덕을 쌓되 충분하다는 마음이 없는 것이요, 여섯째는 무량한 모든 부처님을 공경하며 중생을 교화하는 것입니다. 일곱째는 무량한 방편의 지혜를 내는 것이요, 여덟째는 무량한 모든 공덕 창고를 성취하는 것이며, 아홉째는 무량한 장엄의 지혜를 내는 것이요, 열째는 무량한 모든 법의 진실한 뜻을 분별해 연설하는 것이니, 불자들이여, 이런 무량 무수한 백천 아승기의 열 가지 법문이라야 등정각을 이루어 세상에 나오는 것입니다."[34]

이처럼 『화엄경』에서는 오랫동안 수행 공덕을 쌓으면 불타가 될 수 있음을, 그리고 그는 곧 법신불인 비로자나불과 하나가 됨을 말하고 있다. 이처럼 법신불과 보신불이 서로 다르지 않음은 위에서 인용한 「세간정안품(世間淨眼品)」에서 보살행에 의해 이룬 보신불의 명호를 법신불과 같은 '비로자나불(노사나불)'이라고 부르고 있는 데서도 알 수 있다. 그러므로 『화엄경』에서는 결국 누구든 깨달음을 얻고 보살행을 행한다면 불타가 될 수 있음을 말하고 있다.

사실 『화엄경』의 중심사상 중 하나는 우주의 근원이자 진리로서의 법신이 어떠한 존재이며 어떻게 하면 그 참모습을 깨달아 스스로 불타(보신불)가 될 수 있는가를 밝히는 것이라 할 수 있다. 『화엄경』에서 상세하게 설하고 있는 보살도는 바로 법신불과 둘이 아닌 자신의 참모습을 깨달아 불타에 이르는 길을 가리키고 있다. 그것은 어떠한 중생이건 법신과 자신은 물과 파도의 관계처럼 둘이 아니고, 그 때문에 자신과 세상 만물도 둘이 아님을 깨달아, 일체중생을 위해 노력한다면 곧 부처가 될 수 있음을 가르치고 있다. 이런 점에서 『화엄경』의 보신불 사상과 보신불을 성취하기 위한 길을 제시하는 보살사상은 스스로의 깨달음을 통한 해탈이라는 불교의 자력구원의 이념을 잘 보존하고 있다고 할 수 있다.

그런데 우주만물이 법신불의 현현이라는 입장에서 보면 법신불의 참모습을 깨달아 부처가 된 보신불 역시 법신불의 자기현현이며 그렇기 때문에 그것은 화신불이라고 할 수도 있다. 그래서 『화엄경』에서는 불타를 중생을 구제하기 위한 방편으로 법신이 자신을 나타내는 화신불이라고 하는 사상도 곳곳에서 펼치고 있다. 우선 이것을 「도솔천궁보살운집찬불품(兜率天宮菩薩雲集讚佛品)」에서는 이렇게 표현하고 있다 : "저 삼세의 모든 부처님, 그 법신은 다 청정하지만, 교화해야 할 중생 있기에, 묘한 색신을 다 나타내시네. … 하나도 아니지만 둘도 아니며, 또 한량이 없는 것도 아니지만, 교화해야 할 중생 있기에, 한량없는 몸 다 나타내네."[35] 또한 「여래광명각품(如來光明覺品)」에서는 이것을 이렇게 말하고 있다 : "한 몸으로 한량없는 몸이 되고, 한량없는 몸이 다시 한 몸 되나니, 중생들의 모든 성질을 잘 알기에, 그를 따라 온갖 곳에 다 나타내네."[36] 여기서는 법신이 수많은 모습들로 자신을 나타내며, 그 수많은 모습은 또한 결국 하나의 법신과 다르지 않다는 것, 그리고 법신은 중생들의 모든 성품을 다 알아서 그에 응해 모든 곳에 자신을 현신한다는 것을 말하고 있다.

　그런데 중생을 구제하기 위해 출현하는 화신불은 얼마든지 다양한 모습으로 나타날 수 있다. 이를 『80화엄경』 「현수품(賢首品)」에서는 다음과 같이 표현하고 있다 : "성문(聲聞)과 독각(獨覺)도 나타내시며 성불하고 장엄함도 보이시니 이렇게 삼승법을 찬양하여 끊임없이 중생을 제도하시도다. 동남 동녀의 형상도 보이며 천신 용왕과 아수라 마후라가에 이르기까지 그들의 좋아함 따라 나타내네. 중생의 형상들 각각 다르고 행업과 음성도 한량이 없으나 이러한 온갖 것 다 나타내나니 해인삼매의 위신력이시다."[37]

　이와 같이 법신불이 온갖 모습과 온갖 방편으로 중생을 구제하는 것이 화신불인데, 그 작용은 불가사의해서 일체중생들의 원하는 바와 그 근기를 모두 알고(全知) 모두를 구제할 수 있다(全能).「노사나불품(盧舍那佛品)」에서 보현보살은 이것을 다음과 같이 노래하였다 : "여래의 법신은 불가사의해, 빛도 없고 모양 없고 그 짝 없으나, 중생 위해 온갖 색신 나타내나니, 교화 받을 사람들은 모두 다 보네."[38]

그런데 이렇게 중생을 구제하는 불가사의한 힘을 가진 불타라는 화신불 개념은, 그에 의지하여 간절히 구하기만 한다면 구원을 얻을 수 있다는 타력신앙적 요소를 포함하고 있다. 화신불에 의한 이러한 타력신앙의 요소는「불부사의법품(佛不思議法品)」에 나오는 다음과 같은 글귀 속에 잘 드러나 있다 : "모든 부처님은 깨끗하고 묘하게 무량무변한 색신으로 시방 일체 세계에 두루 나타나, 때를 놓치지 않고 중생을 교화함으로써 악을 떠나 청정하고, 모든 부처님은 사무외(四無畏)에 머물러 모든 공포를 떠나고, 천상 인간의 대중 가운데서 큰 사자후로 모든 법을 연설하여 대중을 기쁘게 함으로써 악을 떠나 청정하며, 불가설 불가설의 겁 동안 부처님이 멸도하신 뒤에 어떤 중생이라도 부처님의 이름만 들으면 부처님이 살아계시는 때처럼 큰 과보를 얻음으로써 악을 떠나 청정하고, 모든 부처님은 불가설 불가설의 세계에 멀리 계시더라도, 어떤 중생이 일심으로 그 부처님을 바로 생각하면 곧 그 앞에 나타남으로써 악을 떠나 청정하나니, 불자여, 이것이 모든 부처님이 열 가지 공덕으로 악을 떠나 청정하다는 것입니다."[39] 여기에는 부처님의 이름을 외워 듣거나 부처님을 간절히 생각하며 기원하기만 해도 구원을 얻을 수 있다는 타력신앙의 요소가 잘 나타나 있다. 그리고 이러한 타력신앙의 경향은 미타정토사상을 설하고 있는『40화엄경』의「보현행원품」에 이르면 매우 두드러지게 나타나게 된다.『40화엄경』의「보현

행원품」에서는 보현보살의 십종대원을 열심히 수지 독송하면 아미타불의 구원을 받아 극락세계에 태어날 수 있음을 설하고 있다.

화신불 개념에 기초한 이와 같은 타력신앙의 요소는 대중들의 종교적 요구에 부응하면서 중생구제라는 대승불교의 이념을 실현하려는 열망의 표현이라고도 할 수 있다. 우주의 근원이자 이법으로서의 법신과 그에 대한 깨달음을 통한 구원을 강조하는 자력신앙의 길은 어쩌면 일반 대중들에게는 너무 어려운 길일 것이다. 그러므로 『화엄경』의 화신불 사상과 이에 기초한 타력신앙적 요소는 보다 쉽고 대중적인 실천의 길을 방편적으로 제시한 것이라고 할 수 있다. 일찍이 화엄종의 2대조라 일컬어지는 지엄(智儼)은 미타정토신앙을 수용하고 있었고, 해동화엄종을 연 의상 역시 낙산사에 관음도량을 열고, 부석사에는 미타도량을 열어 미타정토신앙을 수용하였다. 이것은 우연한 일이 아니라 바로 앞서 지적한 것처럼 『화엄경』의 화신불 개념과 밀접한 연관을 갖고 있는 것이라고 할 수 있다.

그렇지만 다양한 화신으로 자신을 현시하는 법신불 자체는 인격을 지닌 초월적 창조주가 아니라 유무불이적이며 유한을 자신 속에 포함한 무한으로서 일다불이적이며 내재적인 우주의 생명력이자 이법이다. 그렇기 때문에 중생의 바람에 따라 출현하여 중생을 구제해 준다는 화신불 개념이나 아미타불과 같은 타력신앙의 측면은 아무래도 중생들을 불법과 깨달음으로 이끌기 위한 방편이라는 측면이 강하다고 할 수 있을 것이다.

이 우주 속의 모든 것은 법신의 자기전개요 자기 현시라는 관점에서 보자면 깨달은 부처의 존재도 사실은 법신의 자기 현시로서의 화신이라고 할 수 있다. 그러나 또한 그 깨달은 자의 관점에서 보자면 그것은 자신의 수행과 노력으로 성취한 부처(보신불)라고도 할 수 있다. 그렇지만 법신과 모든 중생을 포함한 만물의 관계를 바닷물과 파도의 관계와 같은 일다불이의 관점에서 본다면 법신과 화신과 보신이라는 이 세 가지는 결국 모두 둘이 아닌 존재라고 할 수 있다. 그리고 이렇게 본다면 중생의 구원은 부처의 자비에 의해 이루어진다고도 할 수 있고 동시에 자기의 깨달음과 보살행에 의해 이루어진다고도 할 수 있다.

이러한 관점에서 불교적 구원은 절대적 타자에 의한 일방적인 구제라는 개념과는 어울리기 어렵다. 화엄의 관점에서는 법신의 자기전개의 일부로서 법신과 둘이 아닌 모든 중생은 '본질적인 면에서 보면 모두 여래다.' 그러나 '현상적인 면에서 보면 망상에 덮여 있기 때문에 중생이다.' 전도망상에서 벗어나기만 한다면 중생은 곧 참된 여래가 될 수 있다. 그리고 이러한 깨침의 과정은 법신의 자기현시의 과정이자 동시에 중생의 주체적인 자각의 과정이라고 할 수 있다. 인간은 주체적인 자각에 의해 법신과 자신이 둘이 아님을 깨달아 직접적으로 법신과의 만남을 통해 구원을 얻을 수 있다. 물론 그때 석가모니처럼 깨달은 자 또는 법신불의 화신이라 할 수 있는 이들은 인간의 구원을 위한 누구보다도 훌륭한 모범이자 매개로 작용할 수 있음은 말할 필요도 없다. 또한 개인의 수행과 공덕을 통한 깨달음이라 해도 결국 그것은 개인을 넘어서 있는 법신불의 작용에 의한 것이기도 하다는 점에서 개인은 언제나 겸허할 필요가 있다는 점도 분명하다.


## 3) 기독교의 신관과 『화엄경』 불타관의 비교

이상으로 『화엄경』의 불타관을 살펴봤는데, 『화엄경』이 대표하는 불교의 불타관의 특징을 좀 더 잘 이해하기 위해서 기독교의 신관과 비교해 봐도 좋을 것이다. 이것은 불교와 기독교라는 거대한 종교 간의 상호이해와 소통을 위해도 필요한 작업이라고 할 수 있다. 그런데 기독교 내부에도 신에 관한 다양한 관점이 존재한다. 그래서 여기서는 편의상 불교를 비롯한 다른 종교들과의 관계에서 가장 배타적인 태도를 취하는 보수적인 전통적 기독교의 신관과 가장 포용적인 관점을 취하는 기독교 신비주의 및 종교다원주의적 기독교의 신관을 분석의 대상으로 삼아 『화엄경』의 불타관과 비교하는 방식을 택한다. 그것은 그렇게 함으로써 기독교의 신관과 『화엄경』의 불타관이 어떤 점에서 비슷하고 또 어떤 점에서는 다르며, 어떤 관점을 취할 때 서로 소통하고 가까워지거나 반대로 멀어질 수 있는가를 분명히 할 수 있기 때문이다.

지금까지 다른 종교에 대한 기독교 내부의 입장은 크게 배타주의, 포괄주의, 다원주의라는 세 가지로 나눌 수 있다. 배타주의는 기독교가 다른 종교들보다 절대적으로 우월하고 기독교를 떠난 다른 종교로는 구원이 불가능하다는 입장으로서, 과거 가톨릭교회와 보수적인 전통 기독교에 속하는 현재 한국의 주류 개신교의 입장이다.[40] 포괄주의는 다른 종교들 역시 훌륭한 가치를 가지고 있다는 것을 인정하면서도 기독교를 통한 구원만이 궁극적이기 때문에 다른 종교들은 기독교의 품 안에 포괄될 때에만 구원의 통로가 될 수 있다는 입장이다. 이것은 제2차 바티칸공의회 이후 가톨릭이나 한스 큉(Hans Küng) 등 수정주의 신학자들이 취하고 있는 입장이다.[41] 다원주의는 교회와 예수만을 통한 배타적 구원가능성을 부정하고 다른 많은 종교들도 인간과 신을 매개해 줌으로써 구원을 제공할 수 있는 종교임을 인정하는 것으로서 그 뿌리는 길지만 비교적 최

근에서야 기독교 내부에 자리를 잡고 점차 세를 넓혀가고 있는 입장이다.[42]

이 중에서 먼저 보수적인 전통 기독교의 신관을 분석해 보고 이를 앞에서 이미 서술한 『화엄경』의 불타관과 비교해 보기로 한다.

오늘날 보수적인 전통적 기독교의 입장에 서 있는 사람들은 근래에 확산되어가고 있는 종교다원주의를 전통 기독교의 유일신관을 부정하는 것으로서 기독교가 당면한 가장 큰 도전으로 간주한다.[43] 이런 관점에서 이들은 '현대 종교계를 휩쓸고 있는 종교다원주의 사상의 문제점을 지적하고 그 오류를 분명하게 드러냄으로 기독교 신학을 성경 중심적으로 재확립해야'[44] 한다거나, '오늘의 문제는 현대 사상과 종교의 바탕에 깔려 있는 범신론적 사상을 어떻게 훼파하는가 하는 것이 근본 문제요, 거기에서 솟아난 종교다원론을 어떻게 넘어뜨리느냐 하는 것이 현실적인 문제'[45]라고 주장한다. 이런 문제의식 아래서 이들은 '기독교에만 구원이 있다는 기독교의 절대성을 보다 더 분명하고 확실하게'[46] 하려고 한다.

이런 보수적인 전통적 기독교의 입장을 뒷받침하는 것이 기독교의 신관이다. 그에 따르면 신은 이 우주의 창조자로서 우주를 초월해 있는 존재이다. 즉 '우주의 궁극적 실재는 하나님이며'[47], '우주의 궁극적 실재인 하나님은 천지만물과 인간을 창조한 창조주'이고, '창조주로서의 하나님은 피조물과 본질적으로 다른 존재이다.'[48] 여기서 보이는 특징은 신의 초월성에 대한 강조이다. 창조라는 개념은 창조주가 그 바깥에 피조물을 만들어 낸다는 것이므로 창조주와 피조물 사이에는 건널 수 없는 '존재론적 단절 내지 불연속성이 존재'[49]한다. 보수적인 전통적 기독교에서는 이것을 이렇게 표현한다 : "피조물과 연속관계에 있지 아니한 절대적으로 초월하신 창조자"[50], "하나님께서는 자연과 인류로부터 독립되어 있으며 분리되어 있다"[51] 등등. 그런데 이처럼 초월적 창조자라는 성격을 강조하는 신관은 앞에서 우리가 보았던 『화엄경』의 법신불, 즉 '우주의 초월적 창조자가 아니라 그 자신 속에 우주를 포함하고 우주 속에서 변전하는 다양한 만물의 모습으로 자신을 전개함으로써 자신을 현시하는 어디까지나 내재적인 존재'라는 법신불과는 상당히 다르다고 할 수 있다.

신이 창조주라는 말은 자신의 뜻에 따라 자기 의지대로 어떤 목적을 가지고 이 우주를 창조했다는 의미가 되며, 또한 그런 신은 인격적 존재임을 의미한다. 보수적인 전통적 기독교에서는 이것을 이렇게 표현한다 : "하나님은 인격을 가지고 계신 분이시다. 하나님은 비인격적인 어떤 절대적인 힘이나 세력이 아니다."[52] "하나님은 지성과 감정과 의지의 소유자이시다. 그래서 우리는 성경 어디에서나 인격적이신 하나님을 만날 수 있다. 하나님은 인간과 교제도 하시고, 말씀도 하시고, 생각도 하시고, 단식도 하시고, 기뻐하기도 하시고, 화를 내기도 하시며, 질투도 하시고, 인간생활 속에 들어와 더불어 호흡하시는 인격적인 분이시다."[53]

이처럼 인격을 갖고 우주를 섭리하는 신이라는 관념은 온갖 방편으로 중생을 구제하는 불가사의한 힘을 가진 불타라는 『화엄경』의 화신불 개념과 유사한 점이 있다. 그렇지만 이미 앞에서 지적한 것처럼 다양한 모습의 화신으로 자신을 현시하는 법신불 자체는 인격을 지닌 초월적 창조주가 아니라 내재적인 우주의 생명력이자 이법이며, 그렇기 때문에 화신불 개념은 아무래도 중생들을 불법과 깨달음으로 이끌기 위한 방편이라는 측면이 강하다. 법신은 우주 만물이 그에 따르는 자연적 도리이며 이치이다. 법신은 우주의 내재적인 생명력이자 질서로서 자연스런 연기의 법칙에 따라 작용한다. 그것은 결코 어떠한 작위적인 의도에 따라 우주 만물을 주재하고 심판한다고 할 수 없다. 그러므로 법신은 어떤 목적을 갖고 의도적으로 우주를 창조하고 자신의 의지와 의도에 따라 이 세상의 모든 사물과 사건을 주재하는 인격신이라고 할 수는 없다. 그러므로 전통적 기독교의 신관은 만물을 낳으면서도 어디까지나 그것을 자신 속에 포함하고 있고, 만물 속에 내재하는 자연의 이법으로 작용하는 법신불이라는 『화엄경』의 불타관과 상당한 차이를 갖는다고 할 수 있다.

전지전능한 존재로서 이 세상의 모든 일을 주관하는 신이라는 보수적인 전통적 기독교의 관념은 철저히 타력적인 구원이라는 관념으로 이끈다. 인간의 구원은 인간 자신의 노력에 의한 것이 아니라 어디까지나 전지전능한 하느님의 은총에 의한 일방적인 것이다. 이것을 박영지는 이렇게 표현한다 : '기독교의 구원론은 철저히 하나님의 은혜 곧 사랑에 토대한 것이요', '철저히 타력적인 하나님의 구원 행위에 토대'한 것이다.[54]

더 나아가 보수적인 전통적 기독교에서는 하느님이 행하는 구원은 오직 하느님이 육화한 성자 예수 그리스도를 통해서만 가능하다고 간주한다. 이에 따르면 성경 속에는 예수 그리스도만이 유일한 구원의 길이라고 하는 구절들이 많다. 몇 가지 예를 들면 이렇다 : "예수께서 가라사대 내가 곧 길이요 진리요 생명이니 나로 말미암지 않고는 아버지께로 올 자가 없느니라."(요한복음 14:6). "하나님이 세상을 이처럼 사랑하사 독생자를 주셨으니 이는 저를 믿는 자마다 멸망하지 않고 영생을 얻게 하려 하심이라."(요한복음 3:16). "다른 이로서는 구원을 얻을 수 없나니 천하 인간에 구원을 얻을 만한 다른 이름을 우리에게 주신 일이 없음이니라 하였더라."
(사도행전 4:12). 이런 성경 구절들에 입각해서 보수적인 전통적 기독교에서는 '모든 인간의 구원을 위한 유일하고 결정적이며 보편적인 사건이 육화'이며, 그렇기 때문에 '그리스도교의 구원론에 있어서 예수 그리스도가 유일한 구원자라는 신앙고백은 부동의 명제'라고 간주한다.[55]

인간의 구원자로서의 하느님이나 신의 육화인 예수 그리스도를 통한 구원이라는 관념은 『화엄경』의 화신불 개념과 유사한 점이 있다. 기독교의 육화와 『화엄경』의 화신은 모두 구체적인 인간의 형상을 취하면서도 신성과 법성이 그대로 유지된다는 점에서, 그리고 이것이 인간에 대한 하느님의 사랑과 부처의 자비심으로 이루어진다는 점에서 유사한 점을 갖고 있다.[56] 그러나 신의 일방적인 은총이라는 철저한 타력에 의한 구원이라는 관념과 구원은 오직 신의 육화인 예수 그리스도를 통해서만 가능하다는 관념은 『화엄경』의 불타관이나 구원론과는 크게 다르다.

앞에서도 지적한 것처럼 『화엄경』의 핵심사상은 우주의 근원이자 진리로서의 법신이란 어떠한 존재이며 어떻게 하면 그 참모습을 깨달아 스스로 불타(보신불)가 될 수 있는가를 밝히는 것이다. 그리고 화신이라는 것은 깨달은 자의 관점에서 보자면 자신의 수행과 노력으로 성취한 부처(보신)이며, 그렇기 때문에 중생의 구원은 부처의 자비에 의해 이루어진다고도 할 수 있고 동시에 자기의 깨달음과 보살행에 의해 이루어진다고도 할 수 있다. 이런 관점에서 보는 구원은 절대적 타자로부터의 일방적인 구제라는 개념과는 어울리기 어렵다. 절대자의 일방적인 은총에 의한 구제라는 생각은 다분히 타율적인 관념이다. 『화엄경』에서 말하는 깨달음을 통한 구원의 과정은 법신의 자연적인 자기 현시의 과정이자 동시에 중생의 주체적인 자각의 과정이기도 하며, 그런 점에서 양방향적이다. 더구나 그런 구원의 과정을 통해 얻게 되는 궁극적인 구원의 상태라는 것이 『화엄경』에 있어서는 법신불이라는 절대적 실재와의 완전한 일치라는 점을 고려한다면, 하느님과 인간의 존재론적인 차이를 고수하는 기독교와의 대조는 더욱 선명해진다.

또한 구원은 오직 신의 유일한 육화인 예수 그리스도를 통해서만 가능하다는 관념 역시 『화엄경』의 관점과는 상당히 다르다고 할 수 있다. 수많은 화신을 인정하는 『화엄경』의 관점에서 본다면 인간이 예수를 통하지 않고서도 직접 신과의 만남을 통해서 구원에 이를 수 있다는 것을 부정할 논리적 근거는 없다. 물론 예수는 누구보다도 신과의 진정한 만남을 통해 신과 하나가 된 존재이며 신의 뜻을 가장 잘 드러낸 신의 화신이라는 것은 얼마든지 인정할 수도 있다. 그렇지만 전지전능한 신이 반드시 예수라는 한 화신을 통해 단 일회적으로만 자신을 현시하고 구원을 행하리라고 믿어야 할 근거는 없다. 무한자로서의 신은 무수한 화신과 방편을 통해 중생들을 구제할 수 있으며, 중생들은 그를 계기로 한 자각에 의해 구원을 얻을 수 있을 것이다. 그렇기 때문에 『화엄경』에서는 무수한 화신불의 존재를 기꺼이 인정하는 것이다. 그리고 이 문제는 특히 불교와 기독교를 비롯한 여러 종교 간의 상호 소통과 상호 인정 및 상호 존중을 위한 관건이 된다고 할 수 있다. 그것이 어떤 종교이건 간에 자신의 종교가 신봉하는 인물만이 유일한 신의 화신이며 구원은 오직 그를 통해서만 가능하다고 주장한다면, 종교 간의 상호 이해와 소통은 원천적으로 꽉 막혀버리게 된다. 그러므로 불교를 비롯한 여러 종교와의 올바른 이해와 소통을 위해서는 보수적인 전통적 기독교의 신관이나 구원관과는 달리 상당히 유연한 신관과 구원관이 필요한데, 이것을 우리는 기독교 내부의 기독교 신비주의와 다원주의적 기독교에서 발견할 수 있다.

신비주의에 대해 중세의 신비주의자 보나벤투라(Bonaventura von Bagnoregio)는 '체험에 입각하여 하나님을 인식하는 것'이라고 정의하였다.[57] 여기서 드러나듯이 신비주의는 신과 인간의 합일, 그리고 체험을 통한 신의 직접적인 파악을 핵심으로 한다. 이러한 기독교 신비주의의 선구자는 흔히 기독교 내부에서 위(僞) 디오니시우스(Pseudo-Dionysius)라고 불러온 디오니시우스 아레오파지타(Dionysius Areopagita)이다. 그는 신은 무한자로서 모든 개념을 초월하는 자이기 때문에 "우리의 생각으로는 도저히 상상할 수 없고, 이름 붙일 수도 없고, 무어라 표현할 수도 없을 뿐 아니라 존재나 비존재의 범주에도 속할 수 없는 무엇으로 파악했다."[58] 그래서 그는 신에 대한 모든 견해나 개념을 깨끗이 비우고 신을 직접적으로 체험하여 신과의 합일에 이를 것을 주장하였다.[59]

디오니시우스로부터 영향을 받은 기독교 신비주의 역사에 가장 뛰어난 사상가인 마이스터 에크하르트(Meister Eckhart) 역시 신은 어떤 개념을 통해서 인식할 수 없다고 간주한다. 그래서 그는 이렇게 말한다 : "사람들은 생각된 신에 만족해서는 안 된다. 왜냐하면 만약에 생각이 소멸된다면, 신도 또한 소멸할 것이기 때문이다. 우리는 오히려 참되고 본질적인 신을 가져야 한다. 그 신은 인간의 사유와 모든 피조물들의 생각 너머 아득히 높이 있다."[60] 이러한 신을 인식하고 파악하기 위해서는 모든 개념과 생각을 버려야만 한다. "인간의 의지와 추구라는 그러한 구속들뿐만 아니라, 또한 사유, 표상, 신앙, 공상과 희망 등의 구속들도 이와 마찬가지로 신과 인간이 하나 되는 것을 방해한다. 정말이지, 그대는 생각된 그대의 신을 버려야 한다. 신은 좋고, 지혜롭고, 정의로우며, 무한하다고 하는 등의 신에 대한 그대의 불충분한 모든 생각과 표상들을 버려야 한다."[61]

에크하르트에게 신은 '모든 생각 가능한 규정을 넘어선 존재'이며, 심지어 존재한다는 규정마저 넘어선 존재이다.[62] 그는 이것을 이렇게 표현한다 : "존재가 있기도 이전에 신은 작용했다. 다시 말하면, 존재가 여전히 있기도 전에 신은 존재를 만들었다."[63] 그러므로 신은 "존재를 넘어서는 존재이자 존재를 넘어서는 무"[64]이다. 이러한 에크하르트의 신 개념은 앞에서 우리가 보았던 존재의 근원으로서 온 우주를 포괄하고 만물로서 자신을 현현하는 무한자로서 어떠한 형상이나 성질로도 묘사하거나 한정할 수 없는 법신불의 개념과 상통한다.

무한한 존재로서의 신은 자신 속에 모든 존재를 포함한다. 모든 존재들은 신 가운데 존재하며, 신은 우주 만물을 자신의 바깥에 창조해 내는 인격적 초월자가 아니다. "에크하르트에 의하면 창조는 결코 하느님의 외적 행위가 아니다. 이 세계는 마치 공예가가 자기 밖에 존재하는 재료를 갖고 만든 공예품과 같은 것이 아니라, 어디까지나 생명의 근원인 하느님 안에서 잉태하고 분출한 것으로서, 하느님을 떠나서는 존재할 수 없으며 하느님 역시 그의 피조물 밖에 있는 어떤 외적 존재가 아니다."[65] 그러므로 에크하르트는 이렇게 말한다 : "많은 단순한 사람들은 신이 저기에 서 있고 자신들은 여기에 서 있는 것으로 신을 보아야 한다고 착각한다. 그러나 사실은 그렇지 않다. 신과 나, 우리는 하나이다."[66] "가장 사소한 것이라도, 우리가 이것을 신 가운데 존재하는 것으로 인식한다면, 실로 우리 자신이 한 송이 꽃이라도 그것이 신 가운데 존재를 갖는 것으로 인식할 수 있다면, 이 사소한 것이 전 세계보다도 더 고귀할 것이다."[67]

무한한 존재로서의 신은 자신 속에 모든 존재를 포함한다. 모든 존재들은 신 가운데 존재하며, 신은 우주 만물을 자신의 바깥에 창조해 내는 인격적 초월자가 아니다. "에크하르트에 의하면 창조는 결코 하느님의 외적 행위가 아니다. 이 세계는 마치 공예가가 자기 밖에 존재하는 재료를 갖고 만든 공예품과 같은 것이 아니라, 어디까지나 생명의 근원인 하느님 안에서 잉태하고 분출한 것으로서, 하느님을 떠나서는 존재할 수 없으며 하느님 역시 그의 피조물 밖에 있는 어떤 외적 존재가 아니다."[68] 그러므로 에크하르트는 이렇게 말한다 : "많은 단순한 사람들은 신이 저기에 서 있고 자신들은 여기에 서 있는 것으로 신을 보아야 한다고 착각한다. 그러나 사실은 그렇지 않다. 신과 나, 우리는 하나이다."[69] "가장 사소한 것이라도, 우리가 이것을 신 가운데 존재하는 것으로 인식한다면, 실로 우리 자신이 한 송이 꽃이라도 그것이 신 가운데 존재를 갖는 것으로 인식할 수 있다면, 이 사소한 것이 전 세계보다도 더 고귀할 것이다."[70]

우주의 모든 존재를 포함하고 있으며 만물과 분리할 수 없는 존재로서의 신 관념에 따르면, 인간은 누구나 신과 둘이 아닌 신의 아들이다. 에크하르트는 이것을 이렇게 표현하고 있다 : "존재에 따르면 아들이 아버지와 하나이듯이, 존재와 본성에 따르면 그대는 아버지와 하나이다. 그리고 아버지가 자신 속에 모든 것을 다 갖고 있듯이, 그대도 그대 속에 모든 것을 다 갖고 있다."[71] "의로운 사람은 아버지의 낳아진 아들, 실로 아버지와 신적 근저 자체와 단지 닮아 있는 것이 아니라, 완전히 하나이다."[72] 이렇게 본다면 원칙적으로 모든 사람은 예수와 마찬가지로 하느님의 아들이다 : "나는 그분의 아들과 같으며 다른 것이 아니다. … 나는 그분의 독생자이다."[73] 에크하르트가 보기에 하느님은 우리들의 영혼을 통해 우리를 자신의 아들로서 끊임없이 낳으신다.[74] 이것을 그는 이렇게 표현한다 : "내 하나님께서는 영혼 안에 당신 자신을 탄생시키셨다고 말하고 싶습니다. 영혼은 하나님을 닮고 하나님은 영혼을 닮았을 뿐만 아니라 하나님은 영혼 속에 계십니다. 왜냐하면 하나님께서는 영원 안에서 그러시는 것과 아주 똑같은 방법으로 영혼 속에 아들을 낳으시기 때문입니다. … 아버지께서는 쉬지 않고 당신의 아들을 낳으십니다. 이뿐 아니라 그분께서는 나를 당신의 아들로 즉 자아가 같은 아들로 탄생시키십니다."[75]

이처럼 모든 인간을 신성을 지닌 하느님의 아들로 보는 관점은 보수적인 전통적 기독교와는 달리 오직 하느님의 유일한 육화인 예수를 통해서만 구원이 가능하다는 배타적인 태도를 고수할 필요가 없다. 그러므로 이런 관점에서는 필연적으로 예수 그리스도 중심의 신학에서 신 중심의 신학으로 전환하지 않을 수 없다. 에크하르트의 기독교 신비주의와 종교다원주의적 기독교는 이런 입장을 취한다. 이런 입장에서 예수 그리스도는 신과 인간을 연결해 주는 매개자 중의 하나이며 다른 매개자의 존재를 배제할 이유는 없다.[76] 한국의 다원주의적 기독교의 선구자인 다석 유영모를 통해서도 우리는 이런 관점을 분명히 확인할 수 있다. 유영모는 예수 그리스도를 구원의 배타적인 절대적 규범으로 보지 않는 신중심적 신학의 입장에 서서 여러 종교를 신이 인간들에게 보여주는 구원의 길이라고 간주하였다.[77] 이런 관점에서 유영모는 '예수를 스승으로 모시되 하느님으로 숭배해선 안된다'는 입장을 견지하였다.[78]

모든 인간이 근원적으로는 신과 둘이 아니라고 간주하는 입장에 서게 되면, 모든 인간은 좁아빠진 자신만을 중심으로 삼음으로써 신과 우주로부터 자신을 분리시키고 있는 잘못을 극복하기만 하면 신과의 합일에 이를 수 있다고 간주하게 된다. 에크하르트는 이것을 우리 가운데 심어져 있는 신의 씨앗을 잘 가꾸는 일로 비유하여 이렇게 말한다 : "지성을 부여받은 영혼은 결코 신 없이 존재하지 않는다. 신의 씨앗은 우리 가운데 있다. 만약 신의 씨앗이 선하고 현명하고 성실한 농부를 만난다면, 그 씨앗은 더욱 잘 번성하여 신으로 자라날 것이다. 이는 그 씨앗이 바로 신의 씨앗이기 때문이다. 그리고 열매는 신의 본성과 같아질 것이다."[79] 또한 이와 똑같은 취지의 얘기를 우리는 유영모의 다음과 같은 말 속에서도 보게 된다 : "나는 줄곧 본다. 하느님의 사랑을 나는 줄곧 보고 있다. 예수만이 혼자 독생자인가. 하느님의 씨를 키워 로고스의 성령이 나라는 것을 깨달아 아는 사람은 누구나 다 얼의 씨로 독생자이다. 자기 속에 하느님의 씨가 독생자라는 것을 믿어야 한다. 그러면 누구나 몸으로는 죽어도 독생자인 얼로는 멸망치 않는다. 얼로 거듭나는 것이 영생이다. 얼이 참나인 것을 깨닫는 것이 거듭나는 것이다."[80]

자신 속에 심어져 있는 신의 씨앗을 잘 가꿔 신과 합일에 이른다는 것은 스스로의 노력에 의한 구원이라는 자력구원을 이룰 수 있다는 것을 의미한다. 물론 이것은 신의 계시와 은총에 의한 구원과 모순되는 것은 아니다. 그것은 자신의 노력의 결과이면서도 동시에 신이 베풀어 준 은혜의 결과일 수 있다. 이런 점에서 자력구원과 타력구원은 합치할 수 있다. 그리고 이러한 관점은 중생의 구원은 부처의 자비에 의해 이루어진다고도 할 수 있고 동시에 자기의 깨달음과 보살행에 의해 이루어진다고도 할 수 있다는 『화엄경』의 구원관과 상통할 수 있다.

비교 분석을 통해 드러난 것처럼『화엄경』의 화신불 사상과 그에 기초한 구원관은 인격적인 하느님이라는 개념과 서로 유사하고 통할 수 있는 점이 있다. 둘 다 인간의 구원은 유한한 개체를 넘어서 있는 위대한 무한자의 자비와 사랑에 의해서 이루어진다고 보면서 겸허하게 자신을 낮추고 무한자에게 귀의한다는 점에서 양자는 서로 통할 수 있다. 그러나 보수적인 전통적 기독교의 입장처럼 구원의 방도와 기회를 오직 자신들의 종교에만 한정된 것으로 간주하면 양자 사이의 소통은 근본적으로 봉쇄되어 버린다. 만약 이러한 배타적인 입장을 자신들 종교의 절대불변의 본질로 고수하여 개혁을 외면한다면 종교 간의 상호소통과 평화공존은 멀어질 수밖에 없다. 그러나 종교의 교리체계가 만고불변의 것은 물론 아니며, 시대와 상황에 따라 끊임없이 변화해 왔음은 분명한 역사적 사실이다. 그러므로 그것이 바람직한 방향이라면 기꺼이 자신을 변혁하는 것이 오히려 훨씬 올바른 자세라고 할 수 있을 것이다. 반면에 무한자로서의 신은 수많은 방도와 매개자들을 통해 인간을 구원할 수 있다는 점을 인정한다면, 비록『화엄경』의 화신불 개념과 그에 기초한 타력신앙이 다분히 제한된 방편적 성격을 갖는다 하더라도, 그런 불교의 입장에서는 인류를 구원해 주는 인격적 신이라는 개념을 부정하고 배타적인 태도를 취할 필요는 없게 된다. 그러므로 불교와 기독교가 서로 이처럼 보다 유연한 관점을 취한다면 양자는 서로를 인정하면서 평화롭게 공존할 수 있을 것이다.

우리는 기독교 신비주의와 종교다원주의적 기독교가 타종교에 대해 보다 포용적이며 그렇기 때문에『화엄경』의 불타관과도 소통하기 쉬운 신관을 가지고 있음을 보았다. 그에 따르면 하느님은 초월적인 창조자가 아니라 우주를 그 안에 포함하고 있어 세계와 불가분적인 신이며, 이것은 『화엄경』의 법신불 개념과 상통하는 것이다. 또한 그들은 모든 인간을 신성을 지닌 하느님의 아들로 보는 관점을 통해 하느님의 유일한 육화인 예수를 통해서만 구원이 가능하다는 배타주의를 버리고 무한자로서의 신이 수많은 구원의 방도를 베풀 수 있다는 신 중심의 신학이라는 입장을 취하였고, 더 나아가 인간이 자신 속에 심어져 있는 신성을 잘 가꾸어 나감으로써 신과의 합일을 이룰 수 있다는 점까지도 인정하였다. 이러한 기독교 신비주의와 종교다원주의적 기독교의 신관 및 구원관은, 모든 사람이 스스로의 깨달음에 의해 보신불이 됨으로써 법신불과 하나 될 수 있다는 『화엄경』의 보신불 사상이나 수많은 화신과 다양한 방편에 의한 중생의 구원이라는 화신불 사상과 원만하게 소통할 수 있는 것이다.

가톨릭의 제2차 바티칸공의회에서는 타종교의 가치와 구원 가능성을 인정한 바 있고, 그 이후 기독교 내부에서는 점차 타종교에 대한 포용적 태도가 확산되어 왔다. 그러나 다른 한편 아직까지도 가톨릭교회에서는 예수 그리스도와 교회의 유일성과 보편성을 포기하지 않고 있는 것도 사실이다.[81] 더구나 한국의 개신교 신학계에서는 아직도 종교다원주의자라고 하면 오명이 될 정도이다.[82] 이런 상황 속에서는 종교다원주의적 기독교의 신관이 주류가 되어 다른 종교들과 상호 이해와 소통을 넓혀가며 평화롭게 공존하기까지에는 아직 상당한 거리가 있는 것으로 보인다. 그렇지만 세계적인 개방과 교류의 증대 추세에 따라 점점 더 다문화·다종교적 성격이 강화되는 세계 속에서, 우리사회의 안녕과 행복하고 평화로운 삶을 위해서는 불교와 기독교 간의 상호 소통도 점점 더 절실해지고 있다. 그리고 이것은 양자가 서로 상대방을 올바로 이해하고 차이점보다는 유사점과 상통점을 점점 더 확대해 나감으로써 기꺼이 서로 소통하고 공존하려는 자세를 절실히 요구하고 있다. 이런 점에서 기독교 신비주의 및 종교다원주의적 기독교가 제시하고 있는 신관과 『화엄경』의 불타관이 상통하는 부분들을 불교와 기독교 모두에서 서로 상생하는 방향으로 발전시켜나가는 것이 우리 사회를 위해 크게 바람직할 것으로 여겨진다.

## 2. 화엄의 법계관

### 1) 법계연기설

『화엄경』의 불타관과 밀접한 연관을 가진 화엄의 또 하나의 핵심 사상은 법계관, 즉 법계연기사상이다.[83] 우주의 궁극적 근원인 법신불이 펼쳐진 세계이자 불타가 깨달은 세계가 법계이다. 그리고 이러한 법계의 모습을 밝히고 있는 것이 법계연기론이다. 그런데 사실 『화엄경』에는 법계연기라는 용어는 보이지 않는다. 그렇지만 법계연기에 해당하는 내용은 경문의 여러 곳에서 설해지고 있으며, 『화엄경』 전체가 법계연기사상에 기초하고 있다고 할 수 있다. 그래서 중국 화엄종의 3대조라 일컬어지는 법장(法藏)은 『탐현기(探玄記)』에서 『화엄경』의 핵심 내용을 법계연기사상이라 간주하면서, 그것은 연기하는 우주 속의 모든 존재가 원융무애해서 상즉상입하며 중중무진하게 서로 의존하며 존재한다고 보는 것이라고 설명하고 있다. 그것은 이렇게 표현되어 있다.

> 원교(『화엄경』)에서 말하는 바는 오직 무진법계(無盡法界)로서 성품의 바다가 원융하며(性海圓融)이며 연기가 무애(緣起無礙)하다는 것이다. 상즉상입(相卽相入)하는 것이 마치 인다라망(因陀羅網)과 같이 서로 중첩함이 무한하고 미세상용(微細相容)하며 주반무진(主伴無盡)하다.[84]

법계는 하나 속에 전체가 있고 전체 속에 하나가 있는 세계(一多不二의 세계)이며 유와 무, 존재와 비존재가 서로 녹아들어가는 세계(有無不二의 세계)로서 총체성과 무애의 세계이다. 우주 만물이 일다불이와 유무불이의 법계를 이루는 것은 우주 만물이 연기에 의해 서로 의존하고 있고 자성을 갖고 있지 않기 때문이다. 그러므로 법계는 다시 말해 연기의 세계이며, 그러한 법계의 모습을 밝힌 것이 법계연기론이다. 이 우주 속에서 독자적으로 존재하는 것은 아무것도 없다. 각각의 존재자는 다른 존재자에 의존하며 그 역도 마찬가지이다. 이런 점에서 우주 만물은 서로 다르지 않은 동일성을 갖고 있으며(상즉相卽) 서로서로 포함하고 포함되는(상입相入) 관계 속에 놓여 있다. 그러므로 이 세계는 모든 존재가 상즉 상입하고 있는 총체적인 무애의 세계(법계)라고 할 수 있다.

상즉 상입은 우주 만물이 서로 불이적 관계에 있음을 나타내는 말이다. 굳이 나누자면 이 중에서 상즉이 특히 만물이 서로 다르지 않음을 주로 강조하고 있는 것이라면 상입은 주로 만물이 서로 같지 않음을 강조하고 있는 것이라고 할 수 있다. 그러나 상즉, 상입 모두 그 자체로 또한 다르지 않음과 같지 않음을 표현하고 있다는 것도 사실이다. 상즉 상입에서 '상(相, 서로)'이라는 말은 사물들이 서로 같지 않은 측면을 나타낸다. '서로'라는 말은 두 가지 이상의 것이 있어야 쓸 수 있는 말이기 때문이다. 이에 비해, '즉(卽)'이나 '입(入)'이라는 말은 서로 다르지 않음을 나타낸다. '즉'은 같다는 것이고, '입'은 서로가 서로 속에 들어 있다는 말이기 때문이다. 그러므로 상즉이나 상입은 모두 사물들이 서로 같지 않음과 동시에 다르지도 않음을 말하는 것으로서 결국 만물이 불이임을 나타내고 있다.

모든 존재가 서로 상즉상입하는 원융무애한 불이적 관계에 있다는 법계연기설은 사실 이 세상의 모든 것들이 연기에 의해 총체적으로 서로 연결되어 있다는 초기불교의 가장 중요한 교설의 하나인 연기설과 완벽하게 상통한다.

법계에 관해서는, 중국 화엄종의 첫 번째 조사(祖師)로 일컬어지는 두순(杜順)이 『법계관문(法界觀門)』에서 '법계삼관(法界三觀)'으로써 법계를 바라보는 세 가지 관점을 얘기한 바 있다. 그 첫 번째는 '진공관(眞空觀)'으로서 참다운 공의 관점에서 보면 모든 개별적인 현상의 모습은 사라진다는 것이다. 둘째는 '이사무애관(理事無碍觀)'으로서 본체로서의 진여, 근원적인 원리(理)와 세상의 수많은 현상들이 서로 걸림이 없이 통한다는 것이다. 세 번째는 '주변함용관(周遍含容觀)'으로서 모든 사물들이 각기의 속성을 잃지 않으면서도 서로가 서로를 비추고 받아들여 융통하기 때문에 불이라고 하는 것이다. 이것은 사사무애(事事無碍)를 말하고 있다.

이러한 법계삼관을 기초로 해서 징관(澄觀)은 사법계설(四法界說)을 주창하였다. 징관은 법계에는 사법계(事法界), 이법계(理法界), 무장애법계(無障礙法界)가 있는데, 무장애법계는 사리무애법계(事理無礙法界, 이것은 흔히 이사무애법계라고도 함)와 사사무애법계(事事無礙法界)로 나누어진다고 말한다.[85] 그러므로 법계에는 사법계, 이법계, 이사무애법계, 사사무애법계라는 사종법계(四種法界)가 있는 셈이다.

사종법계에서 사법계는 사물과 사건 또는 현상의 세계이다. 이것은 사물과 현상이 독립적인 존재인 것처럼 나타나는 세계이다. 이법계는 본체 또는 원리의 세계이다. 즉, 이것은 만물과 현상의 근원이 되는 진여의 세계이다. 사리무애법계(또는 이사무애법계)는 진여와 만물 또는 현상이 서로 융통하는 세계 즉, 이와 사가 둘이 아닌 세계이다. 이사무애의 근거는 이 세상의 모든 사물이 하나의 궁극적 원리인 법성으로 말미암는다는 것(法性融通)이다. 그러므로 이와 사는 불가분의 것이고 상호융통하는 불이적인 것이다. 사사무애법계는 사물과 사물, 사건과 사건, 현상과 현상이 완전 서로 융통하는 세계로서 우주만물의 완전한 총체적 무애의 세계, 불이의 세계이다. 세상 만물은 모두 하나의 원리로 말미암은 것이기 때문에 또한 그들 서로는 상호의존적인 연기적 관계를 맺고 서로 걸림 없이 상즉상입하는 사사무애법계를 이루게 된다.

여기서 사종법계라는 것을 따로 따로 존재하는 4가지 종류의 세계가 있는 것으로 오해해서는 안 된다. 법계는 진여, 법신이 펼쳐진 하나의 세계일 뿐이다. 다만 그것을 현상의 차원에서 보자면 사법계가 되는 것이고, 진여의 본 모습으로 보자면 이법계가 되는 것이다. 그리고 진여와 만물, 만물들 서로가 동떨어져 존재하는 것이 아니라 불이적인 것으로 서로 융통하는 것이라는 차원에서 보자면 이사무애법계와 사사무애법계가 되는 것이다. 그러므로 사종법계는 세상 만물이 불이적인 관계로 서로 연결되어 있음을 말하고자 한 것이다.


이처럼 법계연기는 진여 법신이 만물과 세상의 온갖 현상으로 펼쳐진 일다불이의 세계를 말하는 화엄의 핵심적인 사상의 하나이다. 그런데 『화엄경』에서 법계연기사상을 체계적으로 서술한 곳은 없다. 그러나 우리는 『화엄경』의 곳곳에서 일다불이의 법계연기사상을 나타내고 있는 글귀들을 만난다. 그러한 글귀들은 상당히 많지만, 대표적인 글귀만을 들어보도록 한다.

예를 들자면 「십명품(十明品)」에서는 만물이 불이적 관계에 있음을 이렇게 말하고 있다 : "보살마하살은 ⋯ 모든 법은 각기 다름을 알며, 모든 법은 각기 다르지 않음을 알고 모든 법은 둘도 아니고 둘이 아닌 것도 아님을 안다."[86] 또 「여래광명각품(如來光明覺品)」에서는 만물이 둘이 아니라는 일다불이(一多不二)의 진리를 이렇게 말한다 : "하나 가운데 한량없는 것 알고, 한량없는 가운데서 하나를 알아. 그것들이 서로서로 내는 줄 알면, 지혜로운 그 사람 공포 없으리."[87]

「보현보살행품(普賢菩薩行品)」에서는 만물이 공간적 · 시간적으로 상즉상입의 관계에 있음을 이렇게 얘기한다 : "이른바 일체 세계를 한 털구멍에 들이고 한 털구멍에서 불가사의한 세계를 내며, 일체 중생의 몸을 다 한 몸에 들이고 한 몸에서 한량없는 몸을 내며, 말할 수 없는 겁을 다 한 찰나에 들이고 한 찰나를 말할 수 없는 겁에 들게 한다."[88]

만물의 공간적 상즉상입에 대해서는 예를 들면 「노사나불품(盧舍那佛品)」에서 이렇게 말한다 : "이 연화장 세계 바다, 그 세계 바다 안의. 그 낱낱 티끌 속에, 모든 법계 다 보이네."[89] 또한 「보현보살행품(普賢菩薩行品)」에서는 이렇게 말한다 : "낱낱의 작은 티끌 속에, 한량없는 부처 세계 있나니, 하나 속에서 무량을 알고, 무량 속에서 하나를 아네."[90]

시간의 상즉상입에 대해서는 예를 들면 「초발심보살공덕품(初發心菩薩功德品)」에서 "한량없는 겁이 곧 한 찰나요, 한 찰나가 곧 한량없는 겁"[91]이라고 하고, 「금강당보살십회향품(金剛幢菩薩十廻向品)」에서도 "한량없는 겁이 바로 한 찰나라는 미세한 지혜"[92]라는 것을 말하고 있다. 또한 「보현보살행품(普賢菩薩行品)」에서는 이렇게 말한다 : "한량없고 수없는 겁, 그것이 바로 한 찰나임을 알고. 찰나도 또한 찰나가 아니어서, 세간에는 찰나가 없음을 아네."[93]

## 2) 육상원융의(六相圓融義)와 십현문(十玄門)

이처럼 곳곳에 흩어져 있는 『화엄경』의 얘기들을 종합하여 법계연기사상을 체계적으로 제시한 것은 중국과 한국의 화엄사상가들이었다고 할 수 있다. 징관이 말한 사종법계 가운데서도 사사무애법계야말로 상즉상입하는 법계의 모습에 대한 가장 적합하고 뛰어난 파악이라고 할 수 있다. 그러므로 우리는 사사무애법계에 대한 화엄사상가들의 논설을 통해 법계연기사상을 가장 분명하게 이해할 수 있다.

일찍이 화엄사상가들은 이런 사사무애법계의 모습을 육상원융의(六相圓融義)와 십현문(十玄門) 등을 통해 설명하였다.

이 중 육상원융의에 대해서는 중국 화엄철학의 대표자라 할 수 있는 법장이 상세히 논하고 있는데[94], 그것은 총상(總相)과 별상(別相), 동상(同相)과 이상(異相), 성상(成相)과 괴상(壞相)이라는 육상이 서로 원융무애하여 둘이 아님을 얘기하고 있다. 법장은 그의 『화엄일승교의분제장』의 마지막 부분에서 건물과 그 부분들의 관계라는 유비를 통해서 이 우주 속에 존재하는 만물의 상즉상입하는 관계를 나타내는 육상원융의(六相圓融義)란 개념을 설명하고 있다.

법장은 이 육상의 뜻을 우선 다음과 같이 얘기한다.

총상이란 하나에 많은 덕성을 포함하고 있기 때문이며, 별상이란 많은 덕성을 포함하고 있는 것은 하나가 아니기 때문이니, 개별이 전체에 의지하여 머물면서 저 전체를 완성시키기 때문이다. 동상이란 많은 구성요소의 취지가 서로 어긋나지 않아 함께 하나의 전체를 이루기 때문이다. 이상이란 여러 가지 구성요소가 서로 마주하지만 각각 다르기 때문이다. 성상이란 이와 같은 여러 가지 구성요소가 연기를 이루기 때문이다. 괴상이란 이와 같은 여러 가지 구성요소가 스스로의 존재형태로 머물러 움직이지 않기 때문이다.[95]

법장은 집과 그 부분들의 관계라는 유비를 통해서 이 뜻을 설명한다. 그가 말하는 총상(總相)이란 집이 서까래 등의 서로 다른 부분들을 포함하면서 하나의 집을 이루는 것처럼, 이 우주가 하나의 총체적 존재임을 말한다. 서까래 등과 같은 부분들은 각기 다르면서도 하나의 집을 이루는 부분들이라는 의미에서 집 전체라는 보편적 존재에 통합되어 있어 서로 다르지 않은 존재들이기도 하다. 또한 서까래 등의 각 부분은 전체 집에 속하기 때문에 바로 그러한 서까래 등이 될 수 있는 것이다. 별상(別相)이란 그럼에도 불구하고 집을 이루는 여러 부분들이 여전히 전체와는 구분되는 특유의 성질을 가짐을 의미한다. 개별이 없으면 전체도 성립할 수 없다. 서까래 같은 집의 여러 부분들이 전체와 다른 자신의 특성을 유지하기 때문에 그것들이 서로 합쳐 집을 만들 수가 있다. 그러므로 결국 전체는 부분 때문에 그러한 전체일 수 있고, 부분은 전체 때문에 그러한 부분일 수 있다. 전체는 부분에, 부분은 전체에 의존한다. 이처럼 부분은 전체의 원인이며 전체는 부분의 원인이다.

동상(同相)이란 이 우주의 모든 존재자들이 서로 다르지 않음을 말한다. 집을 이루는 여러 부분들이 만약 서로 완전히 다른 존재들이라면 그것들이 모여 하나의 집을 이룰 수 없다. 하나의 보편적 존재를 구성하는 부분들은 서로 다르지 않은 성질을 가져야만 한다. 이상(異相)이란 우주의 여러 존재들이 각각 다른 존재들과 같지 않다는 것을 말한다. 서까래 등과 같은 여러 부분들이 모여 집을 이루기 위해서는 그것들이 서로 다른 특성과 쓰임을 갖고 있어야 한다. 만약 모든 부분들이 서로 같기만 하다면 집은 이루어질 수 없다.

성상(成相)이란 이 우주가 수많은 요소들의 협동적인 조합에 의해서 이루어짐을 의미한다. 서까래 등과 같은 모든 연들이 서로 모여 집을 이루며, 집을 이루기 때문에 그것들은 서까래 등일 수 있는 것이다. 괴상(壞相)이란 각 요소가 그 자신의 특성을 가진 개별자로서 여전히 남아 있음을 의미한다. 서까래 등의 모든 구성 요소들이 그 자신의 특성을 상실하지 않고 남아 있어야만 그것들이 모여 집을 지을 수 있다.

육상에 대한 법장의 해설은 집 전체와 그 부분들이 상호의존하면서 존재하고 있는 것처럼, 우주 속의 만물이 서로 상즉 상입의 상관관계 속에서만 존재함을 말하고 있다. 그런데 우주 만물의 상즉과 상입의 상관관계에 대한 이러한 설명을 관통하는 핵심적인 생각은 불이사상(不二思想)이다. 육상에 대한 법장의 설명을 자세히 들여다보면 그가 전체와 부분, 부분과 부분들이 서로 다르지 않으면서도 같지도 않은 불이적 관계로 상즉 상입하고 있음을 얼마나 공들여 얘기하고 있는지 알 수 있다. 그가 말하는 세 쌍의 개념들 중에서 총상(總相), 동상(同相), 성상(成相)은 모두 하나의 우주를 이루는 만물이 서로 다르지 않음을 얘기하는 것이다. 그리고 별상(別相), 이상(異相), 괴상(壞相)은 모두 만물이 서로 같지 않음을 얘기한다.

이 세상 만물이 불이적인 관계로 연결되어 있음은, 우주 만물이 서로 상즉상입하여 원융무애한 연기의 체계인 사사무애법계(事事無礙法界)를 이루고 있음을 나타내는 십현문(十玄門) 속에서도 잘 드러나고 있다. 그리고 화엄논사들이 십현문을 통해서 밝히고 있는 이러한 불이적인 사사무애법계라는 사상이야말로 화엄철학에서 말하는 법계연기의 핵심이라고 할 수 있다.

화엄사상사에서 십현문이 최초로 형성된 것은 지엄의『화엄일승십현문(華嚴一乘十玄門)』(大正藏 5, 515中)에서다. 그 후 이 십현문은 지엄의『수현기(搜玄記)』(大正藏 35, 15中), 법장의『화엄문의강목(華嚴文義綱目)』(大正藏 35, 501中),『금사자장(金獅子章)』(大正藏 45, 669中),『화엄일승교의분제장(華嚴一乘敎義分齊章, 일명 五敎章)』(大正藏 45, 505上-507上),『화엄경탐현기(華嚴經探玄記)』(大正藏 35, 123中), 징관의『화엄경소(華嚴經疏)』(大正藏 35, 515上),『연의초(演義鈔)』(大正藏 36, 9中) 등 여러 곳에서 설해졌다.

십현문에서 얘기하는 10가지 것은 문헌에 따라 약간의 차이가 있는데, 상즉상입의 원융무애한 연기의 체계를 이루고 있는 사사무애법계를 설명하는 십현문을 법장의『탐현기』에서는 다음과 같이 얘기하고 있다.

첫 번째는 동시에 구족하여 상응하는 원리(同時具足相應門)이다. 둘째는 넓고 좁음이 자유자재로 무애한 원리(廣狹自在無碍門)이다. 셋째는 하나(一)와 여럿(多)이 서로 받아들이고 있으면서도 같은 것이 아니라는 법문(一多相容不同門)이다. 넷째는 만물이 서로 같으면서도 독자적으로 존재한다는 원리(諸法相卽自在門)이다. 다섯째는 감춰짐과 드러남이 함께 이루어진다는 원리((隱密顯

了俱成門)이다. 여섯째는 미세한 법이 서로 받아들여 안정되어 있다는 원리(微細相容安立門)이다. 일곱째는 인다라망 법계의 원리(因陀羅網法界門)이다. 여덟째는 사물에 기탁해 법을 나타내서 깨달음을 일으킨다는 원리(託事顯法生解門)이다. 아홉째는 십세가 각각 구분되는 법으로 다르게 이루어진다는 원리(十世隔法異成門)이다. 열째는 주인과 그에 따르는 것을 두루 갖추고 있다는 원리(主伴圓明具德門)이다.[96]

십현문의 내용은 서로 겹치는 것도 적지 않으므로, 여기서 구태여 십현문에서 얘기하는 10가지 것 모두를 자세히 살펴볼 필요는 없고, 몇 가지만을 살펴보는 것만으로도 상즉상입하는 만물의 일다불이적인 사사무애 관계를 충분히 알 수 있다.

여기서는 십현문 가운데 몇 가지를 법장의 『화엄일승교의분제장』이나 『탐현기』의 설명을 통해 살펴보도록 한다. 십현문 가운데서 만물의 공간적인 상즉 상입의 관계를 잘 나타내 주는 것은 일다상용부동문(一多相容不同門)과 제법상즉자재문(諸法相卽自在門)이다. 먼저 법장은 일다상용부동문에 대해서 이렇게 설명한다.

이 하나 속에 여럿을 갖추고 있다고 하더라도 이 하나는 여전히 그 여럿이 아니다. … 그런데 이 하나와 여럿은 또한 서로를 포함하고 받아들여서 자재롭고 걸리는 것이 없다고 하더라도, 바로 그 몸은 같지 않은 것이다.[97]

여기서 드러나는 것처럼 우주 속의 각 사물은 다른 모든 사물을 자신 속에 포함하고 있으면서, 또한 스스로는 다른 모든 사물 속에 포함되는 존재이다. 이것은 우주 만물이 각기 고유한 개체성을 유지하면서도 우주 만물을 포섭하고 또 그에 포섭되는 상입의 관계에 있음을 잘 나타내고 있다.

제법상즉자재문은 개별적 사물이 하나의 우주를 이루고 있는 다른 모든 만물과 다르지 않으면서도 여전히 스스로의 모습을 유지한다는 것을 말하는 것으로, 법장은 이것을 다음과 같이 표현한다.

> 모든 법이 상즉하면서 자재롭다는 법문, 이것은 이 위에서의 여러 뜻이 하나가 일체요 일체가 하나로서 서로 융합되면서도 자유자재함이 걸림 없이 이루어지고 있다는 것이다.[98]

> 이 하나의 꽃잎(개별현상)이 자기를 없애고 타자와 같게 하여 전체를 들면 저 일체법이 되지만 항상 타자를 포섭하여 자기와 같게 하니 모든 저 일체법이 곧 자기의 본체가 된다. 일과 다가 상즉하여 섞이지만 장애가 없다.[99]

이처럼 만물의 공간적인 상즉상입의 관계 이외에, 시간적인 상즉상입의 관계를 주로 설명하고 있는 것은 동시구족상응문(同時具足相應門)과 십세격법이성문(十世隔法異成門)이다. 먼저 동시구족상응문에 대해 법장은 이렇게 말한다.

> 동시에 (모든 것이) 갖추어져 있으며 서로 상응관계를 이루고 있다는 법문. 이 위의 열 가지 뜻이 동시에 서로 상응관계를 이루어서 하나의 연기를 이룬다. 이것들은 앞뒤 시작과 끝 등의 구별이 없다. 모든 것을 다 갖추고 있으며, 자유자재로 역과 순을 섞으면

서도 또한 뒤섞여져 엉키지 않고, 연기의 궁극을 이루는 것이다. 이것은 해인삼매에 의하여 환하게 동시에 나타나서 이루어지고 있는 것이다.[100]

동시구족상응문은 각 사물이 과거와 현재, 미래의 모든 사물을 그 속에 구족하고 있으면서 그것들과 상응함을 의미한다. 과거와 현재, 미래의 모든 사물은 하나의 사물 속에 들어 있다. 만약 과거가 없다면 현재는 있을 수 없다. 현재 속에는 과거가 담겨 있다. 또한 현재 속에 미래가 담겨 있지 않다면 미래는 도래할 수 없다. 그러므로 현재 속에는 미래가 담겨 있다. 그러므로 과거와 현재, 미래는 서로 다르지 않고, 하나의 사물 속에 모두 포함되어 있다고 할 수 있다. 그렇지만 다른 한편으로 과거, 현재, 미래가 전적으로 같기만 하다면 과거에서 현재가, 현재에서 미래가 출현할 수는 없다. 과거 속에 이미 현재가, 현재 속에 미래가 이미 완전하게 들어 있어 새롭게 출현할 것이 없기 때문이다. 과거로부터 현재가, 현재로부터 미래가 출현할 수 있는 것은 과거와 현재, 미래가 서로 완전히 같지만은 않을 때뿐이다. 그러므로 과거, 현재, 미래의 만물이 서로 동시에 다른 모든 것들을 구족하면서도 서로 상응할 수 있는 것은 그것들이 서로 다르지 않으면서도 또한 같지도 않은 불이적 관계에 있기 때문이다. 법장이 '앞뒤 시작과 끝 등의 구별이 없다(無有前後始終等別)'고 한 것은 과거, 현재, 미래의 사물들이 서로 다르지 않음을 표현한 것이다. 그리고 그가 자유자재로 역과 순을 '섞으면서도 또한 뒤섞여져 엉키지 않는다(參而不雜)'라고 한 것은 그것들이 서로 같지 않음을 표현한 것이다. 물론 '앞뒤 시작과 끝 등의 구별이 없다(無有前後始終等別)'라든가 '자재역순(自在逆順)'과 같은 말들을 그 자체로만 떼어 놓고 보면, 그것이 마치 과거, 현재, 미래의 구분을 없애버리고, 만물이 선행하는 것들은 물론 동시적인 것들과 후속하는 것들로부터도 시간적 의미에서의 인과적 영향을 받음을 의미하는 것으로 오해할 수도 있다. 그러나 이렇게 해석하면 이와 모순되는 '섞으면서도 또한 뒤섞여져 엉키지 않는다(參而不雜)'와 같은 구절과 이것들을 조화시킬 수가 없다. 그러므로 이러한 구절들을 시간적 의미에서의 인과적 상입관계를 나타내는 것이라기보다, 서로가 서로를 그 속에 포섭하면서도 여전히 서로 같지 않은 자신의 특색을 갖추고 있다는 의미에서의 불이적 상입관계를 표현하고 있는 것으로 보는 게 훨씬 타당하다. 그리고 이렇게 해석할 때에만 과거, 현재, 미래가 서로 원융하게 통하면서도 서로 뒤섞이지 않는다는 일견 모순된 듯한 주장을 조화시킬 수가 있다.

이러한 사정은 십세격법이성문에 대해서도 마찬가지이다. 법장은 이것을 이렇게 설명한다.

> 십세라고 하는 것은 과거·미래·현재의 삼세가 각각 과거·미래·현재를 지니니 바로 구세가 되며 그리고 이 구세는 서로 상즉하기 때문에 하나의 총체의 경우를 이룬다. 총체와 별체를 합하면 십세를 이룬다. 이 십세는 서로 다름을 갖추면서도 동시에 나타나서 연기를 이루기 때문에 즉입할 수가 있는 것이다. 따라서 『화엄경』에 "장겁(長劫)으로써 단겁(短劫)에 들고, 단겁이 장겁에 들어간다. 때로는 백천대겁을 일념으로 하니 일념이 백천대겁에 즉한다. 혹은 과거겁이 미래겁에 들고, 미래겁이 과거겁에 든다"고 말하고 있다. 이와 같이 자재롭게 시간과 겁이 무애하게 상즉상입하여 혼합융통을 이루고 있다.[101]

여기서도 법장이 힘들여 얘기하고 있는 것은 과거, 현재, 미래가 서로 다르지 않기 때문에 하나의 총체를 이루고 있으면서도, 또한 각각 서로 같지 않다는 과거, 현재, 미래 사이의 불이적 상즉상입의 관계이다. 과거, 현재, 미래는 서로 불이적으로 상즉상입하므로, 과거, 현재, 미래는 서로 다르지 않으며(상즉), 과거 속에는 현재와 미래가, 현재 속에는 과거와 미래가, 미래 속에는 과거와 현재가 들어 있다(상입)고 할 수 있다. 그런데 여기서도 일부 글귀만을 따로 떼어 법장이 마치 과거, 현재, 미래의 사건들이 아무 구분 없이 마구 뒤섞여 시간적 의미에서 인과 작용을 미친다고 주장하는 것으로 해석한다면, 그것은 과거, 현재, 미래 사이의 불이적 상즉상입의 관계를 철저히 파악하지 못한 결과라 할 수 있을 것이다.

이상과 같이 십현문은 화엄종의 조사들이 세상 만물과 온갖 현상이 상즉상입하여 불이적인 사사무애법계를 이루고 있다는 걸 열 가지 관점으로 설명하고 있는 것이다.


### 3) 의상대사의 『화엄일승법계도(華嚴一乘法界圖)』와 「법성게(法性偈)」

이상으로 우리는 『화엄경』에 산재되어 있는 얘기들을 종합하여 법계연기사상을 체계적으로 제시한 것이 화엄사상가들이며, 그들의 사상 가운데서도 사사무애법계가 법계에 관한 가정 탁월한 파악이라는 것을 보았다. 그리고 중국의 화엄종 조사들이 그러한 사사무애법계의 모습을 육상과 십현문을 통해 설명한 것도 살펴보았다.

그런데 사실 화엄의 법계연기사상의 핵심을 더할 수 없이 간결하고 명쾌하게 나타낸 것은 무엇보다도 신라의 의상대사가 지은「화엄일승법계도」의「법성게」라 할 수 있다.

의상대사는 661년(문무왕 원년)에 당나라로 들어가 종남산(終南山) 지상사(至相寺)에서 중국 화엄종(華嚴宗)의 2대 조사(祖師)인 지엄(智儼)에게서 화엄사상을 배웠다. 의상은 화엄사상을 공부하면서 『대승장(大乘章)』 10권을 저술하였다고 하는데 이것은 현재 전해지지 않고, 그중에서 210글자를 뽑아 만들었다는 7언 30구의「법성게」가 전해지고 있다. 균여(均如)가 지은『일승법계도원통기(一乘法界圖圓通記)』에 보면,「법성게」가 만들어지게 된 경위가 설화적으로 설명되어 있다. 그에 따르면 의상이 화엄을 공부하고 있을 때 꿈속에서 신비로운 사람과 선재 동자 등이 나타나 의상에게 깨달은 바를 저술해서 사람들에게 베풀어주라고 했다. 그래서 의상은『대승장』 10권을 지어 스승인 지엄에게 보였는데, 지엄은 그 취지는 칭찬하면서도 서술이 마음에 차지 않는다는 의사를 표했다. 그래서 의상은 지엄과 더불어 부처님 전에 나아가『대승장』을 불사르면서 부처님 뜻에 계합하는 바가 있다면 타지 말기를 기원하였다. 그때 타지 않고 남은 글자가 210자였는데, 의상이 이를 다시 불길 속에 던졌는데도 타지 않았으며, 이를 수습하여 만든 것이 7언 30구의「법성게」였다는 것이다.[102]

의상은「법성게」를 도인(圖印) 형태의 반시(槃詩, 구불구불 돌며 사각형을 이루도록 글자를 배열하고 그 사이에 선을 그어 연결한 시)로 만들고 그에 관한 자신의 설명을 붙였는데, 이것이『화엄일승법계도』이다. 의상이 만든「법계도」의 모습과 그것의 진행방향을 표기한 그림을 보면 다음과 같다.[103]

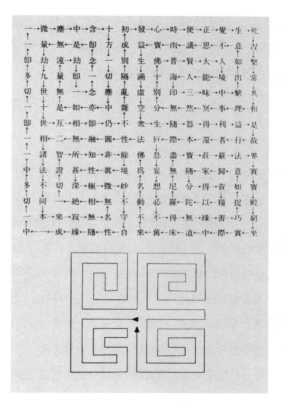

이 「법계도」는 「법성게」의 첫 글자인 법(法)자로부터 시작해서 구불구불한 선을 따라 한 바퀴를 돌아 마침내 「법성게」의 마지막 글자인 불(佛)자와 만나는 모습으로 되어 있다. 이것은 우주의 근원인 진여 법신과 세상 만물이 일다불이로서 원융무애하게 상통함을 상징적으로 보여주고 있는 절묘한 모양이라고 할 수 있다. 무한 속에 포함되어 있는 무수한 유한자들이 펼치는 아름다운 춤사위를 거쳐서 마침내 본래의 자리로 돌아오는 듯한 장엄한 화엄세계의 파노라마를 기가 막히게 보여주는 그림이다.

「법성게」는 그 어떤 글보다도 일다불이와 유무불이인 우주의 진리를 설명하는 화엄사상의 요체를 압축적으로 가장 훌륭하게 표현하고 있는 위대한 게송이라고 할 수 있다. 우선 이「법성게」의 문구를 우리말로 간략히 풀이하자면 다음과 같다.

法性偈

법성원융무이상(法性圓融無二相) 제법부동본래적(諸法不動本來寂)
무명무상절일체(無名無相絶一切) 증지소지비여경(證智所知非餘境)
진성심심극미묘(眞性甚深極微妙) 불수자성수연성(不守自性隨緣成)
일중일체다중일(一中一切多中一) 일즉일체다즉일(一卽一切多卽一)
일미진중함시방(一微塵中含十方) 일체진중역여시(一切塵中亦如是)
무량원겁즉일념(無量遠劫卽一念) 일념즉시무량겁(一念卽是無量劫)
구세십세호상즉(九世十世互相卽) 잉불잡난격별성(仍不雜亂隔別成)
초발심시변정각(初發心時便正覺) 생사열반상공화(生死涅槃常共和)
이사명연무분별(理事冥然無分別) 십불보현대인경(十佛普賢大人境)
능인해인삼매중(能人海印三昧中) 번출여의부사의(繁出如意不思議)
우보익생만허공(雨寶益生滿虛空) 중생수기득이익(衆生隨器得利益)
시고행자환본제(是故行者還本際) 파식망상필부득(叵息妄想必不得)
무연선교착여의(無緣善巧捉如意) 귀가수분득자량(歸家隨分得資糧)
이다라니무진보(以陀羅尼無盡寶) 장엄법계실보전(莊嚴法界實寶殿)
궁좌실제중도상(窮坐實際中道床) 구래부동명위불(舊來不動名爲佛)

법의 성품 둥글어 두 모습 없고, 모든 것은 움직임 없이 본래 고요해.
이름과 모양 다 끊어버리니, 깨달아 안 바 다른 경지 아닐세.
참 성품은 깊고도 미묘해. 자성이 어디 있나, 연 따라 이뤄지지.

하나 안에 일체 있고, 여럿 안에 하나 있네. 하나가 곧 일체요, 여럿
이 곧 하나일세.

한 티끌 속에 온 세상이 들어 있고, 모든 티끌 역시 그러해.

한없이 먼 시간도 곧 한 생각이요, 한 생각이 곧 한없는 시간이라.

구세와 십세가 서로 부합하지만, 뒤섞이는 일 없이 떨어져 서 있네.

초발심 때가 곧 정각이니, 생사와 열반이 항상 함께하네.

이와 사가 그윽이 분별되지 않으니, 십불과 보현 대인 경지로다.

능인(能人)이 해인삼매 가운데 마음대로 불가사의한 일을 내보내,

비오듯 보배를 뿌려 중생을 돕고 허공을 채우니, 중생이 그릇 따라
이익을 얻네.

그러므로 행자가 본래의 자리로 되돌아가매, 망상을 끊어 다시는
얻음이 없고,

걸림 없이 선교방편을 뜻대로 잡아, 집으로 돌아갈 때 분수대로 자
량을 얻고,

다라니의 다함없는 보배로 법계의 실제 보전을 장엄하고,

마침내 실제중도의 자리에 앉으니, 예부터 움직인 일 없는 그 이름
부처라 하네.


　　법계도와 그 내용인 「법성게」를 이해하기 위한 자료로는 우선 의
상 자신이 지은 『화엄일승법계도』가 있다. 다음으로는 13세기 중반
에 편찬된 작자 미상의 『법계도기총수록(法界道記叢隨錄)』이 있고,
고려 때 균여대사가 지은 『일승법계도원통기(一乘法界圖圓通記)』와
조선의 매월당 김시습이 지은 『일승법계도주(一乘法界圖註)』 등이
있다. 여기서는 주로 의상 자신의 설명을 참고로 하여 법계도와 「법
성게」의 내용을 구체적으로 살펴보도록 한다.

우선 의상은 법계도를 만든 이유를 미혹한 자가 자취만을 따르느라 본체를 잃어버리기 때문에 이치와 가르침에 의거하여 반시를 지어서 이름에 집착하지 않고 진정한 근원으로 돌아가게 하려고 하였다고 설명한다.[104]

다음에 의상은 법계도의 의미, 그것을 읽는 방법과 순서, 그 도인(圖印)의 상과 문자의 상 등에 관해 친절하게 설명한 후, 반시의 내용인 「법성게」를 설명해 나간다. 먼저 의상은 「법성게」가 크게 세 부분으로 나누어져 있다고 다음과 같이 설명한다.

> 글에는 7언 30구가 있으며, 그중에는 크게 세 부분이 있다. 처음 18구는 자신을 이롭게 하는 실천(自利行)을 개괄하며, 다음 4구는 남을 이롭게 하는 실천(利他行)을 개괄하고, 그 다음 8구는 수행자의 방편 및 이익을 얻는 것을 밝힌다.[105]

이어서 의상은 자리행 부분을 다시 깨달음을 나타내는(現示證分) 처음 4개의 구와 연기를 드러내 보이는(顯緣起分) 14개의 구로 나누고, 연기를 드러내 보이는 부분을 다시 6개 부분으로 나누고 있다. 의상의 설명을 보면 자리행 부분은 깨달음의 경지와 그 깨달음의 구체적인 내용이라 할 수 있는 법계연기를 나타내고 있음을 알 수 있다. 이 법계연기설의 중요성에 대해서 의상은 이렇게 얘기한다.

> 이른바 연기란 위대한 성인이 중생을 거두어 보살펴 근원적 원리(理)에 계합(契合)하고 개별적인 현상(事)에 대한 집착을 버리도록 하려는 것이다. 범부는 개별현상을 보면 근원적 원리를 모르고 미혹하지만, 성인은 근원적 원리를 얻어서 개별현상에 사로잡

히지 않는다. 이제 참된 근원적 원리를 들어 미혹한 중생을 깨우쳐 개별현상들이 곧 허망(無)하며 근본원리와 합치하는 것임을 알게 하고자 이 가르침을 일으킨 것이다.[106]

이를 통해 우리는 의상이 법계연기설을 통해 만물과 세상의 온갖 현상들이 연기에 의해 잠시 나타났다 사라지는 무상한 것이며 그 근원인 진여 법신과 둘이 아님을 깨닫게 하려 했다는 것을 알 수 있다.

이처럼 자리행 부분은 법계의 모습을 설명하는 가장 중요한 부분이라고 할 수 있는데, 의상 자신의 설명 속에는 해당하는 글귀 하나하나에 대한 상세한 해설은 보이지 않는다. 그러므로 이제 그 글귀들을 구체적으로 살펴보도록 한다.

첫 번째는 '법의 성품 둥글어 두 모습 없고, 모든 것은 움직임 없이 본래 고요해(法性圓融無二相 諸法不動本來寂)'라는 글귀이다. 법의 성품(法性)이란 모든 존재들을 낳은 근원으로서 진여(眞如)를 달리 부르는 말이기도 한데, 법신(法身), 진여법성(眞如法性), 진성(眞性), 불성(佛性)이라 하기도 한다. 법성은 유무불이적이고 일다불이적인 것으로서, 본래 아무런 성질이나 형상도 없는 것이면서도 동시에 수많은 성질과 형상을 지닌 만물을 낳는 것이며, 하나이면서도 수많은 사물로 자신을 현시하는 것이다. 그러므로 그것은 만물을 모두 그 속에 융섭하고 있는 혼용된 존재로서 두(여럿의) 모습이 없는 것이다. 또 비록 현상적으로는 거기로부터 나오는 만물이 생성되고 소멸하는 변전을 거듭하는 것으로 보이지만 본질적으로는 진실로 생겨나거나 사라지는 것도 없이 고요하기만 한 것이 우주 본래의 참모습이다. 이것은 마치 파도가 부서지며 수많은 물방울들이 생겼다가 사라지지만 본래는 고요한 하나의 바다에 속할 뿐인 것과 같다. 앞의 두 글귀는 바로 이러한 만물의 근원인 법성, 진여 법신의 참모습을 얘기하고 있으며, 이것은 우리가 이미 보았던 『대승기신론』의 심진여문에서 말하는 바와 상통하는 것이라 할 수 있다.

다음의 두 구절은 '이름과 모양 다 끊어버리니, 깨달아 안 바 다른 경지 아닐세(無名無相絶一切 證智所知非餘境)'이다. 의상도 얘기하듯이 미혹한 중생들은 흔히 다양한 모습을 지닌 개별현상들에 사로잡혀 그 이름이나 형상에 집착한다. 그러나 우리가 이미 보았듯이 상즉상입하는 우주 만물의 참모습은 유무불이이자 일다불이라는 것을 꿰뚫어 알고, 개별 사물과 현상들을 자성을 지닌 실체로 보는 무명에서 벗어나고, 일체의 이름과 형상에 대한 집착으로부터도 벗어나 우주와 하나 된 대자유의 경지에서 노니는 것, 이것이 바로 진정한 깨달음의 경지이다. 깨달음은 오직 이러한 해탈의 경지일 뿐 다른 어떠한 것도 아니다.

이상의 네 글귀가 의상이 말한 깨달음을 나타낸(現示證分) 부분이다. 다음은 이러한 깨달음의 경지에서 본 우주(법계연기)의 실상을 나타낸 부분이다.

그 첫 부분은 '참 성품은 깊고도 미묘해. 자성이 어디 있나, 연 따라 이뤄지지(眞性甚深極微妙 不守自性隨緣成)'인데, 의상은 이것을 연기의 체(體)를 설한 부분이라 하였다. 앞에서는 모든 이름과 형상을 넘어서 있는 원융무이한 법성의 본래 모습을 강조하였다면 이것은 그 법성이 화려한 현상계의 만물들로 자신을 현시하여 장엄한 화엄의 세계를 연출하는 오묘한 모습을 표현하고 있다. 진성 또는 진여 법신의 심오한 이치는 오묘하기 짝이 없어 본래의 모습은 불변하는 것이면서도 또한 그것에만 머물러 있는 것이 아니다. 그것의 본체는 불변하는 것이면서도 인연에 따라 수많은 다양한 사물들로 자신을 현시하는 오묘한 작용을 하는 것이기도 하다. 진성은 본래 어떠한 것에도 머무르는 바가 없기 때문에 아무 걸림이 없이 인연에 따라 가지가지의 모습을 이루며, 이에 따라 장엄한 화엄의 법계가 펼쳐진다.

의상은 이렇게 장엄한 우주법계가 연기에 따라 이루어지는 것임을 밝힌 다음 그러한 우주법계의 모습을 우선 이렇게 설명한다 : '하나 안에 일체 있고, 여럿 안에 하나 있네. 하나가 곧 일체요, 여럿이 곧 하나일세(一中一切多中一 一卽一切多卽一).' 이 구절은 법계연기 속의 세상 만물이 공간·시간적으로 서로 걸림이 없이(무애) 상즉상입하는 불이적 존재임을 총괄하여 잘 표현하고 있다. 이 부분을 의상은 다라니(陀羅尼)의 이(理)와 용(用)을 설명하는 부분이라 하였다. 다라니란 말은 바로 하나 속의 일체라는 총지(總持)의 의미이다. 이것은 마치 그물의 한 코를 당기면 전체 그물이 당겨 오듯이 하나와 전체가 상즉상입하는 것임을 나타낸다. 이 구절이야말로 일다불이와 사사무애의 완전한 표현이라고 할 만하다. 의상은 이 상즉상입하는 다라니의 의미를 십전을 헤아리는 법(数十钱法)을 통해 자세히 설명하고 있기도 하지만, 여기서는 따로 다루지는 않는다.

그런 뒤에 의상은 한 사물이 공간적으로 걸림이 없이 다른 모든 사물을 포섭하면서 동시에 다른 모든 사물에 포섭되는 관계를 '한 티끌 속에 온 세상이 들어 있고, 모든 티끌 역시 그러해(一微塵中含十方 一切塵中亦如是)'라고 표현했다. 이것은 앞서 보았던 『화엄경』의 「보현보살행품(普賢菩薩行品)」의 '낱낱의 작은 티끌 속에, 한량없는 부처 세계가 있다'는 말과 상통하는 말이다. 이 세상에 존재하는 모든 것은 개개의 고유한 존재자로서 존재한다. 하나의 고유한 존재자로서 존재하지 않는다면 우리는 그것을 '하나'라고 부를 수도 없다. 그렇지만 다른 한편으로 이 세상 모든 것은 그물망 속의 그물코와 같다. 이 세상에 존재하는 모든 것들은 다른 모든 것들과의 관계 속에서 만들어지고 존재한다. 그러므로 이 세상에 존재하는 어떠한 하나의 것 속에도 일체의 우주가 들어 있고 또 그 우주 속에는 그 하나의 것이 들어 있다. 또한 이런 보편적 연관 속에 존재하는 모든 사물들은 상즉하는 존재, 즉 둘이 아닌 존재이다. 이처럼 모든 것이 온 우주의 모든 존재자들과의 연관 속에서만 만들어지고 존재하는 것이기 때문에 작은 하나의 티끌 속에도 온 우주가 들어 있다고 할 수 있으며 모든 존재가 다 그러하다. 그렇기 때문에 모든 것은 각각 고유한 특성을 지닌 개별적 존재자이면서도 다른 모든 것을 그 속에 포함하고 있으며 그러한 것들과 독립적이지 않은 불이적 존재이다. 이것을 의상은 이처럼 멋지게 표현하고 있는 것이다. '한 티끌 속에 온 세상이 들어 있다'는 말은 실로 엄청난 상상력과 통찰을 표현하는 말이다. 온 세상, 온 우주가 이루 말할 수 없이 작은 티끌 속에 들어 있다는 이런 표현은 그 어떤 상상력의 표현보다도 엄청나 우리를 전율하게 만들 정도의 감동을 전해준다.

다음으로 의상은 한 순간이 시간적으로 영원한 시간을 포섭하는 동시에 영원 속에 포섭됨을 '한없이 먼 시간도 곧 한 생각이요, 한 생각이 곧 한없는 시간이라. 구세와 십세가 서로 부합하지만, 뒤섞이는 일 없이 떨어져 서 있네(無量遠劫卽一念 一念卽是無量劫 九世十世 互相卽 仍不雜亂隔別成)'라고 표현했다. 영원한 시간 속 매 순간의 현재는 무한한 과거의 시간들을 담고 있으며, 또한 미래에 펼쳐질 무한한 시간도 그 속에 품고 있다. 현재는 무한한 과거가 응축된 점이며, 무한한 미래가 그로부터 펼쳐져 나가는 기점이다. 따라서 매

순간은 다른 순간과 동떨어져 독립적으로 존재하는 것(다른 것)이 아니다. 그러나 그렇다고 매 순간이 똑같은 것도 아니다. 과거 현재 미래, 구세 십세의 모든 시간들은 똑같지도 않고 다르지도 않다. 그렇기 때문에 그 관계도 역시 서로 부합하면서도 뒤섞이지는 않는 불이적 관계라고 할 수밖에 없다. 이것을 의상은 역시 이토록 압축적으로 표현하고 있는 것이다. 그리고 이것은 앞서 보았던 『화엄경』의 「금강당보살십회향품」에서 '한량없는 겁이 바로 한 찰나라는 미세한 지혜'라고 했던 것과 통하는 것이며, 십현문 중 '십세격법이성문'에서 얘기했던 것과도 상통하는 것이다.

다음은 의상이 '수행의 계위에 의해 포함되는 존재들과 그 유형을 밝힌 것'이라고 한 부분으로서 '초발심 때가 곧 정각이니, 생사와 열반이 항상 함께하네(初發心時便正覺 生死涅槃常共和)'라는 글귀이다. 위에서 이미 밝혔듯이 시간적 선후나 인과 등은 상즉상입하는 것으로서 서로 둘이 아닌 것이다. 그러므로 처음 발심할 때와 완전한 깨달음을 얻을 때는 서로 둘이 아니다. 부처와 부처가 밝힌 진리에 대한 믿음을 갖고 기필코 깨달음을 얻고 모든 중생을 구제하겠다는 위대한 서원을 세우는 초발심이야말로 온전한 깨달음(정각)을 그 속에 포함하고 있으니, 초발심을 할 때가 곧 정각과 다르지 않다. 또 처음 발심했을 때와 완전한 깨달음을 얻었을 때가 서로 둘이 아닌 것과 마찬가지로, 생사가 변전하는 현상의 세계, 속세의 세계 속에서 사는 것과 그것을 초월한 진리의 세계, 열반의 세계 속에서 사는 것 역시 둘이 아니다. 수많은 세상 만물이 사실은 하나의 진성으로부터 나오는 것이요, 두 모습 없는 진성이 수많은 세상 만물을 낳는 것처럼, 변전하는 생사의 모습도 깨닫고 보면 자성이 없는 것으로서 적멸한 열반과 둘이 아니요, 열반을 생사와 대립하는 것으로 상대화시켜 그것에 집착할 이유도 없다. 분별의 입장에서 본다면 생사와 열반이 대립할 수 있으나 깨달은 원교의 입장에서 본다면 이 양자는 상즉상입하는 둘이 아닌 것이다.

다음 두 구절은 연기를 드러내는 부분의 의미를 총괄하여 설명하고 있는데 이(理)와 사(事)가 통일된 경지를 부처와 보현 대인의 경계로 설명하였다. '이와 사가 그윽이 분별되지 않으니, 십불과 보현 대인 경지로다(理事冥然無分別 十佛普賢大人境).' 앞에서 의상은 우주 만물의 근원인 진성은 본래 불변하는 하나의 것이면서도 동시에 인연에 따라 변화하며 장엄한 화엄의 법계를 연출한다는 것을 설명하였다. '이와 사가 그윽이 분별되지 않는다'는 것은 다름이 아니라 이처럼 진성과 그것이 낳는 우주 만물이 서로 둘이 아님을 의미한다. 그리고 이처럼 진성의 본 모습과 더불어 그것이 연기에 따라 현시한 상즉상입하는 사사무애법계의 모습을 깨달은 것, 그것이 모든 부처와 보현보살과 같은 대인의 경지라는 것이 바로 '십불과 보현 대인 경지'라는 글귀의 뜻이다.

십불은 여러 가지로 얘기되지만, 『화엄경』에서 얘기하는 십불에는 '해경십불(解境十佛)'과 '행경십불(行境十佛)'이 있다. 해경십불이란 깨달음의 경지에 있는 열 가지 불신(佛身)을 말한다. 행경십불이란 수행을 통해 부처에 이른 열 가지 불신을 말한다. 그러나 「법성게」의 이 부분에서 말하는 십불은 깨달은 모든 부처를 말하는 것으로 보면 충분하다. 보현 대인은 보현보살(普賢菩薩)과 같은 위대한 사람 모두를 가리킨다고 할 수 있는데, 보현보살은 위대한 서원을 세워 깨달음을 구하고 중생을 구하고자 하는 행원(行願)의 보살로서 모든 보살을 대표하는 의미도 갖고 있다.

앞에서 본 것처럼 의상은 깨달음을 나타낸(現示證分) 부분과 깨달음의 경지에서 본 우주(법계연기)의 실상을 나타낸 부분을 자리행(自利行)이라고 불렀다. 위로는 깨달음을 구하고 아래로는 중생을 교화한다(上求菩提 下化衆生)는 보살의 이상 중에서 이 부분은 특히 상구보리(上求菩提)의 측면, 즉 스스로 얻은 깨달음의 측면을 주로 얘기하고 있기 때문이다.

그리고 의상은 다음 부분을 하화중생의 측면인 이타행 부분이라고 얘기하고 있는데, 그것은 다음과 같은 네 구로 되어 있다 : '능인(能人)이 해인삼매 가운데 마음대로 불가사의한 일을 내보내, 비오듯 보배를 뿌려 중생을 돕고 허공을 채우니, 중생이 그릇 따라 이익을 얻네(能人海印三昧中 繁出如意不思議 雨寶益生滿虛空 衆生隨器得利益).'

여기서 능인(能人)이란 판본에 따라서는 능인(能仁)이나 능입(能入) 등으로도 되어 있다. 능인(能人)이나 능인(能仁)은 모두 부처를 가리키는 말이다. 중생을 교화하고 제도하는 능력이 어질게 갖추어져 있다는 뜻이다. 그러므로 '능인해인삼매중(能人海印三昧中)'이라는 말은 '부처님이 해인삼매에 들어'라는 뜻이 된다. '능입해인삼매중(能入海印三昧中)'이라 하면 (부처님이) '능히 해인삼매에 들어'라는 뜻이니 해석상의 차이는 별로 없다. '해인삼매'란 온 우주를 비출 수 있는 큰 바다와 같은 거울 속에서 우주 만물을 도장 찍은 듯 분명하게 모두 보듯이 위대한 삼매 속에서 우주의 모든 진리를 꿰뚫어 보는 것을 말한다.

이처럼 해인삼매에 들어 우주의 모든 모습을 훤히 꿰뚫어 보는 부처님은 걸리는 바 없이 뜻하는 대로 불가사의한 가르침을 수없이 펼쳐 놓는다. 불길이 활활 타오르듯이 다함이 없이 솟아나는 불가사의한 가르침을 중생에게 베푸는 것, 이것이 '번출여의부사의(繁出

如意不思議)'의 뜻이다.

부처님이 펼치는 불가사의한 가르침은 보배의 비가 되어 온 천지를 가득 채워 모든 중생들에게 이익을 골고루 나누어 준다. 온 산천초목을 적셔주는 생명의 비가 풀과 나무를 가려서 내리지 않듯이 부처님이 내려주는 법의 비도 중생들을 차별하는 법이 없다. 그렇지만 똑같이 비가 내려도 큰 그릇에는 많은 물이 담기고 작은 그릇에는 적은 물이 담기듯이, 중생들도 그 근기의 그릇에 따라 불법으로부터 얻는 이익이 각기 다르다. 이것이 '비오듯 보배를 뿌려 중생을 돕고 허공을 채우니, 중생이 그릇 따라 이익을 얻네(雨寶益生滿虛空 衆生隨器得利益)'라는 말의 의미이다.

의상은 이 다음 구절부터를 수행의 방편과 이익을 밝힌 부분이라 하였다. 그 첫 부분은 '그러므로 행자가 본래의 자리로 되돌아가매, 망상을 끊어 다시는 얻음이 없고(是故行者還本際 叵息妄想必不得)'라는 구절이다. '행자'는 의상의 말로 하자면 '일승의 보편법을 듣고 보고 한 뒤에 아직 그것을 원만하게 증득하지는 못한, 그 증득 이전의 단계에 있는' 사람이지만, 믿음을 가지고 깨달음을 향해 나아가는 구도자이다. 이러한 행자는 끊임없이 수행하여 마침내 본래의 자리, 즉 법성을 증득한 자리로 나아간다. 때가 끼어 있는 중생의 모습에서 벗어나 자신이 곧 부처와 둘이 아님을 깨닫게 되는 것은 어디 다른 곳에 도달하는 것이 아니라 본래 자기 자신의 자리로 되돌아가는 것이니 '본래의 자리로 되돌아간다'고 하는 것이다. 이렇게 본래의 자리로 돌아가려면 무엇보다도 모든 망상을 끊고 다시는 그런 망상을 내지 않아야 한다.

이런 수행자는 또한 '걸림 없이 선교방편을 뜻대로 잡아, 집으로 돌아갈 때 분수대로 자량을 얻는다(無緣善巧捉如意 歸家隨分得資糧),'

즉 깨달음을 향해 나아가는 수행자는 어떠한 개별 현상에 대한 차별에도 사로잡히지 않아 망상을 끊고, 성인이 근원적 진리를 훌륭하게 설한 방편의 뜻을 제대로 파악하여 깨달음에 이르게 된다. 다음에 나오는 '집으로 돌아간다(歸家)'는 말은 앞에서 말한 '본래의 자리로 돌아감(還本際)'이란 말과 같은 뜻으로 법성을 증득한 자리로 돌아감을 말한다. 수행자는 이렇게 본래의 자리로 돌아가는 가운데 각자의 수행 정도에 따라 그에 맞는 갖가지 덕목과 이익을 얻게 된다.

다음은 수행의 이익을 밝혀 글을 마무리한 마지막 4구이다 : "다라니의 다함없는 보배로 법계의 실제 보전을 장엄하고, 마침내 실제중도의 자리에 앉으니, 예부터 움직인 일 없는 그 이름 불이라 하네(以陀羅尼無盡寶 藏嚴法界實寶殿 窮坐實際中道床 舊來不動名爲佛)."

의상 자신의 말처럼 다라니란 하나 속의 일체라는 총지(總持)의 의미이다. 그것은 모든 선법을 구족한 한량없는 공덕장(功德藏)을 표현하는 말이다. 그러므로 이것은 모든 만물을 포함하고 있는 법성이나 만물의 근원으로서의 마음(一心)을 의미한다고 할 수 있고, 이것을 깨달으면 가히 무진장한 보배를 얻는 것이다. 수행자는 이것을 깨달아 그 무한한 보배로 법계의 실보전, 즉 온 세상을 부처의 궁전, 부처의 세계로 장엄하게 꾸며 놓는다. 이렇게 된 사람은 이제 마침내 실제중도의 자리에 앉게 되었다고 할 수 있는데, 실제중도란 일다불이, 유무불이라는 우주만물의 궁극적인 참된 모습을 말한다. 의상은 실제와 중도를 다음과 같이 설명하였다 : "실제란 존재의 본성(法性)이 완전히 현현됨을 뜻한다. 중도란 모든 양극이 융회(融會)함을 나타낸다."[107]

그런데 이렇게 궁극적인 깨달음을 얻고 보면, 깨닫기 전의 자신이나 깨달은 뒤의 자신이 본래 다르지가 않다. 그저 덮여 있던 먼지가 사라져 본래의 모습이 드러나게 되었을 뿐이다. 그러므로 생사유전하는 세속의 번뇌, 망상, 집착으로부터 벗어나 깨달음의 자리에 이른 것은 마치 꿈속에서 이리저리 돌아다니다 깬 것처럼, 본래 어디에도 오고 간 일이 없는 것이다. 그러므로 깨달음에 이르러 성불한 사람은 움직인 바 없이 옛날부터 본래 부처였다고 할 수 있는 것이다.

이상에서 살펴 본 것처럼 「법성게」는 법성이 본래 두 모습이 없는 무한자, 유무불이, 일다불이이면서도 연기에 따라 상즉상입하는 만물들로 이루어진 법계를 연출하고 무수한 중생들을 교화하고 이끌어 끝내는 다시 본래의 자리인 부처의 자리(불성)로 되돌아온다는 장엄한 화엄세계의 움직임 없는 원환운동을 감동적으로 보여주고 있다.

의상은 '일체의 것은 연에 의해 일어난 것임을 보이기 위해' 「법성게」를 작성한 해와 달은 기록하면서도 '연으로 일어난 모든 것은 주인이 없음을 나타내기 위해' 작자의 이름은 기록하지 않았다. 다만 「법성게」에서 밝힌 '일승보법'의 큰 뜻을 깨닫고 '이 선근을 돌려 일체의 중생에게 베풀어 두루 익히고 두루 닦게 하여 중생계가 남김없이 일시에 성불하도록 서원'하였을 뿐이다.[108]

이상에서 본 것처럼 법계는 우주의 궁극적 근원인 진여 법신이 펼쳐진 세계이며, 그것을 밝힌 것이 법계연기설이었다. 그리고 법계연기설은 『화엄경』의 기본적인 사상이지만 체계적으로 설해진 것이 아니라 경문 여러 곳에 흩어져 있는 글귀들에 나타나 있는 것이었다. 이렇게 『화엄경』 속에 함유되어 있는 법계연기설을 사법계설(그 중에서도 특히 사사무애법계설)과 육상원융의, 십현문 등을 통해 상세히 밝힌 것은 주로 중국 화엄종의 조사들이었다. 그리고 이러한 법계연기설을 누구보다도 훌륭하게 압축적으로 설명해준 것은 신라의 의상대사였다. 앞에서 해설한 의상대사의 「법성게」를 통해 우리는 화엄의 법계관, 법계연기사상이 진여 법신이 펼쳐진 장엄한 화엄세계인 우주 법계에 관해 불교사상 가운데서도 가장 훌륭한 설명을 제공하고 있다는 것을 알 수 있다.

# 3. 『화엄경』의 보살관

　화엄의 중심사상인 '불타관'과 '법계관'에 이어서 이제 살펴봐야
할 또 하나의 사상은 『화엄경』의 '보살관'이다.

　주지하듯이 『화엄경』은 대승불교의 대표적인 경전이며, 『화엄경』
에 기초한 화엄사상은 대승불교사상의 정화이다. 그리고 이러한 화
엄사상은 삼국시대 때 우리나라에 들어온 이래 줄곧 한국불교의 중
심적인 이념으로 작용해 왔다. 물론 고려 시대에 선종이 지배적이게
된 이후 한편에서는 간화선의 배타적 우위라는 이념도 나타났지만,
다른 한편에서는 여전히 선교회통과 선교겸수라는 입장에서 화엄
사상의 중요성을 인정하는 흐름도 건재했다. 그리고 무엇보다도 중
요한 것은 선종에서 말하는 궁극적인 깨달음의 경지, 성불의 경계
는 화엄사상에서 말하는 진리의 실상과 다르지 않다는 사실이다.

　선종이 말하는 깨달음과 성불의 경계란 어떠한 상이나 생각에도
사로잡히지 않고 자기의 본래 성품을 바로 보는 것이며, 그 자성이
바로 우주만물의 본체인 진여불성과 둘이 아니며, 그 때문에 또한
나를 비롯한 이 세상의 모든 존재는 서로가 둘이 아님을 깨닫는 경
지이다. 그리고 또한 그것은 나를 포함한 모든 존재가 공한 것으로
서 유무불이라는 것도 깨닫는 경지이다. 즉 선종에서 말하는 깨달
음의 경계는 결국 나와 부처, 나의 자성과 우주의 본체인 진여불성,
진과 속, 이것과 저것, 유와 무 등의 모든 것들이 불이적 존재라는
것을 직접적으로 체득하는 것이다. 그리고 이러한 선종의 궁극적

깨달음의 경계는 화엄사상에서 말하는 경계와 별로 다르지 않다. 사종법계(四法界說)(그중에서도 특히 사사무애법계설)과 십현문, 그리고 육상원융의 등, 화엄종의 주요 개념들은 모든 존재들이 상즉상입하는 원융무애한 불이적 관계에 있음을 잘 나타내 주고 있다.[109] 이런 점에서 볼 때 화엄사상은 적어도 이론과 이념적 측면에서 한국불교를 이끌어온 중심 사상이라고 할 수 있다.

화엄사상이 지금껏 한국불교를 이끌어 온 중심사상이라고 한다면, 앞으로 한국불교의 미래는 화엄사상에 담겨 있는 불교의 진리와 가르침을 현대사회에 알맞은 것으로 어떻게 계승해 나갈 것인가와 밀접하게 연관되어 있다고 할 수 있다.

어떤 사람들은 화엄사상이 과거 동아시아에서 봉건적인 사회제제를 유지하고 강화시키기 위한 정치적인 이데올로기로서 이용되어 왔다고 비판한다.[110] 또한 화엄사상은 초기불교와는 달리 지극히 관념론적인 사상으로서 모순과 고통으로 가득 찬 사회현실을 변혁하기는커녕 그대로 유지되도록 호도하는 역할을 해 왔다고도 비판한다.[111] 이러한 비판적 관점에서만 보게 되면 화엄사상은 오늘날 우리가 계승 발전시켜나가야 할 것이 아니라 오히려 한시 바삐 폐기처분해야 할 과거의 낡은 유산일 뿐이며, 한국불교의 미래 역시 그 발전의 싹을 화엄사상이 아닌 (이를테면 초기불교와 같은) 다른 곳에서 찾아보아야 한다.

그러나 화엄사상에 대한 이런 비판은 많은 심각한 문제점을 포함하고 있다. 우선 대승경전인『화엄경』을 바탕으로 한 화엄사상이 석가모니 부처의 진정한 가르침인 초기불교로부터 벗어난 것이라는 견해는 결코 올바르다고 할 수 없다. 예컨대 모든 존재들이 서로 상즉상입하는 원융무애한 불이적 관계에 있다는『화엄경』의 핵심사상은 사실 이 세상의 모든 것들이 연기에 의해 총체적으로 서로 연결되어 있다는 초기불교의 가장 중요한 교설의 하나인 연기설과 완벽하게 상통한다. 이 점만 보아도 화엄사상은 초기불교를 계승 발전시킨 것이지 그로부터 벗어난 것이라고 할 수는 없다.

　화엄사상이 이 세상의 모든 모순과 고통을 온존하게 만드는 관념론에 불과한 것으로서 옛날의 봉건적인 사회체제를 옹호했던 낡은 이데올로기일 뿐이라는 비판도 극히 편향되고 일면적인 견해이다. 중국에서 화엄종이 유행했던 당나라는 봉건적인 왕조체제였다. 그런 시대적 상황에서 왕권의 비호를 받았던 화엄종의 사상이 지배계급에 의해 당시의 사회체제를 옹호하는 이데올로기로서 이용되었다는 것은 사실이다. 또한 근대 일본 제국주의 아래서 화엄사상이 전체주의를 정당화하는 논리로 사용된 적이 있다는 것도 부정할 수 없는 사실이다. 그러나 어떤 사상이 어떤 시대적 상황 속에서 특정한 사람들에 의해 곡해 오용되어 부정적인 역할을 했다는 점을 근거로 그 사상 자체를 비판하고 부정해 버리는 것은 잘못이다.

　모든 존재들이 서로 상즉상입하는 원융무애한 불이적 관계에 있다는 『화엄경』의 핵심사상은 불교의 핵심 교리인 연기설과 마찬가지로 이 세계의 존재론적 실상을 올바로 밝혀주는 사상이다. 화엄사상의 관점에서는 개별과 총체 그 어느 쪽에도 치우치지 않아야 한다. '세상 만물이 모두 같다는 것을 중시하고 그 총체성만을 강조한다면 자칫 만물이 서로 같지 않음을 무시하는 잘못, 즉 만물이 갖고 있는 독특성을 무시하고 개별적인 것들을 하찮은 것으로 여기는 전체주의의 잘못'[112]을 저지르기 쉽다. '반면에 각 사물이 서로 다르다는 것을 중시하고 그 개별성만을 강조한다면 자칫 만물이 서로 다르지 않음을 무시하는 잘못, 즉 개별에 집착해 전체성(총체성)을 무시하고 파괴하는 개체주의의 잘못'[113]을 저지르기 쉽다. 화엄사상은 이런 전체주의와 개체주의의 잘못을 모두 벗어나 세계를 올바로 볼 수 있는 균형 잡힌 시각을 제공해 준다. 그러므로 화엄사상이 과거에 일부 사람들에 의해 전체주의적인 체제를 옹호하는 논리로서 오용된 것은 결코 화엄사상 자체의 문제라고 할 수 없으며, 그러한 것은 오히려 화엄사상에 반하는 잘못된 논리라고 할 수 있다.

어떤 사상이건 그 사상이 수용되는 사회와 역사적 환경에 따라 어느 정도의 제약을 받지 않을 수는 없으며, 때때로 어떤 사람들에 의해 곡해되고 오용될 수 있으나 그렇다고 해서 그 사상 자체를 잘못된 것으로 치부하고 부정해 버려서는 안 된다. 시대적 제약과 일부 오용된 사례에도 불구하고 화엄사상은 그동안 한국불교를 이끌어 오면서 많은 사람들에게 이 세계의 존재론적 실상을 제대로 밝혀주면서 그들의 삶을 바른 방향으로 이끌어 왔다. 그러므로 우리의 과제 중 하나는 한국불교의 전통을 이뤄 온 화엄사상을 현대 사회에서 중생이 직면하고 있는 고통과 모순들을 해결해 나갈 수 있도록 현대적으로 계승 발전시켜 나가는 일이다.

앞에서 얘기했듯이 『화엄경』에 나타난 화엄사상의 중심은 불타란 어떤 존재인가를 설명하는 불타관, 불타가 깨달은 세계의 모습을 설명하는 법계관, 불타가 되는 보살의 길과 보살행을 설명하는 보살관 등이라 할 수 있다. 이제부터는 『화엄경』에 나타난 중심적인 사상 중의 하나인 보살사상을 오늘날 한국 사회 속에서 어떻게 계승 발전시켜 나가야 할 것인가를 살펴볼 것이다.

이를 위해서 여기서는 우선 『화엄경』의 보살사상이 초기불교의 보살사상과 그 실천적 성격을 충실히 계승하고 있다는 것과 그것이 중생구제와 깨달음이라는 활동을 변증법적으로 통일하고 있는 사상이라는 것을 밝힐 것이다.

다음으로는 『화엄경』 보살사상의 핵심인 십바라밀의 내용을 살펴보고, 보살도를 차제적인 계위 중심으로 해석하는 것은 문제이며, 십바라밀의 구조는 결국 중생을 위한 보살행과 개인적인 수행의 겸수를 통해 깨달음을 얻는 과정과 그 깨달음을 기초로 한 중생을 향한 회향의 과정으로 이루어져 있다는 것을 밝힐 것이다.

다음으로는 보살도의 중심에 있는 깨달음을 분석함으로써 그것은 단순한 개인적 깨달음에 멈추는 것이 아니라 하화중생이라는 보살의 이념과 필연적으로 결합할 수밖에 없으며, 인간의 삶을 개인적이고 사회적인 생활 전반에 걸친 총체적인 보살행으로 이끌어 간다는 것을 밝힐 것이다. 그리고 그렇게 함으로써 『화엄경』의 보살사상이 오늘날 우리 한국 사회 속에서 어떤 의미를 가질 수 있는가도 드러낼 것이다.

## 1) 『화엄경』의 보살 개념과 그 연원

흔히 보살사상이야말로 대승불교의 특징이라고 하며, 실제로 대승불교의 대표적 경전의 하나인 『화엄경』에서도 보살사상을 얘기하고 있는 부분이 엄청난 양을 차지하고 있다. 예컨대 『육십화엄경』 가운데서 보살도와 보살행을 중점적으로 얘기하고 있는 품만 보아도 「6. 보살명난품」, 「7. 정행품」, 「8. 현수보살품」, 「11. 보살십주품」, 「12. 범행품」, 「13. 초발심보살공덕품」, 「14. 명법품」, 「17. 공덕화취보살십행품」, 「18. 보살십무진장품」, 「21. 금강당보살십회향품」, 「22. 십지품」, 「23. 십명품」, 「24. 십인품」, 「27. 보살주처품」, 「31. 보현보살행품」, 「33. 이세간품」, 「34. 입법계품」 등을 들 수 있다.

그런데 보살사상이 대승불교의 특징을 이룬다는 것을 강조하다 보면 자칫 보살사상은 대승불교의 흥기와 더불어 나타난 것이며 그 이전의 불교에는 없었다고 생각하는 잘못을 범하기 쉽다. 그러나 그것은 그렇지 않다. 사실 불교는 초기부터 대단히 실천적인 성격을 갖고 있었으며 대승불교에서 크게 진작시킨 보살사상 역시 (원시불교에서 부파불교에까지 이르는) 초기불교 속에 풍부하게 포함되어 있었다. 다만 부파불교 시대에 불교가 대중과 동떨어져 현학적으로 되고 실천적 성격을 상당히 잃어버린 당시의 풍조 때문에 이를 비판하고 다시 불교의 실천성을 회복하고 대중화를 이룩하고자 대승불교 운동이 일어났던 것이다. 그러므로 우리는 초기불교가 어떠한 보살사상을 포함하고 있으며 그것이 어떻게 『화엄경』의 보살사상의 연원이 되고 있는가를 살펴봐야 한다.

일반적으로 보살은 위로는 깨달음을 구하고 아래로는 중생을 구원하고자 하는(上求菩提 下化衆生) 사람이라고 하는데, 보살에게서 상구보리와 하화중생의 이상은 두 가지 목표가 아니라 서로 뗄 수 없이 결합되어 있는 하나라고 할 수 있다. 『화엄경』에서도 보살이 처음부터 목표로 삼는 것이 바로 그러한 것임을 분명하게 말하고 있다. 그것은 「초발심공덕품」에서 '처음으로 발심한 보살은 시방의 일체 세계 중생을 위해 보리심을 내었으며', '일체 중생을 제도하고 일체 세계를 분별해 알기 위해 보리심을 낸 것'이라고 말하고 있는 데서 잘 드러난다.[114]

고통에 허덕이는 중생을 가엾게 여겨 구원하고자 하는 보살심과 보살행이야말로 깨달음의 출발이자 깨달음에 이르는 길이며, 깨달음은 다시 중생 구제로 되돌아가는 길이자 중생 구제를 통해서만 완성되는 것이다. 무엇보다도 석가모니의 생애 자체가 이것을 잘 보여주고 있다. 석가모니가 깨달음을 얻기 위한 치열한 구도의 길에 나선 이유는 중생의 고통에 대한 동감과 동정이었으며, 깨달음을 통해 궁극적으로 되돌아 간 곳도 중생 구제의 길이었다. 그러므로 보살의 이상은 불교가 처음부터 추구한 목표였다.

불도를 이뤄 부처가 되기 위해서 보살행을 해 나가는 보살이라는 개념은 초기불교에서부터 나타나고 있다. 예를 들면 『장아함경(長阿含經)』이나 『증일아함경(增一阿含經)』 등에는 세존이 부처가 되기 이전부터 보살행을 행하고 있었다는 표현이 여러 군데에서 나타나고 있다.[115] 또한 부처의 전생 이야기를 다룬 여러 종류의 '본생담'에는 보살이 다른 중생을 구제하기 위해 자신을 희생한 무수한 이야기들이 나온다. 이처럼 깨달음을 얻어 부처를 이루기 위한 보살행은 초기불교에서부터 중생 구제나 중생을 위한 희생과 분리되지 않는다는 점이 분명하게 드러난다. 개인의 깨달음과 중생의 구제, 자리(自利)와 이타(利他)는 둘이 아니다. 『잡아함경(雜阿含經)』에서는 인연법을 설하면서 이것을 이렇게 얘기하고 있다. "비구들아, 마땅히 이와 같이 배워 제 자신도 이롭고 남도 이롭게 하며, 자신과 남을 함께 이롭게 하라"[116] 『아비달마구사론』에서는 이것을 더욱 분명하게 말하고 있다. 거기서는 "어찌하여 보리를 증득하기 위해 그토록 오랫동안 많은 고행을 닦는 것인가"[117]라고 묻고는 그것은 "일체의 유정에게 이익과 즐거움을 주기 위해서였다"[118]고 대답한다. 그리고 이어서 "다른 유정을 구제하면 자기에게 어떠한 이익이 있는 것인가?"라고 묻고는 "보살은 중생을 제도함으로써 자기의 비심(悲心)을 성취한다. 그러므로 남을 제도하는 것을 바로 자기의 이익으로 삼는 것이다"라고 말하고 있다.[119]

『화엄경』「세간정안품」에서 "수없고 한량없는 오랜 겁 동안, 큰 자비를 널리 닦아 행하여, 마침내 등정각 이루었나니, 그로써 중생들 제도하시네"[120]라고 말한 바와 같이, 보살행을 통해 불도를 이루고 다시 중생을 제도하는 데로 회향한다는 『화엄경』의 사상은 초기불교의 보살 개념을 충실히 계승하고 있는 것이다.

어떤 사람들은 불교 그중에서도 특히 초기불교가 관념적이고 실천성이 약하며 비사회적이라고 비판하기도 하였다. 예를 들면 서양의 막스 베버 같은 사람이 대표적인데, 그는 불교와 같은 인도의 종교들은 세계를 부정하고 개인적인 구원만을 추구하여 사회적인 실천은 도외시했다고 간주하여 이렇게 말한다 : "불교는 어떤 종류의 '사회적' 운동과도 아무런 관계가 없으며, 그러한 것과 유사하지도 않다. 불교는 어떠한 '사회적-정치적' 목표도 내세우지 않는다."[121] 그러나 최근의 여러 연구들[122]이 밝혔듯이 실제로 초기불교는 중생 구제라는 보살의 이념에 어긋나지 않게 중생들을 위한 사회적 실천에 매우 적극적이었다. 그러므로 초기불교에서 강조한 "두타행은 본질적으로 이 세상-이 사회를 버리고 떠나는 탈사회가 아니었다. 출가-출세간은, 그것이 불교의 경우인 한, 이 세상·세간-사회를 떠나는 은둔 독선이 아니라, 도리어 많은 사람들-타인들에 대한 헌신적 봉사로서 추구되었다."[123]

초기불교가 당시의 중생들이 겪는 고통을 해결하여 구제하기 위해서 다양한 사회적 실천을 강조했다는 것은 여러 방면에서 확인할 수 있다. 그 예로는 무엇보다도 우선 초기불교가 당시의 계급제도를 부정하고 인간의 평등성을 주장하였다는 점을 들 수 있다. 그 것을 『잡아함경』에서는 이렇게 말하고 있다 : "태어남에 의해 천민이라는 것도 없고 태어남에 의해 바라문이라는 것도 없다. 업에 의해 천민이 있게 되고 업에 의해 바라문이 있게 된다."[124] 물론 시대적 한계 때문에 초기불교가 계급차별을 철폐하고 사회적 평등을 달성하기 위한 전면적 사회적 변혁을 추구하지는 못했지만, "계급질서가 엄격한 고대사회에서 계급평등을 인식하고 교단 속에서나마 실천하였던 것은 당시 사회상을 볼 때 시대적 한계에도 불구하고 인간해방을 위한 혁명적 사상과 실천임은 틀림없다."[125]

불교가 초기부터 사회적 평등을 추구하였다는 것은 성차별이 극심하던 상황 속에서 여성출가를 허용함으로써 당시로서는 상당히 혁명적으로 성평등을 위한 사회적 실천을 행했다는 점에서도 찾아볼 수 있다.

또한 초기불교의 사회적 실천성은 사회복지를 위한 실천을 강조하거나 국민을 위한 복지정책이라는 전륜성왕의 이념을 강조한 것 등에서도 잘 나타난다. 예를 들어 『잡아함경』에서는 다음과 같은 사회적 복지의 실천을 강조하고 있다.[126]

① 사원의 당탑 건립
② 과수·수목을 심고 원판사업을 전개하여 나무 그늘을 여러 사람에게 제공하여 주는 것.
③ 병원을 건립하여 중병을 구하는 것.
④ 교량을 건설하고 선박을 조성하여 사람들이 쉽게 건널 수 있게 하는 것.
⑤ 우물을 파서 여러 사람들로 하여금 물을 마시게 하는 것.
⑥ 객사를 지어 여행자들에게 편의를 제공하는 것.
⑦ 공동변소를 건립하여 여러 사람들이 이용하게 하는 것.

그리고 전륜성왕에 의한 복지정책이라는 이념에 대해서는 예를 들면『장아함경』에서 다음과 같이 말하고 있다 : "나라에 외로운 이와 노인이 있거든 마땅히 물건을 주어 구제하고 가난하고 곤궁한 자가 와서 구하는 것이 있거든 부디 거절하지 말라."[127]

이처럼 초기불교에는『화엄경』의 선구를 이루는 보살개념과 보살의 실천적 이념이 풍부하게 포함되어 있다. 이뿐만 아니라 또한 초기불교는『화엄경』보살사상의 핵심이라 할 수 있는 십바라밀 사상의 연원을 이루는 보살사상 역시 풍부하게 포함하고 있다. 즉『화엄경』에서는 보살이 보살행을 통해 불도를 이루어 나가는 단계를 10가지로 나누어 얘기하고 있고 각각의 단계마다 주력해야 할 보살행인 십바라밀을 배당시켜 놓고 있는데, 초기불교는 이러한『화엄경』의 십바라밀설의 선구가 되는 사상들을 풍부하게 포함하고 있다.

『화엄경』에서 말하는 보살행의 핵심인 십바라밀은 보시(布施)·지계(持戒)·인욕(忍辱)·정진(精進)·선정(禪定)·반야(般若)·방편(方便)·원(願)·역(力)·지(智) 바라밀인데, 이것의 선구를 이루는 것은 초기불교에서부터 나타나는 육바라밀 사상이다.

육바라밀 사상은 원시불교 경전 여러 곳에 나타나고 있는데, 그 중에서도『증일아함경』에서는 그것을 다음과 같이 분명하게 얘기하고 있다 : "모든 중생들 중에서 보살이 최고 우두머리이며, 6바라밀을 두루 갖추고 모든 법의 근본을 안다."[128] "인중존(人中尊)께서 여섯 가지 도무극(度無極, 바라밀)을 설명하시니 보시와 지계와 인욕과 정진이며 또 선정과 초승달과 같은 지혜의 힘이다. 이러한 바라밀에 이르러서야 모든 법을 보리라."[129] 여기에는 육바라밀이 순서대로 언급되어 있으며, 또한 이러한 바라밀을 통해서만 모든 진리를 깨닫는 부처의 경지에 이를 수 있음을 분명히 밝히고 있다.

이러한 육바라밀 사상은 부파불교의 여러 경전에도 나타나고 있다. 예를 들어 『비바사론』에서는 이렇게 말하고 있다 : "보살은 삼아승기야에 걸쳐서 4바라밀다를 닦는다. 이른바 시바라밀다 · 계바라밀다 · 정진바라밀다 · 반야바라밀다이다. …   또 6바라밀다란 앞의 넷에 문(聞)과 사(思)를 더한 것이라는 설도 있다."[130] 또한 『구사론』 제18권 「분별업품(分別業品)」에서는 더욱 분명하게 육바라밀설에 대해 이렇게 말하고 있다 : "보살이 멀리 모든 이에게 눈과 골수에 이르는 온갖 것을 보시하여 … 보시바라밀다를 가지런히 하여 닦고 익혀 원만하게 하였다. 그리고 보살이 몸과 사지를 잘렸을 때는 … 계와 인욕 바라밀다를 가지런히 하여 닦고 익혀 원만하게 하였다. 또 보살은 용맹스럽게 정진을 하여 … 정진바라밀다를 가지런히 하여 닦고 익혀 원만하게 하였다. 또한 보살은 금강좌에 앉아서 무상각 직전에 금강유정에 머물러 정 · 혜(定 · 慧)바라밀다를 가지런히 하여 닦고 익혀 원만하게 하였다. 자기가 갈 곳에 도달하여 원만한 덕으로 피안에 머물도록 할 수 있기 때문에, 이 여섯 가지를 바라밀다라고 한다."[131] 그리고 『구사론』 제12권 「분별세품(分別世品)」에서는 "무상의 보리는 참으로 얻기 어려워 많은 원행(願行)에 의하지 않고서는 획득 성취할 수 없으니, 보살은 요컨대 3무수겁을 거치면서 복덕과 지혜의 크나큰 자량(資糧)이 되는 6바라밀다와 수많은 백천의 고행을 닦아 비로소 무상정등보리를 증득하게 되었다"[132]고 말한다. 우리는 여기에서도 육바라밀의 내용과 더불어 육바라밀을 통해서 완전한 깨달음의 경지에 도달할 수 있다는 견해를 발견할 수 있다.

이상과 같이 우리는 원시불교에서 부파불교에 이르는 초기불교에는 『화엄경』 보살사상의 핵심을 이루는 보살 개념과 그 보살행의 방법으로서의 바라밀이라는 사상이 모두 포함되어 있음을 알 수 있었다. 『화엄경』의 보살사상은 이러한 초기불교의 보살사상이 반야계 경전 등의 대승경전을 거쳐 발전해 온 것이라고 할 수 있다. 이제 『화엄경』 보살사상의 핵심인 십바라밀의 개념과 그 구조를 분석함으로써 중생을 위한 보살행과 수행을 통해 깨달음을 얻고 그 깨달음을 통해 다시 중생에게 회향한다는 『화엄경』의 보살사상을 좀 더 자세히 살펴보기로 한다.

## 2) 『화엄경』 보살사상의 핵심인 십바라밀의 개념과 구조

『화엄경』에는 부처에 이르기까지 보살이 닦아나가야 하는 보살도와 보살행에 대한 수많은 가르침이 펼쳐져 있다. 그런데 『화엄경』에서 말하는 이러한 보살도와 보살행을 거쳐 부처에 이르는 과정을 반드시 차례로 거쳐 순차적으로 올라가야만 하는 차제적인 계위, 즉 위계적인 단계로 해석하는 견해들이 있다. 그것은 부처에 이르는 단계를 『화엄경』에서 말하는 십주, 십행, 십회향, 십지에다 불지(佛地)를 더해 41위라 하거나 십주 앞에 다시 십신심(十信心)을 들고 마지막 불지(佛地)를 무구지(無垢地, 또는 等覺地)와 묘각지(妙覺地)로 나눔으로써 52위라 하는 것을 말한다.

보살도에 대한 이런 계위적 해석의 단초는 중국 화엄종의 3대조로 불리는 법장에게서 나타난다. 보살의 수행계위에 대하여 법장은 『탐현기』에서 다음과 같이 말하고 있다.

계위(階位)를 나타낸다는 것은 부처의 인(因)을 행하는 보살의 수행을 밝히는 것이다. 과(果)에 이르는 하나의 길이 5위를 갖추고 있기 때문에 여기에도 두 종류가 있다. 첫째는 차제행포문(次第行布門)인데, 십신, 십주, 십행, 십회향, 십지를 충족한 후에 비로소 부처의 경지에 이르는 것이며, 차츰차츰 한 단계에 이르러 다음 단계로 옮겨간다. 둘째로 원융상섭문(圓融相攝門)으로, 이른바 하나의 계위 중에 전후 모든 계위를 포섭하고 있기 때문에 하나하나의 계위를 충족하면 모두 부처의 경지에 이르며, 이 두 문은 서로 걸림이 없다.[133]

여기에서 보듯이 법장은 한편으로는 보살도의 하나하나가 모두 다른 보살도와 상호 융섭하는 것이라고 인정하면서도 다른 한편으로는 또한 십신에서 불지에 이르는 보살도의 과정은 차제적인 위계로도 해석할 수 있음을 주장하고 있는데, 이러한 법장의 주장은 『화엄경』의 보살도에 대한 후대의 계위적 견해의 형성에 큰 영향을 주었다.

그런데 법장의 주장에서 십주 앞에 내세운 '십신'은 『화엄경』에는 나오지 않고 『보살영락본업경(菩薩瓔珞本業經)』에 나오는 것이다. 『보살영락본업』에서는 십주의 최초 단계인 초발심주에 오르기 전에 보살이 행하는 마음가짐을 십심이라 하여 다음과 같이 말하고 있다.

아직 초발심주에 오르기 전에 십순명자(十順名字)보살이 있는데 항상 십심(十心)을 행하느니라. 이른바, 신심(信心) · 염심(念心) · 정진심(精進心) · 혜심(慧心) · 정심(定心) · 불퇴심(不退心) · 회향심(廻向心) · 호심(護心) · 계심(戒心) · 원심(願心) 이니라.[134]

이러한 『보살영락본업경』의 십심을 법장은 '십신'이라는 보살도의 단계로 십주 앞에 내세우고 있는 것이다. 그리고 『보살영락본업경』에서는 십지 뒤에다 무구지 묘각지(妙覺地)라는 두 단계를 더함으로써 52위의 보살도를 얘기하기도 하였는데[135], 이러한 『보살영락본업경』이나 법장 등의 영향으로 후대의 많은 사람들이 『화엄경』의 보살도를 계위적인 것으로 간주하게 되었다고 할 수 있다.

그러나 『화엄경』의 보살도와 보살행을 차례대로 닦아나가 한 계단씩 올라가야 하는 41위나 52위 등의 계위로 해석하는 것은 결코 올바르지 않다. 『화엄경』의 십주, 십행, 십회향, 십지 등의 내용을 살펴보면 그 세부 명칭이나 내용 등이 중복되는 부분이 너무나 많으며, 내용이 다른 것들도 모두 보살이 닦고 행해야 할 덕목들일 뿐 그것들 사이에 정해진 순서가 있다고 볼 수는 없다. 더구나 십주, 십행, 십회향, 십지에서 말하는 수행법이 모두 십바라밀을 중심으로 하는 등 유사한 이유는 다른 경전들로 전해지던 것을 『화엄경』에서 모아놓았기 때문이라는 문헌학적 견해가 정설이라는 점을 들 수 있다. 따라서 『화엄경』의 보살도에 대한 계위적 해석은 도저히 이치에 맞지 않는다 할 수 있다.

그렇다면 『화엄경』에서 말하는 보살도와 보살행은 어떤 것이며 그것들 사이에는 아무런 순서도 없는 것일까?

앞에서 지적한 것처럼 『화엄경』의 보살도와 보살행을 41위나 52위 등의 계위로 해석할 수 없다는 것은 분명하지만, 『화엄경』에는 십주, 십행, 십회향, 십지 내에 있는 각각의 10가지 보살도 사이에는 어느 정도의 위계적 순서가 있다고 볼 수 있는 근거도 있다. 예컨대 「십지품」에서 '초지를 다 닦고 제이지를 얻으려면 열 가지 곧은 마음을 가져야 한다'[136]거나 '제오지를 이미 구족하고 다시 육지에 들어가려면 열 가지 평등한 법을 닦아야 한다'[137]는 식으로 앞의 단계를 완성해야만 다음 단계로 들어갈 수 있다는 표현에서 그러한 근거를 찾아볼 수 있다.

그러나 다른 한편으로 『화엄경』은 각각의 보살도와 보살행 사이에는 아무런 계위도 없으며 하나의 보살도는 다른 모든 보살도와 상통하며 그것의 완전한 실천은 부처의 경계와 다름이 없다는 견해도 표명하고 있다. 예를 들면 이러한 견해는 「초발심공덕품」에서 '처음 발심한 보살은 곧 부처'이며, '그들은 다 삼세 여래들과 평등하고 삼세 부처님의 경계와 평등'하다고 얘기하고 있는 데서 찾아볼 수 있다.[138] 또한 이것은 「십지품」의 초지인 환희지에 대한 다음과 같은 말에서도 분명하게 볼 수 있다.

> 불자들이여, 이와 같이 보살은 모든 자리의 행을 잘 알되 초지를 떠나기 전에 미리 십지까지 아는 데에도 아무 장애가 없습니다. … 마치 대상(大商)의 우두머리가 많은 부하 상인을 데리고 큰 성(城)으로 가려할 때, 먼저 그 길과 돌아올 때의 위험과 길에 있을 때의 이로움과 해로움을 물어 출발하기 전에 도중에서 잘 때를 알고, 나아가서는 그 성에 도착할 일까지 잘 알고는 지혜로 생각하고 헤아려 필요한 것을 다 준비해 모자람이 없게 한 뒤에야 대중을 바로 인도해 그 큰 성에 도착하며, 험한 도중에서 온갖 환란을 면하여 자신과 부하들이 다 고통을 받지 않는 것처럼, 보살마하살도 그와 같아서 초지에 머물면서 모든 자리를 다스리는 법을 잘 알고, 내지 모든 보살의 깨끗한 자리의 법을 잘 알아 여래의 지혜의 자리에 들어갑니다.[139]

그렇다면 우리는 『화엄경』에서 말하는 보살도와 보살행의 순서에 대해 어떻게 보아야 하는가? 우선 십지 등에서 설하는 10가지 보살도 사이에도 엄격한 계위가 있다고 하기는 어렵다. 그것은 예컨대 각지에서 갖추어야 할 마음으로 들고 있는 내용이 서로 겹치는 부분도 많고 그것들 사이에 어느 것을 먼저 갖추어야만 다른 것을 그 다음에 갖출 수 있다는 필연적인 연관 관계를 전혀 발견할 수 없다는 것 등으로 충분히 알 수 있다. 그러므로 우리는 일단 앞 단계의 보살도를 이루어야 다음 단계로 들어갈 수 있다는 식의 표현은 보살이 닦고 행해야 할 덕목들을 하나씩 열거하여 설명하고 보살은 그런 덕목 이외에도 또 다음과 같은 덕목도 계속 닦고 행해나가야 한다는 것의 관습적인 표현이라는 점이 강하다고 보아야 할 것이다.

다음으로 처음 발심한 보살이 곧 부처라거나 초지에 들면 곧 십지까지도 오른 것이라는 표현 등은 그것만으로 충분하며 그것은 다른 것을 필요로 하지 않는다는 식으로 해석되어서는 결코 안 된다. 부처의 경지에 들기 위해서는 십지의 각지에서 들고 있는 보살도의 덕목들을 모두 갖춰나가야 한다. 다만 각지에서 말하는 보살도의 덕목들 각각의 완전한 실천은 거꾸로 다른 덕목들의 수행과 실행도 전제로 한다는 점에서 각각의 보살도나 각각의 지는 다른 보살도와 다른 모든 지들을 포함하고 있다고 말할 수 있는 것이다. 예컨대 십지의 초지에서 보살도의 덕목으로 얘기하고 있는 보시바라밀을 완전히 실현할 수 있는 보살이라면, 그리하여 자신의 목숨까지도 다른 중생을 위하여 내놓을 수 있는 그런 보살이라면, 자타가 둘이 아니며 생사가 둘이 아니라는 육지의 반야바라밀 등을 온전히 이룬 자라고 하지 않을 수 없다. 이런 의미에서 각각의 보살도들은 서로를 포섭하고 서로에게 포섭되는 것이라고 할 수 있으며 언제나 함께 닦아나가야 하는 것이라고 할 수 있다.

그럼에도 불구하고 『화엄경』에서 보살도와 보살행을 일정한 순서로 나열해서 설명해 나간 데에는 분명 어떤 의미가 있다고 할 수 있다. 우리는 그것을 『화엄경』에서 말하는 보살도와 보살행의 핵심인 십바라밀의 내용과 구조를 분석함으로써 살펴볼 수 있다.

『화엄경』의 여러 품에서는 보살도와 보살행에 대해 수많은 얘기를 하고 있지만, 그것들을 관통하는 핵심은 십바라밀이라고 할 수 있다. 십바라밀 사상은 앞서 초기불교 속에서 살펴본 바 있는 육바라밀 사상을 계승 발전시킨 것으로 『화엄경』의 십주, 십행, 십회향, 십지 등에서 각 단계마다 십바라밀을 보살이 닦고 행해야 할 보살도로 하나씩 배당해서 설하는 등 『화엄경』의 모든 보살도와 보살행을 관통하고 있다.

『화엄경』에서 바라밀의 수행이야말로 깨달음을 얻어 부처의 경지에 이르는 방법이라고 간주하고 있다는 것은 「보살명난품」에서 분명하게 나타난다. 거기서 문수사리는 지수보살에게 "부처님 법 가운데에는 지혜가 으뜸인데 부처님은 무엇 때문에 중생을 위해 보시바라밀을 찬탄하시고 계율바라밀을 찬탄하며 혹은 인욕바라밀 · 정진바라밀 · 선정바라밀 · 지혜바라밀과 인자함, 가엾이 여김, 따라 기뻐함, 또 버림 등을 찬탄하십니까? 이 낱낱 법들은 다 위없는 보리를 얻지 못하는 것이 아닙니까?"[140]라고 묻는다. 그에 대해 지수보살은 이렇게 대답한다 : "(부처님은) 인색한 이에게는 보시를 찬탄하고, 파계(破戒)하는 이에게는 계율을 찬탄하며, 성 잘 내는 이에게는 인욕(忍辱)을 찬탄하고, 게으른 이에게는 정진을 찬탄하네. 마음 산란한 이에게는 선정을 찬탄하고, 어리석은 이에게는 지혜를 찬탄하며, 사나운 이에게는 인자함을 찬탄하고, 해치는 이에게는 대비(大悲)를 찬탄했네. 근심하는 이에게는 기뻐함을 찬탄하고, 미워하는 이에게는 평등을 찬탄했네. 이와 같이 차례로 닦아 익히면, 그는 일체의 법을 알 수 있으리."[141] 여기에 나타나듯이 부처에 이르는 길은 모든 바라밀을 닦아나감으로써 인색함이나 성내는 마음이나 어리석은 마음 등을 버리고 지혜를 얻어 중생을 제도하는 데에 있는 것이다.

『화엄경』의 여러 곳에서 설하고 있는 십바라밀은 보시(布施)·지계(持戒)·인욕(忍辱)·정진(精進)·선정(禪定)·반야(般若)·방편(方便)·원(願)·역(力)·지(智)의 열 가지이다.

그중 보시는 산스크리트어 dāna의 번역으로 청정한 '단(檀)바라밀'이라 부르는 것으로서 자기가 가진 모든 것을 아낌없이 베풀어주는 것이다. 「공덕화취보살십행품」에서는 이것을 보살마하살의 열 가지 행 중 첫째인 기뻐하는 행으로 들면서 그것은 "보살이 큰 시주가 되어 소유한 모든 것을 다 보시할 때에, 평등한 마음으로 일체 중생들에게 보시하되 보시한 뒤에는 후회함이 없고 그 과보를 바라지 않으며, 이익을 구하지 않는 것"[142]이라고 말한다. '나'와 '내 것'에 집착하는 중생이 자신이 가진 것을 모두 기꺼이 내놓는 보시행이야말로 부처가 되는 보살도의 첫걸음이라는 것은 중요한 의미를 갖는다. 「십지품」의 초지인 환희지에 해당하는 바라밀이라는 데서 알 수 있듯이 이것은 중생에게 자신의 모든 것을 베풀어 주는 데서 환희를 느낄 수 있을 정도의 보시 수행을 통해서만 깨달음을 얻어 부처의 경지로 나아갈 수 있음을 말해준다.

지계는 산스크리트어 śīla의 번역으로 청정한 '시(尸)바라밀'이라 부르는 것으로서 뜻과 말과 행동을 절제하고 계율을 잘 지키는 것이다. 지계바라밀을 닦으면서 지켜야 할 계율에 대해서 「십지품」에서는 '불살생(不殺生)', '불투도(不偸盜)', '불사음(不邪淫)', '불망어(不妄語, 거짓말, 이간질 하는 말, 나쁜 말, 이치에 닿지 않는 말을 하지 않는 것)', '남의 물건을 탐내지 않는 것', '성내지 않는 것', '점치거나 상을 보지 않는 것', '아첨하거나 속이지 않는 것' 등을 들고 있다.[143] 이런 계율의 내용에서 알 수 있듯이 지계바라밀은 안으로 자신의 모든 집착이나 번뇌 등을 잘 다스리고 밖으로 모든 중생들에게 해를 끼치지 않고 오직 그들에게 이익을 줄 수 있도록 행동하는 것이다. 이것을 「십행품」에서는 지계를 외부의 어떤 대상(六境이라 부르는 色·聲·香·味·觸·法)이라든가 부귀나 이익이나 권력을 구하지 않고, '깨끗한 계율을 지녀 일체의 얽맴과 번뇌의 맹렬한 불과 근심·슬픔·고뇌 등을 떠나, 중생들을 저버리지 않고 모든 부처님들을 기쁘게 하며, 끝내는 위없는 보리를 성취'하려고 하는 것이라 표현하고 있다.[144]

인욕은 산스크리트어 kṣānti의 번역으로 청정한 '찬제(羼提)바라밀'이라 부르는 것으로서 설령 남이 자신을 비방하고 모욕을 한다거나 고통을 준다고 해도 성내지 않고 참으며 항상 남을 유순하게 대하고 공경하는 것이다. 이것을 「명법품」에서는 '온갖 고통을 모두 참아 칭찬이나 비방을 들어도 근심하거나 기뻐하는 마음이 없어 마치 대지처럼 흔들리지 않는'[145] 것이라고 말하고 있다. 남이 나를 칭찬하면 즐거워한다든지, 남이 나를 비방하거나 나에게 고통을 주면 우리가 화를 내는 것은 주체로서의 자신에 대한 집착이 존재하기 때문이다. 그러나 나라고 하는 주체도 사실은 무수한 인연의 화합으로 생겨나 잠시 머무르다 가는 것일 뿐 실체가 있는 것이 아니다. 인욕을 실천하는 보살은 '모든 법은 나지도 않고 멸하지도 않은 것이어서 여러 가지 인연으로 있는 것임을 관찰'하고 그것은 '실성이 없는 꼭두각시나 허깨비 같은' 것으로 '나'가 없어 덧없는 것임을 깨닫는다.[146] 이렇게 나 자신을 포함한 모든 존재의 무상과 무아의 실상을 깨달으면 자신에 대한 집착이 사라져 화내는 마음을 모두 버려 모든 중생을 해치지 않고 공경하고 사랑할 수 있다.

위에서 살펴본 바와 같이 보살이 수행해 나가야 할 십바라밀 중에서도 제일 먼저 든 보시, 지계, 인욕이라는 세 바라밀은 모두 중생들을 어떻게 대하고 구제할 것인가 하는 문제와 관계하고 있다. 중생들을 위해 자신이 가진 모든 것을 아낌없이 베풀고, 중생들에게 해를 끼치지 않고 이익을 주며, 중생들에게 화를 내지 않고 언제나 유순하고 공경하는 자세를 갖도록 하는 것, 이러한 보살행의 실천을 통해서만 부처에 이르는 길은 열릴 수 있다. 물론 이러한 보시, 지계, 인욕이라는 바라밀의 실천은 존재하는 모든 것이 무아이며 무상하므로 '나'와 '내 것'에 집착할 이유가 없다는 것에 대한 깨달음과 함께 가는 것임에 틀림이 없다. 나를 낮추고 내 것을 아낌없이 내놓는 수행을 통해서 나와 내 것에 대한 집착을 버리게 되고, 무아와 무상의 진리를 깨달을 수 있다. 또한 그러한 깨달음은 다시 나를 낮추고 내 것을 아낌없이 내놓으며 중생을 구제하는 보살행을 더욱더 진실하게 실천해 나갈 수 있도록 만든다.

정진은 산스크리트어 vīrya의 번역으로 청정한 '비리야(毘梨耶) 바라밀'이라 부르는 것으로서 게으름을 피우지 않고 끊임없이 부지런히 노력하여 수행을 닦아나가는 것이다. 중생들은 수많은 욕망에 휘둘리고 편하고 쉬운 것을 탐해 자칫하면 방일하기 쉽다. 그러므로 언제나 그런 욕망과 방일을 경계하며 부지런히 노력해야만 한다. 보살이 정진해야 할 일에 대해서 「십지품」에서는 모든 악을 끊고 선을 증장시키며, 부처님의 법을 구하고 지혜를 늘리는 것이라고 말하고 있다 : "보살은 아직 생기지 않은 악법을 생기지 않게 하기 위해 정진하고 발심하여 그것을 바로 끊고, 이미 생긴 악법은 그것을 끊기 위해 정진하고 발심하여 바로 끊으며, 아직 생기지 않은 선법은 그것을 생기게 하기 위해 정진하고 발심하여 바로 행하고, 이미 생긴 선법은 잃지 않고 더욱 닦아 늘리기 위해 정진하고 발심하여 바로 행합니다."[147] "보살은 … 더욱 뛰어난 법을 구하고 지혜를 더욱 늘리어 일체 세간을 구제하며, 모든 스승을 따라 공경하고 그 가르침을 말대로 수행합니다."[148] 이처럼 부처님의 가르침을 열심히 배우고 그 가르침에 따라 살아가도록 부단히 노력하는 것, 이것이 정진바라밀이다.

선(禪)은 산스크리트어 dhyāna의 번역으로 청정한 '선(禪)바라밀'이라 부르는 것으로서 마음을 한 곳에 모아 움직이지 않고 고요히 생각하는 것(靜慮)이다. 즉 모든 욕망과 번뇌를 버려 '마음을 산란하지 않고 항상 일체지로 향하게 하는 것'[149]이 선정바라밀이다. 「명법품」에서는 이것을 이렇게 말하고 있다 : "일체의 욕심을 버려 떠나는 데서 일어나는 기쁨과 즐거움으로 청정하게 차례로 삼매에 들되 집착하지 않으며, 번뇌를 태워 없애고 한량없는 선정을 내어 큰 신통을 갖추고, 차례로 뛰어넘어 한량없는 삼매 문에 들며, 한 삼매 문에서 한량없는 삼매 문에 들어 일체의 삼매 경계를 다 알고 차츰 모든 부처님의 지위를 갖춘다."[150]

반야는 산스크리트어 prajñā의 번역으로 세상 만물의 실상을 꿰뚫어 보는 근원적인 지혜를 말한다. 그런 근원적 지혜를 닦아나가는 반야바라밀에 대해서 「명법품」에서는 이렇게 말하고 있다 : "(반야바라밀은) 부처님께 법을 들어 그것을 받들어 지니고 선지식을 공경하고 친근하되 게으르지 않으며, 항상 즐겨 법을 듣되 충분하다고 싫증 내지 않고 들은 바 모든 법을 바로 관찰하며, 진실한 선정에 들어 일체의 뒤바뀐 사견(邪見)을 버리고, 오묘하고 훌륭한 방편으로 모든 법은 제 성품이 없음을 분별해 알며, 여래의 깊은 지혜의 문을 닦아 익혀 모든 지혜의 힘을 두루 갖추고 넓은 문의 지혜를 타고 모든 지혜의 문에 들어가는 것이다."[151] 반야바라밀은 부처님이 가르치신 근원적인 지혜를 배우고 이를 언제 어디서나 항상 관조하는 것이다. 그렇다면 부처님이 가르치신 근원적인 지혜는 무엇인가? 이것을 「십지품」에서는 무엇보다도 인연법에 대한 깨달음으로 얘기한다. 보살은 이 세상 모든 것이 인연에 의한 것이므로 공하다는 것을 깨닫고 어떤 상에도 집착하지 않고 어떤 바람(願)에도 고집하지 않는 지혜를 닦아나가야 한다. 이것을 「십지품」에서는 이렇게 얘기한다 : "보살은 십이인연을 따라 나도 없고 사람도 없으며, 중생도 없고 수명도 없으며, 짓는 이도 짓게 하는 이도 떠났고 주인도 없고, 모든 것은 온갖 인연에 속하는 것이라고 이렇게 관찰할 때는 공(空)해탈문이 그 앞에 나타납니다. 이런 일이 없어진 뒤에는 다른 것은 상속하지 않기 때문에 모양 없는(無相) 해탈문이 그 앞에 나타나며, 그 두 가지를 알고는 다시는 존재를 즐기지 않고, 오직 큰 자비스런 마음으로 중생을 교화할 때는 소원이 없는(無願) 해탈문이 그 앞에 나타납니다."[152]

이상에서 살펴본 정진, 선정, 반야바라밀은 보살이 그에 앞서 얘기한 보시, 지계, 인욕을 실천하면서 나아가 부처님이 가르치신 세상 만물에 대한 근원적인 지혜를 배워 깨닫고 관조하는 수행을 해나가야 한다는 것을 말한다. 물론 앞의 세 가지 바라밀과 뒤의 세 가지 바라밀은 결코 서로 분리될 수 없다. 그러나 굳이 말하자면 보시, 지계, 인욕의 수행을 통해 나와 내 것에 대한 집착을 버리고 중생을 위하고 중생을 구제하는 실천을 해 나갈 수 있게 된 보살은 이제 정진, 선정, 반야바라밀이라는 좀 더 내면적이고 개인적인 수행을 통해 부처님이 가르치신 진리의 세계로 직접 나아가는 것이라고 할 수 있다. 중생과의 관계, 중생 구제의 실천에서 내면적이고 개인적인 깨달음의 수행과 진리의 관조로 나아가는 것, 이것이 보시바라밀에서 반야바라밀에 이르는 보살도의 구조라고 할 수 있다.

그러나 『화엄경』의 보살도는 여기에 머물지 않는다. 육바라밀을 통해 근원적인 깨달음에 도달한 보살은 다시 한번 중생 구제의 실천으로 되돌아간다. 반야바라밀을 통한 깨달음 자체가 그런 하화중생의 이념을 포함하고 있음을 「십지품」에서는 이렇게 알려준다 : "보살은 이렇게 유위법이란 성품이 없고 견고한 모양이 없으며 생멸이 없는 줄을 알지만, 큰 자비심과 화합해 중생을 버리지 않으면, 곧 걸림 없는 반야바라밀의 광명이 그 앞에 나타날 것입니다."[153] 그리고 이렇게 일단 근원적인 깨달음에 이른 보살이 중생 구제의 보살행을 계속해 나가야 함을 얘기하는 것이 바로 방편, 원, 력, 지라는 4가지 바라밀이다.

이 중 방편은 산스크리트어 upāya를 번역한 것으로 중생을 그 처지와 바람에 알맞은 수단으로 구제하는 것이다. 중생들은 각자 그 바라는 바나 그가 처한 상황, 그의 소질과 능력 등이 다르기 때문에 누구나 똑같은 방법으로 구제하고 불법으로 인도할 수는 없으며, 각자에게 알맞은 방편을 써야만 한다. 방편바라밀은 어떤 고정된 방법을 고집하지 않고 중생들의 처지와 근기에 맞는 다양한 방편을 강구해서 그들을 구제하도록 노력해야 한다는 것을 말한다. 이것을 「명법품」에서는 이렇게 표현하고 있다 : "(방편바라밀은)  세간의 모든 위의를 나타내 보이고 중생을 교화하되 근심 걱정하는 마음이 없으며 항상 때에 알맞게 그 몸을 나타내 보이고 그들의 소행에 집착하는 마음이 없으며, 어리석은 사람과 지혜로운 사람의 행을 나타내 보이기도 하고 생사와 해탈의 문을 나타내 보이기도 하며, 온갖 방편행을 능히 분별하며, 온갖 장엄한 일을 나타내 보이기도 하고 모든 태어남의 갈래에 들어가 중생들의 갖가지 소행을 아는 것이다."[154]

원(願)은 산스크리트어 praṇidhāna를 번역한 것으로 불법을 깨닫고 모든 중생을 구제하겠다는 굳건한 서원을 세우는 것이다. 즉 원바라밀은 '모든 부처님의 지혜를 끝까지 얻고'[155] 대자대비로 중생을 버리지 않고 모두 구제하겠다는 굳센 원력을 세워 흔들림 없이 추구해 나가는 것을 말한다.

역(力)은 산스크리트어 bala를 번역한 것으로 부처님의 지혜를 성취하고 중생을 구제할 수 있는 힘을 갖추는 것이다. 즉 역바라밀은 보리를 구하고 중생을 구제하겠다는 서원을 실현해 나갈 수 있는 실질적인 온갖 능력을 갖추고 보살행을 실천해 나가는 것이다. 이것을 「명법품」에서는 이렇게 말하고 있다 : "(역바라밀은) 스스로 바른 힘을 갖추고 온갖 번뇌를 떠나 완전히 청정하고 남의 힘을 바르게 하되 완전히 성취하여 부술 자가 없으며, 대비(大悲)의 힘을 완전히 갖추고 대자(大慈)의 힘이 평등하여 일체 중생을 다 구호하고 다라니의 힘으로 모든 방편의 뜻을 잘 지니며, 묘한 변재의 힘으로 모든 중생을 다 기쁘게 하고 갖가지 바라밀의 힘으로 대승을 장엄하며, 큰 서원의 힘은 끊임이 없고 온갖 신통의 힘은 한량없는 부처 신력을 갖추어 일체 중생을 구호하는 것이다."[156]

지(智)는 산스크리트어 jñāna를 번역한 것으로, 지바라밀은 중생들의 처지나 마음 등을 모두 알고 그에 알맞게 제도할 수 있는 방법을 알아서 실천해 나가는 것이다. 앞의 반야바라밀에서 말하는 지혜는 우주적 진리에 대한 근원적인 깨달음을 말하는 것이라면, 여기서 말하는 지혜는 사회 역사적인 현실 속에서 중생들의 처지와 바람, 그리고 그들을 구제할 수 있는 방법 등을 아는 보다 구체적인 지혜를 의미한다고 할 수 있다. 이것을 「명법품」에서는 이렇게 말하고 있다 : "(지바라밀은) 탐욕이 많은 자를 알고 분노가 많은 자를 알며, 우치가 많은 자를 알고 이 가지[分]를 고루 가진 자를 알며, 배우는 지위를 분별하고 한 찰나 사이에 중생들의 마음과 그 마음의 활동을 알며, 중생들의 바라는 바를 알고 모든 법의 진실을 알며, 부처님의 깊은 지혜의 힘을 알고 일체 법계의 문을 다 아는 것이다."[157]

방편, 원, 력, 지라는 네 가지 바라밀은 꼭 이 순서에 따라 수행해 나가야 하는 것이라고 말할 수 없다. 중생을 구제하기 위해서는 결단코 모든 중생을 구제하겠다는 원력이 있어야 하고, 중생들이 어떤 처지에 있으며 무엇을 바라고 있는지를 알아야 하고, 또 그들을 구제하기 위해서는 어떤 수단과 방법을 써야 할 것인지를 알아야 하며, 그것을 실현해 나갈 수 있도록 힘을 기르고 모으는 과정이 모두 필요하다. 그리고 이것들은 근원적인 진리를 깨닫고 그에 따라 중생을 구제해 나가는 구체적인 실천을 위해서 갖춰나가야 할 네 가지 조건으로서 서로가 서로를 포함하는 것이라고 할 수 있다.

이상에서 우리는 『화엄경』에서 말하는 보살도의 핵심으로서 십바라밀 개념을 살펴보았다. 그 결과로 우리는 십바라밀의 수행이 반드시 엄격한 차례에 따라 수행해 나가야 하는 위계적인 것은 아님을 알 수 있었다. 그러나 그럼에도 불구하고 십바라밀의 수행에는 어떤 일정한 구조가 있다고 말할 수 있다. 그것은 중생구제를 위한 수행, 부처님이 가르치신 불법을 깨닫기 위한 수행, 그리고 다시 깨달음을 기반으로 중생 구제로 회향하는 수행이라는 3지구조를 말한다. 불도를 이루기 위해서는 먼저 중생들과 관계하면서 자신을 희생하고 중생들을 구제하려는 보시, 지계, 인욕이라는 보살행의 실천이 필요하다. 다음으로 이런 보살행을 기초로 나와 내 것에 대한 집착에서 벗어나 부처님의 가르침을 배우고 깨닫기 위한 정진, 선정, 지혜바라밀을 닦아나가는 것이 필요하다. 그리고 이런 과정을 통해 부처가 가르친 진리를 깨닫고 나서는 다시 방편, 원, 력, 지를 통해 다시 구체적인 중생 구제로 회향해 나가는 것이 필요하다.

『화엄경』에 나타나는 이러한 십바라밀의 3지구조는 중요한 의미를 갖는다. 『화엄경』의 십바라밀은 보살이 수행을 통해 부처에 이르는 길(보살도)이다. 자칫 부처와 같은 깨달음에 이르기 위해서는 오직 앉아서 열심히 참선을 하거나 경전을 공부하기만 한다거나 염불을 외기만 하면 되는 것으로 착각하기 쉽다. 그런데 십바라밀의 내용과 그 3지구조는 결코 그렇지 않다는 것을 분명하게 알려준다. 부처에 이르는 길은 나와 내 것에 대한 욕심을 버리고 중생을 위하는 실천, 불법을 깨닫기 위한 간경, 염불, 참선과 같은 공부와 수행, 그리고 다시 중생을 그 사회역사적 현실에 알맞은 수단을 알고 강구하여 구제하려는 사회적 실천이라는 이 모든 것과 떨어질 수 없다. 먼저 중생을 위해 자신의 것을 기꺼이 내놓는 보시, 중생에게 해를 끼치거나 타인을 함부로 대하지 않고 항상 존중하고 공경하는 지계, 설령 자신에게 잘못을 했다고 해도 다른 중생에게 화를 내지 않는 인욕처럼 중생을 대하는 가장 기본적인 덕목들을 닦아나가지 않는다면 결코 깨달음의 길은 열리지 않는다. 이런 것을 도외시하고 소위 개인적인 종교적 수행에만 매달리는 것은 말짱 공염불일 뿐이다. 물론 정진, 선정, 지혜바라밀에서 말하는 바와 같이 간경, 염불, 참선 등을 통해 불법을 깨치기 위한 수행 역시 부처에 이르기 위해서는 필수적이다. 그러나 그때도 역시 염두에 두어야 하는 것은 그러한 깨달음은 단순히 개인의 내면적 깨달음에서 멈추는 것이 아니라 다시 한번 중생 구제의 구체적인 실천으로 되돌아간다는 사실이다. 다음 절에서 더 자세히 검토할 것처럼 부처님이 가르치신 진리의 내용은 필연적으로 중생구제의 구체적인 사회 역사적 실천으로 우리를 이끌어 간다. 방편, 원, 력, 지라는 네 가지 바라밀을 통해 현실 속에서 고통받는 중생들을 구제하는 구체적인 보살행이야말로 깨달음의 궁극적 완성이자 종착점이다. 『화엄경』의 십바라밀의 개념과 구조는 우리에게 이런 것을 가르쳐 준다.

### 3) 보살의 깨달음과 보살행

앞에서 우리는 『화엄경』에서 말하는 보살도의 핵심인 십바라밀의 구조가 중생을 위한 보살행, 개인적인 수행의 겸수를 통해 깨달음을 얻는 과정, 그 깨달음을 기초로 한 중생을 향한 회향의 과정이라는 3지구조로 되어 있다는 것을 살펴보았다. 이러한 3지구조는 상구보리와 하화중생이라는 보살의 두 가지 이념을 뗄 수 없는 것으로 절묘하게 결합시키고 있다. 그런데 이런 3지구조가 필연적일 수밖에 없는 것은 보살이 구하려고 하는 깨달음의 내용 자체에 있다. 『화엄경』에 나타나는 깨달음의 내용을 분석해 봄으로써 우리는 그것이 이 세상과 중생을 떠난 추상적이고 신비적이며 초월적인 것이 아니며 상구보리는 하화중생이라는 이념과 필연적으로 결합할 수밖에 없다는 것을 알 수 있다. 이제 이 절에서는 보살의 깨달음의 실질적 내용과 그것이 보살행에 대해 갖는 함축적 의미를 분석해 보기로 한다.

우리는 『화엄경』에서 말하는 깨달음을 통해 얻는 근원적인 지혜가 인연법이며 거기로부터 공과 무상과 무원의 해탈문이 나타난다는 것을 앞의 반야바라밀 부분에서 이미 살펴본 바 있다. 이 세상 모든 것은 인연에 의해 생겨났다가 인연에 의해 사라진다는 것은 초기불교부터 『화엄경』에 이르기까지 부처님의 모든 가르침을 관통하는 가장 기본적인 진리이다. 이 세상 모든 것은 인연에 의한 것이므로 본래부터 그 자체 혼자만으로 독립적으로 존재하는 실체가 아니다. 그것은 다만 여러 인연이 잠시 그런 모습으로 모여 있을 뿐이고 그것도 곧 흩어져 버릴 수밖에 없다. 그러므로 세상 만물은 실체적 존재가 없이 텅 비어 있는 것이며, 그것이 취하고 있는 상도 사실은 본래의 상이 아니다. 앞에서 말한 공과 무상이라는 것은 바로 이것을 나타내고 있는 것이다. 『화엄경』에서는 이처럼 인연법에 따른 공과 무상의 도리라는 깨달음이야말로 불교의 근원적인 지혜임을 나타내는 구절이 많은데 예를 들면 「보살명난품」에서는 이것을 다음과 같이 가장 분명하게 말하고 있다 : "지혜 있는 사람은 모든 법들이, 무상(無常)한 것인 줄을 관찰하나니, 모든 법은 공(空)이요 내가 없어서, 일체의 그 모양을 아주 떠났네."[158]

만물은 실체성이 없다는 의미에서 공하고 무상이지만, 그렇다고 해서 전적인 무(無)라고만 말할 수는 없다. 그것은 인연에 의해 성립되어 현실에 존재하며 다른 존재들과 인연을 맺고 작용을 해 나가고 있다는 점에서 유(有)라는 측면도 분명히 갖고 있다. 그렇기 때문에 사실 정확하게 말하자면 이 세상 만물은 있는 것도 아니고 없는 것도 아니며, 동시에 있으면서도 없는 것이다. 이것을 한 마디로 말하자면 유무불이(有無不二)라고 할 수 있다. 그러므로 인연법에 의한 불교의 근원적인 진리는 유무불이라 할 수 있으며 공(空)의 참뜻도 바로 이것이라고 할 수 있다. 이러한 것은『화엄경』에서도 역시 분명히 찾아볼 수 있는데,「현수보살품」에서는 이것을 이렇게 말한다 : "혜등(慧燈)이라는 광명을 놓으니, 그 광명은 일체 중생 모두 깨우쳐, 모든 법은 공적(空寂)하여 생멸이 없고, 또 유(有)·무(無) 아님을 알게 하였네."[159]

그런데 이 세상 모든 것은 인연에 의한 것이라는 인연법은 유무불이 이외에도 또 다른 중요한 의미를 갖고 있다. 이 세상 만물이 인연에 의해 성립한다는 것은 각각의 사물 속에는 억겁의 수많은 인연관계에 의해 그것을 성립시키고 있는 다른 만물이 들어있으며 또한 그 사물 역시 인연에 의해 다른 사물 속에 들어있다는 것을 의미한다. 이것이 곧 의상의『화엄일승법계도』에 나오는 '하나 안에 일체 있고, 여럿 안에 하나가 있으며, 하나가 곧 일체요, 여럿이 곧 하나(一中一切多中一, 一卽一切多卽一)'라는 의미이다. 이것을 한 마디로 표현하면 일다불이(一多不二)라고 할 수 있는데,『화엄경』에는 이것을 수많은 곳에서 얘기하고 있다.

이처럼 인연법은 결국 유무(有無)가 불이(不二)요 일다(一多)가 불이(不二)라는 불이법(不二法)이라고 말할 수 있다. 그러므로『화엄경』「십명품」에서는 보살은 "둘이 아닌 법(不二法)에서 물러나지 않는다"[160]고 말하고 있다.「십주품」에서는 보살이 열 가지 법을 배워야 한다고 하면서 그 열 가지 법을 "하나가 곧 여럿이요 여럿이 곧 하나임을 알고 맛을 따라 뜻을 알고 뜻을 따라 맛을 알며, 있지 않은 것이 곧 있는 것임을 알고 있는 것이 곧 있지 않은 것임을 알며,

모양 아닌 것이 곧 모양임을 알고 모양이 곧 모양 아닌 것임을 알며, 성품 아닌 것이 곧 성품임을 알고 성품이 곧 성품 아닌 것임을 아는 것"[161]이라고 말하는데, 여기서도 핵심이 되는 것은 유무불이와 일다불이임을 알 수 있다. 그리고 이러한 생각은 일일이 다 열거할 수 없을 만큼 『화엄경』의 곳곳에 표명되어 있다.

이러한 인연법과 그에 따른 불이법의 깨달음은 『화엄경』에서 말하는 보살행에 대해 중요한 의미를 갖고 있다. 사실 모든 중생들 사이의 관계에서 온갖 문제와 병폐는 나와 내 것에 대한 집착, 아집에서 생겨난다. 그러나 존재하는 모든 것은 연기에 의해 이루어진 공한 것으로서 유무불이임을 깨달으면 나와 내 것에 대한 집착이 없어지고 다른 온갖 집착도 없어진다. 그리고 이처럼 모든 집착으로부터 자유로워진 보살은 중생들과의 관계에서 나 자신을 낮추고 기꺼이 중생들을 위해 헌신하는 보살행을 해 나가게 된다. 또한 이 세상 만물이 인연에 따라 서로가 서로 포섭하고 포섭되는 일다불이라는 것을 깨닫게 되면 이 세상의 모든 것은 나와 둘이 아닌 존재이며, 아무리 하잘것없어 보이는 것조차도 그 속에 온 우주를 포함하고 있는 위대한 존재로서 지극히 공경하지 않을 수 없게 된다.

이처럼 좁아빠진 나로부터 벗어나 만물을 나와 둘이 아닌 존재로 여기게 되는 보살은 모든 중생에 대해 한없이 자비로운 마음을 품지 않을 수 없다. 이런 보살의 마음을 「십주품」에서는 이렇게 말하고 있다. "보살은 일체 중생에 대해 열 가지 마음을 냅니다. 열 가지 마음이란 이른바 크게 인자한 마음, 크게 가엾이 여기는 마음, 즐겁게 하려는 마음, 편히 머물게 하려는 마음, 기뻐하게 하려는 마음, 중생을 건지려는 마음, 중생을 수호하려는 마음, 내 몸처럼 여기는 마음, 스승처럼 여기는 마음, 여래처럼 여기는 마음이니 이것이 그 열 가지 마음입니다."[162]

중생을 위하는 한없이 자비로운 보살의 마음은 「정행품」에 이루 말할 수 없이 감동적으로 표현되어 있다. 「정행품」은 보살이 어떻게 신·구·의(身·口·意) 삼업의 뜻을 어떻게 청정하게 하고, 지혜를 따르게 할 수 있으며, 또 중생들을 구제하고 중생들의 귀의처가 될 수 있는가 하는 지수보살의 질문에 대해 문수사리가 대답한 내용을 서술하고 있다. 거기서는 보살이 마땅히 가져야만 하는 자비로운 마음을 140 가지의 원행으로 얘기하고 있는데, 그 140가지 원행이란 밥 먹고 잠자고 배설하는 일상생활에서부터 출가를 하거나 출가하여 수행 생활을 하는 종교적 생활에 이르기까지 일거수일투족의 모든 삶에서 한결같이 중생을 위하는 보살의 마음을 가리키고 있다.

그리고 이처럼 중생들에 대해 한없이 자비로운 마음을 품은 보살은 중생들을 그 고통에서 구제하려는 구체적인 실천에 나서지 않을 수 없다. 보살은 중생을 가엾게 여기는 추상적인 마음에 머무는 것이 아니라 중생들의 처지와 문제에 맞는 해결책을 찾아 중생구제를 실천해 나가야 한다. 이것을 「십주품」에서는 이렇게 말하고 있다 : "(보살은) 모든 중생 무리를 다 분별하고, 가볍고 무거운 그 번뇌를 잘 알아, 알맞은 방편으로 다 제도하네."[163] 그러므로 보살은 어느 한 가지 방법을 고집하지 않고 중생들의 상황에 맞는 온갖 다양한 방편을 통해 중생을 구제해 나간다. 「현수보살품」에서는 이것을 이렇게 표현하고 있다 : "이와 같이 한량없는 방편문으로, 세간법을 따라서 중생 건지나, 연꽃처럼 세간에 물들지 않고, 중생들을 한없이 기쁘게 하네. … 혹은 장자나 읍장이 되기도 하고, 혹은 장사치나 길잡이 되며, 혹은 국왕이나 대신이 되고, 혹은 용한 의사 되어 뭇 병 고치네."[164]

이상과 같이 우리는 이 절에서 『화엄경』에 나타나는 깨달음의 내용을 분석하여 그것은 인연법과 그에 따른 불이법의 깨달음이라는 것, 그리고 이것을 깨달은 보살은 좁아빠진 나로부터 벗어나 만물을 나와 둘이 아닌 존재로 여기고, 중생에 대해 한없이 자비로운 마음을 품고, 중생들을 상황에 맞게 다양한 방편으로 구제하는 보살행을 실천해 나간다는 것을 살펴보았다. 그리하여 우리는 『화엄경』에서 말하는 깨달음이라는 것이 중생구제라는 보살행과 필연적으로 결합할 수밖에 없다는 것을 분명하게 드러내었다. 십바라밀 중 보시, 지계, 인욕이라는 보살행의 시작은 유무불이와 일다불이(자타불이)를 먼저 몸으로 체험하게 하는 수행법이면서 동시에 불이법을 깨달을 때 비로소 완전하게 실현할 수 있는 보살행이기도 하다. 인욕, 정진, 선정은 주로 개인적 수행과 정진을 통해 불이법을 깨우쳐 나가는 과정이며, 그 깨침을 통해 다시 중생 구제라는 보살의 이념으로 되돌아가기에 이르는 도정이다. 그리고 방편, 원, 력, 지는 이렇게 근원적인 깨달음에 이른 보살이 중생들을 그들의 처지와 상황에 알맞은 온갖 방편으로 구제하는 보살행의 궁극적인 모습이다.

### 4) 『화엄경』 보살사상의 의미

지금까지 『화엄경』의 보살사상을 살펴본 결과 앞에서 우리는 우선 『화엄경』의 보살사상이 초기불교의 보살사상과 그 실천적 성격을 충실히 계승하고 있다는 것을 확인하였다. 다음으로 이 글에서는 『화엄경』 보살사상의 핵심인 십바라밀을 차제적인 계위 중심으로 해석하는 것은 문제이며, 십바라밀의 구조는 중생을 위한 보살행과 개인적인 수행의 겸수를 통해 깨달음을 얻는 과정, 그리고 그 깨달음을 기초로 한 중생을 향한 회향의 과정이라는 3지구조로 이루어져 있다는 것을 밝혔다. 이어서 이 글에서는 보살도의 중심에 있는 깨달음을 분석하여 그것이 인연법과 그에 따른 불이법의 깨달음이라는 것, 그리고 이것은 만물을 나와 둘이 아닌 존재로 여기고, 중생에 대해 한없이 자비로운 마음을 품고, 중생들을 상황에 맞게 다양한 방편으로 구제하는 보살행의 실천으로 이끈다는 것을 밝혔다. 그리하여 그것은 단순한 개인적 깨달음에 멈추는 것이 아니라 하화중생이라는 보살의 이념과 필연적으로 결합할 수밖에 없으며, 인간의 삶을 개인적이고 사회적인 생활 전반에 걸친 총체적인 보살행으로 이끌어 간다는 것을 밝혔다.

그렇다면 지금까지 밝힌 이러한 『화엄경』의 보살사상은 오늘날 우리 한국 사회 속에서 어떤 의미를 가지고 있는가?

앞의 분석에서 분명히 밝혀진 것처럼 『화엄경』의 보살사상은 중생 구제를 위한 보살행을 떠난 깨달음은 불가능하다는 것을 알려준다. 그리고 이것은 오늘날 한국 사회에서 불자들의 종교적 수행이나 생활 전반의 변혁이 필요하다는 것을 일깨워준다. 오늘날 한국불교에서는 간화선을 통해 한 번에 모든 진리를 깨치면 모든 문제를 일거에 해결할 수 있다는 간화선 배타주의와 유일주의에 입각한 수행관이 이념적 지배력을 행사하고 있다. 그러나 이러한 이념은 불교적 깨달음은 무엇보다도 우선 보시, 지계, 인욕과 같은 보살행을 통해서만 다가갈 수 있는 것임을 잊어버리게 만든다. 중생을 위해 자신이 가진 것을 기꺼이 내놓는 보시, 중생과의 관계에서 중생을 해치거나 중생이 가진 것을 탐내거나 중생을 함부로 대하거나 하지 않는 지계, 나에 대한 중생의 잘못에 대해서도 성내지 않고 한결같이 참아내며 중생을 공경하는 인욕, 이러한 보살행의 실천은 도외시하면서 참선만 한다고 결코 깨달음을 얻을 수는 없다. 평상시에는 나만을 위하고 내 것에만 집착하여 인색하고 악착같이 남의 것을 빼앗아 제 것으로 만들려 하면서 가끔씩 추상적인 화두를 붙잡고 앉아 있기만 하면 대단한 종교적 수행을 하고 있으며 그를 통해 깨달아 부처에 이를 수 있다고 생각한다면 그것은 엄청난 허위의식일 뿐이다. 『화엄경』의 보살사상은 오늘날 한국불교에서는 불자들이 무엇보다도 우선 자신들의 삶의 방식을 보시, 지계, 인욕을 통해 중생들을 위해 헌신하는 방향으로 바꿔나가는 것을 수행의 길로 삼아야 한다는 것을 가르쳐 준다.[165]

　『화엄경』의 보살사상은 중생 구제를 위한 보살행을 떠난 깨달음은 불가능할 뿐 아니라 또한 공허하기도 하다는 것을 알려준다. 그런데 오늘날 우리 사회 일각에는 선을 통해 단박에 깨친 깨달음이란 것이 마치 온갖 신통력을 발휘할 수 있는 도통을 한 것이라도 되는 양 신비화시키는 풍조가 존재한다. 이것은 깨달음에 대한 대단히 관념적이고 추상적인 이해에 기초하고 있으며, 그것은 한국불교를 현실의 중생과 중생 구제의 보살행으로부터 멀어지게 만든다. 그러나 석가모니 부처가 일관되게 가르쳤고 『화엄경』 역시 분명히 얘기하듯이 근원적인 불교의 진리, 불교적 깨달음의 핵심은 연기법과 불이법을 벗어나지 않는다. 이 세상 모든 것은 연기에 의한 것이며 그렇기 때문에 만물은 유무불이로서 공한 것이고, 일다불이로서 서로가 둘이 아니라는 것, 그렇기 때문에 우리는 좁아빠진 나와 내 것에 사로잡히지 말고 나를 넘어서 나와 둘이 아닌 중생들을 위해 모든 것을 회향해야 한다는 것, 이것을 철저하게 체득하는 것이야말로 불교의 깨달음이다. 정진, 선정, 반야 바라밀은 그것을 체득하는 과정이다. 그렇기 때문에 앞에서도 밝힌 것처럼 수행을 통해 불교적 깨달음을 얻은 사람은 방편, 원, 력, 지라는 바라밀을 통해 중생 속에서 중생을 구제하려는 보살행을 실천해 나가지 않을 수 없다. 중생 구제를 위해 평생을 바쳤던 석가모니 부처의 생애 자체가 이것을 웅변으로 말해 준다. 그러므로 불교의 깨달음은 중생 구제의 보살행으로 필연적으로 이끌어간다는 『화엄경』의 가르침은 일부 수행자들이 중생들의 구체적인 삶, 중생들의 고통으로부터는 멀리 떨어져서 무슨 초월적인 존재라도 된 것처럼 행세하고, 또 신도들은 그들을 신격화하고 맹종하면서 복을 얻기만을 바라는 한국불교의 잘못된 풍조에 대한 통렬한 비판이 된다.

연기법과 불이법이라는 근원적인 진리에 대한 깨달음을 얻고 나서도 (또는 그러한 깨달음을 얻기 위한 수행과 더불어) 중생 구제를 위해 방편, 원, 력, 지 바라밀의 수행을 계속해 나가야 한다는 『화엄경』의 보살사상 역시 오늘날의 한국 불교계에 중요한 메시지를 던져 준다. 방편, 원, 력, 지 바라밀의 수행이란 중생들이 어떤 처지에서 어떤 문제를 갖고 있고 어떤 고통을 당하고 있으며 무엇을 바라고 있는지를 알아보고, 그들의 문제와 고통을 해결하기 위해서는 어떤 수단과 방법을 써야 할 것인가를 연구하는 것, 그리고 그것을 실제로 달성하기 위해 필요한 힘을 모으고, 물러서지 않는 원력으로 중생 구제를 위해 노력하는 것을 의미한다. 『화엄경(40권)』 「보현행원품」에서는 보살은 "병든 이에게는 의사가 되어 주고, 길 잃은 이에게는 바른길을 가리켜 주며, 어두운 밤에는 등불이 된다"[166]고 하였는데, 이를 위해서 보살은 무엇보다도 먼저 중생이 어떤 병에 걸려 있고, 어디에 있으며 어디로 가고 있는지를 알아야 하고, 그런 연후에 그에 대해 적절한 처방이 어떤 것인지를 알아서 중생을 구제해야 한다. 이러한 것은 연기법과 불이법이라는 근원적이고 보편적인 진리를 깨달았다고 해서 결코 자동적으로 달성되는 것이 아니다. 그것은 중생이 처한 현실과 그들이 겪고 있는 문제의 원인, 그리고 그 해결 방법 등에 대한 구체적인 공부와 모색을 필요로 한다.

이런 관점에서 본다면 참선 같은 개인적 수행을 통해 깨달음을 얻기만 하면 된다면서 당면한 현실 사회 속에서 고통받고 있는 중생들의 처지와 문제 그리고 그 해결 방안에 대한 공부 같은 것은 도외시하고 쓸모없는 것으로 치부해 버리는 일부 한국불교의 풍조는 크게 잘못된 것이라 할 수 있다. 이런 점에서 2009년 불학연구소의 설문조사에서 현대사회에서 가장 바람직한 승려의 역할에 대한 질문에 대해 27.3%가 깨달음을 얻기 위한 수행에 전념하는 것이라고 답한 반면 36.1%가 자비정신을 사회에 구현하는 것이라고 답했다는 사실[167]은 상당히 시사적이다. 이것은 승려들이 중생들의 현실을 이해하고 중생 구제를 실현하기 위한 공부를 지금보다 훨씬 더 많이 해 나가야 한다는 것을 가르쳐 준다. 그러므로 오늘날 한국불교계는 생태계의 총체적 파괴 문제, 빈곤·기아·실업 문제, 인간의 소외 문제, 공동체의 총체적인 붕괴 문제, 인간의 욕망·감성·주체성·삶의 양식의 왜곡 문제 등과 같이 현대 사회 속에서 중생들이 겪고 있는 문제들과 그 원인, 그리고 그 극복 방안 등에 대한 좀 더 많은 관심과 연구와 적극적인 사회적 실천을 필요로 한다.

그런데 중생 구제는 승려에 의해서만 이루어지는 것이 아니다. 그러므로 방편, 원, 력, 지 바라밀의 수행과 그에 기초한 보살행을 통한 중생 구제는 사회의 다양한 방면에서 일하고 있는 수많은 사람들 각자의 역할과 공동적인 노력을 필요로 한다. 이런 점에서 『화엄경』 「입법계품」에 등장하는 많은 선지식은 승려뿐 아니라 왕이나 장자, 뱃사공, 심지어 거리의 여인에 이르기까지 다양한 계층과

직업에 속하는 사람들이었다는 사실은 매우 상징적이다. 승려가 모든 중생을 구제할 수 있는 것도 아니고, 깨달음을 얻고 중생을 구제하기 위해 모두 승려가 되어야 하는 것도 아니다. 중생 구제를 위해서는 수많은 방편과 힘이 필요하고, 이것은 사회의 다양한 분야에서 일하고 있는 수많은 사람들의 역할을 필요로 한다. 그러므로 불자들 모두는 연기법과 불이법을 깨닫고 각자 자신이 맡은 분야에서 중생 구제의 보살행을 구체적으로 어떻게 실천해 나갈 것인가를 고민해야 한다. 관념적이고 추상적인 화두 참구를 통해 신비적인 깨달음만을 추구할 것이 아니라 각자 어떻게 하는 것이 진정으로 연기법과 불이법의 진리를 실현하고 중생을 구제할 수 있는 길인가 하는 구체적인 화두를 참구해 나가야 한다.[168] 이것이야말로『화엄경』의 보살사상을 올바로 계승하여 진정한 보살행을 위한 길이며, 부처에 이르는 길이다.

4부

# 불교와 현대사회

지금까지 우리는 초기불교부터 화엄사상에 이르기까지의 불교의 가르침을 불이사상의 관점에서 살펴보았다. 초기불교에서 화엄사상에 이르는 불교의 근본적인 가르침에 관한 필자 나름의 정리는 이미 앞에서 서술했다.

　　불이사상은 우주의 어떤 존재도 다른 것과 분리되어 존재하지 않는, 불이적인 것이라는 궁극적 진리를 말해준다. 불이사상은 초기불교부터 화엄사상에 이르기까지 불교 전체를 관통하는 가장 중심적인 사상이다. 앞에서 보았듯이 그중에서도 화엄사상은 일다불이와 유무불이라는 불이사상을 어떤 것보다 훌륭하게 전해주고 있는 불교의 사상이다.

　　세계와 인생을 바라보는 데서 불이사상이 갖는 의미에 관해서, 필자는 『둘이 아닌 세상』의 'Ⅲ부 불이사상과 미래문명'의 '3 불이사상의 문명사적 의미'에서 상세히 밝힌 바 있다. 또 그 이후 필자는 불교의 불이사상과 화엄사상의 관점에서 현대사회의 여러 가지 문제들을 어떻게 보고 대처해 나가야 하며, 불교의 가르침을 박제된 낡은 구시대의 유물이 아니라 오늘날에도 살아 있는 지침으로 살려나가기 위해서 어떻게 해야 하는지를 밝히려는 작업을 나름대로 계속해 왔다.

　　이하에서는 불이사상과 화엄사상의 관점에서 현대사회의 여러 가지 문제들을 다뤘던 필자의 몇 가지 글을 소개하는 것으로 이 책을 마무리하고자 한다. 이것은 앞에서 본 불교의 근본적인 원리를 어떻게 현실에 적용해야 하는가를 얘기하는 응용편이라고 할 수 있을 것이다. 여기서는 먼저 앞서 다룬 화엄사상을 선사상과 회통해야 할 필요성과 둘을 어떻게 회통해야 할 것인가를 다룬 글을 소개한다. 다음으로는 불이와 화엄사상의 관점에서 우리가 살고 있는 현대 자본주의 사회와 세계화 현상, 생태계의 파괴 문제 같은 현대사회의 가장 중요한 문제들을 어떻게 봐야 할 것인가를 다룬 글들을 소개한다.

# 1. 선과 화엄사상 회통의 현대적 의미

　오늘날 한국불교는 간화선이 배타적으로 절대화됨으로써 구체적인 삶과 현실의 문제를 불교적 관점에서 해명하고 함께 해결해 나가며, 불교적 진리를 실현하는 실천으로부터 멀어지게 되었다. 이 글은 선과 화엄사상의 회통을 통해 한국불교의 당면 문제를 해결할 방안을 모색한 것이다.

　이 글에서는 화엄사상에 대한 지눌의 견해와 선교회통론의 근본 주장을 분석하고 그 문제점과 부족한 점을 밝혔다. 지눌은 선 우위라는 시각에 입각해서 제한적으로 화엄사상을 수용하면서도 선을 통해 그 문제점을 극복해 가야 한다는 다분히 편향적인 입장을 취함으로써 진정한 선교회통에는 이르지 못한 점이 있다. 그러나 선과 화엄사상은 부족한 점을 서로 메워 주는 상보적인 수행의 방편으로 간주해야 한다. 어느 한쪽을 우위에 두는 차별적 태도를 취할 것이 아니라, 양자를 아무런 걸림이 없이 자유자재로 활용해 나갈 때 비로소 선교회통의 이상은 제대로 이루어질 수 있다.

　이 글에서는 화엄사상에 대한 분석을 통해 어떤 근거와 방법에 의해서 선과 화엄사상을 회통시킬 수 있는가를 밝혔다. 우리는 화엄사상을 통해서 우주적 진리를 인식할 수 있으며, 선을 통해서 이를 직접 체득할 수 있다. 또한 이것을 다시 화엄의 가르침에 입각하여 일상의 실천으로 닦아 나갈 수 있다. 이렇게 함으로써 우리는 개인의 깨달음을 완성하고, 모든 존재가 평화롭게 어우러지는 장엄한 화엄세계를 만들어 나갈 수 있을 것이다. 오늘날 이 땅에서 선과 화엄사상의 회통을 다시 회복하는 일은 바로 이렇게 중요한 과제의 해결을 위한 첫걸음이 된다.

## 1) 선과 화엄사상 회통의 필요성

이미 오래전 이 땅에 불교가 전래된 이래, 불교는 삶의 고통에 신음하는 수많은 중생들이 의지하는 종교이자 인생과 세계에 대한 근원적인 통찰을 제공해 주는 철학사상이며, 국가를 지도하는 이념이자 삶의 구석구석에 녹아 든 살아 숨 쉬는 문화로서 폭 넓은 역할을 해 왔다. 물론 조선 시대에는 강력한 억불숭유정책으로 인해 사회와 문화를 선도하는 역할을 상실하기도 했지만, 그 와중에서도 한국불교는 백성의 슬픔을 어루만져주는 종교로서의 역할을 다해 왔으며, 현대의 세속적 물질문명의 지배 속에서도 궁극적인 깨달음을 통한 해탈과 중생의 구제라는 불교의 이상이 상실되지 않도록 지탱해 왔다.

그러나 다른 한편으로는 이러한 불교의 이상과 지향성이 오늘날 과연 불자들의 현실생활 속에까지 파고들어 일상적 삶의 양식이 그와 합치하는 방향으로 흘러가고 있는가는 상당히 회의적이다. 사실 한국불교는 그동안 한편으로는 현실과 동떨어진 채 단박의 깨침만을 지향하는 산중불교요, 다른 한편으로는 다분히 개인의 복을 기원하는 기복불교로서 개인적 신앙의 차원으로 떨어져 현재 한국사회가 직면하고 있는 여러 문제들을 해결하고 한국사회를 보다 바람직한 방향으로 형성해 가는 데 능동적인 역할을 하지 못했다고 하는 편이 옳을 것이다.

이것은 현재 한국불교에서 추구하고 있는 깨달음의 실체와 방법, 나아가서는 불교적 신행 양태 전반에 대한 반성을 요구한다. 그런데 현대 한국불교를 지배하고 있는 것은 간화선 중심의 선불교이다. 현재 한국불교에서는 간화선만이 유일한 깨달음의 방법이며 간화선을 통한 단박의 깨침만이 수행의 목표라고 간주하는 경향이 지배적이어서 그 밖의 다른 불교적 수행들은 다분히 무시되거나 간과되고 있다. 그렇기 때문에 현대 사회 속에서 한국불교가 수많은 사회문제들을 해결하고 중생들을 구제하는 능동적인 역할을 제대로 하지 못하고 있는 현실을 돌파하기 위해서는 간화선이 지배하는 한국 선불교가 안고 있는 문제점들에 대한 진지한 반성이 필요하다.

근래에 한국불교의 중심을 이루고 있는 간화선에 대한 논의가 활발하게 전개되어 왔다. 그것은 주지하듯이 1981년 성철 스님이 『선문정로(禪門正路)』에서 보조국사 지눌의 돈오점수 사상을 비판하면서 시작되었다. 거기서 성철은 우선 선의 근본은 견성(見性)이며, 견성이라는 것은 진여자성을 투철하게 깨닫는 것이라고 주장한다.[1] 그리고 성철에 따르면 견성의 방법은 공안을 참구하는 간화선이 최고이다.[2] 그러므로 견성을 할 때까지는 공안 참구에만 진력해야 하며,[3] 그렇게 해서 공안을 타파하여 자성을 깨닫게 되면 부처와 같은 모든 지혜와 자재무애한 커다란 묘용이 단번에 나타나게 된다는 것이다.[4] 이처럼 간화선을 통한 단박의 깨침만을 견성의 첩경으로 삼는 성철은 교와 같은 간화선 이외의 방법을 통한 깨달음을 인정하거나, 깨달은 이후에도 점차적인 닦음의 필요성을 인정하는 돈오점수설(頓悟漸修說)을 잘못된 이설로 간주하여 신랄하게 비판한다.[5]

성철에 따르면 돈오점수의 원조는 중국의 하택 신회(荷澤 神會)이며 규봉 종밀(圭峯 宗密)이 계승하고 우리나라의 보조 지눌(普照 知訥)이 이어받아 역설하였는데,[6] 이러한 '돈오점수사상을 신봉하는 자는 전부 지해종도(知解宗徒)'[7]이다. 성철은 흔히 '알음알이'라고 번역되는 '지해(知解)'야말로 정법을 깨닫는 데 최대의 장애가 되는 것이라고 간주하면서 지눌과 같은 지해종도는 선승으로서의 생명을 상실한 것이라고까지 통렬하게 비판한다.[8] 성철은 돈오점수설은 해오(解悟)를 근본으로 하는 교가(教家)의 수행방편으로서 선문에서는 통용될 수 없는 것이라고 주장한다.[9] 그러나 성철은 지눌도 처음에는 선교를 혼동하여 잘못된 교가의 돈오점수설을 지지하다가 만년에 이르러서는 그 잘못을 깨닫고 간화경절문(看話徑截門)만이 옳다는 견해로 사상적 전환을 하였다고 주장한다.[10] 즉 성철은 지눌이 그의 생전의 마지막 저술인『절요(節要)』의 결론부에서 간화경절문을 소개하여 지해의 병통을 제거하는 활로를 제시하였다는 사실을 들면서, 이것은 초기의 돈오점수설의 입장을 벗어난 것이라 주장한다.[11] 즉 지눌은 "결사문(結社門)과 수심결(修心訣)에서는 하택·규봉(荷澤·圭峯)의 돈오점수(頓悟漸修)를 달마정전(達磨正傳)이라고 역설하다가, 절요(節要)에 와서는 하택·규봉(荷澤·圭峯)은 지해종도(知解宗徒)로서 조계적통(曹溪嫡統)이 아님과 동시에 그의 사상인 돈오점수(頓悟漸修)는 의언생해(依言生解)하는 교가(教家)요 이언망해(離言亡解)하는 교문(禪門)이 아님을 분명히 말하였으니 이는 사상(思想)의 전환"[12]이라는 것이다. 성철은 보조가 만년에 와서는 돈오점수사상이 잘못임을 분명히 한 것은 다행한 일이라고 하면서 보조 스스로도 돈오점수가 선종이 아님을 명백히 하였으니 오늘날 보조를 빙자하여 돈오점수를 선종이라고 주장하는 것은 도저히 용납할 수 없는 일이라고 주장한다.[13] 이리하여 성철은 오늘날 돈오점수와 같은 잘못된 이설이 정법을 성취하지 못하게 하는 피해가 막심하다고 하면서 하택·규봉과 같은 지해종도가 되지 말고 혜능(慧能), 마조(馬祖), 백장(百丈), 황벽(黃檗), 임제(臨濟), 대혜(大慧)로 이어지는 조계적통(曹溪嫡統)을 이어받을 것을 주장한다.[14]

『선문정로』에 나타난 이상과 같은 성철의 견해를 요약해 보면 이렇게 말할 수 있다 : 첫째, 돈오점수설은 교가(敎家)에 속하는 잘못된 것으로서 진정한 깨침에 방해가 된다는 것. 둘째, 돈오점수설을 주장한 하택 신회, 규봉 종밀, 보조 지눌은 간화선 중심의 우리나라 선종의 적통이 될 수 없다는 것. 셋째, 지눌은 만년에 간화경절문을 받아들임으로써 돈오점수설을 벗어나 사상적 전환을 했다는 것. 넷째, 오직 공안 참구를 통한 간화선만이 단박에 모든 것을 깨칠 수 있는 올바른 방법이라는 것. 다섯째, 오늘날 잘못된 돈오점수설이 막대한 피해를 끼치고 있으므로 혜능, 마조, 임제, 대혜(그리고 태고)로 이어지는 조계종의 적통을 이어받아 오직 간화선에만 집중해야 한다는 것.

이러한 성철의 견해 속에는 신회, 종밀, 보조로 이어지는 전통을 방계로 치부하고 혜능으로부터 마조, 임제, 대혜, 태고 보우 등으로 이어지는 임제선의 법맥을 소위 한국선의 정통으로 분명히 세우려는 법통의식이 엿보인다.[15] 성철에 따르면 "요즈음의 한국 참선은 거개가 마조, 황벽, 임제, 대혜로 이어지는 공안선이다. 그럼에도 불구하고 그들은 대개 신회, 종밀, 보조로 이어지는 돈오점수설을 신봉하고 있다. 문제는 바로 여기에 있다. 겉보기엔 분명한 임제인데, 속은 종밀인 셈이다. 겉보기에 화두를 들고 있는 것 같으나, 속은 돈오점수 사상이므로 겉과 속이 안 맞는다는 것이다."[16] 성철은 이러한 돈오점수설에 따라 제대로 깨치지도 못했으면서도 겨우 지해를 얻은 것에 불과한 것을 가지고 함부로 깨쳤다고 주장함으로써 생기는 폐해가 막심한 것이 한국불교의 큰 문제점이라 보고 있다.[17] 오늘날 한국불교의 문제점을 이렇게 진단하고 있기 때문에 성철은 오직 공안 참구를 통해 단박의 깨침을 얻으려는 간화선의 전통을 다시 올바로 세우는 것이 한국불교가 당면하고 있는 과제를 해결하는 길이라고 간주하고 있는 것이다.

그렇다면 한국불교의 문제점에 대한 성철의 이런 진단과 그가 제시한 한국불교의 당면과제에 대한 해결책은 과연 올바른 것일까? 완전한 깨달음에 이르는 치열한 구도의 길을 가는 선승의 입장에서만 본다면 그럴지도 모른다. 그러나 오늘의 한국사회에서 살아가는 세속인의 한 사람으로서 필자가 보기에는 한국불교가 당면하고 있는 문제점과 과제는 그와 다르다. 필자가 보기에는 오늘날 한국불교가 갖고 있는 가장 큰 문제점은 오히려 간화선만이 깨침에 이르는 유일한 길이며, 오직 간화선을 통해서만 한 방에 완전한 깨달음을 얻을 수 있다는 간화선 제일주의이다.

간화선은 중국 송나라 때 당시 유행하던 문자선과 묵조선의 폐해를 극복하고 깨달음을 위한 올바른 선수행의 방법으로서 대혜 종고(大慧 宗杲)가 주창하였다. 그 후 고려 시대 때 지눌이 언어와 개념이 낳는 지해의 병통을 제거하고 곧바로 깨달을 수 있는 방법으로서 적극 수용함으로써 간화선은 우리나라 불교계에서도 선수행의 중심으로 자리 잡아 왔다. 고봉 원묘(高峰 原妙, 1238~1295)는 『선요(禪要)』에서 간화선의 공안참구 요건을 이렇게 정리하고 있다 : "선정에 세 가지 요체가 있다. 첫째는 큰 믿음(大信根)이다. 분명히 알고서 그 자리에 수미산처럼 확고하게 버티고 서는 믿음이다. 둘째는 반드시 이 일을 해결하겠다고 당장에 달려드는 의지(大憤志)이다. 자기 아버지를 죽인 원수를 만나면 당장 덤벼들어 한 칼에 결단을 내리려고 하는 것과 같이 크게 분노하는 의지가 그것이다. 셋째는 커다란 의심을 내는 것(大疑情)이다. 일생에 가장 중요한 일을 앞에 두고 어떻게 해야 할지 몰라 깜깜한 상태일 때처럼, 커다란 의심을 내는 것이다."[18] 이러한 세 가지 요체에 의거하는 간화선은 번쇄한 이론적 탐구와 궁리를 벗어나 하나의 화두를 일념으로 참구하여 돌파함으로써 진정한 깨달음을 직접 체득할 수 있는 훌륭한 수행법으로서 한국불교에서 커다란 역할을 해 왔음에 틀림이 없다. 그러나 문제는 오직 간화선만이 깨달음에 도달할 수 있는 유일한 길이며, 간화선을 통해서 단 한 번에 완전한 깨달음을 이룰 수 있다는 간화선 절대주의이다.

이렇게 절대화됨으로써 한국의 간화선은 오늘날 그 성과에 못지 않은 심각한 병폐를 낳고 있다. 간화선의 절대화는 불교의 경전 공부나 그 밖의 다양한 불교 수행법에 대한 경시로 이어졌다. 그 결과 한국의 많은 선승들은 불법의 뜻도 공부하지 않고 불법을 현실에 구현하기 위한 실천의 방편도 고민하지 않은 채, 그저 화두 하나만을 붙잡고 산중에서 몇십 년의 세월을 허송하는 일이 허다하였다. 심지어는 수많은 재가불자들조차도 경전과 어록 등의 공부를 통해 부처님의 가르침을 올바로 배우고 생활 속에서 보살행을 통해 그것을 실현해 나가려는 노력을 방기한 채, 화두를 타파하기만 하면 순식간에 모든 진리를 꿰뚫어 볼 수 있어 온갖 신통묘용을 부릴 수 있으리라는 환상에 빠져 있게 되었다. 그렇게 됨으로써 한국의 불교계는 구체적인 민중들의 삶과 사회 현실의 문제를 불교적 관점에서 해명하고 함께 해결해 나가며, 불교적 진리를 실현하고 전파하는 실천으로부터 멀어지고, 단박에 모든 것을 깨닫지 못하면 아무것도 아니라는 식의 극단적 사고에 사로잡히게 되었다. 사실 제대로 깨치지도 못했으면서도 함부로 깨쳤다고 주장하는 폐단도 선교겸수론이나 돈오점수설보다는 이런 극단적인 사고로부터 나왔다고 보는 것이 더 정확할 것이다.

물론 교학에는 자칫 온몸으로 직접 불교의 진리를 체득하는 선체험을 무시하고 문자에만 사로잡히고 겉만 번지레한 말만 늘어놓는 병폐가 생기기 쉬운 것은 사실이다. 그렇지만 그렇다고 해서 부처님의 가르침과 선교방편을 널리 전하는 교학을 완전히 무시하고 심지어는 깨달음에 방해가 된다고 경전 공부조차 하지 말아야 한다는 것은 크게 잘못된 일이다. 그렇기 때문에 오늘날 한국불교에 필요한 일은 무엇보다도 다시 선과 교의 조화와 회통을 회복하는 일이라고 할 수 있다.

주지하는 바와 같이 우리나라에서 교학의 중심은 화엄사상이었다. 화엄사상은 신라 시대부터 한국불교의 근간을 이루어 왔을 뿐 아니라 그 어떤 종파의 사상보다도 세계의 실상과 깨달음에 대한 불교의 진리를 직접적으로 전달하고 있는 사상이다. 이런 점에서 그동안 잃어버렸던 선과 화엄의 회통을 다시 회복하는 일은 한국불교의 전통을 새롭게 복원하고 계승하는 일일 뿐 아니라 한 방에 모든 것을 해결할 수 있다는 배타적으로 절대화된 간화선 병을 치유하고 불교적 진리의 깨달음과 실천의 올바른 방도를 세우는 일이 될 것이다.

우리가 선과 화엄의 회통을 새롭게 이룸으로써 간화선 절대주의의 병폐를 없애고 불교적 깨달음과 실천의 올바른 방도를 세우는 시발점으로 삼을 수 있는 것은 지눌에 대한 재검토이다. 지눌은 화엄사상을 중심으로 하는 교와 선종이 심하게 대립 갈등하고 있던 상황 속에서 돈오점수, 정혜쌍수 등을 통해 화엄사상과 선 수행을 회통하여 선과 교의 갈등을 해결하고 선교융합을 달성하고자 하였다. 그러면서도 다른 한편으로 지눌은 선사로서 간화선을 최초로 적극 수용하여 우리나라의 간화선 중심의 선불교 전통을 연 선구자였다. 그렇기 때문에 선교회통과 간화선에 대한 지눌의 견해를 재검토하는 일은 오늘날 선과 화엄사상을 회통시키는 것이 갖는 현대적 의미를 탐색하고 그것을 이루기 위한 가장 알맞은 출발점이 될 것이다.

성철이 지눌의 돈오점수설을 비판하고 지눌 만년에 사상적 전환이 있었다는 주장을 펼친 이후 지눌과 간화선을 둘러싼 많은 논의가 있었다. 지눌에 대한 재검토와 그를 매개로 하여 선과 화엄사상 회통의 현대적 의미를 탐색하고 선과 화엄사상 회통의 새로운 모색을 통해 한국불교의 당면 과제를 해결하기 위해서는 그동안의 논의들을 점검하면서 다음과 같은 문제들을 탐구해 보아야 한다. 그리고 이것이 바로 본 장이 다루는 주제가 될 것이다.

먼저 다루어야 할 것은 선교회통 및 돈오점수와 간화선에 대한 지눌의 견해 문제이다. 이에 대해서는 성철의 문제제기 이후에 비교적 많은 논의가 행해졌다. 그동안 이를 둘러싸고 서로 다른 다양한 견해가 제기되었기 때문에 이에 대한 분명한 입장의 정리가 필요하다. 이를 위해서는 그동안의 논의를 염두에 두면서 다시 한번 지눌의 주요저작들에 대한 면밀한 재검토를 통해 이에 대한 지눌의 견해를 분명히 밝혀야 한다. 이와 더불어 검토해야 할 문제는 지눌 이후 한국불교의 전통을 선교회통 및 돈오점수와 간화선 중 어떤 것을 중심으로 보아야 할 것인가 하는 것이다. 이에 대해서도 그동안 서로 다른 견해들이 대립해 왔기 때문에 입장 정리가 필요하다.

다음으로는 화엄사상에 대한 지눌의 수용과 비판 그리고 선과 화엄사상의 관계에 대한 지눌의 견해에 대한 비판적 재검토가 필요하다. 지눌은 당시 교학의 중심이었던 화엄사상에 대한 수용과 비판을 통해 선교의 회통을 꾀했다. 그러므로 우리는 화엄사상에 대한 지눌의 평가와 수용 그리고 비판이 어떠한 것이었으며 그것을 통해 지눌이 과연 선교회통의 이념을 제대로 실현할 수 있었는가를 철저하게 분석해 보아야 한다. 그동안 학계에서는 지눌의 화엄사상에 대한 견해나 선교회통론에 대한 소개나 분석은 적지 않았으나 그 한계나 문제점에 대한 검토는 매우 부족하였다고 할 수 있다. 그러나 지눌의 선교회통론을 단순하게 다시 반복만 해서는 오늘날 한국불교에서 상실되어 버린 선교의 회통을 다시 이루어 낼 수도 없을 뿐 아니라 큰 의미도 없을 것이다. 오늘날 필요한 선과 화엄의 회통을 다시 이루기 위해서는 지눌의 화엄사상에 대한 견해와 선교회통론에 대한 재검토를 통해 그 근본주장을 분석하고 그 문제점과 부족한 점을 분명히 인식해야 한다. 그리하여 선과 화엄을 진정으로 회통시킬 수 있는 올바른 근거와 방법을 찾아내야 한다. 여기서 특히 중요한 점은 선의 우위라는 관점을 전제로 해서 화엄사상을 내려다보면서 선이 화엄교학을 어떻게 극복할 수 있는가에만 치우치는 입장에 사로잡히지 않는 일이다. 사실 이러한 입장은 지눌 자신과 지눌의 선교회통에 관해 논한 많은 글들이 내포하고 있는 다분히 편향적인 경향이라고 할 수 있다.

마지막으로 우리는 오늘날 선과 화엄사상의 회통이 어떤 의미를 갖는지를 탐구해 보아야 한다. 이러한 탐구를 통해 우리는 오늘날 한국불교가 당면한 병폐, 즉 오직 간화선을 통해 단박에 일체의 깨달음을 얻어야 한다면서 다른 모든 수행과 실천을 무시하고 그로 인해서 부처님의 가르침에 대해서는 무지하고 그 실천에 대해서는 무관심한 채 개인의 복을 비는 일에만 열중한다는 병폐를 해결해 나갈 수 있는 길을 찾을 수 있을 것이다.

## 2) 지눌의 선교회통론 및 돈오점수설, 그리고 간화경절문

보조 지눌이 살았던 12~13세기는 선과 교가 심한 갈등과 대립을 보이고 있던 시기였다. 지눌의 문제의식의 출발점은 당시 선교의 갈등과 대립을 어떻게 해결할 것인가 하는 것이었다. 선교회통론 및 돈오점수설과 간화경절문에 대한 주장은 바로 이 문제에 대한 지눌의 고민 과정에서 제기된 것이다. 성철의 비판과 문제제기 이후 그동안 지눌의 돈오점수설과 간화경절문에 대한 다양한 견해가 제기되었다.[19] 그것들을 간단히 살펴보면, 그 첫째로는 성철의 지적처럼 지눌은 후기에 『간화결의론』을 지어 이전의 돈오점수설을 부정하고 간화경절문만을 올바른 것으로 내세웠다는 주장, 즉 간화선이 지눌의 만년정론이라는 주장이다. 이러한 주장을 하는 사람으로는 박성배를 들 수 있다.[20] 둘째로, 지눌이 대부분의 저작 속에서는 돈오점수를 주장했으나 만년에 이르러서는 간화경절문 쪽으로 많이 기울었다는 것을 인정하면서도 오히려 돈오점수가 올바른 입장이라고 보는 견해로서 그 대표자로는 로버트 버스웰(Robert Buswell)을 들 수 있다.[21] 세 번째로는 지눌의 간화선을 돈오점수의 체계 내에서 설명하는 입장이다. 이는 지눌이 간화선을 별위(別位)의 문(門)으로 시설한 것이 아니고 돈오점수의 양문 가운데 돈오문을 통과하고 점수문을 수행하다가 다만 의리에 막힌 것을 해결하기 위해 경절문 연구로서 지견(知見)의 병을 척결하여 출신활로를 알게 한 것이라고 하는 주장이며, 대표자로는 김학봉을 들 수 있다.[22] 넷째로, 지눌은 간화선을 한편으로는 돈오 이후 점수를 위한 수행방법으로 제시하기도 하였고, 다른 한편으로는 상근기가 돈오를 체득하기 위한 방편으로도 제시하였다는 입장으로, 이런 주장을 한 사람으로는 이덕진을 들 수 있다.[23] 다섯째로, 지눌은 돈오점수나 간화선을 대중의 근기에 맞는 수행의 방편으로 제시하였고, 그중 간화선은 최상근기를 위해 시설한 수행법일 뿐 그것만을 고집하지 않았다는 입장으로, 그 대표자로는 심재룡을 들 수 있다.[24] 여섯째로, 간화경절문만을 강조하는 견해는 지눌 자신의 견해라기보다는 그 계승자인 혜심(慧諶)의 견해라고 간주하는 입장으로서 그 대표자로는 권기종을 들 수 있다. 그는 간화경절문을 강조하는 『원돈성불론(圓頓成佛論)』과 『간화결의론』이 지눌의 저술이 아닌 혜심의 저술이라고 단언할 수는 없지만, 적어도 그것을 펴내는 과정에서 혜심의 영향을 크게 받은 것으로 간주한다.[25]

지눌의 선교관이 어떠했으며 선과 교의 갈등과 대립을 어떻게 해결하려고 하였는가를 올바로 파악하기 위해서는 앞에서 간략히 서술한 다양한 견해들을 염두에 두면서도 다시 한번 지눌 자신의 저작들에 대한 면밀한 검토를 통해 이에 대한 견해를 분명히 해야 한다.

고려 시대 불교가 당면한 중요한 과제 중의 하나는 선교의 갈등 해결이었다. 일찍이 이 문제를 해결하고자 노력했던 인물이 대각국사 의천(大覺國師 義天)이었다. 의천은 천태사상이라는 교학을 가지고 선을 포용하는 방식으로 교선일치를 꾀하였다. 그러나 의천이 포용의 대상으로 삼았던 선은 당시 고려 선종의 주류를 점하고 있던 조사선이 아니라 천태선이었고, 교학도 당시의 주류였던 화엄이 아니라 천태사상이었다는 점에서 당시의 과제였던 선교회통 문제를 제대로 해결했다고 보기 어렵다.[26] 그렇기 때문에 당시의 교학과 선의 주류였던 화엄사상과 조사선과의 회통이라는 문제는 미해결의 과제로 계속 뒤로 전해져 왔고, 지눌은 바로 이 문제를 자신의 출발점으로 삼았던 것이다.

지눌은 당시의 불교계가 교와 선으로 갈라져 상호 대립 반목함으로써 생겨나는 폐해가 막심하다고 생각하였다. 지눌은 당시 화엄사상을 중심으로 삼던 교학자들은 사사무애와 같은 원리들을 말로만 되뇌일 뿐 제 마음을 돌이켜 보고 관행을 닦아 그것을 직접 체득하려는 노력을 하지 않으면서 선의 경지를 이해하지 못하고 비난하기만 한다고 비판한다. 예컨대 지눌은 『권수정혜결사문(勸修定慧結社文)』에서 이것을 이렇게 말한다 : "요즘 말만 익히는 사람들은 비록 입으로는 법계의 걸림 없는 연기를 널리 말하지만 조금도 제 마음의 덕의 작용은 돌이켜 보지 않는다. 이미 법계의 성(性)과 상(相)이 바로 제 마음의 본체와 작용임을 보지 못하는데 언제 제 마음의 번뇌 티끌을 열어서 대천세계만큼의 경전을 이끌어내겠는가."[27] 또한 이와 비슷한 얘기를 『법집별행록절요병입사기(法集別行錄節要并入私記)』에서는 이렇게 말한다 : "내가 보건대 교학자들은 권교(權敎)의 말에 걸리어 진실과 허망을 구별하며 집착함으로써 스스로 물러날 마음을 내며, 혹 입으로는 사사무애를 말하면서 관행을 닦지 않으며, 제 마음을 깨달아 들어가는 비결이 있음을 믿지 않고, 성품을 보아 부처가 된다는 참선하는 이들의 말을 들으면 곧 말을 떠난 돈교의 이치를 벗어나지 못했다 하면서, 그 가운데 둥글게 깨달은 본 마음의 불변 수연과 성, 상, 체, 용과 안락 부귀가 모든 부처와 같다는 뜻을 알지 못하니, 어찌 그들을 지혜 있는 사람이라 하겠는가."[28]

다른 한편으로 지눌은 교를 무시하여 불법의 가르침도 모른 채 그저 헛되이 좌선하는 시늉만 내거나 조그만 깨달음으로 마치 단박에 깨쳐 부처의 지위에라도 올랐다는 듯이 교만에 차 있는 선학자들도 신랄하게 비판하였다. 이것은 지눌의 다음과 같은 말에 잘 드러나 있다 : "내가 보기에는 요즘의 수심(修心)하는 사람들은 문자의 지침에 의하지 않고 바로 비밀스런 뜻을 서로 전한 것만을 도라 하여 그저 쓸데없이 멍청히 앉아 졸기도 하고, 혹은 관행 중에 정신이 뒤섞이어 어지럽기도 한다."[29] "또 내가 보건대 선학자들은 단계를 밟지 않고 바로 부처의 지위에 오르는 뛰어난 근기만 알고, '깨달은 뒤에 처음으로 십신의 지위에 들어간다'는 이 별행록의 글을 믿지 않는다. 그러므로 제 마음의 열린 곳이 조금 있으면 그 해행의 깊고 옅음과 더러운 습기가 일어나고 사라지는 것은 알지 못하고, 법의 교만이 마음에 가득하여, 하는 말들이 분수에 넘치고 도를 지나친다."[30]

이처럼 교와 선 어느 한쪽만을 고집함으로써 생겨나는 병폐, 그리고 그 둘 사이의 갈등과 반목 상황을 타개하기 위해 지눌은 선교회통의 근거와 방도를 힘들여 찾았다. 물론 지눌은 스스로 '젊어서부터 조사(祖師)의 문에 몸을 던져 선방(禪房)을 두루 돌아다녔다'[31]고 밝히고 있듯이 선문에서 출발한 사람이었다. 그러면서도 지눌은 선과 교를 겸수하여야 한다는 확고한 신념을 갖고 있었다. 이것을 지눌은 이렇게 표현하였다 : "만약 이와 같이 선정과 지혜를 함께 운용하여 온갖 행을 닦는다면 어찌 헛되게 침묵만 지키는 어리석은 선이나 오직 문자만 찾는 미친 지혜에 견주겠는가."[32] 그렇기 때문에 지눌은 선 수행을 통한 깨달음을 추구하는 한편 화엄교학에 대한 끊임없는 탐구를 통해 선교를 회통할 수 있는 원리를 찾았으며, 그것을 돈오점수라는 수행론으로 전개하였다.

사실 지눌이 추구하였던 선교회통이나 돈오점수의 원리는 이전부터 많은 화엄사상가들이나 선학자(선사)들이 주장해 온 것이다. 화엄경의 초조(初祖)였던 두순(杜順)이나 이조인 지엄(智儼)은 화엄종의 조사이면서도 동시에 뛰어난 선사였으며 그 뒤 청량 징관(淸涼 澄觀), 규봉 종밀(圭峰 宗密), 이통현(李通玄) 장자 모두 선사상을 적극적으로 섭취하고 선교회통을 꾀하였던 화엄사상의 대가들이었다. 또한 선종 가운데서도 예를 들면 마조도일 계통의 홍주종은 그 사상배경에 화엄교학의 법계연기사상을 깔고 있는 것에서도 선교회통의 뿌리 깊은 전통을 찾아볼 수 있다.[33] 이 중에서도 특히 지눌에게 커다란 영향을 미친 사람은 종밀과 이통현이다.

지눌은 일찍이 선문에 입문하여 『육조단경』을 읽고 '마음이 곧 부처'임을 깨닫는다. 그러나 그는 화엄교학이 성행하던 당시의 상황 속에서 선문의 그러한 깨달음을 뒷받침할 수 있는 근거를 화엄사상 속에서도 찾고자 하였다. 그리하여 몇 년간에 걸친 화엄사상에 대한 공부 끝에 『화엄경』과 이통현의 『신화엄경론』에서 그 근거를 발견함으로써 선교가 본래 둘이 아니라는 선교회통의 확고한 입장을 갖게 된다. 지눌은 이통현의 『신화엄경론(新華嚴經論)』을 요약 정리한 『화엄론절요(華嚴論節要)』의 서문에서 자신이 『화엄경』「출현품」에서 여래의 지혜가 중생들 마음에 갖추어져 있지만 어리석은 범부들은 그런 줄을 깨닫지 못할 뿐이라는 구절에서 큰 감동을 느꼈으며, 그 후 다시 이통현의 『신화엄경론』에서 제 마음이 바로 부동지의 부처라는 얘기를 읽고 선과 교가 서로 어긋나지 않음을 확신하였다고 하면서 다음과 같이 말한다 : "부처님이 입으로 말씀하신 것이 교요 조사가 마음으로 전한 것이 선이다. 부처님과 조사의 마음과 입은 분명 서로 어긋나지 않을 것인데, 어찌 그 근원을 궁구하지 않고 각기 제가 익힌 곳에 안주하여, 망녕되이 논쟁함으로써 헛되이 세월을 보내겠는가."[34] 이렇게 이통현의 화엄사상을 통해서 선교가 서로 합치하는 것임을 확신하게 된 지눌은 이통현의 『신화엄경론』을 요약하고 정리한 『화엄론절요』, 그리고 그를 바탕으로 선과 화엄에 대한 자신의 견해를 밝힌 『원돈성불론(圓頓成佛論)』을 지어 선교회통론을 전개하였다.

지눌의 선교회통론과 돈오점수론에 큰 영향을 준 또 한 사람은 중국 화엄종의 오조(五祖)로 일컬어지는 규봉 종밀이다. 종밀은 당시 선자(禪者)는 단지 침묵만을 지키는 어리석은 선에 빠지고 교학자는 오직 문자에만 집착하는 미친 지혜에 떨어졌다(但守黙之痴禪 從尋文之狂慧)[35]고 비판하면서 양자를 다시 회통시켜야 한다는 선교일치사상을 펼쳤다. 그는 특히 『선원제전집도서(禪源諸詮集都序)』에서 교에는 돈교(頓敎)와 점교(漸敎)가 있으며 선에는 돈문(頓門)과 점문(漸門)이 있는데 이것들은 서로 부합된다고 하면서, 선을 삼종(三宗)으로 교를 삼종(三種)으로 나누어 그것들의 상응관계를 자세히 논하였다. 그리하여 종밀은 불교 전체를 선교일치와 돈오점수라는 관점에서 파악하였다. 지눌이 이런 종밀의 관점을 받아들여[36] 선교회통론과 돈오점수설을 펼친 것은 종밀의 저서를 요약정리하고 자신의 견해를 덧붙인 『법집별행록절요병입사기』[37]에 잘 드러나 있다.

지눌은 일찍부터 돈오점수라는 수행 체계 속에서 선교회통을 이루려고 하였다. 지눌의 돈오점수설이 분명하게 드러난 저작으로는 우선 『수심결(修心訣)』을 들 수 있다. 거기서 지눌은 "무릇 도에 들어가는 데는 그 문이 많지만 요약해 말하면 돈오(頓悟)와 점수(漸修)의 두 문에 지나지 않는다"[38]고 하면서 "그러므로 이 돈오·점수의 두 문은 모든 성인이 따른 길이며, 과거의 모든 성인은 먼저 깨닫고 뒤에 닦았으며, 그 닦음에 의해 증득하지 않은 바가 없다"[39]라고 하여 돈오점수설을 분명하게 표명한다. 지눌은 돈오와 점수가 서로 모순되지 않는가, 돈오와 점수가 함께 필요한 이유는 무엇인가 하는 의문을 충분히 인식하고 있었다. 그래서 지눌은 이 문제에 대해서도 다음과 같이 분명한 견해를 밝히고 있다 : "돈오란 범부가 미혹했을 때 사대를 몸이라 하고 망상을 마음이라 하여, 자기 성품이 참 법신임을 알지 못하고, 자기의 신령스런 앎이 참 부처임을 알지 못하여, 마음 밖에서 부처를 찾아 허둥대며 헤매다가 갑자기 선지식의 지시를 받고 바른 길에 들어가 한 생각에 마음의 빛을 돌이켜 제 본성을 보면, 그 성에는 원래가 번뇌가 없는 지혜의 성이 본래부터 스스로 갖추어져 있어 모든 부처님과 털끝만큼도 다르지 않음을 아나니, 그 때문에 돈오라고 한다. 점수라고 하는 것은 비록 본래의 성품이 부처와 다르지 않음을 깨달았으나 오랜 동안의 습기는 갑자기 버리기 어려우므로, 깨달음에 의해 닦되 차츰 익혀서 공을 이루고 성인의 태(胎)를 길러 오랜 시간을 지나 성인이 되나니, 그러므로 점수라 한다. 마치 어린애가 처음 났을 때 갖추어진 모든 기관이 남과 다를 것이 없지만, 그 힘이 아직 충실하지 못하기 때문에 제법 세월을 지낸 뒤에야 비로소 성인이 되는 것과 같다."[40]

『수심결』에는 '다만 제 마음만 알면, 항하의 모래처럼 많은 법문과 한량없는 묘한 이치가 구하지 않더라도 저절로 얻어질 것이다'라든가 '단박 깨치면 부처와 같다'는 말처럼 돈오만을 주장한 것으로 오해할 수 있는 구절도 있는 것은 사실이다. 그러나 그런 구절

뒤에는 어김없이 앞에서 얘기한 바와 같은 돈오점수를 주장한 구절들이 다시 부가되어 있다. 이런 점을 볼 때 여기서 지눌이 마음만 깨치면 바로 부처의 지위에 오른다는 것은 원리와 이치상 그렇다는 것이며 순차적인 단계를 모두 거치는 것이 아님을 강조한 것일 뿐이다. 지눌의 돈오점수설은 원리상 범부와 부처는 다름이 없는 것이고 그것을 깨달았다 하더라도 실제로 그것을 이루기 위해서는 점수가 필요함을 분명히 하고 있다. 그러므로 돈오와 점수는 어느 하나도 결코 결여되어서는 안 됨을 지눌은 이렇게 단호하게 표현한다 : "돈오와 점수의 이치는 마치 수레의 두 바퀴와 같아서 하나라도 없어서는 안 되는 것이다."[41]

『법집별행록절요병입사기』에서도 지눌은 돈오점수가 고금성현 모두의 행으로서 삼세에 통하는 것이며,『별행록』속의 규봉 종밀의 본의라고 주장[42]하면서 '돈오란 홀연 신령스럽고 밝은 지견이 바로 제 진심이요, 마음은 본래부터 항상 고요하여 한계도 없고 모양도 없어 그것이 곧 법신이며, 몸과 마음이 둘이 아닌 그것이 바로 참나로서, 여러 부처와 조금도 다르지 않음을 깨닫는 것'[43]이며 '점수란 법신과 마음이 모든 부처와 완전히 같음을 돈오하였다 할지라도, 오랜 겁 동안에 망녕되이 네 가지 요소를 집착하여 나라고 간주하여 그 습기가 성품을 이루어 갑자기 모두 제거하기 어렵기 때문에, 반드시 돈오에 의하여 차츰 닦되, 버리고 또 버려 버릴 것이 없는 데 이르면 그것을 곧 성불이라 하는 것'이라고 말하고 있다.[44]

이처럼 여러 저작에서 밝힌 돈오점수라는 원리 속에서 지눌은 선교의 회통도 달성하려고 하였다[45]. 지눌은 돈오점수의 수행체계 속에서 선과 교 모두를 어떻게 수용할 수 있는지를 여러 가지로 얘기하고 있다. 예를 들자면 지눌은 어떤 곳에서는 먼저 교의 가르침에 의해 깨달음을 얻고 그 지침에 따라 선을 닦아 나갈 것을 주장한다 : "내가 보기에는 요즘의 수심(修心)하는 사람들은 문자의 지침에 의하지 않고 바로 비밀스런 뜻을 서로 전한 것만을 도라 하여 멍청하게 헛되이 앉아 졸거나 관행하면서 정신을 잃고 착란을 일으키기도 한다. 그러므로 모름지기 진실한 말의 가르침에 의하여 깨닫고 닦는 근본과 끝을 분별하고 결정하여 그것으로써 제 마음을 비추어 보면, 항상 관조함에 있어서 그 노력을 그릇되게 하지 않을 것이다."[46] 이처럼 먼저 교의 가르침에 의해 깨닫고 나서 선을 통해 점차 닦아 나가야 한다는 지눌의 견해는 선문의 삼현문에 대한 설명에도 잘 드러나 있다. 지눌에 따르면 선문에는 체중현(體中玄), 구중현(句中玄), 현중현(玄中玄)이라는 삼현문(三玄門)이 있는데, 첫째의 체중현의 문이란 화엄의 사사무애법문 같은 교의 가르침으로 초근기의 사람을 깨우치는 것을 말하며, 구중현이란 평상의 시원스런 언구로 언교(言敎)에 대한 지해를 잊게 하는 것이며, 현중현이란 오랜 침묵과 방망이와 할 등의 방편으로 깨우치는 것을 말한다.[47] 삼현문에 관한 이런 견해는 화엄사상의 가르침이 선문의 깨달음의 내용과 같음을 인정하고 그것을 초근기의 사람이 깨쳐 들어가는 문으로 수용하고, 다만 그것이 지해에 걸릴 위험이 있어 구중현과 현중현 등의 선법으로 점차 닦아 깨쳐 나갈 것 주장하는 것이다.

그러나 지눌은 또 다른 곳에서는 수행자가 우선 자신의 마음이 청정하고 묘한 덕을 갖추고 있음을 먼저 깨닫고 나서 '나'라는 상에 집착하는 습기를 제거하기 위해 공관(空觀)이나 선정과 지혜를 닦고, 삼보께 공양하며, 대승경전을 외우고 도를 행하며, 예배하고 참회와 발원을 함으로써 점차 닦아 나가야 한다고 함으로써, 선에 의한 깨달음과 교에 의한 닦음을 주장하기도 한다.[48] 이러한 생각은

'완전히 거두는 문(全收門)'과 '완전히 고르는 문(全揀門)'이라는 개념을 통해 교와 선의 가르침을 비교하는 곳에서도 읽을 수 있다. 지눌은 종밀에 따라서 부처님의 가르침은 사사무애하는 연기의 법칙을 자세히 가르침으로써 친절하게 모든 사람들이 의지할 수 있도록 한 것이기 때문에 '완전히 거두는 문(全收門)'에 가까운 것인 반면, 조사들의 가르침은 그 의도하는 바가 즉시 해탈하도록 하는 데 있기 때문에 자취를 남기지 않는 간단한 말만으로 깨우친 것이기 때문에 '완전히 고르는 문(全揀門)'에 가깝다고 한다.[49] 여기서 우리는 조사들의 가르침에 따라 선을 통해 우선 깨달음을 얻고 사사무애와 같이 세상의 모든 이치에 대한 부처님의 자세한 가르침에 따라 닦아 나가야 한다는 지눌의 생각을 읽어낼 수 있다.

　이처럼 돈오점수의 틀 속에서 선교회통을 꾀하던 당시의 지눌은 간화경절문도 그러한 체계 속에서 수용하고 있었다. 지눌의 비명에 의하면, 그가 간화선을 처음 접한 것은 41세(1198년) 무렵으로 지리산 상무주암(上無住庵)에 있을 때였다. 그때 대혜종고의 어록을 처음 수입하여 열람하였다고 전한다.[50] 그 이후 지눌은 간화경절문을 돈오점수 체계 속에서 수행의 방법으로 적극적으로 수용하였는데, 이것은 그가 입적하기 1년 전인 52세에 나온 『법집별행록절요병입사기』에 이르기까지도 지속된 입장이었다. 그것은 교에 의한 깨달음과 돈오점수의 두 가지 문을 긍정한 후, 그에 이어서 한 지눌의 다음과 같은 말에서 분명히 알 수 있다 : "그러나 만약 한결같이 말에 의해서만 이해하고 몸을 굴리는 길을 알지 못하면, 비록 진종일 관찰하여도 갈수록 지해(知解)의 속박을 받아 쉴 때가 없기 때문에, 비록 종밀 스님이 숭상한 바는 아니지만, 지금 납승 문하에서 말을 떠나 깨달아 들어감으로써 홀연히 지해를 버리는 사람들을 위해 다시 여러 조사와 선지식들이 경절의 방편으로써 학인들을 가르칠 때 쓰던 언구들을 간단히 인용하여 이 책 뒤에 붙여놓는다. 그럼으로써 요새 참선하는 뛰어난 이들로 하여금 몸을 빼어 나가는 한 가닥의 활로를 알게 하려 한다."[51] 우리는 여기서 지눌이 간화경절문을 지해의 속박에서 벗어나기 위한 방도로 사용하고 있을 뿐, 교에 의한 깨달음이나 돈오점수를 부정하고 있지 않음을 분명히 알 수 있다.

그런데 사후에 발간된 지눌의 마지막 저서라 할 수 있는 『간화결의론』에서는 간화경절문에 대해 상당히 다른 견해가 제시되어 있다. 거기서 우선 지눌은 선문에서도 근기가 낮은 사람들을 위해서는 체중현으로 화엄의 사사무애법계 사상을 수용한다고 하면서도 상근기의 사람이라면 간화경절문을 통해 단박에 모든 것을 깨칠 수 있다고 주장한다.[52] 그런데 만약 상근기라면 어째서 간화경절문을 통해서 단박에 깨쳐 모든 것을 증득하여 원융한 덕을 갖추게 되는가 하는 의문에 대해서 지눌은 간화경절문이 돈교와 달리 화두 참구를 통해 깨달으므로 단번에 법계를 증득하고 원만한 덕을 모두 갖추게 된다고 주장한다.[53] 그러나 그는 화두참구를 통한 간화경절문이라고 해서 어떻게 단번에 그럴 수 있는가 하는 근거는 제시하지 않고 있다.

어쨌든 이렇게 간화경절문에 특권적 위치를 부여하게 됨으로써 지눌은 간화경절문이 급기야 그가 이전까지 완전한 깨달음을 얻어 성불하기 위해서는 반드시 필요한 것으로 여겼던 돈오점수나 선교회통(선교겸수)의 틀을 벗어날 수 있는 것으로까지 주장하게 된다. 그래서 그는 화엄원교에서는 보고 듣고 알고 행하는 돈오점수의 과정을 거쳐 깨침을 얻는 것에 비해서 간화경절문은 화두를 잡아 단번에 깨침을 마칠 수 있다고 주장한다.[54] 이처럼 간화경절문을 통해 단박에 완전한 깨침에 도달할 수 있다고 간주하게 된 지눌은 참선하는 사람들에게 오로지 화두라는 활구만을 참구할 것을 권한다.[55]

위에서 살펴본 것처럼 지눌은 『법집별행록절요병입사기』에 이를 때까지도 간화경절문을 지해의 속박에서 벗어나기 위한 방도로서 돈오점수와 선교회통이라는 틀 내에서 사용하고 있었다. 그러나 최후의 저작이라 할 수 있는 『간화결의론』에 이르러 지눌은 간화경절문을 돈오점수와 선교회통의 틀을 벗어난 특수한 지위를 갖고 있는 수행법으로 간주하기에 이르렀다. 위에서 분석한 것처럼 『간화결의론』에서도 지눌은 간화경절문을 상근기의 사람에게 알맞은 수행방법으로 제시하고 낮은 근기의 사람들에게는 여전히 돈오점수와 선교겸수를 더 알맞은 수행법으로 간주하였다는 것은 틀림이 없다. 그러나 중요한 점은 『간화결의론』에서 지눌이 간화경절문을 통한다면 돈오점수와 선교겸수 없이도 단박의 깨침을 통해 한 번 만에 완전한 깨달음에 도달할 수 있음을 인정하고 강조한 것이다. 이것은 돈오와 점수를 마치 수레의 두 바퀴와 같아서 완전한 깨달음에 도달하기 위해서는 결코 하나라도 없어서는 안 되는 것으로 간주했던 이전의 태도와는 분명히 다른 것이라고 하지 않을 수 없다. 일단 간화경절문의 특권적인 지위를 인정하게 되면 돈오점수는 언제든지 누구나 반드시 거쳐야만 하는 보편적인 수행법으로서의 지위를 상실하지 않을 수 없다. 그러므로 그것을 그냥 상근기에게나 알맞은 수행법으로서 돈오점수나 선교회통과 아무런 문제없이 병립할 수 있는 것으로 간주하기는 어렵다. 완전한 깨달음을 얻어 성불하기 위해서는 반드시 돈오점수와 선교회통이라는 방법을 거쳐야 한다고 보고 그에 따라 수행을 해 나갈 것인가, 아니면 간화경절문을 통해 단박에 완전한 깨달음을 얻으려고 할 것인가는 서로 대립하고 갈등하는 입장이 되지 않을 수 없다. 지눌은 적어도 『간화결의론』에 이르러서는 화두라는 활구의 참구라는 간화경절문을 더 강조하고 권하는 쪽으로 상당히 기운 것으로 보인다. 그리고 이것은 돈오점수의 틀 속에서 선교회통을 꾀하고자 하였던 이전의 태도와는 달리 만년의 지눌이 간화선의 우위라는 관점 쪽으로 기운 것이라고 볼 수 있다. 이것은 본래 선문에서 출발한 지눌이 화엄종을 중심으로 하는 교학이 아직 성행하고 있던 상황 속에서 선교회통을 꾀하다가, 간화선이 점차 확산되어가면서 간화선 우위의 관점을 확립하려는 쪽으로 방향을 잡아가기 시작했던 것으로 보인다. 그러나 이렇게 함으로써 지눌의 사상 체계는 선교회통과 간화선의 배타적 우위 확립이라는 상호 모순된 이념 간의 긴장을 포함하지 않을 수 없게 되었다.

이처럼 지눌의 사상 속에 들어 있는 돈오점수설 및 선교회통론과 간화경절문에 대한 주장 사이에 존재하는 모순과 갈등은 그 이후 한국불교의 전개에 커다란 영향을 미치게 된다. 지눌 이후 한국불교의 역사는 서로 모순과 갈등 관계를 빚어내는 돈오점수설 및 선교회통론과 간화경절문에 대한 주장을 어떻게 받아들이고, 그중에서 어떤 것을 더 올바른 수행의 방법으로 밀고 나갈 것인가를 둘러싸고 전개된 과정이었다고도 할 수 있다.

지눌의 돈오점수설 및 선교회통론과 간화경절문에 대한 주장이 그 이후 한국불교에 어떤 영향을 미쳤으며, 그 영향을 받으며 형성된 한국불교의 전통과 성격을 어떻게 파악할 것인가는 중요한 논쟁거리의 하나이다. 지금까지 지눌 이후 한국불교의 전개과정을 어떻게 파악할 것인가에 대해서는 서로 다른 견해들이 제시되어 왔다. 고려 말부터 조선을 거쳐 오늘에 이르는 한국불교의 전개과정에 대해서는 각 시기별로 다양한 견해가 있다. 그렇지만 크게 본다면 어떤 이들은 그것이 간화선을 위주로 하는 선 중심의 전통, 또는 사교입선(捨敎入禪)의 전통이라고 보는 반면, 다른 이들은 선교겸수, 선교회통 및 돈오점수의 전통이라고 간주한다. 예를 들자면 일찍이 보조사상의 전승에 대해 토론하는 자리에서도 이런 대립되는 견해가 뚜렷이 표출된 바가 있다.[56] 거기서 이종익(李鍾益)은 지눌의 사상은 선도 하고 교도 하라는 것이 아니라 사교입선이라고 하면서 조선불교의 전통도 선교겸수가 아니라 사교입선이라고 주장하였다. 그에 반해 한기두(韓基斗)와 종범(宗梵) 등은 지눌의 사상이나 조선불교의 전통은 분명 선교겸수, 선교회통이라고 주장하였다. 이 밖에도 버스웰은 지눌 이후의 한국불교는 점점 더 간화선 위주의 임제선이 중심이 되었다고 간주하였고,[57] 심재룡도 한국불교가 후대로 갈수록 사교입선의 경향이 짙어지면서 보조의 포괄성이 선종우위의 편협성으로 바뀌는 모습을 보인다고 주장하였다.[58] 그리고 이에 비해 김방룡은 여말선초의 한국불교는 간화경절문 쪽으로 치우쳤으나,[59] 조선후기의 불교에 와서는 '간화선과 화엄사상 나아가 염불사상에 이르기까지 모순이 아닌 회통적인 인식이 보편적으로 작용'[60]하였다고 함으로써 시대에 따라 변화가 있었음을 주장하였다.

그런데 고려 말에서 조선후기에 이르는 한국불교의 전개과정이 간화선 위주였다는 주장이나 선교겸수 또는 선교회통 위주였다는 주장을 들어보면 모두 나름대로의 근거가 있고 일리가 있는 것으로 보인다. 그것은 한국불교의 역사가 선교회통이나 간화경절문 어느 한 쪽의 경향에 의해 완전히 지배된 것이 아니라 그 두 가지 경향성이 병립하고 대립하면서 시대나 장소 또는 문파 등에 따라 그 우위 관계가 달라지기 때문에 어쩌면 당연한 거라고 할 수도 있을 것이다. 그러나 그 때문에 또한 어느 한쪽의 경향만을 지나치게 강조하여 그것만을 유일한 전통인 것처럼 간주하는 것은 오류라고 하지 않을 수 없다.

지눌 이후 고려 말에서 조선 초에 이르는 시기는 점차 간화선의 우위가 강화되어 간 시기라고 할 수 있다. 우선 지눌의 제자로서 수선사를 이어받은 혜심(慧諶)은 돈오점수와 선교회통을 주장했던 지눌의 견해가 아니라 간화경절문을 주장했던 지눌의 견해를 더 많이 받아들여 간화선만을 더욱 강조하였다. 혜심은 『선문염송』 등과 같은 선에 관한 전적들을 통해 간화선 일문을 수행할 것을 주장하였다. 그리하여 "혜심 이후 수선사의 선풍은, 청진 몽여(淸眞 夢如)와 진명 곤원(眞明 混元), 원감 충지(圓鑑 沖止), 혜감 만항(惠鑑 萬恒) 등으로 이어지면서 간화선 위주로 재편되었다."[61] 또한 여말 삼사(三師)라 일컫는 나옹과 보우, 경한을 위시한 많은 선사들은 한편으로는 지눌의 영향을 받으면서도 직접 중국에 건너가 임제종의 법통을 이어받아 오는 등 임제선의 전통을 계승하여 선 우월의식에 입각해 간화경절문만을 강조하는 경향을 보였다.[62]

그러나 비록 여말선초에 임제종 중심의 간화선풍이 지배적이었다고 해도 교학 전통이 단절된 것은 아니었고 여러 교종 종단이 명맥을 유지하고 있었다.[63] 그 이후 16세기 후반까지 불교의 세력이 전반적으로 약화된 가운데서도 선종에 비해 교종의 약화는 더욱 현저하였지만 교종을 자부하는 승려들은 남아 있었고 선과 교의 갈등도 나타나고 있었다.[64] 이런 상황 속에서 불교의 진흥을 위해 노력했던 휴정 서산은 선과 교 양자를 통합하면서도 다른 한편으로는 간화선의 우위를 확립하려고 하였다. 이 점에서 서산이 당면한 문제는 일찍이 지눌이 당면했던 문제와 유사한 것이었으며, 그 결과로 그 역시 지눌과 마찬가지로 한편으로는 선교겸수, 선교회통을 주장하면서도 다른 한편으로는 간화경절문의 우위를 강조하는 모순적인 논리를 여전히 포함하고 있었다.[65]

지눌 이후 서산으로까지 이어진 이런 선교회통과 배타적 간화경절문의 강조 사이의 이런 모순은 그 이후 조선 후기 불교계에서도 한편에서는 간화경절문을 주장하고 다른 편에서는 선교회통을 주장하는 흐름 간의 끊임없는 긴장과 갈등을 초래했다. 간화경절문을 강조하면서 간화선의 배타적 우위를 확립하고자 하는 흐름을 대표하는 것으로는 무엇보다도 임제태고법통설을 들 수 있다. 임제태고법통설은 17세기 전반에 등장하여 조선후기 불교의 공인된 법통설로 자리를 잡았다.[66] 임제태고법통설을 주장한 사람은 서산의 말년 제자 편양 언기(鞭羊 彦機)였는데, 그 요체는 고려말 태고 보우가 원의 석옥 청공(石屋 淸珙)에게 중국 임제종의 정법을 받아와 그 법이 청허 휴정에게 전수되었다는 것이다.[67] 임제선만을 한국불교의 정통으로 인정하는 임제태고법통설은 지눌을 포함한 다른 계통의 선 수행과 돈오점수, 선교겸수 및 여타의 교학전통을 배제하고 간화경절문의 우위를 강조하는 경향성을 포함할 수밖에 없다.

그러나 조선후기 불교에는 그와 반대로 지눌을 계승하였다는 인식이나 돈오점수와 선교겸수, 선교회통의 전통을 지키려는 흐름도 분명히 이어졌다. 이런 흐름은 많은 사람들이 지적하고 있듯이 무엇보다도 17세기 전반부터 확립되어 오늘날까지 이어지고 있는 강원의 교육과정에서 발견할 수 있다.[68] 조선 중후기부터 승려들을 교육하였던 강원의 교육 과목들을 보면 『초심문(初心文)』이나 『법집별행록절요』처럼 지눌 자신의 저작이나 『대혜서장(大慧書狀)』, 『선원제전집도서』처럼 지눌이 많은 영향을 받았던 대혜와 종밀의 어록과 저작 등이 포함되어 있다. 이를 통해 우리는 지눌의 돈오점수와 선교회통 사상이 지속적인 영향을 끼쳤음을 알 수 있다. 또한 거기에 포함되어 있는 선종과 밀접한 관계를 맺고 있는 경전들이나 『화엄경』을 통해서 교학 그중에서도 특히 화엄사상이 여전히 중시되고 있으며, 선교겸수의 이념이 계속 전승되고 있음을 알 수 있다.

이렇듯 조선불교에서는 한편으로는 임제태고법통설을 중심으로 간화경절문의 수승함을 강조하며 간화선의 배타적 우위를 확립하려는 경향과 다른 한편으로는 지눌이나 서산의 돈오점수와 선교회통의 주장을 받아들여 선교겸수의 전통을 세우려 한 경향이 나란히 존재해 왔고 이들 사이의 갈등은 계속되면서 때때로 두드러지게 터져 나오기도 했다. 예컨대 19세기에 벌어졌던 백파 긍선(白坡 亘璇)과 초의 의순(草衣 意恂) 사이의 선 논쟁도 따지고 보면 선교겸수의 필요성은 인정하면서도 사구(死句)인 교보다 활구(活句)인 선을 높이 평가하는 백파와 선과 교가 본질에 있어서 다르지 않다는 입장에서 선교겸수의 기조에 보다 충실하고자 했던 초의 사이의 대립이었다고 할 수 있다.[69] 그리고 이러한 대립은 오늘날까지도 연장되어 왔는데, 앞에서 얘기한 성철의 지눌에 대한 비판과 문제 제기 역시 이런 대립의 연장선상에 있다고 할 수 있다.

지금까지 우리가 살펴보았듯이 지눌 이후 한국불교에는 간화경절문의 배타적 우위라는 이념과 돈오점수, 선교회통 및 선교겸수라는 이념이 함께 존재하면서 서로 긴장과 갈등을 불러일으켜 왔다는 것이 사실이다. 그 때문에 그 어느 한쪽만을 한국불교의 전통이었다고 주장하는 것은 자신의 관점을 역사에 투사하여 역사적 사실을 자신에게 유리한 쪽으로만 왜곡하는 아전인수식 해석이 될 것이다. 문제는 오늘날 한국불교가 당면하고 있는 과제가 무엇이며, 한국불교의 두 가지 전통적 흐름 가운데서 과연 어떤 것이 그 과제를 해결하는 데 보다 적합하고 올바른 방도를 제공해 줄 것으로서, 우리가 앞으로 적극적으로 계승해 나가야 할 것인가 하는 것이다.

앞에서도 지적한 것처럼 필자가 보기에 오늘날 한국불교계의 문제점은 부처님의 가르침을 배우고 현실 생활 속에서 그것을 실천해 나가려는 노력은 경시한 채 간화선만을 통해서 단박에 모든 것을 깨칠 수 있다는 간화선 제일주의, 간화선 유일주의에 매몰됨으로써 추상적이고 현실과 동떨어진 종교가 되고 있다는 것, 그리고 그 결과 다른 한편의 극단으로는 개인의 복만을 기원하는 기복불교라는 지극히 이기적인 신앙이 되고 있다는 것이다. 이것은 무엇보다도 오늘날 적어도 이념적으로는 조선불교의 흐름 가운데서 간화경절문의 배타적 우위라는 경향성이 지배력을 행사하게 된 데에 그 원인이 있다고 할 수 있다. 오늘날 한국불교가 당면하고 있는 과제가 이러한 문제를 해결하는 데 있다고 한다면, 그 방향은 다시금 선과 교의 조화와 회통을 회복하는 일이라고 할 수 있다. 다시 말해 그것은 지금까지 한국불교 교학의 중심이었던 화엄사상과 선의 회통을 다시 회복함으로써 배타적으로 절대화된 간화선 병을 치유하고 불교적 진리의 깨달음과 실천의 올바른 방도를 세우는 일이다. 이를 위해 우리는 먼저 지눌의 화엄사상에 대한 견해와 선교회통론에 대한 재검토를 통해 선과 화엄을 진정으로 회통시킬 수 있는 올바른 근거와 방법을 찾아내야 한다.

## 3) 선과 화엄사상 회통의 근거와 방법

화엄사상에 대한 지눌의 초기의 언급은 상당히 비판적인 관점에서 이루어졌다. 앞에서 이미 얘기했듯이『권수정혜결사문』에서 지눌은 당시 화엄 교학자들이 사사무애와 같은 원리들을 입으로만 되뇌일 뿐 제 마음을 돌이켜 보고 관행을 닦아 그것을 직접 체득하려는 노력을 하지 않는다고 비판하였다.[70] 이처럼 마음을 돌아보지 않고 눈을 바깥으로 돌려 사사무애와 같은 바깥세상의 모습만 바라본다는 화엄교학에 대한 비판은 그가 화엄사상을 본격적으로 연구하고 다루기 시작한『화엄론절요』에서도 그대로 이어진다. 이것은『화엄론절요』의 서문 첫 머리에서 그가 '다만 제 마음만 보고 사사무애를 보지 않으면, 곧 부처 결과의 원만한 덕을 잃을 것이다'라고 한 화엄교의 강사에 대해 '마음을 가지고 일을 보면 장애가 있어 한갓 제 마음만 어지럽게 할 것이니, 어찌 끝날 때가 있겠는가. 단지 마음이 밝고 지혜가 깨끗하기만 하면 한 털과 세계가 서로 용납하고 융합할 것이니, 그것은 반드시 바깥 경계가 아닐 것이다'라고 비판하였던 것[71]에서 분명히 알 수 있다.

그러나 지눌은 이통현의『신화엄경론』을 읽고 화엄사상 속에도 선과 상통할 수 있는 부분이 있음을 확신하였는데, 그가 화엄사상 중에서 선과 상통할 수 있는 부분으로 적극적으로 받아들이고 있는 것은 존재하는 모든 것을 하나의 근원으로부터 일어나는 것으로 파악하고 그 근원적 존재를 깨닫는 성기문(性起門), 또는 성기론(性起論)이다. 이 근원적인 존재를 이통현은 부동지불이라고 불렀는데, 지눌은 이 '부동지란 바로 근본의 보광명지'이고 '이 근본지는 곧 이(理)와 사(事), 성품과 형상, 중생과 부처, 자기와 남, 더러움과 깨끗함, 원인과 결과의 체성'이 되는 것으로서, '만일 화장세계의 주인으로 부를 때는 이 근본지는 노사나불이 되고, 금색세계의 주인으로 부를 때는 부동지불이 되며, 큰 마음의 중생이 반조하여 나타난 것으로 부를 때는 제 마음의 보광명지불이 된다'고 한다.[72] 지눌은 이처럼 모든 존재의 근원을 파악하고 모든 것을 이 근원으로부터 나온 것으로 파악하는 성기론의 관점이야말로 모든 것의 근원인 밝은 제 마음의 근본지로 직입하는 선의 입장과 상통할 수 있는 것이라고 보고 있다.

지눌은 이통현뿐만 아니라 현수 법장이나 의상 등의 화엄종사들의 사상 가운데서도 성기론적 관점에 해당하는 부분들은 긍정적으로 평가하면서 적극적으로 받아들이고 있다. 이를테면 지눌은 법장이 '성품이 깨끗한 본각으로 법계의 걸림이 없는 연기의 근원을 삼은 것'이나, 의상이 '법성이 원융하여 두 가지 상이 없다고 내세운 것'은 '모두 한 마음을 가리켜 돌아가게 한 것'이라고 하면서 선과 걸림 없이 상통할 수 있는 것으로 간주하였다.[73]

그런데 지눌은 화엄사상 가운데서 연기문(緣起門) 또는 연기론(緣起論)을 성기문과 구분하면서 그에 대해서는 상당히 비판적인 태도를 취한다. 지눌은 모양과 작용에 차별이 있는 듯이 보이는 것들이 사실은 하나의 것이 일으키는 모양과 작용이라고 보는 성기문과 달리 연기문을 서로 본체가 다른 것들이 그럼에도 서로서로 포섭하고 포섭되는 것으로 간주한다.[74] 지눌은 성기문과 연기문이 이치를 따져 가보면 궁극적으로는 하나의 이치로 돌아가지만 관행으로 도를 얻는 문에서는 차이가 있다고 하면서[75] 성기문이 깨달음을 얻을 수 있는 보다 올바른 방법이라 간주한다. 심지어 지눌은 더 나아가 사사무애의 비로자나 법계의 모습을 깨치고 나서 보현보살의 행을 닦아 성불해야 한다면서 먼저 생각을 일으켜 관찰해야 한다는 연기문의 주장을 크게 잘못된 것이라고까지 비난하기도 한다.[76]

그러나 지눌이 화엄의 사사무애법계의 연기문을 부정적으로만 평가한 것은 아니다. 그는 연기문이 낮은 근기의 사람으로 하여금 믿음에서 물러나지 않도록 하기 위해서는 하나의 방편이 될 수도 있음을 인정한다.[77] 또한 지눌은 사사무애법문 같은 화엄의 사상들은 선문에서 초근기의 사람이 깨쳐 들어가는 문으로 삼을 수도 있음을 인정하면서 이것을 체중현(體中玄)이라 불렀다. 다만 지눌은 이때에도 화엄교학만으로는 법에 애착하여 지해(知解)와 분별을 버릴 수 없기 때문에 구중현과 현중현 등의 선법으로 점차 닦아 깨쳐 나갈 것 주장한다.[78] 심지어 지눌은 어떤 곳에서는 화엄의 사사무애 사상이 비록 간화경절문에 비해서는 늦고 돌아가는 길이긴 해도 선문의 깨달음과 상응하는 것일 수 있음을 인정하기도 한다.[79] 또한 앞에서도 지적한 것처럼 지눌은 『법집별행록절요병입사기』 같은 곳에서는 선을 통해 우선 깨달음을 얻고 사사무애와 같이 세상의 이치에 대한 부처님의 자세한 가르침에 따라 닦아 나가야 한다는 생각을 피력함으로써 선과 화엄의 또 다른 선교회통의 방식을 제시하기도 한다.[80]

이상에서 살펴본 것처럼 지눌의 화엄사상에 대한 생각은 상당히 복잡하며 때로는 서로 모순적인 견해들이 뒤섞여 있기도 하다. 그러나 어쨌든 우리는 화엄사상에 대한 이러한 지눌의 견해를 통해 선을 통한 깨달음을 위주로 하면서, 제 마음을 돌아보지 않고 통일적인 근원을 보지 못한 채 바깥세상의 모습만 바라보는 화엄사상은 비판하고, 다른 한편으로는 화엄사상 중 선과 상통할 수 있는 부분은 적극적으로 평가하면서, 화엄사상을 선과 회통시키려고 한 지눌의 노력을 엿볼 수 있다. 그렇다면 과연 이렇게 선과 화엄의 회통을 꾀했던 지눌의 노력은 과연 얼마나 올바르고 성공적이었을까? 이제 우리는 지눌의 선과 화엄사상 회통에 대한 노력이 거둔 성과와 더불어 그것이 안고 있는 문제점을 검토함으로써 오늘날 다시 필요한 선과 화엄의 회통을 위한 근거와 방법을 모색해 보아야 한다.

화엄사상은 화엄경 자체가 내포하고 있는 사상과 화엄경 해석에서 나타난 화엄종의 교학사상 모두를 포함한다. 그러므로 선과 화엄의 회통을 생각할 때에 우리는 이 양자 모두를 염두에 두고 논의를 진행해야만 한다. 선과 화엄의 올바른 회통을 위해서는 화엄의 핵심사상과 선의 관계를 중점적으로 살펴보아야 할 것이며, 지눌의 선교회통론에 대한 검토 또한 이것이 중심이 되어야 한다.[81]

앞에서 보았듯이 화엄사상의 핵심 중 하나는 불타관이다. 화엄의 불타관에는 보신불, 법신불, 화신불(응신불) 사상이 모두 포함될 수 있지만 그중에서도 핵심은 법신불 사상이라 할 수 있다.『화엄경』의「성기품(性起品)」에 따르면 법신불은 이 온 우주에 충만해 있는 자이며, 우주, 즉 법계는 이 법신이 펼쳐진 모습에 다름 아니다. 그러면서도 이 법신은 마치 허공처럼 어떠한 형상이나 색깔도 없기 때문에 이르지 않는 곳이 없이 어디에나 존재하면서도 어디에도 가거나 오는 것이 아니며, 그럼에도 불구하고 곳에 따라, 중생의 바람에 따라 자신을 현시하는 존재이다. 그렇기 때문에 우주법계로 자신을 나타내며 우주에 이법으로서 편재하는 이 법신불은 그 자체로서는 변화하지 않으면서도 온갖 변화를 나타내는 진공묘유의 존재라고 할 수 있다. 이 법신불을『화엄경』에서는 비로자나불이라 부른다. 이 법신불 사상이야말로 지눌이 화엄종사들의 성기문(론)이라 부르며 긍정적으로 평가했던 바로 그 사상이다. 지눌이 그렇게 생각했듯이, 이 세계의 궁극적 근원을 법신으로 파악하는 법신불 사상은 공적영지(空寂靈知)한 제 마음이 곧 부처이며 그 보광명지불이 모든 것의 근원임을 깨닫는 선과 완전히 상통한다.

선과 화엄의 궁극적 경지가 완전히 상통한다는 것은 지눌이 『진심직설(眞心直說)』에서 얘기하고 있는 진심(眞心)의 정체를 통해서 잘 알 수 있다. 지눌이 말하는 진심은 선문에서 깨친 조사들이 말하는 '중생의 본성인 자기'를 의미하는데, 지눌은 그것을 여러 경전에서 '법신', '법계', '진여', '불성', '총지(總持)', '여래장', '원각(圓覺)' 등이라 부르는 것과 같다고 얘기한다.[82] 그리고 나서 지눌은 그러한 진심의 본 모습을 이렇게 묘사한다 : "마치 허공이 어디나 두루한 것처럼 그 묘한 본체는 고요하고 온갖 희론이 끊어져 나지도 않고 없어지지도 않으며 있는 것도 아니요 없는 것도 아니며, 움직이지도 않고 흔들리지도 않아 고요히 항상 머무른다. … 모든 산과 강, 땅덩이와 초목이 우거진 숲과 온갖 물건이나 모든 현상과 깨끗하고 더러운 모든 법이 다 여기서 나온다. … 이 본체는 일체 중생이 본래부터 가진 부처의 성이요, 또 모든 세계의 발생한 근원이다."[83] 여기서 우리는 지눌이 선을 통해 깨달은 진심의 정체가 화엄에서 말하는 법신불 개념과 완전히 합치함을 분명히 볼 수 있다. 이 점에서 우리는 지눌이 그렇게 간주했던 것처럼 선과 화엄의 궁극적 경지가 다르지 않아 서로 회통할 수 있는 것임을 인정할 수 있다.

화엄사상에 의하면 우주의 궁극적 근원인 법신불이 펼쳐진 세계가 바로 다름 아닌 법계이다. 법계는 하나 속에 전체가 있고 전체 속에 하나가 있는 세계(一多不二의 세계)이며 유와 무, 존재와 비존재가 서로 녹아들어 가는 세계(有無不二의 세계)로서 총체성과 무애의 세계이다. 우주만물이 일다불이와 유무불이의 법계를 이루는 것은 우주만물들이 연기에 의해 서로 의존하고 있고 자성을 갖고 있지 않기 때문이다. 그러므로 법계는 다시 말해 연기의 세계이며, 그러한 법계의 모습을 밝힌 것이 법계연기론이다. 이러한 법계연기론에 대해서는 이미 앞에서 살펴본 바 있다.

앞에서 보았듯이, 법계연기론에서 말하는 것 가운데서도 사사무애법계야말로 완전히 상즉상입하는 이 세상 만물의 모습에 대한 가장 적합하고 뛰어난 파악이라고 할 수 있다. 그런데 이 세상 만물이 상즉상입하는 사사무애의 법계를 이룰 수 있는 까닭에 대해 법장은 여러 가지로 설명하고 있다. 그리고 이 중에서도 특히 중요한 것은 법성은 원융하여 두루 통한다는 것(法性融通)과 연기는 서로 말미암는다는 것(緣起相由)이다.[84] 법성이 원융하여 두루 통한다는 것은 이 세상의 모든 사물이 하나의 궁극적 원리인 법성으로 말미암은 것이기 때문에 원리와 사물이 장애가 없이 서로 통한다는 이사무애의 근거라고 할 수 있다. 그런데 이처럼 세상 만물은 모두 하나의 법성, 하나의 원리로 말미암은 것이기 때문에 또한 그들 서로가 서로를 낳는 연기적 관계를 맺고 서로 걸림 없이 상즉상입하는 사사무애법계를 이루게 된다. 이것이 바로 연기가 서로 말미암는다는 뜻이다. 이렇게 본다면 결국 사사무애는 이사무애에 의해 뒷받침되고 있다고 할 수 있는데, 징관도 '사리무애이기 때문에 사사무애를 이룰 수 있다'[85]고 분명히 얘기하고 있다.

여기서 이 세상의 모든 사물이 하나의 궁극적 원리(理)인 법성으로 말미암은 것이기 때문에 원리와 사물이 장애가 없이 서로 통한다는 이사무애설은 앞에서 말한 성기문과 통한다. 그리고 이 세상 만물이 서로 걸림 없이 상즉상입하는 사사무애법계를 이룬다는 사사무애설은 연기문과 통한다. 그런데 법장이나 징관 등 화엄사상가들이 얘기하고 있듯이 이사무애가 사사무애의 근거를 이루는 것이라면 성기론과 연기론은 서로 뗄 수 없이 연결되어 있는 것으로서 상통하는 것이다. 그렇다면 앞에서 본 것처럼 지눌이 성기문과 연기문을 구분하면서 연기문에 대해서 부정적인 평가를 내리고 있는 부분은 상당한 문제점을 포함하고 있다고 할 수 있다. 무엇보다도 지눌이 화엄의 연기문이 사물들을 본체가 다르지만 서로서로 포섭하고 포섭되는 것으로 파악했다고 본 것은 사사무애사상에 대한 오해이다. 사사무애의 근거 자체가 모든 사물의 본체가 다르지 않고 궁극적 근원과 성품이 하나라는 데 바탕하고 있는 것이기 때문에, 앞선 지눌의 주장은, 당시에 잘못된 화엄사상을 펼치고 있었던 아류 화엄교학자들에 대한 비판이 될지는 몰라도, 결코 법장과 징관 등의 정통 화엄종사들의 사상에 대한 적합한 비판이 될 수는 없다.

사사무애 사상을 올바르지 못한 연기문에 기초하고 있는 것으로 간주하기 때문에 지눌은 제 마음을 돌아보지 않고 사사무애의 바깥 세계를 관조함으로써 깨달음을 얻으려는 화엄종의 방법을 크게 잘못된 것으로 주장한다. 그러나 성기문과 연기문은 뗄 수 없이 상통하는 것이기 때문에, 바깥 세계의 관조를 통해 만물이 연기하는 사사무애법계를 이루고 있으며, 그것은 바깥 사물과 마음을 포함하는 모든 사물이 모두를 관통하고 융섭하는 근원적인 법성으로부터 말미암는 것임을 깨닫는다면 그것 역시 제 마음을 돌아봄으로써 궁극적 깨침을 얻는 선의 방식과 통할 수 있는 것이다. 물론 지눌이 지적하듯이 만약 사사무애사상을 체득하지 못한 채 입으로만 되뇌이면서 지해에 사로잡힌다면 진정한 깨달음에 큰 장애가 될 수 있음은 사실이다. 그러나 교학을 한다고 해서 무조건 모두가 이런 병통에 빠지고 만다고 치부하는 것은 잘못이다. 수많은 종교와 사상의 역사 속에는 교학을 통해서 깨닫고 그 깨달음을 철저히 실천한 사람들도 얼마든지 있다. 그와 반대로 만약 세계는 전연 도외시한 채 마음만 닦는다고 하면 지눌 스스로도 경계하였듯이 자칫하면 그저 앉아서 멍청히 졸거나 정신만 어지럽히고, 때로는 쥐꼬리만 한 깨달음을 가지고 교만에 가득 차게 되는 잘못을 저지를 수도 있다. 일찍이 지눌이 화엄강사에게 물었을 때 그가 '다만 제 마음만 보고 사사무애를 보지 않으면, 곧 부처 결과의 원만한 덕을 잃을 것'이라고 했던 것도 사실은 이를 경계한 것이라 할 수 있다.

이처럼 어느 쪽이나 자칫하면 진정한 깨달음으로부터 멀어질 위험성이 있기 때문에 선교겸수, 선교회통이 필요한 것이다. 어느 한쪽을 우위에 두고 다른 쪽을 내려다보면서 그것을 단지 종속적인 지위에 묶어두고 한정된 역할만을 부여한다면 선과 화엄의 진정한 회통을 이루기 어렵다. 사실 지눌 자신도 선 우위라는 시각에 입각해서 제한적으로 화엄사상을 수용하면서도 선을 통해 그 문제점을 극복해 가야 한다는 다분히 편향적인 입장을 취함으로써 진정한 선교회통에는 이르지 못한 점이 있는 것으로 보인다. 그러나 선과 화엄사상은 부족한 점을 서로서로 메워 주는 철저하게 상보적인 수행의 방편으로 간주해야 마땅하다. 선은 교를 통해 깨달은 바를 직접 온 몸으로 체득하게 함으로써 그 깨달음을 진정한 나의 것으로 만들게 하는 탁월한 작용을 한다. 그런 의미에서 선 체험은 교학의 깨달음을 진정한 깨달음으로 전환시키는 중요한 역할을 하고 있다고 말할 수 있다. 그러나 선 수행은 아무런 교학의 뒷받침도 없이 배타적으로 행해질 때에는 앞서 지적한 바와 같은 심각한 병폐를 낳게 된다. 그렇기 때문에 화엄사상의 가르침은 선 수행을 방해하는 것이 아니라 선수행이 올바로 나아갈 수 있도록 지탱해 주는 초석이 된다. 그러므로 이 세계의 궁극적 근원인 법성(법신불)과 그 현현인 사사무애법계의 참모습을 밝힌 화엄사상을 확고한 원칙으로 삼아 선 수행을 행해 자신의 몸과 마음속에서 그 진리를 직접 체득해야 한다. 그러고 나서는 다시 그렇게 체득한 진리를 화엄사상으로부터 이끌어 낼 수 있는 실천적 지침에 따라 계속해서 닦아 나감으로써 끝내 완전한 해탈의 경지에 도달해야 한다. 이렇게 화엄과 선의 상호 순환적이면서도 나선형적인 결합에 의해서만 우리는 완전한 깨달음과 해탈의 경지에 도달할 수 있을 것이다.

우리는 화엄의 또 다른 중요한 사상으로서 불타가 되는 보살의 길을 설명하는 보살관과 연관해서도 선과 화엄의 회통 문제를 생각해 볼 수 있다. 『화엄경』의 대부분의 품들은 불타와 보살에 관해 얘기하는 내용으로 이루어져 있고, 그중에서도 보살을 얘기하는 품이 더 많아 보살도와 보살행이 『화엄경』에서 얼마나 중요한 비중을 차지하고 있는가를 알 수 있다. 보살도는 부처에 이르는 길이며 보살행은 거기에 이르기까지 보살이 실천해야 하는 자리와 이타의 행위를 말한다. 『화엄경』에서는 모든 중생이 여래의 지혜를 갖추고 있어 본래 여래라고 한다. 그러나 어리석음과 전도망상이 중생을 뒤덮고 있어서 그것을 걷어내기만 한다면 곧 본래의 여래가 된다고 한다. 이것을 「보왕여래성기품」에서는 다음과 같이 말하고 있다 : "불자여, 여래지혜인 무상지혜, 무애지혜는 모두 중생의 몸에 갖추어져 있다. 다만 어리석은 중생의 전도된 생각이 뒤덮고 있어 알지 못하고 보지 못하여 신심을 내지 못할 뿐이다. … 여래 지혜가 자기 몸

속에 있음을 충분히 깨닫기만 한다면 부처와 다름이 없다."[86] 중생은 본래 부처이기 때문에 이것을 깨닫기만 한다면 그 순간 그는 곧 부처이다. 그렇기 때문에 『화엄경』에서는 중생이 자신이 부처임을 믿는 마음을 내서 보살의 길을 가기로 결심하는 순간을 곧 깨달음의 순간이라고 말한다. 그래서 「범행품」에서는 "처음으로 마음을 냈을 때 곧 정각을 이루어 모든 존재의 참된 성품을 알 수 있다"[87]고 했고, 「초발심보살공덕품」에서는 "처음으로 마음을 낸 이 보살은 곧 부처이기 때문에, 그들은 모두 삼세의 부처님과 동등하고 삼세 부처님의 경계와 동등하며, 삼세 부처님의 정법과 동등하다"[88]고 말하고 있다.

이런 관점에서 본다면 중생과 부처는 본질적으로 다르지 않으며, 중생이 어떤 단계들을 거쳐 점차로 부처를 이루게 되는 것이 아니다. 그러나 이것은 원리적인 면에서 그러한 것이지 현실적으로는 그렇지 않다. 완전히 깨치고 보면 중생이 곧 부처지만, 중생을 뒤덮고 있는 어리석음과 전도망상을 완전히 걷어내고 온전한 깨달음을 얻기란 매우 어려운 일이다. 그렇기 때문에 『화엄경』에서는 부처에 이르기 위한 보살도와 보살행을 그토록 강조하고 있는 것이다. 『화엄경』에서는 믿음(信), 10주, 10행, 10회향, 10지 등으로 중생이 부처에 이르는 길을 얘기하고 있으며 그 밖에도 수없이 많은 보살행에 관한 얘기를 자세히 하고 있다. 그러나 흔히 오해하듯이 이러한 것을 부처에 이르기 위해 모두 차례로 거쳐야 하는 순차적인 계위로 생각할 이유는 없다. 『화엄경』에서는 그러한 것들 사이의 계위를 말하는 것이 아니라 보살행의 다양한 측면들을 다양한 각도로부터 자세히 얘기하고 있을 뿐이다. 『화엄경』에서 설하고 있는 보살행은 크게 본다면 상구보리와 하화중생의 실천행이며 이것을 좀 더 구체적으로 말한다면 십바라밀의 실천이라고 말할 수 있다. 『화엄경』에서는 이를 바탕으로 하면서 깨달음을 얻고 중생을 구제해 나가는 과정에서 보살이 가져야 할 자세와 실천해야 할 일들에 대해 이루 말할 수 없이 자세히 논하고 있다. 이 우주의 근원인 법신불은 어떤 존재이며, 그것이 현시된 이 우주 법계의 참 모습은 어떤 것인가를 깨닫고, 그로부터 나와 모든 중생이 곧 부처와 다르지 않음을 자각하고 그에 합치하는 삶을 살아가기 위한 보살행을 추구해 나가도록 하는 것이 바로 『화엄경』의 근본적인 가르침이다.

화엄의 이런 보살관은 선과 화엄사상의 회통 문제에 중요한 의미를 갖는다. 깨달음을 얻고 깨달음을 실천하는 데서 보살행이 갖는 중요성을 강조하는 화엄사상은 우선 중생을 뒤덮고 있는 어리석음과 전도망상을 걷어내고 깨달음을 얻기 위한 노력의 과정이 얼마나 중요한가를 깨우쳐 준다. 지눌을 포함해서 소위 남종선의 세례를 받은 모든 사람들은 지금까지 돈오의 중요성을 강조하면서 돈오에 이르기 위한 수행의 과정, 즉 돈오 이전의 점수를 다분히 무시하는 경향이 있었다. 그것은 육조 혜능의 뒤를 이은 하택 신회가 남종 돈오선(頓悟禪)의 깃발을 내걸고 신수계의 북종은 방계며 그들의 종지는 점수법이라고 비난한 이래 계속되어온 전통이다.[89] 지눌 역시 이런 전통에 따라 종밀을 이어받아 북종의 점수법을 비판한다.[90] 북종의 점수법에 대한 이런 비난은, 중생은 본래 부처이지 점차로 닦아 부처가 되는 것이 아니므로 깨달음은 점차 이루어지는 것이 아니고 단박에 이루어지는 것이라는 생각에 기초하고 있다. 그리고 이러한 생각은 화엄사상을 비롯한 교학 공부 역시 점수에 해당되는 것으로 경시하는 태도로도 이어진다. 그러나 이것은 깨달음의 궁극적 경지와 그 깨달음에 이르기 위한 점수의 과정을 혼동한 데서 오는 심각한 오류이다. 물론 중생의 본래 성품은 곧 부처이며 부처는 점차 닦아서 완성시키는 것이 아니다. 북종 역시 중생의 본바탕이 맑은 거울임을 부정하지 않는다. 그렇지만 덮여 있는 번뇌망상을 제거하고 우리 자신이 본래 부처임을 깨닫기 위한 과정은 점수를 거쳐 돈오에 이르는 길 뿐이다. 북종의 주장은 바로 이것일 뿐이다. 물론 점차 닦는다고 해서 반드시 돈오에 이르리라는 보장은 없다. 그리고 돈오를 이루지 못한다면 닦음의 의미는 크게 떨어지지 않을 수 없다. 그러나 닦지 않고 어찌 문득 깨달음에 이를 수 있겠는가. 흔히 득도한 선문 조사들이 아무런 점수의 과정도 없이 우연한 기연을 만나 갑자기 깨달음을 얻었다는 얘기를 하는 경우가 종종 있지만, 이것 역시 심한 과장이라 하지 않을 수 없다. 오랜 공부 끝에 문리가 트이듯이, 길고 짧음의 차이는 있을지언정 각고의 점수 과정 끝에 한 번의 기연으로 마지막 막힌 곳을 뚫고 활연대오하는 것인데 앞의 과정은 무시한 채 그 한 번의 기연만을 강조한 잘못이라 하지 않을 수 없다. 석가모니 부처님 자신도 6년의 온갖 고된 수행 끝에 활연대오하지 않았는가. 점수돈오를 부정하게 되면 아무런 수행도 필요 없이 그저 우연히 문득 깨닫기를 기다릴 수밖에 없을 것이다. 화엄사상을 비롯한 교학 공부의 우선적 의미도 바로 돈오에 이르기 위한 사전의 점수과정이라는 데에 있다. 남종선의 정통성을 확립하려는 종파주의적 강박관념으로부터 나온 지금까지의 오해와는 달리, 올바른 깨달음은 교학 공부와 선 수행을 병행하면서 우리를 덮고 있는 번뇌망상을 제거하고 자신과 세계의 실상을 깨우쳐 가는 점차적인 각고의 과정 끝에 문득 얻게 되는(頓悟) 것이다.

우주의 근원인 법성과 법계의 참 모습을 깨닫고 그 진리를 몸소 실천해 나가는 보살행을 통해 궁극적인 부처의 경지에 이르는 과정을 강조하는『화엄경』의 보살관 역시 중요한 시사점을 제공해 준다.『화엄경』속에는 한편으로는 법성과 법계에 관한 우주적 진리를 풍부하게 설하고 있으면서, 다른 한편으로는 그런 진리를 설하는 데 그치지 않고 그것을 직접 완전히 실현할 수 있는 부처의 경지에 이르기 위해서 닦아야만 하는 보살행에 관해 이루 말할 수 없이 상세하게 가르쳐 주고 있다. 예를 들면「정행품」에는 집에 있을 때나 출가할 때, 명상하거나 일상생활을 해 나갈 때, 걸식하거나 식사할 때, 예불하거나 독송할 때처럼 우리 삶의 모든 부문에서 몸가짐과 마음가짐을 어떻게 갖고 생활해 나가야 하는가를 140여 가지나 자세하게 얘기한다.『화엄경』에 나오는 보살행에 관한 이런 가르침들은 선이나 교 그 어느 쪽이든, 추상적인 관념적 수준의 깨달음에 자만하면서 깨달음을 자신의 생활을 통해 직접 중생과 현실 속에서 실현하려는 노력이 없다면, 그 깨달음이라는 것이 진정한 부처의 경지와는 얼마나 거리가 먼 것인가를 분명하게 말해 준다. 이런 점에서 볼 때 구체적인 보살행에 관해 상세히 논하고 있는 화엄사상은 부처의 궁극적 경지에 이르기 위해 반드시 필요한 돈오 이후의 점수과정에 무엇보다도 중요하고 실질적인 지침을 제공해 준다.

이상에서 본 것처럼, 우리는 화엄사상을 비롯한 교학 공부나 선 수행(점수의 과정)을 통해 우주적 진리를 깨닫고 또 그를 직접 체득(돈오)할 수 있다. 이 과정에서 화엄사상과 선은 서로를 지지하고 강화시켜 줄 수 있다. 또한 돈오 이후 우리는 다시 보살행에 관한 화엄의 가르침 등을 지침으로 삼아 깨달음을 몸소 실천에 나가는 닦음의 과정(점수)을 거쳐 마침내 완전한 구경각의 경지, 부처의 경지, 해탈의 경지에 도달할 수 있다. 이것을 도식적으로 말한다면 점수-돈오-점수-돈오라고 할 수 있는데, 이 순환은 반드시 한 번에 이루어진다고 볼 수는 없으며, 여러 번의 순환을 거친 뒤에야 완전한 궁극의 경지에 이를 수도 있을 것이다. 이 과정에서 선과 화엄사상을 배타적인 것으로 보거나, 어느 한쪽을 우위에 두는 차별적 태도를 취할 것이 아니라, 말 그대로 양자를 아무런 걸림이 없이 회통시켜 자유자재로 활용해 나갈 때 비로소 지눌이 애초에 품었던 선교회통의 이상은 제대로 이루어질 수 있을 것이다.

## 4) 선과 화엄사상 회통의 실천적 의미

간화선을 통해 단박에 깨친다면 모든 진리를 꿰뚫어 보고 모든 문제를 해결해 버릴 수 있다는 환상, 이런 간화선 절대주의 또는 간화선 유일주의는 한국불교를 구체적인 삶과 사회현실의 문제를 불교적 관점에서 해명하고 해결해 가는 실천으로부터 멀어지게 만들고 있다는 생각을 적지 않은 사람들이 공유하고 있다. 예를 들면, 성본 스님은 '화두를 의심하여 확철대오(廓徹大悟)하면 불법을 전부 깨달아 안다고 주장하는 허황된 말이며 이러한 주장은 깨달음을 기대하는 대오선(待悟禪) 선병(禪病)의 수행자를 만들고 있다'[91] 고 지적하면서 '대승불교의 근본정신에 따라서 불법을 체득한 수행자는 항상 자신의 구체적인 일(삶)을 통해서 지혜와 자비의 보살도를 실현해야 한다'[92]고 얘기한다. 마찬가지로 강건기 역시 '한국불교는 자리이타하는 보살정신을 기본으로 하는데 그 근본 입장에서 오늘의 한국불교는 뼈아픈 반성이 있어야 한다'[93]고 주장한다. 그러면서 그는 '세상에서는 이 땅에 도인은 많아도 중생과 더불어 일하는 동사섭(同事攝)의 실천을 보기 힘들고, 불교인은 많아도 파사현정(破邪顯正)의 목소리를 들을 수 없다고 한다'[94]며 오늘날 한국불교의 문제점을 통렬하게 지적한다.

지금까지 우리는 배타적으로 절대화된 간화선 병을 치유하고 불교적 진리를 깨닫고 그것을 실천할 수 있는 올바른 방도를 세우기 위해서는 선과 화엄의 회통을 회복하는 일이 중요하다는 인식하에 선교회통과 간화선에 대한 지눌의 견해를 재검토함으로써 오늘날에 필요한 선교회통의 길을 모색해 왔다. 그리고 그것의 궁극적인 목적은 지금 여기라는 현실 속에서 보살행을 통해 부처님의 가르침을 실현하려는 것이다.

우리는 지눌의 여러 글귀들 속에서 지눌 역시 깨달은 후 닦아 나가는 과정으로서 보살행을 중시했음을 찾아볼 수 있다. 지눌은 『법집별행록절요병입사기』에서 선을 통한 깨달음 이후 그것에만 머물러 보살행으로 닦아 나가지 않는 것을 이렇게 경계하였다 : "오후점수의 문은 다만 더러움을 없애는 것만이 아니요, 다시 만행을 점차로 닦아 자타를 아울러 구제하는 것인데, 지금의 참선하는 이들은 모두 '단지 불성만 밝게 보면 이타(利他)의 행원은 저절로 원만히 이루어진다'고 한다. 그러나 목우자는 그렇지 않다고 생각한다. 불성을 밝게 본다는 것은 다만 중생과 부처가 평등하고 나와 남의 차별이 없음을 보는 것이니, 만약 자비와 서원의 마음을 내지 않으면 한갓 고요함에만 머무를까 봐 걱정하기 때문이다."[95] 이어서 지눌은 보살행의 실천이 얼마나 중요하고 의미 있는 일인가를 이렇게 얘기하였다 : "한 번 깨달은 뒤에는 차별지로 중생들의 괴로워하는 것을 보고 자비와 서원의 마음을 내어, 제 힘과 분수에 따라 보살도를 행하면, 각행이 점차 원만해지리니 어찌 기쁘고 유쾌하지 않겠는가."[96] 지눌의 『원돈성불론』 역시 이와 똑같은 취지를 다음과 같이 얘기하고 있다 : "자기와 남이 동일한 체성이므로 나도 없고 내 것도 없음을 관찰한다. 그러므로 선정과 지혜의 힘으로 이와 같이 수행하고, 이미 스스로 알았으면 중생의 고뇌를 관찰하여, 스스로도 이롭고 남도 이롭게 하기를 보현 보살의 광대한 행원과 같이 해야 한다."[97]

이처럼 깨달은 후 닦음의 의미를 단지 개인의 내적인 번뇌망상을 점차 제거하는 것만이 아니라 중생을 구제하는 자비의 보살행도 포함하는 것이라고 간주하는 지눌의 견해를 근거로 한다면, 점수의 영역을 "대중이 늘 더불어 함께 문제를 풀어가는 총체적인 삶의 영역이고 역사의 흐름과 더불어서 함께 일하고 함께 행하는 존재의 장"[98]이라고 파악한 법성 스님의 견해는 올바르다고 할 수 있다. 점수의 영역을 이렇게 파악한 법성은 닦음의 의미를 '중생의 소외와 역사의 질곡'이라는 문제를 '현실 역사의 장 속에서 서로 손 맞잡고' 풀어나가는 '사회적 실천'이라고 주장한다.

이런 법성의 주장에 대해, 간화경절문만을 지눌의 만년 정론이라고 간주하면서 돈오돈수의 입장에 서 있는 박성배는 비판을 가한다. 박성배는 법성이 말하는 사회적 실천은 그렇게 근본적인 실천이 아니라고 간주한다. 그는 사회적 실천보다는 개인 자신을 바꾸는 실천을 더 근원적인 실천이라고 간주하며 성철이 주장한 실천은 바로 이것이라고 주장한다. 그는 성철의 개인적 실천과 법성의 사회적 실천을 '몸과 몸짓'의 논리에 비유한다. "법성스님의 실천은 '몸짓'으로 하는 용적 실천을 가리키는 반면에 성철스님의 실천은 '몸'으로 하는 체적 실천을 가리킨다."[99] 그리고 나서 그는 몸짓의 실천인 사회적 실천은 구체적인 행동으로서 누구나 쉽게 알아볼 수 있는 행동이지만, 몸의 실천은 참선이나 기도처럼 눈에 잘 띄지 않는 것이라고 한다. 그러나 그는 이런 몸의 실천이야말로 모든 몸짓이 나오는 근원으로 돌아가는 실천이므로 더욱 근원적인 실천이라고 주장한다.[100] 그리하여 결국 그는 법성이 말하는 사회적 실천보다는 성철이 말하는 개인적 실천이야말로 올바른 종교적 실천이라고 주장한다 : "성철스님은 몸짓이 달라진다든가 또는 몸짓이 바뀌는 정도의 행동을 종교적 실천으로 보지 않는 것이다. 비록 그것이 아무리 혁명적이고 창조적이라 할지라도, 종교적인 실천은 모든 몸짓이 나오는 몸 자체가 혁명적으로 바뀌짐으로써 가능하다고 본다."[101]

그러나 박성배의 이런 주장은 사회와 개인, 사회적 실천과 종교적 실천을 구별하고, 후자 쪽만을 중시하고 전자 쪽은 경시하는 편향적인 것이며, 결국은 우리가 지금까지 비판해 온 간화선 절대주의, 간화선 유일주의로 귀결될 뿐이다. 간화경절문을 통해 한 방에 모든 것을 깨닫고 부처와 같은 경지에 오를 수 있는 것이 아니기 때문에 번뇌망상을 버리고 중생을 구제하는 자비의 보살행을 점차 닦아나가 궁극적으로 그런 경지에 이르자는 것이 점수의 의미인데, 자꾸만 그런 실천을 몸짓에 불과한 것, 근본적인 실천이 되지 못하는 것으로 치부해 버린다는 것은 간화선 절대주의로 다시 되돌아가는 것일 뿐이다.

사회적 실천과 종교적 실천, 사회와 개인은 결코 둘이 아니다. 개인의 종교적 깨침이라는 것이 올바른 사회적 실천으로 나타나지 않을 때, 그 깨침의 의미라는 것은 과연 무엇인가? 그럴 경우 과연 그가 어떤 의미에서 깨쳤다고 할 수 있는가? '참선이나 기도' 같은 '종교적 실천'은 열심히 하면서 타인의 고통은 돌아보지 않고 제 자신이나 제 가족의 행복만을 염원하며, 심지어는 타인을 고통에 몰아넣는 사회체제를 유지하는 데 기여하는 행동을 여전히 행한다면, 그런 실천이 진정한 종교적 실천이 될 리는 없다. '중생이 아프기 때문에 나도 아프다'고 했던 유마거사의 말처럼 진정한 개인의 종교적 실천은 사회적 실천의 차원과 떨어질 수 없는 것이다. 물론 어떤 이는 진정으로 깨치기만 한다면 저절로 올바른 사회적 실천, 즉 보살행도 할 수 있게 될 것이라고 말할 것이다. 그러나 그것은 다시 점수의 필요성을 거부하는 것이며, 개인적 수행은 물론 중생과 더불어 행하는 사회적 실천 자체가 완전한 깨달음을 얻기 위한 점차적인 닦음의 과정임을 부정하는 것이다.

개인과 사회는 서로 같지 않으면서도 다르지 않은 존재, 즉 둘이 아닌 존재이다. 그렇기 때문에 우리는 잘못된 사회 현실을 그대로 놔둔 채 나만 변할 수는 없다. 그런 의미에서 사회적 문제를 해결해 나가려는 사회적 실천은 매우 중요하다. 그러나 다른 한편 인간은 사회적 구조와 관계만으로 환원해 버릴 수는 없는 존재이다. 인간의 주체성과 삶은 사회에 의해 전적으로 규정되는 것도 아니고, 사회 구조를 바꾼다고 해서 자동적으로 바뀌는 것도 아니다. 그렇기 때문에 개인 자신의 깨달음과 변혁 노력 역시 매우 중요하다. 그러므로 진정으로 올바른 종교적 실천은 개인적 차원과 사회적 차원 모두를 포괄하는 실천이지 않으면 안 된다.

우리는 앞에서 선과 화엄의 궁극적 경지가 완전히 상통한다는 것, 그것은 중생과 부처, 만물과 법성이 둘이 아니며, 또한 그렇기 때문에 이 우주 법계의 만물은 서로가 둘이 아님을 나타낸다는 것을 살펴보았다. 그리고 또한 우리는 그러한 진리를 깨닫고 실천해 나가는 데 있어서 선과 화엄사상은 서로가 서로를 지지하고 보완해 주는 역할을 하는 것으로 어느 한쪽도 결여해서는 안 된다는 것도 살펴보았다. 선과 화엄사상의 회통은 오늘날 한국불교와 한국사회에서 중요한 의미를 갖고 있다. 우리는 화엄사상을 통해서 우주적 진리를 분명하게 인식할 수 있으며, 선을 통해서 이를 직접적으로 체득할 수 있다. 또한 이것을 다시 화엄의 상세한 가르침에 입각하여 일상의 계속적 실천으로 닦아 나갈 수 있다. 이렇게 함으로써 우리는 개인의 궁극적인 깨달음을 완성하고, 우리를 둘러싼 사회와 세계를 모든 존재가 평화롭게 어우러지는 장엄한 화엄세계로 만들어 나갈 수 있을 것이다. 오늘날 이 땅에서 선과 화엄사상의 회통을 다시 회복하는 일은 바로 이렇게 중요한 과제의 해결을 위한 첫걸음이 될 것이다.

## 2. 현대 자본주의 사회와 문명에 관한 불교적 관점

불교의 가장 기본적인 교리 중의 하나는 사성제(四聖諦)이다. 이 중 고성제(苦聖諦)는 인생은 고통이라고 하는 깨달음이며 불교에서는 인생의 수많은 고통에 관해 얘기한다. 집성제(集聖諦)는 고통의 근본적인 원인이 무지와 욕망으로 인한 집착이라는 깨달음이다. 멸성제(滅聖諦)는 고통을 극복한 열반의 상태가 존재하며 그것이 어떠한 것인가에 대한 얘기이다. 도성제(道聖諦)는 고통을 소멸시켜 열반에 이르기 위한 방법을 말하는 것으로서 불교에서는 이것을 여덟 가지의 올바른 실천 방법인 팔정도로 얘기하고 있다.

모든 종교는 현실세계 속에 어떤 문제점과 고통이 있다는 데서 출발한다. 만약 현실세계가 아무런 문제나 고통 같은 것이 없는 극락(천국)이라면 종교는 필요가 없을 것이다. 그러므로 현실세계의 고통을 느끼고 인식하는 것은 모든 종교의 출발점이라고 할 수 있다. 종교는 이러한 고통스런 현실을 벗어난 온전히 행복한 새로운 세상에 대한 비전을 제시한다. 이는 종교인이 지향해야 할 궁극적인 목표이다. 또한 종교에서는 현실세계의 고통이 무엇 때문에 생겨나는가를 진단하고 그것을 극복할 수 있는 방법을 제시한다. 이처럼 모든 종교는 현실의 고통을 인식하고 그 원인을 진단하고 이를 극복하여 이상향에 도달할 수 있는 구원의 길을 제시하려 한다. 이런 점에서 불교의 사성제는 어떤 것보다도 모든 종교의 기본적인 구조를 잘 보여준다고 할 수 있다.

이러한 종교의 기본구조와 불교의 사성제에 비추어 봤을 때, 우선 중요한 점은 현실세계에 어떠한 고통이 존재하고 그 원인은 무엇인가를 정확하게 진단하는 일이다. 모든 문제는 그 원인을 정확하게 진단해야만 해결해 나갈 수 있기 때문이다. 인생에는 수없이 많은 고통과 그 원인들이 존재할 것이다. 그런데 인간이 겪는 고통에는 개인의 실존적 차원에서 그 원인을 찾을 수 있는 고통과 그를 둘러싼 사회적 차원에서 그 원인을 찾을 수 있는 고통이 있다. 물론 모든 인간은 사회적 존재이기 때문에 개인적 차원과 사회적 차원은 분리할 수 없이 밀접하게 연결되어 있음은 틀림없다. 그렇다 하더라도 어떤 인간이 겪는 고통 중에는 일차적으로 그 자신의 무지나 욕망으로 인한 집착 탓으로 돌릴 수 있는 것과 그 개인의 탓으로 돌리기는 어려운 사회적 요인에 의한 것이 있다고 할 수 있다.

불교에서 중생의 가장 근원적인 고통으로 얘기하는 병과 죽음 등을 예로 들어보자. 인간은 살아가는 동안 여러 가지 질병으로 고통을 받을 수 있다. 이것은 노화로 인해 어느 정도 불가피한 경우도 있고, 또 개인의 잘못된 생활습관 등으로 인한 경우도 있을 것이다. 그러나 예컨대 주변에 있는 핵 시설이라든지 환경오염시설로 인해 심각한 질병에 걸린 경우처럼 그 개인의 책임과 무관한 사회적 요인에 의한 질병의 고통도 있다. 죽음도 수명이 다하여 죽는 자연사나 질병에 의한 사망처럼 개인적인 죽음도 있지만 전쟁과 같은 사회적인 요인에 의한 죽음도 있다. 이처럼 인간이 겪는 고통에는 개인적 차원과 사회적 차원의 것이 뒤섞여 있기 때문에 고통으로부터의 구원 역시 이 두 차원 모두를 아우르는 것일 수밖에 없다.

우리나라의 불교는 오랫동안 개인적인 신앙과 깨달음이라는 차원에만 매몰된 채 사회적 현실로부터 유리되어 사회적 차원의 고통을 낳는 사회구조적인 문제를 인식하고 이를 해결하기 위한 사회적 실천에 소홀했다는 점 때문에 비판을 받아 왔다. 이러한 비판과 불교계 내부의 자기반성을 통해 근래에 들어와 한국의 불교계에서는 개인적 신앙의 차원을 넘어 현대사회의 문제를 해결하고 불교의 깨달음을 사회에 적극적으로 실현하고자 하는 노력을 전개하고 있다. 이러한 노력은 고통받는 인간의 궁극적 구원을 위해 매우 중요한 것으로 긍정적으로 평가할 수 있다. 그러나 이런 노력은 여전히 턱없이 미흡한 것으로서 불교적 관점에서 현대사회의 문제를 어떻게 파악하고 그 대안을 어떻게 제시하고 실현해 나갈 것인가에 관해서는 아직도 많은 연구와 논의가 필요하다고 할 수 있다.

그런데 오늘날 우리가 살고 있는 현대사회의 구조와 그 기본적 성격을 규정하는 것은 무엇보다도 자유 시장 경제체제를 바탕으로 하는 자본주의이다. 그러므로 불교적 관점에서 현대사회가 갖고 있는 문제점과 그로 인한 사회적 고통을 올바로 인식하고 이를 해결해 나가고자 한다면, 무엇보다도 자본주의 사회와 그에 기초한 산업문명을 어떻게 보아야 할 것인가가 가장 중요한 문제라고 할 수 있다.

필자는 현대사회의 문제와 그 해결에 관심을 갖고 있는 한 사람으로서 그동안 현대 자본주의 사회와 문명에 관련된 일련의 글들을 발표해 왔다. 필자는 2001년『불교평론』9호에 발표한「불이사상과 미래문명」이라는 글을 통해 현대 자본주의 사회와 산업문명이 막다른 위기상황으로 몰아갈 정도의 심각한 문제를 낳았다는 것을 지적하고 그를 초래한 원인을 밝히고 현대사회와 문명에 대한 새로운 문명의 패러다임을 '불이사상(不二思想)'에서 찾을 수 있음을 주장하였다. 이 시론적 성격의 글을 기초로 삼아 그 이후 필자는『둘이 아닌 세상』(이후 출판사, 2002)이라는 저서에서 불이사상의 틀로 세계를 읽으면서 현대문명 전체의 방향을 돌려 보다 행복하고 올바른 삶을 살아갈 수 있는 길에 대한 전망을 나름대로 제시하였으며, 그 이후『불이사상으로 읽는 노자』(예문서원, 2006)라는 저서를 통해서도 이와 관련된 여러 생각들을 펼쳐 낸 바 있다.

위에서 얘기한 필자의 글들에서 이미 밝힌 바 있듯이 불이사상은 동서고금의 위대한 수많은 철학과 종교 사상들이 포함하고 있는 것이지만 무엇보다도 이를 가장 분명하고 풍부하게 포함하고 또 표명하고 있는 것은 불교이다. 그래서 필자는 화엄사상을 필두로 한 수많은 불교사상에 들어 있는 불이사상을 근간으로 삼아 현대사회와 문명의 문제를 다루었으며, 그런 의미에서 필자 역시 한 사람의 '불교 사회철학자'라 할 수 있을 것이다.

불교 사회철학자의 한 사람으로서 필자는 2006년『오늘의 동양사상』에 실린「현대인의 삶과 깨달음―불교와 현대사회」라는 글에서 현대 사회 속에서 불교가 어떠한 의미를 갖고 있고, 또 불교가 어떤 사회문제를 어떻게 다루어 나가야 하는가, 불교적 깨달음의 구현을 위해 어떠한 노력을 해 나가야 하는가에 대해 필자 나름의 의견을 밝힌 바 있다. 거기서도 필자는 무엇보다도 불교적 관점에서 현대 자본주의 사회를 어떻게 평가하고 또 그것을 변혁하기 위해 어떻게 노력해 나갈 것인가 하는 문제야말로 불교가 다루어야 할 중요한 문제임을 지적하였다.

그간 필자뿐만 아니라 여러 불교학자들이 자본주의 사회와 문명에 대한 불교적 관점을 밝혀왔음에도 불구하고 아직도 불교계 전체에는 이러한 관점이 폭넓게 공유되어 불교도의 사회적 실천으로 이어지고 있다고 보기는 어렵다. 이런 시점에 마침 지난 2010년『불교평론』42호부터 45호에 걸쳐 '불교 사회철학'과 '자유주의'를 두고 벌어진 논쟁[102]은 다시 한번 불교적 관점에서 자본주의 사회와 문명을 어떻게 보아야 할 것인가에 대한 관심과 각성을 불러일으켰다는 점에서 큰 의미를 갖는다고 할 수 있다. 이제 논쟁이 벌어진 지 1년여가 된 이 시점에서 필자는 그간의 논쟁을 되짚어 보면서 자유주의(자본주의) 사회와 문명에 대해 불교도가 어떻게 인식하고 어떠한 자세를 취해야 할 것인가에 대해 다시 한번 분명한 견해를 밝히고자 한다. 이미 이루어진 논쟁에 관련된 글이기 때문에 기존의 논쟁에서 제기된 논지와 중복되는 부분도 있을 수밖에 없겠으나 필자나름의 견해를 덧붙여보는 것은 앞선 논쟁이 던져준 문제에 대한 하나의 응답으로서 의미를 가질 수 있지 않을까 생각한다.

## 1) 자유주의(자본주의)에 대한 맹목적 숭배와 문제점

### (1) 맹목적 숭배와 옹호

민경국에 따르면 불교 사회철학자들은 인류를 멸망시킬 수 있을 만큼 심각한 현대문명의 위기를 초래한 원인을 신자유주의 또는 자본주의 문화라고 믿고 있다.[103] 그러나 그가 보기에는 오히려 '불교철학이 강력히 거부하고 있는 바로 그 자유주의 이념이야말로 인류의 번영의 해법'[104]이다. 민경국은 자유주의를 주로 시장경제라는 경제학적 의미로 사용하면서 자유주의와 신자유주의 그리고 자본주의를 동일한 개념으로 사용한다.[105] 그러므로 그에 따르면 자본주의야말로 인류 번영의 해법이 되는 셈이다.[106]

민경국이 자유주의(자본주의)를 옹호하는 이유는 크게 두 가지인데 지금까지 수많은 맹목적 자본주의 옹호론자들이 되뇌어 왔던 것과 조금도 다를 바가 없다. 그 한 가지는 '자유주의가 번영을 가져온다'[107]는 것이다. 심지어 민경국은 다른 어떤 사회도 번영을 가져올 수 없으며 오직 자유주의(자본주의)만이 번영을 가져온다고 간주한다. 이것은 자유주의 시장경제가 발달한 1800년대 이전까지 인류의 경제수준은 거의 발전하지 않아 동물수준과 다름없었으며 경제를 발전시켜 인류를 동물과 구분케 해 준 것은 자유주의(자본주의)였다고 하는 그의 주장에서 확인할 수 있다.[108] 이처럼 자유주의(자본주의)를 찬양하기 위해 자본주의 이전에도 인류는 상당한 경제발전을 이룩하고 동물과는 확연히 다른 높은 수준의 문명을 꽃피워왔다는 명백한 역사적 사실까지도 왜곡하는 자유주의(자본주의)에 대한 그의 맹목적인 숭배는 눈물겨울 정도이다.

민경국에 따르면 자유주의(자본주의)의 장점은 단순히 경제적인 번영에만 머무르지 않는다. 자유주의(자본주의)가 가져오는 '경제적 번영은 인간의 수명, 건강, 여가, 교육의 수요 등 비물질적 번영도 가져다준다.'[109] 더 나아가 그것은 '사회적 갈등도 적게 하고 사회적 평화, 국제적 평화도 촉진한다.'[110] 그러므로 요컨대 자유주의(자본주의)야말로 물질적이고 비물질적인 모든 측면에서 인류 번영의 유일한 길이라는 것이다.

민경국이 자유주의(자본주의)를 옹호하는 또 다른 이유는 인간의 이성 또는 지식은 한계가 있기 때문에 경제적인 문제는 자유주의 시장경제에 맡겨 두어야지 인위적인 간섭을 해서는 안 된다는 것이다. 인간의 지식에는 한계가 있다는 이유를 내세워 민경국은 전면적인 계획경제는 물론이고 가격 규제나 수량 규제 등 시장경제를 필요에 따라 규제하는 것조차도 모두 반대한다.[111] 그가 보기에 인간은 경제를 규제하는 데 필요한 지식을 전부 수집하여 가공할 능

력이 없으며, 그럼에도 그런 걸 시도하면 케인스주의와 복지국가처럼 몰락할 수밖에 없다.[112]

민경국이 보기에는 '시장을 구성하는 원칙만을 제대로 지킨다면' '애덤 스미스의 보이지 않는 손이 작용'[113]하여 자유주의(자본주의) 사회는 아무런 문제없이 무한히 발전하고 성장해 나갈 수 있다. "시장경제 아래에서는 성장에 한계가 없다. … 중요한 것은 자유의 보장이다. 그래서 자유주의에서 성장은 무한하다."[114]

자유주의(자본주의)를 무한히 신뢰하는 민경국은 현대 자본주의 사회가 직면하고 있는 여러 가지 문제에 대해서는 그것을 부정하거나 아니면 자유주의(자본주의) 탓이 아니라 오히려 그에 대한 간섭 탓으로 돌린다. 이를테면 그는 '환경위기를 확대재생산하는 것이 자본주의 체제'라는 이도흠의 주장을 비판하면서 환경문제의 하나인 '온난화는 문제가 아니라 추위와 더위가 반복적으로 등장하는 정상적인 자연현상'이라는 식으로 문제 자체의 존재를 부정해 버린다.[115] 또한 그는 '빈곤, 대량실업, 환경문제, 소득의 불평등, 경제위기 등, 좌파가 자유주의의 탓이라고 열거하는 모든 문제가 실제로는 자유주의 탓이 아니라 정부의 간섭주의 때문에 생겨난 것'[116]이라고 주장하기도 한다. 예컨대 그가 보기에는 금융위기도 자유시장에 간섭한 '정부의 시장 개입' 탓[117]이요, 빈부의 격차도 '분배 결과를 시정하는 정책으로 분배를 더 악화시키고 새로운 빈곤층을 야기한' 탓[118]이다. 그러므로 자유주의(자본주의) 시장경제에 모든 것을 맡겨두기만 하면 만사형통이다.

민경국은 오늘날과 같이 거대한 열린사회에는 '연대감이나 이타심 도덕 같은 소규모 사회의 공동체 도덕'을 적용할 수는 없다고 주장한다.[119] 그가 보기에는 그런 도덕을 설하기보다 "건설적인 담론은 인간의 탐욕과 이기심을 사실로 인정하고 이것이 생산적인 방향으로 작용하기 위해서 필요한 게임 규칙이 무엇인가를 규명하는 것"[120]이 낫다. 그리고 그가 말하는 게임규칙은 결국 이기적인 개인들이 자유시장에서 아무런 간섭 없이 자유롭게 경쟁하도록 보장하는 것이다.

민경국은 자신이 말하는 자유주의는 자유방임주의와 다르며 '가짜 자유주의'와도 다르다고 주장함으로써 자신은 자유주의의 문제점으로부터 벗어나 있는 듯한 착시 현상을 불러일으키려고 애를 쓴다. 예컨대 그는 자신의 자유주의가 자유방임주의와 다르다는 것을 이렇게 얘기한다. "우리가 주지해야 할 것은 자유주의는 자유방임주의를 뜻하는 것이 아니라는 점이다. 자유주의에서 국가의 과제는 법과 질서의 유지, 재산권의 규정, 재산권 분쟁 해결, 계약의 준수 확립, 책임 원칙을 집행하는 과제, 경쟁 촉진, 통화 질서의 확립, 생활 능력이 없는 자에 대한 국가의 보호 등 다양하다."[121]

그러나 이미 앞에서 지적하였듯이 그는 자유주의 시장경제를 찬양하면서 그에 대한 어떠한 간섭도 부정하면서 모든 것을 자유경쟁을 통한 시장의 보이지 않는 손에 맡기고 있다. 사실 앞에서 그가 자유주의에서 국가의 과제로 든 '법과 질서의 유지, 재산권의 규정, 재산권 분쟁 해결, 계약의 준수 확립, 책임 원칙을 집행하는 과제, 경쟁 촉진' 등도 대체로 시장에서의 자유로운 경쟁을 보장하기 위한 것에서 벗어나지 않는 것으로 보인다. '통화 질서의 확립, 생활 능력이 없는 자에 대한 국가의 보호' 같은 것은 어쩌면 시장경제의 폐해를 교정하기 위한 국가의 간섭으로도 볼 수 있으나, 만약 그렇다면 이것은 자유시장에 대한 일체의 간섭을 배제하는 그의 입장과 심각한 모순을 불러일으킬 것이다.

'가짜 자유주의'에 대한 언급은 민경국이 박병기의 글을 비판하는 가운데서 등장한다. 거기서 민경국은 박병기가 비판한 자유주의는 프랑스 계몽주의 전통에 서 있는 자유주의로서 '가짜 자유주의'이며 자신의 자유주의는 스코틀랜드 계몽주의 전통을 잇고 있는 '진짜 자유주의'라고 주장한다.[122] 자유주의에 대한 박병기의 비판은 '자유주의자들이 말하는 자유가 타자와 독립된 실체로서의 개인을 전제로 하는 개념으로 허구적이며 진정한 자유는 관계성을 전제로 해야만 한다'[123]는 점, 그런 자유 개념에 기초하여 자본주의 사회의 모든 문제를 어떠한 국가의 간섭도 없이 시장의 가격이라는 기제에 의해 해결할 수 있다는 시장 만능주의는 심각한 문제가 있다는 것이다.[124] 이러한 박병기의 자유주의 비판에 대해 민경국은 유럽의 서로 다른 계몽주의 전통에 서 있는 '가짜 자유주의'와 '진짜 자유주의'라는 현학적인 논의를 펼치면서 자신이 주장하는 자유주의는 '원자적 인간을 전제'로 하지 않고 어디까지나 인간관계를 전제로 하는 '진짜 자유주의'라고 주장한다. 그러나 그것은 단지 하이에크의 주장을 인용한 선언에 불과할 뿐이다. 그렇다면 인간관계를 전제로 한 '진짜 자유주의'이기 때문에 그의 자유주의는 원자적 인간을 전제로 하는 '가짜 자유주의'와 달리 어떻게 인간관계를 고려하고 배려한다는 말인가? 사실 그의 자유주의에는 그런 배려가 전혀 나타나지 않는다. 그가 한결같이 주장하는 것은 자유시장이요, 시장에서의 자유경쟁이며, 그것을 통한 보이지 않는 손에 대한 맹목적 숭배일 뿐이다.[125] 그러므로 민경국의 자유주의는 박병기가 행한 자유주의 비판으로부터 벗어난 것이 아니며 박병기의 비판은 '번지수가 틀린 것'이 아니다.

## (2) 맹목적 숭배의 문제점

민경국이 대변하는 바와 같은 자유주의(자본주의)에 대한 맹목적 숭배는 심각한 문제점을 안고 있다. 그것은 현대 자본주의 사회와 문명 속에 존재하는 엄청난 문제와 고통을 무시한 채 현실을 장밋빛으로 미화한다. 그것은 현실세계 속의 그 엄청난 문제와 고통의 원인을 제대로 볼 수 없도록 은폐한다. 또한 그것은 문제와 고통을 극복해 나갈 수 있는 길을 원천적으로 봉쇄해버린다.

자본주의가 유례가 없을 정도로 엄청난 생산력의 증대와 경제적 성장을 가져온 것은 틀림없다. 그리고 이러한 자본주의의 발달은 인간의 삶에 많은 긍정적 영향을 미치고 인간다운 삶을 실현할 가능성을 열어 놓았다고도 할 수 있다.[126] 그러므로 앞에서 민경국이 자유주의(자본주의)는 경제적 번영과 더불어 '인간의 수명, 건강, 여가, 교육의 수요 등 비물질적 번영도 가져다준다'고 했던 말도 완전히 틀린 말은 아니다. 그러나 문제는 자본주의 사회와 문명은 그것이 열어 놓은 인간다운 삶의 실현을 좌절시켜 왔으며 그것이 초래한 번영에 못지않게 인류를 심각한 위기로까지 몰아넣는 문제와 극심한 고통도 동시에 초래했다는 것이다.[127]

현대 자본주의 사회와 문명이 초래한 위기는 지구 생태계를 절멸의 위협에 빠트릴 수 있을 정도로 심각한 생태계의 파괴라는 위기, 기아와 실업과 빈부격차, 폭력과 범죄, 전쟁, 인간 간의 극심한 소외와 같은 인간의 사회적 관계의 위기, 진정으로 의미 있고 가치 있는 삶의 방향을 상실하고 인위적으로 조작된 선정적 욕망에 사로잡혀 허망한 소비주의 속에서 삶의 의미를 찾으려고 하는 왜곡된 주체성의 추구라고 하는 인간 삶과 주체성의 위기를 대표적인 것으로 들 수 있다.[128]

자유주의(자본주의)에 대한 맹목적 숭배는 현대 자본주의 사회 속에 존재하는 이러한 심각한 문제점과 고통을 제대로 인식하지 못하게 만든다. 예를 들면 자본주의가 가져온 눈앞의 물질적 풍요에 눈면 자들은 그 대가인 환경 파괴로 이미 인류를 포함한 지구 생태계 전체가 심각한 위기에 처해 있다는 사실을 애써 부인한다. 지구 생태계가 환경오염으로 인해 몸살을 앓고 있다는 증거는 일일이 예를 들 수 없을 만큼 도처에 널려 있다. 예컨대 온실 가스의 증대가 초래한 지구 온난화 때문에 발생하는 이상 기후 현상으로 인한 고통을 우리는 주변에서 빈번하게 목격하고 있다. 또한 그 때문에 온실 가스 배출 규제가 전 세계적인 현안 문제로 등장해 있다는 사실도 우리는 잘 알고 있다. 그럼에도 불구하고 앞에서 본 것처럼 '온난화는 문제가 아니라 추위와 더위가 반복적으로 등장하는 정상적인 자연현상'이라고 주장하는 것은 자본주의의 물질적 풍요의 단꿈에 취해 현실의 심각한 문제와 고통에 대해서는 눈을 감고 있다는 것을 분명히 드러내 준다.

생태계 파괴의 근본적인 원인은 생산력의 발전을 통해 물질적 풍요만 이루면 행복할 수 있다고 믿는 생산력 지상주의, 성장 제일주의이다.[129] 그런데 이러한 생산력 지상주의, 성장 제일주의는 지금껏 자본주의가 추구해 온 것이었으며 아무런 규제 없이 고삐 풀린 자본주의가 계속되는 한 극복할 수 없다. 자본주의는 어떻게 해서든 소비를 부추기고 생산력을 높여 최대의 이윤을 획득하려고만 한다. 그 때문에 아무런 규제를 받지 않는 한 자본주의는 소위 '돈이 되기만 한다면' 귀중한 지구 자원의 낭비나 생태계의 파괴는 상관하지 않는다. 그리하여 고삐 풀린 자본주의는 심각한 생태계의 파괴를 불러일으킴에도 불구하고 민경국은 여전히 '시장경제 아래에서는 성장에 한계가 없다'고 강변하면서 자유주의(자본주의)를 소리 높여 찬양하고 있다.

자유주의(자본주의)에 대한 맹목적 숭배는 현대사회 속에 존재하는 수많은 문제와 고통의 원인을 제대로 볼 수 없게 만든다. 자유주의(자본주의)가 발달한 이래 기아와 실업과 빈부격차, 폭력과 범죄, 전쟁, 인간 간의 소외와 같은 인간의 사회적 관계의 위기는 계속 심화되어 왔다. 물론 이런 사회적 문제들은 자본주의 사회에만 일어나는 문제는 아니다. 그렇지만 현대사회에서 일어나고 있는 이런 사회적 문제들은 자본주의 사회체계와 밀접한 관련이 있다는 것은 분명한 사실이다. 예컨대 자본주의 이전에도 전쟁은 있었지만, 자본주의 사회가 등장한 이래 수없이 벌어졌고 현재도 벌어지고 있는 많은 전쟁들은 자원이나 시장을 둘러싼 쟁탈전으로서 자본주의 사회체계와 밀접하게 연관되어 있다. 수많은 사람들이 얘기하고 있듯이 자본주의는 심각한 빈부격차를 초래하여 현대사회는 소수의 부유층과 다수의 빈곤층으로 나뉘어져 대립이 격화되는 '20:80의 사회 또는 15:85'의 사회가 되었다. 또한 모든 것을 상품화하고 살벌한 경쟁을 통해 오직 이윤 획득만을 꾀하는 냉정한 이해관계가 지배하는 자본주의 사회는 극심한 인간 간의 소외를 불러일으켰다. 그리고 이러한 소외된 사회 속에서는 극렬한 폭력과 잔인한 범죄가 끊이지 않고 벌어진다.

이러한 현대사회의 모든 사회적 문제들이 자본주의 사회체계와 밀접한 연관을 맺고 있다는 것은 명백함에도 불구하고 민경국 같은 자유주의(자본주의) 예찬론자는 이러한 문제들이 자유주의(자본주의) 탓이 아니라고 주장한다. 예컨대 자본주의 시장경제가 초래한 빈부 격차를 오히려 거꾸로 뒤집어 '분배 결과를 시정하는 정책으로 분배를 더 악화시키고 새로운 빈곤층을 야기한' 탓이라고 하는 곳에 이르러서는 정말 어이가 없어서 말문이 막힐 지경이다. 민경국은 18세기부터 자유주의(자본주의) 시장경제가 발달한 이래 인류는 유례없는 번영을 이룩해 왔다고 주장하면서도 그와 함께 초래된 현대사회의 모든 심각한 문제들은 자유주의(자본주의) 탓이 아니라 오히려 그에 대한 간섭 탓이라고 주장한다. 요컨대 모든 선은 자유주의 시장경제 덕분이요 모든 악은 그에 대한 간섭과 방해 탓이라는 참으로 편리한 주장이다. 그리고 이것은 자유주의(자본주의)가 활짝 꽃폈기 때문에 인류는 눈부시게 발전해 왔다고 주장함과 동시에 자유주의(자본주의)가 제대로 꽃피지 못했기 때문에 수많은 사회적 문제들이 존재하는 것이라는 매우 우스꽝스러운 주장이기도 하다. 이렇게 하여 우리는 현대 자본주의 사회 속에 존재하는 사회 문제들의 원인을 알 길이 없게 된다.

자유주의(자본주의)에 대한 맹목적 숭배는 현대 자본주의 사회와 문명 속에 존재하는 엄청난 문제와 고통을 극복해 나갈 수 있는 길을 원천적으로 봉쇄해버린다. 앞에서 보았듯이 민경국은 현대사회의 많은 문제들을 자유주의(자본주의) 탓이 아니라 오히려 그에 대한 간섭 탓이라고 진단한다. 그렇게 되면 문제의 해결책은 자유로운 시장경제에 간섭하지 않는 것 뿐이다. 민경국은 자유 시장경제에 간섭하려고 했던 사회주의는 물론이고 케인스주의나 복지국가 모두 실패로 돌아갔다고 주장한다. 그런데 과연 사회주의나 케인스주의나 복지국가의 이념 같은 것이 모두 실패로 돌아갔느냐는 차치하더라도, 민경국과 같은 입장에 서게 되면 그런 이념들은 도저히 이해하기조차 곤란해진다. 주지하듯이 그러한 이념들은 규제가 없는 자유주의 시장경제가 경제공황을 비롯한 심각한

경제 사회적 문제들을 불러일으켰기 때문에 일어난 것이었다. 그러나 민경국의 관점에서는 자유주의 시장경제는 그러한 경제 사회적 문제들을 불러일으키는 것이 아니므로 그러한 이념들은 이해가 불가능하다. 그러므로 유일한 해결책은 간섭하지 말고 내버려두는 것, 즉 시장에서의 무한정한 자유경쟁을 보장함으로써 보이지 않는 손이 저절로 만사를 해결하도록 내버려 두는 것이다. 지금은 아무리 심각한 문제가 벌어져도 상관하지 말고 참고 기다려라. 계속해서 참다 보면 언젠가는 시장의 보이지 않는 손이 모든 문제를 해결해 주리라. 이것이 현대 사회의 문제와 고통에 대한 자유주의자 민경국의 처방전이다.

## 2) 자유주의(자본주의)에 대한 불교적 성찰

앞에서 우리는 자유주의(자본주의)에 대한 맹목적 숭배가 현대 자본주의 사회와 문명 속에 존재하는 문제와 고통을 무시하고, 그 원인을 인식하지 못하게 함으로써 그것을 해결해 나갈 수 있는 길을 막아버린다는 것을 살펴보았다. 그러므로 현실세계에 존재하는 사회적이고 개인적인 모든 고통으로부터 중생을 구제하려는 불교도라면 자유주의(자본주의)에 대한 이런 맹목적 숭배로부터 벗어나야 한다는 점은 너무나 분명하다.

불교도라면 현대 자본주의 사회의 수많은 중생들이 겪는 고통을 민감하게 느끼고 그에 공감할 줄 알아야 한다. 석가모니는 어찌 보면 부족할 것 없는 왕자의 신분임에도 불구하고 중생들이 겪는 고통을 누구보다도 예민하게 느끼고 공감했기 때문에 세속의 영화를 버리고 출가하여 각고의 노력 끝에 그로부터 벗어날 수 있는 해탈의 길을 찾아 제시할 수 있었다. 오늘날 도처에서 목격할 수 있는 수많은 중생들의 고통을 함께 느끼는 것이야말로 현대사회의 고통으로부터의 해방과 구원의 출발점이다. 자본주의 사회의 편중된 혜택을 마음껏 누리는 사람들의 편에만 서서는 현대사회의 고통을 느낄 수 없다. 고통받는 약자의 편에 서서 오늘날 생태계의 파괴로 인한 동식물을 포함한 수많은 중생들의 고통, 기아와 실업과 빈부격차, 폭력과 범죄, 전쟁, 소외 등으로 인해 겪는 중생들의 고통을 진심으로 함께 느낄 수 있을 때 비로소 고통으로부터의 해방이라는 불교적 이상의 실현은 출발해 나갈 수 있다.

불교도라면 현대 자본주의 사회와 문명 속에 존재하는 수많은 고통의 원인은 무엇보다도 바로 이 사회를 이룩한 자유주의(자본주의) 이념이 포함하고 있는 논리와 가치라는 것을 뚜렷이 인식해야만 한다. 자유주의(자본주의) 이념은 두 가지 근본적인 가정을 갖고 있다. 그 하나는 인간이 다른 존재들과 분리된 고립적인 이기적 존재라는 가정이다.[130] 또 하나는 이기적인 인간들의 욕망에 따른 자유로운 경쟁에 맡겨 두면 시장의 보이지 않는 손에 의해 저절로 번영과 행복이 이루어질 것이라는 가정이다. 이러한 가정은 나와 타자를 분리하여 나와 타자는 서로 경쟁할 수밖에 없는 존재이며 그렇기 때문에 문제는 내가 어떻게 타자를 누르고 승리를 쟁취할 수 있는가 하는 것뿐이라는 분리와 경쟁, 정복과 지배의 논리를 내포한다. 현대 사회에서 우리가 직면하고 있는 위기(생태계의 위기, 사회적 위기, 인간 삶과 주체성의 위기)는 이러한 자유주의(자본주의)의 논리와 가치가 필연적으로 가져온 것이다.[131]

자유주의(자본주의)의 두 가지 가정은 독단적인 가정일 뿐 사실이 아니며 불교의 가르침과도 정면으로 대립한다. 우주 속의 모든 것은 서로 뗄 수 없는 상호의존적인 연기적 관계에 놓여 있다는 것, 세상 만물은 상즉상입하는 불이적 관계에 놓여 있는 존재라는 것이 불교의 근본적인 가르침이다.[132] 이런 가르침에 입각하면 독립적인 이기적 개인이라는 가정은 애초부터 잘못된 가정이다. 이런 불교적 관점에서는 만물의 연기적·불이적 관계를 무시한 채 고립적인 이기적 개인의 무한정한 욕망 추구를 주장하는 자유주의(자본주의) 이념을 비판하지 않을 수 없다. 또한 불교에서는 인간이 욕망과 탐욕을 갖고 있다는 것을 인정하면서도 그것을 절제하고 통제해 나가 욕망의 속박으로부터 벗어나야 함을 가르친다. 이러한 관점에서는 인간의 욕망과 탐욕을 절제하고 통제하기는커녕 그것을 마음대로 추구하도록 내버려두면 저절로 모든 것이 잘 해결될 것이라는 자유주의(자본주의)의 가정을 비판하지 않을 수 없다.

그러므로 불교도라면 현대 자본주의 사회 속에 존재하는 사회적 문제와 고통을 방치하지 않고 적극적으로 해결해 나가도록 노력해야만 한다. 그 길은 자유주의(자본주의)의 맹목적 숭배자처럼 아무런 대책 없이 시장에 모든 것을 내맡기는 것이 아니라 불교적 관점에서 그것이 낳는 병폐를 극복할 수 있도록 사회제도와 정책들을 적극적으로 변화시켜 나가는 것이다.

### (1) 성장 지상주의에 대한 성찰

불교적 관점에서 현대 자본주의 사회와 문명 속에 존재하는 문제와 고통을 해결하기 위해 구체적으로 어떤 노력을 기울여야 할 것인가를 여기서 모두 논하기는 불가능하다. 그렇기 때문에 여기서는 자유주의(자본주의)가 자신의 장점으로 내세우는 경제적 번영(경제적 성장과 발전)과 효율적인 경쟁 체제라는 문제만을 논해보기로 한다.

앞에서 우리는 자본주의가 유례없는 생산력의 증대와 경제적 성장을 가져온 것은 틀림없지만 그에 못지않게 인류를 심각한 위기로 몰아넣는 문제와 극심한 고통도 함께 초래했다는 것을 지적하였다. 이로부터 우리는 더 이상 무한정한 성장은 가능하지도 않으며 또한 바람직하지도 않다는 것을 알 수 있다. 절멸의 위협 앞에 놓여 있는 생태계의 파괴가 보여주는 것은 자연과 인간을 둘로 분리하고 자연을 단지 착취와 이용의 대상으로만 삼아 추구해 왔던 성장 제일주의가 한계에 부딪쳤다는 사실이다. 앞에서 지적한 바와 같이 자본주의 사회의 발달과 더불어 심화되어 온 사회적 관계와 인간 삶의 위기와 고통은 경제적 성장만이 바람직하고 가치 있는 것이 아님을 보여준다. 그러므로 우리는 무엇보다도 자연과 인간, 나와 타자는 둘이 아니라는 불교의 연기와 불이사상의 관점에서 성장 제일주의, 무한정한 경제적 성장의 추구에 반대해야 한다. 불교도라면 무분별한 개발, 무제한적인 성장 위주의 정책을 반대하고 자연과의 조화와 모든 중생들의 공생을 도모할 수 있는 방향으로 모든 제도와 정책을 바꾸어 나가도록 노력해야 한다.

구 소련의 체르노빌과 최근 일본의 후쿠시마에서 일어난 원전 사고를 좋은 예로 삼을 수 있다. 단기적인 경제적 관점에서만 보자면 원전 개발론자들이 주장하듯이 원전은 상대적으로 적은 비용으로 엄청난 에너지를 만들어 냄으로써 경제 성장에 이바지하는 것일 수도 있다. 또한 원전 찬성론자들은 경제 성장과 더불어 급속도로 증대하는 에너지의 수요량을 충당하기 위한 다른 효율적 방법이 없다거나, 심지어는 원전이야말로 온실 가스를 배출하지 않는 친환경적 에너지라고 주장하기조차 한다. 그리고 시장에만 맡겨 놓으면 효율적인 이윤 획득의 방법이라는 관점에서 원전 사업자들은 원전

개발을 악착같이 추구해 나갈 것이다. 그러나 체르노빌과 후쿠시마 원전 사고는 이런 논리가 얼마나 허황된 것인가를 여지없이 폭로해 주었다. 이 사고는 원전이 과연 장기적인 관점에서 본다면 경제적인 것인가에 대한 의문과 함께 설령 그렇다 하더라도 수많은 생명을 해치고 다음 세대들의 삶의 터전이 되어야 할 드넓은 땅을 죽음의 땅으로 만드는(이것은 사고가 나지 않더라도 핵폐기물 때문에 피할 수 없다) 원전 개발 정책을 근본적으로 반성케 하는 계기가 되었다.

이 사건을 계기로 환경문제에 상당히 선진적인 독일과 같은 나라에서는 원전 개발을 중단하고 조기에 원전을 완전 폐기하겠다는 정책을 선언하기도 하였다. 그럼에도 불구하고 우리나라에서는 마치 강 건너 불구경하듯 그건 내 일이 아니라면서 여전히 원전 개발을 통한 경제 성장 정책을 밀고 나가고 있다. 원전 개발 정책을 포기하고 원전의 가동을 중단한다면 지속적으로 성장해 나가기 위한 에너지를 단시일 내에 효과적으로 마련할 수 없어 경제 성장이 둔화되거나 경제가 위축될 수도 있을 것이다. 그럼에도 불구하고 미래 세대를 포함한 인류와 모든 생명체, 그리고 지구생태계 전체의 관점에서 우리는 원전 개발 정책에 단호히 반대해야 한다. 그 모든 것의 막대한 희생을 요구하는 경제 성장이라면 우리는 기꺼이 포기해야만 한다. 그리고 필요하다면 원전 개발을 통해 이윤을 추구하려는 사기업을 규제해서라도 경제 성장이라는 강박관념으로부터 벗어나 더더도 친환경적인 재생에너지를 개발해 나간다든가 경제 시스템과 삶의 방식 자체를 에너지를 적게 소비할 수 있는 방향으로 바꾸어 나가도록 노력해야 할 것이다.

온 나라를 들쑤시며 전국토를 공사판으로 만든 4대강 개발 사업도 예로 들어 볼 수 있다. 4대강 사업이 과연 경제적으로 이득을 가져다줄 것이며 홍수 등의 자연재해를 막아 줄 것인가에 관해서는 이미 많은 전문가가 문제를 제기한 바 있으므로 여기서 다시 거론하지는 않는다. 그러나 백번 양보해서 설령 4대강 개발론자들이 주장하는 것처럼 그런 효과를 낳는다 하더라도 과연 수천 년 아니 수만 년을 흘러오면서 수많은 생명의 젖줄 노릇을 해 온 4대강을 하루아침에 제멋대로 파헤치고 바꿔버릴 권리를 도대체 누가 가질 수 있단 말인가? 설령 어느 정도 경제적 이득을 얻을 수 있다 해도 그것은 강이 갖고 있는 전통적·문화적·생태적 가치 등 수많은 경제 외적 가치들을 희생해야만 할 충분한 이유는 되지 못한다. 그것은 오직 당장 눈앞에 보이는 자신의 이익을 챙기기 위해서 자연을 제멋대로 변형하고 파괴해도 된다는 이기주의와 오만에서만 정당화될 뿐이다. 연기와 불이의 관점에 서 있는 불교도라면 이런 개발지상주의, 성장지상주의를 단호히 비판해야만 한다.

요컨대 현대 자본주의 사회와 문명 속에 존재하는 수많은 문제와 고통은 경제적 성장이 덜 되어서, 물질적인 재화가 부족해서 일어나는 것이 아니다. 지구상에는 이미 인류를 먹여 살리기에 충분한 물질들이 차고 넘친다. 한쪽에서는 부가 넘쳐나는 데 다른 쪽에서는 여전히 굶주림과 가난에 시달리고 있다는 현실이 문제다. 엄청난 생산력을 자랑하는 현대 자본주의 사회에도 여전히 존재하고 있는 이런 문제는 경제가 더 성장한다고 해서 해결되지는 못한다는 것을 증명하고 있다. 그러므로 무한정한 경제성장을 추구하면서 언제까지나 기다리기만 하면 된다는 허황된 논리에 속아서는 안 된다. 무한정한 성장보다는 재화를 좀 더 효과적으로 분배하여 소외된 사람이 없도록 하는 데 중점을 두도록 사회제도와 정책의 방향을 바꾸어 나가야 한다. 복지국가가 실패했다고 단언하는 것은 독

단이다. 물론 자유주의(자본주의) 시장경제의 폐해를 극복하고 복지
사회를 이루려는 모든 노력들이 성공적일 수는 없으며, 이것 역시
많은 시행착오를 거칠 것이다. 그럼에도 불구하고 앞에서 지적한
바와 같은 자유주의(자본주의) 사회의 수많은 문제와 고통이 존재하
는 한 그것을 극복하고 복지사회를 이루기 위한 다양한 노력은 계
속되고 있고 또 계속 되어야만 한다.

### (2) 경쟁 제일주의에 대한 성찰

앞에서도 보았듯이 민경국 같은 자유주의(자본주의)의 맹목적 숭
배자들은 이기적인 개인들이 아무런 간섭 없이 무한경쟁을 벌이
는 것이야말로 번영의 길이라고 주장한다. 사실 오늘날 우리 사회
는 끝없는 경쟁에서 승리할 것을 촉구하는 자유주의(신자유주의) 이
데올로기가 거의 장악했다. 자유주의자들(신자유주의자들)은 경쟁을
통해서만 사회가 계속해서 성장하고 발전할 수 있다고 주장한다.
민경국은 '개인적 또는 사회적 차원의 번영은 바로 이 경쟁으로부
터 나온다'[133]고 보며, 경쟁을 통해 이룩한 경제성장은 '물질적 증가
로 끝나는 것이 아니라 배려의 윤리, 선행의 윤리, 관대함과 너그러
움 같은 도덕을 증진시킨다'[134]고 주장한다.

물론 경쟁은 성취 욕구를 자극해서 성장을 촉진하는 점이 있고,
그것을 부정적으로만 볼 필요는 없으며 잘 활용한다면 좋은 결과
를 낳을 수 있다. 그러나 문제는 바로 경쟁의 방식이다. 자유주의
(자본주의)자들이 주장하고 그에 따라 현재 우리 사회의 수많은 기
관에서 행하고 있는 경쟁의 방식은 상대평가를 통한 무한경쟁의 방
식이다. 이것은 상대평가를 통해 구성원들을 서로 끝없이 경쟁하도
록 하고. 요구되는 수준을 점점 더 높임으로써 무한경쟁을 유도한

다. 그런데 이런 경쟁 방식은 어떻게 해서든 경쟁에서 승리를 거두기 위해서 온갖 술수를 쓰게 만들며, 구성원들 서로가 평화롭게 협력하고 상생하기보다는 승리의 전리품을 두고 끝없이 싸우게 만들고, 더 큰 성과를 거두기 위해 쉴 새 없이 점점 더 빨리 달려가도록 만들기 때문에 삶을 피폐하게 만든다.[135]

필자가 몸담아 살고 있는 대학사회에서 행해지는 상대평가에 의한 무한경쟁의 예를 들어 보자. 신자유주의 이데올로기의 확산에 따라 대부분의 대학에서도 상대적 교수업적 평가에 의한 연봉제나 성과급제, 그리고 승진제도 같은 무한경쟁 방식이 도입되어 시행되고 있다. 상대적 교수업적 평가는 교수들의 연구, 교육, 봉사 활동 영역에서의 업적을 점수화하여 상대적인 등수를 내는 것이다. 이렇게 하면 모든 교수를 점수에 따라 1등부터 꼴찌까지 일렬로 세울 수 있으며, 이에 따라 연봉이나 승진 등에서 차등을 지울 수 있다. 그러나 대개는 상중하 식으로 나누어 상위에 속하는 사람에게는 일정한 보상을 더 해주고, 하위에 속하는 사람에게는 연봉 동결 또는 삭감이라든가 승진 누락 등의 징벌을 가하는 방식을 취한다. 이런 상대평가 방식 아래서 교수들은 어떻게 해서든 상위에 속하기 위해서 또는 적어도 하위에 속하지 않기 위해서 치열한 업적 경쟁을 벌이지 않을 수 없다. 문제는 상대평가이기 때문에 아무리 열심히 해도 필연적으로 하위 등급에 속하는 사람들이 생겨난다는 사실이다. 절대평가 방식이라고 할 수 있었던 예전에는 교수들이 몇 년간에 걸쳐 연구, 교육, 봉사 업적 부분에서 일정한 요구 기준을 넘어서기만 하면 징벌을 당하는 일은 없었다. 그러나 상대평가 방식에서는 모든 교수가 열심히 일해서 이전에 요구되던 기준 이상의 업적을 달성한다 해도 필연적으로 일정 수의 교수들은 하위 등급에 속하는 자로서 징벌을 당해야만 한다. 그렇기 때문에 교수들은 어떻게 해서든 업적 점수를 올려 하위 등급을 벗어나기 위해서 (또는 상위 등급에 오르기 위해서) 기를 쓰게 된다.

언뜻 보면 이것은 교수들의 업적을 크게 향상시키는 효율적인 방식으로 보인다. 그러나 조금만 더 자세히 들여다보면 허다한 문제점이 곧 드러난다. 상대평가 방식 아래서 문제는 어떻게 해서든 점수를 올리는 것이다. 그러므로 자연히 당장 점수를 올릴 수 있고 점수를 올리기 쉬운 연구 등이 위주가 되고 점수를 올리기 어려운 힘든 연구 등은 뒷전이 되기 십상이다. 창의적이고 오랜 공을 들여야 하는 연구와 같은 것은 점점 하기 어려워진다. 진정으로 자신이 원하고 흥미 있어 하는 연구가 아니라 실적을 올리기 위한 각종 프로젝트의 수주와 수행에 열을 올린다. 심지어는 중복 게재, 자기 표절 등을 통해 실적을 부풀리는 온갖 편법까지도 횡행한다. 근래에 우리나라 고위 공직자들의 인사청문회 과정에서 드러났던 일부 교수 출신 인사들의 연구 관련 불법 사례들도 이것과 밀접한 연관이 있다. 모든 사람이 등수 경쟁을 벌이다 보니 현재 다행히 하위를 면했다 해도 다음에는 바로 하위로 떨어질 수 있다. 그렇기 때문에 결코 멈춰 서거나 여유를 부릴 수는 없다. 오직 점수를 올리기 위해 전속력으로 달려야 할 뿐이다. 그러므로 여유를 갖고 나만의 장기적인 연구 계획을 세워 고집스럽게 추구해 가는 학문의 길은 점점 멀어질 수밖에 없다. 자신이 진정으로 원해서 연구하고 교육하고 봉사하는 즐거움은 사라지고 더 높은 점수를 위해 쉴 새 없이 달려야 하는 스트레스와 고통은 점점 더 쌓여가기만 한다. 최근 우리 사회에서 촉망받는 학자였던 어떤 교수가 업무 과다와 스트레스로 자살이나 사망을 한 사건, 카이스트에서 아까운 여러 청춘들이 자살을 한 사건 같은 것도 대학사회에 만연한 무한경쟁 논리와 밀접한 연관을 갖고 있다. 이처럼 대학사회의 상대평가에 의한 무한경쟁 방식은 그 구성원들을 불행하게 만들고 연구와 교육활동 등을 왜곡시키며, 결국 그 폐해는 우리 사회 전체에까지 미치지 않을 수 없다. 그리고 이런 문제점은 상대평가에 의한 무한경쟁 방식만을 제일로 삼는 모든 사회에서 똑같이 일어난다.

경쟁을 하면서도 경쟁의 폐해를 최소화할 수 있는 방안을 모색해야 한다. 그것은 무엇보다도 열심히 일하고 노력하여 과도하지 않은 일정한 기준을 만족하기만 한다면 충분한 보상을 받을 수 있고, 경쟁으로 인한 격차도 과도하게 크지 않으며, 경쟁에서 패배한 약자에게도 최소한의 보호와 함께 다시 재기할 수 있게 도움을 주는 그런 방식이어야 한다.[136] 무한경쟁을 시켜 승자 독식이라 할 정도로 엄청난 격차가 벌어지도록 만들어 놓고는 어쩌다 승리한 개인이 베푸는 자선을 두고 배려의 윤리, 선행의 윤리, 관대함과 너그러움 같은 도덕이 증진되었다고 한다면 얼마나 황당한 일인가? 물론 그런 자선을 베푸는 개인을 비난할 필요는 전혀 없다. 오히려 그런 개인들은 소위 '노블레스 오블리제(사회 지도층의 의무)'를 다하려고 하는 사람들이다. 문제는 애초에 삶을 피폐하게 만들며, 엄청난 빈부격차를 가져오고, 약자를 제도적으로 보호해 주지 않는 경쟁의 방식 자체이다.

현대 자본주의 사회의 문제와 고통을 극복하기 위해서는 자유주의의 무한경쟁이 낳는 문제를 극복할 수 있도록 경쟁의 방식을 바꿔야 하며, 나아가 경쟁보다는 서로 공존하고 상생할 수 있는 협력의 방식을 더 많이 만들어 내고 퍼뜨려 나가야 한다. 불교도라면 경쟁이야말로 현대사회에서 성장과 번영을 가져오는 유일한 길이라는 자유주의(자본주의)의 경쟁에 대한 맹목적 믿음으로부터 벗어나 모든 중생의 공생과 상생으로 나아갈 수 있는 협력의 길을 적극적으로 모색해 나가야 할 것이다.

### 3) 새로운 길의 모색

만물은 서로 총체적으로 연결되어 있는 연기적·불이적 존재라는 사실을 무시하고 고립적인 개인들이 오직 이기적인 욕망만을 마음껏 추구하게 내버려 두어도 시장에 의해 저절로 모든 일이 해결되고 행복하고 평화로운 세상이 올 거라는 맹목적인 자유주의(자본주의)의 믿음은 애초부터 이치에 맞지 않는 잘못된 믿음이다. 불교가 가르쳐주는 우주 속의 만물이 상호의존적인 연기적 관계, 상즉상입하는 불이적 관계에 놓여 있다는 진리를 정면으로 부정하는 전제에서 출발하는 맹목적인 자유주의(자본주의)의 신앙이 올바를 리없으며 불교적 관점에서 결코 받아들일 수도 없다. 자신과 뗄 수 없이 연결되어 있는 타자를 배려하지 않고 잘못된 욕망의 추구를 절제하지도 않으면서 오직 자신의 이기적 욕망에 따라서만 행동하게 내버려 두면 모든 게 잘 되어 나갈 거라는 믿음 역시 이미 현실에 의해 반증된 터무니없는 독단일 뿐이다.

불교적 관점에서 "연기성은 공동체적 소규모 집단에서나 불가피한 인간관계"[137]가 아니라 모든 곳에서 존재하고 따라야 할 진리이자 규범이다. 불교도는 언제나 연기적·불이적 관점에서 나의 욕망, 나의 이득만을 추구할 것이 아니라 나와 관련 있는 모든 존재들을 고려하고 배려해야 한다. 그리고 그러기 위해서는 앞에서 이미 논한 것처럼, 성장 제일주의, 경쟁 제일주의에 입각한 자유주의(자본주의)의 병폐를 극복할 수 있는 방향으로 모든 사회제도와 사회적 관행들을 고쳐나가도록 노력해야 한다.

　물론 거대한 익명의 사회에서는 배려의 도덕적 욕구가 엷어지는 것은 어쩌면 인지상정이라고 할 수 있다. 그러므로 진정으로 서로 둘이 아님을 느끼며 사랑하고 배려하는 삶은 소규모 공동체에서야말로 상대적으로 이루어지기 쉬울 것이다. 그렇기 때문에 현대 사회에서도 자연스럽게 서로가 둘이 아니라는 것을 느끼고 함께하는 삶의 기쁨을 누릴 수 있는 작은 공동체들을 만들어 활성화하고 그런 공동체들이 함께 연대해 나가려는 노력들은 매우 소중하다고 할 수 있다. 그러나 규모가 큰 열려 있는 익명의 사회라서 서로 배려하고 사랑하는 관계가 잘 이루어지지 않는 사회일수록 오히려 그렇기 때문에 연기적·불이적 인식을 규범으로 삼아 행위 해야 할 필요성이 커진다. 그런 것이 자연스럽게 잘 이루어지지 않으므로 규범화가 필요한 것이다. 그런 것이 저절로 이루어진다면 세상 만물이 둘이 아니라는 깨달음을 위한 노력이나 이기적이고 탐욕스러운 욕망을 절제하고 그로부터 자유로워지기 위한 노력이 무엇 때문에 필요하겠는가? 불교의 연기적·불이적 깨달음에 기초하여 현대 자본주의 사회와 문명 속에 존재하는 문제와 고통을 직시하고, 그러한 문제와 고통을 불러일으킨 자유주의(자본주의)에 대한 맹목적 숭배로부터 벗어나 사회제도와 관행, 그리고 우리 자신의 삶의 방식을 바꿔나가는 일이야말로 고통으로부터의 해방과 구원의 길이다. 그것은 "역사를 먼 과거로 되돌리는 끔찍한 결과를 초래"[138]하는 어리석은 길이 아니라 고통과 위기에 처한 현대 문명으로부터 새로운 문명을 열어가는 희망의 길이다.

# 3. 세계화와 화엄사상

'세계화와 화엄사상'이라는 이 글은 세계화에 대한 서로 다른 입장과 세계화의 문제들을 살펴보고, 불이적 화엄사상의 관점에서 세계화를 어떻게 평가하고 그에 대응할 것인가를 살펴본 글이다. 세계화는 자본주의 체계와 밀접한 연관성을 갖고 있기 때문에, 세계화에 대한 불교적 관점을 다룬 이 글은 앞서 소개한 '현대 자본주의 사회와 문명에 관한 불교적 관점'과 자연스럽게 연결되는 글이라고 할 수 있다.

## 1) 세계화에 대한 검토의 필요성

근래에 우리나라와 세계 여러 나라 간에 자유무역협정(FTA)이 체결되었다. 한국은 경제협력개발기구(OECD) 34개 회원국 대부분과 자유무역협정을 체결하였다. 정부는 우리의 '경제영토'를 크게 넓혔다고 자화자찬했고, 이로 인해 우리나라의 경제 성장률이 높아지고 공산품 수출이 증가하고 고용창출 효과가 일어날 것이라는 장밋빛 전망을 내놓았다. 재벌 기업들을 중심으로 한 국내의 주요 경제단체에서는 기업들의 경쟁력이 높아지고, 기업들이 더 많은 생산과 수출을 할 수 있어 우리 경제에 커다란 이익이 될 것이라고 손뼉을 치면서 화답했다. 반면 농민과 노동자 등을 중심으로 한 각계의 시민단체들에서는 자유무역협정은 농민과 노동자를 죽이는 밀실 협상이라며 자유무역협정을 즉각 중단하라고 요구했다. 농민들은 생사가 걸려 있어 죽을 때까지 싸우겠다며 전국에서 볏짚과 자유무역협정을 상징하는 허수아비를 불태우고, 삭발하면서 격렬한 시위를 벌였다. 자유무역협정이 대표하는 세계화가 보여주는 현실의 대조적인 모습이다.

이런 세계화 시대에 부처님이 계셨다면 어디로 가셨을까? 희망에 부풀어 있는 기업가들을 만나 격려를 하셨을까, 아니면 울부짖는 농민을 만나 위로를 하셨을까? 차별이 없는 분이시니 모두를 만나셨다면 부처님께서는 각각의 사람들에게 어떤 가르침을 베푸셨을까?

불교가 근본적으로 지향하는 것은 인간(과 중생)이 겪는 고통을 인식하고 거기에서 벗어날 수 있는 길을 모색하는 것이다. 석가모니 부처의 출가와 성도 그리고 그 후 평생 이어진 중생 구제의 삶은 그것을 잘 보여준다. 그런데 인간의 삶은 진공 속에서 영위되는 것이 아니다. 그것은 일정한 시대와 사회라는 구체적 현실 속에서 영위된다. 그렇게 살아가는 동안 인간은 수없는 고통을 겪는다. 그런 고통 가운데는 생로병사와 같이 모든 인간이 운명처럼 겪을 수밖에 없는 개인의 실존적 차원의 고통도 존재하고, 사회적 차원에서 그 원인을 찾을 수 있는 고통도 존재한다. 그러나 모든 인간은 사회적 존재이기 때문에 인간 삶의 개인적 차원과 사회적 차원은 서로 밀접하게 얽혀 있으며, 이것은 인간이 겪는 고통의 문제도 마찬가지이다. 그리고 인간이 겪는 고통이 개인적 차원과 사회적 차원을 모두 포함하고 있는 것이기 때문에 고통의 치유 역시 이 두 차원을 모두 아우르는 것일 수밖에 없다. 서로 다른 시대와 사회 속에 살고 있는 모든 중생을 구원하고자 하는 불교가 그것이 당면하고 있는 시대와 사회적 상황을 도외시할 수 없는 이유이다.

오늘날 우리 시대를 특징짓는 말은 세계화이다. 오늘날 우리는 세계화된 세계체제 속에서 살아가고 있다. 세계화가 지구 곳곳에 있는 인간들의 삶을 규정하고 있다. 오늘날 인간들이 느끼는 즐거움과 괴로움, 행복과 불행은 세계화와 밀접하게 연관되어 있다. 그렇다면 세계화는 무엇인가? 그것은 우리의 삶에 어떤 영향을 미치는가? 세계화된 세계체제 속에서 중생은 어떤 고통을 겪고 있으며 그것은 어떻게 치유할 수 있는가? 이러한 문제는 오늘날 중생의 구제를 위해 매우 중요하다. 한국불교는 그동안 이런 문제를 다루는 데 소홀했다고 할 수 있다. 그러나 불교가 오늘날 우리 사회 속에서도 중생을 고통으로부터 벗어날 수 있도록 이끄는 훌륭한 가르침으로 살아 있기 위해서는 이러한 세계화의 문제도 진지하게 다루어야 한다.

불교의 여러 갈래 중에서도 『화엄경』에 기초한 화엄사상은 삼국시대 이래 줄곧 한국불교의 중심적인 이념으로 작용해 왔다. 그렇기 때문에 불교의 관점에서 오늘날 세계화의 문제를 바라본다고 할 때, 우리나라에서는 특히 화엄사상의 관점에서 세계화를 어떻게 바라보고 대응할 것인가를 논의해보는 것이 상당히 의미 있을 것이다. 물론 오랜 옛날에 이루어진 화엄사상 속에 오늘날의 세계화에 대한 직접적인 언급이 있을 리는 만무하다. 그러므로 화엄사상의 관점에서 세계화를 본다는 것은 화엄불교의 중심사상과 그 근본정신에 비추어서 세계화를 살펴본다는 것을 의미한다.

이런 관점에서 아래에서는 세계화에 대한 서로 다른 입장과 세계화의 문제들을 살펴보고, 화엄사상에 입각해서 불교적 관점에서는 세계화를 어떻게 평가하고 그에 대응할 것인가를 살펴보고자 한다.

## 2) 신자유주의적 세계화와 세계체제

세계화 또는 세계화된 세계체제는 오늘날 지구상에 살고 있는 모든 중생의 삶에 엄청난 영향을 미치고 있다. 이러한 세계화에 대한 담론이 널리 퍼지기 시작한 것은 비교적 최근의 일이지만, 사실 세계화는 상당히 오래 전부터 진행되어 왔다. 즉 그것은 자본주의의 발달과 더불어 일찍부터 필연적으로 진행되어 온 것이다.

자본주의 사회는 모든 생산물이 상품화되어 서로 교환되는 전면적인 상품생산 사회요, 전면적인 교환경제체제이다. 이 사회에서 생산의 목적은 더 이상 생산자들의 욕구를 충족시킬 수 있는 사용가치를 지닌 물건을 생산하는 것이 아니다. 생산의 목적은 오직 상품을 만들고 팔아서 교환가치를 획득하는 것이다.[139] 자본가들은 어떻게 해서든지 더 많은 교환가치(이윤)를 획득하기 위해서 끊임없이 경쟁한다. 이러한 자본가들 사이의 무한경쟁을 통해 자본주의 산업은 끊임없이 발전한다.

그런데 자본가들 사이의 경쟁을 통한 끊임없는 확대재생산은 생산과잉 사태를 초래하여 자본주의 국가들을 위기에 몰아 넣는다. 자본주의 국가들은 새로운 시장 개척으로 이러한 위기를 돌파하기 위해 해외 시장을 놓고 치열한 경쟁을 벌인다. 그리고 이것은 전 지구를 하나의 시장으로 묶는 세계화를 초래한다. 이러한 세계화 과정은 자본주의가 식민지 쟁탈을 통해 전 세계로 확대되어 간 19세기부터 이미 시작되었다. 그런데 "이 과정을 1945년까지는 '제국주의'라고 불렀고, 1946년경부터는 '경제발전'이라 불렀고, 현재는 '글로벌라이제이션', 즉 세계화라 부른다."[140] 그러므로 사실상 세계화는 새로운 것이 아니지만, 오늘날 얘기하는 세계화라는 용어는 세계무역기구(WTO)가 출범한 1995년을 기점으로 전 세계적으로 사용되기 시작하였다. 세계화의 전도사 역할을 하는 토머스 L. 프리드먼은 이 개념을 사용하여 1800년대 중반부터 제1차 세계대전에 이르는 시기를 제1차 세계화로, 제1차 세계대전에서 베를린 장벽이 무너지는 1989년까지를 냉전시대로, 냉전체제가 해체된 그 이후부터를 제2차 세계화(신세계화, 세계화 제2라운드)로 부른다.[141]

그런데 오늘날 세계화의 이론적 배경을 이루는 것은 1980년대에 등장한 '신자유주의'이다. 그 용어에서도 알 수 있듯이 신자유주의는 자유주의 시장경제론을 계승하고 있다. 자유주의 시장경제론에서는 자유시장이야말로 모든 사회·경제 문제를 해결할 수 있는 가장 좋은 수단이라고 주장한다. 이런 견해는 자본주의 경제학의 시조인 아담 스미스에 의해서 전파되기 시작하였다. 그에 따르면 인간은 개인적 이익에 대한 탐욕에 따라 움직이는데, 그것을 규제할 것이 아니라 마음껏 경쟁할 수 있는 자유시장에 맡겨두면, 시장의 가격 결정 메커니즘에 의해 자원의 가장 효율적이고 바람직한 분배가 이루어진다. 그리고 이것은 결국 자본주의 사회의 개인이나 기업 모두에게 이익을 가져다준다.[142] 데이비드 리카르도는 자유시장의 논리를 국제간 무역에까지 적용시킨 아담 스미스의 무역이론을 더욱 발전시켜, 어느 나라나 비교우위에 있는 제품을 특화하여 생산하고 교역하면 당사국들이 모두 혜택을 보게 된다는 이론을 주창하였다.[143]

서구의 자본주의는 오랫동안 이러한 자유주의의 논리에 따라 성장하였다. 그런데 이들의 주장과 달리 자유시장 경제는 대공황과 같은 세계적인 경제위기를 초래하였고, 이를 극복하기 위해 케인즈주의가 대표하는 수정자본주의가 대두되어 상당기간 동안 자본주의 경제체제를 지배하였다. 그러나 이러한 수정자본주의 역시 자본주의의 모순을 극복하지 못하고 1970년대에 들어와 장기적인 스테그플레이션 등의 경제적 위기에 봉착하게 되자 새롭게 등장한 것이 신자유주의였다. 신자유주의는 대처 수상의 고문이었던 프리드리히 아우구스트 폰 하이예크(Friedrich August von Hayek)나 레이건 대통령의 자문이었던 밀턴 프리드먼(Milton Friedman) 같은 신고전파 경제학자들이 주장하였는데, 그 내용의 핵심은 다름 아니라 "시장은 좋은 것이고, 국가의 개입은 나쁘다"는 것이다.[144]

세계화는 이런 신자유주의에 기초하고 있다. 신자유주의에 의지해서 세계화론자들은 전 세계의 기업들이 국가의 개입 없이 세계시장에서 경쟁을 해 나가면 결국 모든 나라가 이익을 보게 될 것이라고 주장한다. 그들은 세계적인 무역과 자본이동의 자유화를 주장하고, 이를 보장하기 위해서 모든 나라가 개방화, 탈규제화, 민영화, 유연화 정책을 추진할 것을 주장한다. "개방화는 초국적자본이나 세계금융시장에 국경을 개방하라는 것이고, 탈규제화는 국가나 노조의 자본에 대한 간섭과 제한을 철폐하라는 것이며, 민영화는 공공 부문이나 국가 복지를 민간 자본에게 넘겨 수익성 원리에 따르게 재편하는 것이고, 유연화는 노동시장과 기업조직을 신축적으로 개편하는 것"[145]을 말한다. 이러한 세계화 정책은 신자유주의를 기조로 하는 여러 나라와 국제통화기금(IMF)이나 세계무역기구(WTO) 등의 각종 국제기구의 뒷받침으로 현실화되었다.

이렇게 해서 1980년대 이후 급속히 진행되고 있는 세계화에 대해서는 논자들마다 다양한 평가를 하고 있다. 어떤 사람들은 세계화가 인류에게 커다란 혜택을 가져온다거나, 세계화는 피할 수 없는 추세이기 때문에 어떻든 그것을 받아들이고 그에 적응해야만 한다고 주장한다. 또 다른 사람들은 현재의 세계화는 다국적기업과 같은 소수의 대자본가들에게는 커다란 이익을 가져다주는 반면에 다수의 사람들에게는 엄청난 고통과 재앙을 가져오기 때문에, 세계화에 저항하고 그것을 근본적으로 변화시켜야 한다고 주장한다.

### 3) 세계화의 옹호 또는 수용

세계화를 옹호하고 그것의 불가피성을 적극적으로 수용하는 입장은 오늘날 강대국과 대자본의 이해관계를 대변하고 추종하면서 전 세계에 지배적 영향력을 행사고 있는 소위 '주류적' 견해인데, 이것을 대표하는 것으로는 미국의 토머스 L. 프리드먼과 한국의 공병호의 견해를 들 수 있다.

프리드먼은 세계화를 '전 세계 거의 모든 나라에 자유시장 자본주의가 전파되는 것을 의미'[146]하는 것으로 파악하면서, 이것은 '경제적 유행이나 일시적으로 지나가 버리고 말 한때의 추세가 아니라 이미 지배적으로 된 국제 시스템'[147]이라고 주장한다. 오늘날 이러한 세계화를 주도하고 있는 것은 미국인데, 프리드먼은 미국이야말로 가장 우수한 경쟁력으로 승리를 거머쥘 수 있는 바람직한 모습의 국가라고 주장한다.[148] 그러므로 더 높은 생활수준을 누리고자 한다면 지구상의 모든 나라 사람들은 미국이 주도하는 세계화를 적극적으로 받아들이면서 자유시장 경제체제를 추구해 나가야만 한다.

프리드먼은 세계화된 자유시장 경제체제를 발전시키려 한다면 누구나 채택해야만 하는 규칙이 있다고 하면서, 그것을 누구나 입어야만 하고 그렇게 한다면 누구나 이익을 얻을 수 있는 '황금의 구속복'이라고 부른다.[149] 그것은 공기업과 국유산업이나 공익사업을 민영화할 것, 그리하여 민간부문을 경제성장의 주력 엔진으로 삼을 것, 시장에 대한 모든 규제를 완화하거나 폐지하여 경쟁을 최대한 촉진할 것, 외국인 투자를 저해하는 규제를 폐지할 것, 수입품에 대한 관세를 폐지하거나 인하할 것, 금융시장을 완전히 개방할 것 등을 핵심으로 한다.[150] 결국 이것은 앞에서 지적한 신자유주의자들이 주장하는 개방화, 탈규제화, 민영화, 유연화 정책과 완전히 일치한다.

세계화가 인간의 삶에 미치는 영향을 프리드먼이 얼마나 긍정적으로 평가하는가는 그가 세계화를 다양한 방면의 민주화와 동일시하고 있는 것에서 알 수 있다. 그는 세계화를 '기술의 민주화', '금융의 민주화', '정보의 민주화', '의사결정의 민주화' 등과 밀접하게 연관되어 있는 것으로 파악하며, 이러한 민주화가 진행됨에 따라 모든 개인은 자신의 삶을 주체적으로 결정할 수 있는 힘을 갖게 되었다고 간주한다.[151] 이 밖에도 프리드먼은 모든 규제가 철폐된 자유로운 세계금융시장에서 '전자투자가 집단'은 각 나라가 투명성을 갖추고, 국제적 회계기준을 준수하고, 부패를 척결하도록 압력을 행사함으로써 세계 각국의 민주화를 촉진할 것이라고 주장하기도 한다.[152] 또한 그는 세계화되어 경제가 발전하고 맥도날드 햄버거 체인이 들어설 정도로 중산층이 충분히 두터워지는 단계에 이른 소위 '맥도날드 국가'들은 더 이상 전쟁을 원하지 않게 된다고 주장함으로써, 세계화가 세계평화에 크게 기여한다고도 주장한다.[153]

물론 프리드먼도 세계화에 오직 장점만 있다고는 생각하지 않는다. 그는 환경을 파괴한다든가, 문화의 다양성을 해치고, 모든 사람을 경쟁자로 만들어 버리는 것과 같은 측면에서는 세계화가 어떤 문제점을 갖고 있기도 하다고 인정한다. 그럼에도 불구하고 그는 그런 문제점 역시 세계화를 통해 해결해 나갈 수 있으며 또한 그럴 수밖에 없다고 주장한다.[154] 그는 세계화된 경쟁무대인 오늘날의 세계는 '평평한 세계', 즉 누구나 평등한 세계라고 주장하면서 이것은 어쩔 수 없는 시대의 추세이며, 여기서 개개인이 취해야 하는 자세는 오직 한 가지로서, 끊임없이 능력을 키워 경쟁력을 갖추는 것뿐이라고 주장한다.[155]

공병호는 세계화의 장점을 옹호한다기보다 세계화의 불가피성을 더욱 강조하는 특징을 보인다. 공병호는 세계화 시대의 특징을 무엇보다도 경쟁이 치열해지고 변화의 속도가 빨라진 것이라고 파악한다. 그는 세계화 시대에 "경쟁은 그 정도를 헤아리기 힘들 만큼 더욱더 치열하고 빠르게 진행될 수밖에 없으며", 이에 "적응하는 자들은 막대한 이익과 영광의 시간을 갖게 되겠지만, 그렇지 못한 자들은 후회와 가난한 시간만을 쥐게 될 것"이라고 냉정하게 주장한다.[156] 또한 그는 미국 사회에서와 같은 치열한 경쟁이 사람들에게 심한 스트레스를 가져온다는 것을 인정하면서도 '경쟁력이란 치열한 경쟁과 이에 따르게 마련인 긴장 속에서 만들어지는' 것이라고 하면서 오히려 그것은 경제의 '신진대사가 원활하게 일어나는 강한 체질임을 나타내는 지표'라고 경쟁을 적극적으로 받아들인다.[157]

공병호는 '세계화의 흐름 속에 가장 큰 이익을 얻고 있는 집단은 세계적인 경쟁력을 지닌 다국적기업들'이며, '소수의 승리한 자와 대다수의 패배한 자가 명확히 나눠질 것', 그리고 '소수의 승리자 수는 점점 줄어들 수밖에 없다'는 것, 그리하여 '소득의 양극화가 구조적인 현상으로 자리 잡아간다는 것', '그것을 해소할 방법이 없다는 것'을 그대로 받아들인다.[158] 이처럼 경쟁이 격화되고 격차가 확대되는 세계화 시대에 우리는 어떻게 해야 하는가? 공병호는 개인들은 '내가 가진 경쟁력 이외에는 기댈 것이 없는 세상'에서 '타인이나 사회에 대한 일말의 기대감도 갖지 말고' 오직 '나의 주력상품이 경쟁력을 유지'할 수 있도록 노력해야만 한다고 주장한다.[159] "피할 수 없는 상황이라면 생활인의 한 사람으로서 우리는 가능한 승자 클럽에 속하기 위해 최선을 다해야 한다"[160]는 것이다. 국가 역시 마찬가지다. 세계화 시대에는 국가 간의 격차도 더 벌어지고 중진국 국가들은 어려움에 처하게 될 전망이기 때문에, 국가 역시 선진국의 길로 일로 매진하는 수밖에는 다른 대안이 전혀 없다.[161]

### 4) 세계화의 비판과 변혁

세계화를 옹호하거나 그 불가피성을 적극적으로 수용하는 입장과 달리 많은 사람들은 세계화의 문제점을 비판하면서 그에 저항하고 그것을 근본적으로 변혁해야 한다고 주장한다. 예를 들면 해외의 제임스 페트라스와 헨리 벨트마이어, 한스 페터 마르틴과 하랄트 슈만, 데이비드 하비, 더글러스 러미스, 데이비드 C. 코튼, 헬레나 노르베르 호지 등과 국내의 고철기, 강수돌 등을 그 대표자로 들 수 있다.[162]

세계화의 비판론자들에 따르면 세계화는 그 옹호론자들의 주장과 달리 수많은 문제들을 낳고 있다. 우선 근본적인 문제는 세계화가 인간의 진정한 행복의 추구와는 거리가 멀다는 것이다. 세계화는 다른 모든 가치보다 이윤이라는 물질적 가치만을 우선시하며 추구하는 자본주의의 전개과정의 새로운 단계일 뿐이다. 세계화는 오직 돈벌이라고 하는 자본의 이해관계를 관철시키기 위한 신제국주의의 전략이며, '세계화'라는 용어는 그것을 미화한 것에 불과하다.[163] 그러므로 세계화는 이윤획득을 지상명령으로 하는 자본주의의 경제발전에 대한 강박증에서 나온 식민주의와 제국주의의 연장선이다.[164]

세계화는 이윤획득을 위한 자본주의 경쟁 체계를 전 세계로 확대한 것이다. 이러한 경쟁 체계의 전 세계화가 모든 사람들에게 평등하게 부를 획득할 수 있는 기회를 제공하여 이익을 가져다 줄 것이라는 세계화 옹호론자들의 주장과 달리, 전면화된 경쟁 체계가 초래하는 현실의 병폐는 심각하다.

우선 세계적 경쟁의 격화는 모든 사람에게 평등한 기회를 보장하고 이익을 가져다주는 것이 아니라 승자독식 현상과 세계적 규모의 독점을 강화하여 극히 소수의 사람들을 승리자로 만들고 대다수의 사람들을 패배자로 만든다. 그리하여 세계화는 사회적 약자들의 빈곤을 더 심화시키고 처지를 약화시키고 있다. 신자유주의에 따라 세계 각국이 규제철폐를 강조하면서 법인세 및 소득세율을 인하하고 기업의 이윤 추구 활동을 거의 무제한으로 허용하는 정책을 편 것은 소수의 대기업가에게 부가 급격히 증가하고 편중되게 만들었다.[165] 또한 자유로운 자본의 이동과 소위 유연화 전략에 따른 높은 실업률, 유연화 전략에 따른 임시직의 증가, 실질 임금의 하락 등에 의해 중산층은 몰락하고 빈곤층은 증가하였다.[166] 이처럼 세계화에 따라 사회적 약자들의 빈곤은 증가한 반면에 소수의 부자들은 더욱 부유하게 되어 빈부격차는 확대되고 사회양극화는 심화되었다. 이러한 양극화는 국제적으로나 국가의 내부 모두에서 일어나는 현상이다.[167] 이 때문에 수많은 학자들은 이미 세계가 '20 대 80

사회'가 되었다고 말한다.[168]

세계화와 더불어 격화된 무한경쟁은 전 세계적으로 확대되며, 거기서 누구도 안전한 최종의 승자가 될 수는 없다. 그렇기 때문에 누구도 결코 멈춰서거나 여유를 부릴 수는 없으며, 오직 전속력으로 계속해서 달려가야만 한다. 그러나 현재의 세계화된 경쟁 체제 속에서 가장 큰 이익을 챙기는 것은 소수의 다국적 기업과 금융투기 자본가들이다. 세계화의 가장 뚜렷한 특징 중 하나는 자유로운 자본의 이동과 세계화된 금융 시스템이다. 이처럼 세계화된 경제체제 아래서 각 국가들은 초국적 기업의 자유로운 자본의 이동을 통제할 수 있는 힘을 상실하였다. 그 때문에 아무런 제재나 간섭을 받지 않는 투기적인 금융자본가들은 '범지구적으로 연결된 전자정보망을 하루에도 수십 번씩 거의 빛과 같은 속도로 움직이며'[169] 단기적인 금융 소득을 통해 엄청난 부를 축적하고 있다. 이들 투기적인 금융 자본가들은 엄청난 자본의 경제력을 이용해 멋대로 움직이면서 한 나라의 흥망성쇠를 하루아침에 결정지을 수 있게 되었고, 그로 인해 각 나라의 경제적 불안정이 심화되었다.[170]

다국적기업과 투기적인 금융자본은 자신들의 자유로운 이윤 추구에 방해가 되는 모든 규제들을 제거하도록 각국에 압력을 행사한다. 이러한 압력은 세계화를 추진하는 데 앞장서고 있는 세계은행, 국제통화기금, 세계무역기구와 같은 국제기구들을 통해서도 뒷받침을 받는다. 이러한 기구들은 다국적 기업들의 이해관계를 우선시하며 '국가나 지방 정부들이 세계적 기업과 금융 기관의 이해관계와 충돌하는 새로운 규제 법안을 시행하지 못하도록 저지하고, 무역과 기업 및 금융을 규제하는 기존의 법규를 축소 또는 제한'[171]하는 일을 주로 한다.

이러한 다국적 기업과 투기적인 금융자본의 압력은 너무나 거세어 세계 각국의 정부는 이에 굴복하여 그들에게 유리한 각종 정책을 펼치고 있다. 그것은 '재산세의 대폭 인하, 자본 투자에 대한 세금 인하, 모든 금융 서비스에 대한 규제완화 내지 탈규제화, 정부 공공지출액의 과감한 축소, 사회보장성 급부의 삭감 등'과 같은 정책이다.[172] 그리고 이것은 결국 다국적 자본의 압력 아래서 각 민족국가가 자신들의 독자적인 경제정책을 펼쳐나가고 국민들을 보호할 수 있는 경제적 주권을 상당부분 상실하게 됨을 의미한다. 다국적기업과 투기금융자본가들은 만약 어떤 국가의 정부가 그들의 이해관계에 반하는 정책을 편다면 즉각 그 나라에 투자한 돈을 빼서 다른 곳으로 돌려버림으로써 막대한 타격을 입힐 수 있다. 그렇기 때문에 모든 규제가 철폐된 자유로운 세계금융시장이 세계 각국의 민주화를 촉진할 것이라는 주장과 달리, 세계화는 각국이 국민들의 삶에 커다란 영향을 미치는 문제를 스스로 결정할 수 있는 힘을 빼앗음으로써 민주주의를 오히려 저해한다.[173]

다국적 자본의 압력에 따라 각종의 자본에 대한 규제와 국민에 대한 보호 장치들을 제거한 나라들은 국가의 모든 영역을 '민영화'하여 기업식으로 경영되도록 함으로써 사회적 안전망이 파괴되고, 결국 공동체적 삶이 완전히 붕괴되어 약육강식이 지배하는 사회를 만든다.[174] 전 세계적으로 확산된 이러한 우울한 모습을 코튼은 이렇게 얘기한다 : "심지어 세계에서 가장 부유한 국가들에서조차 높은 실업률, 기업의 규모 축소, 일상적인 해고, 실질 임금 하락, 아무 혜택도 없는 시간제 일자리와 임시 계약직의 증가, 노동조합의 약화 등이 점차 경제 불안 심리를 확산시키고 중산층을 움츠러들게 하고 있다. 근로자들은 더 오랜 시간 근무하고 이것저것 시간제 부업을 병행하는데도 실질 소득이 감소되었음을 깨닫는다. 대다수 청년들에겐 경제적 안정은 고사하고 기본적 생필품을 살 수 있게 해주는 제대로 된 일자리를 언젠가는 찾을 수 있을 거라는 희망도 거의 없다."[175]

다국적 자본이 원칙적으로 국경을 초월해 있는 것이라고는 하지만, 현실적으로 다국적 자본들은 그것이 몰려 있는 미국이라는 초강대국의 힘을 이용해 세계화를 강요하고 확산시킨다. 미국은 이라크 전쟁 등에서 보이듯이 노골적인 군사적 개입을 포함한 강력한 정치적 힘과 자유무역협정(FTA) 등의 다양한 수단에 의한 경제적 압력을 통해 미국식의 세계질서를 전 세계에 강요한다. 이처럼 오늘날의 세계화는 미국에 의해 주도되고 있기 때문에 "문화적으로도 세계화는 '미국화'의 확산을 의미하는 경향이 있다."[176] 그렇기 때문에 세계화는 문화 간의 교류를 확대하여 전 세계에 다채로운 문화가 꽃피어나게 하기는커녕, 완전히 상품화된 문화와 단조로운 미국식 문화의 전 세계적 확산을 통해 각 나라의 고유한 문화를 파괴하고 있다.[177]

세계화가 문화다양성을 얼마나 심각하게 훼손하고 있는가는 세계화와 더불어 오늘날 여러 나라의 언어가 급속도로 사멸하고 있다는 사실에서 상징적으로 잘 드러난다. 2002년 유네스코는 '세계 사멸위기 언어지도'라는 보고서에서 현재 6천여 개의 언어 가운데 90%가 100년 후에는 사멸하리라고 예상했다.[178] 이 보고서에서 얘기하듯이 '하나의 언어가 사라지면 우리는 인간의 사고와 세계관에 대해 인식하고 이해하는 도구를 영원히 잃는 것'이기 때문에, 언어의 사멸과 함께 거기에 담긴 고유한 문화도 함께 사라진다. 아놀드 토인비는 "쇠퇴의 길에 접어든 문명의 공통된 특징은 '표준화와 획일성'을 향해 나아가는 경향성"이라고 했는데[179], 오늘날의 미국식 세계화는 바로 이런 경향을 조장하고 있다.

세계화의 문제점 중 가장 심각한 것의 하나는 전 지구적인 환경의 파괴이다. 극소수 대자본가들의 이익을 위해 무한정한 경제성장과 발전만을 추구하는 세계화는 전 세계의 자연자원들을 급속도록 고갈시키고 지구 생태계를 무참히 파괴하고 있다. 세계화는 자본주의에 내재적인 생산과 소비의 지역적인 분리 경향을 극대화한다. 이에 따라 증가하는 자원과 에너지의 낭비는 필연적으로 지구 생태계를 파괴하지 않을 수 없다. 여러 가지 사회적·환경적 규제가 제거된 세계 속에서 다국적기업들에 의해 생산되는 다양한 상품들이 전 세계로 공급되는 것은 세계 모든 사람들이 값싼 물건을 향유할 수 있게 되었다는 환상을 만들어낸다. 그러나 그것은 결코 값싼 것이 아니다. 다국적기업들에 의해 전 세계로 판매되는 상품들에는 수많은 공적 자원들이 투자되어 있다. 헬레나 노르베르호지는 이것을 다국적기업들이 엄청난 '보조금을 받고 있다'고 표현한다. 멀리 떨어져 있는 세계 곳곳으로 상품을 판매하기 위해서는 '고속도로와 다리, 철도, 공항, 항구와 선박 터미널, 댐, 발전소, 통신시설, 병원, 대학, 정보 고속도로'[180]와 같은 광범위한 인프라가 구축되어야 하고, 또 막대한 수송에너지 등이 투입되어야 한다. 이 모든 것을 위해 쏟아 부어야 하는 막대한 공공자원과 환경비용을 계산에 넣는다면, 세계무역은 이루 말할 수 없이 비경제적인 것이며, 삶의 터전인 지구 생태계를 가장 빠른 속도로 최대한 파괴하는 것이라고 할 수 있다.

앞에서 보았듯이 세계화의 비판론에 따르면 세계화는 물질적 이득만을 유일한 가치로 추구하면서 모든 사람을 무한경쟁으로 내모

는 살벌한 약육강식의 사회를 초래하고, 빈부격차의 확대, 사회 양
극화의 심화, 복지사회 기반의 붕괴, 공동체의 붕괴와 전 세계적인
생태계의 파괴 등을 초래한다. 이러한 세계화의 폐해를 극복하기
위해서는 여러 가지 노력들이 필요하다.

우선 무엇보다도 오직 교환가치만을 가진 화폐의 축적을 통한
무한정한 이윤의 획득만을 추구하는 삶의 방식을 바꾸도록 해야만
한다. 이를 위해서는 인간에게는 해로움에도 불구하고 오직 돈만
된다면 중시하고, 진정으로 인간의 삶에 도움이 되는 것도 돈이 되
지 않는다면 푸대접하는 사회정책들을 변혁해야만 한다. 예를 들면
군수산업이나 공해산업, 사치품산업, 향락퇴폐업, 열악한 노동환경
을 강요하는 분야처럼 인간에게 해를 끼치는 경제부문은 과감하게
척결하고, 진정한 인간의 필요를 충족시키고 삶의 질을 높이는 데
기여하는 분야는 적극적으로 보호·장려하고 촉진하는 정책을 펴
야만 한다.[181]

또한 무조건적인 경제의 성장과 발전을 추구해야만 한다는 강박
증에서 벗어나 진정으로 행복한 삶을 위한 방향으로 모든 정책을
전환해야만 한다. 인간들의 진정한 행복과 생태계의 보전을 위해서
는 무조건적인 성장과 발전이 아니라 지속가능한 발전, 또는 더 나
아가 제로성장 정책으로의 전환이 필요하다.[182] 현대 자본주의 사회
와 문명 속에 존재하는 수많은 문제와 고통은 경제적 성장이 덜 되
어서, 물질적인 재화가 부족해서 일어나는 것이 아니다. 한쪽에서는
부가 넘쳐나는 데 다른 쪽에서는 여전히 굶주림과 가난에 시달리고
있다는 현실이 문제다. 그러므로 무한정한 성장보다는 재화를 좀
더 효과적으로 분배하여 소외된 사람이 없도록 하는 데 중점을 두
도록 사회제도와 정책의 방향을 바꾸어 나가야 한다.[183]

무한 경쟁이 초래하는 살벌하고 피곤한 현실을 바꾸기 위해서는 모든 것을 자유시장의 경쟁 기능에만 맡기는 시장만능주의로부터 벗어나 인간다운 삶을 위해 꼭 필요한 공공영역을 국가와 사회에서 적극적으로 맡아 공적으로 경영하여 보편적인 복지사회를 건설해 나가야 한다. 철학자 마이클 월저는 사람들이 불평등을 더 고통스럽게 여기기 때문에 평등이 특히 더 요구되는 영역이 있다고 하는데, 그것은 다름 아닌 공공영역이다. 그는 그런 영역에서의 평등을 위해서는 정부의 적극적 지원이 필요하다고 주장한다.[184] 이런 공공영역의 문제들은 자유시장의 경쟁 기능에 맡겨 놓을 것이 아니라 국가의 적극적인 정책을 통해 해결해 나가야 한다.

빈부격차의 확대와 사회 양극화의 심화로 인한 문제들을 해결하기 위한 여러 가지 방안들도 적극적으로 시행해야 한다. 무엇보다도 상속세나 재산세 등을 더욱 높이고 소득과 소비에 대한 누진세를 대폭 강화해야 한다. 또한 단기적인 금융 거래를 통한 이득에 대해서는 무거운 세금을 부과해야 한다. 모든 사람에게 기본적인 인간 삶을 영위할 수 있도록 최저생계비를 보장하고, 임금의 격차가 너무 벌어지지 않게 적정선 이내로 최고 임금을 제한한다거나, 소득의 최고한도를 부여하는 등의 방안도 적극적으로 실행할 필요가 있다.[185]

위에서 말한 여러 가지 정책들을 제대로 실행하기 위해서는 국가의 주권과 국가의 주도적인 역할이 필요하다. 그리고 이를 위해서는 대자본의 이해관계를 위해 여러 국가들의 주권을 무력화시키는 현재의 세계화 방식을 바꾸도록 해야 한다. 그리고 이것은 현재 다국적기업들의 이해관계를 관철시키기 위한 충실한 도구 역할을 하는 세계은행, 국제통화기금, 세계무역기구 같은 국제기구들을 좀

더 민주적인 체제로 바꾸는 노력과 함께 해야만 한다.[186]

세계화가 초래하는 공동체의 붕괴와 전 세계적인 생태계의 파괴에 맞서 지역 공동체를 회복하고 생태계를 보호할 수 있는 다양한 노력들을 기울여야 한다. 전 세계를 돌아다니며 엄청난 자원과 에너지를 낭비하고 생태계를 파괴하는 상품의 생산과 거래에는 높은 환경세를 부과하는 것과 같은 정책으로 세계화의 병폐를 억제해야 한다. 그러나 이보다 더 중요한 것은 지역공동체 중심의 경제를 활성화하고 공동체 중심의 사회체계를 만들어 나가는 일이다. 세계화된 경제보다는 작고 지역적인 경제를 집중적으로 지원하고 육성하는 것이 필요하다.

공동체 중심의 사회체계는 마하트마 간디의 스와데시, 즉 자치경제라는 구상에서 선구적 형태를 찾아볼 수 있다. 간디는 자기의 땅에서 스스로의 노동으로 생계를 꾸려나가는 자치적이고 자립적이며 자영하는 사람들로 이루어진 마을공동체를 가장 중요한 경제적 단위로 생각하였다. 스와데시의 원칙에 따르면 마을사람들은 그 마을에서 생산되는 것을 우선 이용하고, 다른 마을이나 도시와의 교역은 최소한으로 줄여야 한다. 그리고 국가는 그런 자립적이고 자율적인 마을공동체들이 느슨하게 연결될 그물망과 같은 것이 되어야 한다.[187]

자급자족과 지역 내의 교역을 기반으로 하는 자치경제를 중심으로 하는 수많은 지역공동체를 지원하여 육성하면 그 구성원들은 바깥의 경제변동에 휘둘리지 않고 안정된 삶을 유지할 수 있다. 지역의 부존자원을 위주로 하고 원거리 수송을 위한 에너지 낭비가 최소화되기 때문에 생태계의 파괴를 막을 수 있다. 작은 규모의 공동체는 주민들의 직접적인 참여를 활성화하여 주민 모두가 주인이 되는 진정한 민주주의를 실현할 수 있으며, 상호 연대와 부조가 활성화된다. 그리고 이러한 공동체는 주민 모두가 함께 참여하여 주체적으로 만들어가는 다양하고 풍요로운 문화들이 꽃피어나는 기반이 될 수 있다.[188]

## 5) 화엄사상의 관점에서 본 세계화와 세계체제

앞에서 『화엄경』과 화엄사상에 관해 다룬 부분에서 우리는 불이사상의 관점에서 화엄의 핵심적인 사상들을 살펴보았다. 십수 세기 이전에 성립한 『화엄경』이나 화엄사상가들이 제시한 화엄사상 속에서 19세기에 시작된 자본주의의 세계적 확대라든가 오늘날의 세계화 문제에 대한 직접적인 언급이나 평가를 찾을 수는 없다. 그렇지만 화엄사상은 세계와 인간의 삶에 관한 심원한 세계관적·인생관적 통찰들을 포함하고 있어서 우리들의 삶을 이끄는 많은 지침들을 제공해 준다. 그렇기 때문에 우리는 화엄사상의 근본적인 정신에 비추어서 오늘날 인간의 삶과 사회체계를 지배하고 있는 세계화를 바라보고 그에 대한 올바른 대응의 방안들을 모색해 볼 수 있다. 지금부터는 앞에서 제시한 화엄사상의 관점에서 오늘날의 세계화를 어떻게 바라볼 것인가를 살펴보기로 한다.

앞에서 서술한 것처럼 세계화는 이윤획득을 목표로 하는 자본의 힘이 자유시장경제를 기반으로 하는 자본주의 체제를 전세계로 확대한 것이다. 이것은 누구나 동의하는 바이다. 다만 이것을 긍정적으로 평가하거나 이에 순응할 것인가, 아니면 이것을 비판하고 이에 저항할 것인가에 대해 입장이 갈릴 뿐이다. 이 문제는 결국 근본적으로 자본주의 사회를 어떻게 볼 것인가와 연관된 문제라고 할 수 있다. 자본주의에 대한 불교계의 입장은 논자들에 따라서 다양하다. 어떤 사람들은 불교가 자본주의를 옹호한다고 간주한다. 유럽과 미국의 많은 불교학자들이나 단체들은 그런 경향이 강하다. 그러나 어떤 이들은 불교적 경제윤리는 사회주의적 복리정치에 더 적합하다고 주장하기도 한다.[189] 일본의 대표적인 불교학자 중의 한 사람인 나카무라 하지메(中村元)도 불교가 사회주의적인 사고에 가깝다고 주장하고 있다.[190]

국내에서도 예컨대 우희종은 "욕망의 충족을 위한 과학 기술로 만들어진 물질문명과 더불어 이를 정당화하여 소유를 추구하게 하는 자본주의로 무장하고 있는 근대사회는 철저하게 반불교적인 것이다." "역으로 불교란 철저히 반자본주의적이다"[191]라고 함으로써 불교를 자본주의와 근본적으로 대립하는 것으로 주장하였다. 또한 최근 '불교의 눈으로 자본주의를 말한다'는 불교평론의 학술 심포지엄에서 김광수와 이도흠 등도 자본주의에 대한 비판적 입장을 표명하였다. 김광수는 "자본주의 시장경제와 불교에서 가르치는 소욕지족의 경제는 양립할 수 없는 것이고, 욕심을 부추겨서 상품이 많이 팔리도록 해야만 기능할 수 있는 시장경제란 매우 부도덕한 경제"[192]라고 주장하였다. 이도흠은 "자본주의는 생산과 이윤의 극대화만을 위해 착취에 기대어 끝없이 경쟁하면서 확대재생산을 거듭하는 거대한 괴물"[193]이라고 하면서, '그것을 극복하고 대체할 수 있는 대안의 코뮌을 만들어야 한다'[194]고 주장하였다.

이에 비해 예컨대 윤성식은 "재가자에 대한 불교경제윤리는 사회주의나 공산주의와는 거리가 멀고 오히려 시장주의와 자본주의에 훨씬 더 가깝다"[195]고 주장하였다. 윤성식은 우선 불교가 '시장과 자본에 우호적이었고 재물에 대해 매우 긍정적'[196]이었다고 하면서 불교가 자본주의와 상당한 친연성을 갖고 있다고 간주한다. 윤성식은 '지혜가 있어서 신구의 삼업(身口意 三業)이 선하면 재물을 얻을 수 있다'는『중아함경』의 얘기를 그 근거로 들면서 '이 원칙이 말하는 것은 재물을 추구하는 것이 나쁜 것이 아니며 오히려 적극적으로 추구해야 한다는 것'이라고 주장하고 있다.[197] 물론 윤성식은 불교가 시장자본주의와 완전히 합치할 수 있다고 보지 않고, 자본주의를 불교적 정신과 윤리에 맞도록 변화시켜나가야 한다고 주장한다. 김종욱도 불교는 재가자 사회에서의 정당한 소유를 적극적으로 장려했다고 하면서 불교가 어느 정도 자본주의와 친화성을 갖는다는 점을 인정한다. 그러나 그는 불교에서는 정당한 방법으로 부를 얻었다고 하더라도 그 부를 독점해서는 안 되며 남에게 베풀 것을 주장하는 '분배함축적 소유관'을 갖고 있으며, 그것은 자본주의를 건전하게 갱신시킬 수 있는 처방전이 된다고 주장한다. 그래서 그는 그런 것에 기초한 불교 자본주의를 제안한다.[198]

그렇다면 화엄사상의 관점에서는 무한정한 이윤추구를 목표로 하는 자본주의 사회를 어떻게 평가할 수 있는가? 앞에서 보았듯이『화엄경』의 법신불 개념과 불성론에 따르면 이 세상의 모든 존재는 부처의 현현으로서 서로 둘이 아니다. 그렇기 때문에 본래 우주와 둘이 아니지만 무명에 가려 있던 중생이 깨달음을 통해 자신도 부처임을 자각하고 온 우주와 하나가 되는 경지에 도달하는 것이야말로 최고의 행복이다.『화엄경』의 보신불 사상 역시 보살도와 보살행을 통해 마침내 거기에 이르도록 우리를 격려하고 인도한다. 그러므로 인생에서 추구할 만한 궁극적인 목적은 해탈과 성불이다. 그리고 이것은 모든 중생을 구제하여 결국에는 해탈과 성불로 이끌려고 하는 화신불 사상이나 보살사상에서 보아도 마찬가지이다. 이러한 화엄사상의 관점에 비추어 볼 때, 무한정한 이윤의 획득, 무한정한 돈벌이를 목표로 삼는 자본주의 사회 체계와 자본주의적인 삶의 방식은 결코 올바른 것이라고 할 수 없다. 그러므로 화엄사상의 관점에서는 자본주의적인 삶의 방식과 자본주의 사회체계를 근본적으로 바꿔나가야만 한다.

　사실 불교의 근본적인 정신은 일관되게 무한정한 부의 추구에 대해 비판적이라고 할 수 있다. 일부 논자들이 불교에서도 부를 적극적으로 추구하라고 가르쳤다는 주장은 상당히 왜곡된 주장이다. 이와 관련해 곧잘 인용되는 구절은 '지혜로운 사람은 착한 생각을 하고, 착한 말을 하며, 착한 일을 행하는데, 그가 혹 좋은 곳에서 내려와 인간 세계에 태어난다면, 그 집은 지극히 크고 풍부하며 즐거워 돈과 재물이 한량없을 것'[199]이라는 구절이다. 그러나 이 구절은 사실 착한 행동(신구의업)을 행하면 다음 생에서라도 부가 따를 것이라는 얘기일 뿐 여러 사람들이 오해하듯이 부를 적극적으로 추구하라는 것은 아니다. '착하게 살아라, 그러면 부가 따를 것이다'라는 얘기와 '부는 좋은 것이니 적극적으로 무한정한 부를 추구하라'는 얘기는 전혀 다른 얘기이다. 물론 재물에 대한 출가자와 재가자의 윤리는 다른 점이 있지만, 부에 대한 불교의 기본적인 관점은 출가자와 재가자를 막론하고 소욕지족에 있다고 보아야 한다. 불교의 가장 근본적인 교설인 연기론과 그에 기초한 무아 사상은 나와 내 것에 대한 욕망과 집착을 벗어날 것을 가르치는데, 이것은 무한정한 욕망과 무한정한 이윤을 추구하는 자본주의를 비판하고 그것을 극복하기 위한 방안들을 지지하는 입장에 서 있다고 보는 것이 마땅하다. 그리고 화엄사상은 이러한 불교의 근본적 가르침과 조금도 다르지 않다.

온통 돈에 대한 집착, 무한정한 부에 대한 추구에 매달리는 자본주의 아래에서는 인간의 심성이 타락하여 숭고한 정신적인 것들의 가치를 망각하게 된다. 화엄사상의 관점에 선다면 더 이상 우리의 이상은 무한정한 부의 축적과 물질적 풍요여서는 안 된다. 우리의 이상은 검소하고 질박하면서도 생의 즐거움을 느낄 수 있으며, 궁극적인 깨달음을 통해 해탈하고 서로 하나가 되는 것이어야 한다.

이러한 방향으로 삶과 사회 체계를 전환해 나가기 위해서는 단순히 윤리적 각성을 외치는 것에 그쳐서는 안 된다. 사회의 법적·제도적 변화나 개혁의 방안은 도외시한 채 개인이나 기업의 윤리적 각성과 변화만을 주장하는 것은 자칫 지극히 추상적이고 관념적인 수준에 머물러 버릴 수 있다. 윤리적 가르침만으로 사회적 변혁이 잘 이루어지지 않기 때문에 법과 제도적 변혁이 필요하다. 깨달은 소수의 인간은 예외일 수 있어도 많은 인간의 탐욕과 이기심은 윤리적 가르침에 의해서도 사라지지 않는다는 사실을 인정해야 한다. 물론 불교는 인간의 의식과 정신의 깨달음과 변혁을 통해 작용한다. 그러나 중요한 것은 그 깨달음과 변혁이라는 것을 추상적인 도덕률에 한정시키지 말고, 불교의 정신과 윤리에 맞도록 법과 사회경제적 제도를 어떻게 변혁해 가야 할 것인가로 구체화시켜 나가는 것이다. 그리고 그 변혁의 방향은 앞에서 세계화 비판론자들이 제시했던 것처럼 인간에게 해를 끼치는 부문은 과감하게 척결하고, 당장은 '돈 안 되는' 것처럼 보여도 인간 삶에 진정으로 가치 있고 의미 있는 것들을 탐구하고 창조하고 교류하는 활동들을 적극적으로 보호·장려하고 촉진하며, 무한정한 성장보다는 더 효과적인 분배를 통하여 소외된 사람이 없도록 하는 데로 나아가는 것이다.

세계화는 무한경쟁을 격화시키고 빈부격차를 확대하며 사회의 양극화를 심화시킨다는 것에 대해서는 세계화의 옹호론자와 비판론자 사이에 별로 이견이 없었다. 다만 이것을 수용하고 그에 적응해야 한다고 보느냐 아니면 그에 저항하여 그것을 바꿔야 한다고 보느냐는 점에서 차이가 있을 뿐이었다.

화엄사상의 관점에서 세계화의 이러한 문제에 대해 어떤 입장을 취해야 할 것인가는 분명하다. 모든 중생을 구제하겠다는 대승불교의 이념을 나타내고 있는 화신불 개념이나, 중생에게 항상 자비를 베풀고 중생을 구제하려는 보시, 지계, 인욕이라는 보살의 바라밀행 같은 사상은 경쟁이 아닌 공감과 동정, 그리고 자비심에 기초한 공생과 상생을 촉구하지 않을 수 없다. 이런 화엄사상은 자본주의가 강제하는 무한경쟁의 논리를 내면화하여 자연스런 삶의 논리로 받아들이고 있는 이데올로기를 타파하는 데 큰 도움이 될 것이다. 그리고 이런 화엄사상의 관점에서는 오직 탐욕에 의해 움직이는 개개인의 경쟁에 맡겨 놓는 것이 성장의 지름길이며 그것이 최선의 사회적 결과를 낳는다는 시장만능주의로부터 벗어나서 연대와 협동에 기초한 복지사회를 건설하고 빈부격차와 사회적 양극화를 해소하기 위한 방안들을 적극적으로 실행할 것을 강력하게 지지할 것이다.

세계화는 다국적 기업과 투기적인 금융자본 등의 자유로운 경제활동을 보장하며 국가의 주권을 무력화시키고 국가의 모든 영역을 민영화하여 사회적 안전망을 파괴하고, 수많은 지역공동체를 해체시킨다. 인연법과 불이법에 대한 깨달음을 얻고 중생에 대한 한없는 자비심으로 방편, 원, 력, 지와 같은 바라밀을 닦아 갖추어 중생 구제를 위해 헌신하는 보살이라는 화엄의 보살사상의 관점에서는 중생을 약육강식의 냉정한 현실 속에 내팽개쳐둘 수 없다. 그렇기 때문에 중생을 구제하기 위한 보살행에 자주 등장하는 전륜성왕의 이념이 나타내는 것처럼, 화엄사상은 모든 구성원을 보호해 주는 복지국가와 공동체 사회의 건설을 지지할 것이다. 약하고 가난한 중생을 구제하기 위해서는 주거나 육아 및 교육, 의료 문제 등을 사회에서 공동으로 해결하고, 모든 주민이 주인이 되어 서로 협동하고 연대하는 작은 자율적 공동체들이 삶의 중심 단위가 될 수 있도록 지원해야 한다.

작은 규모의 자립적이고 자치적인 지역공동체들은 지역의 다양한 고유문화들이 계승 발전될 수 있는 소중한 기반이 된다. 이 세상을 상즉상입하는 만물이 어우러져 이루고 있는 일다불이의 장엄한 화엄세계로 보는 것이 화엄의 법계관이다.『화엄경』의 원명이『잡화화엄경』이라는 것이 상징하듯이 화엄법계는 수많은 서로 다른 꽃들이 다투어 피어있는 아름다운 꽃밭이다. 그 꽃밭을 똑같은 색깔과 형태의 한두 가지 꽃으로 통일시켜 버린다면 얼마나 단조롭고 매력 없는 세상이 되어 버리겠는가? 그러므로 화엄사상의 관점에서는 표준화되고 획일화된 소비문화를 전 세계로 확산시키는 세계화의 경향에 반대하고, 지역주민들의 능동적이고 주체적인 참여로 다양한 지역문화들이 창조되고 교류될 수 있도록 지역공동체들을 활성화하는 일을 적극적으로 지원할 것이다.

앞에서 보았듯이 화엄사상에서는 무한정한 성장, 무한정한 부의 축적과 물질적 풍요가 아닌 깨달음을 통한 해탈을 궁극적 이상으로 삼는다. 또한 화엄사상에서는 이 세상의 모든 존재들은 티끌조차도 온 우주를 담고 있는 것으로 간주하며 존중한다. 이런 화엄사상의 관점에서는 지구 생태계의 모든 존재들을 하나같이 소중한 존재로 아끼고 보호할 수밖에 없다. 그런데 무한정한 경제성장과 발전만을 추구하는 세계화가 지구 생태계를 급속도록 파괴하고 있다는 것은 누구나 부정할 수 없는 사실이다. 엄청난 에너지 낭비 등의 수송비용이 들 수밖에 없는 세계규모의 경제활동이 위주가 되는 세계화가 생태계를 파괴하는 것은 필연적이다. 그러므로 소중한 자연 자원을 낭비하고 생태계의 파괴를 불러일으키는 모든 상품 생산을 엄격히 규제할 수 있도록 해야 한다. 재생 불가능한 자원은 되도록 사용을 억제하고, 재생 가능한 자원을 이용하여 작은 지역 안에서 이루어지는 자립적인 경제활동이 중심이 되어야 한다. 화엄사상은 당연히 과도한 세계시장의 확대에 반대하고 이러한 자립적인 생태공동체들과 그것들의 연대로 이루어지는 세상을 만들어나가려는 노력을 지지하고 성원할 것이다.

세계화의 옹호자인 토머스 L. 프리드먼은 세계화를 100분의 1초만 뒤져도 한 시간 뒤진 것처럼 느껴지는 100미터 달리기, 그것도 끊임없이 반복되는 100미터 달리기에 비유하고 있다.[200] 세계화의 현실을 적나라하게 표현한 참으로 적절한 비유이다. 다만 그러한 현실을 바람직하거나 받아들여만 하는 세상으로 옹호하는 생각에 대해서는 결코 찬성할 수가 없다. 100미터 달리기를 해본 사람이라면 누구나 안다. 숨을 참아가며 있는 힘껏 달리고 나면 숨이 턱 밑까지 차오르고 숨이 막혀 죽을 것 같던 느낌을 말이다. 그런데 그런 100미터 달리기를 한 번으로 끝내지 못하고, 100미터 달리기가 끝나는 지점에서 곧바로 다시 시작해야 하고, 죽을 때까지 그런 경주를 계속해야 한다면, 그런 세상이 과연 살만한 세상이겠는가? 그렇다고 어쩔 것이냐? 도도하게 흘러가는 세계화의 거센 물결을 거스를 도리는 없는 일이니 그저 그에 순응하여 남보다 앞서려고 있는 힘껏 달리는 수밖에 더 있겠느냐고 체념해야 하는가?

달리기 경주는 필연적인 자연법칙이 아니다. 그것은 인간들이 만든 게임일 뿐이다. 그 규칙은 얼마든지 바꿀 수 있으며 게임을 다른 게임으로 바꿀 수도 있다. 이전에 한 초등학교에서 일어난 '감동 운동회' 사건은 이것을 잘 보여준다. 가을운동회에서 장애물 이어달리기를 하던 어린이들은 오랜 질병 탓에 운동회 달리기에서 1등을 해 본 적이 없는 친구가 뒤처지자 그를 기다려 모두 손을 잡고 나란히 결승선을 통과하였다. 이 어린 친구들은 경쟁적 달리기를 모두 함께 손잡고 정답게 걸어가는 즐거운 놀이로 바꿀 수 있다는 감동을 우리 모두에게 선사해 주었다. 이 소식에 감동한 수많은 사람들은 학교로 연락해 이 어린이들에게 장학금이나 상을 주고 싶다며 성원을 보냈다고 한다. 이것은 숨 막히는 달리기의 무한경쟁 속에서 지쳐 서로 일으켜 세워 보듬어 주고 함께 손잡고 서로를 이끌어주며 동행하는 아름다운 세상을 꿈꾸는 소박한 사람들의 간절한 바람 탓이 아니었겠는가?

어린이들이 달리기에서 보여준 공감과 연대의 정신을 많은 사람들이 공유하고 달리기의 규칙과 방향을 바꾸면 그것은 하나의 새로운 흐름이 될 수 있다. 남들보다 더 빨리 달려가 더 많이 차지하고 남을 밟고 더 높은 곳으로 올라서라는 무한경쟁의 100미터 달리기 게임은 소수의 다국적 기업과 투기금융자본가들, 그리고 그들이 지배하는 일부 강대국들이 강요하는 게임이다. 이 게임을 뒤떨어진 사람의 손을 잡아 끌어주고 지친 사람을 토닥여 주며 느긋하게 함께 걸어가는 행복한 놀이로 만들려면 현재의 세계화 상황에 대한 사람들의 각성이 필요하다. 또한 현재와 같은 세계화의 방식을 거부하고 그 방향을 바꾸려는 노력이 필요하며, 그 대안이 될 수 있는 새로운 사회·경제적 구조를 만들어 나가려는 노력이 필요하다. 화엄사상을 비롯한 불교의 여러 사상 속에는 이러한 것들을 위한 소중한 가르침들이 수없이 간직되어 있다. 이것을 오늘날 우리 시대와 사회 속에서 어떻게 생명력 있는 것으로 되살려 낼 것인가 하는 것이야말로 우리가 참구해야 할 화두의 하나일 것이다.

# 4. 불교생태학의 현황과 과제

앞에서는 현대 자본주의 사회체계와 거기에서 현재 진행되고 있는 세계화 현상 등을 불교의 관점에서 어떻게 보아야 할 것인가를 살펴보았다. 그런데 자본주의 사회체계 및 세계화 현상 등과 밀접한 연관이 있는 현대의 가장 중요한 문제 가운데 하나가 심각한 생태계의 파괴다. '불교생태학의 현황과 과제'라는 장을 통해 그간 불교생태학의 연구들에 나타난 불교의 생태적 지혜를 체계적으로 정리했다. 나아가 그간의 연구 성과를 점검하고, 불교생태학이 자본주의 사회체계와 얽혀 있는 생태계의 위기를 극복하고 이 지구상의 모든 생명이 평화롭고 조화로운 행복의 세계로 나아가는 문명의 대전환을 앞당기기 위해 노력해야 할 과제들을 제시해 보고자 한다.

## 1) 불교생태학 발전의 필요성

오늘날 인류의 생존은 물론 지구 생태계 전체가 심각한 위험에 처해 있다는 것은 너무나도 분명한 사실이다. 그동안 인류는 물질적 풍요만이 행복을 가져다줄 수 있다는 듯 무분별한 개발과 성장을 추구해 왔다. 이를 위해 인류는 삶의 터전이자 자신을 낳아 길러 준 어머니인 자연을 정복과 지배의 대상으로 다루어 왔다. 본래는 둘이 아닌 자연과 인간을 둘로 나누고, 자연과 대립하면서 자연을 이용하고 착취해 온 결과가 바로 오늘날 절멸의 위기에 이른 생태계의 파괴이다. 이러한 위기는 오늘날 우리에게 인류 문명의 거대한 전환을 요구하고 있다.

이러한 문명의 전환을 위해서는 그동안 인류의 물질문명을 주도해 온 서구의 문화와 제도에 대한 비판적 반성이 필요하다. 서구문명에 대한 비판적 반성은 물질문명 발전의 선두에 서 있었고 그렇기 때문에 또한 생태계의 위기도 먼저 직면하지 않을 수 없었던 서구에서부터 시작되었다. 생태계의 위기는 단순히 과학기술이나 경제제도 등 하고만 관련된 문제가 아니다. 그것은 인간의 삶 전체와 그런 삶의 방향을 이끌어나가는 세계관과 인생관 등과도 총체적으로 얽혀 있는 복잡한 문제이다. 생태계의 위기를 먼저 인식하게 된 많은 서양의 지식인들은 이러한 위기를 초래한 원인을 서구문명의 근저에 자리 잡고 있는 논리와 가치관에서 발견하고 이를 극복할 수 있는 대안을 동양에서 찾으려 하였다. 그런데 어떤 문명의 근저에 깔려 있는 논리와 세계관, 그 속에 사는 사람들의 삶을 이끄는 세계관과 인생관의 형성에 지대한 영향을 주는 것은 종교와 철학이다. 이 때문에 서구의 물질문명이 초래한 생태계의 위기에 직면한 서양 지식인들은 이 위기를 극복할 수 있는 대안을 동양의 종교와 철학 쪽에서 찾아보려고 하였다. 그리고 이러한 생태계 위기의 극복을 위한 대안 모색의 과정에서 주목을 받게 된 동양의 종교 중 가장 중요한 것이 바로 불교였다.[201]

그리하여 불교의 교리와 사상 속에서 생태학적 문제 해결의 방안을 탐색하는 '생태불교학(EcoBuddhism)'이 서구에서 1980년대부터 크게 발전하였다. 이러한 생태불교학이 우리나라에서도 적극 수용되게 된 것은 1990년대부터이다. 우리나라의 생태운동은 환경운동 단체들을 중심으로 1980년대부터 활발하게 전개되었으나 불교계에서도 이에 적극 참여하고 불교학계에서도 생태불교학에 대한 연구를 본격적으로 진행하게 된 것은 1990년대부터였다. 그동안 우리 국내에서 생태불교학에 관한 연구는 '불교생태학(Buddhist Ecology)'이라는 명칭으로 수렴되면서 상당한 성과가 축적되었는데, 그 대표적인 것으로는 동국대학교 불교문화연구원에서 내놓은 '불교생태학총서' 같은 것을 들 수 있다.

그동안 진행되어 온 불교생태학의 연구는 전통적인 불교의 가르침 속에 들어 있는 어떤 원리와 개념들이 주류 서구문명의 논리와 가치관을 극복하고 현대 세계의 생태계 위기를 극복하는 데 기여할 수 있는가를 밝히는 데 많은 노력을 기울여 왔다. 불교의 전통 속에 포함되어 있는 생태적인 원리와 개념들을 드러내고 다시 일깨우는 것은 분명 생태계의 위기 극복에 일정한 역할을 할 수 있으며 또 해왔다. 그렇지만 그동안의 불교생태학의 연구는 다분히 원론적이고 관념적인 데에 머물러 현실성 내지는 구체적 실천성을 충분히 갖추었다고는 하기 어렵다. 그것은 무엇보다도 근대 이후 지금껏 전 세계를 지배하며 생태계 파괴를 가속화시켜 온 자본주의 사회에 대한 진지한 검토와 치열한 대안 모색이 결여된 데에서 기인한다고 볼 수 있다. 생태적 지혜를 풍부하게 포함하고 있는 불교적 전통에도 불구하고 우리나라를 비롯한 아시아의 여러 나라들은 서구 자본주의가 발전시킨 현란한 물질문명에 굴복하고 그것을 수용함으로써 생태계의 위기를 함께 맞이하게 되었다. 이러한 위기로부터 벗어나기 위해서는 단순히 불교가 이전부터 포함하고 있던 생태적 원리나 개념을 지적하는 것만으로는 부족하다. 사람들의 마음과 삶을 지배하고 있는 자본주의 사회의 물질문명이 작용하는 메커니즘을 분명히 인식하고 불교적 관점에서 그것에 어떻게 대응해야 하는가를 밝힘으로써 생태계 위기의 극복을 위한 보다 구체적인 실천의 길을 제시해야만 한다. 이 글은 이런 관점에서 그동안 불교생태학에서 제시해 온 불교의 생태적 지혜들을 체계적으로 정리해봄으로써 그간의 연구 성과를 점검하고, 앞으로 불교생태학이 생태계의 위기를 극복하고 이 지구상의 모든 생명이 평화롭고 조화로운 행복의 세계로 나아가는 문명의 대전환을 앞당기기 위해 노력해야 할 과제들을 대강으로나마 제시해 보고자 한다.

## 2) 생태론과 불교생태학의 대두

생태학이라는 말은 독일의 생물학자 에른스트 헤켈(Ernst Haeckel)이 1866년 『일반형태학』이란 책에서 처음으로 사용한 것으로 알려져 있다. 생태학(ecology)은 그리스어의 '집'을 의미하는 오이코스(oikos)와 '연구'를 뜻하는 로고스(logos)를 합성한 말이다. 그러므로 생태학은 우리가 살고 있는 집인 지구생태계에 대해 연구하는 학문을 의미한다고 할 수 있다. 이러한 생태학은 생태계의 파괴 문제가 심각해지면서 생태계에 대한 관심이 증대하고 환경운동이 활발해지면서 주목을 끌게 되었다.

생태계에 대해 연구하는 현대적인 생태학 또는 생태론이 발달하게 되는 데에는 생태계의 파괴에 경종을 울리며 생태계 보호 운동을 펼쳤던 여러 선구자들이 커다란 역할을 하였다. 예를 들자면 일찍이 1930년대에 자본주의 문명을 거부하고 시골로 들어가 자연과 어우러진 '조화로운 삶'을 추구하였던 스콧 니어링(Scott Nearing)과 헬렌 니어링(Helen Nearing) 부부는 훗날의 생태운동에 많은 영향을 끼쳤다. 알도 레오폴드(Aldo Leopold)는 1949년에 출판된 『모래군의 연감(A Sand County Almanac)』을 통해 윤리의 영역을 개인과 사회라는 인간세계로부터 자연세계 전체로 넓힌 '토지윤리학'이라 부르는 환경윤리학을 제창함으로써 현대 생태론의 발전에 큰 자극을 주었다. 환경운동과 생태론의 발달에 큰 영향을 준 또 한 사람은 레이첼 카슨(Rachel Carson)이다. 레이첼 카슨은 1958년에 미국 농무부가 나방과 모기 등을 퇴치하기 위해 살충제(DDT)를 살포함으로써 많은 새가 죽은 사태를 접하면서『침묵의 봄』이라는 저서를 통해 환경오염의 위험을 고발하였다. 이 책은 나무에 피해를 주는 해충을 잡으려고 뿌린 살충제가 먹이사슬을 통해 급기야는 새들의 생명까지도 해쳐 봄이 되어도 더 이상 아름다운 새 소리도 들을 수 없는 묵시록적 지구의 풍경이 펼쳐질 수도 있다는 것을 생생하게 그려냈다. 1962년에 출간된『침묵의 봄』은 베스트셀러가 되면서 엄청난 반향을 불러일으켰다. 그것은 1960~70년대 환경운동의 기폭제가 되었으며, 미국에서는 물론 국제적으로도 환경보호 정책의 필요성을 자각하게 만드는 계기가 되었다.

1970년대에도 환경운동과 생태론의 발달에 자극을 주는 여러 가지 계기가 있었다. 그중 하나는 1972년에 있었던 '인간환경선언'이다. 그것은 그해 스톡홀름에서 개최된 유엔 인간환경회의에서 채택된 선언으로 환경 보호의 중요성을 강조하고 이를 위한 여러 가지 원칙들을 제시함으로써 전 세계에 환경 보호를 위한 실천을 촉구하였다. 같은 해에는 서유럽의 지도급 인사들이 결성한 국제적인 연구기관인 로마클럽에서 경제성장이 지구 환경에 미치는 부정적 영향을 분석한『성장의 한계』라는 보고서를 발간하기도 하였다. 이 책은 급속한 인구증가와 공업화, 그로 인한 환경오염과 자원고갈 등으로 앞으로 100년 안에 성장이 한계에 이르게 된다고 주장함으로써 현재와 같은 산업문명의 방향을 전환해야 한다는 것을 일깨웠다. 1973년에는 독일 태생의 영국 경제학자인 슈마허(Ernst Friedrich Schumacher)가 『작은 것이 아름답다』라는 저서를 발표하였다. 거기서 그는 생태계를 파괴하는 현재와 같은 대규모의 기술 대신 생태계와 조화를 이룰 수 있는 '중간기술' 또는 '적정기술'을 중심으로 하는 작은 규모 위주의 경제체제로 가야 한다는 것을 역설하였다. 아울러 그는 또한 생태계의 파괴를 초래하는 근대경제학을 대체할 수 있는 불교경제학을 주장하기도 하였다. 이러한 슈마허의 주장은 그 이후 생태운동과 생태론의 발전에 큰 영향을 끼쳤다.

생태계 파괴의 위험성을 알리고 생태계 보호를 역설하는 여러 가지 사상이나 사건들로부터 영향을 받고 때로는 그와 더불어 영향을 주고받으면서 현대의 생태론은 서구에서부터 발달하였다. 서구문명이 초래한 생태계 위기의 원인을 진단하고 그에 대한 대안을 모색하려는 현대의 생태론 중 가장 대표적인 것으로는 사회생태론과 심층생태론을 들 수 있다.[202] 이러한 현대의 생태론들은 환경문제를 현 사회체제 내에서 환경공학적 방법으로 해결하려고 할 뿐, 현존하는 사회체제의 기본적 가정이나 모순 그리고 그것을 지배하고 있는 세계관이나 가치관 등을 문제 삼지 않는 초창기의 환경개량주의로부터 한 걸음 더 나아간 것이다.

사회생태론은 사회체제 또는 사회제도가 생태계의 위기를 초래한 것으로 간주하면서 사회체제나 사회제도의 변혁을 통해 생태계의 위기를 극복하려고 하는 생태론을 의미한다. 사회생태론은 1964년 머레이 북친(Murray Bookchin)에 의해 제창되었지만[203] 그 이후 발달한 넓은 의미의 사회생태론은 다양한 스펙트럼을 포함하는 것으로 간주할 수 있다. 여기에는 아나키즘에 기초하여 일체의 사회적 위계구조와 지배 관계를 철폐할 것을 주장한 머레이 북친의 사회생태론, 마르크스(Karl Marx)를 생태론의 선구자로 높이 평가하면서 마르크스주의를 생태론과 연결시키는 마르크스주의 생태론(생태 마르크스주의), 자본주의는 물론이고 마르크스나 기존의 현실 사회주의 국가들도 포함하고 있는 반생태적 문제들을 지적하면서 사회주의와 생태 문제를 접합시키려고 하는 사회주의 생태론(생태 사회주의) 등을 모두 포함시킬 수 있다.[204]

이런 여러 형태의 사회생태론이 공통적으로 오늘날 생태계 파괴의 근본적 원인으로 지적하는 것은 자본주의 사회체제이다. 자본주의 사회체제가 생태계에 파괴적인 결과를 초래한다는 생각은 기본적으로 마르크스의 자본주의 비판을 계승하는 것이라고 할 수 있다. 마르크스에 따르면 자본주의 사회는 자본가가 임노동자를 고용하여 상품을 생산하고 판매함으로써 이윤을 획득하는 전면적인 상품생산사회, 전면적인 교환경제체제이다. 이러한 자본주의 사회에서 상품생산의 목적은 이윤의 획득이다. 자본주의 사회에서는 무제한의 이윤 획득을 위해 끊임없이 과학기술을 발달시키고 생산을 확대해 간다. 그리고 이러한 자본주의의 무한 확대 과정은 필연적으로 자연 자원을 고갈시키고 자연을 황폐화시키지 않을 수 없다. 이처럼 생태계의 파괴 문제는 자본주의가 필연적으로 초래하는 것이기 때문에 그 해결책은 결국 자본주의를 극복하여 경제와 사회 운영의 통제권을 노동자들이 획득하여 인간과 자연이 서로 공존할 수 있는 사회주의 사회를 건설하는 것이다. 현대의 여러 사회생태론자들은 기본적으로 자본주의의 생태계 파괴에 대한 마르크스의 비판을 계승하면서 현존하는 자본주의 시장경제체제를 넘어서기 위한 다양한 방법들과 탈자본주의적인 대안 사회를 제시하고 추구하려 한다.

그러나 생태계의 파괴는 반드시 자본주의 사회체제만이 초래한다고 할 수는 없다. 그동안 사회주의 국가들에서도 자본주의 못지 않게 심각한 생태계 파괴가 일어났다는 것은 잘 알려진 사실이다. 이러한 사실은 사회주의 생태론에서도 지적하고 있다.[205] 사회주의 사회에서 생태계의 파괴가 일어난 원인으로는 잘못된 계획경제체제의 운영이나 권위적인 관료주의 등을 문제로 들 수 있다. 그러나 무엇보다도 중요한 것은 지금까지의 사회주의가 자본주의와 똑같이 한계가 있는 근대적 가치인 생산력 중심주의, 생산력 지상주의를 공유하고 있었다는 점이다. 자본주의와 사회주의는 모두 생산력의 발전을 통해 이룩한 풍요로운 물질문명이야말로 인간을 행복하게 해줄 수 있는 길이라고 믿었다. 이들 모두는 더 많고 다양한 욕망을 충족시키는 것이 풍요로운 인간성의 실현이며 행복한 삶이라고 여겼다. 이들은 무한정한 생산력의 발달이 초래할 문제점에 대한 충분한 의식이 없었다. 그렇기 때문에 사회주의도 생산력의 발전을 무조건 바람직한 것으로 여기면서 고도 생산력주의, 고도 산업주의를 추구함으로써 생태계의 파괴를 피할 수 없었다.[206]

그런데 이처럼 자본주의와 사회주의라는 서로 다른 사회체계 모두가 생태계의 파괴를 초래한다면, 생태계 파괴의 근본적 원인은 특정한 사회체계보다도 더 깊은 곳에 있다고 볼 수 있다. 이를테면 그것은 여기까지 서구문명을 이끌어 온 세계관과 가치관에 그 뿌리를 두고 있다고 할 수 있다. 지금껏 서구문명을 이끌어 오면서 현재와 같은 생태계의 파괴를 초래한 서구의 세계관과 가치관으로는 원자론적·기계론적 세계관이라든가 인간중심주의 같은 것을 대표적인 것으로 들 수 있다. 이처럼 생태계 파괴의 근본 원인을 서구문명을 지배해 온 세계관과 가치관에서 찾고 그에 대한 대안을 모색해 보려는 생각은 바로 심층생태론으로 통한다.[207]

심층생태론의 선구적 형태는 레오폴드의 환경윤리학에서 발견할 수 있다. 레오폴드는 앞에서도 언급한『모래군의 연감』이라는 저서를 통해 생태중심주의적 환경윤리를 주장하였다.[208] 레오폴드는 윤리학을 '개인들의 관계', '개인과 사회의 관계', '땅과 인간의 관계'를 다루는 세 가지로 나누었다. 이 중 세 번째인 '토지윤리학'은 자연 속에 미적 가치가 내재하고 있기 때문에 그것을 존중하면서 자연환경과 인간의 생태적 조화를 꾀하는 것이 중요하다고 강조하였다.[209] 이것은 우선 윤리의 영역을 인간세계에서 생태계 전체로 넓힘으로써 인간중심주의를 넘어서 생태중심주의로 나아갔다는 점에서 매우 중요하다. 또한 레오폴드의 환경윤리학은 세계 속에 존재하는 모든 것들이 분리 독립되어 있는 원자론적 실체가 아니라 상호의존하면서 존재하는 유기적 전체라는 전체론적이고 유기체론적인 세계관을 내세웠다는 점에서도 중요한 의미를 갖는다.[210]

이런 선구적 형태를 이어받은 심층생태론이 본격적으로 제기된 것은 노르웨이의 철학자 아느 네스(Arne Naess)가 1973년에 발표한「표피적인, 그리고 심층적인 포괄적 생태운동(The Shallow and the Deep, Long-Range Ecology Movement, A Summary)」이라는 논문에서부터였다.[211] 그 이후 심층생태학은 드볼과 세션(Devall & Session), 카프라(Capra), 스나이더(Snyder) 등의 여러 학자들에 의해 계승 발전되었다. 심층생태론자들이 현재의 생태계 위기의 근원으로 지적하는 것 중 하나는 우선 인간중심주의이다. 아느 네스를 비롯한 많은 심층생태론자들은 인간중심주의를 생태계 파괴를 불러일으킨 사고방식으로 비판하면서 인간을 다른 생물이나 생태계의 다른 모

든 존재들과 동등한 지위를 가진 것으로 간주함으로써 생태중심주의로 사유를 전환하고자 한다.[212]

　인간만을 고귀한 존재로 여기는 편협한 인간중심주의는 동·식물을 비롯한 생태계의 다른 모든 존재들에게는 신경 쓰지 않고 인간의 물질적 행복을 위해서 무한한 생산력의 발전만을 추구하는 생산력 지상주의를 낳음으로써 생태계의 파괴를 초래하였다. 이러한 편협한 인간중심주의는 사실 자연을 인간을 억압하는 힘으로 파악하고 합리성의 실현 형태인 과학기술과 산업의 발달을 통해 그로부터의 해방을 추구한 계몽의 기획 속에 내재해 있는 중대한 문제점 중의 하나이다. 그러나 이러한 인간중심주의는 서구문명의 더 깊은 근원으로까지 거슬러 올라갈 수 있다. 많은 심층생태론자들은 인간중심주의가 서구인들의 세계관 형성에 심대한 영향을 끼친 기독교에 뿌리박고 있다고 간주하였다.

　'종교는 문화와 사회의 기본적인 사고방식과 가치를 뒷받침하는 세계관과 윤리학의 탄생'에 중요한 역할을 하는데[213], 서구에서 인간중심주의적 세계관과 윤리학의 탄생에 중요한 역할을 한 것은 기독교였다. 린 화이트 주니어(Lynn White, Jr.)는 「우리 생태 위기의 역사적 뿌리(The Historical Roots of Our Ecological Crisis)」(1967)라는 논문에서 '유대-기독교 전통을 인간중심적인 것으로 묘사했고 유대-기독교적 인간중심주의가 자연에게서 신성한 지위를 박탈하고 자연을 인간의 착취와 통제에 노출시켰다고 주장'하였다.[214] 이것은 심층생태론자들이 서구 기독교의 인간중심주의를 비판하는 데 직접적인 영향을 끼쳤다. 린 화이트가 인간중심주의를 포함하는 것으로 본 "'정통' 그리스도교 전통의 구조는 제이 베어드 캘리콧(J. Baird Callicott)과 로저 에임스(Roger Ames)에 의해 표식론으로 정리되었다."²¹⁵ 그에 따르면 자연은 초월자인 신이 창조한 피조물이다. 그중 인간만이 신의 이미지를 본떠 창조되었기 때문에 자연의 다른 것들과 근본적으로 다르며 자연에 대한 지배권을 신으로부터 부여받았다. 그러므로 자연은 내재적 가치가 아닌 인간존재를 위한 도구적 가치만을 갖는다.²¹⁶

심층생태론에서 기독교에 뿌리박고 있는 인간중심주의와 더불어 생태계의 파괴에 커다란 영향을 끼친 것으로 비판하고 있는 것은 서구의 원자론적·기계론적 세계관이다. 원자론적 세계관은 고대 그리스에 뿌리를 두고 있는 서구의 사상적 전통으로서 그 근대적인 형태가 데카르트(René Descartes)와 뉴턴(Isaac Newton) 등에 의해 제시된 원자론적·기계론적 세계관이다. 16, 17세기에 형성된 서구 근대의 원자론적·기계론적 세계관의 특징과 문제점에 대해서는 심층생태론의 대표자 중 한 사람인 카프라가 가장 예리하게 비판적으로 논하고 있다. 카프라에 따르면 16세기 이전의 유럽의 지배적 세계관은 대부분의 다른 문명과 마찬가지로 유기적인 것이었으나 16, 17세기에 근본적으로 변화하였다.²¹⁷ 이 시기에 진행된 과학혁명에 따라 유기체적 자연관은 기계론적 자연관으로 대치되어 완전히 소멸되고 말았는데, 이것은 데카르트와 뉴턴이라는 두 거물에 의해 완성된 것이었다.²¹⁸ 데카르트에게 물질세계의 모든 것은 각 부분의 배열과 운동으로 설명 가능한 것이며, 자연은 기계적 법칙에 따라 움직이는 조직일 뿐이었다.²¹⁹ 뉴턴은 자연을 하나의 기계로 파악하고자 하는 데카르트의 꿈을 실현시키고 과학혁명을 완성시킨 사람이었다. 그는 세계의 근본적 요소를 물질의 원자적 입자로 파악하였다. 자연 속의 모든 운동은 물질 입자의 기계적 운동으로 환원된다. 뉴턴은 기계적으로 움직이는 우주의 운동에 대한 완전한 수식

화를 발전시키려 하였다.[220] 이처럼 데카르트와 뉴턴에 의해 완성된 기계론적 자연관은 인간에 의한 자연의 조종과 착취를 과학적으로 합리화하고 승인해 줌으로써 생태계의 파괴에 결정적으로 기여하였다.[221]

심층생태론자들은 현대 세계가 직면한 생태계의 파괴를 극복하려면 이러한 원자론적·기계론적 세계관으로부터 다시금 전체론적·유기체론적 세계관으로 전환하지 않으면 안 된다고 주장한다. 예컨대 카프라는 생태계의 파괴를 비롯한 여러 가지 현대 사회의 위기는 올바르지 못한 기계론적 세계관에서 유래하는 것이기 때문에 이를 극복하기 위해서는 생태학적 전망이 필요하며, 그것은 이 세상의 모든 존재가 상호 의존하는 전체적인 하나의 시스템을 이루고 있다는 새로운 실재관을 필요로 하는 것이라고 주장한다.[222] 여기에 잘 나타나듯이 심층생태론에서 올바른 것으로 제시하는 세계관은 이 세계의 모든 존재들이 낱낱의 고립적인 부분적 실체들로 떨어져 있는 것이 아니라, 잘 짜여진 그물망과 같이 서로 밀접하게 연관되어 있는 하나의 시스템이자 유기체라는 관점이다.

심층생태론자들은 전체론적·유기체론적인 세계관의 사상적 원천을 다양한 곳에서 찾아 왔는데, 그것에는 부르노(Giordano Bruno)나 스피노자(Baruch De Spinoza) 같은 서양의 철학자들 뿐 아니라, 일부 인디언 부족과 같은 토착 원주민들의 사상이라든가, 도교나 불교 같은 동양의 여러 철학과 종교사상 같은 것들이 포함된다.[223] 이 중에서도 특히 불교는 생태계의 위기를 초래한 서구 문명의 인간중심주의와 원자론적·기계론적 세계관 등을 극복할 수 있는 생태중심적이며 전체론적·유기체론적인 세계관의 풍부한 사상적 자원들을 포함하고 있는 것으로서 심층생태론자들의 주목을 끌며 탐구의 대상이 되었다. 일찍이 심층생태론(근본생태론)의 대표적 이론가 중의 한 사람인 아느 네스는 동양적 전통 가운데서도 특히 불교가 근본생태운동에 가장 가깝다고 평가하였다. 그는 불교의 기본정신인 비폭력·자비·생명존중 등이 근본생태학의 기본원칙과 일치한다고 말한다.[224] 1970년대 이후 생태운동과 생태론의 발전에 큰 영향을 끼친 슈마허는 불교가 '기독교 신앙과 달리 인간중심적이지 않으며', 인간을 자연의 지배자가 아니라 자연이 낳은 존재로 간주한다고 간주하였다.[225] 그 밖에도 여러 심층생태론자는 불교 속에는 유기체론적 세계관이나 패러다임이 포함되어 있다는 것을 지적하였다.[226]

이상에서 서술한 것처럼 현대의 생태론 그중에서도 심층생태론의 발달과 더불어 생태계를 위기로 몰아넣은 서구문명의 세계관과 가치관을 전환시킬 수 있는 사상적 자원으로서 불교가 주목을 받으면서 '생태불교학'이 대두되었고, 우리나라에서도 이를 수용하면서 '불교생태학'의 연구와 논의가 활발하게 진행되어 왔다. 아래에서는 지금까지 이루어진 불교생태학의 연구들에서 생태계의 위기에 대한 불교의 대응으로서 제시되어 온 견해들을 정리해보고 그 의미와 한계를 살펴보고자 한다.


## 3) 생태계의 위기에 대한 불교생태학의 대응

먼저 지금까지 이루어진 불교생태학에서는 생태계 위기의 원인을 어떻게 파악하고 있는가를 살펴보도록 하자. 탄생배경으로부터도 알 수 있듯이 생태계 위기의 원인에 대한 불교생태학의 진단은 기본적으로 심층생태론의 견해를 거의 그대로 수용하고 있다. 앞에서 본 것처럼 심층생태론에서는 생태계 파괴의 근본적 원인을 원자론적·기계론적 세계관이라든가 인간중심주의 같이 서구문명을 이끌어 온 세계관과 가치관으로 지적하였다. 불교생태학에서는 이러한 견해를 받아들이면서 생태계의 파괴를 불러일으킨 근본원인으로 서양의 여러 가지 사유방식을 비판하고 있다.

불교생태학자들은 지구 생태계가 위기에 처하게 된 것은 근대 산업사회의 발달 이후라는 것을 인정한다. 예를 들면 국내의 대표적인 불교생태학자 중의 한 사람인 김종욱은 "생태계의 위기는 근대 산업혁명 이후에 급격히 가속화된 현상"[227]이라고 말한다. 즉 '인류가 문명을 형성한 이후 대부분의 역사는 농업사회'였는데, 거기서는 삶이 자연과 조화를 이루면서 자연의 허용 범위 안에서 이루어졌으나, 산업사회에서는 '자연의 모든 것이 파괴와 오염과 소비의 대상으로 전락'했다는 것이다.[228] 근대 산업사회를 이끈 산업주의는 '생산성의 증대를 최상의 가치로 여기며', '고효율의 생산성을 통해 확보된 재화를 소유함으로써 욕망의 충족을 끝없이 보장받으려' 한다.[229]

불교생태학에서는 이러한 산업주의의 근원에는 원자론적·기계론적 세계관이 있다고 간주한다. 불교생태학자들은 17세기부터 발달한 근대의 과학이 기계론적 세계관에 기초해서 자연을 하나의 기계로 취급하여 인간에 의한 자연의 지배를 정당화하였다는 심층생태학의 견해에 동의한다.[230] 그런데 이런 기계론적 세계관은 근대에 들어 느닷없이 솟아난 것이 아니라 오래전부터 존재해 온 서구의 뿌리 깊은 사유 전통으로부터 나온 것이라고 할 수 있다. 그 사유 전통은 실체론적 사유를 말한다. 서양철학에서 실체라는 것은 '다른 것에 의존하지 않고 독립적으로 존재하는 것'을 가리킨다. 그러한 정의에 가장 잘 들어맞는 것은 원자이다. 원자(Atom)는 어원상의 정의로 더 이상 '쪼개지지 않는 것'을 의미한다. 더 이상 쪼개지지 않는다는 것은 그것이 어떤 다른 것들의 합성으로 만들어진 것이 아니라 그 자체로 독립적으로 존재한다는 것을 뜻한다. 그러므로 쪼개지지 않는 입자인 원자야말로 이 세상을 이루는 기본 단위가 된다. 원자들은 각기 독립적인 존재이므로 서로 유기적인 결합을 맺고 있지 않다. 그렇기 때문에 원자들 사이의 결합은 순전히 외적인 기계적 결합일 수밖에 없으며, 기본단위인 원자들의 결합으로 이루어진 이 세계 역시 하나의 기계일 수밖에 없는 것이다. 이처럼 기계론은 실체론 내지는 원자론과 밀접한 연관을 갖고 있다. 그런데 서양에서 원자론은 고대 그리스에서부터 하나의 사유전통으로서 전해 내려오고 있다. 그렇기 때문에 기계론적 세계관은 서양의 고대 원자론에 그 뿌리를 두고 있다고 할 수 있다.[231] 이러한 실체론·원자론이 근대의 과학혁명으로 되살아나 지배적인 세계관으로 되면서 산업주의를 이끌고 생태계를 위기로 몰아넣었다는 것이다.

불교생태학에서는 생태계 파괴의 또 하나의 근원으로서 인간중심주의를 지목하고 비판한다. 예를 들면 남방불교의 전통에 서 있는 태국의 대표적인 불교생태론자 중 하나인 담마삐따까(프라 쁘라윳)는 '환경의 파괴가 세 가지 잘못된 믿음에서 비롯'된다고 하면서, 그 "잘못된 믿음은 '인간이 자연으로부터 분리되어 있다는 것', '인간 존재가 자연의 지배자라는 것', 그리고 '행복은 물질적 소유물의 획득으로부터 기인한다고 하는 것'"이라고 주장한다.[232] 여기서 핵심은 인간을 중심에 두고 인간의 입장에서 자연을 대립적인 것으로 바라보고 자연을 정복하면서 인간의 물질적 행복만을 추구해 나가는 인간중심주의라고 할 수 있다. 국내의 불교생태학자들 역시 심충생태학의 견해를 받아들여 인간중심주의를 생태계 파괴의 근본 원인이며 그것은 서양문명의 핵심을 이루는 기독교의 사상 전통을 충실히 계승한 것이라고 주장한다.[233] 그중 김종욱은 더 나아가 기독교 이전으로 더 거슬러 올라가 서양 문화의 두 축인 그리스적 헬레니즘과 유태적 헤브라이즘도 이미 그 속에 자연과 인간을 대립적인 것으로 간주하고 자연과 싸워 자연을 정복하고자 하는 지향성을 포함하고 있었다고 주장한다. 즉 그에 의하면 동양의 농업사회는 자연과의 조화를 추구하지만, 서양의 해양과 상업문명 및 유목문명은 오랜 옛날부터 이미 그 이면에 자연과 인간의 상당한 긴장 관계를 포함하고 있었다는 것이다.[234]

위에서 살펴보았듯이 불교생태학에서는 대체로 생태계 위기의 근본 원인을 서구의 전통적 사유 방식에서 찾았기 때문에 그것을 극복하기 위한 방안 또한 바로 그러한 사유 방식의 전환에 있다고 간주하였다.[235] 그래서 지금까지의 불교생태학의 연구는 생태계 파괴의 원인이 된 서구의 사유방식을 극복할 대안이 될 수 있는 원리들을 불교 속에서 찾아내는 일에 중점을 두고 진행되어 왔다. 다음부터는 지금까지 불교생태학에서 생태계의 위기를 극복하기 위한 대안적 사유로서 제시되어 온 불교의 사상과 개념들을 살펴보기로 하자.

불교생태학에서 가장 근원적인 것으로 거론하는 불교사상은 연기설(緣起說)이다. 연기설은 초기불교부터 그 이후의 모든 불교를 관통하는 가장 기본적인 불교의 교리이다. 물론 초기의 연기설에서 말하는 연기법이라는 것은 주로 인간세계에 한정된 12연기만을 얘기하고 있는 것이라고도 볼 수 있다. 그렇지만 이것을 더 넓게 해석한다면 얼마든지 연기법은 온 우주의 만물에도 통용될 수 있는 보편적인 원리로서 간주할 수도 있다. 이렇게 넓게 본다면 연기법은 이 세상의 모든 존재가 실체론에서 말하는 것처럼 각기 독립적인 실체로서 존재하는 것이 아니라, 상호의존적으로만 존재한다는 것을 말해주는 것이라 할 수 있다.

연기설은 불교의 다른 여러 가지 사상이나 개념들과 연관되면서 생태계의 위기를 극복하기 위한 바람직한 대안적 세계관을 풍부하게 제시하는 것으로 볼 수 있다. 우선 연기설은 불살생 또는 생명존중 사상 등과 연결되면서 인간만이 아니라 모든 생명을 귀하게 여기는 생명중심주의로 나아가게 된다. 불교에서는 연기관계에 의해 서로 밀접하게 의존하고 있는 모든 생명체를 중생이라고 부르며, 모든 중생을 해치지 말고 존중해야 한다고 가르친다. 초기불교부터 불교의 첫 번째 계율은 생명을 해치지 말라는 것이다. 인간을 포함한 모든 중생은 연기에 의해 상호의존하고 있으므로 생명을 존중해야 함은 당연한 것이다. 또한 연기를 시간적으로 본다면 중생은 끊임없이 윤회전생하면서 서로 얽혀 있기 때문에 부모나 형제자매, 또는 친척이 아닌 존재가 없으며 그렇기 때문에 더더욱 모든 중생의 생명을 존중해야 하는 것이다.[236]

모든 존재가 상호의존적으로만 존재하기 때문에 실체가 없다는 연기설은 곧바로 불교의 무아(無我), 무상(無常) 개념과 연결된다. 연기설에 따르면 모든 존재는 다양한 인연이 모여서 존재하게 되는 것일 뿐 본래부터 혼자 독립적으로 존재하는 것이 아니므로 실체성이 없으며, 이것을 불교에서는 곧 무아라고 표현한다. 또한 이렇게 인연의 결합에 의해 생성되어 존재하던 모든 것들은 언젠가 인연이 다하면 필연적으로 다시 사라지게 되는 것이므로 무상한 것이다.[237] 이런 무아와 무상 개념은 대승불교에서 무자성 공이라는 사상으로 계승된다.

이러한 무상, 무아, 공 개념은 인간의 나와 내 것에 대한 집착이 허망한 것임을 가르쳐준다. 그리하여 이것은 나와 내 것에 대한 집착으로부터 나오는 인간의 한없는 욕망을 억제할 수 있도록 도와준다. 연기법에 의한 무아와 무상의 도리에 따라 불교에서는 초기부터 인간의 욕망을 절제하고 적은 것으로도 만족할 줄 소욕지족(小欲知足)을 강조하였다. 불교에서는 허망한 인간의 욕망을 추구하는 것으로서는 결코 행복을 얻을 수 없다고 가르친다. 인간의 모든 욕망을 만족시킬 수 있는 방법은 없다. 그렇기 때문에 행복은 오히려 만족할 줄 아는 것에 달려 있다. 물론 인간의 기본적인 욕구는 충족되어야 하겠지만 무한정한 욕망까지도 충족하려 하는 것은 불행을 초래하고 한정된 자원을 가진 지구 생태계를 위기로 몰아넣게 된다. 그러므로 무아와 무상의 통찰과 이를 기초로 한 소욕지족의 생활태도는 자연과 조화를 이루는 생태적 삶을 위해 말할 수 없이 중요하다.[238]

연기설이 함축하고 있는 모든 존재의 상호연관성, 상호의존성이라는 사유는 대승불교에서 더욱 확장되고 명확해진다. 특히 이 점과 관련해 불교생태학자에서 가장 큰 주목을 받고 있는 것은 화엄불교라고 할 수 있다.[239] 화엄불교에서는 자성이 없이 연기에 의해 서로 의존하고 있는 우주만물들이 함께 어우러져 이루고 있는 세계를 법계라고 부르고 있으며 그러한 법계의 모습을 법계연기론으로 밝히고 있다. 이러한 법계연기론에 관해서는 이미 앞에서 살펴본 바가 있다.

많은 불교생태학자들은 화엄불교의 법계연기사상이 불교적 자연관을 가장 잘 나타내고 있으며, 그것은 자연을 하나의 생태계로 인식하는 생태학과 가장 잘 통하는 것으로 파악하고 있다. 예를 들면 박경준은 "화엄사상은 불교적 자연관을 가장 심도 있고 인상적으로 표현하고 있다"고 하면서, "법계무진연기(法界無盡緣起) 또는 무진연기라고도 불리는 이것은 만물이 서로 인과관계에 있고 상호의존 관계에 있다고 보며 전 우주의 조화와 통일을 역설한다"고 말한다. 그리고 또한 "법계연기에서 말하는 중중무진한 법계는 이른바 '생태계'의 개념과 흡사하다"고 주장한다.[240] 김종욱 역시 '생태계를 화엄불교적으로 표현한 것이 법계'[241]라고 하면서, 이러한 화엄불교의 관점은 생태학과 더불어 "자연을 인간에 의해 처분될 수 없는 그 자신의 고유한 것으로 인정하고, 자연과 인간의 관계를 상호의존과 상호존중의 관계로 이해하며, 단선적인 실체론적 고정 사유에서 벗어나 중층적이고 비실체론적인 네트워크(연기망) 사유로 전향하는" 전환에 기초가 된다고 주장한다.[242]

화엄불교에서 말하는 이 세계(법계)를 시각적으로 아름답게 형상화시켜 잘 파악할 수 있도록 해 주는 것이 인다라망의 비유이다. 인다라망이란 제석천이 거주하는 나라의 궁전을 감싸고 있는 그물망의 코마다 달려 있는 형형색색의 영롱한 보석이 서로를 비추고 있다는 것을 말한다. 화엄불교에서는 이것을 만물이 상즉상입하는 관계에 있다는 것을 나타내기 위한 적절한 비유로 사용하고 있다. 많은 불교생태학자들은 인다라망의 비유가 생태계의 특징을 가장 잘 나타내고 있는 것이라고 간주하여 왔다.[243] 그에 따르면 인다라망의 비유에 따라서 생태계의 모든 존재들은 그물코마다 달려 있는 하나의 보석과 같은 존재로서 다른 모든 것들을 자신의 안에 포섭하고 또한 그 자신은 다른 모든 것들 속에 포섭되면서 존재하고 있는 것으로 간주할 수 있다.

화엄불교의 법계연기사상은 불신관(佛身觀) 및 불성론(佛性論)과 밀접하게 연관된다. 이 세상의 모든 존재가 상즉상입하는 상호의존적 존재로서 독립적인 실체가 아니라 본질적으로 통일되어 있는 존재라는 생각은 우주만물이 본질적으로 하나의 부처인 법신불의 현현이라는 사상과 연결된다. 『화엄경』의 핵심 사상 중 하나인 법신불 사상에 따르면 우주만물은 모두 본질적으로는 법신불과 다르지 않다.[244] 법신과 우주 만물의 관계는 마치 바닷물과 파도의 관계와 같다. 파도가 칠 때 부서지며 나타나는 크고 작은 수많은 물방울들이 사실은 하나의 바닷물과 둘이 아닌 것처럼 법신과 우주만물도 둘이 아니다. 그런데 우주만물이 법신불의 나타남이라면 그것은 곧 필연적으로 이 세상의 모든 것들이 그 속에 불성을 포함하고 있다는 것이 된다. 『화엄경』의 불성론은 "어떤 중생도 여래의 지혜를 갖추고 있지 않은 중생은 없다. 다만 망상집착 때문에 깨닫지 못할 뿐이다. 만약 망상을 벗어나면, 일체지·자연지·무애지는 바로 드러나게 된다"[245]는 구절 등 여러 곳에 나타나 있다.

불성론은 그밖에도 대승불교의 여러 경전들에서도 나타난다. 이러한 불성론은 본래 여래장(如來藏) 사상에 뿌리를 둔 것인데, 여래장을 설명하는 술어였던 불성이라는 용어가 5세기경 『열반경』이 중국어로 번역될 때 사용되면서 만물의 본체로 이해된 것이라고 할 수 있다.[246] 불성론은 처음에는 주로 생명을 가진 '중생'들이 불성을 가지고 있다는 것을 강조하였으나, 나중에는 생명이 없는 초목이나 돌멩이 같은 무정물들에도 불성이 내재해 있다는 주장으로 확대된다.[247] 이러한 것은 중국의 천태사상이나 화엄사상에서 뚜렷이 나타나며,[248] 무정물들도 진리를 설한다는 선사상의 무정설법설에도 잘 나타난다.[249]

불교의 불신관과 불성론에 따르면 이 세상의 모든 존재는 부처의 현현이며 불성을 가지고 있기 때문에 본질적인 가치를 내재적으로 가지고 있는 것이 된다. 이것은 인간중심적 세계관을 넘어서는 중요한 근거를 제공해준다.[250] 자연의 모든 존재가 내재적 가치를 갖고 있다고 한다면 그것을 인간 마음대로 파괴할 권리는 없다. 그러므로 만물의 내재적 가치에 대한 인정은 '자연의 위대한 조화에서 무가치한 것은 아무 것도 없다는 거부할 수 없는 가치론적 우주관'과 '자연의 모든 생물(존재-필자)에 대한 조건 없는 자비와 자애의 윤리학을 함의'한다.[251] 그리고 불교의 이러한 내재적 가치론과 그에 기초한 자비의 윤리학은 현대 생태학의 생태중심적 윤리와 상통한다.

만물의 상호연관성과 내재적 가치에 기초해서 존재하는 모든 것을 소중히 여기는 상호존중의 윤리, 자비의 윤리, 생태중심적 윤리에 대해, 그것은 만물의 극단적인 무조건적 평등성을 주장하는 것이기 때문에 결국 전체주의와 통하고, 일체의 존재에 대한 파괴를 금지하여 개체의 생존을 불가능하게 하며, 인간의 고유한 삶도 불가능하게 만드는 것이 아닌가 하는 의문이 제기되기도 한다. 이를테면 그것은 '방사능 폐기물과 같은 환경에 유해한 물질조차도 존중받을 가치가 있다고 간주하며, 신성시'하거나, '결핵균을 발견해도 그것이 살아가고, 꽃피우고, 그것 나름의 발전과 자아 실현에 대한 동등한 권리를 가진다고 인정'해야 하는 것이 아닌가 하는 의문 같은 것과 통한다.[252] 그러나 이것은 만물의 상호연관성에 대한 잘못된 해석에 근거한 것이다.

상즉상입하는 상호연관성 속에서 존재하는 법계의 개별과 개별, 개별과 전체는 서로 다르지 않으면서도 동시에 같지도 않다. 그렇기 때문에 전체만을 강조하여 개별적인 것들의 독특성을 무시하는 전체주의나, 각 사물의 개별성만을 강조해 만물이 서로 다르지 않음을 무시하고 전체를 무시하는 개체주의 모두는 잘못이다.[253] 이것은 인간과 생태계의 관계 문제에서도 마찬가지이다. 인간이 인간으로서 존재하는 이상 인간이 갖는 특수성, 인간이 갖는 욕구와 필요를 무시하고 자연만을 중시할 수는 없다. 그러나 인간의 욕구와 필요의 충족만을 내세운 나머지 우리 생명의 기반인 자연을 파괴하는 것 또한 잘못이다.[254]

이와 관련해서는 "법계의 상호관계성을 나타내는 인드라의 그물을 '먹이그물'이라는 관점에서 이해"[255]하고 있는 스나이더의 견해를 참고로 할 수 있다. 그에 따르면 '생태계의 모든 존재들은 먹이의 그물망을 타고 서로 에너지를 주고받는 상호관계성을 구축하고 있다.'[256] 이런 "먹이그물의 존재는 '약육강식'의 잔인한 자연이 아니라 오히려 '서로 주고받는 베풂의 잔치'로 이루어지는 공동체를 의미"한다.[257] 생태계의 먹이그물에 속해 있는 인간 역시 자신들의 삶을 위해 자연스러운 먹이그물의 순환성에 따르는 것은 불가피하고 당연하다. 또한 인간의 특수성을 인정하고 인간다운 삶을 영위하려고 노력하는 것도 당연하다. 그러나 중요한 것은 스나이더도 강조하듯이 인간의 삶이 다른 존재들에 의존하고 있다는 것을 깨닫고 모든 것에 감사를 느끼는 것이다.[258] 그것은 곧 다른 존재자들에 대한 존중과 책임감을 의미한다.

인간은 다른 존재들에 비해 더 높은 의식을 가지고 있으며, 그를 통해 얻을 수 있는 지적인 성취와 정신적인 깨달음은 매우 가치 있는 것이다. 그러나 이것을 인정한다고 해서 인간중심주의에 빠지는 것은 아니다. 이것은 '다른 존재에 비해 특권이 증가하는 것이 아니라 반대로 책임감의 증가를 의미한다.'[259] 정신적으로 성숙한 어른이 어린이보다 더 많은 도덕적 책임이 따르는 것처럼 인간에게는 다른 자연 존재들에 대한 책임이 더욱 증가한다. '인간은 가장 진화한 존재로서 자신들이 초래한 오늘날의 생태계의 위기에 대해서도 가장 큰 책임을 져야만 한다.'[260]

이상에서 우리는 그동안 불교생태학에서 생태계의 위기를 극복하기 위한 대안적 사유가 될 수 있는 것으로 제시해 온 불교의 사상과 개념들을 살펴보았다. 이것이야말로 그동안 불교생태학 연구의 주된 성취였다. 이미 보았듯이 그러한 연구가 밝힌 불교의 사상과 개념들은 모든 생명 그리고 더 나아가서는 이 세상에 존재하는 모든 것을 존중할 것, 자연의 내재적 가치를 존중할 것, 욕망을 절제하고 적은 것으로도 만족할 것, 정신적으로 가장 성숙한 존재로서 다른 존재들에 대한 책임을 다할 것 등과 같은 생태윤리를 제공해 준다. 그것은 오늘날 우리가 직면한 생태계의 위기를 극복하기 위한 근본적인 세계관과 가치관을 잘 일깨워준다는 점에서 큰 의미를 갖는다고 할 수 있다. 그러나 이제 불교생태학이 한 걸음 더 나아가기 위해서는 보완해야 할 점이 있다. 불교 속에 생태계의 위기를 극복할 수 있는 원리와 개념들이 이미 풍부하게 담겨 있다는 것을 지적하는 것만으로는 부족하다. 우리나라를 비롯한 동양의 여러 나라들에는 옛날부터 불교적 전통이 자리 잡고 있었음에도 불구하고, 서구 자본주의 사회의 산업문명 내지는 물질문명에 굴복하고 나중에는 그것을 기꺼이 수용함으로써 생태계의 파괴를 피할 수 없었고, 그 과정은 지금도 여전히 계속되고 있다. 문제는 생태계의 파괴에 대해 저항하고 그것을 극복할 수 있는 근원적 세계관과 가치관의 결여가 아니라, 그러한 것들이 존재함에도 불구하고 그것을 잊게 만들거나 그것의 작동을 방해하고, 오히려 그 반대의 논리와 가치관에 따르도록 만드는 자본주의 사회의 작용 메커니즘이다. 그러므로 이제 불교생태학의 핵심적 과제는 본래부터 불교의 지적 전통 속에 들어 있었던 생태학적 지혜들을 재가동해 어떻게 이런 자본주의 산업문명을 변혁해 나갈 것인가를 연구하는 것이다. 앞으로 불교생태학에서 생태계의 위기를 극복할 수 있는 보다 구체적이고 현실적인 대안을 제시하기 위해서는 근대 이후 지금까지 지구상의 인류 대부분의 삶을 지배하고 있는 자본주의 사회가 생태계의 파괴와 어떻게 연관되어 있으며 그것을 어떻게 해결해야 할 것인가 하는 문제를 불교적 관점에서 진지하고 치열하게 탐구할 필요가 있다.

## 4) 불교생태학과 자본주의

생태계의 파괴와 위기 문제는 기본적으로 근대 이후의 문제이다. 이것은 불교생태학자들을 포함한 대부분의 연구자들도 인정하는 바이다. 그런데 불교생태학에서는 생태계의 파괴가 급속도로 진행된 것이 근대 산업사회에 들어와서부터라는 것을 인정하면서도 그 최종적 근원을 서구의 오랜 사유 전통에서 찾았다. 여기서 주목되는 점은 지금까지의 불교생태학 연구서들에서는 근대 산업사회의 발달과 뗄 수 없이 결합되어 있는 자본주의 사회체계에 대한 문제의식과 분석이 거의 눈에 띄지 않는다는 점이다. 근대 사회는 자본주의 사회이며 자본주의 사회체계야말로 급속한 산업사회의 발달을 가져왔다고 할 수 있는데도 말이다. 물론 자본주의가 생태계의 파괴와 관련이 있다는 언급이 전혀 없지는 않다. 예를 들면 김종욱은 자본주의 사회에서 '자연은 이윤 창출의 장이자 개인적 소유의 대상으로서 하나의 상품이 된다'고 함으로써[261] 자본주의 체계가 생태계 파괴의 원인 중 하나임을 인정한다. 그러나 자본주의에 대한 언급은 단지 이런 정도로 가볍게 지나가는 김에 지적하는 정도에 머물 뿐이다. 자본주의 사회체계가 어떻게 산업주의와 결합되어 있으며 그것의 어떤 원리와 작동 방식이 어떻게 해서 생태계의 파괴를 불러일으키는가에 대한 상세한 분석과 고찰은 보이지 않는다. 이것은 그동안 불교생태학이 사회생태론의 문제의식을 충분히 받아들이지 않았음을 의미한다. 이것은 불교생태학이 오늘날의 생태계 파괴 문제에 올바로 대응해 나가는 데 있어서 매우 중대한 결함이 될 수 있다. 서구에는 다양한 사유 전통들이 포함되어 있다. 그런데 어째서 하필 원자론적·기계론적 세계관이나 인간중심주의가 지배적인 영향력을 행사하게 되었는가? 또한 원자론적·기계론적 세계관이나 인간중심주의 같은 사유는 옛날부터 존재해 왔지만 그것이 생태계에 미치는 영향력은 그다지 크지 않았는데 어째서 근대 사회에 들어와서야 그토록 엄청난 파괴적 영향을 미치게 되었는가? 여기에는 근대 이후 서구사회를 오늘날까지 지배해 온 자본주의 사회체계가 절대적인 작용을 했다고 할 수 있다. 그렇기 때문에 불교생태학이 앞으로 한 걸음 더 나아가기 위해서는 자본주의 사회체계가 생태적 위기 문제와 어떻게 얽혀 있는가에 대한 면밀한 탐구와 논의가 필요하다.

서구의 문화 전통 속에는 원자론적 사유나 인간중심주의만이 아니라 그와는 전혀 다른 유기체론적인 사유도 들어 있다. 예를 들면 북미 인디언들을 비롯한 많은 고대 문화나 그리스와 르네상스기 유럽인들은 대지를 살아 있으며 모든 생명체들을 길러주는 어머니로 간주하고, 우주를 육체와 영혼과 정신을 가진 유기체로 간주하였다.[262] 기독교 내의 에크하르트 같은 사상가라든가 근대철학자 스피노자 같은 사람 역시 모든 존재의 평등성과 유기적 통일성을 주장하였다. 대지와 우주를 어머니와 유기체로 바라보는 이런 관점은 자연을 함부로 착취하는 것을 어느 정도 제약하는 요인으로 작용하였다.[263] 그러나 16세기부터 급속하게 팽창한 자본주의 시장경제는 이것을 극적으로 변화시켰다. 무한정한 이윤 획득을 위한 자본주의의 산업적 활동은 자연의 지배와 착취에 대한 제약을 더 이상 허용하지 않았다. 자본주의 생산양식의 급속한 발달과 자연에 대한 유기체론적 사유방식은 도저히 맞지 않았기 때문에, 원자론적·기계론적 사유방식으로 대체되지 않을 수 없었다. 그 때 이러한 원자론적·기계론적 시각을 제공해 준 것이 바로 데카르트와 뉴턴이 대표하는 과학혁명이었다.[264] 여기서 자본주의의 발달과 과학혁명의 선후관계와 같은 문제를 따질 필요는 없다. 중요한 것은 자본주의 사회체계와 결합되었기 때문에 서구의 원자론적·기계론적 세계관은 그토록 막강한 힘을 가지게 되었으며, 오늘날까지도 '산업자본주의 이데올로기와 그에 따른 자연 지배라는 윤리를 정당화시키면서 지속되고'[265] 있다는 것이다.

인간중심주의적 사유는 사실 서양에만 있는 것이 아니다. 예컨대 불교를 비롯해 유가나 도가 철학 등에도 인간을 다른 존재들에 비해 월등히 위대한 존재라고 간주하는 관점은 곳곳에서 찾아볼 수 있다. 물론 인간중심주의가 서구 기독교를 위시한 서양의 전통 속에 더 깊고 넓게 퍼져 있다는 것은 사실이지만, 그것이 곧바로 극심한 생태계의 파괴를 불러일으킨 것은 아니다. 그것은 역시 산업자본주의와 결합되면서부터이다. 인간중심주의적 관점에서 인간의 욕심만을 충족시키려 하고, 인간의 행복을 물질적 소유물의 획득이나 부와 권력을 통해 달성하려고 하는 것 등도 서구문명만의 특징이라고 할 수 없다. 그것은 어쩌면 뿌리 깊은 인간의 보편적 욕망 중의 하나라고도 할 수 있다. 그러나 그러한 욕망이 과도하게 강화된 것은 역시 생산의 목적을 무한정한 이윤의 획득과 부의 축적으로 바꾸어 놓은 자본주의 체계의 발달과 함께였다고 할 수 있다.

이처럼 오늘날 생태계의 위기는 근대 이후 자본주의 체계의 세계적인 지배와 밀접한 관계를 맺고 있다고 할 수 있다. 물론 앞에서도 지적하였듯이 생태계의 파괴는 반드시 자본주의 사회체제에서만 일어난다고 할 수 없으며 사회주의 국가에서도 일어났다. 그러나 기존의 사회주의 체제는 자본주의를 극복하려 했으나 실패하고만 하나의 시도에 불과하다. 지금도 여전히 전 지구를 지배하고 있는 것은 자본주의 사회체계이다. 그러므로 자본주의 사회체계가 불러일으킨 생태계의 위기 문제는 여전히 남아 있다. 그렇기 때문에 불교생태학이 오늘날의 생태계 파괴 문제를 극복하기 위한 길을 찾으려면 자본주의 사회체계가 갖고 있는 반생태적 문제들을 어떻게 해결해 나갈 것인가를 연구해 나가야 한다.

그렇다면 근대 이후 오늘날까지 전 지구상의 인류 대부분의 삶을 지배하면서 생태계를 파괴하여 위기로 몰아넣은 자본주의의 특징과 메커니즘은 무엇인가?[266]

자본주의 사회는 모든 생산물이 상품화되어 서로 교환되는 전면적인 상품생산 사회요, 전면적인 교환경제체제이다. 이 사회에서 생산의 목적은 더 이상 생산자들의 욕구를 충족시킬 수 있는 사용가치를 지닌 물건을 생산하는 것이 아니다. 생산의 목적은 오직 상품을 만들고 팔아서 교환가치를 획득하는 것이다.[267] 이처럼 인간에게 진정으로 필요한 사용가치가 아니라 단지 이윤을 위해 상품 생산을 하는 자본주의는 인간에게 그다지 필요하지도 않은 것을 만들고 그에 대한 소비를 부추김으로써 귀중한 지구의 자원을 낭비한다.[268] 심지어 자본주의는 돈만 된다면 건강을 해치고 환경을 오염시키는 상품과 같이 해로운 상품까지도 얼마든지 생산하고 판매한다.[269] 교환가치 위주의 자본주의 사회에서는 상품을 생산해서 교환가치를 벌어들일 수 있는 생산활동이 아니지만 인간의 삶에는 더할 수 없이 중요한 활동들, 예를 들면 '물물교환, 품앗이, 봉사, 무상의 가사노동, 자급자족적 활동, 공해비용을 줄이는 자연보호나 재순환적인 경제활동 등을 경시하고 무시'한다.[270] 또한 자본주의에서는 인간 삶의 기본이 되는 농업보다는 이윤추구에 유리한 다양한 상품을 생산하는 제조업이 더 중시되기 때문에 농업부문은 침체된다. 이로 인해 특정 지역에 편중된 공업은 도시화를 초래하고 농촌공동체는 붕괴된다. 그리고 농촌공동체의 파괴로 노동력이 부족한 농촌에서는 영농의 기계화, 과다한 농약이나 비료의 사용 등과 같은 반생태적 농법이 지배적이게 되어 환경을 파괴하게 된다.[271]

자본주의 사회에서 이윤은 교환가치만을 가진 화폐의 축적을 통해 획득되며 그것은 무한정하게 추구할 수 있다. 자본주의 체계 속에서는 인간의 활동이 어떠한 형식을 취하건 간에 그것의 지배적 목표는 최대량의 화폐의 축적이다. 화폐는 모든 것의 가치를 측정하고 획득할 수 있는 보편적인 수단이기 때문에, 최대량의 화폐 획득이 다른 모든 성취와 만족의 극대화를 위한 필수조건으로 간주된다. 그리고 시간이 흐르면서 화폐의 획득은 다른 욕구의 충족과 무관하게 목표 자체가 된다. 수단과 목적의 전도가 일어나는 것이다. 이렇게 됨으로써 인간 전체가 화폐가 지배하는 자본주의의 경제적 그물망 속에 완전히 편입된다.[272] 돈 버는 것이 목표가 된 자본주의 사회에서는 무한정한 이윤을 추구하는 것은 지극히 당연하고 정당한 인간의 활동이라는 이데올로기가 확산되면서 만족할 줄 모르게 인간의 욕망을 부풀린다. 그리고 이렇게 부풀려진 인간의 욕망은 한계를 가진 생태계의 파괴를 초래하지 않을 수 없다.

남보다 많은 이윤을 획득하기 위해 보다 효율적인 기술과 기계를 도입하여 생산성을 높인 자본가는 다른 자본가와의 경쟁에서 유리한 고지를 점령할 수 있다. 이 때문에 자본가들은 어떻게 해서든지 다른 자본가들보다 한 발 앞서 기술을 개발하고 생산성을 높일 수 있는 방법을 찾으려고 한다. 이러한 자본가들 사이의 무한경쟁을 통해 자본주의 산업은 끊임없이 발전한다. 이런 사정 때문에 이전 사회의 특징이었던 단순재생산은 이제 자본주의적 확대재생산에 자리를 내주게 된다.[273] 자본주의 사회에서 경쟁적으로 도입되는 과학기술은 점점 더 많은 비용이 들어가고 규모가 커지기 때문에 작은 기업에서는 감당하기 어려워 대기업에게 유리하고, 이 때문에 점점 더 대기업에 의한 독점적 지배가 강화된다. 기업들은 누가 시키지 않아도 경쟁에서 쓰러지지 않으려면 계속해서 전속력으로 달려야 한다. 자본주의가 지금까지 인류 역사상 가장 빠르고 효율적으로 생산력을 발전시키는 체계가 된 것은 바로 이러한 경쟁의 메커니즘 때문이다.[274] 이러한 자본주의 경쟁체제는 자원의 절약이 아니라 최대한의 빠른 사용과 소비를 초래한다. 그렇기 때문에 경쟁을 통한 "지속적인 경제 성장의 추구는 생태계 재생력의 파괴"[275]를 가져온다고 할 수 있다.

이러한 자본주의의 메커니즘을 옹호하고 지지해 주는 것이 성장과 발전의 이데올로기 및 경쟁의 이데올로기이다. 끊임없는 성장을 통한 무한정한 이윤의 추구라는 목표는 기업을 넘어 자본주의 사회의 거의 모든 사람들로까지 확대되어 '무엇이 어찌되었건 하여간 경제성장을 하지 않으면 안 된다'는 사고방식이 자리 잡고, 그것은 '이데올로기가 아니라 객관적인 사실, 혹은 객관적인 필요성'이라고 여겨지기에까지 이른다.[276] 살아남기 위한 자본가들의 끊임없는 경쟁은 자본에 종속되어 있는 모든 사람들에게 내면화된다. 그리하여 사람들은 '자본이 강제하는 생존경쟁을 마치 자신의 삶의 논리인 것처럼 굳게 받아들이게' 된다.[277] 그리고 이렇게 된 사람들은 연대와 단결의 패러다임이 아니라 경쟁과 분열의 패러다임 안에서 오로지 '더 높은 사다리 오르기 게임'에 열중하게 된다.[278] 이처럼 성장과 발전의 이데올로기 및 경쟁의 이데올로기는 자본주의 사회의 대다수 사람들에게 내재화되어 '인간의 건강이나 인격은 물론 자연생태계를 지속적으로 파괴시켜나가게 된다.'[279]

자본주의 사회에서 상품판매를 통해 이윤을 획득하기 위해서는 시장에서의 자유로운 활동이 중요하다. 어떠한 제약도 받지 않고 자유롭게 계약당사자들끼리 거래를 할 수 있는 자유시장이야말로 자본가들의 이윤 획득을 위한 가장 중요한 조건이다. 이 때문에 자본가들을 비롯한 자본주의의 옹호자들은 자유시장이야말로 모든 사회·경제 문제를 해결할 수 있는 가장 좋은 수단이라고 주장한다. 이런 견해는 자본주의 경제학의 시조인 아담 스미스에 의해서 전파되기 시작하였다. 그에 따르면 인간은 개인적 이익에 대한 탐욕에 따라 움직이는데, 그것을 규제할 것이 아니라 마음껏 경쟁할 수 있는 자유시장에 맡겨두면, 시장의 가격 결정 메커니즘에 의해 자원의 가장 효율적이고 바람직한 분배가 이루어진다. 그리고 이것은 결국 자본주의 사회의 개인이나 기업 모두에게 이익을 가져다준다.[280] 데이비드 리카르도는 자유시장의 논리를 국제간 무역에까지 적용시킨 아담 스미스의 무역이론을 더욱 발전시켜, 어느 나라나 비교우위에 있는 제품을 특화하여 생산하고 교역하면 당사국들이 모두 혜택을 보게 된다는 이론을 주창하였다.[281] 그러나 이것은 현실과는 너무나 동떨어진 주장이다. 모든 것을 자유시장에만 맡겨 놓으면, 자본의 힘을 이용해 과학기술, 지식 및 정보 등을 장악하여 유리한 위치에 서는 소수의 대자본과 대기업에 의한 독점을 초래하게 된다. 이것은 자유시장을 그 자체에만 맡겨 놓으면 결국 자유시장을 무력화시킴으로써 소수의 대자본에게만 이익을 가져다주게 된다는 역설을 말해준다. 그럼에도 불구하고 아담 스미스 이래 자유시장이 만능이라는 이데올로기는 자본주의 사회를 철저히 장악해 왔다.

끊임없는 경쟁을 통한 확대재생산과 이윤율의 저하 경향 등으로 자본주의는 생산과잉 사태에 직면하게 되는데, 자본주의 국가들은 새로운 시장 개척으로 이러한 위기를 돌파하기 위해 해외 시장을 놓고 치열한 경쟁을 벌인다. 그리고 이것은 전 지구를 하나의 시장으로 묶는 세계화를 초래한다. 신자유주의에 기초해서 세계화론자들은 전 세계의 기업들이 국가의 개입 없이 세계시장에서 경쟁을 해 나가면 결국 모든 나라가 이익을 보게 될 것이라고 주장한다. 그들은 세계적인 무역과 자본이동의 자유화를 주장하고, 이를 보장하기 위해서 모든 나라가 개방화, 탈규제화, 민영화, 유연화 정책을 추진할 것을 주장한다. 이러한 세계화 정책은 신자유주의를 기조로 하는 여러 나라와 국제통화기금(IMF)이나 세계무역기구(WTO) 등의 각종 국제기구의 뒷받침으로 현실화되었다.

사실 세계화는 전 세계를 자유시장으로 만들어 무한정하게 이윤을 획득해 나가려는 초국적기업들의 이해관계에 따르는 것인데, 이것을 정당화시켜주는 것이 세계화의 이데올로기이다. 세계화론자들의 주장과 달리 세계화는 수많은 문제들을 낳고 있다. 이런 문제에 대해서는 앞의 '세계화와 화엄사상'이라는 글에서 살펴본 바가 있다.

끊임없는 시장의 확대를 꾀하는 자본주의는 외연적으로만 시장을 넓히는 것이 아니라 내포적으로도 시장을 확대하려 하는데, 그것은 소비문화를 촉진하는 것을 통해서 이루어진다. 자본주의는 상품의 판매를 위해 선전과 광고를 포함한 여러 가지 전략을 동원해 소비주의적인 생활 방식을 부추기고 유도함으로써 소비문화를 활짝 꽃피게 만든다.[282] 자본주의 사회는 물질적 소비를 통한 욕망의 충족으로 행복에 도달할 수 있다는 이데올로기를 널리 퍼뜨린다. 대자본가들은 소비문화를 부추기기 위해 "마케팅 환상을 만들어 내는 사람들, 그러니까 부풀려진 가격에 꼭 살 필요 없는 상품들을 구매하도록 소비자를 설득하는 일이 주 기능인 자들에게"[283] 엄청난 보상을 한다. 대중을 자본주의 사회로 통합하는 것은 소비주의를 체화하도록 만드는 것을 포함한다. 노동영역에서 소외되어 삶의 보람을 찾기 어려운 대중들로 하여금 소비를 통해 행복을 추구하도록 만들면 그들을 자본주의 시스템에 꽁꽁 묶어둘 수 있다.[284] 그러나 인위적으로 조작되어 엄청나게 부풀려진 욕망을 충족시키려 하는 자본주의 사회의 소비주의적 생활양식이 지배하는 한 생태계의 파괴는 필연적이다. 그러므로 구성원 대다수가 소비문화 이데올로기를 내면화하고 소비주의적 삶을 체화한 자본주의 사회체계는 지구 생태계가 갖고 있는 한계와 모순되어 점점 더 전 지구적 파멸로 나아가지 않을 수 없다.

자본주의 사회는 위에서 말한 바와 같은 특징과 메커니즘 및 그것을 옹호하고 정당화하는 이데올로기를 가진 사회로서 객관적으로는 물론 주관적으로도 사람들을 그 체계에 단단히 묶어 놓음으로써 그에 대한 비판적 인식과 저항을 어렵게 만든다. 이것은 특히 우리가 현재 다루고 있는 생태계의 문제에서도 그러하다. 그런데 그동안 불교 역시 이러한 문제들에 제대로 대응해 오지 못했다. 여기에는 몇 가지 요인이 작용해 왔다. 우선 근대 이전에 발전한 불교의 교리 속에는 직접적으로 생태계의 파괴 문제를 심각하게 숙고한 부분은 포함되어 있지 않았다. 생태계의 위기에 직면하지 않았던 시기의 불교에게 이것은 당연한 일이었다. 또한 전통적으로 불교는 깨달음을 통한 인간의 내적인 변화 문제를 매우 중시해 왔다. 그런데 불교에는 이처럼 내면적 것에 치중한 나머지 사회적인 것에 대해서는 상대적으로 무관심한 문제가 종종 나타났다. 설령 사회적인 문제에 관심을 갖는다 할지라도 그 원인이나 극복 방법은 거의 대부분 내면에서 찾는 것이 전통적인 불교의 특징이었다.[285] 그렇기 때문에 그동안 불교생태학에서도 생태계의 위기 문제를 다루면서 그 원인의 진단이나 해결방안을 제시함에 있어서 주로 개인의 세계관과 가치관 같은 내면의 사유적 측면에 초점을 맞추어 왔다. 물론 이것은 생태계의 위기 문제를 환기시키고 그것을 해결하기 위한 노력에 상당한 자극을 주었음은 분명하다. 그럼에도 불구하고 지금까지 불교생태학은 앞서 말한 생태계를 파괴하고 위기로 몰아넣는 자본주의의 특징과 메커니즘에 대해 불교적 관점에서 어떻게 대응할 것인가에 대한 고민이 부족하였기 때문에 자본주의 사회체계의 한계를 극복할 수 있는 방안을 제시하고 그것을 실천해 나가는 운동으로 크게 나아가지 못했다.[286]

그동안 불교계에서 자본주의에 대한 논의들이 없었던 것은 물론 아니다. 자본주의에 대한 불교계의 여러 논자들의 다양한 견해에 관해서는 앞의 '세계화와 화엄사상' 가운데 '화엄사상의 관점에서 본 세계화와 세계체제'라는 절에서 얘기한 바가 있다. 그러나 어느쪽이건 간에 그동안 자본주의에 대한 불교계의 논의들, 그중에서도 특히 불교생태학과 관련된 논의들 대부분은 개인의 내면의 변혁이라는 차원에 치중하여 사회의 (제도적 법적) 변혁이라는 문제에 대해서는 상대적으로 매우 소홀했다고 할 수 있다. 이 점은 불교적 관점에서 자본주의를 어떻게 변화시켜나갈 것인가를 논한 윤성식의 글에서 매우 뚜렷하게 드러난다.

　윤성식은 우선 불교가 '시장과 자본에 우호적이었고 재물에 대해 매우 긍정적'[287]이었다고 하면서 불교가 자본주의와 상당한 친연성을 갖고 있다고 간주한다. 그렇지만 윤성식은 자본주의 시장경제는 '더 많은 생산과 소비를 행복의 기준으로 여겨 소비지향적 문화가 팽배하여 자원을 낭비하게 만들며', '자원배분이 형평의 원칙에 어긋나 경제적 약자가 더욱더 가난해지는 불공평이 만연하게 되는' 등의 문제점이 있다고 간주한다.[288] 그렇기 때문에 불교에서는 자본주의 시장경제를 그대로 받아들일 수는 없다. 그렇기 때문에 윤성식은 불교적 관점에서 시장자본주의의 병폐를 극복할 수 있는 새로운 시장자본주의를 제안하며 그것을 불교시장자본주의 또는 줄여서 불교자본주의라고 부르고 있다.[289] 그리고 윤성식은 그러한 "불교자본주의가 시장자본주의와 가장 다른 점은 불교경제윤리에 기반하고 있다는 점"[290]이라고 말한다. 그는 "현재 우리가 목격하고 있는 자본주의 시장경제 위기의 원인을 탐욕과 이기심으로 본다면 불교경제윤리로부터 문제해결의 열쇠를 찾아야 한다"[291]고 간주한다. 이런 관점에서 윤성식은 시장자본주의의 문제점을 해결하기 위해서는 사회 제도의 개혁이 아니라 윤리가 가장 중요하다는 점을 일관되게 계속해서 강조한다. 예를 들면 이렇다 : "탐욕과 이기심은 근본적으로 윤리적인 방법으로 해결해야 한다. 인간의 탐욕과 이기심을 법으로 금지한다고 해서 탐욕과 이기심이 없어지지는 않는다. 법은 오직 탐욕과 이기심으로 인한 잘못된 행위를 처벌할 수 있을 뿐이다. 탐욕과 이기심은 법의 영역이 아니라 윤리의 영역이다. 기존 윤리는 탐욕과 이기심을 무조건적으로 억제하려고 했지만 불교 경제윤리는 수행과 불교사상에 의해서 인간의 탐욕과 이기심을 관리하고 궁극적으로 극복하려고 한다."292 이렇게 해서 결국 윤성식은 '연기(와 그에 기초한 불교윤리)를 깨달은 개인과 기업에 의해 이루어지는 연기자본주의, 즉 불교자본주의'293를 시장자본주의의 병폐를 극복할 수 있는 방안이라고 간주하고 있다.

이처럼 윤성식은 사회의 법적·제도적 변화나 개혁의 방안에 대해서는 전혀 논의하지 않고 개인(기업)의 윤리적 변화만을 얘기하고 있다. 그리고 그것은 모든 개인과 기업이 깨달음에 도달해서 불교의 윤리에 따름으로써 가능하다고 얘기하고 있다. 그러나 이러한 주장은 지극히 추상적이고 관념적인 수준에 머물러 있는 것이다. 윤성식은 불교경제윤리와 기존의 윤리가 전혀 다른 것으로 주장했지만, 기존의 윤리 역시 그 나름의 방법에 의해 인간의 탐욕과 이기심을 관리하고 극복하려 했다. 그럼에도 불구하고 윤리적 가르침만으로 사회적 변혁이 이루어지지 않기 때문에 법과 제도적 변혁이 필요한 것이다. 올바른 사회적 변혁을 통해 마련하려는 법적 제도적 장치는 인간의 탐욕과 이기심을 금지하여 없애려는 것이 아니다. 오히려 그것은 깨달은 소수의 인간은 예외일 수 있어도 많은 인간의 탐욕과 이기심은 윤리적 가르침에 의해서도 사라지지 않는다는 사실을 인정하는 데서 출발하는 것이다. 그렇기 때문에 법적 제도적 장치는 그를 통해 탐욕과 이기심에만 따르는 행위가 도리어 손해를 보게 함으로써 그것을 억제하려는 것이다. 모두가 깨닫고 난 뒤에야 가능한 불교자본주의, 연기자본주의란 공허한 주장일 뿐이다. 물론 종교인 불교가 법적·제도적 변혁의 직접적인 주체나 기구가 될 수는 없다. 불교는 어디까지나 인간의 의식과 정신의 깨달음과 변혁을 통해서만 작용할 수 있다.

문제는 그 깨달음이라는 것이 언제나 지극히 추상적인 수준에만 머물면, 정작 구체적 현실 속에서는 그와 모순되는 입장과 태도를 취할 수 있다는 것이다. 중요한 점은 추상적인 도덕률이 아니라 불교의 정신과 윤리에 맞도록 법과 사회경제적 제도를 어떻게 변혁해 가야 할 것인가를 연구하는 일이다. 여기서 다루고 있는 생태계의 위기와 연관해서 말한다면 불교적 관점에서는 환경을 파괴하고 자원을 낭비하면서는 이윤을 획득할 수 없도록 만드는 법적 제도적 장치를 어떻게 마련하고 또 개혁해 나갈 것인가를 연구해야만 한다. 그러므로 앞으로 불교생태학이 힘을 기울여야 할 것은 생태계의 파괴를 불러일으키는 자본주의 사회를 극복하기 위한 여러 가지 방안들을 불교적 관점에서 어떻게 볼 것이며, 불교의 사상으로 그것을 어떻게 뒷받침할 것인가를 연구하는 일이다. 그것이야말로 불교생태학이 자연과 인간이 평화롭게 어우러져 살아가는 미래문명을 여는 데 기여하는 길이다. 이제부터는 자본주의의 생태계 파괴 문제를 극복하고 미래로 나아가기 위한 몇 가지 방안들에 대해 살펴보기로 하자.

## 5) 불교생태학과 미래문명

앞에서 보았듯이 교환가치 위주의 자본주의 사회는 자원의 낭비를 초래하고 환경을 오염시키는 상품도 마구 생산하고, 교환가치를 벌어들일 수 없는 소중한 인간 활동들은 모두 경시하고, 농업부분을 침체시키고 농촌공동체를 파괴하고, 무한정한 이윤을 추구하고, 무한정한 욕망을 부추긴다. 이렇게 함으로써 자본주의는 한계를 지닌 생태계를 파괴한다. 이러한 자본주의의 병폐를 제어하기 위해서는 우선 사회의 모든 방면에서 교환가치가 아니라 사용가치가 높은 것을 우선시할 수 있는 방안을 모색해야 한다. 이를 위해서는 소위 '돈 되는' 것만을 중시하여 그것만 남기고 나머지는 모두 정리해 버리는 '구조조정' 같은 것에는 강력히 반대해야 한다. '돈이 안 돼도' 진정으로 인간다운 삶에 보탬이 되는 활동들을 적극적으로 장려하고 보호해 주어야 한다. 이에는 정부의 강력한 보호와 투자 정책이 필요하다. 또한 사람이 살아가는 데 가장 중요한 먹을거리를 담당하는 농업을 중시하는 정책을 펴야만 한다. 이를 위해서는 "1차 산업의 회복과 더불어 밥상 자립화를 할 정도로 그 비중을 키우는 … 반면 2차 산업, 3차 산업은 생계 해결과 삶의 질 향상에 도움이 되는 정도로만 발전"[294]시키는 방향으로 정책을 바꾸어 나가야 한다. 농업부문을 활성화하기 위해서는 공산주의를 지양하면서 동시에 자본주의를 대체할 수 있는 대안제도로서 프라우트 (PROUT=Progressive Utilization Theory, 진보적 활용론)라는 모델을 제시한 사카르(P. R. Sarkar)의 주장처럼 토지를 점진적으로 지역의 풀뿌리 협동조합의 공동소유가 되도록 하는 방식과 같이 토지의 공개념화를 강화할 필요가 있다.[295] 그리고 진정으로 농업을 살리기 위해서는 현재와 같이 엄청난 비료와 농약을 사용하는 파괴적인 화학 농법이 아니라, 사람이 중심이 되어 생태적 농법으로 농사를 짓는 공생두레농을 육성하고, 농민과 도시인이 유기적으로 결합하여 건강한 농산물을 적정한 값에 소비할 수 있는 도농공동체가 형성될 수 있도록 적극적인 정책을 펴 나가야 한다.[296]

무한정한 욕망에 따라 무한정한 이윤을 추구하는 자본주의의 병폐를 제어할 수 있는 여러 방안에 대해서도 깊이 고민해야 한다. 지금까지 제시된 방안으로는 우선 누진세의 강화가 있다. 예를 들면 코튼은 "최저선의 보장 소득을 초과하는 소득액에 대해서는 정밀한 누진세 부과"하고, "사회적으로 해롭거나 혹은 환경을 파괴하거나 과도하게 소비하는, 꼭 필요하지 않은 소비재에 대해서는 상당한 비율의 특별 소비세가 적용되어야 한다"고 주장하였다.[297] '누진세가 경제적 동기를 약화시킬 것'이라는 주장이나 '세율감축이 경제를 성장시킨다'는 주장은 부자들의 일방적 입장을 대변하는 것일 뿐이다.[298] '누진세는 경제의 효율을 감소시키는 대신 오히려 증가'시킨다.[299] 모든 사람에게 기본적인 인간 삶을 영위할 수 있도록 최저생계비를 보장하고, 임금의 격차가 너무 벌어지지 않게 적정선 이내로 최고 임금을 제한한다거나, 소득의 최고한도를 부여하는 등의 방안도 있다.[300] 사카르는 '부의 편중은 소득의 불평등을 초래하며, 경제공황의 주범'이기도 하기 때문에 '부의 축적은 엄격히 통제되어야 하며, 부에서 발생하는 소득, 즉 재산소득도 임금소득과 마찬가지로 통제되어야 한다'고 주장한다.[301]

이상과 같은 방안들은 자본주의의 생태계 파괴 경향을 제어하고 극복할 수 있는 몇 가지 효과적인 방법들이 될 수 있는데, 이러한 것들은 불교의 근본정신과도 합치할 수 있다고 여겨진다. 예컨대 교환가치 위주가 아니라 사용가치를 지닌 모든 것을 존중하는 방안들은 이 세상에 존재하는 모든 것의 가치를 인정하는 화엄사상과 상통하는 것이 될 수 있을 것이다. 나와 내 것에 대한 욕망과 집착을 벗어날 것을 가르치는 연기론과 그에 기초한 무아 사상은 무한정한 욕망과 무한정한 이윤을 추구하는 자본주의를 극복하기 위한 방안들을 지지하는 것이 될 수 있다. 이것은 소욕지족(少欲知足)이라는 불교의 정신도 마찬가지이다. 행복한 삶과 올바른 삶은 욕심을 통해 얻어지는 것이 아니라, 만족할 줄 아는 데서 얻어진다는 것이 불교의 근본적인 정신이다.[302]

앞에서 우리는 자본주의의 무한경쟁과 끊임없는 확대재생산이 자원의 고갈과 생태계의 파괴를 초래하는데도 성장과 발전 및 경쟁의 이데올로기가 그것을 정당화하고 있다는 것을 살펴보았다. 자본주의의 이러한 병폐에 대해서도 많은 대안적 방안을 숙고해 보아야 한다. 우선 무엇보다도 성장과 발전이 행복을 가져다줄 것이라는 환상에서 벗어나서 무조건적인 경제성장이 아니라 진정으로 행복한 삶을 위한 방향으로 모든 국가의 정책을 전환해야 한다. 이에 관해서는 1972년부터 2006년까지 부탄의 4대 국왕으로서 경제성장만을 중시하는 국민총생산(GNP) 대신에 국민총행복(GNH, Gross National Happiness)이라는 개념을 기조로 한 정책을 펼쳤던 지그메 싱예 왕추크를 모델로 삼을 수 있다.[303] '스웨덴의 생태운동가인 헬레나 노르베르 호지는 이에 감동하여 이를 토대로 행복의 경제학을 제안'하기도 하였다.[304]

인간들의 진정한 행복과 생태계의 보전을 위해서는 무조건적인 성장과 발전이 아니라 지속가능한 발전, 또는 더 나아가 제로성장 정책으로의 전환이 필요하다.[305] 이를 위해서는 '경제를 합리화하고 그 규모를 줄이는 것'이 필요한데, 예컨대 이것은 무기산업이나 공해유발산업, 호화로운 소비산업과 같은 것에 제한을 가하고 축소해 나가는 방법 등을 들 수 있다.[306]

또한 일찍이 슈마허가 언급했던 것처럼 대량생산 대량소비를 위한 거대한 기계와 과학기술이 아니라, 자원과 에너지를 적게 사용하고 인간적 규모에 알맞은 작고 간소한 '적정기술'이 위주가 되는 사회로의 전환도 중요한 것으로 얘기할 수 있다. 그리고 또한 무조건적인 성장이 아니라 '정의에 바탕을 둔 분배'를 효과적으로 할 수 있도록 정책을 전환시켜나가는 것도 중요하다고 할 수 있다.[307]

무한경쟁은 성장과 발전을 가져오는 것으로 찬양된다. 물론 경쟁은 성취 욕구를 자극해서 성장을 촉진하는 점이 있고, 그것을 부정적으로만 볼 필요는 없으며 잘 활용한다면 좋은 결과를 낳을 수 있다. 그러나 문제는 모든 구성원들로 하여금 쉴 새 없이 언제까지나 전속력으로 달려가지 않을 수 없도록 만드는 상대적 무한경쟁의 방식이다. 이런 경쟁이 낳는 병폐를 극복하기 위해서는 열심히 노력해 일정한 기준을 충족하기만 하면 충분한 보상을 받을 수 있도록 하고, 경쟁으로 인한 격차도 과도하지 않으며, 경쟁에서 패배한 약자도 보호하면서 다시 일어설 수 있게 도와줄 수 있도록 경쟁의 방식을 바꿔 나가야 한다. 경쟁의 이데올로기를 내재화한 사람들은 어떻게든 악착같이 일해서 남을 제치고 앞서나가려 함으로써 "자발적 노동 중독자"[308]가 된다. 여기에서 벗어나려면 일자리 나누기를 통한 "모든 생활 영역에서 과감한 노동시간 단축"[309]과 같은 정책이 필요하다. 사람들도 이제 삶의 목표를 '더 빨리 더 많이 더 높이'라는 경쟁적인 것에서 '더 느긋하게 더 적게 더 낮게'라는 상생적인 것으로 바꿔야 한다.[310] 이것은 삶의 목표를 경쟁을 통해 출세하고 부를 획득하는 것이 아니라 더 많은 시간을 갖고 풍요로운 인간적 활동을 함으로써 그 즐거움을 향유하는 쪽으로 바꾸는 것을 의미한다.

성장과 발전 그리고 경쟁의 폐해를 줄이고자 하는 여러 가지 생각과 정책들은 불교의 근본정신과 합치한다. 우주 속의 만물이 상호의존적인 연기적 관계, 상즉상입하는 불이적 관계에 놓여 있다는 연기론과 화엄사상이라든가, 하화중생(下化衆生)·동체대비(同體大悲)·자비 사상은 자연과 인간, 인간과 인간이 끊임없이 경쟁하는 것이 아니라 상생하고 협력하도록 하는 모든 노력들을 뒷받침하는 근거가 될 수 있을 것이다. 앞에서 말한 소욕지족이라든가, 물질적 풍요보다는 명상적이고 관조적인 삶을 지향하는 불교의 정신 등은 인간의 삶과 생태계를 위기로 몰아넣는 성장과 발전이 아니라 진정한 행복과 공존을 위한 모든 노력들을 지지하는 근거가 될 수 있을 것이다.

앞에서 보았듯이 자본주의는 이기적 인간관에 입각하여 자유시장이 만능이라는 이데올로기를 널리 전파하고 그에 기반한 제도를 근간으로 삼고 있다. 그리고 그것은 전 세계를 점차 하나의 시장으로 만드는 세계화로 이어졌다. 그러나 이것은 빈부격차와 사회양극화를 확대·심화시키고, 복지사회의 기반을 무너뜨리고, 자율적인 지역공동체를 붕괴시키고, 전 세계의 자연을 급속도로 파괴하고 있다. 또한 자본주의는 엄청나게 욕망을 부풀리며 소비문화를 발달시킴으로써 지구생태계를 파멸로 몰아가고 있다.

불교생태학에서는 자본주의의 이러한 문제를 극복하기 위해 제시된 여러 가지 방안들에 대해서도 진지하게 고찰해 보아야 한다. 우선 무엇보다도 기본적인 것은 시장만능주의의 기만과 환상으로부터 벗어나 보편적인 복지사회를 건설하는 쪽으로 모든 정책의 방향을 전환하는 일이다. 이것은 인간의 삶에 꼭 필요한 지출에서 개인이 부담해야 하는 몫을 줄이는 대신 사회가 공동으로 부담하는 몫을 늘리는 것을 의미한다. 이를 위해서는 막대한 세금이 필요하다. 그렇기 때문에 복지사회의 건설을 바란다면 구성원들은 기꺼이 증세의 부담을 짊어지려고 해야 한다. 물론 소득과 재산에 따른 보다 강화된 누진세 등의 운영은 필수적이다.

복지사회로 나아가기 위해서는 시장에 맡길 부분과 국가나 사회에 맡겨야 할 부분을 구분해야 한다. 국가나 사회에 맡겨야 하는 부분은 모든 사람의 기본적인 인간적 삶을 위해 꼭 필요한 영역, 즉 공공재와 연관된 공공영역 부분이다. 공공영역의 문제들은 자유화나 민영화의 장밋빛 환상에서 벗어나 국가의 적극적인 정책을 통해 공동체적으로 해결하도록 해야만 한다.

그러나 물론 시장의 영역에 맡겨야 할 부분도 있다. 시장의 메커니즘이 갖는 장점을 부정할 필요는 없다. 시장은 개인과 기업의 창의성과 생산성을 발휘할 수 있도록 하는 데에 매우 중요한 역할을 한다. 또한 시장은 사회 구성원들이 재화와 용역을 생산하고 서로 교환하는 과정을 매우 쉽게 만들어준다. 그렇기 때문에 앞에서 말한 공공영역을 제외한 많은 부분은 기본적으로 시장의 메커니즘에 맡겨 놓는 것이 좋다. 그렇지만 그것은 어디까지나 정부의 적절한 개입과 통제하에서 이루어져야 한다. 시장의 기능이 왜곡되지 않고 제 기능을 잘 발휘하려면 오히려 정부의 적극적 개입이 필요하다. 예컨대 그러한 것들로는 '독점을 제지하고 공정한 경쟁이 이루어지도록 감시하는 것', '경제적 형평성이 무너지지 않도록 적절한 조치를 취하는 것', '자연과의 균형을 유지하여 생태적 지속 가능성을

확보할 수 있도록 적절한 제한을 가하는 것' 등을 들 수 있다.[311]

앞에서 보았듯이 시장을 끊임없이 확대해서 세계화에까지 이른 자본주의 사회는 빈부격차의 확대, 사회 양극화의 심화, 복지사회 기반의 붕괴, 생태계 파괴의 전 지구화 등을 초래한다. 이처럼 인간의 삶을 피폐하게 만들고 생태계를 위기로 몰아넣는 세계화된 대규모의 경제를 극복하기 위해서는 '고삐 풀린 세계화'에 대해 제약을 가하는 한편, 지역경제를 활성화하고 공동체를 회복해야 한다. 이런 방안에 관해서는 앞서 '세계화와 화엄사상'이라는 글에서 살펴본 바가 있다.

여기서 공동체 운동에 관해 좀 더 얘기하자면, 현대 사회에서 공동체 운동은 1960년대 이후 세계 곳곳에서 자본주의 문명을 비판하고 새로운 대안적 문명과 삶의 양식을 추구하는 사회운동으로 일어났다. 우리나라에서는 주로 1980년대 이후 여러 공동체들이 만들어졌다.[312] 지금까지 만들어져 실험되고 있는 공동체들은 여러 가지로 나눌 수 있다. 강수돌은 공동체를 그 동기나 강조점에 따라 생산 공동체, 마을 공동체, 교육 공동체, 소비 공동체, 화폐 공동체 등 다섯 가지로 나누고 있고[313], 유정길은 공동체를 종교공동체, 공동소유공동체, 공동주거공동체, 마을공동체, 생산공동체, 네트워크공동체 등으로 나누고 있다.[314] 이런 공동체들은 각기 조금씩 특징을 갖고 있으면서도 현실적으로는 서로 겹치기도 하면서 공통적으로는 작은 공동체 중심의 자립적이고 자율적인 삶을 이상적인 것으로 추구하고 있다.

이 중에서도 화폐공동체 또는 네트워크공동체라 부르는 공동체는 대안화폐를 이용하여 도시와 농촌 어디에서나 쉽게 공동체적인 삶을 조직할 수 있는 공동체라는 점에서 특히 주목할 만하다. 지역

화폐 또는 녹색화폐라고도 부르는 대안화폐는 레츠시스템(LETS, Local Exchange Trading System)에서 시작되었다. 레츠시스템은 1980년대 초 높은 실업률로 침체되어 있던 캐나다 브리티시컬럼비아의 코목스라는 곳에서 마이클 린턴(Michael Linton)에 의해 시작된 후 전 세계로 확대되었다. 이것은 국가의 화폐를 사용하지 않고 지역사회 주민들끼리 물품과 서비스를 주고받는 교환체계이다. 이 체계에서는 돈이 없어 경제활동에 참여할 수 없고 쓸모없는 것으로 취급을 받던 사람들도 누구나 자신이 가지고 있는 능력을 서로 나눔으로써 주체적으로 살아가면서 하나의 공동체를 일궈 나갈 수 있다. 지역공동체 형성에 기여할 수 있는 대안화폐로는 이 밖에도 인쇄된 지역화폐인 '이사카 아워'라든가, 회원끼리 봉사한 서비스에 대한 시간을 저축한 뒤 나중에 봉사를 요구할 수 있도록 하는 '타임 달러' 등이 있다.[315] 아직 그다지 많지는 않지만 한국의 불교계도 공동체운동에 참여하고 있다. 그런 한국 불교의 공동체로는 '실상사 사부대중공동체'와 '정토회'를 들 수 있다. 이들은 각기 그 아래 여러 기구를 두고 생태계와 조화를 이루는 생활양식을 함께 실천하기 위한 다양한 활동들을 전개하고 있다.[316]

자급자족과 지역 내의 교역을 기반으로 하는 지역공동체 중심의 경제와 생활은 여러 가지 장점을 가지고 있다. 그것은 자립성에 의해 바깥의 경제적 변동에 따른 불안정성의 영향을 상대적으로 적게 받는다. 그것은 지역 자원을 최대한 활용하고 지역 내 고용을 활성화시킨다. 생산물의 불필요한 이동이 줄어들어 에너지와 물류비용이 절감되고 공해가 적어진다. 주민 사이의 연대와 상호부조가 강화된다. 수많은 지역공동체의 건설은 국가 전체의 균형발전을 가져올 수 있다.[317] 이 밖에도 지역공동체는 풍요로운 지역 문화를 만들어내고 향유할 수 있게 하는 기반이 될 수 있다. 이런 수많은 장점을 갖고 있는 자율적인 지역공동체들이 수없이 만들어지고, 그런 공동체들의 느슨한 연대로 세계체계가 이루어진다면, 오늘날의 세계화 체계에서와는 달리 모든 주민들이 주체적이면서도 서로 돕고 상생하며, 생태계와도 조화를 이루는 삶을 살아가는 것이 가능할 것이다.

앞에서 말한 바와 같이 복지사회를 건설하고, 지역경제를 활성화하고 공동체를 회복함으로써 인간답고 생태계와 조화를 이루는 삶을 살아갈 수 있도록 하려는 노력들은 불교의 정신 또는 이념과도 합치한다. 나와 내 것에 대한 집착을 버릴 것을 가르치는 불교의 무아사상은 개인의 것을 덜어서 함께 나눔으로써 복지사회를 이루려는 정책들을 강력하게 지지할 것이다. 이 땅에 모든 백성이 행복한 국가를 건설하겠다는 전륜성왕의 이념 역시 마찬가지이다. 중생의 고통에 공감하고 동정하며 항상 자비로 대할 것을 강조하는 불교의 정신이나 승가공동체의 이상 역시 복지사회와 지역공동체를 활성화하려는 노력들을 뒷받침하는 정신적 자원이 될 것이다. 모든 것의 상호연관성을 주장하는 동시에 각각의 개체 모두를 그 속에 온 우주를 담고 있는 것으로 존중하는 화엄의 불이사상은 수많은 지역공동체에 기초한 다양한 문화들이 꽃피어나는 세계를 만들어 나가려는 노력을 뒷받침할 수 있을 것이다.

앞에서 우리는 지금까지 자본주의의 생태계 파괴 경향을 제어하고 극복할 방안으로 제시된 것들을 살펴보고 불교의 여러 가지 정신과 사상, 이념과 원리, 또는 개념들이 그것들과 합치하고 뒷받침할 수 있다는 걸 살펴보았다. 그러나 그것은 단지 불교생태학이 천착해 나가야 할 과제를 제기해 본다는 차원에서 지적한 것일 뿐이다. 불교생태학이 자연과 인간이 조화롭게 살아가는 미래문명을 건설하는 데 기여하기 위해서는 앞으로 더 많은 연구와 논의가 필요할 것이다.

불교 속에 들어 있는 수많은 원리와 개념들은 지구상의 모든 존재들이 평화롭고 조화로운 세계를 이룰 수 있게 만드는 생태적 삶을 살아가도록 개인들을 각성시키고 강력한 영감을 불어넣으며 동기를 부여한다. 그렇지만 그러한 불교의 정신이 단지 개인의 깨달음과 내면적 개혁에만 머물고 사회적 문제에 대한 올바른 인식과 그 변혁으로 나아가지 못한다면, 그것은 상당히 공허한 추상적 관념에 지나지 않는 것이 될 수 있다. 사실 그동안 불교는 대체적으로 개인의 내면적 변혁에만 치중하고 사회적 인식과 실천에 대해서는 그다지 많은 관심과 노력을 기울여 오지 않았다. 그리고 이 점은 불교생태학에서도 마찬가지였다. 그러나 불교가 현대사회에서 제대로 된 역할을 다하기 위해서는 현대사회의 문제점과 그 해결방안에 대해 진지하게 탐구해야만 한다. 이것은 현대 자본주의 사회체계와 밀접하게 연관되어 있는 생태계의 파괴 문제를 다루는 불교생태학에 있어서도 특히 절실하게 요구되는 일이다.

종교를 순전히 정신적인 초월적인 영역으로 간주해 정치·경제·사회적인 영역으로부터 물러나 초연한 태도를 취해서는 현대사회가 만들어내고 조장하는 인간의 삶과 생태계 위기의 문제를 결코 해결할 수 없다. 그것은 관념적으로는 생태계를 보호해야 한다고 하면서도 실제로는 생태계를 파괴하는 시스템을 용인하고 그것을 강화하는 데 동참하는 셈이다.

프란치스코 교황은 2014년 8월 15일 한국의 대전월드컵경기장에서 수많은 사람들이 참석한 가운데 열린 미사 강론에서 기독교인들에게 '올바른 정신적 가치와 문화를 짓누르는 물질주의의 유혹에 맞서, 이기주의와 분열을 일으키는 무한 경쟁의 사조에 맞서 싸우라'고 하였고, '새로운 형태의 가난을 만들어 내고 노동자들을 소외시키는 비인간적인 경제 모델들을 거부하라'고 촉구하였다.

결코 기독교에 뒤지지 않는 정신적이고 사상적인 깊이를 갖고 있는 불교라면 이런 정도의 사회적 인식은 기본적인 것으로 공유하지 않겠는가? 그러므로 진정한 불교도라면 인간의 삶과 생태계를 파괴하는 현존 사회체계에 대해 저항하고 그것을 변혁시키려는 사회적 실천에 누구보다도 적극적으로 나서야 한다. 물론 종교로서의 불교는 무엇보다도 인간의 내면적 깨달음을 중시하는 것이 당연하지만, 그 깨달음은 우리의 현실 속에서, 생활 속에서, 구체적인 사회 속에서 실천되고 구현되지 않으면 안 된다. 그런 의미에서 불교도의 화두는 궁극적으로는 항상 지금 여기에서 우리는 무엇을 어떻게 해야 하는가가 되어야만 한다. 그리고 이런 관점에서 지금까지는 근본적인 원리와 개념의 탐구에만 집중해 왔던 불교생태학 역시 앞으로는 현대 자본주의 사회체계가 초래한 생태계 위기를 극복하기 위해 우리는 무엇을 어떻게 해야 할 것인가를 밝히는 방향으로 나아가야 할 것이다.

# 맺는 말

커다란 마음의 짐을 하나 내려놓은 느낌이다. 우리 말에 '맘 놔라'는 말이 있다. 어딘가에 마음이 묶여 있으면 마음이 불편하다. 맺혀 있는 마음을 풀어줘야 비로소 편안해진다. 집착을 버리라는 불교의 근본 가르침과 완전히 상통하는 말이다. 마음 놓는 공부인 불교를 공부해 오면서 정작 내 마음은 나도 모르는 사이에 그 성과를 내놓아야 한다는 마음에 사로잡혀 있었던 모양이다. 언제부터인가 '불교를 주된 공부로 삼는 사람이 정작 불교를 사상적으로 제대로 정리한 저서가 없어서 되겠느냐', '그동안 해 왔던 나름의 불교 공부의 성과를 한데 모아 책으로 내야 하지 않겠느냐'는 생각이 내 마음을 짓누르고 있었던 모양이다. '그까짓 게 뭐 그리 대수냐'고 마음을 내려놓으면 될지도 모를 일이지만 그 또한 쉽지 않았다. 어떤 상황에서도 마음을 바꾸고 마음을 편안히 할 수도 있겠지만, 가장 좋은 방법은 역시 마음을 불편하게 만드는 문제를 해결하고 상황을 바꾸는 일임을 새삼 깨닫는다. 이번에 이렇게 한 권의 책을 내면서 그동안 나름대로 힘써 왔던 불교 공부의 한 매듭을 짓는 것으로 내 마음의 뭉침을 풀게 된 기분이다.

불이의 깨달음과 더불어 필자가 불교를 본격적으로 공부해 온지도 벌써 30여 년이 넘었다. 불이사상의 관점에서 볼 때 여러모로 화엄사상이야말로 불교의 가르침을 가장 포괄적이고 깊이 있게 전하고 있다는 생각으로, 그동안 필자는 불이적 관점에서 화엄사상을 풀어보고 그것이 오늘날 우리의 삶에서 갖는 의미를 밝히는 작업을 주로 해 왔다. 그렇지만 필자는 초기불교에서 대승불교에 이르는 불교 전체의 흐름을 불이사상의 관점으로 꿰뚫어 밝혀 봐야겠다는 꿈을 가지고 다른 작업도 병행해 왔다. 이 책은 이런 작업을 총괄한 것이라 할 수 있다.

필자는 석가모니 부처님의 가르침을 생생하게 전하고 있는 원시불교와 그것을 상세하게 해설하고자 했던 부파불교 교리의 핵심을 불이사상의 관점에서 정리하였다. 초기불교와 부파불교 속에는 수많은 교리가 포함되어 있지만, 그 핵심은 일다불이과 유무불이라는 사상과 그것을 깨닫기 위한 수행법의 가르침에 있다. 필자는 오랫동안 초기불교의 경전인 '니까야'(한문 경전으로는 '아함')를 꼼꼼히 읽으며 주된 내용을 요약하고 내 나름의 의견도 달아 보는 작업을 하였다. 또한 부파불교의 교리에 관해서도 이모저모를 검토하고, 그중에서도 가장 핵심적인 『아비달마구사론』을 중점적으로 분석하였다. 이런 작업을 통해 필자는 초기불교와 부파불교의 근본적인 가르침은 일다불이와 유무불이라는 불이사상을 벗어나지 않는다는 것을 확인하였고, 불이사상을 통해 그 가르침을 가장 명쾌하게 해명할 수 있다는 것을 확신할 수 있었다. 때로는 잡다하고 번쇄한 얘기가 포함된 경우들도 있지만, 곁가지들을 치고 들여다보면 그 중심에는 불이의 가르침이 있다는 것을 알 수 있다.

필자는 이 책을 통해 초기불교와 부파불교의 가르침의 핵심을 불이사상의 관점에서 밝혔다. 연기하는 모든 것은 불이적인 것으로 무상하고 실체가 없고 괴로운 것이므로 집착하지 말라는 초기불교의 가르침이 중생의 괴로움을 극복하기 위한 훌륭한 가르침이라는 것은 틀림없다. 그렇지만 집착 타파에 몰두한 나머지 집착을 낳는 욕망과 감정을 무조건 부정적으로 대한다면 문제가 될 수 있다. 그것은 자칫 삶과 이 세상에 대해 지나치게 부정적이고 염세적인 태도와 경향을 조장할 수 있다. 필자는 초기불교의 교리 가운데에는 욕망과 감정에 대한 극단적인 부정의 위험도 들어 있다는 점을 지적하였다. 또한 집착하는 마음을 바꿀 것에 집중하는 초기불교의 가르침은 자칫하면 주관적인 마음의 중요성만 강조할 뿐 객관적인 상황과 문제의 중요성을 간과할 위험성도 가지고 있다. 이런 문제점은 비단 초기불교뿐 아니라 불교 전체의 교리에도 계속해서 잠재하고 있는 문제라고 할 수 있다. 물론 초기불교에는 이렇게 극단에 치우치지 않고 욕망과 감정에 대한 완전한 근절이나 초월이 아니라 적절한 절제와 지족을 강조한다든지, 마음만이 아니라 중생들의 삶의 객관적인 조건들을 개선하는 것도 중요하다는 것을 강조하는 균형 잡힌 가르침도 존재한다. 필자는 불이사상의 관점을 확고하게 지킨다면 욕망과 감정을 극단적으로 부정하거나 객관적 조건이나 상황을 무시하고 오로지 마음을 바꿀 것만을 강조하는 바와 같은 위험성을 벗어날 수 있으리라는 것을 밝혔다. 그리고 그렇게 하는 것이 불교의 근본 가르침을 현실에서 의미 있고 적실한 것으로 만들 수 있으리라는 것을 지적하였다.

필자는 초기불교의 가르침과 연관하여 불교 교리의 역사성 문제에 대해서도 언급하였다. 보통 대부분의 종교인은 자신들의 종교적 가르침이 초역사적인 진리이며, 교조의 가르침은 오류가 전혀 없는 신성한 것으로 맹신하는 경향이 있다. 물론 세계적인 훌륭한 종교의 가르침들 가운데는 시대를 초월하여 모든 사람에게 훌륭한 교

훈이 될 수 있는 것들이 존재하며, 그렇기 때문에 종교는 오랜 세월 동안 생명력을 유지하고 있음에 틀림이 없다. 그렇지만 필자는 다른 한편으로는 종교를 포함한 대부분의 사상 속에는 일정한 역사적 성격이나 시대적 한계를 안고 있는 것들도 있다고 생각한다. 이 점은 초기불교 역시 마찬가지이다. 필자는 초기불교의 역사성 문제를 얘기하기 위해 이 책에서 성평등에 관한 초기불교의 가르침 문제를 다루었다. 이 문제의 검토를 통해 필자는 성평등에 관한 초기불교의 가르침 가운데는 시대적 제약에서 오는 일정한 한계가 존재하면서도 당시로서는 상당히 진보적이며 평등주의적인 훌륭한 가르침을 베풀고 있다는 사실을 지적하였다. 이를 통해 필자는 종교나 종교 교주의 훌륭함은 절대적인 무오류성에 있는 것이 아니라, 역사적 한계에 갇혀 머무르지 않고 그 한계를 돌파해 나가는 지혜와 용기에 있다는 것을 지적하였다.

부파불교는 부처님의 사후에 부처님의 가르침을 더 잘 이해하여 상세하게 해설하고 교리를 체계화하는 데 주력하였다. 이런 부파불교의 교리들을 통해 우리는 초기불교의 각각의 가르침에 대한 상세한 분석과 설명을 접할 수 있으며, 그것은 불교의 교리에 대한 우리의 이해에 상당히 유용할 수 있다. 그러나 부파불교의 이론들은 지엽적인 문제 하나하나에 대해 너무 번잡하게 이론을 전개하는 측면이 있어 자칫 그 속에서 길을 잃고 헤매며 나무는 보되 숲은 보지 못하는 문제에 빠질 위험도 있다. 그래서 이 책에서는 수많은 번잡한 이론적 문제에 대한 상론은 생략하고, 불이사상의 관점에서 업과 번뇌를 벗어나 깨달음을 얻고 해탈한다는 불교 본래의 취지에 맞는 사상 부분을 집중적으로 다루었다. 또한 부파불교의 가장 중요한 교리 가운데 하나인 '삼세실유설' 같은 것에는 유무불이라는 불교의 본래 취지를 벗어나 있음(有)에 대한 집착으로 기우는 문제가 있었으며, 이런 점이 대승불교의 반야 공사상이 출현하는 계기가 되었다는 점도 지적하였다.

　　부파불교의 분열 이후 한국, 중국, 일본을 포함한 동북아시아에 전해지고 계속해서 발전한 불교는 대승불교였다. 대승불교는 원시불교와 부파불교의 여러 가르침을 후대의 여러 불교 사상가들이 계승하고 발전시켜 온 것이다. 이런 대승불교에는 수많은 교리와 사상이 포함되어 있어 그 모두를 섭렵하고 정리한다는 것은 불가능에 가깝다. 이전에 여러 불교 사상가들이 수많은 불교 경전과 불교 교리 가운데서 어떤 것이 중요하고 또 그 발전 단계를 어떤 순서로 파악해야 하는가를 나름대로 판별하는 교상판석(敎相判釋, 줄여서 보통 교판이라고 함)을 행했던 것도 이 때문이다. 필자는 우리나라 불교에 큰 영향을 준 대승불교 사상들을 주된 고려의 대상으로 삼으면서, 불이사상의 관점에서 대승불교 발전의 가장 중요한 흐름을 반야 공사상, 유식사상, 대승기신론사상, 화엄사상의 순으로 정리하였다. 이것은 불이사상의 관점에서 행한 필자 나름의 교상판석이라고 할 수 있지만, 원효 등 이전의 불교 사상가들의 교상판석과도 많은 곳에서 상통한다. 하나하나 따로따로 본다면, 수많은 대승불교의 교리 속에서 각양각색의 중요한 가르침들을 발견할 수 있을 것이고, 그와 연관된 수많은 경전이 모두 중요할 수 있을 것이다. 그렇지만 불이사상의 관점에서는 일다불이와 유무불이라는 핵심 사상을 둘러싸고 전개될 수 있는 논리적으로 중요한 불교사상의 흐름을 앞에서 얘기한 사상들의 순으로 정리할 수 있다는 것이 필자의 생각이다.

　대승불교의 발전과정에서 우선 주로 문제 되었던 것은 유무불이의 문제였다. 반야 공사상에서는 이 세상의 여러 문제 가운데서도 가장 중요한 것을 어떤 개체와 그 개체의 있음에 대한 집착이라고 보았다. 본래 모든 것은 연기에 따르는 것으로 유무불이인데, 이를테면 중생들은 자꾸만 나와 내 것의 존재에 집착하며 그것으로부터 세상의 온갖 문제가 생겨난다. 그래서 반야 공사상에서는 공사상을 통해 바로 이런 있음(有)에 대한 집착을 타파하는 데 주력하였다. 이런 공사상의 전개에서 우리나라 불교에 가장 큰 영향을 끼쳤던 것이 바로 『금강반야바라밀경(금강경)』, 『반야바라밀다심경(반야심경)』, 그리고 『중론』이었다. 이것들은 구체적으로 서술하고 강조하는 바가 조금씩 차이는 있지만, 전체적으로 유무불이의 관점에서 유에 대한 집착을 타파하고 있다는 점에서 그 핵심은 서로 다르지 않다. 반야 공사상에서는 삼세실유설을 주장하면서 다분히 있음(有)에 치우쳤던 부파불교 설일체유부 등의 잘못을 지적하고, 모든 있음에 대한 집착을 타파하려 했다는 점에서 의미가 있다. 공사상에서 말하는 공의 본래 취지는 단순한 무, 공허, 허무가 아니라 유무불이임에 틀림없다. 그렇지만 반야 공사상의 경전들은 모든 것에 대한 집착을 타파하는 것에 집중한 나머지 우리 삶의 토대, 조건, 상황을 이루고 있는 존재들에 대한 별다른 관심이나 해명을 기울이지 않았다. 이런 점에서 본다면 본래의 취지는 유무불이에 있음에도 불구하고 반야 공사상은 다분히 무에 치우친 점이 없지 않았다고 할 수 있다. 이 책에서는 반야 공사상의 핵심을 밝히는 것과 더불어 이런 문제점도 지적하였다.

이런 반야 공사상의 문제점을 자각하고 우리가 사는 이 세계, 연기에 따라 현상하고 있는 이 세상의 변화를 적극적으로 해명하고자 한 것이 유식학이었다. 먼저 유식학에서는 삼성설을 통해 연기에 의해 존재하는 모든 것의 실상이 유무불이라는 원리를 확실히 밝히고 있다. 이런 삼성설의 전개에서 가장 중요한 경전은 『해심밀경』으로서 필자는 원측의 『해심밀경소』 등을 기초로 이것을 자세히 설명하였다. 다음으로 유식학에서는 이 세상의 모든 현상을 식의 현현과 변화로 설명한다. 유식이라는 명칭이 말하는 것처럼, 존재하는 것은 오직 식이며 다른 모든 것은 그것의 변전일 뿐이라는 것인데, 이것이 바로 유식학의 유식무경설이다. 이런 유식학의 유식무경설을 전개하고 있는 중요한 저작들은 『유식이십론』, 『유식삼십송』, 『성유식론』 등이다. 필자는 이런 저작들에 나타나는 유식무경설의 핵심적 주장에 대해 상세히 설명하였다. 유식무경설은 '모든 것은 마음에 달려 있다'('모든 것은 마음이 지어내는 것이다')는 일체유심조(一切唯心造) 사상과 더불어 현재까지도 불교의 가르침으로 가장 널리 퍼져 있는 것 중의 하나이다. 마음의 중요성, 그리고 집착하는 마음에서 벗어날 것의 중요성에 대한 강조는 초기불교부터 불교의 중요한 교리 중 하나였다. 이것이 유식학에 이르러서는 심지어 이 세상에 존재하는 모든 것이 식의 현현과 변화에 지나지 않는다는 주장으로까지 발전했다고 할 수 있다. 그리고 유식학에서는 모든 것의 근원과 이 세상의 변화를 아뢰야식을 비롯한 여러 가지 식들로 설명한다.

　필자는 유식학의 기본적인 관점을 이루는 유식무경이라는 명제의 타당성에 대해 상세히 고찰하였다. 필자는 이 명제의 타당성을 따져보기 위해 그 명제의 가장 중요한 논거로 사용되고 있는 세친의 『유식이십론』의 주장을 집중적으로 검토하였다. 그 결과로 필자는 외계실재론자에 대항하여 오직 식만이 존재하고 다른 모든 것은 나의 식이 나타나는 것임을 증명하려 한 『유식이십론』의 논리는 많은 문제점을 안고 있다는 것을 밝혔다. 아울러서 필자는 존재하는 모든 것은 식으로서 물질적이 아니라 관념적인 것이라는 이론에 대해서도 살펴보았다. 필자는 이 이론, 그리고 그와 더불어 궁극적 실재를 물질적인 것으로만 보는 이론이나 궁극적 실재를 관념적인 것과 물질적인 것 두 가지로 보는 이론 모두 해결하기 어려운 문제점을 포함하고 있다는 것을 지적하였다. 필자는 유식학의 유식무경설이 다분히 주관적 관념론의 경향을 지니고 있으며, 그것만으로는 물질적인 것과 정신적인 것 모두를 포함하는 이 세상의 존재 문제에 대한 충분한 대답을 주기에는 한계가 있다는 것을 지적하였다. 필자는 이 문제를 해결하기 위해서는 모든 것이 나의 식이라는 주관적 관념론을 넘어서고, 궁극적인 실재는 관점적인 것과 물질적인 것의 불이적인 통합이라고 봐야 한다는 것을 밝혔다.

필자는 마음의 중요성에 관해 부정할 의도가 전혀 없다. 우리가 삶에서 마주하는 대부분의 경우 가장 중요한 것이 마음이라는 건 틀림없다. 그렇지만 존재하는 것은 오직 나의 식뿐이며, 바깥에 있는 모든 존재도 나의 식의 변전일 뿐이라는 걸 과도하게 강조하는 것은 그렇게 타당하지도 그다지 유용하지도 않다. 필자는 오늘날 불교가 현대사회와 현대인들이 당면하고 있는 문제들을 해결해 나가는 데 있어서 충분한 길잡이 역할을 하지 못하는 이유 중에 하나가 오직 내 마음만을 강조하는 불교의 주관적 관념론의 경향이라고 생각한다. 필자는 이것보다는 오히려 자타불이 즉, 나와 바깥에 있는 존재들의 불이, 그리고 정신적인 것과 물질적인 것의 불이라는 관점 위에서 삶의 문제들을 해결해 나가도록 노력하는 편이 훨씬 더 나은 길이며, 불교의 본래 정신에 더 적합한 것이라고 생각한다. 필자는 유식학을 다루는 부분에서 이런 문제를 상세히 논하였다.

유식학의 발전이 상당히 진행되면서 대승불교계에서는 반야 공 사상을 계승한 중관학파와 유식학파가 대립하는 경향이 나타나며, 그 대립은 '공유논쟁(空有爭論)'으로 나타났다. 물론 공사상이나 유 식학은 각기 대승불교의 한 흐름으로서 모두가 불교의 근본 사상 인 유무불이의 관점을 부정하는 것은 아니었다. 그럼에도 불구하고 앞에서 얘기한 것처럼 반야 공사상은 존재하는 것에 대한 집착 타 파를 주장하면서 유무불이 가운데 무에 치우친 경향이 있었다. 반 면에 유식학은 존재하는 이 세상 현상들의 근거를 이루는 식이라는 존재의 해명에 몰두하면서 그 존재(有)에 치우친 점이 있었다.

이 중에서 특히 유식학은 앞에서 얘기한 것처럼, 객관적 대상을 모두 주관적 마음인 식이 만들어내는 것이라는 주관적 관념론의 문 제점을 포함하고 있었다. 그렇지만 아뢰야식에 관한 유식학의 설명 에는 좁은 의미의 내 마음이 아니라 나와 바깥 세계 모두를 포괄하 는 식, 또는 마음이 있으며, 그것이 이 세계의 근원이며 이 세계는 그것의 변전이라는 사상의 싹도 들어 있다. 이런 생각을 발전시킨 것이 바로 대승기신론 사상이라고 할 수 있다.

대승기신론에서는 우주의 근원을 이루며 세상의 모든 존재를 포 괄하는 것을 일심(一心)이라고 하면서, 이 일심을 심진여문(心眞如 門)과 심생멸문(心生滅門)이라는 두 가지 문으로 설명한다. 이 중 심 진여문은 일심의 본모습인 진여를 유무불이이자 일다불이로 파악하고, 심생멸문에서는 일심이 생멸하는 현상으로 나타나는 모습을 설명한다. 여기에서는 다양한 현상의 시초가 되는 일심의 모습을 아뢰야식으로 파악하고 이로부터 생멸하는 이 세상의 존재들이 현상하는 것을 설명하고자 한다. 이어서 대승기신론은 생멸 변화하는 덧없는 현상들을 실체로 착각하고 집착하는 잘못과 그로부터 유래하는 온갖 고통에서 벗어나 일심의 참모습을 깨닫고 열반에 도달하는 데 필요한 여러 가지 것에 관해 설명하고 있다. 이런 대승기신론 사상은 일심이문(一心二門)이라는 구조를 통해 공과 유의 측면을 모두 포괄하는 진공묘유(眞空妙有)에 관한 포괄적인 설명을 제시하고 있으며, 그런 의미에서 반야 공사상과 유식사상을 아우르는 성격을 지니고 있다. 이런 점에서 필자는 대승기신론을 불이사상의 관점에서 볼 때, 한 걸음 더 발전한 불교사상이라고 긍정하면서 대승기신론의 핵심 사상을 설명하였다. 그러나 필자는 대승기신론이 한편으로는 진여 법신과 그로부터 나타나는 만물의 일다불이와 유무불이에 대해 기본적으로는 올바른 견해를 제시하면서도 다른 한편으로는 몇 가지 문제점도 포함하고 있다는 점을 밝혔다. 그것은 만물의 근원을 오직 마음(一心), 앎(識), 깨달음(覺)이며, 더러움이 없는 깨끗한 것으로 보는 데서 오는 문제들인데, 필자는 이런 문제들을 자세히 다루었다. 그리고 필자는 이런 문제를 해결하기 위한 올바른 입장은 만물의 근원을 이루는 진여(법신)를 일다불이, 유무불이로서 마음과 물질, 본각과 불각, 더러움과 깨끗함(染淨), 움직임과 고요함(動靜)을 모두 포괄하고 있는 것이라고 보는 것임을 밝혔다.

　　불이사상의 관점에서 볼 때 대승기신론 사상은 반야 공사상이나 유식사상을 종합하면서 유무불이의 문제를 다루는 데 있어 한 걸음 더 나아간 사상이라고 할 수 있다. 또 대승기신론은 하나의 근원으로부터 수많은 현상이 나오고 다시 그것들은 하나의 근원으로 돌아간다는 일심이문의 구조를 통해 이전의 대승불교에서 상대적으로 소홀히 했던 일다불이의 문제에 대해서도 한 걸음 더 다가갔다고 할 수 있다. 그러나 대승기신론 사상은 여전히 주로 마음의 차원에만 치우쳐서 세상을 설명하고 있으며, 어떤 부분에서는 유식무경에 나타나는 유식학의 주관적 관념론의 문제점을 공유하고 있다. 또 그것은 여전히 일심 또는 아뢰야식과 거기로부터 발생하는 여러 가지 의식이나 마음에 관한 얘기에 그치고 있어 일다불이가 갖는 의미에 관해 그 이상 충분한 논의를 전개하지는 않고 있다. 이런 문제들을 해결하고 한 걸음 더 나아가는 논리와 사상을 제공한 것이 화엄사상이었다. 『화엄경』 속에는 시대적으로 유식사상보다 앞선 부분도 포함되어 있을 수 있으므로 화엄사상이 반야 공사상, 유식사상, 대승기신론사상보다 한 걸음 더 나아갔다고 하는 것은 시간적인 것이 아니라 논리적인 차원에서 그렇다는 것이다.

연기론을 기본으로 하는 초기불교에는 일다불이와 유무불이 사상이 모두 포함되어 있다. 그런데 그 이후 부파불교를 거쳐 반야 공사상, 유식사상, 대승기신론으로 이어지면서 발전한 대승불교에서는 유무불이의 문제가 논의의 주된 초점이 되었다. 그에 비해 연기론에서는 그보다 더 근원적이라고도 할 수 있는 일다불이의 문제는 충분히 논의되지 못한 점이 있다. 그런데 연기에 의해 연관되어 있어 이 세상 만물이 일다불이의 총체적 연관 관계 속에 있다는 것과 그것이 의미하는 바를 여러 각도에서 상세하게 얘기하고 있는 것이 바로 화엄사상이다. 그래서 필자는 불교의 불이사상에 대한 이론적 논의의 최종적인 부분에서 화엄사상을 집중적으로 다루었다. 불이사상의 관점에서 불교사상 최고의 경지에 있으며 한국불교를 이끄는 이념 역할을 해 온 화엄사상을 필자는 크게 세 부분으로 나누어 설명하였다. 그것은 화엄의 불타관, 법계관, 보살관이다.

화엄경의 불타관에서는 화엄경의 불타관과 기독교의 신관을 비교 분석하였다. 화엄경의 불타관은 법신불, 보실불, 화신불이라는 삼신불 사상을 포함하고 있다. 필자는 화엄경에 나타난 법신불, 보신불, 화신불의 성격을 불이사상의 관점에서 상세히 분석하고, 삼신불 개념들은 서로 불이적이라는 것을 밝히고, 그것이 함축하고 있는 불교의 구원관도 설명하였다. 여기서는 바다와 바닷물이 부서지는 파도의 물방울들이 둘이 아니듯이, 세계의 근원이라 할 수 있는 법신불과 이 세상 만물이 둘이 아니라는 것, 아울러 만물들 서로도 둘이 아니라는 일다불이의 진리를 충분히 알 수 있다.

이어서 필자는 전통적 기독교와 기독교 신비주의 및 종교다원주의적 기독교의 신관과 구원관을 화엄경의 불타관과 비교하여 양자의 차이점과 상통성을 설명하였다. 이렇게 함으로써 필자는 화엄경의 중심사상 중 하나인 불타관을 보다 분명하게 이해하고 불교와 기독교의 상호 소통과 공존의 필요성과 가능성을 밝히고자 하였다.

화엄사상의 핵심 중 하나는 법계관, 즉 법계연기사상이다. 이 법계연기사상은 화엄경을 기초로 하면서 중국과 한국의 여러 불교 사상가가 가다듬고 체계화한 사상이라고 할 수 있다. 법계는 우리가 보통 말하는 우주에 해당한다. 온 우주는 연기의 세계이며, 그러한 우주의 모습이 어떤 것인가를 밝힌 것이 법계연기론이다. 법계연기론에서 말하는 세계는 서로가 다르지 않고 서로가 서로를 포함하는, 상즉상입하는 총체적인 불이적 무애의 세계이다. 화엄의 법계관에서는 화엄사상가들이 가다듬어낸 상즉상입, 육상원융의, 십현문 등의 개념과 의상대사의 법성게를 중심으로 이 우주의 모습이 일다불이, 유무불이를 특징으로 하는 장엄한 화엄의 세계임을 자세히 밝혔다.

화엄사상의 또 다른 핵심 사상 중 하나는 보살관이다. 화엄경의 보살사상 부분에서는 화엄경의 보살사상을 상세히 설명하고 오늘날 우리가 그것을 어떻게 계승 발전시켜나가야 할 것인가를 밝혔다. 여기서는 화엄경의 보살사상이 초기불교의 보살사상과 실천적 성격을 충실히 계승하고 있다는 것, 그것이 중생구제와 깨달음을 변증법적으로 통일하고 있는 사상이라는 것을 밝혔다. 이 글에서는 화엄경 보살사상의 핵심을 십바라밀의 삼지구조를 중심으로 설명하였다. 이 글에서는 보살도의 중심에 있는 깨달음이 인연법과 그에 따른 불이법의 깨달음이며, 이것은 만물을 나와 둘이 아닌 존재로 알고 한없이 자비로운 마음으로 중생을 구제하는 보살행으로 이끈다는 것을 밝혔다. 또한 그렇게 함으로써 화엄경의 보살사상이 우리 사회에서 어떤 의미를 가질 수 있는가도 밝혔다. 이로써 우리는 화엄경의 보살사상이 일다불이 유무불이를 깨달은 불자라면 걸어가야만 할 삶의 길을 제시하였다는 걸 분명히 알 수 있을 것이다.

필자는 이 책의 1부에서 3부까지 초기불교부터 화엄사상에 이르는 불교의 핵심적 가르침을 불이사상의 관점으로 꿰뚫어 설명하였다. 팔만대장경이라 부르는 불교의 경전 속에는 헤아릴 수 없이 많은 다양한 주제들이 들어 있다. 그 때문에 불교의 이론적 연구에는 끝이 없을 것이다. 그러나 필자는 불교에 아무리 수많은 경전과 수많은 주제가 있다 해도, 고통을 느끼고 그 고통의 원인을 찾고 거기에서 벗어나는 길을 모색하여 해탈에 이르고 중생구제를 위해 노력한다는 불교 본래의 취지에 비추어 볼 때, 그 모든 것들이 이 책에서 불이사상으로 꿰뚫어 설명한 가르침에서 벗어나지 않는다고 생각한다.

초기불교부터 화엄에 이르는 불교를 불이사상의 관점에서 꿰뚫어 본 필자는, 이후 그 밖의 다른 이론적 문제들보다는 불이사상 그리고 그 최고의 발전 단계에 있는 화엄사상을 현대사회와 현대인의 삶 속에서 어떻게 제대로 실현하고 실천해 나갈 것인가라는 문제에 관심을 가져왔다. 4부인 불교와 현대사회에서 다룬 주제들은 바로 그런 생각에서 현대인의 삶과 현대사회의 여러 가지 문제들을 불이사상과 화엄사상의 관점에서 다뤄본 것으로 불교의 원리와 깨달음을 현실의 삶과 사회에 적용한 일종의 응용불교학이자 불교사회철학이라 할 수 있다.

사실 그동안 불교는 다분히 개인의 내면적 변혁에만 치중하고 사회적 인식과 실천에 대해서는 상대적으로 많은 관심과 노력을 기울이지 않았다. 그러나 종교를 순전히 정신적인 영역으로만 간주해 정치·경제·사회적인 영역으로부터 물러나 초연한 태도를 취해서는 현대사회가 만들어 내고 조장하는 삶의 문제를 결코 해결할 수 없다. 물론 종교인 불교가 무엇보다도 내면적 깨달음을 중시하는 것이 당연하지만, 그 깨달음은 우리의 현실 속에서, 생활 속에서, 구체적인 사회 속에서 실천되고 구현되지 않으면 안 된다. 그런 의미에서 불교도의 화두는 궁극적으로는 항상 지금 여기의 사회 역사적 현실 속에서 우리가 무엇을 어떻게 해야 하는가가 되어야만 한다.

이런 관점에서 먼저 필자는 우리가 불교의 정신과 깨달음을 가지고 현대인의 삶과 현대사회의 여러 문제에 대해 제대로 대처해 나가기 위해서는 불이사상을 핵심으로 하는 화엄사상과 선의 회통과 결합이 필요하다는 점에 주목하였다. 이것은 특히 그동안 사상적으로는 화엄사상을 근간으로 하고 있으면서도 수행상에서는 간화선만을 절대화하는 경향이 지배하고 화엄사상과 선 사이에 대립과 단절 현상이 생겨나 현대사회의 여러 문제를 해결하고 중생들을 구제하는 적극적인 역할을 하지 못하고 있는 한국불교의 현실을 고려할 때 매우 중요하다고 생각하였다. '선과 화엄사상 회통의 현대적 의미'라는 글이 이런 문제를 다룬 것이다.

필자는 선교회통을 주장하면서도 다른 한편으로는 선 우위라는 경향도 보인 지눌 이후 점차 배타적인 간화선 유일주의, 간화선 절대주의로 기울어진 한국불교의 편향성의 문제를 지적하였다. 불교의 진리를 전하는 교와 그것의 수행법인 선이 불이적이라는 것은 자명한 일이다. 그중 어느 한쪽만을 절대적인 것으로 간주하고 다른 쪽을 배척하는 것은 어리석기 짝이 없는 일이다. 그것이 큰 잘못이라는 것은 이전에 이미 지눌을 포함한 수많은 선현이 지적한 바 있다. 선정 수행을 강조한 부처님의 가르침으로부터도 알 수 있듯이 선을 무시하고 문자에만 사로잡히는 것 역시 큰 잘못이다. 일부 불교도들은 그런 잘못을 저지르기도 한다. 그러나 한국불교에서 그보다 더 큰 문제가 되는 것은 선, 그중에서도 간화선만을 유일하고 절대적인 것으로 신봉하는 경향이다. 한국불교에서는 그동안 간화선을 통한 단박의 깨달음만을 되뇌며 그를 통해 모든 진리를 한 번에 꿰뚫어 보고 모든 문제를 해결해 버릴 수 있다는 환상이 널리 퍼져 왔다. 그것은 불교의 근본적 가르침과 그 의미에 대해 무지한 채 다른 모든 수행과 실천을 경시하는 경향을 강화함으로써 수많은 얼치기 도사들을 양산하고 다른 한편으로는 개인의 복을 비는 일에만 열중하는 병폐를 낳았다. 이런 문제를 해결하는 데 필요한 것이 진정한 선과 화엄사상의 회통이다. 이 문제를 다루기 위해 필자는 지눌의 선교회통론에 대한 검토를 출발점으로 삼았다. 그러나 필자는 단순하게 지눌의 선교회통론을 소개하고 반복하는 데 그치지 않고, 그 근본 주장을 자세히 분석하고 그 문제점과 부족한 점을 분명히 지적하였다. 이를 토대로 필자는 어떤 근거와 방법을 통해 진정으로 선과 화엄사상을 회통해 나갈 수 있는가를 자세히 설명하였다. 그리고 필자는 화엄사상과 선이 서로를 지지하고 보완해 주는 것으로서 상호 회통을 통해 우주적 진리를 인식하고 체득하며, 이것을 삶과 사회의 여러 문제를 해결하기 위한 실천으로 연결해 나갈 수 있다는 것을 밝혔다.

필자가 불교의 근본 사상으로 얘기한 불이사상, 그리고 선과 화엄사상의 회통과 겸수를 염두에 두고 우리가 현대사회를 바라볼 때 가장 먼저 진지하게 다뤄야 할 문제는 우리가 살아가는 현대 자본주의 사회와 문명을 어떻게 보고, 그 속에서 우리가 어떻게 살아야 할 것인가이다. 그것은 우리가 사는 현대사회의 구조와 그 기본 성격을 규정하는 것이 자유 시장 경제체제를 바탕으로 하는 자본주의이기 때문이다. '현대 자본주의 사회의 문명에 관한 불교적 관점'은 이 문제를 다룬 것이다.

자본주의가 인류의 번영에 기여하고 인간다운 삶의 가능성을 여는 데 여러 가지로 이바지했다는 점은 틀림없다. 그렇지만 자본주의 사회와 문명은 그에 못지않게 인류를 심각한 위기로까지 몰아넣는 여러 문제와 극심한 고통도 동시에 초래했다. 그 양 측면을 모두 제대로 인식하는 게 중요하다. 자본주의 사회를 부정하고 혁명을 통해 완전한 변혁을 꾀했던 현실 사회주의는 극소수 국가를 남긴 채 거의 소멸해 버렸다. 오늘날 문제가 되는 것은 그 반대인 자본주의에 대한 맹목적 숭배이다. 자본주의에 대한 맹목적 숭배는 현대 자본주의 사회 속에 존재하는 심각한 문제점과 고통을 제대로 인식하지 못하게 만들고, 그 원인을 제대로 볼 수 없도록 은폐한다. 또한 그것은 문제와 고통을 극복해 나갈 수 있는 길을 원천적으로 봉쇄한다.

중생의 고통을 해결하는 걸 최고의 과제로 삼는 불교도라면 마땅히 이런 자본주의에 대한 맹목적 숭배에서 벗어나야 한다. 불교도는 현대 자본주의 사회 속에 존재하는 문제와 고통에 공감하고 그 원인을 분명히 인식하여 그 해결에 적극적으로 나서야만 한다. 현대 자본주의 사회와 문명 속에 존재하고 있는 수많은 고통의 원인은 그것을 지배하고 있는 논리와 가치이다. 자본주의의 맹목적 숭배자들인 극단적 자유주의자들은 인간을 다른 존재들과 분리된 고립적인 이기적 존재로 파악하고, 이기적인 인간들의 욕망에 따른 자유로운 경쟁에 모든 걸 맡겨두면 저절로 번영과 행복이 이루어질 것이라고 주장한다. 이러한 주장은 나와 타자를 분리하여 나와 타자는 서로 경쟁할 수밖에 없는 존재이며 그 때문에 문제는 내가 어떻게 타자를 누르고 승리를 쟁취할 수 있는가뿐이라는 분리와 경쟁, 정복과 지배의 논리를 내포한다. 현대사회에서 우리가 직면하고 있는 위기와 고통은 이러한 자유주의(자본주의)의 논리와 가치가 필연적으로 가져온 것이다. 이러한 극단적이고 맹목적인 자유주의(자본주의)의 주장 및 논리와 가치는 독단적인 가정일 뿐 사실이 아니며 불교의 가르침과도 정면으로 대립한다.

누차 강조한 바와 같이 우주 속의 모든 것은 서로 뗄 수 없는 상호의존적인 연기적 관계에 놓여 있다는 것, 세상 만물은 상즉상입하는 불이적 관계에 놓여 있는 존재라는 것이 불교의 근본적인 가르침이다. 불교도는 이런 관점에서 자유주의(자본주의)의 맹목적 숭배자처럼 아무런 대책 없이 시장에 모든 걸 맡기는 것이 아니라 연기적, 불이적 관점에서 그것이 낳는 병폐를 극복할 수 있도록 사회제도와 정책들을 적극적으로 변화시켜 나가야 한다. 이때 중요한 것은 성장 제일주의, 경쟁 제일주의의 병폐에 대해 성찰하고 이를 극복할 수 있는 방향으로 모든 사회제도와 사회적 관행들을 고쳐 나가도록 노력하는 것이다. 필자는 자유주의를 둘러싸고 벌어진 국내의 논쟁을 계기로 삼아 이런 문제들을 상세히 논하였다.

오늘날 자본주의 사회와 직결되어 있는 문제는 세계화 현상이다. 사실 세계화는 자본주의의 발달과 더불어 일찍부터 필연적으로 진행되어 온 것이다. 자본주의 국가들은 새로운 시장 개척을 위해 해외 시장을 놓고 치열한 경쟁을 벌인다. 그리고 이것은 전 지구를 하나의 시장으로 묶는 세계화를 초래한다. 그러나 오늘날 세계화에 대한 담론이 널리 퍼지고 논란이 격화된 것은 비교적 최근의 일이다. 오늘날 새삼 세계화가 문제로 대두된 것은 1980년대에 등장한 신자유주의를 그 이론적 배경으로 하고 있다. 1980년대 이래 신자유주의에 기초해서 세계화론자들은 세계적인 무역과 자본이동을 자유화할 것, 이를 보장하기 위해 모든 나라가 개방화, 탈규제화, 민영화, 유연화 정책을 적극적으로 펼칠 것을 주장하였다. 세계 경제를 주도하는 여러 나라와 국제통화기금(IMF)이나 세계무역기구 (WTO) 등 각종 국제기구의 정책들이 이런 신자유주의의 주장과 결합하면서 세계화는 급속도로 확대 강화되었다.

이렇게 급속하게 진행되어 온 세계화에 대해서, 어떤 사람들은 세계화가 인류에게 커다란 혜택을 가져온다거나, 세계화는 피할 수 없는 추세이기 때문에 어쩔 수 없이 받아들이고 그에 적응해야만 한다고 주장한다. 반면에 다른 사람들은 현재의 세계화는 소수의 대자본가들에게는 커다란 이익을 가져다주지만 다수의 사람들에게는 엄청난 고통과 재앙을 가져오기 때문에, 세계화에 저항하고 그것을 근본적으로 변화시켜야 한다고 주장한다. 필자는 '세계화와 화엄사상'이라는 글에서 세계화에 대한 서로 다른 입장과 세계화의 문제들을 살펴보고, 불이적 화엄사상의 관점에서 세계화를 어떻게 평가하고 그에 대응할 것인가를 살펴보았다. 이것은 '현대 자본주의 사회와 문명에 관한 불교적 관점'과 자연스럽게 연결되는 글이라고 할 수 있다. 불이사상과 화엄사상의 관점에서 볼 때, 무한정한 이윤의 획득과 돈벌이를 목표로 삼는 자본주의 사회 체계와 자본주의적인 삶의 방식은 결코 올바른 것이라고 할 수 없다. 부에 대한 불교의 기본적인 관점은 출가자와 재가자를 막론하고 소욕지족에 있다고 봐야 한다. 불이적 관점에서 나와 내 것에 대한 욕망과 집착을 벗어날 것을 가르치는 불교는 무한정한 욕망과 무한정한 이윤만을 추구하는 자본주의를 비판하고 그것을 극복할 방안을 지지하는 입장에 서 있다고 봐야 한다. 그런데 신자유의에 기초한 현재의 세계화는 무한정한 이윤 추구를 향한 무한경쟁을 격화시키고 빈부격차를 확대하며 사회의 양극화를 심화시킨다. 필자는 불이적 화엄사상의 관점에서 세계화의 이러한 문제에 대해 어떤 입장을 취해야 할 것인가를 밝혔다.

전 지구적 차원에서 볼 때 오늘날 우리가 직면하고 있는 가장 중요한 문제는 생태계의 파괴 문제이다. 그동안 인류는 자신의 성장과 풍요를 위해 자연과 대립하면서 무분별하게 자연을 이용하고 착취해 왔으며, 그 결과 오늘날에는 인류를 포함한 지구 생태계 전체가 절멸할 수도 있는 위기에 직면하게 되었다. 이러한 위기는 오늘날 인류 문명의 거대한 전환을 요구하고 있다. '불교생태학의 현황과 과제'라는 글은 불교의 생태적 지혜를 체계적으로 정리해 봄으로써 그간의 연구 성과를 점검하고, 불교도들이 생태계의 위기를 극복하고 지구상의 모든 생명이 평화롭고 조화로운 행복의 세계로 나아가는 문명의 대전환을 앞당기기 위해 노력해야 할 과제들을 제시해 본 글이다.

지금까지 진행되어 온 불교생태학의 연구는 현대 세계의 생태계 위기를 극복하는 데 기여할 수 있는 생태적인 원리와 개념들을 드러내고 다시 일깨우는 작업을 해 왔다. 그렇지만 그동안의 연구는 다분히 원론적이고 관념적인 데에 머물러 현실성 내지는 구체적 실천성을 충분히 갖추었다고는 하기 어렵다. 그것은 근대 이후 전 세계를 지배하며 생태계 파괴를 가속화시켜 온 자본주의 사회에 대한 진지한 검토와 치열한 대안 모색이 결여된 데에서 기인한다. 지구 생태계의 위기로부터 벗어나기 위해서는 단순히 불교가 이전부터 포함하고 있던 생태적 원리나 개념을 지적하는 것만으로는 부족하다. 사람들의 마음과 삶을 지배하고 있는 자본주의 사회의 물질문명이 작용하는 메커니즘을 분명히 인식하고 불교적 관점에서 그것에 어떻게 대응해야 하는가를 밝힘으로써 생태계 위기의 극복을 위한 보다 구체적인 실천의 길을 제시해야만 한다.

필자는 이런 관점에서 불교의 생태적 지혜들을 체계적으로 정리해 봄으로써 그간의 연구 성과를 점검하고, 앞으로 불교생태학이 생태계의 위기를 극복하고 이 지구상의 모든 생명이 평화롭고 조화로운 행복의 세계로 나아가는 문명의 대전환을 앞당기기 위해 노력해야 할 과제들을 제시해 보고자 하였다.

필자는 생태계의 위기를 극복하기 위한 대안적 사유로 불교에 포함된 사상과 개념들을 정리해 보았다. 예를 들자면 그것으로는 모든 존재의 상호연관성, 상호의존성을 주장하는 연기설을 들 수 있다. 이것은 화엄불교의 법계연기사상에서 더욱 발전하여 자연을 하나의 생태계로 인식하는 생태학과 가장 가까운 사유체계가 되었다고 할 수 있다. 또한 법계연기사상은 이 세상의 모든 존재는 부처의 현현이며 불성을 가지고 있기 때문에 본질적인 가치를 내재적으로 가지고 있는 것으로 간주하는 불신관(佛身觀) 및 불성론(佛性論)과 밀접하게 연관되어 있다. 이것은 생태계의 위기를 불러온 원인 중의 하나인 인간중심적 세계관을 넘어서 모든 존재의 내재적 가치를 인식하고 존중하는 자비의 생태중심적 윤리의 기초가 될 수 있다.

불교 속에 생태계의 위기를 극복할 수 있는 어떤 원리와 개념들이 담겨 있는가를 인식하는 것은 중요하다. 그러나 이것만으로는 부족하다. 문제는 불교에 풍부하게 들어 있는 생태적 지혜와는 반대의 논리와 가치관에 따르도록 만드는 자본주의 사회의 작용 메커니즘이다. 그러므로 불교생태학에서 생태계의 위기를 극복할 수 있는 더 구체적이고 현실적인 대안을 제시하기 위해서는, 근대 이후 인류의 삶을 지배하고 있는 자본주의 사회가 생태계의 파괴와 어떻게 연관되어 있으며 그것을 어떻게 해결해야 할 것인가 하는 문제를 불교적 관점에서 진지하고 치열하게 탐구할 필요가 있다.

필자는 근대 이후 인류의 삶을 지배하면서 생태계를 위기로 몰아넣은 자본주의의 특징과 메커니즘, 그리고 그것을 옹호하고 지지하는 성장과 발전, 경쟁의 이데올로기 등에 관해 자세히 논하였다. 아울러서 필자는 이런 것들에 대해 불교의 불이사상이라는 관점에서 어떻게 대응할 것인가, 앞으로 생태계의 위기를 극복하기 위한 방안들을 어떻게 봐야 할 것인가를 논하였다. 필자는 그러한 방안들과 연관하여 교환가치가 아니라 사용가치가 중시되는 제도와 정책, 무한정한 이윤 추구의 병폐를 제어할 방안들, 성장과 발전의 이데올로기를 극복하기 위한 방안들, 무한경쟁을 지양하기 위한 방안들, 공동체 운동 등에 관한 여러 가지 생각을 밝혔다.

이 책을 통해 불이사상이라는 나름의 깨달음을 얻은 이후 이를 바탕으로 불교의 주된 흐름을 꿰뚫어 정리해 봐야겠다는 필자의 바람을 그런대로 이루게 되었다는 생각이 든다. 개인적으로는 이제 더 이상 원론적인 이론에 얽매이지 않고 좀 더 자유로운 사고와 활동을 하고 싶다. 물론 불이사상, 그리고 이를 핵심으로 하는 불교의 가르침을 기본으로 삼아 현대사회 및 현대인의 삶의 문제에 대한 해답을 찾아나가는 작업은 끝이 없을 것이다. 자본주의, 세계화, 생태계의 위기 등에 관해 다룬 필자의 작업은 그런 것의 지극히 작은 일부분일 뿐이다.

하나의 짐을 벗어버리고, 한 가지 걱정과 집착을 놓아 버려도, 살다 보면 또다시 새로운 짐과 걱정과 집착이 또 생겨나기 마련이다. 그것은 어쩔 수 없는 일이다. 그러면 또 어떠랴. 그때는 또다시 그것을 벗어버리고 나아가면 될 일이다.

앞으로도 불이사상, 화엄사상, 불교의 근본정신으로 삶의 문제를 헤쳐나가는 도정에서 뜻있는 도반들과 함께하기를 기원하며, 많은 질정을 바란다.

# 후기

이 책에 실린 글 가운데에는 이 책에서 처음으로 발표한 글도 있고, 이전에 필자가 여러 논문 등에 실었던 글을 이 책의 편제에 맞게 부분적으로 수정하여 실은 것도 있다. 기존에 발표한 글을 토대로 한 글에 관해서 다음과 같이 밝혀 둔다.

3부의 1. '『화엄경』의 불타관': 「화엄경의 불타관과 기독교의 신관」, 『대동철학』 49집, 대동철학회, 2009. 이 글을 약간의 수정만 거쳐 실었다.

3부의 2. '화엄의 법계관': 「화엄의 불이사상과 과정 형이상학」, 『대동철학』 23집, 대동철학회, 2003. 이 글을 기초로 하면서도 대폭적인 수정과 보충을 가했다.

3부의 3. '『화엄경』의 보살관': 「화엄경 보살사상의 현대적 계승」, 『철학논총』 70집, 새한철학회, 2012. 이 글을 약간의 수정만 거쳐 실었다.

4부의 1. '선과 화엄사상 회통의 현대적 의미': 「선과 화엄사상 회통의 현대적 의미-지눌의 선교회통론을 중심으로」, 『대동철학』 45집, 대동철학회, 2008. 이 글을 약간의 수정만 거쳐 실었다.

4부의 2. '현대 자본주의 사회와 문명에 관한 불교적 관점': 「현대 자본주의 사회와 문명에 관한 불교적 관점」, 불교평론사, 『불교평론』 49호, 불교평론사, 2012. 이 글을 약간의 수정만 거쳐 실었다.

4부의 3. '세계화와 화엄사상': 「세계화와 화엄사상」, 『동아시아 불교문화』 20권, 동아시아불교문화학회, 2014. 이 글을 약간의 수정만 거쳐 실었다.

4부의 4. '불교생태학의 현황과 과제': 「불교생태학의 현황과 과제」, 『동아시아불교문화』 19권, 동아시아불교문화학회, 2014. 이 글을 약간의 수정만 거쳐 실었다.

# 주

## 들어가는 말

1  아래에서 서술하는 일다불이와 유무불이에 대한 설명 부분은 필자의 『둘이 아닌 세상』과 『불이사상으로 읽는 노자』에서 서술한 내용을 상세한 인용표기 없이 간략하게 간추린 것이다.

2  원효, 「금강삼매경론(金剛三昧經論)」, 『한국불교전서(韓國佛教全書)』 제1책, p. 659上.

## 1부

1  전통적으로 한자 문화권인 한국과 중국 그리고 일본에서는 한문으로 된 초기 경전인 『아함경』에 의거해 초기불교를 연구해 왔다. 그렇지만 근래에 들어서는 당시 인도 민중들의 언어인 빠알리어로 기록된 초기경전인 『니까야』들이 우리말로도 번역되어 널리 소개되었다. 그리고 이것은 석가모니 부처님의 말씀을 더 직접적으로 전해들을 수 있는 것으로 여겨져, 현재에는 초기불교를 공부하는 많은 사람들이 이것을 많이 참고하고 있다. 이 책에서는 초기불교의 가르침을 분석하기 위해 국내에 번역되어 있는 『니까야』 중에서 전재성 박사가 번역한 『니까야』들을 사용하였음을 밝혀둔다. 또한 초기불교에 관한 이하의 설명 중 상당 부분은 이전에 필자가 발표한 논문인 「불교의 깨달음과 그 구현」(『동아시아불교문화』 제27집, 2016) 및 「입전수수, 요익중생의 길」(『동아시아불교문화』 제32집, 2017)에 실린 글에서 끌어왔음도 밝혀둔다.

2  전재성 역주, 『쿳다까니까야(小部阿含) 법구경-담마파다』, 한국빠알리성전협회, 2012, p. 170.

3  전재성 역주, 『맛지마니까야』, 한국빠알리성전협회, 2009, pp. 528-529 참조.

4  전재성 역주, 『디가니까야』, 한국빠알리성전협회, 2011, p. 990.

5  전재성 역주, 『디가니까야』, p. 998.

6    전재성 역주,『맛지마니까야』, pp. 373-374.

7    전재성 역주,『맛지마니까야』, p. 308.

8    전재성 역주,『쌍윳따니까야』4권, 한국빠알리성전협회, 2007, p. 789.

9    전재성 역주,『쌍윳따니까야』5권, 한국빠알리성전협회, 2007, p. 64.

10   전재성 역주,『맛지마니까야』, p. 1524.

11   전재성 역주,『쌍윳따니까야』2권, 한국빠알리성전협회, 2006, p. 341
     참조.

12   위의 책, p. 343.

13   전재성 역주,『쌍윳따니까야』4권, p. 1055.

14   전재성 역주,『쌍윳따니까야』1권, 한국빠알리성전협회, 2006, p. 155.

15   위의 책, 같은 곳.

16   초기불교의 욕망과 감정 이론에 대해서 필자는「입전수수(入廛垂手), 요
     익중생(饒益衆生)의 길-원효의 계승과 불교 혁신의 길」(『동아시아불교문
     화』제32집, 2017)이라는 논문의 Ⅲ절 '초기불교의 욕망과 감정 이론 그
     리고 중생구제의 문제'에서 논한 바 있다. 초기불교의 욕망과 감정 이론
     에 대한 이하의 논의들은 그것에 기초하였다.

17   전재성 역주,『쌍윳따니까야』1권, p. 120.

18   위의 책, p. 121.

19   전재성 역주,『쌍윳따니까야』3권, 한국빠알리성전협회, 2007, pp. 142-
     155 참조. 이러한 것은 그 밖의 초기경전의 수많은 곳에서 얘기하고 있다.

20   전재성 역주,『쌍윳따니까야』2권, pp. 208-209 참조.

21   위의 책, pp. 57-58 참조.

22   위의 책, pp. 60-64 참조.

23   위의 책, p. 257.

24   위의 책, p. 278 참조.

25   위의 책, p. 280 참조.

26   전재성 역주,『앙굿따라니까야』3권, 한국빠알리성전협회, 2007, pp.
     364-365 참조.

27   전재성 역주,『쌍윳따니까야』3권, pp. 105-106 참조.

28   위의 책, p. 125 및 p. 278 참조.

29   위의 책, p. 133 참조.

30   위의 책, p. 124.

31  전재성 역주, 『맛지마니까야』, p. 373 참조.

32  전재성 역주, 『쿳다가니까야(小部阿含) 법구경-담마파다』, 한국빠알리성
    전협회, 2012, pp. 171-172 참조.

33  전재성 역주, 『맛지마니까야』, p. 541 참조.

34  위의 책, pp. 141-142 참조.

35  앗쌀라야나의 물음과 이에 대한 부처님의 대답에 대해서는 전재성 역주,
    『맛지마니까야』, pp. 1043-1045 참조.

36  바쎗타의 물음과 이에 대한 부처님의 대답에 대해서는 전재성 역주, 『맛
    지마니까야』, pp. 1102-1113 참조.

37  전승에 대한 이런 맹신과 맹종에 대한 비판에 관해서는 전재성 역주, 『맛
    지마니까야』, pp. 1073-1074 참조.

38  전재성 역주, 『앙굿따라니까야』 4권, 한국빠알리성전협회, 2007, p. 412.

39  전재성 역주, 『앙굿따라니까야』 3권, p. 193 및 전재성 역주, 『앙굿따라니
    까야』 4권, p. 412 참조.

40  전재성 역주, 『맛지마니까야』, pp. 209-210.

41  전재성 역주, 『디가니까야』, pp. 380-381.

42  전재성 역주, 『쌍윳따니까야』 1권, p. 332 참조.

43  전재성 역주, 『맛지마니까야』, pp. 541-542.

44  전재성 역주, 「가나까 목갈라나의 경」, 『맛지마니까야』, pp. 1205-1208
    참조.

45  전재성 역주, 『앙굿따라니까야』 6권, 한국빠알리성전협회, 2007, p. 175.

46  이와 같은 올바른 정진 또는 사정근에 대해서는 전재성 역주, 『맛지마니
    까야』, pp. 1525-1526, 그리고 전재성 역주, 『디가니까야』, p. 1390 참조.

47  이러한 의미의 사정근에 대해서는 전재성 역주, 『디가니까야』, pp. 1396-
    1398 참조.

48  이하 네 가지 새김의 토대에 대해서는 전재성 역주, 『디가니까야』, pp.
    963-1006 참조.

49  전재성 역주, 『디가니까야』, pp. 1005-1006 참조.

50  「올바른 견해의 경」에 나오는 이상의 얘기에 대해서는 전재성 역주, 『맛지
    마니까야』, pp. 155-170 참조.

51  전재성 역주, 『쌍윳따니까야』 2권, pp. 124-126 참조.

52  전재성 역주, 『앙굿따라니까야』 1권, pp. 214-215 참조.

53  전재성 역주,『디가니까야』, p. 1003 및 전재성 역주,『맛지마니까야』, p. 1296과 p. 1525 등.

54  이하 깨달음의 단계에 대한 서술은 필자의 논문인「불교의 깨달음과 그 구현」(『동아시아불교문화』27집, pp. 283-316)에서 발표한 글에서 가져온 것이다.

55  전재성 역주,『맛지마니까야』, p. 775.

56  위의 책, p. 777 참조.

57  위의 책, 같은 곳 참조.

58  위의 책, pp. 776-777 참조.

59  위의 책, p. 776 참조.

60  위의 책, 같은 곳 참조.

61  위의 책, pp. 775-776 참조.

62  위의 책, p. 775 참조.

63  위의 책, p. 778.

64  위의 책, 같은 곳.

65  여기서 말한 다섯 가지 능력에 대한 설명은 전재성 역주,『쌍윳따니까야』6권, 한국빠알리성전협회, 2007, pp. 257-259에 자세히 나온다.

66  위의 책, p. 261.

67  전재성 역주,『맛지마니까야』, p. 776 참조.

68  위의 책, pp. 775-776.

69  전재성 역주,『앙굿따라니까야』2권, 한국빠알리성전협회, 2013 개정판, pp. 378-379.

70  전재성 역주,『맛지마니까야』, p. 726 참조.

71  전재성 역주,『앙굿따라니까야』3권, pp. 65-66참조.

72  전재성 역주,『쌍윳따니까야』2권, pp. 383-392 참조.

73  전재성 역주,『쌍윳따니까야』7권, 한국빠알리성전협회, 2007, pp. 112-115 등에서는 여러 가지 초월적 능력이 의욕, 정진, 마음, 탐구의 집중이라는 삼매와 선정을 위주로 하는 4가지 신통의 기초를 닦음에 의해 얻어진다고 얘기한다.

74  전재성 역주,『디가니까야』, pp. 692-693 참조.

75  전재성 역주,『쌍윳따니까야』3권, pp. 403-494 참조.

76  전재성 역주,『쌍윳따니까야』6권, pp. 250-251 참조.

77  전재성 역주, 「꼬쌈비의 경」, 『쌍윳따니까야』 2권, pp. 358-375 참조.

78  선교 대립에 대한 이상의 가르침에 대해서는 전재성 역주, 『앙굿따라니까야』 6권, pp. 164-166 참조.

79  전재성 역주, 『쌍윳따니까야』 4권, pp. 1053-1056 참조.

80  전재성 역주, 『앙굿따라니까야』 7권, pp. 143-148 참조.

81  전재성 역주, 『맛지마니까야』, p. 290.

82  전재성 역주, 『디가니까야』, pp. 78-85 참조.

83  이상의 일화에 대해서는 전재성 역주, 『쌍윳따니까야』 7권, pp. 422-424 참조.

84  전재성 역주, 『쌍윳따니까야』 3권, pp. 315-326 참조.

85  M. Andrew Holowchak, *The Stoics: A Guide for the Perplexed*, London: Continuum, 2008, pp. 29-30 참조.

86  위의 책, p. 30 참조.

87  Martha Craven Nussbaum, *The therapy of desire*, Princeton University Press, 1994, p. 221 참조.

88  전재성 역주, 『맛지마니까야』, p. 290.

89  마사 누스바움, 조형준 옮김, 『감정의 격동』 2권, 새물결, 2015, p. 711 참조.

90  Martha Craven Nussbaum, 앞의 책, p. 392 참조.

91  마사 누스바움, 『감정의 격동』 2권, p. 617 참조.

92  위의 책, 같은 곳 참조.

93  Martha Craven Nussbaum, 앞의 책, pp. 208-232 참조.

94  전재성 역주, 『쌍윳따니까야』 4권, pp. 1060-1066 참조.

95  전재성 역주, 『쌍윳따니까야』 6권, pp. 93-94 참조.

96  이하 마하비지따 왕과 왕립사제 간의 대화에 대해서는 전재성 역주, 『디가니까야』, pp. 282-296 참조.

97  전재성 역주, 『쌍윳따니까야』 4권, pp. 777-778 참조.

98  일곱 가지 아내에 대한 이상의 가르침에 대해서는 전재성 역주, 『앙굿따라니까야』 7권, pp. 185-189 참조.

99  전재성 역주, 『앙굿따라니까야』 5권, 한국빠알리성전협회, 2007, pp. 154-155 참조.

100 위의 책, p. 156 참조.

101 위의 책, 같은 곳과 전재성 역주, 『디나니까야』, pp. 785-786 참조.

102 이상의 '여덟 가지 공경의 원리'에 대해서는 전재성 역주,『앙굿따라니까야』8권, 한국빠알리성전협회, 2008, pp. 237-238 참조.

103 위의 책, p. 236 참조.

104 전재성 역주,『쌍윳따니까야』1권, p. 388.

105 전재성 역주,『맛지마니까야』, p. 1285 참조.

106 전재성 역주,『앙굿따라니까야』1권, p. 217.

**2부**

1 후지타 코타츠 外, 권오민 옮김,『초기 · 부파불교의 역사』, 민족사, 1992, pp. 229-230 참조. 김영석 역주,『아비달마부파의 성립과 주장』, 씨아이알, 2018, p. 386 참조.

2 5사에 관해서는 현장(玄奘)이 번역한『대비바사론(大毘婆沙論)』에서 상세히 설명하고 있지만, 여기서는 김영석 역주,『아비달마부파의 성립과 주장』, 씨아이알, 2018, pp. 387-395 참조.

3 아비다르마(abhidharma)는 '~에 대하여'의 의미를 갖는 'abhi'와 '法'의 의미를 갖는 'dharma'의 복합어이다. 김영석 역주,『아비달마부파의 성립과 주장』, 씨아이알, 2018, p. 2 참조.

4 권오민 역주,「분별수면품」,『아비달마구사론3』, 동국역경원, 2015년 개정판, pp. 908-909; 권오민,『아비달마불교』, 민족사, 2015, p. 99; 당아미(唐阿美, 惟果),「원측(圓測)의 해심밀경소(解深密經疏) 연구研究)」, 동국대학교 대학원 불교학과, 박사학위논문, 1999, p. 32 참조.

5 후지타 코타츠 外, 권오민 옮김,『초기 · 부파불교의 역사』, 민족사, 1992, pp. 248-250 참조.

6 후지타 코타츠 外, 권오민 옮김,『초기 · 부파불교의 역사』, 민족사, 1992, p. 251 참조.

7 『구사론』의 각 품에서 다루고 있는 내용의 개략적 내용은 권오민 역주,『아비달마구사론1』, 동국역경원, 2015년 개정판, '해제' 부분에 잘 정리되어 있다. pp. 10-12 참조.

8 권오민 역주,『아비달마구사론2』, 동국역경원, 2015년 개정판, pp. 731-764 참조.

9 권오민 역주,『아비달마구사론2』, 동국역경원, 2015년 개정판, pp. 825-

849 참조.

10  권오민 역주, 『아비달마구사론3』, 동국역경원, 2015년 개정판, p. 943 참조.

11  권오민 역주, 『아비달마구사론3』, 동국역경원, 2015년 개정판, p. 970.

12  권오민 역주, 『아비달마구사론3』, 동국역경원, 2015년 개정판, p. 1020 참조.

13  권오민 역주, 『아비달마구사론3』, 동국역경원, 2015년 개정판, p. 1027.

14  권오민 역주, 『아비달마구사론3』, 동국역경원, 2015년 개정판, pp. 1027-1029 참조. 앞의 것들은 수행 방법이 구체적이어서 실제로 수행하는 데 곧바로 도움이 될 수 있는 것이지만, 전과 정 같은 것에 대한 설명은 매우 추상적이다.

15  권오민 역주, 『아비달마구사론3』, 동국역경원, 2015년 개정판, pp. 1033-1037 참조.

16  권오민 역주, 『아비달마구사론4』, 동국역경원, 2015년 개정판, pp. 1266-1270 참조.

17  권오민 역주, 『아비달마구사론4』, 동국역경원, 2015년 개정판, pp. 1319-1331 참조.

18  권오민 역주, 『아비달마구사론4』, 동국역경원, 2015년 개정판, p. 1339 참조.

19  이에 대해서는 권오민 역주, 『아비달마구사론4』에 부록으로 실린 「아비달마불교의 새로운 인식을 위한 시론」을 참조. 권오민 역주, 『아비달마구사론4』, 동국역경원, 2015년 개정판, pp. 1413-1415.

20  함허당 득통기화의 『금강경오가해설의(金剛經五家解說誼)』는 김운학(金雲學) 역주, 『신역 금강경오가해(新譯 金剛經五家解)』, 현암사, 1980 참조.

21  『금강경』 5, 13, 20, 26장 등을 참조.

22  『금강경』 제5 여리실견분(如理實見分), 김운학 역주, 『신역 금강경오가해(新譯 金剛經五家解)』, 현암사, 1980, p. 57 참조.

23  『금강경』 7장, 13장 참조.

24  『금강경』 제18 일체동관분(一切同觀分), 김운학 역주, 『신역 금강경오가해(新譯 金剛經五家解)』, 현암사, p. 178 참조.

25  『금강경』 제14 이상적멸분(離相寂滅分), 김운학 역주, 『신역 금강경오가해(新譯 金剛經五家解)』, 현암사, pp. 121-122 참조.

26  이찬훈,『불이사상으로 읽는 노자』, 예문서원, 2006, pp. 39-40 참조.

27  『금강경』 제32 응화비진분(應化非眞分), 김운학 역주,『신역 금강경오가
    해(新譯 金剛經五家解)』, 현암사, pp. 242-243 참조.

28  『대반야바라밀다경(大般若波羅蜜多經)』권431, 대정장(大正藏) 7, p.
    168上.

29  『금강경오가해』에서는 일합상리분(一合相理分)이라고 표기함. 김운학 역
    주,『신역 금강경오가해(新譯 金剛經五家解)』, 현암사, p. 229 참조.

30  김운학 역주,『신역 금강경오가해(新譯 金剛經五家解)』, 현암사, pp. 229-
    230.

31  역해 원순,『함허스님 금강경 금강경오가해설의』, 도서출판 법공양, 2011,
    p. 327.

32  김운학 역주,『신역 금강경오가해(新譯 金剛經五家解)』, 현암사, p. 234.

33  김운학 역주,『신역 금강경오가해(新譯 金剛經五家解)』, 현암사, p. 234.

34  원측은 고액(苦厄)에 관해 자세히 설명하면서 고(苦)로는 8고 등을 애
    기하고, 액(厄)으로는 욕(慾), 유(有), 견(見), 그리고 무명(無明) 등의 4
    액을 말하고 있다. 원측 지음, 박인성 옮김,『반야심경찬』, 주민출판사,
    2005, pp. 59, 61 참조.

35  원측 지음, 박인성 옮김,『반야심경찬』, 주민출판사, 2005, p. 77 참조.

36  원측 지음, 박인성 옮김,『반야심경찬』, 주민출판사, 2005, p. 47.

37  원측 지음, 박인성 옮김,『반야심경찬』, 주민출판사, 2005, p. 47 참조.

38  원측 지음, 박인성 옮김,『반야심경찬』, 주민출판사, 2005, pp. 71-73 참조.

39  용수보살 저(龍樹菩薩 著), 청목 석(靑目 釋), 구마라습 한역(鳩摩羅什 漢
    譯), 김성철 역주,『중론』, 경서원, 1993, p. 25.

40  위의 책, p. 26.

41  위의 책, p. 139.

42  위의 책, p. 140.

43  위의 책, p. 414.

44  위의 책, p. 253.

45  위의 책, p. 254.

46  위의 책, p. 139.

47  위의 책, p. 154.

48  위의 책, p. 157.

49  위의 책, p. 257.

50  위의 책, p. 113.

51  위의 책, p. 306.

52  위의 책, p. 342.

53  위의 책, p. 342.

54  원측 지음, 박인성 옮김, 『반야심경찬』, 주민출판사, 2005, p. 21 및 원측 지음, 김성구 옮김, 『해심밀경소1』(한글대장경 136), 동국역경원, 1994, p. 16, pp. 417-435 참조.

55  원측 지음, 김성구 옮김, 『해심밀경소1』(한글대장경 136), 동국역경원, 1994, p. 300 참조.

56  원측 지음, 김성구 옮김, 『해심밀경소1』(한글대장경 136), 동국역경원, 1994, pp. 302-303.

57  원측 지음, 김성구 옮김, 『해심밀경소1』(한글대장경 136), 동국역경원, 1994, p. 303.

58  원측 지음, 김성구 옮김, 『해심밀경소1』(한글대장경 136), 동국역경원, 1994, p. 303.

59  원측 지음, 김성구 옮김, 『해심밀경소1』(한글대장경 136), 동국역경원, 1994, p. 302.

60  원측 지음, 김성구 옮김, 『해심밀경소1』(한글대장경 136), 동국역경원, 1994, p. 307.

61  원측 지음, 김성구 옮김, 『해심밀경소1』(한글대장경 136), 동국역경원, 1994, p. 302.

62  원측 지음, 김성구 옮김, 『해심밀경소1』(한글대장경 136), 동국역경원, 1994, p. 94.

63  원측 지음, 김성구 옮김, 『해심밀경소1』(한글대장경 136), 동국역경원, 1994, p. 94 참조.

64  원측 지음, 김성구 옮김, 『해심밀경소2』(한글대장경 137), 동국역경원, 1994, p. 32.

65  원측 지음, 김성구 옮김, 『해심밀경소2』(한글대장경 137), 동국역경원, 1994, p. 32. 참조.

66  김명우 지음, 『유식삼십송과 유식불교』, 예문서원, 2009, p. 75. 원문: 由 假說我法 有種種相轉 彼依識所變.

67 효도 가즈오(兵藤一夫) 지음, 김명우 · 이상우 옮김, 『유식불교, 『유식이십
   론』을 읽다』, 예문서원, 2011, p. 91 참조. 이런 내용이 이곳의 범문 한글
   번역에서는 "이 삼계는 실로 유식이다. 실재하지 않는 대상이 현현하기 때
   문이다"라고 되어 있다. 그리고 현장 역 한글 번역에서는 "내식이 생기할
   때 외계의 대상으로 현현한다"라고 되어 있다.

68 효도 가즈오(兵藤一夫) 지음, 김명우 · 이상우 옮김, 『유식불교, 『유식이십
   론』을 읽다』, 예문서원, 2011, p. 21 참조.

69 효도 가즈오(兵藤一夫) 지음, 김명우 · 이상우 옮김, 『유식불교, 『유식이십
   론』을 읽다』, 예문서원, 2011, pp. 94-96 참조.

70 효도 가즈오(兵藤一夫) 지음, 김명우 · 이상우 옮김, 『유식불교, 『유식이십
   론』을 읽다』, 예문서원, 2011, pp. 100-105 참조.

71 한자경, 「『성유식론(成唯識論)』에서의 식(識)과 경(境)의 관계 연구」, 동
   국대학교 대학원 불교학과, 박사학위논문, 1999, p. 34의 주 60에서 소개
   하고 있는 견해 참조.

72 효도 가즈오(兵藤一夫) 지음, 김명우 · 이상우 옮김, 『유식불교, 『유식이십
   론』을 읽다』, 예문서원, 2011, pp. 105-120 참조.

73 효도 가즈오(兵藤一夫) 지음, 김명우 · 이상우 옮김, 『유식불교, 『유식이십
   론』을 읽다』, 예문서원, 2011, pp. 228-231 참조.

74 효도 가즈오(兵藤一夫) 지음, 김명우 · 이상우 옮김, 『유식불교, 『유식이십
   론』을 읽다』, 예문서원, 2011, p. 239 참조.

75 효도 가즈오(兵藤一夫) 지음, 김명우 · 이상우 옮김, 『유식불교, 『유식이십
   론』을 읽다』, 예문서원, 2011, pp. 240-241 참조.

76 효도 가즈오(兵藤一夫) 지음, 김명우 · 이상우 옮김, 『유식불교, 『유식이십
   론』을 읽다』, 예문서원, 2011, pp. 136-184 참조.

77 김명우 지음, 『유식삼십송과 유식불교』, 예문서원, 2009, p. 212.

78 "처(處)라는 것은 이숙식(아뢰야식)이 공상(共相)의 종자를 성숙시킨 세
   력에 의해 색(色) 등 기세간으로 변현한 것을 말한다. 외적 사대종과 그것
   으로 만들어진 색법이 그것이다." 『성유식론』 제2권, 대정장 31, p. 10하.
   한자경, 「『성유식론(成唯識論)』에서의 식(識)과 경(境)의 관계 연구」, 동
   국대학교 대학원 불교학과, 박사학위논문, 1999, p. 86에서 재인용.

79 한자경, 「『성유식론(成唯識論)』에서의 식(識)과 경(境)의 관계 연구」, 동
   국대학교 대학원 불교학과, 박사학위논문, 1999, pp. 125-126 참조.

80  이런 다섯 가지 단계에 관해서는 김명우 지음,『유식삼십송과 유식불교』, 예문서원, 2009, pp. 230-240 참조.

81  원측 지음, 박인성 옮김,『반야심경찬』, 주민출판사, 2005, p. 47.

82  원측 지음, 박인성 옮김,『반야심경찬』, 주민출판사, 2005, p. 49.

83  은정희 역주,『대승기신론소 · 별기』, 일지사, 1991, p. 86. 顯示正義者 義一心法有二種門 云何爲二 一者心眞如門 二者心生滅門 是二種門皆各總攝一切法 此義云何以是二門不相離故.『대승기신론』의 번역본은 은정희 역주의『대승기신론소 · 별기』와 이평래의『대승기신론 강설』(민족사, 2016)을 주로 참고하였다.『대승기신론』원문에 대한 은정희의 번역은 직역에 가깝고 이평래의 번역은 상당한 의역이다. 여기서 인용은 주로 은정의의 번역을 따르면서 필요한 경우에만 필자의 번역을 괄호 안에 표기하였다.

84  은정희 역주,『대승기신론소 · 별기』, 일지사, 1991, p. 110. 當知眞如自性非有相 非無相 非非有相 非非無相 非有無俱相 非一相 非異相 非非一相 非非異相 非一異俱相.

85  은정희 역주,『대승기신론소 · 별기』, 일지사, 1991, p. 120. 心生滅者 依如來藏故有生滅心 所謂不生不滅 與生滅和合 非一非異 名爲阿黎耶識.

86  은정희 역주,『대승기신론소 · 별기』, 일지사, 1991, p. 133. 此識有二種義能攝一切法 生一切法.

87  은정희 역주,『대승기신론소 · 별기』, 일지사, 1991, p. 139. 云何爲二 一者覺義 二者不覺義.

88  은정희 역주,『대승기신론소 · 별기』, 일지사, 1991, p. 186. 所言不覺義者謂不如實知眞如法一故 不覺心起而有其念.

89  은정희 역주,『대승기신론소 · 별기』, 일지사, 1991, p. 167 참조.

90  은정희 역주,『대승기신론소 · 별기』, 일지사, 1991, p. 208. 當知無明能生一切染法 皆是不覺相故.

91  은정희 역주,『대승기신론소 · 별기』, 일지사, 1991, p. 238. 是心從本已來自性清淨而有 無明所染 有其染心.

92  은정희 역주,『대승기신론소 · 별기』, 일지사, 1991, p. 87. 一心體是本覺而隨無明動作生滅.

93  복례와 그가 제기한 여섯 가지 난제에 관해서는 이평래,『대승기신론 강설』, 민족사, 2016, pp. 200-201 참조.

94 은정희 역주, 『대승기신론소 · 별기』, 일지사, 1991, p. 309. 問曰 若諸佛法
身離於色相者 云何能現色相 答曰 卽此法身是色體故 能現於色 所謂從本
已來 色心不二.

95 은정희 역주, 『대승기신론소 · 별기』, 일지사, 1991, p. 322. 是故一切法從
本已來 非色非心 非智非識 非有非無 畢竟不可說相 而有言說者 當知如來
善巧方便 假以言說印度衆生.

96 은정희 역주, 『대승기신론소 · 별기』, 일지사, 1991, p. 239. 若此心體 一向
生滅 直是染心 則非難了 又若一向常住 唯是淨心 亦非難知 說使體實淨
而相似染者 亦可易解 如其識體動 而空性靜者 有何難了 而今此心 體淨而
體染 心動而心靜 染淨無二動靜莫別 無二無別 而亦非一 如是之絶 故難可
知.

97 은정희 역주, 『대승기신론소 · 별기』, 일지사, 1991, p. 214. 復次生滅因緣
者 所爲衆生依心意意識轉故.

98 은정희 역주, 『대승기신론소 · 별기』, 일지사, 1991, p. 217. 三界虛僞 唯心
所作 離心則無六塵境界 此義云何 以一切法 皆從心起 妄念而生 一切分別
卽分別自心.

99 은정희 역주, 『대승기신론소 · 별기』, 일지사, 1991, p. 186. 所言不覺義者
謂不如實知眞如法一故 不覺心起而有其念.

100 아견과 대치사집에 관한 서술은 은정희 역주, 『대승기신론소 · 별기』, 일지
사, 1991, pp. 316-322 참조.

101 은정희 역주, 『대승기신론소 · 별기』, 일지사, 1991, p. 374 참조.

102 은정희 역주, 『대승기신론소 · 별기』, 일지사, 1991, p. 376. 言端坐者 是
明調身 言正意者 是顯調心 云何調身 委悉而言 前安坐處 每令安穩 久
久無妨 次當正脚 若半跏坐 以左脚置右髀上 牽來近身 令左脚指與右髀
齊 若欲全跏 卽改上右脚必置左髀上次左腳置右髀上 次解寬衣帶 不坐時
落 次當安手 以左手掌置右手上 累手相對 頓置左脚上 牽來近身 當心而
安 次當正身 前當搖動其身 幷諸支節 依七八反 如自按摩法 勿令手足差
異 正身端直 令肩骨相對 勿曲勿聳 次正頭頸 令鼻與臍相對 不偏不邪 不
仰不卑 平面正住.

103 은정희 역주, 『대승기신론소 · 별기』, 일지사, 1991, p. 403 참조.

104 은정희 역주, 『대승기신론소 · 별기』, 일지사, 1991, p. 406.

**3부**

1  이하에서 서술한 원효의 교판과 화엄사상이 불교사상사와 한국불교에서 차지하고 있는 위치와 위상에 관한 내용은 대부분 필자의 논문 「불교예술에서 화엄경의 활용가능성에 관한 연구」(『동아시아불교문화』 제22집, 2015)의 '2. 불교사상사와 한국불교에서 화엄사상이 차지하고 있는 위치'에서 서술했던 내용이다.

2  법장(法藏), 『화엄경탐현기(華嚴經探玄記)』 1권, 대정장(大正藏) 35, p. 111上 참조.

3  원효(元曉), 「진역화엄경소서(晉譯華嚴經疏序)」, 『한국불교전서(韓國佛敎全書)』 제1책, p. 495上.

4  원효의 이 『화엄경소』의 내용은 의상 화엄사상의 진수라 할 수 있는 「법성게(法性偈)」의 내용과도 완전히 상통한다. 즉 '크지 않으므로 극히 작은 것이 되어도 남음이 없고, 작지 않으므로 태허가 되어도 여유가 있다'는 것은 한 사물이 공간적으로 걸림이 없이 다른 모든 사물을 포섭하면서 동시에 다른 모든 사물에 포섭되는 관계를 나타내는 「법성게」의 '한 티끌 속에 온 세상이 들어 있고, 모든 티끌 역시 그러하다'는 구절과 그 의미가 상통한다. '촉박하게 짧지 않으므로 능히 삼세겁을 머금고, 넘치게 길지도 않으므로 전체를 들어 일찰나에 들어간다'는 것은 한 순간이 시간적으로 영원한 시간을 포섭하는 동시에 영원 속에 포섭됨을 말하는 '한없이 먼 시간도 곧 한 생각이요, 한 생각이 곧 한없는 시간이라. 구세와 십세가 서로 부합하지만, 뒤섞이는 일 없이 떨어져 서 있네'라는 「법성게」의 구절과 상통한다. '움직이지도 않고 고요하지도 않다'는 것은 '모든 것은 움직임 없이 본래 고요'하면서도 '참 성품은 깊고도 미묘해서 고정된 자성이 없이 인연 따라 이루어진다'는 「법성게」의 사상과 통한다. '하나도 아니고 많지도 않으므로 일법이 일체법이고 일체법이 일법이다'는 것은 법계연기 속의 세상 만물이 공간·시간적으로 서로 걸림이 없이(무애) 상즉·상입(相卽·相入)하는 불이적 존재임을 총괄하여 잘 표현하고 있는 '하나 안에 일체 있고, 여럿 안에 하나 있네. 하나가 곧 일체요, 여럿이 곧 하나일세'라는 「법성게」의 구절과 상통한다. 또한 '이러한 무장무애의 법은 법계법문의 묘술을 지으니 모든 보살이 들어갈 바이고, 삼세제불이 나오는 바이다'라는 것은 우주 만물의 근원인 진성은 본래 불변하는 하나의 것이면

서도 동시에 인연에 따라 변화하며 장엄한 화엄의 법계를 연출하는 오묘한 이치를 깨달은 것이 모든 부처와 보현보살 같은 대인의 경지라는 뜻의 '이와 사가 그윽이 분별되지 않으니, 십불과 보현 대인 경지로다'라는 구절과 상통한다.

5 일연 지음, 이가원·허경진 옮김, 「자장이 계율을 정하다(慈藏定律)」, 『삼국유사』, 서울 : 한길사, 2006, pp. 356-362 참조.

6 화엄사상과 선의 관계와 회통 문제에 대해서는 이찬훈, 「선과 화엄사상 회통의 현대적 의미」, 『대동철학』 제45집, 대동철학회, 2008을 참조.

7 노권용, 『불타관의 연구』, 원광대학교 대학원 불교학과 박사논문, 1987; 렴점자(廉点子, 松雲), 「초기 대승경전에 나타난 불신설」, 『한국불교학』 제50집, 2008 참조.

8 이하에서 정리한 불타관의 전개과정은 대체적으로는 역사적인 순서에 따른 것이긴 하지만 엄격하게 그에 따른 것은 아니며 오히려 불타관의 논리적 전개과정을 더 중시한 것이라고 할 수 있다. 원시불교시대부터 대승불교시대에 이르기까지에는 다양한 불타관이 여러 시기에 걸쳐 산견된다. 『화엄경』의 불타관을 분석하기 위한 예비 작업으로서 불타관의 전개과정을 살펴보려고 하는 것이 이 절의 취지이므로, 여기에서는 그것들을 역사적 순서에 따라 자세히 다루지 않고, 불타관의 전개과정이 삼신불사상에 이르게 되는 논리적인 과정을 위주로 서술하였다.

9 노권용, 앞의 글, p. 1 및 pp. 6-7 참조.

10 삼십이상에 관해서는 『장아함경(長阿含經)』 권 1, 대정장(大正藏) 1, p. 5 상(上); 『중아함경(中阿含經)』 권 11, 대정장(大正藏) 1, pp. 493하(下)-494상(上); 『방광대장엄경(方廣大莊嚴經)』 권 3, 대정장(大正藏) 3, p. 556중(中) 등 여러 곳에서 얘기하고 있다. 팔십종호에 관해서는 『방광대장엄경(方廣大莊嚴經)』 권 3, 대정장(大正藏) 3, p. 556중(中) 등 여러 곳에서 얘기하고 있다.

11 십팔불공법(十八不共法)은 『잡아함경(雜阿含經)』 등 여러 원시경전에 산재되어 있는 십력(十力), 사무외, 삼념주(三念住), 대비(大悲)를 후대에 묶어서 통칭한 것이다.

12 노권용, 앞의 글, p. 13; 렴점자, 앞의 글, pp. 104-5 참조.

13 노권용, 앞의 글, pp. 14-15 참조.

14 노권용, 앞의 글, p. 15; 렴점자, 앞의 글, p. 106 참조.

15  아미타불의 유래에 대해서는『무량수경無量壽經)』권 上, 대정장(大正藏)
    12, p. 266하(下)-270상(上)참조.

16  『증일아함경(增一阿含經)』권 1, 대정장(大正藏) 2, p. 550상(上).

17  『증일아함경(增一阿含經)』권 1, 대정장(大正藏) 2, p. 787중(中).

18  『소품반야경(小品般若經)』권 10, 대정장(大正藏) 8, p. 584중(中).

19  『대반야바라밀다경(大般若波羅蜜多經)』권 569, 대정장(大正藏) 7, p.
    937중하(中下) 참조.

20  삼신의 명칭에 관해서는 약간의 이견들이 있을 수 있다. 이에 대해 이기
    영은 삼신(三身)의 범어(梵語) 명칭으로 1. dharmakāya(dharmatākāya),
    svābhāvikakāya, 2. sambhogakāya, nisyandakāya, 3.
    nirmānakāya(nirmanonirmitakāya)를 들고, 이것을 여러 가지로 한역함으
    로써 약간의 혼동이 생겼으나 그 각각을 법신(法身), 보신(報身), 화신(化
    身)이라고 번역하는 것이 가장 적절하다고 지적하고 있다. 이기영, 「불신
    에 관한 연구」,『불교학보』Vol. 3 No 1, 불교문화연구원, 1966, p. 273 참
    조. 특히 화신에 대해서는 응신(應身)이라는 용어도 곧잘 쓰이지만 여기서
    는 삼신불에 대해 법신불, 보신불, 화신불이라는 용어를 사용하였다.

21  특히 노권용은 "다양하게 전개되는『화엄경』의 불신설도 정리해 보면 결
    국 법신(法身), 색신(色身)의 이신설(二身說)을 넘지 못한다고 본다. 물론
    역어상(譯語上)에서 말한다면 '법신', '보신', '화신'의 명칭이 제기되고 있
    어서 후세에 성립하는 삼신설을 연상케 한다. 그러나 엄밀히 살펴보면 이
    때의 '보신'은 불과보신(佛果報身, Sambhoga-kāya)이 아닌 중생의 업보
    신(業報身, Vipaka-kāya)인 것이다"(노권용, 앞의 글, 153쪽)라고 하면서,
    삼신설의 성립은 자성신(自性身)·수용신(受用身)·변화신(變化身) 또
    는 법신·보신·응신의 삼신설을 주장한 유식학파에 의한 것이라고 주장
    한다. 노권용, 앞의 글, p. 2 및 p. 164 참조. 그 밖에 이도업 역시 삼신설
    의 성립은 5세기 이후, 소위 중기 대승경전이 출현한 시기에 해당하며, 그
    중심인물은 무착이나 세친이라고 주장하고 있다. 이도업,『화엄경 사상연
    구』, 민족사, 1998, p. 42 참조.

22  이상 비로자나의 어원과 음역의 설명에 대해서는 김현우, 「『화엄경』에 나
    타난 불타관 연구」, 동국대학교 대학원 불교학과, 석사학위논문, 2004, p.
    23 참조.

23  법장(法藏),『화엄경탐현기(華嚴經探玄記)』권 3, 대정장(大正藏) 35, p.

146하(下) 참조.

24  『대방광불화엄경(大方廣佛華嚴經)』,「십지품(十地品)」, 대정장(大正藏)
    9, p. 565상(上) 등 참조.

25  『대방광불화엄경(大方廣佛華嚴經)』,「노사나불품(盧舍那佛品)」, 대정장
    (大正藏) 9, p. 408중(中)

26  『대방광불화엄경(大方廣佛華嚴經)』,「보왕여래성기품(寶王如來性起品)」,
    대정장(大正藏) 9, p. 617하(下).

27  『대방광불화엄경(大方廣佛華嚴經)』,「보살운집묘승전상설게품(菩薩雲集
    妙勝殿上說偈品)」, 대정장(大正藏) 9, p. 442중(中). 이하에서 나오는 『대
    방광불화엄경』의 번역은 동국대학교 한글대장경의 이운허 번역 『대방광
    불화엄경』 60권의 번역에 따랐음을 밝혀 둔다.

28  『대방광불화엄경(大方廣佛華嚴經)』,「도솔천궁보살운집찬불품(兜率天宮
    菩薩雲集讚佛品)」, 대정장(大正藏) 9, p. 486중(中).

29  위의 책, 같은 곳.

30  『대방광불화엄경(大方廣佛華嚴經)』,「공덕화취보살십행품(功德華聚菩薩
    十行品)」, 대정장(大正藏) 9, p. 470상(上).

31  『대방광불화엄경(大方廣佛華嚴經)』,「보왕여래성기품(寶王如來性起品)」,
    대정장(大正藏) 9, p. 618상(上).

32  『대방광불화엄경(大方廣佛華嚴經)』,「노사나불품(盧舍那佛品)」, 대정장
    (大正藏) 9, p. 405하(下).

33  『대방광불화엄경(大方廣佛華嚴經)』,「세간정안품(世間淨眼品)」, 대정장
    (大正藏) 9, p. 397하(下).

34  『대방광불화엄경(大方廣佛華嚴經)』,「보왕여래성기품(寶王如來性起
    品))」, 대정장(大正藏) 9, p. 612중(中).

35  『대방광불화엄경(大方廣佛華嚴經)』,「도솔천궁보살운집찬불품(兜率天宮
    菩薩雲集讚佛品)」, 대정장(大正藏) 9, p. 486중하(中下).

36  『대방광불화엄경(大方廣佛華嚴經)』,「여래광명각품(如來光明覺品)」, 대
    정장(大正藏) 9, p. 424하(下).

37  『대방광불화엄경(大方廣佛華嚴經)』,「현수품(賢首品)」, 대정장(大正藏)
    10, p. 73하(下).

38  『대방광불화엄경(大方廣佛華嚴經)』,「노사나불품盧舍那佛品)」, 대정장
    (大正藏) 9, p. 411하(下).

39 『대방광불화엄경(大方廣佛華嚴經)』, 「불부사의법품(佛不思議法品)」, 대정장(大正藏) 9, p. 591하(下).

40 방상복(房相福), 「그리스도교(教)와 불교간(佛教間)의 대화(對話)와 화해(和解), 일치(一致)를 위한 연구(研究)-다석 유영모(多夕 柳永模)의 종교다원주의(宗教多元主義) 사사(思想)을 중심(中心)으로」, 동국대학교 불교대학원, 석사학위논문, 1999, p. 9 및 길희성 지음, 『보살예수』, 현암사, 2004, p. 32 참조.

41 방상복, 앞의 글, p. 34 및 길희성, 앞의 책, pp. 32-33 참조.

42 방상복, 앞의 글, p. 9 및 길희성, 앞의 책, p. 33 참조.

43 신춘기, 「범신론적 신관에 대한 성경적 비판」, 웨스트민스터 신학대학원 대학교, 박사학위논문, 2004, p. 6, p. 168 참조.

44 신춘기, 위의 글, p. 8 참조.

45 박영지, 「현대신학의 구원론과 불교의 구세론 비교연구-종교다원론 문제를 중심으로」, 『일립논총』 제6집, 한국성서대학교, 2000, p. 2.

46 박영지, 위의 글, p. 4.

47 양승훈, 『기독교적 세계관』, CUP, 1999, p. 47.

48 양승훈, 위의 책, p. 63.

49 길희성, 앞의 책, p. 268.

50 신춘기, 앞의 글, p. V.

51 신춘기, 앞의 글, p. 122.

52 신춘기, 앞의 글, p. 137.

53 신춘기, 앞의 글, pp. 137-138.

54 박영지, 「대승불교의 보살 사상과 기독교의 메시야 사상 비교 연구」, 『일립 논총』 제7집, 한국성서대학교, 2001, p. 68.

55 이정욱, 「예수 그리스도의 육화와 부처의 화신-대승불교 삼신론을 중심으로」, 대구가톨릭대학교 대학원 신학과, 석사학위논문, 2004, p. 54 참조.

56 이정욱, 위의 글, 48, p. 52 참조.

57 강진수, 「에크하르트의 신비사상 연구」, 한신대학교 신학대학원, 석사학위논문, 2001, p. 6 참조.

58 오강남, 「중세 그리스도교의 전개(불교인을 위한 그리스도교 이야기⑥)」, 『불교평론』 33호, 2007, p. 307.

59 오강남, 위의 글, 같은 곳 참조.

60 마이스터 에크하르트 지음, 요셉 퀸트 편역, 이부현 옮김, 『마이스터 에크 하르트 독일어 논고』, 누멘, 2009, p. 79.

61 위의 책, p. 34.

62 게르하르트 베어 지음, 이부현 옮김, 『마이스터 에크하르트』, 안티쿠스, 2009, p. 83 참조.

63 마이스터 에크하르트 지음, 이부현 편집 및 옮김, 『마이스터 에크하르트 선집』, 누멘, 2009; 법장(法藏), 『화엄일승교의분제장(華嚴一乘敎義分齊 章)』 권(卷)4, 대정장(大正藏) 45, p. 287.

64 마이스터 에크하르트, 『마이스터 에크하르트 독일어 논고』, p. 35.

65 길희성, 앞의 책, p. 274.

66 게르하르트 베어, 앞의 책, p. 162.

67 게르하르트 베어, 앞의 책, p. 164.

68 길희성, 앞의 책, p. 274.

69 게르하르트 베어, 앞의 책, p. 162.

70 게르하르트 베어, 앞의 책, p. 164.

71 마이스터 에크하르트, 『마이스터 에크하르트 독일어 논고』, p. 49.

72 마이스터 에크하르트, 위의 책, p. 39.

73 레이몬드 B. 블레크니, 이민재 역, 『마이스터 에크하르트』 2권, 다산글방, 1994, p. 192.

74 월터 T. 스테이스, 강건기 · 정륜 역, 『신비사상』, 동쪽나라, 1995, p. 242 참조.

75 레이몬드 B. 블레크니, 앞의 책, p. 300.

76 길희성, 앞의 책, p. 35 참조.

77 방상복, 앞의 글, p. 35 참조.

78 방상복, 앞의 글, p. 62 참조.

79 마이스터 에크하르트, 『마이스터 에크하르트 독일어 논고』, p. 210.

80 방상복, 앞의 글, p. 63.

81 이정욱, 앞의 글, pp. 57-58 참조.

82 길희성, 앞의 책, p. 14 참조.

83 필자는 「화엄의 불이사상과 과정 형이상학」(『대동철학』 제23집, 대동철 학회, 2003)이라는 논문에서 법계연기사상에 대해 논한 바 있다. 또한

「세계화와 화엄사상」(동아시아불교문화학회, 『동아시아불교문화』 제20집, 2014)의 일부에서도 이에 관해 서술한 바 있다. 여기에서 서술하는 법계연기사상의 많은 부분은 그 논문들에 기초하였다.

84  법장(法藏), 『화엄경탐현기(華嚴經探玄記)』 1권, 대정장(大正藏) 35, p. 116상(上) 참조.

85  징관(澄觀), 『화엄경행원품소(華嚴經行願品疏)』, 만속장경(卍續藏經) 7, 신문풍출판회관(新文豊出版會館), p. 498 참조.

86  『대방광불화엄경(大方廣佛華嚴經)』, 대정장(大正藏) 9, p. 579하(下).

87  위의 책, p. 423상(上).

88  위의 책, p. 607하(下).

89  위의 책, p. 412하(下).

90  위의 책, p. 609상(上).

91  위의 책, p. 451상(上).

92  위의 책, p. 531하(下).

93  위의 책, p. 610상(上).

94  법장의 육상원융의에 대한 서술은 법장(法藏), 『화엄일승교의분제장(華嚴一乘教義分齊章)』, 권(卷)4. 대정장(大正藏) 45, p. 507하(下) 참조. 그리고 아래에 나오는 육상원융의에 대한 법장의 논술에 대한 요약과 설명은 이찬훈 「화엄의 불이사상과 과정 형이상학」(대동철학회, 『대동철학』 제23집, 2003)의 3절에서 가져온 것이다.

95  법장(法藏), 『화엄일승교의분제장(華嚴一乘教義分齊章)』, 권4, 대정장(大正藏) 45, p. 507하(下).

96  법장(法藏), 『화엄경탐현기(華嚴經探玄記)』, 대정장(大正藏) 35, p. 123상-중(上-中)

97  법장(法藏), 『화엄일승교의분제장(華嚴一乘教義分齊章)』, 권(卷)4, 대정장(大正藏) 45, p. 505상(上).

98  위의 책, p. 505상(上).

99  법장, 『화엄경탐현기(華嚴經探玄記)』 권1, 대정장(大正藏) 35, p. 123下.

100 법장(法藏), 『화엄일승교의분제장(華嚴一乘教義分齊章)』, 권(卷)4, 대정장(大正藏) 45, p. 505상(上).

101 위의 책, pp. 506하(下)-507상(上).

102 균여(均如), 「일승법계도원통기(一乘法界圖圓通記)」 권상(卷上), 『한국불

교전서(韓國佛教全書)』4, p. 1 참조.

103 이「법계도인」그림은 법계도를 읽는 방향을 잘 나타내고 있는 것으로, 김두진,『신라 화엄사상 연구』, 서울대학교출판부, 2002에서 인용하였다.

104 의상(義湘),『화엄일승법계도(華嚴一乘法界圖)』, 대정장(大正藏) 45, p. 711상(上) 참조. 夫大聖善教無方 應機隨病非一 迷者字迹 不知失體 懃而 歸宗末日 故依理據教 略制槃詩 冀以執名之徒 還歸無名真源. 앞으로 한 정된 중요한『화엄일승법계도』의 인용 부분에 관해서는 참고를 위해 해 당 부분의 원문을 표기하도록 한다.

105 위의 책, p. 712상(上). 文有七言三十句 此中大分三 初十八句約自利行 次 四句利他行 次八句辨脩行者方便及得利益.

106 위의 책, p. 712중(中). 所謂, 緣起者, 大聖攝生, 欲令契理捨事. 凡夫見事, 卽迷於理, 聖人得理, 旣無於事故, 今擧實理, 以會迷情, 令諸有情, 知事卽 無, 事卽會理, 故興此教.

107 위의 책, p. 713하(下). 實際者,窮法性故. 中道者, 融二邊故.

108 위의 책, p. 715하(下). 故誓願 見聞修集一乘普法名字及義, 以斯善根, 廻 施一切衆生, 普重修, 盡衆生界, 一時成佛.

109 이상의 선종에서 말하는 깨달음의 경계와 화엄사상에서 말하는 경계 에 대해서는 이찬훈,「선종미학 연구」,『철학연구』제99집, 대한철학회, 2006, pp. 273-275 참조.

110 예를 들면 정순일은 중국 당나라의 측천무후가 비로사나불을 건립하고 대운사를 지어 자신의 권위를 비로사나불과 대응시키고 자신이 통치하는 나라를 비로사나불의 연화장세계로 간주하게끔 만드는 등 화엄사상을 당의 봉건적 체제의 사상적 기반으로 삼았다고 지적한다. 또한 일본의 근 대 제국주의하에서도 화엄사상의 법계연기사상이 전체주의의 이론적 근 거로 이용되었다는 점도 지적한다. 이에 대해서는 정순일,「화엄사상의 현 대적 의의」,『儒學研究』, Vol. 3, 충남대학교 유학연구소, 1995. pp. 1263-1265 참조.

111 대표적인 민중불교 이론가였던 여익구 같은 사람을 그 예로 들 수 있다. 여익구는 초기불교는 유물론적인데 반해 중국의 화엄종은 관념론의 극치 를 이룬다고 간주한다.(여익구,『민중불교철학』, 서울 : 민족사, 1988, p. 97 참조). 그는 화엄종이 지극히 관념론적인 사변철학을 가지고 현실세 계의 모순을 개혁하는 것이 아니라 모순에 찬 현실세계를 있는 그대로 유

지하도록 옹호하는 이데올로기의 역할을 한다고 비판한다. 그에 따르면 화엄종의 원융무애설은 세계의 모순이나 대립면의 투쟁을 직시하지 않고 모든 것을 평정, 조화의 관점으로 환치시켜 버린다. 그리하여 화엄종은 현실 세계의 선악 시비를 가리지 않고 일체의 것을 원만무애한 평화공존의 세계로 환원해 버린다. 그 결과 화엄종에서는 이 세계가 상호협조와 상호보완의 세계로만 간주되고 일체의 차별이 말소되며 사람들이 당면한 현실적 고통의 세계는 극복해야 할 세계가 아니라 조화롭고 평화로운 세계가 되어버린다. 이렇게 여익구는 화엄종이 제창한 화엄사상은 결국 당시 수나라와 당나라의 노예제 지배질서에 봉사한 이데올로기였을 뿐이라고 비판한다.(이에 대해서는 여익구, 앞의 책, pp. 104-105 참조).

112 이찬훈, 『둘이 아닌 세상』, 서울 : 이후, 2002, p. 181.

113 위의 책, 같은 곳.

114 『대방광불화엄경(大方廣佛華嚴經)』, 대정장(大正藏) 9, p. 450중(中) 참조.

115 『장아함경(長阿含經)』에는 "여래가 옛날부터 보살행을 하고 있었을 때" (대정장 1, p. 31중)라는 말이 나온다. 『증일아함경(增一阿含經)』에는 "내가 본래 아직 불도를 이루지 못하여 보살행을 하고 있었을 때, 도량의 보리수 밑에 앉아 있었다"(대정장 2, p. 739상)라거나, "내가 아직 불도를 이루지 못한 억겁의 옛날부터 보살행을 닦았다"(대정장 2, p. 766하)라는 말 등이 나온다.

116 『잡아함경(雜阿含經)』, 대정장(大正藏) 2, p. 98중(中).

117 『아비달마구사론(阿毘達磨俱舍論)』, 대정장(大正藏) 29, p. 63하(下). 여기서 말하는 고행은 이 문장 앞에 나오는 원문의 6바라밀다와 수많은 고행을 말한다.

118 위의 책, 같은 곳.

119 위의 책, 같은 곳.

120 『대방광불화엄경(大方廣佛華嚴經)』, 대정장(大正藏) 9, p. 398중(中). 번역은 이운허 번역, 『대방광불화엄경』을 따랐음.

121 Max Weber, *The Religion of India*, The Free Press, New York, 1958, p. 226. 막스 베버의 이 같은 견해에 대해서는 박경준의 『불교사회경제사상』, 서울 : 동국대학교출판부, 2010, p. 59 참조.

122 초기불교의 사회적 실천성에 대해 밝힌 글로는 김재영, 「초기불교의 사회

적 실천에 관한 연구-대중적·교리적 기초와 전개과정을 중심으로」(동방 대학원대학교 불교문예학과, 박사학위 논문, 2009), 석동신, 「초기불교에 나타난 혁명성과 인간해방사상」(『僧伽』 Vol. 8, 중앙승가대학교, 1991), 박경준, 앞의 책 등을 대표적인 것으로 들 수 있다.

123 김재영, 앞의 논문, pp. 70-71.

124 『잡아함경(雜阿含經)』, 대정장(大正藏) 2, p. 29상(上).

125 석동신, 앞의 논문, p. 119.

126 김재영, 앞의 논문, pp. 195-196에서 재인용.

127 『장아함경(長阿含經)』, 대정장(大正藏) 1, p. 39하(下).

128 『증일아함경(增一阿含經)』, 대정장(大正藏) 2, p. 645중(中).

129 위의 책, p. 550상(上).

130 『아비달마대비바사론(阿毘達磨大毘婆沙論)』, 대정장(大正藏) 27, pp. 892상-중(上-中).

131 『아비달마구사론(阿毘達磨俱舍論)』, 대정장(大正藏) 29, p. 95중(中).

132 위의 책, p. 63하(下).

133 법장(法藏), 『화엄경탐현기(華嚴經探玄記)』, 대정장(大正藏) 35, p. 108하(下).

134 『보살영락본업경(菩薩瓔珞本業經)』, 대정장(大正藏) 24, p. 1011하(下).

135 위의 책, p. 1010중(中). "부처님의 본업영락(本業瓔珞)인 십주(十住)·십행(十行)·십회향[十向]·십지(十地)·무구지(無垢地)·묘각지(妙覺地)"라는 말이 나온다.

136 『대방광불화엄경(大方廣佛華嚴經)』, 대정장(大正藏) 9, p. 548하(下).

137 위의 책, p. 558중(中).

138 위의 책, p. 452하(下).

139 위의 책, p. 547상(上).

140 위의 책, p. 429상(上).

141 위의 책, 같은 곳.

142 위의 책, p. 466하(下).

143 위의 책, pp. 548하(下)-549상(上) 참조.

144 위의 책, p. 467상(上).

145 위의 책, p. 460하(下).

146 위의 책, p. 551중(中) 참조.

147 위의 책, pp. 553하(下)-554상(上).

148 위의 책, p. 554상(上).

149 위의 책, p. 561하(下).

150 위의 책, p. 461상(上).

151 위의 책, 같은 곳.

152 위의 책, p. 559상-중(上-中).

153 위의 책, p. 559중(中).

154 위의 책, p. 461상(上).

155 위의 책, 같은 곳.

156 위의 책, p. 461상-중(上-中).

157 위의 책, p. 461중(中).

158 위의 책, p. 427중(中).

159 위의 책, p. 436하(下).

160 위의 책, p. 580상(上).

161 위의 책, p. 446상(上).

162 위의 책, p. 445상(上).

163 위의 책, p. 448하(下).

164 위의 책, p. 435하(下).

165 "거의 모든 불자들은 바른 삶의 길을 걷는 것 자체가 수행의 일부임을 망각하고, 대부분의 삶은 부처님의 가르침과 상관없이 살아가면서 참선이라든가 염불을 통해 부처를 이루고자 하는 잘못된 모습을 보이고 있다. 이러한 치우침이 우선 바로잡아져야 한다"는 성태용의 지적은 이와 상통한다. 성태용, 「이상적인 재가불교를 위한 제언」, 『불교평론』 27호 참조.

166 『대방광불화엄경(大方廣佛華嚴經)』 40권, 「입부사의해탈경계보현행원품(入不思議解脫境界普賢行願品)」, 대정장(大正藏) 10, p. 846상(上)

167 법인, 「승가교육, 사회와 소통하고 역사에 부합해야」, 『불교평론』 42호, 불교평론사, 2010, p. 282 참조.

168 이런 점에서 필자는 "수행이 일상적으로 이루어지려면 '지금 여기'의 현실적인 문제를 화두로 들어야 하며" 그렇기 때문에 "정치인과 공무원은 국민을 행복하게 하는 방법을, 기업인은 돈을 벌어 많은 사람을 먹여 살리는 일을, 학자는 가르치고 연구하는 것을, 군인은 국방의 업무를, 시민운동가는 사회의 구석구석 막힌 곳을 뚫는 것을, 직장인은 회사의 번영과

개인의 전문성 제고를, 주부는 가족의 건강과 친척 간의 화합을, 운전하
는 이는 승객의 안전과 아늑한 여행을, 건설인은 안전과 쾌적한 시설 마
련을, 청소하는 사람은 청결과 상쾌한 환경 조성을 자기 화두로 삼아야
한다."는 박광서의 주장에 전적으로 동감한다. 박광서, 「불교와 사회참
여」, 『불교평론』 37호, 불교평론사, 2008, pp. 362-363 참조.

## 4부

1 퇴옹 성철(退翁 性徹), 『선문정로(禪門正路)』, 성철스님 법어집 2집 2권,
   장경각(藏經閣), 1990, p. 2. "선문(禪門)은 견성(見性)이 근본이니 견성
   은 진여자성(眞如自性)을 철견(徹見)함이다."

2 위의 책, 같은 곳. "견성(見性) 방법은 불조(佛祖) 공안(公案)을 참구(參
   究)함이 가장 첩경이다."

3 위의 책, 같은 곳.

4 위의 책, p. 3. "공안(公案)을 타파하여 자성(自性)을 철견(徹見)하면 삼신
   사지(三身四智)를 원만증득(圓滿證得)하고 전기대용(全機大用)이 일시
   에 현전한다."

5 위의 책, 같은 곳 참조.

6 위의 책, 같은 곳 참조.

7 위의 책, 같은 곳.

8 위의 책, p. 4. "원래 지해(知解)는 정법(正法)을 장애하는 최대 금기(禁
   忌)이므로 선문(禪門)의 정안조사(正眼祖師)들은 이를 통렬히 배척하였
   다. 그러므로 선문(禪門)에서 지해종도(知解宗徒)라 하면 이는 납승(衲
   僧)의 생명을 상실한 것이니 돈오점수(頓悟漸修) 사상(思想)은 이렇게
   가공(可恐)한 결과를 초래한다."

9 위의 책, p. 179 참조.

10 위의 책, p. 209 참조.

11 위의 책, p. 208 참조.

12 위의 책, p. 209.

13 위의 책, p. 210 참조.

14 위의 책, p. 4 참조.

15 노권용, 「한국불교의 돈·점(頓漸)논쟁이 갖는 의미」, 『창작과 비평』,

1994년 여름호(통권84호), pp. 381-382 참조.

16  박성배, 「성철스님의 돈오점수설 비판에 대하여」, 『보조사상』 제4집, 보조
사상연구원, 1990, p. 506.

17  이덕진, 「돈점논쟁이 남긴 숙제」, 『보조사상』 제20집, 2003, pp. 80-81
참조.

18  이에 대해서는 윤원철, 「한국불교의 수행 전통과 그 현대적 의미」, 『동양
철학연구』 vol 23, 2000, p. 63에서 재인용함.

19  지금까지 제기된 여러 가지 견해에 대한 간략한 정리에 대해서는 한재상,
「보조지눌의 간화선 연구」, 성균관대학교 대학원, 석사학위논문, 2002,
pp. 2-3 참조.

20  박성배, 『깨침과 깨달음』, 예문서원, 2002, p. 30 참조.

21  로버트 버스웰, 김호성 옮김, 「돈오점수(頓悟頓修)에 대한 지눌의 양가적
(兩價的) 비판」, 『보조사상』 제2집, 1988, pp. 87-88 참조.

22  이 세 번째 입장에 대해서는 한재상, 「보조지눌의 간화선 연구」, 성균관대
학교 대학원, 석사학위논문, 2002, p. 2 참조.

23  위의 논문, pp. 2-3 참조.

24  심재룡, 「보조선과 임제선-"죽은 말귀 살려내기"」, 『보조사상』 제8집,
1994, p. 116 참조.

25  권기종, 「혜심(慧諶)의 간화선사상(看話禪思想) 연구(硏究)-지눌의 선사
상과 비교하면서」, 『보조사상』 제7집, 1993. p. 25 참조.

26  이원구, 「보조지눌의 돈오점수 연구」, 원광대학교 교육대학원 동양종교학
과 불교학전공, 문학석사 학위논문, 1996, pp. 6-7 참조.

27  지눌, 「권수정혜결사문」, 『한국불교전서』 제4책, p. 703중(中).

28  지눌, 「법집별행록절요병입사기」, 『한국불교전서』 제4책, p. 746중(中).

29  위의 책, p. 741상(上).

30  위의 책, p. 746중-하(中-下).

31  지눌, 「권수정혜결사문」, 『한국불교전서』 제4책, p. 698상(上).

32  위의 책, p. 700중(中).

33  이상 화엄사상가들과 선학자들의 선교회통론에 대해서는 황규찬, 「중국
과 한국에서의 화엄과 선의 교섭」, 『불교대학원논총』 Vol. 3, 1996, p. 51
참조.

34  지눌, 「화엄론절요(華嚴論節要)」, 『한국불교전서』 제4책, p. 768상(上).

35  종밀(宗密), 『선원제전집도서(禪源諸詮集都序)』, 권상일(卷上一), 대정장(大正藏) 48, p. 399하(下).

36  물론 지눌이 종밀의 견해를 그대로 받아들이기만 한 것은 아니고 창조적으로 취사선택한 점이 있는 것은 분명하지만 양자의 비교연구는 이 글의 주제와는 다르므로 여기서는 다루지 않는다.

37  종밀의 『법집별행록(法集別行錄)』이라는 저서는 현존하지 않으며 그것이 어떤 책인가에 대해서는 서로 다른 의견들이 존재한다. 크게는 『선원제전집도서』의 일부를 따로 요약해서 유통시킨 책이라는 주장과 종밀의 다른 저서인 『선문사자승습도(禪門師資承習圖)』의 다른 판본이라는 주장이다. 자세한 것은 이병욱, 「종밀과 보조의 선교관 비교」, 『보조사상』 제12집, 1999, pp. 79-80의 주 1을 참조할 것.

38  지눌, 「목우자수심결(牧牛子修心訣)」, 『한국불교전서』 제4책, p. 709중(中).

39  위의 책, 같은 곳.

40  위의 책, pp. 709하(下)-710상(上).

41  위의 책, p. 711중(中).

42  지눌, 「법집별행록절요병입사기」, 『한국불교전서』 제4책, p. 753중(中) 참조.

43  위의 책, p. 746상(上) 참조.

44  위의 책, p. 746하(下) 참조.

45  선과 교, 선과 화엄사상의 회통에 대한 지눌의 견해에 대한 자세한 검토는 다음에 자세히 행하도록 하고 여기서는 다만 지눌이 선교 모두를 돈오점수라는 수행체계 속에 포섭시키고 있다는 것만을 지적해 두는 것으로 한다.

46  지눌, 「법집별행록절요병입사기」, 『한국불교전서』 제4책, p. 741상(上).

47  지눌, 「원돈성불론」, 『한국불교전서』 제4책, p. 728중(中) 참조.

48  지눌, 「권수정혜결사문」, 『한국불교전서』 제4책, p. 704하(下) 참조.

49  지눌, 「법집별행록절요병입사기」, 『한국불교전서』 제4책, p. 760상(上) 참조.

50  박재현, 「한국불교의 간화선 전통과 정통성 형성에 관한 연구」, 서울대학교 대학원, 철학박사 학위논문, 2005, p. 74.

51  지눌, 「법집별행록절요병입사기」, 『한국불교전서』 제4책, p. 764상(上).

52 지눌,「간화결의론」,『한국불교전서』제4책, p. 733상(上).

53 위의 책, p. 735상(上) 참조.

54 위의 책, p. 736중(中) 참조.

55 위의 책, p. 737상(上) 참조.

56 보조사상연구원 편집부,「토론 보조사상의 전승」,『보조사상』제3집, 1989, pp. 109-136 참조.

57 로버트 버스웰, 김호성 옮김,「돈오점수(頓悟頓修)에 대한 지눌의 양가적 (兩價的) 비판」,『보조사상』제2집, 1988, p. 88 참조.

58 심재룡,「보조선을 보는 시각의 변천사」,『보조사상』제1집, 1987, p. 85.

59 김방룡,「여말선초 보조선사상의 영향」,『보조사상』제19집, 2003, p. 239 참조.

60 김방룡,「조선후기 보조선의 영향」,『보조사상』제25집, 2006, p. 312.

61 박재현,「한국불교의 간화선 전통과 정통성 형성에 관한 연구」, 서울대학교 대학원, 철학박사 학위논문, 2005, p. 86.

62 김방룡,「여말선초 보조선사상의 영향」,『보조사상』제19집, 2003, pp. 229-230 참조.

63 김용태,「조선후기 불교의 임제법통과 교학전통」, 서울대학교 대학원, 국사학과 박사학위논문, 2008, p. 122 참조.

64 김용태, 위의 논문, 같은 곳.

65 김용태, 위의 논문, p. 123 참조.

66 임제태고법통설의 확립 과정에 대한 분석에 대해서는 주로 김용태의 위의 논문을 참고로 하였다.

67 김용태, 위의 논문, pp. 109-110 참조.

68 선교겸수를 지향하고 있는 강원의 교육체계 분석에 대해서는 종범「강원 교육에 끼친 보조사상」(『보조사상』제3집, 1989), 김방룡「조선후기 보조 선의 영향」(『보조사상』제25집, 2006), 김영태「한국불교사에 있어서 불일보조국사의 위치-현존사료에 근거하여」(『보조사상』제17집, 2002), 김용태,「조선후기 불교의 임제법통과 교학전통」(서울대학교 대학원, 국사학과 박사학위논문, 2008) 등을 참고로 할 수 있다.

69 이에 대해서는 김용태, 앞의 논문, pp. 129-130 참조.

70 김용태, 앞의 논문 2절, 주 27의 인용문 참조.

71 지눌,「화엄론절요」,『한국불교전서』제4책, p. 767하(下).

72  지눌, 「원돈성불론」, 『한국불교전서』 제4책, pp. 724하(下)-725상(上) 참조.

73  지눌, 위의 책, pp. 728하(下)-729상(上) 참조.

74  지눌, 위의 책, pp. 725하(下)-726상(上) 참조. 여기서 지눌은 중생과 부처의 관계를 예로 들면서 양자를 하나의 체(體)의 모양과 작용으로 보는 것을 성기문으로, 양자의 체가 다르지만 인다라망의 구슬들이 서로를 비추는 것처럼 서로 융합하는 것으로 보는 것을 연기문으로 구분하고 있다.

75  지눌, 위의 책, p. 726상(上) 참조.

76  위의 책, 같은 곳 참조.

77  위의 책, 같은 곳 참조.

78  지눌, 「원돈성불론」, 『한국불교전서』 제4책, p. 728중(中) 참조.

79  지눌, 「간화결의론」, 『한국불교전서』 제4책, p. 736중(中) 참조.

80  위의 책 2절 주 49의 인용문과 그 해석을 참조할 것.

81  여기서 이 모든 문제를 상세히 논할 수는 없다. 그렇기 때문에 여기서는 단지 지눌의 선교회통론의 성과나 문제점을 검토하고 올바른 선과 화엄의 회통의 근거와 방법을 원론적인 수준에서 제시하는 정도에서 이 문제를 논할 것이다.

82  지눌, 「진심직설」, 『한국불교전서』 제4책, p. 716중(中) 참조.

83  위의 책, pp. 716하(下)-717상(上).

84  법장(法藏), 『화엄경탐현기(華嚴經探玄記)』 권1, 대정장(大正藏) 35, p. 124상(上) 참조.

85  징관(澄觀), 『대방광불화엄경수소연의초(大方光佛華嚴經隨疏演義鈔)』, 대정장(大正藏) 36, p. 36중(中) 참조.

86  징관, 『대방광불화엄경(大方廣佛華嚴經)』, 대정장(大正藏) 9, p. 624상(上).

87  위의 책, p. 449하(下).

88  위의 책, p. 452하(下).

89  정성본, 「초기 중국선종사에 있어서 돈점의 문제」, 『보조사상』 제4집, 1990, p. 114 참조.

90  지눌, 『법집별행록절요병입사기』, 『한국불교전서』 제4책, p. 755중(中).

91  성본, 「담선법회와 한국 간화선의 문제점」, 『석림』 39집, 동국대학교 석림회, 2005, p. 133.

92  성본, 위의 논문, p. 141 참조.

93  강건기, 「보조사상의 현대적 의미」, 『보조사상』 제2집, 1988, p. 22 참조.

94  위의 논문, 같은 곳.

95  지눌, 「법집별행녹절요병입사기」, 『한국불교전서』 제4책, p. 755중하(中下).

96  위의 책, p. 755하(下).

97  지눌, 「원돈성불론」, 『한국불교전서』 제4책, p. 725중(中).

98  법성, 「깨달음의 일상성과 혁명성」, 『창작과 비평』, 1993년 겨울호, p. 338.

99  박성배, 「법성스님의 돈점논쟁비판에 대하여-법성스님의 실천은 성철스님의 실천과 다르다」, 『창작과 비평』, 1994년 봄호. p. 402.

100 박성배, 위의 논문, pp. 402-403 참조.

101 박성배, 위의 논문, p. 403.

102 『불교평론』 42호(2010)에 민경국 교수(이하 민경국이라고만 표기함)가 「불교 사회철학의 문명 비판에 대한 자유주의적 성찰」이라는 논문을 통해 '자유주의(자본주의)'에 대해 비판적인 견해를 취하는 이도흠, 박병기, 박경준 교수(이하 모두 이름만 표기함)의 '불교 사회철학'에 대한 문제를 제기하였고, 이후 이를 둘러싸고 당사자 중의 한 사람인 박병기와 민경국이 서로 「자유주의 경제학의'치명적 낙관'」(박병기, 『불교평론』 43호), 「자유주의에 대한 비판과 그 치명적 결과」(민경국, 『불교평론』 44호), 「자유주의 경제학의 정체성은 무엇인가?」(박병기, 『불교평론』 45호)라는 글을 발표하면서 벌인 논쟁을 말한다.

103 민경국, 「불교 사회철학의 문명 비판에 대한 자유주의적 성찰」, 『불교평론』 42호, 불교평론사, 2010, pp. 110-111 참조.

104 위의 글, p. 111.

105 위의 글, pp. 112-113 참조.

106 자유주의라는 말은 여러 가지 뜻을 함축할 수 있으나 민경국이 사용하는 의미는 이처럼 자본주의와 동의어이기 때문에 이 글에서는 쟁점을 분명하게 하기 위하여 '자유주의(자본주의)'라는 표기법을 사용하였다.

107 민경국, 앞의 글, p. 116.

108 민경국, 앞의 글, pp. 116-117 참조.

109 민경국, 「자유주의에 대한 비판과 그 치명적 결과-박병기 교수의 〈자유

주의 경제학의 치명적 낙관〉에 대한 반론」,『불교평론』 44호, 불교평론사, 2010, p. 342.

110 위의 글, 같은 곳 참조.

111 민경국,「불교 사회철학의 문명 비판에 대한 자유주의적 성찰」, pp. 115-116 참조.

112 위의 글, p. 116 참조.

113 위의 글, p. 124.

114 위의 글, p. 128.

115 위의 글, p. 127 참조.

116 민경국,「자유주의에 대한 비관과 그 치명적 결과-박병기 교수의 〈자유주의 경제학의 치명적 낙관〉에 대한 반론」, p. 338.

117 민경국,「불교 사회철학의 문명 비판에 대한 자유주의적 성찰」, p. 125.

118 위의 글, pp. 129-130.

119 위의 글, p. 127.

120 위의 글, p. 124.

121 위의 글, p. 113.

122 민경국,「자유주의에 대한 비관과 그 치명적 결과-박병기 교수의 〈자유주의 경제학의 치명적 낙관〉에 대한 반론」, pp. 330-332 참조.

123 박병기,「자유주의 경제학의 '치명적 낙관'-민경국 교수의 〈불교 사회철학의 문명 비판에 대한 자유주의적 성찰〉에 대한 반론」,『불교평론』 43호, 불교평론사, 2010, pp. 295-296 참조.

124 위의 글, p. 304 참조.

125 이러한 민경국의 주장에 대해서는 박병기가 「자유주의 경제학의 정체성은 무엇인가?-민경국 교수의 반론에 대한 재반론」에서 충분히 비판한 바 있으므로 그것을 참조하기 바란다.

126 이에 대해서는 이찬훈,『둘이 아닌 세상』(이후, 2002) '2부 인간과 사회, 2. 자본주의와 인간, (3) 자본주의와 근대사회' 부분을 참조할 것. 특히 p. 86 참조.

127 필자는『둘이 아닌 세상』에서 자본주의 사회가 어떻게 인간다운 삶의 가능성을 좌절시켜왔으며, 그것이 초래한 위기는 무엇이며, 그 원인은 무엇인가(그리고 사회주의도 많은 부분에서 자본주의와 같은 문제점을 공유하고 있다는 것)에 대해 이미 상세히 논하였으므로 여기서는 앞서

논한 민경국의 자유주의와 직접 연관되는 문제만을 한정적으로 논하기로 한다.

128 이찬훈, 위의 책, '3부 불이 사상과 미래 문명, 1. 현대 문명과 갈라진 세상' 참조.

129 이것은 자본주의와 사회주의 모두가 공유한 근대적 가치였다. 이런 가치관을 공유하는 한 자본주의냐 사회주의냐를 막론하고 생태계의 파괴는 피할 수 없다. 사회주의가 자본주의와 공유하고 있는 가치관과 사회주의의 실패 문제에 대해서는 필자의 『둘이 아닌 세상』, '2부, 인간과 사회, 4. 사회주의에 대한 반성'에서 상세히 논하였으므로 여기서는 우리가 살고 있는 자본주의 사회의 문제로만 한정해서 논의하도록 한다.

130 앞에서 이미 보았듯이 이에 대해서는 박병기도 비판한 바 있다.

131 이찬훈, 『둘이 아닌 세상』, p. 157 참조.

132 박병기가 말하는 '연기적 독존주의'나 필자가 말하는 '불이사상'은 이러한 불교의 근본적인 가르침에 따른 것이다.

133 민경국, 「자유주의에 대한 비관과 그 치명적 결과-박병기 교수의 〈자유주의 경제학의 치명적 낙관〉에 대한 반론」, p. 341.

134 벤자민 프리드먼(B. Friedman)의 글을 민경국이 앞의 글, p. 342에서 인용함.

135 무한경쟁이 갖는 이런 문제점에 대해서는 이찬훈, 『불이사상으로 읽는 노자』(예문서원, 2006), 3장을 참조.

136 이 점에서 필자는 "우선 경쟁 과정에서는 출발점의 공정한 기회와 함께 진행 중의 공정성을 중심에 두고, 경쟁이 끝난 후에는 승자에 대한 정당한 축복과 함께 패자에 대해서도 최소한의 독존성이 위협받지 않을 정도의 내적·외적 복지를 확보해 주는 장치를 잊지 않는다. 그러한 최소한의 배려는 한편으로 그 패배자와 나 사이의 연기성을 인식하는 행위이다."(박병기, 「자유주의 경제학의 정체성은 무엇인가?-민경국 교수의 반론에 대한 재반론」 p. 146)라고 한 박병기의 견해에 전적으로 동감한다.

137 민경국, 「자유주의에 대한 비관과 그 치명적 결과-박병기 교수의 〈자유주의 경제학의 치명적 낙관〉에 대한 반론」, p. 346.

138 위의 글, p. 347.

139 이찬훈, 『둘이 아닌 세상』, 서울 : 이후, 2002, p. 60 참조.

140 더글러스 러미스, 김종철, 이반 옮김, 『경제성장이 안 되면 우리는 풍요롭

지 못할 것인가』, 녹색평론사, 2002, p. 160.

토머스 L. 프리드먼 지음, 신동욱 옮김, 『렉서스와 올리브나무』, 창해, 2000, pp. 25-26 참조.

142 아담 스미스의 이러한 견해에 대해서는 이가옥·고철기 지음, 『공동체 경제를 위하여』, 녹색평론사, 2001, p. 13 및 데이비드 C. 코튼, 『경제가 성장하면 우리는 정말로 행복해질까』, 사이, 2014, pp. 133-135 참조.

143 이가옥·고철기, 『공동체 경제를 위하여』, p. 13 참조.

144 한스 페터 마르틴·하랄트 슈만 지음, 강수돌 옮김, 『세계화의 덫』, 영림카디널, 1997, p. 34 참조.

145 강수돌, 『경쟁은 어떻게 내면화되는가』, 서울 : 생각의 나무, 2008, p. 130 참조.

146 토머스 L. 프리드먼, 『렉서스와 올리브나무』, p. 45.

147 위의 책, pp. 42-43 참조.

148 위의 책, pp. 629 참조. 물론 프리드먼도 미국이 몇 가지 약점을 갖고 있다는 것을 인정하지만 그럼에도 불구하고 미국에 대해 낙관한다는 것을 분명하게 선언한다. 이에 대해서는 pp. 645-646 참조.

149 위의 책, p. 202 참조.

150 위의 책, p. 203 참조.

151 위의 책, p. 148에서 프리드먼은 "이제 모든 권력이 당신 손 안에 있습니다"라는 광고의 한 구절이 '기술의 민주화', '금융의 민주화', '정보의 민주화'라는 3대 민주화가 진행됨에 따라 벌어진 사태를 잘 요약해준다고 함으로써 세계화 시대에는 모든 사람이 원하는 대로 자신의 삶을 살아갈 수 있는 힘을 가지고 있다는 견해를 표방하고 있다.

152 위의 책, pp. 302-314 참조.

153 위의 책, pp. 436-444 참조.

154 위의 책, pp. 51, 486, 506, 529 참조.

155 토머스 L. 프리드먼 지음, 김상철·이윤섭 옮김, 『세계는 평평하다』, 서울 : 창해, 2005, p. 314 참조.

156 공병호, 『10년 후, 세계』, 서울 : 해냄, 2005, p. 5.

157 위의 책, pp. 50-52 참조.

158 위의 책, pp. 71, 73, 80, 82 참조.

159 위의 책, p. 21 참조.

160 위의 책, p. 83.

161 위의 책, pp. 86-88 참조.

162 제임스 페트라스 · 헨리 벨트마이어, 원영수 역, 『세계화의 가면을 벗겨라』, 메이데이, 2008; 한스 페터 마르틴 · 하랄트 슈만 지음, 강수돌 옮김, 『세계화의 덫』, 서울 : 영림카디널, 1997; 데이비드 하비, 최병두 역, 『신자유주의』, 서울 : 한울, 2007; 더글러스 러미스, 김종철, 이반 옮김, 『경제성장이 안 되면 우리는 풍요롭지 못할 것인가』, 녹색평론사, 2002; 데이비드 C. 코튼, 김경숙 옮김, 『경제가 성장하면 우리는 정말로 행복해질까』, 서울 : 사이, 2014; 헬레나 노르베르 호지/ISEC 지음, 이민아 옮김, 『허울뿐인 세계화』, 서울 : 따님, 2000; 이가옥 · 고철기 지음, 『공동체 경제를 위하여』, 녹색평론사, 2001; 강수돌, 『경쟁은 어떻게 내면화되는가』, 서울 : 생각의 나무, 2008; 강수돌 · 홀거 하이데 공저, 『자본을 넘어, 노동을 넘어-자본의 내면화에서 벗어나기』, 서울 : 이후, 2009 참조.

163 강수돌, 「신자유주의 세계화와 삶의 질」, 강수돌 · 홀거 하이데 공저, 『자본을 넘어, 노동을 넘어-자본의 내면화에서 벗어나기』, pp. 50, 52 참조. 이것은 제임스 페트라스와 헨리 벨트마이어, 그리고 데이비드 하비의 입장이기도 하다.

164 더글러스 러미스, 『경제성장이 안 되면 우리는 풍요롭지 못할 것인가』, p. 69 참조.

165 고철기, 「대공황의 불가피성」, 김종철 엮음 『녹색평론선집3』, 대구 : 녹색평론사, 2009, p. 67 참조.

166 데이비드 C. 코튼, 『경제가 성장하면 우리는 정말로 행복해질까』, p. 36 참조.

167 기본적으로 세계화의 불가피성을 받아들이면서 그것을 보다 인간화해야 한다는 입장을 취하고 있는 스티글리츠도 세계화는 선진국에 특혜를 주는 반면 일부 빈곤국의 빈곤을 더욱 심화시키고, 개발도상국이나 선진국 할 것 없이 수많은 패자들을 만들어내고 있다고 인정하고 있다. 조지프 스티글리츠 지음, 홍민경 옮김, 『인간의 얼굴을 한 세계화』, 서울 : 21세기북스, 2008, p. 71 참조.

168 예를 들면 코튼은 1977년부터 1989년까지 미국 가정의 상위 1퍼센트 계층의 평균 실질 소득은 78퍼센트나 증가한 반면, 하위 20퍼센트의 평균 실질 소득은 10.4퍼센트 감소하였다는 사실을 통해서 빈부의 격차가 벌

어지고 빈곤층의 처지가 악화되고 있음을 얘기한다. 또한 그는 세계에서 가장 부유한 국가에 사는 세계 인구의 20퍼센트가 세계 소득의 82.7퍼센트를 점유하고 있다고 말한다. 또한 그는 세계화가 급속히 확산된 1980년부터 1992년까지 저소득 국가들의 전체 무역 적자액이 65억 달러에서 347억 달러로 급증하였다는 사실을 통해 국가 간의 빈부격차가 더욱 확대되었다는 사실도 지적한다. 데이비드 C. 코튼,『경제가 성장하면 우리는 정말로 행복해질까』, pp. 173, 169, 259 참조.

169 한스 페터 마르틴·하랄트 슈만,『세계화의 덫』, p. 107.

170 위의 책, pp. 100, 129 참조.

171 데이비드 C. 코튼,『경제가 성장하면 우리는 정말로 행복해질까』, p. 90 참조.

172 한스 페터 마르틴·하랄트 슈만,『세계화의 덫』, p. 135 참조.

173 스티글리츠,『인간의 얼굴을 한 세계화』, p. 71 참조.

174 이가옥·고철기,『공동체 경제를 위하여』, p. 39 참조.

175 데이비드 C. 코튼,『경제가 성장하면 우리는 정말로 행복해질까』, p. 36.

176 토머스 L. 프리드먼,『렉서스와 올리브나무』, p. 46.

177 한스 페터 마르틴·하랄트,『세계화의 덫』, p. 50 참조.

178 공병호,『10년 후, 세계』, p. 62 참조.

179 데이비드 C. 코튼,『경제가 성장하면 우리는 정말로 행복해질까』, p. 372 에서 재인용.

180 헬레나 노르베르 호지/ISEC,『허울뿐인 세계화』, p. 47.

181 강수돌,「IMF 시대-삶의 위기를 삶의 기회로」, 김종철 엮음,『녹색평론선집3』, p. 84 참조.

182 더글러스 러미스,『경제성장이 안 되면 우리는 풍요롭지 못할 것인가』, p. 95 참조.

183 이찬훈,「현대 자본주의 사회와 문명에 관한 불교적 관점」,『불교평론』 49호, 불교평론사, 2011, pp. 268-269 참조.

184 로버트 프랭크·필립 쿡 지음, 권영경·김양미 옮김,『승자독식사회』, 서울 : 웅진지식하우스, 2008, pp. 292-293 참조.

185 데이비드 C. 코튼,『경제가 성장하면 우리는 정말로 행복해질까』, pp. 398, 400 및 이가옥·고철기,『공동체 경제를 위하여』, p. 130 참조.

186 데이비드 C. 코튼,『경제가 성장하면 우리는 정말로 행복해질까』, pp.

404-406 참조.

187 간디의 스와데시에 대한 이상과 같은 구상에 대해서는 사티쉬 쿠마르, 「스와데시-간디의 자립경제 철학」, 김종철 엮음, 『녹색평론선집3』, pp. 154-156 참조.

188 지역공동체가 갖는 여러 가지 장점에 대해서는 이가옥·고철기, 『공동체 경제를 위하여』, pp. 81-85 참조.

189 필립 헨리, 「불교적 생태학과 위기관리-'위험사회'는 사회적 현실인가」, 동국대학교 BK21불교문화사상사교육연구단 편, 『현대사회비판과 불교 생태학』, 동국대학교 불교문화연구원 불교생태학총서4, 동국대학교출판부, 2006, p. 30 참조.

190 박경준, 「생산과 소비에 대한 불교의 기본입장」, 『한국불교학』 제18권, 한국불교학회, 1993, p. 144 등 참조.

191 우희종, 「생명, 생태, 불교, 그리고 해방으로서의 실천」, 『석림』 Vol. 38, 동국대학교 석림회, 2004, p. 141.

192 김광수, 「불교는 자본주의를 어떻게 보는가」, 『불교평론』 59호, 서울 : 불교평론사, 2014, p. 39.

193 이도흠, 「자본주의 체제의 비판과 대안의 모색」, 『불교평론』 59호, 서울 : 불교평론사, 2014, p. 115.

194 위의 책, p. 129 참조.

195 윤성식, 『불교자본주의-시장자본주의의 대안』, 고려대학교출판부, 2011, p. 243.

196 윤성식, 『불교자본주의-시장자본주의의 대안』, p. 19.

197 위의 책, p. 181 참조.

198 김종욱, 『불교생태학』, 동국대 불교문화연구원 불교생태학 총서1, 동국대학교출판부, 2004, pp. 295-299 참조.

199 『중아함경(中阿含經)』, 대정장(大正藏) 1, p. 762하(下).

200 토머스 L. 프리드먼, 『렉서스와 올리브나무』, p. 50 참조.

201 프레마시리(P.D. Premasiri), 「초기불교에서의 생태학적 가르침」, 동국대학교 BK21불교문화사상사교육연구단 편, 『불교사상의 생태학적 이해』, 동국대학교 불교문화연구원 불교생태학총서3, 동국대학교출판부, 2006, pp. 27-28 및 소마라트나(G.A. Somaratne), 「생태계와 연기」, 같은 책, p. 139 참조.

202 현대의 생태론으로는 그 밖에도 영성생태론, 생태여성론 같은 것들도 있지만, 그것들은 사회생태론이나 심층생태론과 중첩되는 부분도 많고 또 여기서는 함께 다루기 어려운 특수한 문제의식들도 포함하고 있기 때문에 이 글에서는 따로 논하지 않았다.

203 북친은 1964년「생태주의와 혁명사상」이라는 논문과 1965년「해방적 기술을 향하여」라는 논문을 통해 자신의 사회생태론을 제창하였다.

204 여러 형태의 사회생태론에 대한 개괄을 위해서는 캐롤린 머천트의『래디컬 에콜로지』(허남혁 옮김, 이후, 2001) 6장 및 문순홍의『생태학의 담론』(아르케, 2006) 2장을 참조할 수 있다.

205 캐롤린 머천트,『래디컬 에콜로지』, p. 205에 나오는 국가사회주의에 대한 사회주의 생태론의 비판을 참조.

206 지금까지 실험되었던 현실 사회주의가 자본주의와 공유하고 있는 근대적 가치와 생태계의 파괴 경향에 대한 이런 설명은 이찬훈,『둘이 아닌 세상』(이후, 2002), pp. 111-123 참조.

207 김종욱은 심층생태론이 비판하는 서구적 사유방식을 인간중심주의, 환원주의, 기계론, 개체주의, 진보사관 등으로 들고 있다. 김종욱,『불교생태철학』, 동국대 불교문화연구원 불교생태학 총서1, 둥국대학교출판부, 2004, p. 17.

208 김종욱은 도덕적 지위에 대한 생각에 따라 환경윤리가 '인간중심주의', '동물해방론', '생명중심주의', '생태중심주의'로 나누어진다고 하면서 레오폴드의 환경윤리를 생태중심주의로 설명하고 있다. 김종욱, 앞의 책, p. 96 및 p. 106 참조.

209 스티브 오딘, 김수아(소운) 번역,「알도 레오폴드의 환경 윤리학 및 보존미학과 관련된 일본의 자연 개념」, 하버드대 세계종교연구센터 편, 동국대학교 불교문화연구원 역,『불교와 생태학』, 동국대학교 불교문화연구원 불교생태학 총서2, 2005, pp. 164-167 참조.

210 스티브 오딘, 위의 논문, 위의 책, p. 168 참조.

211 여기에서 등장한 'Deep Ecology'는 역자에 따라 '심층생태론(학)'이나 '근본생태론(학)' 등으로 번역되는데 이 글에서는 '심층생태론'으로 옮겼다.

212 캐롤린 머천트,『래디컬 에콜로지』, 앞의 책, pp. 125-127 참조.

213 매리 에블린 터커 & 존 그림(Mary Evelyn Tucker & John Grim), 김수아(소운) 번역,「시리즈 서문-세계종교와 생태학 총서 서문」, 하버드대 세

계종교연구센터 편, 동국대학교 불교문화연구원 역,『불교와 생태학』, p. 12 참조.

214 말콤 데이빗 에켈(Malcolm David Eckel), 류승주 번역,「불교의 자연철학은 존재하는가?」, 하버드대 세계종교연구센터 편, 동국대학교 불교문화연구원 역,『불교와 생태학』, p. 486 참조.

215 폴 O. 잉그램(Paul O. Ingram), 김수아(소운) 번역,「자연의 寶網」, 하버드대 세계종교연구센터 편, 동국대학교 불교문화연구원 역,『불교와 생태학』, p. 142.

216 위의 책, 같은 곳 참조.

217 프리초프 카프라,『새로운 과학과 문명의 전환』, 범양사, 1985, p. 50 참조.

218 위의 책, p. 53 참조.

219 위의 책, p. 57 참조.

220 위의 책, pp. 59-62 참조.

221 위의 책, p. 57 참조.

222 위의 책, pp. 17-18 참조.

223 캐롤린 머천트,『래디컬 에콜로지』, p. 128 참조.

224 송명규,『현대 생태사상의 이해』, 서울 : 따님, 2004, p. 116. 여기서는 서재영,『선의 생태철학』, 동국대 불교문화연구원 불교생태학 총서6, 동국대학교출판부, 2007, p. 18에서 재인용함.

225 E. F. Schumacher, *Small is Beautiful: Economics as if People Mattered*, Vancouver: Hartley & Marks, 1999, p. 84. 여기서는 사라오(K.T.S Sarao),「불교사회 철학의 생태학적 의의」, 동국대학교 BK21불교문화사상사교육연구단 편,『불교사상의 생태학적 이해』, 동국대 불교문화연구원 불교생태학총서3, 동국대학교출판부, 2006, p. 400 참조.

226 폴 O. 잉그램(Paul O. Ingram),「자연의 寶網」, 앞의 책, p. 145 및 스티브 오딘,「알도 레오폴드의 환경 윤리학 및 보존미학과 관련된 일본의 자연 개념」, 앞의 책, p. 169 참조.

227 김종욱,「근대성에 대한 불교생태학적 성찰」, 동국대학교 BK21불교문화사상사교육연구단 편,『현대사회비판과 불교생태학』, 동국대학교 불교문화연구원 불교생태학총서4, 동국대학교출판부, 2006, p. 475.

228 김종욱,「대지와 기계 그리고 네트워크-농업적 · 산업적, 그리고 불교생태

학적 생명관」, 동국대학교 BK21불교문화사상사교육연구단 편, 『학제적 연구로서의 불교생태학』, 동국대학교 불교문화연구원 불교생태학총서5, 동국대학교출판부, 2007, p. 277 참조.

229 김종욱, 『불교생태철학』, p. 18 참조.

230 예를 들면 김종욱은 『불교생태철학』(pp. 74-76, 277 등)을 비롯한 여러 글의 도처에서 이렇게 이것을 얘기하고 있다. 서재영 역시 『선의 생태철학』(p. 395 등)에서 같은 생각을 말하고 있다.

231 김종욱은 자연을 기계로 취급하는 근대의 과학은 '소크라테스 이전의 원자론적 기계론으로 되돌아간다'고 말한다. 김종욱, 『불교생태철학』, p. 277 참조.

232 도날드 K. 스웨어러(Donald K. Swearer), 임승택 번역, 「현대 태국의 불교생태학에 대한 해석학-붓다다사와 담마삐따까를 중심으로」, 하버드대 세계종교연구센터 편, 『불교와 생태학』, p. 84 참조.

233 김종욱은 『불교생태철학』(p. 67)과 다른 논문들(예를 들면 김종욱, 「대지와 기계 그리고 네트워크-농업적 · 산업적, 그리고 불교생태학적 생명관」, 동국대학교 BK21불교문화사상사교육연구단 편, 『학제적 연구로서의 불교생태학』, p. 282 등) 곳곳에서 기독교의 인간중심주의를 지적하였다. 인도철학 연구자인 이거룡 역시 「인도사상에서 인간과 자연의 관계」(동국대학교 BK21불교문화사상사교육연구단 편, 『불교사상의 생태학적 이해』, p. 162)라는 논문에서 기독교의 인간중심주의가 문제라고 주장하였다. 서재영 또한 『선의 생태철학』(p. 226)에서 같은 주장을 하고 있다.

234 김종욱, 「대지와 기계 그리고 네트워크-농업적 · 산업적, 그리고 불교생태학적 생명관」, 동국대학교 BK21불교문화사상사교육연구단 편, 『학제적 연구로서의 불교생태학』, pp. 278-283 및 『불교생태철학』, pp. 65-68 참조.

235 서재영은 생태계의 위기를 극복하기 위해서는 "인간과 자연의 관계에 대한 철학적 이해와 가치관의 전환이 무엇보다 중요"하다고 강조한다.(서재영, 『선의 생태철학』, p. 79) 이거룡 역시 "근본적인 사고방식의 전환을 가져올 수 있는 완전히 새로운 접근방법을 모색해야 한다. 궁극적으로 환경문제는 인간의 사고방식이 달라지지 않는 한 해결될 수 없다고 보기 때문이다"라고 주장한다.(이거룡, 「인도사상에서 인간과 자연의 관계」, 앞의 책, p. 162)

236 바트(S.R. Bhatt), 「불교와 생태학」, 『불교사상의 생태학적 이해』, pp. 26, 36, 40 등을 참조.

237 김종욱은 이것을 이렇게 표현한다: "연기란 세상의 모든 것들은 수많은 조건들이 함께 결합하여 일어난다는 '상호의존적 발생'을 의미한다. 일체의 현상이 이런 '상호의존성'의 원리에 따라 성립하여 끊임없이 변화해 간다고 할 경우, 영원불변하게 남아 있는 것은 있을 수 없고(무상), 혼자만의 동일성을 유지하는 자아도 있을 수 없게 된다(무아)." 김종욱, 「화엄법계의 생태학적 함의」, 『불교사상의 생태학적 이해』, p. 251.

238 바트(S. R. Bhatt)는 불교가 '인간의 소망을 만족시킬 마지막 단계는 없으며', '인간이 얻을 수 있는 가장 큰 부는 만족하는 것'이라고 가르친다고 말한다. 바트(S. R. Bhatt), 「불교와 생태학」, 『불교사상의 생태학적 이해』, p. 48 참조. 또한 소마라트나(G. A. Somaratne) 역시 상호의존과 무상함에 대한 통찰과 욕망의 절제와 지족이 불교생태학의 핵심이라고 주장한다. 소마라트나(G. A. Somaratne), 「생태계와 연기」, 『불교사상의 생태학적 이해』, p. 153 참조.

239 슈미트하우젠(Lambert Schmithausen)은 불교생태학자들이 생태학적 사고를 위해서 만유의 상호의존성 혹은 상호연관성이라는 불교적 통찰을 강조하지만 초기불교전통 속에서는 그런 견해를 발견할 수 없다고 하면서 그것은 초기불교의 전통이 아니라 중국의 화엄사상에서 빌려온 것이라고 주장한다(이에 대해서는 서재영, 『선의 생태철학』, p. 71 참조). 그러나 이것은 초기불교의 연기설이 포함하고 있는 풍부한 함축성을 무시하고 있는 것이며, 존재의 상호의존성과 상호연관성에 대한 화엄사상의 가르침은 연기설을 충실하게 계승하고 있는 것이라고 보아야 마땅하다.

240 박경준, 「불교적 관점에서 본 자연」, 『불교사상의 생태학적 이해』, pp. 233, 235, 236.

241 김종욱, 「화엄법계의 생태학적 함의」, 『불교사상의 생태학적 이해』, p. 272.

242 위의 논문, 위의 책, p. 248 참조.

243 예들 들면 데이비드 랜디스 반힐(David Landis Barnhill), 「위대한 대지 승가-게리 스나이더의 공동체적 자연관」, 『불교와 생태학』, p. 299; 스티브 오딘(Steve Odin), 「알도 레오폴드의 환경 윤리학 및 보존미학과 관련된 일본의 자연 개념」, 『불교와 생태학』, p. 174; 바트(S. R. Bhatt), 「불교와

생태학」,『불교사상의 생태학적 이해』, p. 20; 서재영,『선의 생태철학』, p. 96 등 참조.

244 『화엄경』의 법신불 사상에 대해서는 이찬훈, 「화엄경의 불타관과 기독교의 신관」,『대동철학』제49집, 대동철학회, 2009 참조.

245 『대방광불화엄경(大方廣佛華嚴經)』(80화엄), 「여래출현품(如來出現品)」, 대정장(大正藏) 10. p. 272하(下). 여기서는 서재영,『선의 생태철학』, p. 288에서 재인용.

246 서재영,『선의 생태철학』, p. 289 참조.

247 위의 책, p. 73 참조.

248 김영일, 「원효의『불성론』에 담긴 생태학적 의미」,『불교사상의 생태학적 이해』, p. 295 참조.

249 무정설법설에 대해서는 서재영,『선의 생태철학』, 8장 참조.

250 스티븐 C. 록펠러(Steven C. Rockefeller), 「불교, 보편윤리 그리고 지구헌장」,『불교와 생태학』, p. 476 참조.

251 스티브 오딘, 「알도 레오폴드의 환경 윤리학 및 보존미학과 관련된 일본의 자연 개념」,『불교와 생태학』, p. 175 참조.

252 그래험 파크(Graham Parkes), 「산, 나무, 강의 소리-쿠카이, 도겐 그리 심층 생태학」,『불교와 생태학』, p. 203 참조.

253 필자는 개별과 전체의 이러한 관계를 일다불이(一多不二)라는 개념을 통해 설명한 바 있다. 이찬훈,『둘이 아닌 세상』, p. 180 참조.

254 위의 책, p. 211 참조.

255 서재영,『선의 생태철학』, p. 100.

256 위의 책, 같은 곳.

257 데이비드 랜디스 반힐(David Landis Barnhill), 「위대한 대지 승가-게리 스나이더의 공동체적 자연관」,『불교와 생태학』, p. 297.

258 스테파니 카자(Stephanie Kaza), 「대지에 대한 미국불교의 대응-서부해안의 수행센터 두 곳에서의 생태학적 실천」,『불교와 생태학』, pp. 351-362 참조.

259 앨런 스폰버그(Alan Sponberg), 「녹색불교와 자비의 계급」,『불교와 생태학』, p. 534 참조.

260 이거룡, 「불교와 환경위기」,『현대사회비판과 불교생태학』, p. 210 참조.

261 김종욱,『불교생태철학』, p. 78 및 p. 277 참조.

262 캐롤린 머천트, 『래디컬 에콜로지』, p. 71.

263 위의 책, p. 73 참조.

264 자본주의와 기계론적 사유방식의 이러한 결합 과정에 대해서는 캐롤린 머천트가 잘 지적하고 있다. 위의 책, pp. 74-76 참조.

265 위의 책, p. 92.

266 자본주의가 갖고 있는 문제점에 대해서는 필자의 『둘이 아닌 세상』, 2부 에서 상세히 논한 바 있다. 여기서는 그 내용을 참고로 하되 생태계의 파괴와 관련된 점에 초점을 맞추어서 자본주의의 특징과 메커니즘을 살펴본다.

267 이찬훈, 『둘이 아닌 세상』, p. 60 참조.

268 위의 책, p. 118 참조.

269 윤구병, 「생명을 살리는 농업」, 김종철 엮음, 『녹색평론선집 3』, 녹색평론사, 2009, p. 119 참조.

270 이가옥 · 고철기, 『공동체 경제를 위하여』, 녹색평론사, 2001, p. 2 참조.

271 위의 책, pp. 20-21 참조.

272 이찬훈, 『둘이 아닌 세상』, p. 88 참조. 데이비드 코튼은 이렇게 말한다: "우리 삶에서 화폐가 지배적인 위치를 차지하면 할수록 … 정신적인 만족의 추구는 갈수록 자기 파괴적이고 온 마음을 다 빼앗는 돈에 대한 집착 … 으로 대체되어 갔다."(데이비드 C. 코튼, 김경숙 옮김, 『경제가 성장하면 우리는 정말로 행복해질까』, 사이, 2014, p. 19)

273 이찬훈, 『둘이 아닌 세상』, pp. 80-81 참조.

274 위의 책, p. 81 참조.

275 데이비드 C. 코튼, 『경제가 성장하면 우리는 정말로 행복해질까』, p. 23.

276 더글러스 러미스, 김종철 · 이반 옮김, 『경제성장이 안 되면 우리는 풍요롭지 못할 것인가』, 녹색평론사, 2002, p. 60 참조.

277 강수돌, 『경쟁은 어떻게 내면화되는가』, 생각의 나무, 2008, p. 43 참조.

278 위의 책, 같은 곳 참조.

279 위의 책, p. 116 참조.

280 아담 스미스의 이러한 견해에 대해서는 이가옥 · 고철기, 『공동체 경제를 위하여』, p. 13 및 데이비드 C. 코튼, 『경제가 성장하면 우리는 정말로 행복해질까』, pp. 133-135 참조.

281 이가옥 · 고철기, 『공동체 경제를 위하여』, p. 13 참조.

282 이찬훈, 「현대 대중문화와 주체성」, 『대동철학』 제11집, 대동철학회, 2000, 2절 '현대 소비문화의 발달' 부분 참조.

283 데이비드 C. 코튼, 『경제가 성장하면 우리는 정말로 행복해질까』, p. 178.

284 홀거 하이데, 「노동 중독과 노동조합」, 강수돌·홀거 하이데, 『자본을 넘어, 노동을 넘어-자본의 내면화에서 벗어나기』, pp. 52, 142 참조.

285 내적인 측면에 치중하는 이러한 점은 무엇보다도 선불교에서 가장 뚜렷하게 드러난다. 생태문제와 연관해서 선불교가 갖는 이러한 내면지향적 성격은 서재영의 다음과 같은 글에서도 잘 드러난다: "선은 바로 자신의 내면으로부터 문제의 원인을 찾아내고 그것을 제거하는 방법을 지향한다. 파괴의 근원이 기술이나 공해를 내뿜는 자동차에 있는 것이 아니라 본질은 개인의 내면에 있기 때문이다." 서재영, 『선의 생태철학』, p. 66.

286 박준건은 불교생태학의 이런 문제점을 이렇게 지적하였다: "자본주의에 대한 반성과 저항 없이는 어떠한 생태담론도 공허할 뿐이다." "불교생태론의 가장 약한 고리는 이 자본주의에 대한 침묵이다." 박준건, 「불교생태론을 다시 생각한다」, 『대동철학』 제46집, 2009, p. 20.

287 윤성식, 『불교자본주의-시장자본주의의 대안』, p. 19.

288 위의 책, pp. 39, 52 참조.

289 위의 책, p. 19 참조.

290 위의 책, p. 69.

291 위의 책, p. 259.

292 위의 책, 같은 곳. 그 밖에도 같은 책에 나오는 다음과 같은 구절들도 들수 있다: "시장자본주의의 문제점을 해결하기 위해서는 법이나 규제를 통한 정부의 역할만으로는 부족하다. 생산자와 소비자가 자발적으로 윤리를 세우고 준수할 때 비로소 문제해결의 가능성이 엿보인다."(p. 25). "공정한 게임의 룰이라는 규칙은 법에 의해서 지탱될 수 있는 것이 아니라 오직 윤리에 의해서 지탱될 수 있는 규칙이다. 그런데도 윤리를 강조하지 않고 법만을 강조한다면 공정한 게임의 룰은 불가능하게 된다."(p. 55)

293 위의 책, p. 224 참조.

294 강수돌, 「한국의 노동운동, 얼마나 건강한가?」, 강수돌·홀거 하이데, 『자본을 넘어, 노동을 넘어-자본의 내면화에서 벗어나기』, p. 220.

295 이가옥·고철기, 『공동체 경제를 위하여』, p. 135 참조.

296 이에 대해서는 천규석, 「공생두레농-농업위기와 그 대안」, 김종철 엮음,

『녹색평론선집2』, 녹색평론사, 2008, pp. 21-25 참조

297 데이비드 C. 코튼, 『경제가 성장하면 우리는 정말로 행복해질까』, p. 399.

298 로버트 프랭크·필립 쿡 지음, 권영경·김양미 옮김, 『승자독식사회』, 웅진지식하우스, 2008, pp. 163-164 참조.

299 위의 책, p. 40 참조.

300 데이비드 C. 코튼, 『경제가 성장하면 우리는 정말로 행복해질까』, pp. 398, 400 및 이가옥·고철기, 『공동체 경제를 위하여』, p. 130 참조.

301 이가옥·고철기, 『공동체 경제를 위하여』, pp. 128, 131 참조.

302 박경준은 불전에 '소욕지족'이라는 말이 자주 등장한다는 것을 근거로 하여 그것이 부처의 가르침이라고 하면서도, 그것만으로는 부족하기 때문에 더 나아가 모든 욕망을 제거해야만 열반을 성취할 수 있다는 것이 불교의 기본입장이라고 주장한다. 그러나 다른 곳에서는 또다시 '인간의 삶을 긍정하는 한 완전한 무욕의 상태는 불가능할지도 모른다. 그리하여 불타는 욕심을 적게 하고 만족할 줄 알라(少欲知足)고 가르친다'고 함으로써 소욕지족을 불교의 근본적인 가르침으로 인정한다. 박경준, 『불교경제사회사상』, 동국대학교출판부, 2010, pp. 70. 71, 202 참조.

303 유정길, 『생태사회와 녹색불교』, 인연, 2013, p. 219 참조.

304 위의 책, p. 221 참조.

305 더글러스 러미스, 김종철·이반 옮김, 『경제성장이 안 되면 우리는 풍요롭지 못할 것인가』, p. 95 참조.

306 사라오, 「불교사회 철학의 생태학적 의의」, 동국대학교 BK21불교문화사상사교육연구단 편, 『불교사상의 생태학적 이해』, p. 405 참조.

307 더글러스 러미스, 김종철·이반 옮김, 『경제성장이 안 되면 우리는 풍요롭지 못할 것인가』, p. 95 참조.

308 하이데, 「노동중독과 노동조합」, 강수돌·홀거 하이데, 『자본을 넘어, 노동을 넘어-자본의 내면화에서 벗어나기』, p. 154.

309 강수돌, 「한국의 노동운동, 얼마나 건강한가?」, 앞의 책, p. 220.

310 강수돌, 『경쟁은 어떻게 내면화되는가』, p. 157 참조.

311 데이비드 C. 코튼, 『경제가 성장하면 우리는 정말로 행복해질까』, pp. 347-349 참조.

312 강수돌, 「맑스의 공동체론과 현대 공동체 운동」, 강수돌·홀거 하이데, 『자본을 넘어, 노동을 넘어-자본의 내면화에서 벗어나기』, pp. 358-360

참조.

313 강수돌, 위의 책, p. 364 참조.

314 유정길, 『생태사회와 녹색불교』, pp. 167-173 참조.

315 레츠시스템, 이사카 아워, 타임달러에 관한 자세한 설명에 대해서는 이가옥·고철기, 『공동체 경제를 위하여』, pp. 91-103 참조.

316 한국 불교계의 공동체 운동에 대해서는 유정길, 「새로운 사회의 대안 운동으로서 불교 공동체」, 『불교평론』46호 참조.

317 이상과 같은 지역공동체의 장점에 대해서는 이가옥·고철기, 『공동체 경제를 위하여』, pp. 81-85 참조.

# 참고문헌

## 불교원전류

김운학(金雲學) 역주(譯註),『신역 금강경오가해(新譯 金剛經五家解)』, 현암
　　사(玄岩社), 1980

『대반야바라밀다경(大般若波羅蜜多經)』, 대정장(大正藏) 5, 6, 7

『디가니까야』, 전재성 역주, 한국빠알리성전협회, 2011

『맛지마니까야』, 전재성 역주, 한국빠알리성전협회, 2009

『무량수경無量壽經)』, 대정장(大正藏) 12

『방광대장엄경(方廣大莊嚴經)』, 대정장(大正藏) 3

법장(法藏),『화엄경탐현기(華嚴經探玄記)』, 대정장(大正藏) 35

법장(法藏),『화엄일승교의분제장(華嚴一乘教義分齊章)』, 대정장(大正藏) 45

『보살영락본업경(菩薩瓔珞本業經)』, 대정장(大正藏) 24

『쌍윳따니까야』 1권, 전재성 역주, 한국빠알리성전협회, 2006

『쌍윳따니까야』 2권, 전재성 역주, 한국빠알리성전협회, 2006

『쌍윳따니까야』 3권, 전재성 역주, 한국빠알리성전협회, 2007

『쌍윳따니까야』 4권, 전재성 역주, 한국빠알리성전협회, 2007

『쌍윳따니까야』 5권, 전재성 역주, 한국빠알리성전협회, 2007

『소품반야경(小品般若經)』, 대정장(大正藏) 8

『아비달마구사론(阿毘達磨俱舍論)』, 대정장(大正藏) 29

『아비달마구사론1』, 권오민 역주, 동국역경원, 2015년 개정판

『아비달마구사론2』, 권오민 역주, 동국역경원, 2015년 개정판

『아비달마구사론3』, 권오민 역주, 동국역경원, 2015년 개정판

『아비달마구사론4』, 권오민 역주, 동국역경원, 2015년 개정판

『아비달마대비바사론(阿毘達磨大毘婆沙論)』, 대정장(大正藏) 27

『앙굿따라니까야』 2권, 전재성 역주, 한국빠알리성전협회, 2013 개정판

『앙굿따라니까야』 3권, 전재성 역주, 한국빠알리성전협회, 2007

『앙굿따라니까야』 4권, 전재성 역주, 한국빠알리성전협회, 2007

『앙굿따라니까야』 6권, 전재성 역주, 한국빠알리성전협회, 2007

역해 원순,『함허스님 금강경 금강경오가해설의』, 도서출판 법공양, 2011

용수보살 저(龍樹菩薩 著), 청목 석(靑目 釋), 구마라습 한역(鳩摩羅什 漢譯), 김성철 역주,『중론』, 경서원, 1993

원효,『금강삼매경론(金剛三昧經論)』,『한국불교전서(韓國佛敎全書)』제1책

원효(元曉),「진역화엄경소서(晉譯華嚴經疏序)」『한국불교전서(韓國佛敎全書)』제1책, 동국대학교불교편찬위원회, 1998

원측 지음, 박인성 옮김,『반야심경찬』, 주민출판사, 2005

원측 지음, 김성구 옮김,『해심밀경소』(한글대장경 136), 동국역경원, 1994

은정희 역주,『대승기신론소 · 별기』, 일지사, 1991

이평래,『대승기신론 강설』, 민족사, 2016

『잡아함경(雜阿含經)』, 대정장(大正藏) 2

『장아함경(長阿含經)』, 대정장(大正藏) 1

종밀(宗密),『선원제전집도서(禪源諸詮集都序)』, 대정장(大正藏) 48

『중아함경(中阿含經)』, 대정장(大正藏) 1

『증일아함경(增一阿含經)』, 대정장(大正藏) 2

지눌,「看話決疑論」,『한국불교전서』제4책, 동국대학교불교편찬위원회, 2002

지눌,「勸修定慧結社文」,『한국불교전서』제4책, 동국대학교불교편찬위원회, 2002

지눌,「牧牛子修心訣」,『한국불교전서』제4책, 동국대학교불교편찬위원회, 2002

지눌,「法集別行錄節要幷入私記」,『한국불교전서』제4책, 동국대학교불교편찬위원회, 2002

지눌,「圓頓成佛論」,『한국불교전서』제4책, 동국대학교불교편찬위원회, 2002

지눌,「眞心直說」,『한국불교전서』제4책, 동국대학교불교편찬위원회, 2002

지눌,「華嚴論節要」,『한국불교전서』제4책, 동국대학교불교편찬위원회, 2002

징광,『대방광불화엄경(大方廣佛華嚴經)』, 대정장(大正藏) 9

징광,『대방광불화엄경수소연의초(大方光佛華嚴經隨疏演義鈔)』, 대정장(大正藏) 36

징광,『화엄경행원품소(華嚴經行願品疏)』, 만속장경(卍續藏經) 7, 신문풍출판

회관(新文豊出版會館)

『쿳다까니까야(小部阿含) 법구경-담마파다』, 전재성 역주, 한국빠알리성전
협회, 2012

## 단행본

강수돌, 『경쟁은 어떻게 내면화되는가』, 서울 : 생각의 나무, 2008

강수돌·홀거 하이데 공저, 『자본을 넘어, 노동을 넘어-자본의 내면화에서
벗어나기』, 서울 : 이후, 2009

게르하르트 베어 지음, 이부현 옮김, 『마이스터 에크하르트』, 안티쿠스,
2009

공병호, 『10년 후, 세계』, 서울 : 해냄, 2005

권오민, 『아비달마불교』, 민족사, 2015

김두진, 『신라 화엄사상 연구』, 서울대학교출판부, 2002

김명우, 『유식삼십송과 유식불교』, 예문서원, 2009

김영석 역주, 『아비달마부파의 성립과 주장』, 씨아이알, 2018

김종욱, 『불교생태철학』, 동국대 불교문화연구원 불교생태학 총서1, 동국대
학교출판부, 2004

김종욱, 『불교생태학』, 동국대 불교문화연구원 불교생태학 총서1, 서울 : 동
국대학교출판부, 2004

더글러스 러미스, 김종철·이반 옮김, 『경제성장이 안 되면 우리는 풍요롭지
못할 것인가』, 대구 : 녹색평론사, 2002

데이비드 C. 코튼, 『경제가 성장하면 우리는 정말로 행복해질까』, 서울 : 사
이, 2014

레이몬드 B. 블레크니, 이민재 역, 『마이스터 에크하르트』 2권, 다산글방,
1994

로버트 프랭크·필립 쿡 지음, 권영경·김양미 옮김, 『승자독식사회』, 서울 :
웅진지식하우스, 2008

마사 누스바움, 조형준 역, 『감정의 격동』 2권, 새물결, 2015

마이스터 에크하르트 지음, 요셉 퀸트 편역, 이부현 옮김, 『마이스터 에크하
르트 독일어 논고』, 누멘, 2009

문순홍, 『생태학의 담론』, 아르케, 2006

박경준, 『불교사회경제사상』, 동국대학교출판부, 2010

박성배,『깨침과 깨달음』, 예문서원, 2002

송명규,『현대 생태사상의 이해』, 서울 : 따님, 2004

여익구,『민중불교철학』, 민족사, 서울, 1988

월터 T. 스테이스, 강건기 · 정륜 역,『신비사상』, 동쪽나라, 1995

윤성식,『불교자본주의-시장자본주의의 대안』, 고려대학교출판부, 2011

이가옥 · 고철기,『공동체 경제를 위하여』, 대구 : 녹색평론사, 2001

이도업,『화엄경 사상연구』, 민족사, 1998

이찬훈,『둘이 아닌 세상』, 서울 : 이후, 2002

이찬훈,『불이사상으로 읽는 노자』, 예문서원, 2006

일연 지음, 이가원 · 허경진 옮김,『삼국유사』, 한길사, 2006

제임스 페트라스와 헨리 벨트마이어, 원영수 역,『세계화의 가면을 벗겨라』, 메이데이, 2008

조지프 스티글리츠, 홍민경 옮김,『인간의 얼굴을 한 세계화』, 21세기북스, 2008

캐롤린 머천트, 허남혁 옮김,『래디컬 에콜로지』, 이후, 2001

토머스 L. 프리드먼, 신동욱 옮김,『렉서스와 올리브나무』, 서울 : 창해, 2000

토머스 L. 프리드먼, 김상철 · 이윤섭 옮김,『세계는 평평하다』, 창해, 2005

퇴옹 성철(退翁 性徹),『선문정로(禪門正路)』, 성철스님 법어집 2집 2권, 장경각(藏經閣), 1990

프리초프 카프라,『새로운 과학과 문명의 전환』, 범양사, 1985

하버드대 세계종교연구센터 편, 동국대학교 불교문화연구원 역,『불교와 생태학』, 동국대학교출판부, 2005

한스 페터 마르틴 · 하랄트 슈만 지음, 강수돌 옮김,『세계화의 덫』, 영림카디널, 1997

헬레나 노르베르 호지 · ISEC 지음, 이민아 옮김,『허울뿐인 세계화』, 따님, 2000

효도 가즈오(兵藤一夫) 지음, 김명우 · 이상우 옮김,『유식불교,『유식이십론』을 읽다』, 예문서원, 2011

후지타 코타츠 外, 권오민 옮김,『초기 · 부파불교의 역사』, 민족사, 1992


E. F. Schumacher, *Small is Beautiful : Economics as if People Mattered*, Vancouver : Hartley & Marks, 1999

M. Andrew Holowchak, *The Stoics: A Guide for the Perplexed*, London:Continuum, 2008

Martha Craven Nussbaum, *The therapy of desire*, Princeton University Press, 1994.

Max Weber, *The Religion of India*, The Free Press, New York, 1958


## 논문

강건기, 「보조사상의 현대적 의미」, 『보조사상』 제2집, 보조사상연구원, 1988

강진수, 「에크하르트의 신비사상 연구」, 한신대학교 신학대학원, 석사학위 논문, 2001

고철기, 「대공황의 불가피성」, 김종철 엮음 『녹색평론선집3』, 대구 : 녹색평론사, 2009

권기종, 「혜심(慧諶)의 간화선사상(看話禪思想) 연구(研究)-지눌의 선사상과 비교하면서」, 『보조사상』 제7집, 1993

김광수, 「불교는 자본주의를 어떻게 보는가」, 『불교평론』 59호, 불교평론사, 2014

김방룡, 「여말선초 보조선사상의 영향」, 『보조사상』 제19집, 2003

김방룡, 「조선후기 보조선의 영향」, 『보조사상』 제25집, 2006

김영일, 「원효의 『불성론』에 담긴 생태학적 의미」, 『불교사상의 생태학적 이해』, 동국대 불교문화연구원 불교생태학총서3, 동국대학교출판부, 2006

김영태 「한국불교사에 있어서 불일보조국사의 위치-현존사료에 근거하여」, 『보조사상』 제17집, 2002

김용태, 「조선후기 불교의 임제법통과 교학전통」, 서울대학교 대학원, 국사학과 박사학위논문, 2008

김재영, 「초기불교의 사회적 실천에 관한 연구-대중적·교리적 기초와 전개과정을 중심으로」, 동방대학원대학교 불교문예학과, 박사학위 논문, 2009

김종욱, 「근대성에 대한 불교생태학적 성찰」, 동국대학교 BK21불교문화사상사교육연구단 편, 『현대사회비판과 불교생태학』, 동국대학교 불교

문화연구원 불교생태학총서4, 동국대학교출판부, 2006

김종욱, 「대지와 기계 그리고 네트워크-농업적·산업적, 그리고 불교생태적 생명관」, 동국대학교 BK21불교문화사상사교육연구단 편, 『학제적 연구로서의 불교생태학』, 동국대학교 불교문화연구원 불교생태학총서 5, 동국대학교출판부, 2007

김종욱, 「화엄법계의 생태학적 함의」, 『불교사상의 생태학적 이해』, 동국대 불교문화연구원 불교생태학총서3, 동국대학교출판부, 2006

김현우, 「『화엄경』에 나타난 불타관 연구」, 동국대학교 대학원 불교학과, 석사학위논문, 2004

노권용, 『불타관의 연구』, 원광대학교 대학원 불교학과 박사논문, 1987

노권용, 「한국불교의 돈·점(頓漸)논쟁이 갖는 의미」, 『창작과 비평』, 1994 년 여름호, 창작과비평사, 1994

당아미(唐阿美, 惟果), 「원측(圓測)의 해심밀경소(解深密經疏) 연구研究)」, 동국대학교 대학원 불교학과, 박사학위논문, 1999

데이비드 랜디스 반힐(David Landis Barnhill), 「위대한 대지 승가-게리 스나이더의 공동체적 자연관」, 『불교와 생태학』, 동국대학교 불교문화연구원 불교생태학 총서2, 2005

도날드 K. 스웨어러(Donald K. Swearer), 임승택 번역, 「현대 태국의 불교생태학에 대한 해석학-붓다다사와 담마삐따까를 중심으로」, 하버드대 세계종교연구센터 편, 『불교와 생태학』, 동국대학교 불교문화연구원 불교생태학 총서2, 2005

렴첨자(松雲), 「초기 대승경전에 나타난 불신설」, 『한국불교학』 제50집, 2008

말콤 데이빗 에켈(Malcolm David Eckel), 류승주 번역, 「불교의 자연철학은 존재하는가?」, 『불교와 생태학』, 동국대학교 불교문화연구원 불교생태학 총서2, 2005

민경국, 「불교 사회철학의 문명 비판에 대한 자유주의적 성찰」, 『불교평론』 42호, 불교평론사, 2010

민경국, 「자유주의에 대한 비관과 그 치명적 결과-박병기 교수의 〈자유주의 경제학의 치명적 낙관〉에 대한 반론」, 『불교평론』 44호, 불교평론사, 2010

박경준, 「불교적 관점에서 본 자연」, 『불교사상의 생태학적 이해』, 동국대 불

교문화연구원 불교생태학총서3, 동국대학교출판부, 2006

박경준, 「생산과 소비에 대한 불교의 기본입장」, 『한국불교학』 제18권, 한국
불교학회, 1993

박광서, 「불교와 사회참여」, 『불교평론』 37호, 불교평론사, 2008

박병기, 「자유주의 경제학의'치명적 낙관'-민경국 교수의 〈불교 사회철학의
문명 비판에 대한 자유주의적 성찰〉에 대한 반론」, 『불교평론』 43호,
불교평론사, 2010

박성배, 「법성스님의 돈점논쟁비판에 대하여-법성스님의 실천은 성철스님
의 실천과 다르다」, 『창작과 비평』 1994년 봄호, 1994

박성배, 「성철스님의 돈오점수설 비판에 대하여」, 『보조사상』 제4집, 1990

박영지, 「현대신학의 구원론과 불교의 구세론 비교연구-종교다원론 문제를
중심으로」, 『일립논총』, Vol. 6, 2000

박재현, 「한국불교의 간화선 전통과 정통성 형성에 관한 연구」, 서울대학교
대학원, 철학박사 학위논문, 2005

박준건, 「불교생태론을 다시 생각한다」, 『대동철학』 제46집, 2009

방상복(房相福), 「그리스도교(敎)와 불교간(佛敎間)의 대화(對話)와 화해(和
解), 일치(一致)를 위한 연구(研究)-다석 유영모(多夕 柳永模)의 종교
다원주의(宗敎多元主義) 사사(思想)을 중심(中心)으로」, 동국대학교 불
교대학원, 석사학위논문, 1999

법성, 「깨달음의 일상성과 혁명성」, 『창작과 비평』, 1993년 겨울호, 1993

법인, 「승가교육, 사회와 소통하고 역사에 부합해야」, 『불교평론』 42호, 불
교평론사, 2010

사라오(K. T. S Sarao), 「불교사회 철학의 생태학적 의의」, 『불교사상의 생태
학적 이해』, 동국대 불교문화연구원 불교생태학총서3, 동국대학교출
판부, 2006

사티쉬 쿠마르, 「스와데시-간디의 자립경제 철학」, 김종철 엮음, 『녹색평론
선집3』, 2009

서재영, 「선의 생태철학」, 『불교사상의 생태학적 이해』, 동국대 불교문화연
구원 불교생태학총서3, 동국대학교출판부, 2006

석동신, 「초기불교에 나타난 혁명성과 인간해방사상」, 『僧伽』 Vol. 8, 중앙승
가대학교, 1991

성본, 「담선법회와 한국 간화선의 문제점」, 『석림』, 동국대학교 석림회, 2005

소마라트나(G. A. Somaratne), 「생태계와 연기」, 『불교사상의 생태학적 이해』, 동국대학교 불교문화연구원 불교생태학총서3, 동국대학교출판부, 2006

스테파니 카자(Stephanie Kaza), 「대지에 대한 미국불교의 대응-서부해안의 수행센터 두 곳에서의 생태학적 실천」, 『불교와 생태학』, 동국대학교 불교문화연구원 불교생태학 총서2, 2005

스티브 오딘, 김수아(소운) 번역, 「알도 레오폴드의 환경 윤리학 및 보존미학과 관련된 일본의 자연 개념」, 『불교와 생태학』, 동국대학교 불교문화연구원 불교생태학 총서2, 2005

심재룡, 「보조선과 임제선-"죽은 말귀 살려내기"」, 『보조사상』 제8집, 1994

심재룡, 「보조선을 보는 시각의 변천사」, 『보조사상』 제1집, 1987

앨런 스폰버그(Alan Sponberg), 「녹색불교와 자비의 계급」, 『불교와 생태학』, 동국대학교 불교문화연구원 불교생태학 총서2, 2005

오강남, 「중세 그리스도교의 전개 (불교인을 위한 그리스도교 이야기 ⑥)」, 『불교평론』 33호, 2007

우희종, 「생명, 생태, 불교, 그리고 해방으로서의 실천」, 동국대학교 석림회, 『석림』 Vol. 38, 2004

유정길, 「새로운 사회의 대안 운동으로서 불교 공동체」, 『불교평론』 46호, 2011

윤구병, 「생명을 살리는 농업」, 김종철 엮음, 『녹색평론선집 3』, 녹색평론사, 2009

윤원철, 「한국불교의 수행 전통과 그 현대적 의미」, 『동양철학연구』 vol 23, 2000

이거룡, 「불교와 환경위기」, 『현대사회비판과 불교생태학』, 동국대학교 불교문화연구원 불교생태학총서4, 동국대학교출판부, 2006

이거룡, 「인도사상에서 인간과 자연의 관계」, 동국대학교 BK21불교문화사상사교육연구단 편, 『불교사상의 생태학적 이해』, 동국대 불교문화연구원 불교생태학총서3, 동국대학교출판부, 2006

이기영, 「불신에 관한 연구」, 『불교학보』, Vol. 3 No 1, 불교문화연구원, 1966

이덕진, 「돈점논쟁이 남긴 숙제」, 『보조사상』 제20집, 2003

이도흠, 「자본주의 체제의 비판과 대안의 모색」, 『불교평론』, 불교평론사,

2014

이병욱,「종밀과 보조의 선교관 비교」,『보조사상』제12집, 1999

이원구,「보조지눌의 돈오점수 연구」, 원광대학교 교육대학원 동양종교학과 불교학전공, 문학석사 학위논문, 1996

이정욱,「예수 그리스도의 육화와 부처의 화신 - 대승불교 삼신론을 중심으로」, 대구가톨릭대학교 대학원, 신학과, 석사학위논문, 2004

이찬훈,「불교의 깨달음과 그 구현」,『동아시아불교문화』제27집, 동아시아 불교문화학회, 2016

이찬훈,「불교예술에서 화엄경의 활용가능성에 관한 연구」,『동아시아불교 문화』제22집, 2015

이찬훈,「선과 화엄사상 회통의 현대적 의미」,『대동철학』제45집, 대동철학회, 2008

이찬훈,「세계화와 화엄사상」,『동아시아불교문화』제20집, 동아시아불교문화학회, 2014

이찬훈,「입전수수, 요익중생의 길」,『동아시아불교문화』제32집, 2017

이찬훈,「현대 대중문화와 주체성」,『대동철학』제11집, 대동철학회, 2000

이찬훈,「현대 자본주의 사회와 문명에 관한 불교적 관점」,『불교평론』49호, 불교평론사, 2011

이찬훈,「화엄의 불이사상과 과정 형이상학」,『대동철학』제23집, 대동철학회, 2003

이찬훈,「화엄경의 불타관과 기독교의 신관」,『대동철학』제49집, 대동철학회, 2009

정성본,「초기 중국선종사에 있어서 돈점의 문제」,『보조사상』제4집, 1990

정순일,「화엄사상의 현대적 의의」,『儒學硏究』Vol. 3, 충남대학교 유학연구소, 1995

종범,「강원교육에 끼친 보조사상」,『보조사상』제3집, 1989

천규석,「공생두레농 - 농업위기와 그 대안」, 김종철 엮음,『녹색평론선집2』, 녹색평론사, 2008

프레마시리(P. D. Premasiri),「초기불교에서의 생태학적 가르침」,『불교사상의 생태학적 이해』, 동국대학교 불교문화연구원 불교생태학총서3, 동국대학교출판부, 2006

필립 헨리,「불교적 생태학과 위기관리 - '위험사회'는 사회적 현실인가」,『현

대사회비판과 불교생태학」, 동국대학교 불교문화연구원 불교생태학총
서4, 동국대학교출판부, 2006

한자경, 「『성유식론(成唯識論)』에서의 식(識)과 경(境)의 관계 연구」, 박사학
위논문, 동국대학교 대학원 불교학과, 1999

한재상, 「보조지눌의 간화선 연구」, 성균관 대학교 대학원, 석사학위논문,
2002

황규찬, 「중국과 한국에서의 화엄과 선의 교섭」, 『불교대학원논총』 Vol. 3,
동국대학교 불교대학원, 1996

Robert Buswell, 김호성 옮김, 「돈오점수(頓悟頓修)에 대한 지눌의 양가적
(兩價的) 비판」, 『보조사상』 제2집, 1988

# 찾아보기

# 불이문(不二門)을 넘어 붓다의 세계로

초판 1쇄 발행 2024년 2월 26일

지은이 이찬훈
펴낸이 강수걸
편집 이선화 강나래 오해은 이소영 이혜정
디자인 권문경 조은비
펴낸곳 산지니
등록 2005년 2월 7일 제333-3370000251002005000001호
주소 부산시 해운대구 수영강변대로 140 BCC 626호
전화 051-504-7070 | 팩스 051-507-7543
홈페이지 www.sanzinibook.com
전자우편 sanzini@sanzinibook.com
블로그 http://sanzinibook.tistory.com

ISBN 979-11-6861-236-5 93220